W0075176

Kühling/Klar/Sackmann
Datenschutzrecht

Jürgen Kühling/Manuel Klar/Florian Sackmann

Datenschutzrecht

4., völlig neu bearbeitete Auflage

C.F. Müller

Universitätsprofessor Dr. iur. Jürgen Kühling LL.M. (Brüssel)

ist seit Anfang 2007 Inhaber des Lehrstuhls für Öffentliches Recht, Immobilienrecht, Infrastruktur- recht und Informationsrecht an der Universität Regensburg. *Kühling* ist 1971 geboren, studierte von 1990 bis 1995 an den Universitäten Trier und Nancy II und erwarb im Jahr 1995 den Master in Legal Theory an der KUB und FUSL in Brüssel. Die Promotion und Habilitation an der Universität Bonn folgten 1998 und 2003. Er war von 2004 bis 2007 Professor für Öffentliches Recht, insbesondere Medien- und Telekommunikationsrecht sowie Datenschutzrecht, an der Universität Karlsruhe (TH) und dort zugleich Leiter des Instituts für Informationsrecht. *Kühling* hat sich in zahlreichen Publi- kationen, Studien und Rechtsgutachten mit dem Informationsrecht in seiner ganzen Breite (Daten- schutz-, Telekommunikations- und Medienrecht) sowie mit dem Netzwirtschafts- und Infrastruktur- recht auseinandergesetzt. Er besitzt eine umfangreiche Beratungserfahrung auf nationaler und internationaler Ebene, wobei er insbesondere die öffentliche Hand in Fragen des Informationsrechts sowie des öffentlichen Wirtschaftsrechts einschließlich des Energie, Wettbewerbs- und Daten- schutzrechts berät. Seit Juli 2016 ist er Mitglied der Monopolkommission.

Dr. iur. Manuel Klar

ist Rechtsanwalt in München. Er berät deutsche und international tätige Unternehmen im Daten- schutzrecht. Seit 2017 ist *Klar* Lehrbeauftragter für Datenschutzrecht an der Universität Regensburg. Im Jahr 2015 vertiefte er seine datenschutzrechtlichen Kenntnisse im Rahmen eines rechtsverglei- chenden Forschungsaufenthaltes an der University of California (Berkeley). Vor seiner Anwaltstätig- keit war *Klar* Wissenschaftlicher Mitarbeiter am Lehrstuhl von Prof. Kühling und promovierte dort zu einem datenschutzrechtlichen Thema. Er hat zahlreiche Fachbeiträge zu verschiedenen datenschutz- rechtlichen Themen publiziert.

Florian Sackmann

ist Rechtsanwalt und Wissenschaftlicher Mitarbeiter am Lehrstuhl von Prof. Kühling. Er promo- viert dort derzeit zu einem datenschutzrechtlichen Thema. Er studierte Rechtswissenschaften an der Universität Regensburg und leistete sein Referendariat im Bezirk des OLG Nürnberg ab. 2016 war er zeitweise für ein DAX-Unternehmen im Bereich Compliance tätig. *Sackmann* hat mehrere Fachbeiträge zu unterschiedlichen datenschutzrechtlichen Fragestellungen veröffentlicht.

Bibliografische Information der Deutschen Nationalbibliothek

Die Deutsche Nationalbibliothek verzeichnet diese Publikation in der Deutschen Nationalbibliografie; detaillierte bibliografische Daten sind im Internet über <http://dnb.d-nb.de> abrufbar.

ISBN 978-3-8114-4571-0

E-Mail: kundenservice@cfmueller.de

Telefon: +49 89 2183 7923
Telefax: +49 89 2183 7620

www.cfmueller.de
www.cfmueller-campus.de

© 2018 C.F. Müller GmbH, Waldhofer Straße 100, 69123 Heidelberg

Satz: Gottemeyer, Rot
Druck: Kessler Druck + Medien, Bobingen

Vorwort

Die Datenschutzordnung in der Europäischen Union und in Deutschland erhält durch die Geltung der Datenschutz-Grundverordnung der EU (DS-GVO) und das Inkrafttreten des begleitenden Bundesdatenschutzgesetzes (BDSG) am 25. Mai 2018 eine neue Gestalt. Ausgangspunkt bei der Rechtsanwendung im allgemeinen Datenschutzrecht ist nunmehr primär die EU-Regelung und nur noch ergänzend das deutsche BDSG. Diese grundlegende Neugestaltung des Datenschutzregimes hat eine ebenso grundlegende Überarbeitung der vorliegenden Einführung in das Datenschutzrecht erforderlich gemacht, das in Teilen völlig neu geschrieben wurde. Die bisherigen Mitautoren und ehemaligen Mitarbeiter am Lehrstuhl, *Dr. Christian Seidel* und *Anastasios Sivridis*, sind auf ihren Wunsch als Autoren ausgeschieden. Ihnen gilt großer Dank für die äußerst fruchtbare Zusammenarbeit bei der Etablierung dieses Lehrbuchs in den ersten drei Auflagen und dafür, dass wir Teile der bisherigen Texte übernehmen konnten. Herr *Dr. Seidel* hat sogar noch einen sehr hilfreichen Input für die Erstellung der nun vorliegenden vierten Auflage geleistet. An die Stelle der bisherigen Autoren treten Herr *Dr. Manuel Klar* als vormaliger und Herr *Florian Sackmann* als gegenwärtiger Mitarbeiter am Lehrstuhl. Herr *Dr. Klar* ist als Rechtsanwalt auf das Datenschutzrecht spezialisiert und gewährleistet so eine Mischung aus Wissenschaft und Praxis im Autorenteam.

Die Komplexität der Datenschutzordnung ist durch die Vielzahl neuer, anspruchsvoller Herausforderungen seit der letzten Auflage nochmals gestiegen, wie die facettenreichen Diskussionen um die Rechtmäßigkeit der Datenverarbeitung in sozialen Netzwerken, beim Cloud-Computing oder im Bereich der Mobilitätsdaten eindrucksvoll belegen. Auch das Zusammenspiel von unionsrechtlichen Vorgaben und nationalem Recht gestaltet sich angesichts der zahlreichen Öffnungsklauseln der DS-GVO nochmals anspruchsvoller. Deshalb fokussiert die Neuauflage dieser Einführung nicht nur auf die Erläuterung der einzelnen materiell-rechtlichen, prozeduralen und institutionellen Vorgaben des neuen Rechtsregimes, sondern will gerade das komplexe Zusammenspiel der verschiedenen Rechtsebenen verständlich machen. Dabei liegt der Fokus auf dem allgemeinen Datenschutzrecht in der DS-GVO und im BDSG.

Zugleich ist das geltende Datenschutzrecht nicht zuletzt angesichts umfassender verfassungsgerichtlicher Vorgaben zur Normierung hinreichend bestimmter und bereichsspezifischer Ermächtigungsgrundlagen für Datenverarbeitungen im nationalen Recht weiterhin äußerst ausdifferenziert. So finden sich zwar für einen Großteil der Datenverarbeitungsprozesse in der DS-GVO und ergänzend im BDSG (und in den tendenziell vergleichbaren Datenschutzgesetzen der Länder) abschließende Regelungen. Hinzu kommt jedoch eine Vielzahl ergänzender, sektorspezifischer Bestimmungen für Sonderkonstellationen, wie der Datenverarbeitung im Gesundheitswesen oder in der Sozialverwaltung. Angesichts der Fülle der einschlägigen Normen verfolgt die vorliegende Einführung insoweit das Ziel, das Zusammenspiel von allgemeinem und bereichsspezifischem Datenschutzrecht zu verdeutlichen. Näher behandelt werden im Übrigen nur die unionsrechtlich kodifizierten bereichsspezifischen Regeln, also die Bestimmungen im Bereich der öffentlichen Sicherheit und Strafverfolgung einerseits und dem Telekommunikationssektor andererseits.

Trotz des Einführungscharakters des vorliegenden Buches soll eine für das Verständnis wichtige und daher umfassende Darstellung zunächst der Grundlagen im deutschen Verfassungsrecht sowie im europäischen Recht erfolgen. Dies schließt eine Erläuterung der Genesis der Kodifikationen auf nationaler, internationaler und supranationaler Ebene ein. Für die Datenschutzordnung gilt im besonderen Maße, dass die jetzige Struktur ohne Kenntnis ihrer Entstehung nicht verstanden werden kann.

Ziel der vorliegenden Einführung ist es also, den Leser durch das komplexe Normen-Labyrinth zu leiten und ihm dabei ein systematisches Verständnis des Zusammenspiels der unions- und verfassungsrechtlichen Grundlagen, des horizontalen Datenschutzgesetzes der EU, des Bundes (und der Länder) sowie der bereichsspezifischen Regelungen zu vermitteln. Daher wird ganz bewusst stark an die Normen als textlichem Ausgangsbefund angeknüpft. Dementsprechend wird die Lektüre der einschlägigen Normen beim Durchgang durch das vorliegende Werk nachdrücklich empfohlen. Angesichts des beschränkten Umfangs dieses Buches wird die Darstellung auf das Notwendigste komprimiert. Dafür werden weiterführende Literaturhinweise gegeben. Im Übrigen wird die komplexe Materie des Datenschutzrechts unter Bezugnahme auf praktische Anwendungsfälle erläutert. Zudem erleichtern Grafiken und Übersichten – die sich ebenso wie die Anwendungsfälle bereits im Vorlesungsbetrieb bewährt haben – das Verständnis. Da die Fälle überwiegend an Original-Streitigkeiten aus der Praxis angelehnt sind, sollen sie nicht nur der Kontrolle und Vertiefung des Erlernten dienen, sondern zugleich plastisch vor Augen führen, worüber im datenschutzrechtlichen Alltag gestritten wird.

Das vorliegende Buch richtet sich primär an Juristen, die in Wissenschaft und Praxis mit datenschutzrechtlichen Fragen zu tun haben, seien es Studierende, Wissenschaftler, Rechtsanwälte, Datenschutzbeauftragte, Ministerialbeamte oder Richter. Auch Vertreter anderer Disziplinen wie Informatiker oder Betriebswirte, die sich einen Überblick über das rechtliche Umfeld verschaffen wollen, sollen sich angesprochen fühlen. Dabei soll gerade jenen, die zum ersten Mal mit datenschutzrechtlichen Fragen konfrontiert sind, eine Hilfe an die Hand gegeben werden.

Literatur und Rechtsprechung befinden sich auf dem Stand vom 15. Januar 2018. Die Autoren danken dem wissenschaftlichen Mitarbeiter Herrn *Stefan Bulowski* für den wertvollen Input zum Telekommunikationsdatenschutzrecht, sowie den studentischen Hilfskräften Frau *Isabella Rick* und Herrn *Roman Schildbach* für ihre umfassende und sehr hilfreiche Unterstützung bei der Erstellung des Manuskripts. Den wissenschaftlichen Mitarbeitern Frau *Anna Kellner* und Frau *Dr. Johanna Heberlein, LL.M.*, sowie den studentischen Hilfskräften Herrn *Adrian Gruber*, Frau *Sibylle Pangerl*, Frau *Rebecca Reuter*, Herrn *Lukas Semmelmayer*, Herrn *Cajetan Späth*, Frau *Juliane Gmehling*, Herrn *Maximilian Dürr* und Frau *Theresa Röckl* sei für ihren Einsatz bei der formalen Überarbeitung des Textes gedankt. Schließlich danken wir Herrn *Christian Lenz* vom Verlag C.F. Müller für die hervorragende Betreuung während der Manuskripterstellung. Kritik und Hinweise sind bitte an den Lehrstuhl für Öffentliches Recht, Immobilienrecht, Infrastrukturrecht und Informationsrecht an der Universität Regensburg zu richten (Juergen.Kuehling@jura.uni-regensburg.de).

Regensburg/München, im Februar 2018

Jürgen Kühling, Manuel Klar
und *Florian Sackmann*

Inhaltsübersicht

Inhaltsverzeichnis

Abkürzungsverzeichnis

a.A.	andere Ansicht
a.E.	am Ende
a.F.	alte Fassung
Abb.	Abbildung
ABl.EG	Amtsblätter EG
ABl.EU	Amtsblätter EU
Abs.	Absatz
AEUV	Vertrag über die Arbeitsweise der Europäischen Union
AG	Aktiengesellschaft
Anm.	Anmerkung
AO	Abgabenordnung
AöR	Archiv des Öffentlichen Rechts (Zeitschrift)
APR	Allgemeines Persönlichkeitsrecht
ArbG	Arbeitsgericht
arg.	argumentum
Art.	Artikel
AT	Allgemeiner Teil
Aufl.	Auflage
AWG	Außenwirtschaftsgesetz
BAG	Bundesarbeitsgericht
BayDSG	Bayerisches Datenschutzgesetz (BayDSG) vom 23.7.1993 (GVBl. S. 498, BayRS 204-1-I), das zuletzt durch § 2 des Gesetzes vom 24.7.2017 (GVBl. S. 388) geändert worden ist (Landesdatenschutzgesetz Bayern)
BayVBl.	Bayerische Verwaltungsblätter
BB	Betriebsberater (Zeitschrift)
Bd.	Band
BDSG	Bundesdatenschutzgesetz in der Fassung der Bekanntmachung vom 14.1.2003 (BGBl. I S. 66), das zuletzt durch Artikel 10 Absatz 2 des Gesetzes vom 31.10.2017 (BGBl. I S. 3618) geändert worden ist
Beschl.	Beschluss
BetrVG	Betriebsverfassungsgesetz in der Fassung der Bekanntmachung vom 25.9.2001 (BGBl. I S. 2518), das zuletzt durch Artikel 6 des Gesetzes vom 17.7.2017 (BGBl. I S. 2509) geändert worden ist
BfDI	Bundesbeauftragter für den Datenschutz und die Informationsfreiheit
BfF	Bundesamt für Finanzen
BFH	Bundesfinanzhof
BGB	Bürgerliches Gesetzbuch
BGBl.	Bundesgesetzblatt
BGH	Bundesgerichtshof
BGHZ	Sammlung der Entscheidungen des Bundesgerichtshofs in Zivilsachen
BND	Bundesnachrichtendienst
BNDG	BND-Gesetz vom 20.12.1990 (BGBl. I S. 2954, 2979), das zuletzt durch Artikel 4 des Gesetzes vom 30.6.2017 (BGBl. I S. 2097) geändert worden ist (Bundesnachrichtendienstgesetz)
BNetzA	Bundesnetzagentur
BPersVG	Bundespersonalvertretungsgesetz vom 15.3.1974 (BGBl. I S. 693), das zuletzt durch Artikel 7 des Gesetzes vom 17.7.2017 (BGBl. I S. 2581) geändert worden ist

BR-Drs.	Bundesratsdrucksache
BT	Besonderer Teil
BT-Drs.	Bundestagsdrucksache
BVerfG	Bundesverfassungsgericht
BVerfGE	Entscheidungssammlung des Bundesverfassungsgerichts
BVerfSchG	Bundesverfassungsschutzgesetz
bzw.	beziehungsweise
CAHDATA	Ad-hoc-Datenschutzkomitee des Europarats
CR	Computer & Recht (Zeitschrift)
d.h.	das heißt
DANA	Datenschutznachrichten
DGB	Deutscher Gewerkschaftsbund
dies.	dieselbe(n)
DÖV	Die Öffentliche Verwaltung (Zeitschrift)
DSB	Datenschutzbeauftragte(r)
DS-GVO	Datenschutzgrund-Verordnung
DS-GVO-E	Entwurf einer Datenschutz-Grundverordnung
DSRL	Datenschutzrichtlinie
DSRL-JI	EU-Datenschutzrichtlinie für den Polizei- und Justizbereich
DStRE	Deutsches Steuerrecht Entscheidungsdienst (Zeitschrift)
DuD	Datenschutz und Datensicherheit (Zeitschrift)
e.V.	eingetragener Verein
ed.	Edition
EDA	Europäischer Datenschutzausschuss
EDSB	Europäischer Datenschutzbeauftragter
EDSRL	Richtlinie 2002/58 über die Verarbeitung personenbezogener Daten und den Schutz der Privatsphäre in der elektronischen Kommunikation (Datenschutzrichtlinie für elektronische Kommunikation) vom 12.7.2002, zuletzt geändert durch die Richtlinie 2009/136/EG
EG	Europäische Gemeinschaft
EGMR	Europäischer Gerichtshof für Menschenrechte
EGV	EG-Vertrag
EKMR	Europäische Kommission für Menschenrechte
EMRK	Europäische Menschenrechtskonvention
endg.	endgültig
Entsch.	Entscheidung
EP	Europäisches Parlament
E-Privacy-VO	E-Privacy-Verordnung (geplant)
E-Privacy-VO-KOM-E	Vorschlag für eine Verordnung des Europäischen Parlaments und des Rates über die Achtung des Privatlebens und den Schutz personenbezogener Daten in der elektronischen Kommunikation und zur Aufhebung der RL 2002/58/EG (Verordnung über Privatsphäre und elektronische Kommunikation) v. 10.1.2017, KOM(2017) 10 endg.
E-Privacy-VO-P-E	Draft European Parliament Legislative Resolution on the proposal for a regulation of the European Parliament and of the Council concerning the respect for private life and the protection of personal data in electronic communications and repealing Directive 2002/58/EC (Regulation on Privacy and Electronic Communications), COM(2017)0010 – C8-0009/2017 – 2017/0003(COD)
etc.	et cetera
EU	Europäische Union

EuGH	Europäischer Gerichtshof
EuGRZ	Zeitschrift für Europäische Grundrechte
EuR	Europarecht
EUV	Vertrag über die Europäische Union (Lissabon, 2007)
EUV a.F.	Vertrag über die Europäische Union (Nizza, 2001)
EuZW	Europäische Zeitschrift für Wirtschaftsrecht
EWR	Europäischer Wirtschaftsraum
f.	folgende
FAG	Finanzausgleichsgesetz vom 20.12.2001 (BGBl. I S. 3955, 3956), das zuletzt durch Artikel 2 des Gesetzes vom 14.8.2017 (BGBl. I S. 3122) geändert worden ist
ff.	fortfolgende
FVG	Finanzverwaltungsgesetz in der Fassung der Bekanntmachung vom 4.4.2006 (BGBl. I S. 846, 1202), das zuletzt durch Artikel 8 des Gesetzes vom 14.8.2017 (BGBl. I S. 3122) geändert worden ist
GA	Goltdammers Archiv für Strafrecht (Zeitschrift)
GASP	Gemeinsame Außen- und Sicherheitspolitik
GesR	Gesundheitsrecht (Zeitschrift)
GG	Grundgesetz
ggf.	gegebenenfalls
GR	Grundrecht
GrCh	Charta der Grundrechte der Europäischen Union (2016/C 202/02; Grundrechte-Charta)
grdl.	grundlegend
grds.	grundsätzlich
GVBl.	Gesetz- und Verordnungsblatt
HB	Handelsblatt
HGB	Handelsgesetzbuch in der im Bundesgesetzblatt Teil III, Gliederungsnummer 4100-1, veröffentlichten bereinigten Fassung, das zuletzt durch Artikel 11 Absatz 28 des Gesetzes vom 18.7.2017 (BGBl. I S. 2745) geändert worden ist
HRRS	Höchstrichterliche Rechtsprechung–Strafrecht
Hrsg.	Herausgeber
Hs.	Halbsatz
HTML	Hypertext Markup Language
i. Ü.	im Übrigen
i.d.R.	in der Regel
i.E.	im Ergebnis
i.R.v.	im Rahmen von
i.S.d	im Sinne des
i.S.v.	im Sinne von
i.V.m.	in Verbindung mit
IFG	Informationsfreiheitsgesetz vom 5.9.2005 (BGBl. I S. 2722), das durch Artikel 2 Absatz 6 des Gesetzes vom 7.8.2013 (BGBl. I S. 3154) geändert worden ist
IMAP	Internet Message Access Protocol
IMEI	International Mobile Equipment Identity
IMSI	International Mobile Subscriber Identity
insbes.	insbesondere
IP-Adresse	Internet Protocol-Adresse

ISDN	Integrated Service Digital Network
ITRB	IT-Rechts-Berater
JuS	Juristische Schulung (Zeitschrift)
K108	Datenschutzkonvention des Europarats
K108-E	Entwurf zur Modernisierung der Datenschutzkonvention des Europarats
K&R	Kommunikation & Recht (Zeitschrift)
Kap.	Kapitel
KG	Kammergericht
KOM	Dokumente der Kommission der Europäischen Union
LAG	Landesarbeitsgericht
LDSG(e/en)	Landesdatenschutzgesetz(e/en)
LG	Landgericht
lit.	litera
m.w.N.	mit weiteren Nachweisen
MADG	MAD-Gesetz vom 20.12.1990 (BGBl. I S. 2954, 2977), das zuletzt durch Artikel 3 des Gesetzes vom 30.6.2017 (BGBl. I S. 2097) geändert worden ist (Gesetz über den militärischen Abschirmdienst)
Mio.	Millionen
MMR	Multimedia & Recht (Zeitschrift)
NJW	Neue Juristische Wochenschrift (Zeitschrift)
Nr.	Nummer
NVwZ	Neue Zeitschrift für Verwaltungsrecht
NZA	Neue Zeitschrift für Arbeitsrecht
o.Ä.	oder Ähnliche
OECD	Organisation for Economic Co-operation and Development
OLG	Oberlandesgericht
OVG	Oberverwaltungsgericht
PAuswG	Personalausweisgesetz
PJZS	Polizeiliche und justizielle Zusammenarbeit in Strafsachen
PNR	Passenger Name Record
POP3	Post Office Protocol Version 3
RDV	Recht der Datenverarbeitung (Zeitschrift)
RFiD	Radio Frequency Identification
RL	Richtlinie
Rn.	Randnummer
Rspr.	Rechtsprechung
S.	Seite
SCHUFA	Schutzgemeinschaft für allgemeine Kreditsicherung
Ser.	Series (Amtliche Entscheidungssammlung des EGMR, Zitierweise bis 1990)
SEV	Sammlung der Europäischen Verträge
SFS	Svensk färfattningssamling (amtliche Sammlung von Gesetzen und Verordnungen des schwedischen Reichstags)
SGB	Sozialgesetzbuch
Slg.	Sammlung

SMS	Short Message Service
sog.	so genannt(e)
st. Rspr.	ständige Rechtsprechung
StGB	Strafgesetzbuch in der Fassung der Bekanntmachung vom 13.11.1998 (BGBl. I S. 3322), das zuletzt durch Artikel 1 des Gesetzes vom 30.10.2017 (BGBl. I S. 3618) geändert worden ist
StPO	Strafprozeßordnung in der Fassung der Bekanntmachung vom 7.4.1987 (BGBl. I S. 1074, 1319), die zuletzt durch Artikel 2 des Gesetzes vom 30.10.2017 (BGBl. I S. 3618) geändert worden ist
str.	strittig
StV	Strafverteidiger (Zeitschrift)
SÜG	Sicherheitsüberprüfungsgesetz vom 20.4.1994 (BGBl. I S. 867), das zuletzt durch Artikel 4 des Gesetzes vom 18.7.2017 (BGBl. I S. 2732) geändert worden ist
TK	Telekommunikation
TKG	Telekommunikationsgesetz
TKÜV	Telekommunikations-Überwachungsverordnung in der Fassung der Bekanntmachung vom 11.7.2017 (BGBl. I S. 2316), die durch Artikel 16 des Gesetzes vom 17.8.2017 (BGBl. I S. 3202) geändert worden ist
TMG	Telemediengesetz vom 26.2.2007 (BGBl. I S. 179), das zuletzt durch Artikel 1 des Gesetzes vom 28.9.2017 (BGBl. I S. 3530) geändert worden ist
TÜV	Technischer Überwachungsverein
u.a.	unter anderem
u.U.	unter Umständen
Urt.	Urteil
USA	United States of America
UWG	Gesetz gegen den unlauteren Wettbewerb in der Fassung der Bekanntmachung vom 3.3.2010 (BGBl. I S. 254), das zuletzt durch Artikel 4 des Gesetzes vom 17.2.2016 (BGBl. I S. 233) geändert worden ist
v.a.	vor allem
Var.	Variante
VBlBW	Verwaltungsblätter Baden-Württemberg (Zeitschrift)
VDSRL	Richtlinie 2006/24/EG des Europäischen Parlaments und Rates vom 15. März 2006 über die Vorratsspeicherung von Daten, die bei der Bereitstellung öffentlich zugänglicher elektronischer Kommunikationsdienste oder öffentlicher Kommunikationsnetze erzeugt oder verarbeitet werden, und zur Änderung der Richtlinie 2002/58/EG (Vorratsdatenspeicherungsrichtlinie)
VerBAV	Veröffentlichungen des Bundesaufsichtsamtes für das Versicherungs- und Bausparwesen
vgl.	vergleiche
VO	Verordnung
VoIP	Voice over IP (Internet Protocol)
VuR	Verbraucher und Recht (Zeitschrift)
VwVfG	Verwaltungsverfahrensgesetz in der Fassung der Bekanntmachung vom 23.1.2003 (BGBl. I S. 102), das zuletzt durch Artikel 11 Absatz 2 des Gesetzes vom 18.7.2017 (BGBl. I S. 2745) geändert worden ist
WP	working paper
WRP	Wettbewerb in Recht und Praxis (Zeitschrift)

z.B.	zum Beispiel
z.T.	zum Teil
ZD	Zeitschrift für Datenschutz
ZRP	Zeitschrift für Rechtspolitik

Fallverzeichnis

Abbildungsverzeichnis

Ausgewählte Literatur

Albrecht, Jan Philipp/
Jotzo, Florian
Das neue Datenschutzrecht der EU, Baden-Baden 2017

Calliess, Christian/Ruffert,
Matthias (Hrsg.)
EUV/AEUV – Das Verfassungsrecht der Europäischen Union mit Europäischer Grundrechtecharta, 5. Aufl., München 2016

Ehlers, Dirk (Hrsg.)
Europäische Grundrechte und Grundfreiheiten, 4. Aufl., Berlin 2015

Ehmann, Eugen/
Helfrich, Marcus
EG-Datenschutzrichtlinie – Kurzkommentar, Köln 1999

Ehmann, Eugen/Selmayr,
Martin (Hrsg.)
DS-GVO. Datenschutz-Grundverordnung. Kommentar, München 2017

Eßer, Martin/Kramer, Philipp/
von Lewinski, Kai (Hrsg.)
Auernhammer – DSGVO, BDSG. Datenschutz-Grund-verordnung, Bundesdatenschutzgesetz und Nebengesetze. Kommentar, 5. Aufl. Köln 2017

Feiler, Lukas/Forgó, Nikolaus
EU-DSGVO. EU-Datenschutzgrundverordnung. Kommentar, Wien 2017

Geppert, Martin u.a. (Hrsg.)
Beck'scher TKG-Kommentar, 4. Aufl., München 2013

Gierschmann, Sibylle/
Schlender, Katharina/u.a.
(Hrsg.)
Kommentar Datenschutz-Grundverordnung, Köln 2017

Gola, Peter (Hrsg.)
Datenschutz-Grundverordnung. DS-GVO. VO (EU) 2016/679. Kommentar, München 2017

Gola, Peter/Schomerus, Rudolf
(Hrsg.)
Bundesdatenschutzgesetz – Kommentar, 12. Aufl., München 2015

Grabenwarter, Christoph
Europäische Menschenrechtskonvention, 6. Aufl., München 2016

Grote, Rainer/Marauhn, Thilo
(Hrsg.)
EMRK/GG Konkordanzkommentar zum europäischen und deutschen Grundrechtsschutz, 2. Aufl., Tübingen 2013

Jarass, Hans D.
EU-Grundrechte, München 2005

Kühling, Jürgen/Buchner,
Benedikt (Hrsg.)
Datenschutz-Grundverordnung. Kommentar, 2. Aufl., München 2018

Kühling, Jürgen/Martini, Mario
u.a.
Die Datenschutz-Grundverordnung und das nationale Recht: Erste Überlegungen zum innerstaatlichen Regelungsbedarf, Münster 2016

Kühling, Jürgen/Schall, Tobias/
Biendl, Michael
Telekommunikationsrecht, 2. Aufl., Heidelberg 2014

Meyer-Ladewig, Jens/
Nettesheim, Martin/von
Raumer, Stefan
Europäische Menschenrechtskonvention – Handkommentar, 4. Aufl., Baden-Baden 2017

Paal, Boris/Pauly, Daniel (Hrsg.)
Datenschutz-Grundverordnung, München 2017

Plath, Kai-Uwe (Hrsg.)
Kommentar zum BDSG und zur DSGVO sowie den Daten-schutzbestimmungen von TMG und TKG, 2. Aufl., Köln 2016

Roßnagel, Alexander (Hrsg.)	Das neue Datenschutzrecht, Baden-Baden 2017
Schaffland, Hans-Jürgen/ Holthaus, Gabriele/ Schaffland, Astrid	Datenschutz-Grundverordnung (DS-GVO)/Bundes-datenschutzgesetz (BDSG), Loseblattwerk, Berlin, Stand Dezember 2017
Schantz, Peter/Wolff, Heinrich Amadeus	Das neue Datenschutzrecht. Datenschutz-Grundverordnung und Bundesdatenschutzgesetz in der Praxis, München 2017
Simitis, Spiros (Hrsg.)	Bundesdatenschutzgesetz, 8. Aufl., Baden-Baden 2014
Spindler, Gerald/ Schuster, Fabian (Hrsg.)	Recht der elektronischen Medien – Kommentar, 3. Aufl., München 2015
Tinnefeld, Marie-Theres/ Buchner, Benedikt/u.a.	Einführung in das Datenschutzrecht – Datenschutz und Informationsfreiheit in europäischer Sicht, 6. Aufl., Berlin 2018
von Bogdandy, Armin/Bast, Jürgen (Hrsg.)	Europäisches Verfassungsrecht: Theoretische und dogmatische Grundzüge, 2. Aufl., Berlin 2009
Wedde, Peter	EU-Datenschutz-Grundverordnung. Kurzkommentar mit Synopse BDSG/EU-DSGVO, Frankfurt am Main 2016
Wolff, Heinrich/Brink, Stefan (Hrsg.)	Beck'scher Online-Kommentar Datenschutzrecht, 22. Edition, München 2017 Stand: 1.11.2017

Einführung

Entsprechend der Regel, die Gordon E. Moore vor gut 50 Jahren aufgestellt hat,[1] wonach die Anzahl von Transistoren auf einem Mikrochip sich alle ein bis zwei Jahre verdoppelt, werden Computer immer leistungsfähiger. Proportional dazu steigen die Möglichkeiten, Informationen über Personen zu erfassen und auszuwerten. Die technische Entwicklung der letzten 50 Jahre ist beeindruckend. Es besteht jedoch weitgehend Konsens, dass nicht alles, was technisch machbar ist, gesellschaftlich auch wünschenswert ist. **1**

Der Wandel der Datenverarbeitung selbst und mit ihm der Bedeutungsanstieg eines effektiven normativen Datenschutzes in den letzten Jahren ist vor diesem Hintergrund enorm. Dabei sind zwei Treiber zu erkennen: Die eingangs skizzierte **technische Entwicklung** einerseits, die vor allem die Datenverarbeitung in allen öffentlichen und privaten Bereichen beschleunigt und vervielfacht hat, und zunehmende **staatliche Kontroll- und Überwachungsmaßnahmen** andererseits, nicht zuletzt vor dem Hintergrund der fortdauernden terroristischen Bedrohungslage. **2**

Dabei zeichnet sich immer deutlicher ab, in welcher **Totalität** unser Alltag durch datenverarbeitende Prozesse begleitet und geprägt sein wird.[2] Durch die Miniaturisierung, die Verringerung des Energieverbrauchs, die Verbesserungen der Datenaufbewahrung und der Telekommunikationsmöglichkeiten erleben wir gegenwärtig eine beschleunigte Entwicklung und Verbreitung mobiler Kommunikationssysteme. Zudem sinken die Preise für die Speicherung von Daten rasant. Hinzu kommt die Vernetzung der vielfältigen Rechnerkapazitäten durch das Internet. Visionen einer datenbasierten Gesellschaft scheinen in naher Zukunft Realität zu werden. In dieser Welt des **„allgegenwärtigen Rechnens"** („Ubiquitous Computing") ist der Mensch stets und überall mit Computeranwendungen konfrontiert. **3**

Digitalisierung, Telemedizin, Cloud-Computing und das „Internet of Things" sind schon heute in den Medien als Schlagworte omnipräsent.[3] Das Smartphone ist für einen Großteil der Bevölkerung bereits ständiger Begleiter. „Smarte" Haustechnik optimiert die Heimautomation und spart Energie. Sie wird teils ergänzt durch ständige intelligente persönliche Assistenten, die das Heim oder den Medienkonsum steuern, aber zugleich eine ständige Datenübertragungsquelle im Haus sind – gleichsam ein freiwilliger „großer Lauschangriff" auf der Basis des Vertrauens zu privaten Unternehmen. Autos kommunizieren mit ihrer Umgebung und sollen in einigen Jahren weitgehend auto- **4**

---

1 Vgl. *Borchers*, 50 Jahre Moores Gesetz: Von der Performance von Prozessoren und der Komplexität von Chips, Heise online v. 19.4.2015, abrufbar unter https://heise.de/-2612257 (Abruf: 15.1.2018).
2 Dazu bereits *Kühling*, Die Verwaltung 2007, 153.
3 Zur Kategorisierung der Entwicklungsstufen hin zu allgegenwärtiger Datenverarbeitung vgl. noch die Vorauflage.

nom ihren Weg durch den Straßenverkehr finden. Die **fortschreitende Vernetzung** mit hohen Bandbreiten ermöglicht den Transport unvorstellbarer Mengen von Daten. Diese Möglichkeiten führen zu einer immer arbeitsteiligeren Datenverarbeitung, um Rechenkapazitäten und Know-How möglichst effizient zu nutzen und auszulasten, so dass selbst bei einfachen Vorgängen oft eine Vielzahl von Personen potentiell Zugriff auf Daten erhält. Nicht nur die dahinterstehende Technik, sondern auch die **Datenströme werden immer komplexer** und sind selbst wiederum nur automatisiert zu verwalten. Zunehmend agieren datenverarbeitende Geräte daher **automatisiert** und erfordern keine menschliche Interaktion mehr. Dabei entwickeln sich die Algorithmen selbständig weiter und schaffen so eine künstliche und lernende Intelligenz. Das alles führt zu sehr komplexen und allgegenwärtigen Datenverarbeitungsstrukturen, die selbst für Fachleute im Einzelfall nur noch **schwer zu überblicken** sind.

5   Die **Vorteile sind enorm**: Neue Produkte und Dienste wie soziale Netzwerke entstehen. Über alle Bereiche hinweg können die Produktion und der Verbrauch von Gütern deutlich effizienter gestaltet werden. Barrieren durch Landesgrenzen, Sprache und Entfernungen werden abgebaut. Der Zugang zu Informationen wird vereinfacht und diese damit für eine viel größere Zahl an Personen verfügbar.

6   **Andererseits** können **Bewegungen im Netz** weitgehend registriert werden, so dass jegliches Verhalten im Netz **digitale Spuren** hinterlässt. Damit ist die vollständige Erfassung der Handlungen in diesem immer wichtiger werdenden virtuellen Sozialraum möglich. Das gilt vor allem für die sog. Social-Web-Angebote wie die von Instagram oder Facebook.[4] Derartige Online-Plattformen eröffnen für Tausende von Nutzern die Möglichkeit des sozialen Austauschs mit all ihren privatheitsrelevanten Implikationen. Soziale Beziehungen und Strukturen werden zunehmend über das World Wide Web aufgebaut und abgewickelt – damit aber zugleich digital nachgezeichnet und datentechnisch erfassbar. Es entsteht so zunehmend ein virtuelles Abbild des Verhaltens und der sozialen Interaktionen von Menschen, das **mittels Big Data-Techniken automatisiert ausgewertet** werden kann.

7   Durch die immer weitergehende Durchdringung sämtlicher Lebensbereiche mit datenverarbeitenden Prozessen, die eine weitreichende Abbildung der „Offline-Welt" in datentechnisch erfassbaren Formen ermöglicht, ist die oben skizzierte Entwicklung nicht mehr davon abhängig, ob man sich bewusst „im Internet" bewegt. Es geschieht vielmehr beiläufig, so dass es auch immer **schwieriger wird**, sich entsprechenden **Datenverarbeitungen zu entziehen**. Andererseits eröffnet sich eine ganz neue Dimension **innovativer und attraktiver Dienste**. Die Anwendungen reichen vom Einsatz in der Arbeitswelt über den Reisebereich bis hin zu neuen Unterhaltungsformen. Insbesondere ist das Smartphone inzwischen zu einer mobilen Informations-, Navigations- und Kommunikationszentrale geworden.

---

4   Vgl. dazu *Erd*, NVwZ 2011, 19.

Zugleich werden jene Informationen **potenziell dem Zugriff hoheitlicher Organe**   8
eröffnet. Die immer wieder aufflammende Diskussion um den Zugriff auf die Toll-
Collect-Daten[5] für die Strafverfolgung ist nur ein durchaus noch beschränktes Beispiel.
Die Datenbestände sozialer Netzwerke wecken viel größere Begehrlichkeiten. Hinzu
kommt, dass zunehmend Datenbestände durch Private explizit für hoheitliche Zwecke
geschaffen werden. Das gilt beispielsweise für den Aufbau der Kontenevidenzzentrale.
Dort sind sämtliche Bestandsdaten der deutschen Banken gesammelt, also Informationen darüber, wer bei welcher Bank welche Arten von Konten führt. Noch problematischer war der massive Ausbau der Speicherpflichten für Telekommunikationsunternehmen durch die – inzwischen wohl gescheiterten[6] – mehrfachen gesetzgeberischen
Anläufe zur Einführung einer Vorratsdatenspeicherung.

Zugleich wachsen die Gefahren des missbräuchlichen Zugriffs auf jene Datenmengen   9
– sei es von hoheitlicher oder von privater Seite, die nicht zuletzt durch die **Enthüllungen von Edward Snowden** einer breiten Öffentlichkeit in ihrem vollen Ausmaß vor
Augen geführt wurden. So wundert es nicht, dass Insuffizienzen beim Datenschutz
immer öfter in die Schlagzeilen gelangen.

Mit diesen Entwicklungen erlangte auch das Datenschutzrecht als modernes Rechts-   10
gebiet eine zunehmende Bedeutung und nimmt in der öffentlichen Debatte breiten
Platz ein. Möchte man auf die Vorzüge des technischen Fortschritts nämlich nicht
schlechthin verzichten, so lassen sich **Einschränkungen für den Schutz der Daten** von
betroffenen Personen grundsätzlich nicht vermeiden.

Aufgabe des Datenschutzrechts ist es, für jeden Einzelfall eine befriedigende Antwort   11
zu liefern, ob konkret das Interesse der betroffenen Person am Schutz ihrer personenbezogenen Daten **überwiegt** oder Einschränkungen im Interesse des Gemeinwohls
oder eines Dritten hinzunehmen sind. Je mehr Daten verarbeitet werden, desto häufi-
ger stellt sich ein **(gegebenenfalls multipolarer) Grundrechtskonflikt**. Diesen im
Wege der **praktischen Konkordanz** aufzulösen, kann nur auf der Basis eines kon-
sistenten Datenschutzrechts unter Zusammenwirken von Gesetzgeber, Wissenschaft
und Rechtsprechung gelingen.

Dieses Buch soll den **Einstieg** in die Materie ermöglichen und ist sowohl für **Stu-   12
dierende** als auch für **Praktiker** geeignet. Das Buch hat dabei folgenden **Aufbau**: Eingangs werden die Grundlagen des internationalen Datenschutzrechts, aber vor allem
auch die wichtigen primär- und verfassungsrechtlichen Quellen differenziert aufbe-
reitet. Die ausführliche Darstellung der Entwicklung des Datenschutzrechts soll das
notwendige Systemverständnis schaffen. Im zweiten Kapitel steht die Daten-

---

5 Vgl. *Muschel*, Polizei soll künftig Zugriff auf Mautdaten bekommen, Badische Zeitung online
  v. 10.6.2017, abrufbar unter http://www.badische-zeitung.de/suedwest-1/polizei-soll-kuenftig-
  zugriff-auf-mautdaten-bekommen--137897974.html (Abruf: 15.1.2018).
6 Vgl. dazu auch *Kühling*, Todesstoß für die Vorratsdatenspeicherung: der Beschluss des OVG
  NRW und seine Folgen, Verfassungsblog v. 29.6.2017, abrufbar unter http://verfassungsblog.
  de/todesstoss-fuer-die-vorratsdatenspeicherung-der-beschluss-des-ovg-nrw-und-seine-folgen/
  (Abruf: 15.1.2018).

schutz-Grundverordnung (DS-GVO) im Vordergrund sowie deren Zusammenspiel mit den deutschen Datenschutzgesetzen auf Bundes- und Landesebene. Das dritte Kapitel befasst sich mit besonderen Verarbeitungssituationen in DS-GVO und BDSG und behandelt die bereichsspezifischen Datenschutzvorschriften im Rahmen der Verbrechensbekämpfung und im Telekommunikationssektor.

1. Kapitel

Grundlagen

Das Datenschutzrecht ist ein vergleichsweise junges Rechtsgebiet. Die Kodifikation des   **13**
Datenschutzrechts nahm in Deutschland erst 1970 mit dem hessischen Datenschutzgesetz ihren Anfang.[1] Auch in anderen europäischen Staaten wurden in den 1970er
Jahren die ersten Datenschutzgesetze verabschiedet.[2] Zeitgleich beschleunigten die
Globalisierung und die fortschreitende Digitalisierung den grenzüberschreitenden Datenaustausch, so dass entsprechende Regeln auf **inter- und supranationaler** Ebene
erforderlich wurden. Motoren dieser Entwicklung waren die OECD[3] und der Europarat
(siehe hierzu A.), erst zu einem relativ späten Zeitpunkt folgten vergleichbare Entwicklungen auch auf supranationaler Ebene (siehe hierzu B.). Wichtig für das Verständnis
des Datenschutzrechts sind sodann die **verfassungsrechtlichen Vorprägungen** sowohl mit Blick auf die Gesetzgebungskompetenzen als auch die Grundrechte (dazu
C.). Schließend ist für das Verständnis des geltenden Rechts ein Überblick über die
Genesis der verschiedenen Kodifikationen auf nationaler und EU-Ebene und ihr
Zusammenspiel erforderlich (dazu D.).

A. Internationale Grundlagen

I. Vereinte Nationen

Wenngleich die Generalversammlung der Vereinten Nationen zum Schutz der Men-   **14**
schenrechte vor dem Hintergrund der wachsenden Gefahren durch die automatisierte
Verarbeitung personenbezogener Daten 1990 **Leitlinien**[4] aufstellte, bleiben diese in
ihrer materiellen Ausgestaltung des Datenschutzes weit hinter den im Folgenden dargestellten Abkommen zurück. Sie formulieren sehr allgemein gehalten den Grundsatz
der **Richtigkeit** von Daten, der **Zweckbestimmung** und der **Einsichtnahme** der betroffenen Person aus und treffen allgemeine Aussagen zum **grenzüberschreitenden
Datenverkehr**. Die Leitlinien sind dabei völkerrechtlich *nicht* bindend, sondern haben
lediglich empfehlenden Charakter.

---

1 Hessisches Datenschutzgesetz v. 30.9.1970, GVBl. I 1970, 625; ausführlich hierzu zum BDSG a.F.
   Simitis, in: Simitis (Hrsg.), Kommentar zum BDSG, 8. Aufl. 2014, Einl. Rn. 1 ff.
2 Siehe etwa das schwedische Datenschutzgesetz von 1973, Datalag SFS 1973:289. 1977 folgte das
   deutsche Datenschutzgesetz (BDSG); zu dieser Entwicklung auch *Mehde*, in: Heselhaus/Nowak
   (Hrsg.), Handbuch der Europäischen Grundrechte, 2006, § 21 Rn. 7.
3 Organisation for Economic Co-operation and Development – Organisation für wirtschaftliche
   Zusammenarbeit und Entwicklung.
4 Richtlinien betreffend personenbezogene Daten in automatisierten Dateien, von der Generalversammlung beschlossen am 14.12.1990.

15 Während im normativen Bereich auf Ebene der Vereinten Nationen zwischenzeitlich keine datenschutzrechtlich relevanten Entwicklungen zu verzeichnen sind, haben die bestürzenden und aufklärenden **Enthüllungen Edward Snowdens** im Frühsommer 2013 eine zumindest politische und zum Teil ambivalente Dynamik freigesetzt.

16 Insbesondere auf Ebene der Vereinten Nationen haben deutsche Entscheidungsträger den Versuch unternommen, den Schutz der Privatheit und entsprechend den Datenschutz im digitalen Zeitalter auf die Agenda zu setzen. Nachdem durch die Veröffentlichung der so genannten Snowden-Dokumente die schier unbegrenzte Überwachung der weltweiten Kommunikation und die massenhafte Erhebung und Verarbeitung auch personenbezogener Daten durch eine Reihe von Geheimdiensten[5] deutlich geworden war, wurden durch die Generalversammlung der Vereinten Nationen auf Initiative Deutschlands und Brasiliens[6] hin **zwei Resolutionen** über „Das Recht auf Privatheit im digitalen Zeitalter" verabschiedet.[7] In diesen in erster Linie politischen, aber rechtlich nicht bindenden Entscheidungen der Generalversammlung wird das Recht auf Privatheit und Datenschutz auch im digitalen Zeitalter bekräftigt und klargestellt, dass die gleichen Rechte, die Menschen offline haben, auch online geschützt werden müssen. Zudem wird die **Hohe Kommissarin der Vereinten Nationen für Menschenrechte** ersucht, dem Menschenrechtsrat und der Generalversammlung einen Bericht über den Schutz und die Förderung des Rechts auf Privatheit im Kontext des innerstaatlichen und exterritorialen Überwachens und/oder Abfangens von digitaler Kommunikation und Sammelns personenbezogener Daten, namentlich in massivem Umfang, vorzulegen.

17 Nachdem dieser Bericht dem Menschenrechtsrat wie auch der Generalversammlung vorgelegt wurde,[8] entschied der Menschenrechtsrat am 26.3.2015 ein Mandat für einen **UN-Sonderberichterstatter zum „Recht auf Privatheit"** einzurichten.[9] Der Bericht stellt fest, dass die bekannt gewordenen Praktiken der Massenüberwachung und

---

5 Darunter zu allererst die US-amerikanische National Security Agency (NSA) und die britische Government Communications Headquarters (GCHQ). Im und außerhalb des NSA-Untersuchungsausschusses des Bundestags tritt jedoch auch die Teilnahme des Bundesnachrichtendienstes (BND) immer deutlicher zu Tage, vgl. nur *Baumgärtner/Gude/u.a.*, Überwachung: Neue Spionageaffäre erschüttert BND, Spiegel Online v. 23.4.2015, abrufbar unter http://www.spiegel.de/politik/deutschland/ueberwachung-neue-spionageaffaere-erschuettert-bnd-a-1030191.html (Abruf: 15.1.2018) und *Mascolo/Goetz*, EU und Frankreich auf NSA-Spionageliste, Süddeutsche Zeitung v. 24.4.2015, abrufbar unter http://www.sueddeutsche.de/politik/spionageaffaere-so-lax-gingen-bnd-und-kanzleramt-mit-der-nsa-um-1.2451318 (Abruf: 15.1.2018).
6 Zuvor war bekannt geworden, dass die deutsche Kanzlerin und die brasilianische Staatspräsidentin von US-amerikanischen Geheimdiensten abgehört worden waren.
7 A/RES/68/167 v. 18.12.2013 und A/RES/69/166 v. 18.12.2014, abrufbar unter https://ccdcoe.org/sites/default/files/documents/UN-131218-RightToPrivacy.pdf bzw. http://www.un.org/depts/german/gv-69/band1/ar69166.pdf (Abruf: 15.1.2018).
8 A/HRC/27/37 v. 30.6.2014, abrufbar unter https://www.google.de/url?sa=t&rct=j&q=&esrc=s&source=web&cd=1&cad=rja&uact=8&ved=0ahUKEwjZ2qak2tzYAhVNY1AKHfCiDNQQFgguMAA&url=http%3A%2F%2Fwww.ohchr.org%2FEN%2FHRBodies%2FHRC%2FRegularSessions%2FSession27%2FDocuments%2FA.HRC.27.37_en.pdf&usg=AOvVaw3xNv-ZKBuGNERSLadGTXjA (Abruf: 15.1.2018).
9 A/HRC/28/L.27 v. 24.3.2015, abrufbar unter http://www.ip-watch.org/2015/03/26/un-human-rights-council-approves-expert-on-privacy-in-the-digital-age/ (Abruf: 15.1.2018).

-datenerhebung wie auch -datenverwendung geeignet sind, auch gegen die garantierten Menschenrechte und insbesondere gegen das Recht auf Privatheit zu verstoßen. In jedem Fall würde in dieses und weitere Menschenrechte eingegriffen, weshalb die verantwortlichen Staaten in der Pflicht seien, diese Eingriffe zu rechtfertigen und darzulegen, inwiefern hierdurch der Kern der im Fokus stehenden Menschenrechte nicht ausgehöhlt wird. Darüber hinaus wird dargelegt, dass die Konventionsstaaten die Pflicht haben, den Schutz der betreffenden Menschenrechte zu gewährleisten, was auch bedeute, die exterritoriale Ausfuhr von Überwachungstechnologien genau zu prüfen. Schließlich hebt die Hohe Kommissarin für Menschenrechte in ihrem Bericht hervor, dass mit dem zunehmenden Zu- und Rückgriff der Konventionsstaaten auf Private – in erster Linie Telekommunikations- und Internetunternehmen – auch diese sich bewusst sein müssen, sich mit ihren Geschäftspraktiken in Mittäterschaft an Menschenrechtsverletzungen bringen zu können.[10]

Bereits in diesem **Bericht** wurde angeregt, weitere gründliche Analysen und Untersuchungen anzustrengen, um die mannigfaltigen Fragestellungen und Problemkreise des Rechts auf Privatheit (und informationeller Selbstbestimmung) im digitalen Zeitalter aufzuarbeiten und Menschenrechte effektiv zu schützen.[11] In der Folge fiel diese Anregung auf fruchtbaren Boden, denn der Menschenrechtsrat der Vereinten Nationen sieht in seiner Resolution[12] ein zunächst dreijähriges Mandat für einen **Sonderberichterstatter** zum „Recht auf Privatheit" vor. Das Mandat umfasst alle Aspekte des Menschenrechts auf Privatheit, das in Art. 12 der Allgemeinen Erklärung der Menschenrechte und in Art. 17 des Internationalen Pakts über bürgerliche und politische Rechte garantiert wird. Zwischenzeitlich liegen mehrere Berichte des Sonderberichterstatters vor.[13] Der jüngste Bericht vom 24.2.2017 befasst sich intensiv mit der Überwachung durch staatliche Stellen. Es wird insbesondere angeregt, die internationale Zusammenarbeit zu verstärken[14] und die Öffentlichkeit umfassender zu informieren.[15] Auch wird die vielfach pauschale Gleichsetzung von mehr Überwachung mit einem Mehr an Sicherheit kritisiert.[16]

18

10　A/HRC/27/37 v. 30.6.2014, S. 16 f., abrufbar unter http://www.un.org/depts/german/men schenrechte/a-hrc-27-37.pdf (Abruf: 15.1.2018).

11　A/HRC/27/37 v. 30.6.2014, S. 18, abrufbar unter http://www.un.org/depts/german/menschen rechte/a-hrc-27-37.pdf (Abruf: 15.1.2018).

12　A/HRC/28/L.27 v. 24.3.2015, abrufbar unter http://ap.ohchr.org/documents/E/HRC/d_res_dec/ A_HRC_28_L27.doc (Abruf: 15.1.2018).

13　A/HRC/31/64 v. 24.11.2016, abrufbar unter https://www.google.de/url?sa=t&rct=j&q=&esrc= s&source=web&cd=1&cad=rja&uact=8&ved=0ahUKEwiF9Nbd2tzYAhVDJFAKHcA4A7YQFggxMA A&url=http%3A%2F%2Fwww.ohchr.org%2FDocuments%2FIssues%2FPrivacy%2FA-HRC-31-64.doc&usg=AOvVaw15xFL8QmKg4q7TCedFBO3w; A/71/368 v. 30.8.2016, abrufbar unter http://www.un.org/ga/search/view_doc.asp?symbol=A/71/368; A/HRC/34/60 v. 24.2.2017, abrufbar unter https://www.documentcloud.org/documents/3514983-UN-special-rapporteur-on-the-right-to-privacy.html (alle abgerufen am 15.1.2018).

14　A/HRC/34/60 v. 24.2.2017, abrufbar unter https://www.documentcloud.org/documents/35149 83-UN-special-rapporteur-on-the-right-to-privacy.html (Abruf: 15.1.2018), S. 12, 17 ff.

15　A/HRC/34/60 v. 24.2.2017, abrufbar unter https://www.documentcloud.org/documents/35149 83-UN-special-rapporteur-on-the-right-to-privacy.html (Abruf: 15.1.2018), S. 13.

16　A/HRC/34/60 v. 24.2.2017, abrufbar unter https://www.documentcloud.org/documents/35149 83-UN-special-rapporteur-on-the-right-to-privacy.html (Abruf: 15.1.2018), S. 14 f.

II. OECD

19 Die 1948 gegründete Organisation für europäische wirtschaftliche Zusammenarbeit war die Vorgängerorganisation der Organisation für wirtschaftliche Zusammenarbeit und Entwicklung (OECD). Ihr gehören neben den Mitgliedstaaten der EU auch die USA und insbesondere Japan, Kanada und Mexiko an. Die OECD hat früh die Notwendigkeit einer internationalen Regelung des Datenschutzes erkannt. Datenschutz sollte sich nicht zu einem diskriminierenden **Handelshemmnis** entwickeln, das die sich intensivierende Weltwirtschaft behindern könnte. Vielmehr sollte der Datenschutz mit dem **freien Informationsfluss** in Einklang gebracht werden. So verabschiedete der Ministerrat der OECD 1980 die „**Leitlinien** für den Schutz des Persönlichkeitsbereichs und den grenzüberschreitenden Verkehr personenbezogener Daten".[17] Neben **verfahrensrechtlichen** Vorgaben enthalten die Leitlinien insbesondere **materielle** Verarbeitungsregeln und Regeln zu **grenzüberschreitenden Datenübermittlungen**. Die Leitlinien sollten vor allem verhindern, dass eine Kluft zwischen europäischen und US-amerikanischen Datenschutzbestimmungen entsteht. Dabei wird der Ansatz der **Selbstregulierung** zu Grunde gelegt, d.h. die Verantwortlichen bestimmen den Umgang mit personenbezogenen Daten eigenverantwortlich und unterstehen nur ihrer eigenen privaten Kontrolle.[18]

20 Obwohl die Leitlinien als Rechtsinstrument der OECD völkerrechtlich **nicht bindend** sind und die Mitgliedstaaten nicht verpflichtet sind, die getroffenen Vereinbarungen in nationales Recht umzusetzen, haben sie entscheidend dazu beigetragen, den Datenschutz als Gegenstand internationaler Regulierung zu etablieren.[19]

21 In den Jahren seit 2008 rückte das Thema des Datenschutzes und der Datensicherheit auch bei der OECD immer mehr in den Vordergrund, so dass die Organisation selbst mittlerweile von einem „**privacy framework**" spricht, zu dem nicht zuletzt auch eine überarbeitete Fassung der oben beschriebenen Leitlinien gehört.[20] Diese wurden – die Leitlinien aus dem Jahre 1980 nicht ersetzend,[21] sondern fortschreibend und straffend – 2013 verabschiedet. Nicht zuletzt werden nun die Entwicklung der Informationstechnologie und die Globalisierung der Datenverwendung verstärkt berücksichtigt.

22 Im Vergleich der beiden Fassungen der Leitlinien fällt insbesondere auf, dass in der neueren Fassung der staatliche Eingriff in den Informationsfluss und die Datenübermittlung in den Fokus gerückt ist. Mit den Punkten 3 bis 6 der Leitlinien werden die

---

17 OECD-Dokument C (80) 58 (final).

18 *Vgl. Tinnefeld/Buchner/u.a.*, Einführung in das Datenschutzrecht, 6. Aufl. 2018, S. 83 f.

19 *Burkert*, in: Roßnagel (Hrsg.), Handbuch Datenschutzrecht, 2003, Kap. 2.3 Rn. 30 ff.

20 C (2013) 79 v. 11.7.2013; eine konsolidierte Sammlung der zum Datenschutzrahmen der OECD gehörenden Dokumente „The OECD Privacy Framework", 2013, ist abrufbar unter http://www.oecd.org/sti/ieconomy/oecd_privacy_framework.pdf (Abruf: 15.1.2018).

21 Daher wurden, wie die Organisation erklärt, die erläuternden Hinweise zu den Leitlinien aus dem Jahr 2008 in das Framework 2013 übernommen; The OECD Privacy Framework, 2013, Kap. 3 S. 5, abrufbar unter http://www.oecd.org/sti/ieconomy/oecd_privacy_framework.pdf (Abruf: 15.1.2018).

Warnung, die **Meinungsfreiheit** nicht unverhältnismäßig einzuschränken und Verweise auf die öffentliche Sicherheit und den ordre public-Vorbehalt zu Zwecken der Einschränkung auf ein Minimum zu reduzieren, gleichsam vor die Klammer gezogen.[22] Der Aspekt der internationalen Datenverwendung – und somit die zentrale Regelungsmaterie der Leitlinien – ist gegenüber der ursprünglichen Leitlinienfassung bemerkenswert umgeschrieben worden. Während bisher als erster Regelungspunkt die Möglichkeit der internationalen Datenverwendung Ausgangspunkt war, wird der entsprechende Abschnitt nunmehr mit der Feststellung eröffnet, verarbeitende Stellen blieben für den Umgang mit den von ihnen verwendeten Daten ohne Rücksicht darauf verantwortlich, wo sich die Daten jeweils befänden.[23] Hervorzuheben ist schließlich die konsequente Fortschreibung des Prinzips der **Selbstregulierung** als grundsätzlicher Ansatz des Vollzugs der Leitlinien wie auch der materiellen Regelungen selbst.[24]

Neben den erläuternden Hinweisen zu den jeweiligen Leitlinien und einem Hintergrundbericht zur Überarbeitung eben jener besteht das „privacy framework" der OECD darüber hinaus aus der Empfehlung über die grenzüberschreitende Zusammenarbeit beim Vollzug von Datenschutzgesetzen und dem zugehörigen Umsetzungsbericht.[25]   **23**

III. Europarat

Der 1949 gegründete Europarat hat als Zielsetzung die dauerhafte Sicherung der Demokratie, der Rechtsstaatlichkeit und der Menschenrechte in Europa (Art. 1, 3 der Satzung des Europarats).[26] In Erfüllung dieser Aufgaben erarbeitete der Europarat die **Europäische Menschenrechtskonvention (EMRK)**, die 1950 unterzeichnet wurde und 1953 in Kraft trat. Dem Europarat gehören 47 europäische Staaten an.[27] Er hat maßgeblich zur Entwicklung und Verrechtlichung der Menschenrechte beigetragen. Gerade das Datenschutzrecht zeigt im Übrigen, dass der Europarat auch auf die Entwicklung des Rechts der Europäischen Gemeinschaften eingewirkt hat und nunmehr auf das der Europäischen Union einwirkt.   **24**

---

22 *Simitis*, in: Simitis (Hrsg.), Kommentar zum BDSG, 8. Aufl. 2014, Einl. Rn. 185.
23 The OECD Privacy Framework, 2013, Nr. 16, abrufbar unter http://www.oecd.org/sti/ieconomy/oecd_privacy_framework.pdf (Abruf: 15.1.2018).
24 Siehe weiterführend *Simitis*, in: Simitis (Hrsg.), Kommentar zum BDSG, 8. Aufl. 2014, Einl. Rn. 188 ff.
25 Recommendation of the Council on Cross-border Cooperation in the Enforcement of Laws Protecting Privacy, C (2007) 67 v. 12.6.2007, und Report on the Implementation of the 2007 OECD Recommendation on Privacy Law Enforcement Co-operation, 2011, 2. Teil des OECD Privacy Frameworks, 2013, abrufbar unter http://www.oecd.org/sti/ieconomy/oecd_privacy_framework.pdf (Abruf: 15.1.2018).
26 Satzung des Europarates v. 5.5.1949, SEV-Nr. 1.
27 Abrufbar unter https://www.coe.int/de/web/portal/47-members-states (Abruf: 15.1.2018).

25 ┌─── **Fallbeispiel 1** ──

Anonyme Kontaktanzeige – Datenschutz nach Art. 8 EMRK

Eine unbekannte Person stellte eine Bekanntschaftsanzeige auf einer Dating-Seite im Internet ein.[28] Diese Anzeige enthielt

- den Namen und das Alter des Beschwerdeführers, der damals 12 Jahre alt war,
- eine detaillierte Beschreibung seiner körperlichen Eigenschaften,
- einen Link zu seiner Homepage, auf der er auch sein Foto eingestellt hatte und
- seine Telefonnummer, die bis auf eine Ziffer zutreffend war.

In der Anzeige wurde behauptet, dass der Beschwerdeführer eine intime Beziehung mit einem Jungen seines Alters oder einer älteren Person suche mit dem Ziel „to show him the way". Die Anzeige auf der Dating-Seite erfolgte ohne Wissen des Beschwerdeführers. Dieser erhielt erst Kenntnis, als ihn ein erwachsener Mann per E-Mail kontaktierte und anbot, ihn zu treffen und „then to see what you want". Unstrittig handelt es sich bei der Veröffentlichung um eine strafbare Handlung. Der Vater des Beschwerdeführers beantragte bei der Polizei, die Person zu ermitteln, die die Anzeige ins Internet gestellt hat. Die Polizei ermittelte die dynamische IP-Adresse. Der von der Polizei in Anspruch genommene Internetzugangsanbieter (Service-Provider) weigerte sich indes, die zu der IP-Adresse korrelierenden Bestandsdaten bekannt zu geben. Der Service-Provider berief sich auf den Schutz seiner Berufs- und Geschäftsgeheimnisse und auf die Wahrung des Datenschutzes gemäß den Bestimmungen des nationalen Telekommunikationsgesetzes. Die zuständige Behörde verklagte den Service-Provider vor nationalen Gerichten aller Instanzen auf Bekanntgabe der Bestandsdaten. Das erstinstanzliche Gericht stellte in einer Entscheidung fest, dass im nationalen Recht keine Rechtsgrundlage für die Bekanntgabe von Telekommunikationsdaten bei Verleumdung bestünde. Diese Entscheidung hatte vor allen nationalen Gerichten Bestand. Der Beschwerdeführer verklagt deswegen den Konventionsstaat wegen der Verletzung seines Rechts auf „Privatheit" (Art. 8 EMRK) durch die nationalen Gerichte vor dem EGMR. Der Beschwerdeführer behauptet, dass der Konventionsstaat die Schutzpflicht für seine Privatheit nicht erfüllt habe.

Ist die Beschwerde begründet?

(Lösung siehe Rn. 39)

1. Recht auf Achtung des Privatlebens und der Korrespondenz (Art. 8 EMRK)

26 Die Europäische Menschenrechtskonvention (EMRK) stellt einen Meilenstein in der Entwicklung und Durchsetzung der Menschenrechte dar. Bei der EMRK handelt es sich um einen **völkerrechtlichen Vertrag**, der die Vertragsstaaten bindet. Einen wesentlichen Schub als internationales Menschenrechtsinstrument in Europa hat die EMRK durch die Einrichtung des ständigen **Europäischen Gerichtshofs für Menschenrechte** (EGMR) erhalten. Der neue EGMR trat 1998 an die Stelle des bisherigen, komplizierten Kontrollmechanismus, an dem die Europäische Menschenrechtskommission, der Ministerrat und der alte EGMR beteiligt waren. In Deutschland hat die EMRK zwar formell den Rang eines einfachen Gesetzes, jedoch betont das BVerfG, dass andere gesetzliche Bestimmungen der Bundesrepublik im Lichte der EMRK auszulegen sind.[29] Damit steht die **EMRK** de facto **über dem einfachen Gesetz**, ohne einen verfassungsrechtlichen Rang zu beanspruchen.

---

28 Angelehnt an EGMR, Urt. v. 2.12.2008, No. 2872/02, ECHR 2008-V, 125 – *K.U./Finnland.*
29 BVerfG, Beschl. v. 26.3.1987, 2 BvR 589/79 u.a. = BVerfGE 74, 358 (370); Urt. v. 4.5.2011, 2 BvR 2365/09 u.a. = BVerfGE 128, 326 = NJW 2011, 1931, Leitsatz 2.

Die Konvention enthält als Grundrechtsdokument aus dem Jahr 1950 *kein* eigenes 27 Datenschutzgrundrecht. Grundlage für den Datenschutz ist stattdessen das in Art. 8 Abs. 1 EMRK garantierte **Recht auf Achtung des Privatlebens und der Korrespondenz**. Schon früh hat die Europäische Menschenrechtskommission im Zusammenhang mit nationalen Volkszählungen aus Art. 8 Abs. 1 EMRK ein Recht auf den Schutz personenbezogener Daten entwickelt und es dem **Schutzbereich der Privatsphäre** zugeordnet.[30] Der Begriff der Korrespondenz wurde von den Konventionsorganen ebenfalls weit ausgelegt. Geschützt ist die **Vertraulichkeit der Individualkommunikation**, wenn zu Kommunikationszwecken Dritte (z.B. Telekommunikationsanbieter) in den Vorgang einbezogen werden. Der Schutzbereich umfasst demzufolge auch E-Mails, Telefongespräche und die Internet-Telefonie.[31] Ferner sind der Inhalt der Individualkommunikation sowie die Kommunikationsumstände (z.B. Verkehrsdaten) Teil des Schutzes der Privatsphäre.[32] Demnach wird in der Sache ein Datenschutzgrundrecht anerkannt, ohne dass dieses wie in Deutschland mit dem Recht auf informationelle Selbstbestimmung als eigenständige Emanation aus dem allgemeinen Recht auf Achtung des Privatlebens und der Korrespondenz eine gesonderte Bezeichnung erlangt hat. Gleichwohl entspricht in der Tendenz der Schutz der Achtung des Privatlebens dem allgemeinen Datenschutzgrundrecht (Recht auf informationelle Selbstbestimmung), während der Schutz der Korrespondenz dem Telekommunikationsgeheimnis (Fernmeldegeheimnis) entspricht.

Jede Erhebung, Speicherung, Weitergabe oder sonstige Verarbeitung personenbezogener Daten stellt dabei einen **Eingriff** in dieses Recht dar und muss gerechtfertigt werden.[33] Gemäß Art. 8 Abs. 2 EMRK muss der Eingriff gesetzlich geregelt sein. Die Rechtmäßigkeit des Eingriffs setzt des Weiteren voraus, dass ein legitimes, in Abs. 2 näher bestimmtes Ziel verfolgt wird. Schließlich darf der Eingriff nicht gegen den **Grundsatz der Verhältnismäßigkeit** verstoßen. Er muss mithin geeignet, erforderlich und angemessen sein. Das Recht der betroffenen Personen auf Schutz ihrer personenbezogenen Daten muss mit den öffentlichen Interessen, die für einen Eingriff sprechen, abgewogen werden.[34] Wenngleich der EGMR einem für die Konventionspraxis typischen kasuistischen Ansatz folgt und dogmatisch nicht immer überzeugt,[35] hat er bei der Prüfung der **Rechtfertigung** eines Eingriffs in den Menschenrechtsgehalt des

---

30 *EKMR, Urt. v. 6.10.1982, No. 9702/82, DR 30, 239 (241) – X. v. Vereinigtes Königreich; Marauhn/ Meljnik*, in: Grote/Marauhn (Hrsg.), EMRK/GG, Band I, 2. Aufl. 2013, Kap. 16 Rn. 24.

31 Vgl. EGMR, Urt. v. 6.9.1978, No. 5029/71, Ser. A 28, Nr. 37 – *Klass u.a./Deutschland*; Urt. v. 2.8.1984, No. 8691/79, Ser. A 82, Nr. 64 – *Malone/Vereinigtes Königreich*; Urt. v. 24.4.1990, No. 11105/84, Ser. A 176-B, Nr. 8, 25 – *Huvig/Frankreich*; Urt. v. 22.10.2002, No. 47114/99 – *Taylor-Sabori/Vereinigtes Königreich*.

32 *Grabenwarter/Pabel*, EMRK, 6. Aufl. 2016, § 22 Rn. 10; *Marauhn/Meljnik*, in: Grote/Marauhn (Hrsg.), EMRK/GG, Band I, 2. Aufl. 2013, Kap. 16 Rn. 28; *Uerpmann-Wittzack/Jankowska-Gilberg*, MMR 2008, 83 (87).

33 EGMR, Urt. v. 24.4.1990, No. 11801/85, Ser. A 176-A, Nr. 26 – *Kruslin/Frankreich*; Urt. v. 25.3.1998, No. 23224/94, ECHR 1998-II, 524, Nr. 51 – *Kopp/Schweiz*; Urt. v. 16.2.2000, No. 27798/95, ECHR 2000-II, 58, Nr. 44 – *Amann/Schweiz*.

34 EGMR, Urt. v. 25.2.1997, No. 22009/93, ECHR 1997-I, 347, Nr. 95 – *Z./Finland*; Urt. v. 28.1.2003, No. 44647 ECHR 2003-I, 123, Nr. 79 – *Peck*; ausführlich *Grabenwarter/Pabel*, EMRK, 6. Aufl. 2016, § 22 Rn. 45.

35 *Uerpmann-Wittzack/Jankowska-Gilberg*, MMR 2008, 83 (86 f.).

Art. 8 Abs. 1 EMRK eine an den Teilbereichen des Schutzgehalts orientierte Systematik entwickelt. Zwar lässt die Rechtsprechung beispielsweise bei der Telefonüberwachung und der Speicherung von Verbindungsdaten offen, ob diese Eingriffe dem Recht auf Schutz personenbezogener Daten, mithin dem Teilbereich des Schutzes der Privatsphäre, oder dem Schutz der Vertraulichkeit der vermittelten Kommunikation, also dem Schutz der Korrespondenz, zuzuordnen sind.[36] Für beide Schutzbereiche hat der EGMR jedoch **strukturgleiche**, erhöhte Anforderungen an die Rechtfertigung eines Eingriffs aufgestellt. Während der EGMR den staatlichen Stellen einen weiten Beurteilungsspielraum bzw. eine weite Einschätzungsprärogative bezüglich der Legitimität des verfolgten Ziels und Zwecks belässt,[37] stellt er an die grundsätzlich erforderliche **gesetzliche Rechtsgrundlage** hohe Anforderungen.[38] Das zum Eingriff ermächtigende Gesetz muss besonders deutlich und genau sein. Dem Bestimmtheitsgebot misst der EGMR insbesondere bei heimlichen Eingriffen eine für die Beurteilung der Angemessenheit des Eingriffs entscheidende Bedeutung zu. Gleichfalls ausschlaggebend sind Vorkehrungen gegen Datenmissbrauch und die Möglichkeit der betroffenen Person, Auskunft zu den über sie gesammelten Daten zu verlangen.[39] Das Gesetz hat zu bestimmen, wer welche Daten zu welchem Zweck verarbeiten darf, wie lange solche Daten aufbewahrt werden dürfen und wie diese Vorgaben kontrolliert werden.[40] Schließlich spielen auch der Aussagegehalt und die Verwendungsmöglichkeiten der Daten eine Rolle bei der durchzuführenden Abwägung.[41] **Gesundheitsdaten** dürfen beispielsweise nur unter engen Voraussetzungen verarbeitet und genutzt werden.[42]

---

36 EGMR, Urt. v. 6.9.1978, No. 5029/71, Ser. A 28, Nr. 41 – *Klass u.a./Deutschland*; Urt. v. 2.8.1984, No. 8691/79, Ser. A 82, Nr. 64 – *Malone/Vereinigtes Königreich*; Urt. v. 15.6.1992, No. 12433/86, Ser. A 238, Nr. 39 – *Lüdi/Schweiz*; Urt. v. 16.2.2000, No. 27798/95, ECHR 2000-II, 58, Nr. 44 – *Amann/Schweiz*; Urt. v. 3.4.2007, No. 62617/00 = EuGRZ 2007, 415, Nr. 41 – *Copland/ Vereinigtes Königreich*.

37 *Uerpmann-Wittzack*, in: Ehlers (Hrsg.), Europäische Grundrechte und Grundfreiheiten, 4. Aufl. 2015, § 3 Rn. 24; *Uerpmann-Wittzack/Jankowska-Gilberg*, MMR 2008, 83 (87); *Meyer-Ladewig/Nettesheim*, in: Meyer-Ladewig/Nettesheim/v. Raumer (Hrsg.), EMRK, 4. Aufl. 2017, Art. 8 Rn. 109; *Gersdorf*, in: Gersdorf/Paal (Hrsg.), BeckOK Informations- und Medienrecht, 18. Ed. 2017, Art. 8 EMRK Rn. 55.

38 *Grabenwarter/Pabel*, EMRK, 6. Aufl. 2016, § 22 Rn. 39; *Meyer-Ladewig/Nettesheim*, in: Meyer-Ladewig/Nettesheim/v. Raumer (Hrsg.), EMRK, 4. Aufl. 2017, Art. 8 Rn. 34; *Gersdorf*, in: Gersdorf/Paal (Hrsg.), BeckOK Informations- und Medienrecht, 18. Ed. 2017, Art. 8 EMRK Rn. 53 f.

39 EGMR, Urt. v. 2.8.1984, No. 8691/79, Ser. A 82, Nr. 67 – *Malone/Vereinigtes Königreich*; Urt. v. 24.4.1990, No. 11801/85, Ser. A 176-A, Nr. 30 – *Kruslin/Frankreich*; Urt. v. 25.3.1998, No. 23224/94, ECHR 1998-II, 524, Nr. 64 – *Kopp/Schweiz*; Urt. v. 16.2.2000, No. 27798/95, ECHR 2000-II, 58, Nr. 52 ff. – *Amann/Schweiz*; Urt. v. 3.4.2007, No. 62617/00 = EuGRZ 2007, 415, Nr. 47 f. – *Copland/Vereinigtes Königreich*; *Johlen*, in: Stern/Sachs (Hrsg.), Europäische Grundrechte-Charta, 2016, Art. 8 Rn. 15 u. Fn. 27.

40 EGMR, Urt. v. 16.3.1987, No. 9248/81, Ser. A 116, Nr. 48 – *Leander/Schweden*; Urt. v. 16.2.2000, No. 27798/95, ECHR 2000-II, 58, Nr. 76 ff. – *Amann/Schweiz*.

41 EGMR, Urt. v. 16.3.1987, No. 9248/81, Ser. A 116, Nr. 48 – *Leander/Schweden*; Urt. v. 15.6.1992, No. 12433/86, Ser. A 238, Nr. 39 – *Lüdi/Schweiz*; Urt. v. 16.2.2000, No. 27798/95, ECHR 2000-II, 58, Nr. 44 – *Amann/Schweiz*; Urt. v. 4.5.2000, No. 28341/95, ECHR 2000-V, 61 – *Rotaru/ Rumänien*; *Johlen*, in: Stern/Sachs (Hrsg.), Europäische Grundrechte-Charta, 2016, Art. 8 Rn. 14 u. Fn. 26.

42 EGMR, Urt. v. 25.2.1997, No. 22009/93, ECHR 1997-I, 347, Nr. 95 ff. – *Z./Finnland*.

Die Rechtsprechung des EGMR hat die Eigenständigkeit und Bedeutung des Rechts auf **29**
den Schutz der personenbezogenen Daten erkannt und weist große Parallelen zur
Rechtsprechung des BVerfG auf, sowohl von der angewandten Prüfungsstruktur als
auch vom gewährten Schutzniveau her.[43] So stellt der EGMR auch fest, dass das Recht
auf den Schutz personenbezogener Daten *nicht* schrankenlos gewährleistet werden
kann, sondern insbesondere mit den Konventionsrechten anderer in Einklang gebracht
werden muss. Dementsprechend ist der EGMR mittlerweile dazu übergegangen, ausdrücklich **Schutzpflichten** des Staates in Fällen anzuerkennen, in denen sich ausschließlich Private gegenüberstehen. Der Staat missachtet seine Schutzpflicht etwa
dann, wenn er eine Rechtslage aufrechterhält, die die Identifizierung einer Privatper-
son aus datenschutzrechtlichen Gründen verhindert, obwohl die zur Identifizierung
und zur Aufklärung der Straftat benötigten Daten beim Internetzugangsanbieter vorliegen. Im konkreten Fall konnte ein in seinem Privatleben empfindlich gestörter Minderjähriger nicht gegen den Täter vorgehen, weil die nationalstaatliche Rechtslage eine
Verwendung vorliegender personenbezogener Daten zur Identifizierung des Täters
nicht erlaubte. Dies stellt nach Ansicht des EGMR eine Verletzung der Schutzpflicht des
Konventionsstaates dar.[44]

2. Datenschutz-Konvention des Europarats

Im Europarat war man sich der durch die moderne Datenverarbeitungstechnologie **30**
entstandenen Gefahren für das Persönlichkeitsrecht des Einzelnen früh bewusst. Nach
zwei Entschließungen des Ministerkomitees zur Verarbeitung personenbezogener Daten im nichtöffentlichen (1973)[45] und im öffentlichen (1974)[46] Bereich wurde 1981 das
„Übereinkommen zum Schutz des Menschen bei der automatischen Verarbeitung personenbezogener Daten" (Datenschutz-Konvention, Straßburger Vertrag – K108)[47] zur
Unterzeichnung durch die Mitgliedstaaten ausgelegt. Das Übereinkommen trat 1985 in
Kraft.

Im Gegensatz zu den Leitlinien der OECD ist die Datenschutz-Konvention des Europa- **31**
rats für die zeichnenden Staaten nach Ratifikation durch die Mitgliedstaaten für die
Signatare völkerrechtlich *verbindlich* und ihr ist im nationalen Recht Wirkung zu ver-

---

43 So auch *Uerpmann-Wittzack*, in: Ehlers (Hrsg.), Europäische Grundrechte und Grundfreiheiten,
 4. Aufl. 2015, § 3 Rn. 25. Zur Prüfungsstruktur *Gersdorf*, in: Gersdorf/Paal (Hrsg.), BeckOK Infor-
 mations- und Medienrecht, 18. Ed. 2017, Art. 8 EMRK Rn. 8 f.
44 EGMR, Urt. v. 2.12.2008, No. 2872/02, ECHR 2008-V, 125, Nr. 49 – *K.U./Finnland.*
45 *Ministerkomitee*, Entschließung (73) 22 über den Schutz der Privatsphäre natürlicher Personen gegenüber elektronischen Datenbanken im privaten Bereich, 26.9.1973, abrufbar unter
 http://rm.coe.int/CoERMPublicCommonSearchServices/DisplayDCTMContent?documentId=
 0900001680502830 (Abruf: 15.1.2018).
46 *Ministerkomitee*, Entschließung (74) 29 über den Schutz der Privatsphäre natürlicher Personen gegenüber elektronischen Datenbanken öffentlichen Charakters, 20.9.1974, abrufbar unter
 http://rm.coe.int/CoERMPublicCommonSearchServices/DisplayDCTMContent?documentId=
 09000016804d1c51 (Abruf: 15.1.2018).
47 Übereinkommen zum Schutz des Menschen bei der automatischen Verarbeitung personenbezogener Daten v. 28.1.1981, SEV-Nr. 108.

schaffen. Damit handelt sich bei der Konvention um das bislang einzige völkerrechtlich verbindliche Abkommen im Bereich des Datenschutzrechts.[48]

32 In materieller Hinsicht beanspruchen die Vorgaben der Konvention nach Art. 3 Abs. 1 K108 sowohl im öffentlichen als auch im privaten Bereich der Datenverarbeitung Geltung. Das heißt also, dass die Bestimmungen *nicht* danach differenzieren, ob eine öffentliche Stelle (der BND, die Universität etc.) oder ein Privater (ein Telekommunikationsunternehmen, ein Internet-Shop-Betreiber etc.) Daten verarbeitet. Die Konvention beschränkt sich jedoch auf die **automatische Verarbeitung** personenbezogener Daten *natürlicher* Personen. Die Anwendung der Konvention auch auf die **manuelle** Datenverarbeitung und auf **juristische Personen** ist den Mitgliedstaaten gemäß Art. 3 Abs. 2 lit. b und c K108 unbenommen. Die Konvention formuliert auch heute noch gültige Grundprinzipien des Datenschutzes:

- die eingeschränkte, d.h. rechtmäßige und nach Treu und Glauben erfolgende Erhebung und Verarbeitung personenbezogener Daten (Art. 5 lit. a K108),
- die Zweckbindung der Datenerhebung und Datenverarbeitung (Art. 5 lit. b K108),
- den Verhältnismäßigkeitsgrundsatz bei der Erhebung und Verarbeitung (Art. 5 lit. c K108),
- das Prinzip der Datenqualität (Art. 5 lit. d K108) und
- den Grundsatz der frühestmöglichen Anonymisierung personenbezogener Daten (Art. 5 lit. e K108).

33 Neben diesen gemäß Art. 10 K108 sanktionsbewehrten Verarbeitungsgrundsätzen trifft die Konvention auch Regelungen zur **Datensicherheit** (Art. 7 K108) und zum Umgang mit **sensiblen** Daten, also etwa Gesundheitsdaten (Art. 6 K108). Die Rechte der betroffenen Person sind in Art. 8 K108 normiert. Sie umfassen ein **Auskunftsrecht**, das Recht auf **Berichtigung** und **Löschung** sowie die Einräumung eines Rechtsmittels, das die betroffene Person in die Lage versetzt, ihre Rechtsposition durchzusetzen. Schließlich regelt die Konvention auch die **grenzüberschreitende Übermittlung** personenbezogener Daten zwischen Vertragsstaaten (Art. 12 K108). Dies ist gewissermaßen das Herzstück der Konvention, da sie den Konventionsstaaten als Gegenleistung für ihre Harmonisierungsbemühungen die Möglichkeit eines ungehinderten grenzüberschreitenden Datenaustauschs eröffnet. Daher dürfen die Konventionsstaaten den grenzüberschreitenden Verkehr personenbezogener Daten nicht allein zum Zweck des Schutzes des Persönlichkeitsrechts verbieten oder von einer Genehmigung abhängig machen. Hiervon darf gemäß Art. 12 Abs. 3 der Konvention abgewichen werden, wenn die nationale Rechtsordnung für bestimmte personenbezogene Daten besondere Vorschriften enthält und der Empfängerstaat keinen gleichwertigen Schutz gewährt oder es zu verhindern gilt, dass personenbezogene Daten über einen Vertragsstaat in das Hoheitsgebiet einer Nichtvertragspartei weitergegeben werden. Diese beiden Konstellationen stellen jedoch **Ausnahmefälle** dar. In der Regel bleibt es beim freien Datentransfer. Die Übermittlung personenbezogener Daten in einen nicht den

---

48 *Parlamentarische Versammlung*, Draft Protocol amending the Convention for the Protection of Individuals with regard to Automatic Processing of Personal Data (ETS No. 108) and its explanatory report, Dok. 14437, 15.11.2017, S. 3 et passim.

Konventionsbestimmungen unterliegenden Staat ist in Art. 2 des **Zusatzprotokolls** zur Datenschutz-Konvention[49] geregelt. Dieser bestimmt, dass personenbezogene Daten in einen Nichtvertragsstaat nur dann übermittelt werden dürfen, wenn dieser ein **angemessenes Schutzniveau** gewährleistet. Sofern das nationale Recht dies vorsieht, dürfen Daten auch in Staaten ohne angemessenes Schutzniveau weitergegeben werden, wenn spezifische Interessen der betroffenen Person oder wichtige öffentliche Interessen dies gebieten. Eine Übermittlung ist auch dann zulässig, wenn die verantwortliche übermittelnde Stelle Garantien (z.B. aus Vertragsklauseln) bietet, die von der zuständigen nationalen Behörde für ausreichend befunden werden.

Im Ergebnis normiert die Konvention damit ein angemessenes Datenschutzniveau innerhalb der Konventionsstaaten und ermöglicht dadurch den freien Datenaustausch innerhalb der Konventionsstaaten, wohingegen das „Verlassen" des Konventionsraums strengeren Anforderungen unterworfen werden darf. Das vom Komitee der Ministerbeauftragten 2001 zur Unterzeichnung aufgesetzte Zusatzprotokoll verlangt schließlich die Schaffung einer oder mehrerer **Kontrollstellen**, die ihre näher bestimmten Aufgaben in völliger Unabhängigkeit wahrnehmen. Damit soll die effektive Durchsetzung der materiell-rechtlichen Vorgaben institutionell abgesichert werden. Waren es die Leitlinien der OECD, die dem Datenschutz in thematischer Hinsicht zum internationalen Durchbruch verhalfen, so wurde mit dem Inkrafttreten der völkerrechtlich verbindlichen Datenschutz-Konvention des Europarats Rechtsgeschichte geschrieben. Erstmals verpflichteten sich Staaten untereinander, grundsätzliche Datenerhebungs- und Datenverarbeitungsregeln zu achten und – im Falle des Verstoßes – zu sanktionieren. Der Druck auf die Mitgliedstaaten, im Bereich des Datenschutzes regelnd einzugreifen, wurde damit deutlich erhöht. Der Ansatz der Konvention, den freien Datenaustausch auf der Basis eines gemeinsamen Standards zu ermöglichen, sollte auch die Rechtsetzung der Europäischen Gemeinschaft (EG) maßgeblich beeinflussen. Dabei diente die Datenschutz-Konvention des Europarats als Vorlage für die erste allgemeine Datenschutzrichtlinie der EG.   **34**

So früh in der Geschichte des Datenschutzes der Europarat diesen als zukunftsträchtige Regelungsmaterie erkannt hatte, so lange hat er sich Zeit gelassen, die aus dem Jahre 1981 stammenden Regelungen der Datenschutz-Konvention an die Gegebenheiten heutiger Informationserhebung und -verwendung durch moderne Informationstechnologie im globalen Maßstab anzupassen. Erst 2010 begannen erste Diskussionen zur „**Modernisierung**" der Konvention. Nach eingehenden Konsultationen und öffentlicher Diskussion wurde am 18.12.2012 ein konkreter Vorschlag zur **Anpassung der Datenschutz-Konvention** durch das Konsultationskomitee dem Ad-hoc-Datenschutzkomitee des Europarats (CAHDATA) vorgelegt.[50] Dieser nahm nach weiterer Überarbeitung   **35**

---

49 Zusatzprotokoll zum Übereinkommen zum Schutz des Menschen bei der automatischen Verarbeitung personenbezogener Daten bezüglich Kontrollstellen und grenzüberschreitendem Datenverkehr v. 8.11.2001, SEV-Nr. 181.
50 *Konsultationskomitee zum Übereinkommen zum Schutz des Menschen bei der automatischen Verarbeitung personenbezogener Daten (SEV-Nr. 108)*, Propositions of Modernisation, DG I – Human Rights and Rule of Law, T-PD_2012_04_rev4_E, abrufbar unter https://rm.coe.int/168049691b#search=T%2DPD%5F2012%5F04%5Frev4%5FE (Abruf: 15.1.2018).

am 3.12.2014 den Entwurf einer neuen Datenschutz-Konvention an und übermittelte diesen an das Ministerkomitee.[51] Der Änderungsentwurf ist jedoch noch nicht verabschiedet worden, denn im **Ministerkomitee** kam es zu bis heute anhaltenden **Uneinigkeiten.**[52]

36   Die parlamentarische Versammlung des Europarates hat aufgrund der nicht kurzfristig auszuräumenden Differenzen vorgeschlagen, eine neue Konvention auf der Grundlage des Änderungsentwurfs zu verabschieden, so dass zumindest für eine Übergangszeit parallel sowohl die alte als auch die reformierte Konvention in Kraft wären und ein „System der zwei Geschwindigkeiten" entstünde. Dies sei angesichts der Notwendigkeit, die veraltete Konvention baldmöglichst zu erneuern, die vorzugswürdige Lösung.[53] In diesem Bereich wird daher besonders die aktuelle Entwicklung zu beobachten sein.

37   So prägend die erste Datenschutz-Konvention des Europarats für die EG-Datenschutzrichtlinie war, so sehr ist bei der Überarbeitung der Konvention gegenwärtig auf die Entwicklungen auf Ebene der EU zu achten.[54] Denn die **EU-Datenschutz-Grundverordnung** (DS-GVO) und die EU-Datenschutzrichtlinie für den Polizei- und Justizbereich (DSRL-JI) sind ab dem 25.5.2018 anwendbar. Sollen die Mitgliedstaaten der EU oder die EU als solche in der Lage sein, beiden aktualisierten Datenschutzregimen zuzustimmen, kann auf einen gewissen Gleichklang nicht verzichtet werden.

38   Inhaltlich soll die geänderte bzw. ergänzende Datenschutz-Konvention daher in weiten Teilen die Entwicklung des Datenschutzrechts in der EU nachzeichnen. So wird im Entwurf die Beschränkung des Anwendungsbereichs auf die automatisierte Datenverarbeitung aufgegeben (vgl. Art. 1 und 2 lit. c K108-E). Hingegen soll eine „Haushaltsausnahme" zugunsten von Datenverarbeitungsvorgängen zu rein persönlichen oder familiären Tätigkeiten eingeführt werden (Art. 3 K108-E). Eine weitere Neuerung ist der Fokus auf eine verstärkte **Transparenz der Datenverarbeitung** durch verbindliche und präzise, an die Datensubjekte weiterzuleitende Angaben (Art. 7bis Nr. 1 K108-E). Von praktischer Relevanz dürfte zudem die vorgesehene **leichte Erweiterung der Auskunftsrechte** der von einer Datenverarbeitung betroffenen Person sein (Art. 8 K108-E). Der Entwurf sieht darüber hinaus nunmehr explizit eine Pflicht vor, Datenschutzverstöße bei einer ernsthaften Gefährdung der Persönlichkeitsrechte der betroffenen Personen zumindest den zuständigen Datenschutzbehörden umgehend zu melden (Art. 7 Abs. 2 K108-E). Die verarbeitenden Stellen müssen, ähnlich wie unter der DS-GVO (siehe dazu → Rn. 344 und 758 f.), die Grundsätze **„privacy by design"** und **„privacy by default"** beachten, sowie Wirkungsanalysen durchführen (Art. 8bis K108-E).

---

51 *Ad-hoc-Datenschutzkomitee (CAHDATA)*, Abridged Report of the 3rd and final meeting, DG I – Human Rights and Rule of Law, CAHDATA(2014)RAP03Abr, abrufbar unter https://rm.coe.int/1680591271 (Abruf: 15.1.2018).
52 Vgl. dazu und zum Folgenden *Parlamentarische Versammlung*, Draft Protocol amending the Convention for the Protection of Individuals with regard to Automatic Processing of Personal Data (ETS No. 108) and its explanatory report, Dok. 14437, 15.11.2017, S. 7 f.
53 *Parlamentarische Versammlung*, Draft Protocol amending the Convention for the Protection of Individuals with regard to Automatic Processing of Personal Data (ETS No. 108) and its explanatory report, Dok. 14437, 15.11.2017, S. 9.
54 Vgl. hierzu *Simitis*, in: Simitis (Hrsg.), Kommentar zum BDSG, 8. Aufl. 2014, Einl. Rn. 182.

Der Entwurf gibt genaue Hinweise auf die Voraussetzungen eines angemessenen Datenschutzniveaus bei grenzüberschreitenden Übermittlungen personenbezogener Daten (Art. 12 Nr. 3 K108-E). Die revidierte Konvention soll bestimmen, dass neben gerichtlichen Sanktionen auch **Verwaltungssanktionen** vorzusehen sind (Art. 10 K108-E). Zudem werden die Mitgliedstaaten verpflichtet, sicherzustellen, dass Aufsichtsbehörden sanktionieren und Maßnahmen ergreifen können (Art. 12 K108-E). Die Konvention soll für den Beitritt der EU und internationaler Organisationen geöffnet werden (Art. 23 K108-E). Strittig sind die Ausnahmemöglichkeiten von den Regelungen zu nationalen Aufsichtsbehörden in Art. 9 Abs. 3 des Entwurfs, die zum Teil als zu weitreichend erachtet werden. Weiterhin betrifft Art. 12 Abs. 1 S. 2 K108-E die grenzüberschreitende Datenübermittlung und sieht eine Ausnahme zugunsten kollidierender EU-Normen vor, durch welche die Datenübermittlung zwischen EU-Mitgliedstaaten und Drittstaaten erschwert werden könnte. Es wird befürchtet, dies könnte die modernisierte Datenschutzkonvention für Nicht-EU-Mitglieder unattraktiver machen. Ferner sind die Abstimmungsregelungen im Konsultationskomitee, das in Konventionskomitee umbenannt werden und erweiterte Befugnisse erhalten soll, umstritten, insbesondere hinsichtlich der Abstimmungsregelungen mit Blick auf die Europäischen Union (vgl. Art. 20 K108-E). Kontrovers diskutiert werden auch die Vorgaben zum Inkrafttreten der geänderten Konvention (vgl. Art. 22 K108-E). In dem vom Ad-hoc-Datenschutzkomitee des Europarats übermittelten Entwurf ist ein „stillschweigendes" Inkrafttreten zwei Jahre nach der Freigabe zur Unterzeichnung vorgesehen. Dies wird zum Teil als mit der Beteiligung nationaler Parlamente an der Ratifikation unvereinbar angesehen.

- **Lösung zu Fallbeispiel 1 – Anonyme Kontaktanzeige – Datenschutz nach Art. 8 EMRK   39
(Rn. 25)**

Begründetheit der Beschwerde?

A. *Eröffnung des sachlichen und funktionalen Schutzbereichs des Art. 8 EMRK*
    I. Sachlicher Schutzbereich
        ⇒ Art. 8 Abs. 1 EMRK schützt das Privatleben (Privatheit) zur freien Entfaltung der Persönlichkeit
        ⇒ geschützt sind demnach die Privatheit (Privatsphäre) und personenbezogene Daten
        ⇒ personenbezogene Daten im Internet veröffentlicht = betrifft Privatleben
    → (+)
    II. Funktionaler Schutzbereich
        ⇒ Art. 8 Abs. 1 EMRK beinhaltet auch eine Schutzpflicht des Staates
        ⇒ Staat ist verpflichtet, Beschwerdeführer vor Eingriffen Dritter zu schützen
        ⇒ Dritter verletzt durch Veröffentlichung personenbezogener Daten das Recht auf Privatheit des Beschwerdeführers
    → (+)
B. *Eingriff*
    ⇒ Unterlassen des nationalen Gesetzgebers, Auskunftsansprüche über Bestandsdaten gegen Zugangsanbieter zur Verfolgung von Straftaten zu schaffen
    → (+) [Schutzpflichtenverstoß auch zweistufig prüfbar]

C. Rechtfertigung (Art. 8 Abs. 2 EMRK)

  I. Gesetzliche Grundlage

    ⇒ nationale Datenschutzgesetze vereitelten Auskunft über Bestandsdaten

→ (+)

  II. Legitimer Zweck

    1. Datenschutzrecht des Dritten als das „Recht anderer" (Art. 8 Abs. 1 EMRK)

    2. (Meinungs-)Äußerungsfreiheit des Dritten als das „Recht anderer"
       (Art. 10 Abs. 1 EMRK)

→ (+)

  III. Verhältnismäßigkeit

    1. Geeignetheit

    → Eingriff ist im Stande, Datenschutzrecht des Dritten zu schützen (+)

    2. Erforderlichkeit

    → Kein milderes gleich geeignetes Mittel zum Schutz des Datenschutzrechts des Dritten ersichtlich (+)

    3. Angemessenheit

      a) Grenzen des konventionsstaatlichen Beurteilungsspielraums

        ⇒ Grenze des Beurteilungsspielraums überschritten, wenn konventionsrechtlicher Mindeststandard unterschritten

      b) Konventionsrechtlicher Mindeststandard als Ausfluss der Schutzpflicht

        aa) Schwere des Eingriffs in das Rechtsgut (Privatheit des Beschwerdeführers)

          ⇒ Beschwerdeführer minderjährig und besonders schutzbedürftig

          ⇒ Gefahr, Opfer der Pädophilie und des sexuellen Missbrauchs zu werden

          ⇒ Gefahr der Störung der geistigen und körperlichen Unversehrtheit und Entwicklung

        → Schwerer Eingriff in bedeutendes Rechtsgut

        bb) Förderung des Rechtfertigungsrechtsguts (Datenschutzrecht des Täters)

          ⇒ Datenschutzrecht und Recht auf Privatheit des Dritten werden gefördert

          ⇒ Förderung nicht grenzenlos

        cc) Keine unerfüllbaren oder unverhältnismäßigen Schutzpflichten für den Gesetzgeber

          ⇒ Hier nicht ersichtlich

        dd) Erfüllung der Schutzpflicht

          ⇒ Abwägung des Schutzbedürfnisses des Beschwerdeführers mit dem des Dritten

          ⇒ Bei Abwägung zugunsten des Dritten wird Datenschutz zum Tatenschutz

        → (−)

      → Konventionsrechtlicher Mindeststandard zum Schutz der Rechtsgüter des Art. 8 Abs. 1 EMRK unterschritten

    → Angemessenheit (−)

  → Verhältnismäßigkeit (−)

→ Rechtfertigung (−)

D. Ergebnis

  Beschwerde ist begründet.

B. Unionsprimärrechtliche Grundlagen

I. Einführung

Das Datenschutzrecht ist spätestens mit der Datenschutz-Grundverordnung auch in **40** den Details ganz wesentlich auf europäischer Ebene ausgestaltet. Zentraler normativer Rahmen für die Schaffung, Überprüfung, Auslegung und Anwendung dieses sog. Sekundärrechts ist das Primärrecht der Europäischen Union, also der EUV, der AEUV und vor allem die GrCh. Rechtsakte, die die Organe der Union erlassen, müssen vollumfänglich dem Primärrecht entsprechen, dem damit eine verfassungsähnliche Funktion zukommt. Die Reichweite, entsprechende Gesetzgebungsakte auf Unionsebene zu erlassen, ergibt sich aus der Kompetenzverteilung (dazu II.). Prägende Wirkung für das geltende Recht entfalten zunehmend jedoch auch die Unionsgrundrechte (dazu III.).

II. Kompetenzgrundlagen für Sekundärrechtsakte

1. Kompetenz zum Erlass von Rechtsakten

Nach alter Rechtslage bildete Art. 286 EGV die einzige explizit **datenschutzrechtliche** **41** **Gesetzgebungsgrundlage**. Als Kompetenzgrundlage für die Schaffung datenschutzrechtlicher Sekundärrechtsbestimmungen kam im Übrigen vor allem die gemeinschaftsrechtliche **Binnenmarktkompetenz** des Art. 95 EGV (jetzt Art. 114 AEUV) in Betracht. Dabei hatten die Gemeinschaftsorgane vor allem auf Art. 95 EGV zurückgegriffen, um ein europäisches Datenschutzrecht zu kreieren, da hier ein Mehrheitsbeschluss ausreichte und keine einstimmige Entscheidung erforderlich war. Kompetenzstreitigkeiten zum Erlass datenschutzrelevanter Vorschriften waren mehrfach ausgebrochen,[55] was angesichts der unterschiedlichen Normgebungsverfahren nicht weiter verwunderte. Dieses Konfliktpotential wurde mit Inkrafttreten des Lissabonner Änderungsvertrags und dem neu eingefügten Art. 16 AEUV minimiert.

Art. 16 AEUV weist allerdings eine der dem Lissabonner Vertrag eigenen unnötigen **42** Dopplungen auf: So wird in Art. 16 Abs. 1 AEUV ein **Datenschutzgrundrecht** normiert, dem jedoch neben dem spezielleren Datenschutzgrundrecht aus Art. 8 GrCh keine Bedeutung zukommt. Art. 16 AEUV enthält im Gegensatz zu Art. 8 GrCh *keine* Schrankenbestimmung. Um ein Leerlaufen der Schranken der Art. 8 Abs. 2, 52 Abs. 1 GrCh zu vermeiden, ist auf die Anwendung des Art. 52 Abs. 2 GrCh im Fall des Art. 16 Abs. 1 AEUV zu verzichten, so dass Art. 8 GrCh einzige Rechtsquelle für die Grundrechtsprüfung ist.[56] Art. 16 Abs. 2 AEUV schafft daher vor allem eine **datenschutzrechtliche Gesetz-**

---

55 EuGH, Urt. v. 30.5.2006, C-317/04 u. 318/04, ECLI:EU:C:2006:346 – *Fluggastdatenübermittlung*; Urt. v. 10.2.2009, C-301/06, ECLI:EU:C:2009:68 – *Vorratsdatenspeicherung*.
56 Vgl. auch *Bernsdorff*, in: Meyer (Hrsg.), Kommentar zur Charta der Grundrechte der Europäischen Union, 4. Aufl. 2014, Art. 8 Rn. 17; *Jarass*, Kommentar zur Charta der Grundrechte der Europäischen Union, 3. Aufl. 2016, Art. 8 Rn. 1.

gebungskompetenz der Union gegenüber ihren eigenen Organen und den Mitgliedstaaten, sofern diese Unionsrecht ausführen. Durch die Überführung des Bereichs der **PJZS** in das Unionsrecht ist Art. 16 AEUV Rechtsgrundlage für den Erlass datenschutzrechtlicher Bestimmungen auf diesem Feld.[57] Dagegen stellt Art. 16 Abs. 2 UAbs. 2 AEUV klar, dass auf Grundlage des Art. 16 Abs. 2 UAbs. 1 AEUV ergangenes Sekundärrecht die Vorgaben des Art. 39 EUV unberührt lässt. Dieser verleiht dem **Rat** die alleinige Kompetenz, einen Beschluss zur Festlegung datenschutzrechtlicher Vorschriften bei der Verarbeitung personenbezogener Daten durch die Mitgliedstaaten im Rahmen der Ausübung von Tätigkeiten, die in den Anwendungsbereich des Kapitels 2 des EUV („Besondere Bestimmungen über die **Gemeinsame Außen- und Sicherheitspolitik**") fallen, und über den freien Datenverkehr zu erlassen. Gemäß Art. 39 S. 2 EUV wird die Einhaltung der datenschutzrechtlichen Vorschriften von unabhängigen Behörden überwacht. Trotz des Wegfalls der Differenzierung zwischen supranationalem Gemeinschaftsrecht einerseits und intergouvernementalem Unionsrecht andererseits muss auch weiterhin zur Bestimmung der einschlägigen Rechtsgrundlage zum Erlass datenschutzrechtlichen Sekundärrechts auf Unionsebene unterschieden werden: Bei Datenverarbeitungen, die im Rahmen der Gemeinsamen Außen- und Sicherheitspolitik erfolgen, erlässt der Rat, gestützt auf Art. 39 EUV, die erforderlichen Bestimmungen, in allen anderen Fällen das Europäische Parlament zusammen mit dem Rat gemäß dem ordentlichen Gesetzgebungsverfahren und auf Grundlage des Art. 16 Abs. 2 AEUV.

2. Kompetenz zum Abschluss internationaler Übereinkünfte

43   Mit Inkrafttreten des Lissabonner Vertrags erlangte die EU **Völkerrechtssubjektivität**. Dementsprechend regelt Titel V (Internationale Übereinkünfte) des fünften Teils (Auswärtiges Handeln der Union) des AEUV die Kompetenzen und die Verfahren zum Abschluss völkerrechtlicher Verträge zwischen der EU und Drittstaaten bzw. internationalen Organisationen. Art. 216 Abs. 1 AEUV räumt der EU eine Vertragsabschlusskompetenz ein, während Abs. 2 klarstellt, dass die nach Abs. 1 geschlossenen Übereinkünfte die Organe der Union und die Mitgliedstaaten binden. Art. 218 AEUV beschreibt das zum Abschluss völkerrechtlicher Verträge einzuhaltende Verfahren detailliert. Insbesondere wird in Abs. 6 präzise festgelegt, wann – mit Ausnahme der Übereinkünfte, die ausschließlich die Gemeinsame Außen- und Sicherheitspolitik betreffen – das Europäische Parlament einem Beschluss des Rates zustimmen und wann es lediglich angehört werden muss, um einen völkerrechtlichen Vertrag wirksam abzuschließen.

---

57 Zu beachten ist der explizite Hinweis auf den als lex specialis bezeichneten Art. 39 EUV in Art. 16 Abs. 2 UAbs. 2 AEUV, der das Datenschutzgrundrecht auch im Bereich der Gemeinsamen Außen- und Sicherheitspolitik anerkennt, die Gesetzgebungskompetenz zu seiner Ausgestaltung aber einzig dem Rat zuspricht. Vgl. auch die Erklärungen 20 u. 21 der Schlussakte von Lissabon bezüglich der datenschutzrechtlichen Rechtssetzung im Bereich der Domaine Réservé und der PJZS, CIG 15/07 Schlussakte der Konferenz der Vertreter der Regierungen der Mitgliedstaaten v. 3.12.2007. Der Rat hat von seiner unter der alten Rechtslage alleinigen Kompetenz zur Ausgestaltung in Form des Rahmenbeschlusses 2008/977/JI über den Schutz personenbezogener Daten, die im Rahmen der PJZS verarbeitet werden, Gebrauch gemacht, ABl. EU 2008, L 350/60. Die Mitgliedstaaten waren gehalten, den Vorschriften des Rahmenbeschlusses bis zum 27.11.2010 nachzukommen (Art. 29 Abs. 1).

Im Rahmen solcher völkerrechtlichen Übereinkommen können insbesondere datenschutzrechtliche oder datenschutzrelevante Übereinkommen geschlossen werden. Beispiel hierfür sind etwa die verschiedenen **PNR-(Fluggastdaten-)Abkommen**[58], die zwischen der EU und Drittstaaten, wie z.B. den USA geschlossen wurden. Zukünftige Beschlüsse zu Abkommen in diesem Bereich können auf Art. 216 Abs. 1 AEUV gestützt werden und müssen gemäß dem Verfahren des Art. 218 AEUV zustande kommen. Regelmäßig wird dabei das Europäische Parlament dem Beschluss des Rates wegen Art. 218 Abs. 6 S. 2 lit. a (v) AEUV zustimmen müssen.

III. Unionsgrundrechte

1. Grundlagen

Ausgangspunkt des Grundrechtsschutzes in der EG/EU war bis zum Inkrafttreten des **44** Lissabonner Vertrags am 1.12.2009 Art. 6 Abs. 2 EUV a.F., der die Union verpflichtete, die Grundrechte, wie sie in der EMRK gewährleistet sind und wie sie sich aus den **gemeinsamen Verfassungsüberlieferungen** der Mitgliedstaaten als allgemeine Grundsätze des damaligen Gemeinschaftsrechts ergeben, zu achten. Ergänzend trat die noch nicht rechtsverbindliche GrCh[59] hinzu, die vom EuGH als **Rechtserkenntnisquelle** herangezogen wurde.[60] Angesichts der fehlenden expliziten normativen Ausgangsgrundlage hat der EuGH das **Datenschutzgrundrecht als allgemeinen Rechtsgrundsatz** entwickelt.[61] Allerdings fehlte es zunächst lange an einer entsprechenden ausgereiften Dogmatik des EuGH.[62] Dies wurde etwa im **ORF-Urteil** deutlich, in dem das Gericht die Eingriffsqualität des bloßen Speicherns von Daten verneinte.[63] Welche fundamentalen Probleme eine solche Auffassung im Ergebnis aufwirft, zeigt sich besonders eindrücklich mit Blick auf die äußerst kontroverse Vorratsdatenspeicherung (dazu detailliert → Rn. 83 ff., 154 ff. und 862 ff.). Hier bliebe auf dieser Basis gerade der wesentliche Kern des Problems unberücksichtigt. Ein erster Vorbote einer deutlichen Stärkung des Datenschutzgrundrechtes war aber die Entscheidung des EuGH zu den Internetveröffentlichungspflichten der **EU-Agrarbeihilfen** (vgl. dazu auch Fallbeispiel 2). Dass gerade im Hinblick auf den Datenschutz die unionsrechtlichen Grundrechtsvorgaben,

---

58 Zur Primärrechtswidrigkeit eines geplanten Abkommens mit Kanada und zu Möglichkeiten einer primärrechtskonformen Ausgestaltung vgl. EuGH, Gutachten 1/15 v. 26.7.2017, ECLI:EU:C:2017:592 – *PNR-Abkommen mit Kanada.*

59 ABl. EU 2007, C 303, 1.

60 Zum Ganzen *Kühling*, in: v. Bogdandy/Bast (Hrsg.), Europäisches Verfassungsrecht, 2. Aufl. 2009, S. 657.

61 Vgl. EuGH, Urt. v. 8.6.2000, C-369/98, ECLI:EU:C:2000:443 – *Fisher;* Urt. v. 20.5.2003, C-465/00 u.a., ECLI:EU:C:2003:294 – *Österreichischer Rundfunk u.a.;* Urt. v. 6.11.2003, C-101/01, ECLI:EU:C:2003:596 – *Lindqvist;* Urt. v. 29.1.2008, C-275/06, ECLI:EU:C:2008:54 – *Promusicae.*

62 Beachte zum Ganzen den lesenswerten Beitrag von *Britz*, EuGRZ 2009, 1 und vgl. die Ausführungen bei *Frenz*, EuZW 2009, 6 (7).

63 EuGH, Urt. v. 20.5.2003, C-465/00 u.a., ECLI:EU:C:2003:294, Rn. 74 – *Österreichischer Rundfunk u.a.;* zur fehlenden Entwicklung einer Dogmatik auch *Mehde*, in: Heselhaus/Nowak (Hrsg.), Handbuch der Europäischen Grundrechte, 2006, § 21 Rn. 9; dort auch weitere Hinweise zur Rechtsprechung und zur Eingriffsdogmatik (Rn. 31 f.).

sowohl was die Systematik[64] angeht als auch und insbesondere bezüglich der Schutzhöhe, im Wesentlichen dem Rechtsrahmen in Deutschland entsprechen,[65] hat eindrucksvoll die Entscheidung des EuGH zur **Vorratsdatenspeicherung** (näher zum EuGH-Urteil unter → Rn. 154 ff.) demonstriert,[66] die sich – anders als noch das rein kompetenzrechtliche Urteil aus dem Jahr 2009[67] – nunmehr umfassend und richtungsweisend mit der (mangelnden) Grundrechtskonformität der entsprechenden Richtlinie auseinandergesetzt[68] und diese im Ergebnis verworfen hat. Dabei wendet der EuGH beide Datenschutzrundrechte aus **Art. 7 und 8 GrCh weitgehend parallel** nebeneinander an und verfolgt eine tendenziell **strenge Beschränkung der Datenverarbeitung** auf das **„absolut Notwendige"**.[69]

45 ┌─── **Fallbeispiel 2** ───

EU-Agrarbeihilfen – Datenschutz nach der GrCh[70]

Die Gemeinsame Agrarpolitik (GAP) der EU stellt den größten Posten des EU-Haushalts dar. Nachdem in der Vergangenheit in der Öffentlichkeit der Eindruck entstanden war, öffentliche Gelder würden im Rahmen der GAP intransparent verwendet und Empfängern zuteil, die hierzu nicht berechtigt seien, entschlossen sich der Rat und die Kommission, die Verwendung und Zuteilung der Gelder im Rahmen der GAP transparenter zu gestalten. Zu diesem Zweck wurden die Mitgliedstaaten durch Verordnung (VO) verpflichtet, bestimmte Angaben über die Empfänger von EU-Geldern im Rahmen der GAP zu veröffentlichen. Zu diesen Angaben gehören bei natürlichen Personen der Vor- und Zuname des Empfängers, bei juristischen Personen der vollständige eingetragene Name mit Rechtsform, die entsprechende Gemeinde des Empfängers samt Postleitzahl sowie der empfangene Gesamtbetrag an EU-Geldern. Diese Informationen werden auf einer speziellen Website veröffentlicht und sind über differenzierte Suchfunktionen zwei Jahre lang für jedermann abrufbar. Die Kläger Meyer-GmbH und Schmitz haben Anträge auf EU-Agrarbeihilfen gestellt, denen entsprochen wurde. Die Antragsformulare enthielten einen Hinweis auf die Veröffentlichungspflicht ihrer Informationen. Die Meyer-GmbH und Schmitz beantragen vor dem Verwaltungsgericht (VG), das Land zu verpflichten, die Weitergabe oder die Veröffentlichung dieser Daten zu unterlassen bzw. durch Anordnung zu untersagen, mit dem Ziel, die Veröffentlichung ihrer Daten zu verhindern. Sie sind der Meinung, dass die Veröffentlichung der genannten Daten gegen ihre Grundrechte verstößt. Das VG ersucht im Rahmen dieses Rechtsstreits den EuGH, da es Zweifel an der EU-Primärrechtskonformität der betreffenden Verordnung hegt. Dabei legt es ihm folgende Frage zur Vorabentscheidung vor: Ist die Verordnung, die die zu veröffentlichenden Daten bestimmt und die Veröffentlichung im Internet vorsieht, ungültig?

---

64 Die korrekte Terminologie der Grundrechtsprüfung auf Unionsebene ist eigentlich „Anwendungsbereich – Einschränkungen – Rechtfertigung". Aus Gründen der besseren Lesbarkeit und Verständlichkeit beim synoptischen Lernen wird im Folgenden auch bei den Unionsgrundrechten die ebenfalls gebräuchliche deutsche Terminologie verwendet.

65 Ausführlich *Kühling*, Europäisierung des Datenschutzrechts – Gefährdung deutscher Grundrechtsstandards?, 2014, S. 26 ff.

66 EuGH, Urt. v. 8.4.2014, C-293/12 u. C-594/12, ECLI:EU:C:2014:238 – *Digital Rights Ireland und Seitlinger u.a.*

67 EuGH, Urt. v. 10.2.2009, C-301/06, ECLI:EU:C:2009:68 – *Vorratsdatenspeicherung.*

68 Dazu ausführlich *Kühling*, NVwZ 2014, 681.

69 Zuletzt EuGH, Gutachten 1/15 v. 26.7.2017, ECLI:EU:C:2017:592 – *PNR-Abkommen mit Kanada*, Rn. 140.

70 Angelehnt an EuGH, Urt. v. 9.11.2010, C-92/09 u. C-93/09, ECLI:EU:C:2010:662 – *Schecke und Eifert*; vgl. dazu *Kühling/Klar*, in: Dix u.a. (Hrsg.), Informationsfreiheit und Informationsrecht, Jahrbuch 2010, 2010, 69; *Wollenschläger*, AöR 2010, 363.

Wie wird der EuGH die vorgelegte Frage unter Berücksichtigung der einschlägigen Grundrechte der GrCh beantworten?

(Lösung siehe Rn. 53)

2. Anwendungsbereich der Unionsgrundrechte 46

Die Unionsgrundrechte binden stets die **Organe der Union**, die **Mitgliedstaaten** hingegen nur „bei der Durchführung von Unionsrecht", Art. 51 Abs. 1 S. 1 GrCh. Der EuGH legt den Begriff jedoch weit aus, so dass es ausreicht, wenn auch Unionsrecht berührt ist.[71] Angesichts der prägenden DS-GVO als Sekundärrechtsakt und dem fast immer betroffenen freien Datenverkehr im Binnenmarkt gibt es im Datenschutzrecht kaum mehr denkbare Fälle, bei denen Unionsgrundrechte keine Anwendung finden.

3. Recht auf Achtung des Privatlebens und der Kommunikation (Art. 7 GrCh)

Art. 7 GrCh normiert das Recht auf Achtung des Privatlebens und der Kommunikation 47 und entspricht in Formulierung und Gewährleistungsgehalt weitgehend Art. 8 EMRK. Der **Europäische Konvent**, der den Text der Charta formuliert hat, stellt fest, dass die Rechte nach Art. 7 GrCh den Rechten entsprechen, die durch **Art. 8 EMRK** garantiert werden. Sie haben daher gemäß Art. 52 Abs. 3 GrCh grundsätzlich die gleiche Bedeutung und Tragweite wie die Konventionsrechte. Lediglich der Begriff der Korrespondenz wurde durch den Begriff der **Kommunikation** ersetzt, ohne dass sich hieraus materielle Unterschiede ergäben.[72] In jüngerer Zeit ergriff auch der EuGH die Gelegenheit, die Entsprechung des Art. 7 GrCh mit Art. 8 EMRK sowohl in der Gewährleistungs- als auch in der Rechtfertigungsdimension festzustellen.[73] Geschützt ist damit insbesondere das Brief-, Post- und Telekommunikationsgeheimnis, wobei auch moderne Formen der Kommunikation (E-Mail, SMS) in den **Schutzbereich** fallen.[74] Der effektive Schutz der Vertraulichkeit der (vermittelten) Kommunikation verlangt nicht nur die Gewähr der Vertraulichkeit des **Inhalts der Kommunikation**, sondern beinhaltet auch den Schutz vor Kenntnisnahme der **Umstände der Kommunikation** durch Dritte. Solche Kommunikationsumstände stellen die bei der Kommunikation erzeugten **Kommunikationsdaten** (z.B. Verkehrsdaten) dar. Diese können Aufschluss geben über Ort, Zeit, Dauer

---

71 EuGH, Urt. v. 26.2.2013, C-617/10, ECLI:EU:C:2013:105 – *Åkerberg Fransson*.
72 Erläuterungen des Präsidiums des Europäischen Konvents, ABl. EU 2004, C 310, 430; *Jarass*, EU-Grundrechte, 2005, § 12 Rn. 2 f.; *Bernsdorff*, in: Meyer (Hrsg.), Kommentar zur Charta der Grundrechte der Europäischen Union, 4. Aufl. 2014, Art. 7 Rn. 24; *Grabenwarter/Pabel*, EMRK, 6. Aufl. 2016, § 22 Rn. 10; *Kingreen*, in: Calliess/Ruffert (Hrsg.), EUV/AEUV, 5. Aufl. 2016, GrCh Art. 7 GrCh Rn. 10.
73 EuGH, Urt. v. 9.11.2010, C-92/09 u. C-93/09, ECLI:EU:C:2010:662 – *Schecke und Eifert*, Rn. 52, 59, 72 u. 87.
74 *Kingreen*, in: Calliess/Ruffert (Hrsg.), EUV/AEUV, 5. Aufl. 2016, GrCh Art. 7 GrCh Rn. 10; vgl. auch *Schorkopf*, in: Ehlers (Hrsg.), Europäische Grundrechte und Grundfreiheiten, 4. Aufl. 2015, § 16 II 1 Rn. 25; *Jarass*, Kommentar zur Charta der Grundrechte der Europäischen Union, 3. Aufl. 2016, Art. 7 Rn. 31.

und weitere Informationen der Kommunikation einer Person.[75] Als personenbezogene Daten fallen sie jedoch auch in den grundsätzlich spezielleren Schutzbereich des Art. 8 GrCh. Für die gemäß Art. 52 Abs. 3 GrCh zu beachtenden Einschränkungsgründe des Art. 8 Abs. 2 EMRK spielt die Zuordnung dieser personenbezogenen Telekommunikationsdaten allerdings keine Rolle. Sie sind sowohl bei Art. 7 GrCh als auch bei Art. 8 GrCh zu berücksichtigen.[76] Weitere ebenfalls in Art. 8 GrCh zu berücksichtigende Einschränkungsgründe sind in Art. 52 Abs. 1 GrCh enthalten. Die Bestimmung formuliert darüber hinaus die wesentlichen **Schranken** der Einschränkungsmöglichkeiten, nämlich

- die Notwendigkeit einer gesetzlichen Ermächtigungsgrundlage für einen Eingriff in das betreffende Grundrecht,
- die Verfolgung eines legitimen Ziels und
- den Verhältnismäßigkeitsgrundsatz.[77]

4. Datenschutzgrundrecht (Art. 8 GrCh)

48   Art. 8 GrCh normiert explizit ein Datenschutzgrundrecht. Die Bestimmung ist damit grundsätzlich *lex specialis* gegenüber Art. 7 GrCh.[78] Zunächst stellte der EuGH in diesem Zusammenhang lediglich fest, dass Art. 8 Abs. 1 GrCh in engem, konkretisierendem Verhältnis zu Art. 7 GrCh stehe,[79] ohne damit jedoch insoweit eine grundlegende und dogmatisch überzeugende Abgrenzung vorzunehmen. Zuletzt wurde indes deutlich, dass das Gericht beide Grundrechte nebeneinander anwendet und **weitgehend parallel** begreift.[80]

49   Der **sachliche Schutzbereich** umfasst in Anlehnung an das sekundärrechtliche Datenschutzrecht personenbezogene Daten, also alle Informationen über eine bestimmte oder bestimmbare Person.[81] In den **persönlichen Schutzbereich** fallen natürliche Per-

---

75 *Jarass*, Kommentar zur Charta der Grundrechte der Europäischen Union, 3. Aufl. 2016, Art. 7 Rn. 31.

76 *Jarass*, Kommentar zur Charta der Grundrechte der Europäischen Union, 3. Aufl. 2016, Art. 8 Rn.; vgl. auch *Schorkopf*, in: Ehlers (Hrsg.), Europäische Grundrechte und Grundfreiheiten, 4. Aufl. 2015, § 16 II Rn. 14 und 39 ff.

77 *Jarass*, Kommentar zur Charta der Grundrechte der Europäischen Union, 3. Aufl. 2016, Art. 8 Rn. 11 ff.

78 *Jarass*, Kommentar zur Charta der Grundrechte der Europäischen Union, 3. Aufl. 2016, Art. 8 Rn. 4; *Kingreen*, in: Calliess/Ruffert (Hrsg.), EUV/AEUV, 5. Aufl. 2016, Art. 8 GrCh Rn. 1 f.; *Wolff*, in: Pechstein/Nowak/Häde (Hrsg.), Frankfurter Kommentar EUV, GRC, AEUV, Bd. 1, 2017, Art. 8 GrCh Rn. 3.

79 EuGH, Urt. v. 9.11.2010, C-92/09 u. C-93/09, ECLI:EU:C:2010:662, Rn. 47 – *Schecke und Eifert*.

80 EUGH, Urt. v. 8.4.2014, C-293/12 und C-594/12, ECLI:EU:C:2014:238 – *Digital Rights Ireland und Seitlinger u.a.*; vgl. jüngst auch Gutachten 1/15 v. 26.7.2017, ECLI:EU:C:2017:592, Rn. 133 – *PNR-Abkommen mit Kanada*.

81 *Kingreen*, in: Calliess/Ruffert (Hrsg.), EUV/AEUV, 5. Aufl. 2016, GrCh Art. 8 GrCh Rn. 9. Im Übrigen ist eine im Ergebnis unschädliche, in grundrechtsdogmatischer Hinsicht jedoch noch divergierende Schutzgehaltserfassung des EuGH und des EuG festzustellen, vgl. EuG, T-194/04, ECLI:EU:T:2007:334, Rn. 111 ff. – *Bavarian Lager* und Urt. v. 29.6.2010, C-28/08 P, ECLI:EU:C:2010:378, – *Kommission/Bavarian Lager*, Rn. 59 f.; *Wolff*, in: Pechstein/Nowak/Häde (Hrsg.), Frankfurter Kommentar EUV, GRC, AEUV, Bd. 1, 2017, Art. 8 GrCh Rn. 12.

sonen und juristische Personen, sofern das Grundrecht wesensmäßig auf diese anwendbar ist.[82] Diese Auffassung wird vom EuGH geteilt. Allerdings erachtet er **juristische Personen** beispielsweise bereits dann als grundrechtsberechtigt im Hinblick auf Art. 8 Abs. 1 GrCh, soweit der zu veröffentlichende Name der juristischen Person eine oder mehrere natürliche Personen bestimmt.[83] Dem ist zu entgegnen, dass in dieser konkreten Konstellation die zu veröffentlichenden Daten der juristischen Person weniger personenbezogene Daten darstellen als vielmehr Geschäftsdaten, die ihrem Wesen nach nicht in den Schutzbereich des Art. 8 Abs. 1 GrCh fallen.[84] In dogmatisch noch unausgereifter Weise rechtfertigt das Gericht in der Folge die Veröffentlichung der Daten der juristischen Person im Gegensatz zur Veröffentlichung der personenbezogenen Daten natürlicher Personen mit dem Argument, ein Eingriff in Art. 8 Abs. 1 GrCh habe in Bezug auf juristische Personen einen geringeren Stellenwert, da juristische Personen ohnehin insoweit einer bereits erweiterten Verpflichtung zur Veröffentlichung ihrer Daten unterlägen. Darüber hinaus stelle die Verpflichtung der Behörden, bei jeder juristischen Person vor Veröffentlichung ihrer Daten zu prüfen, ob deren Name natürliche Personen bestimmt, eine unverhältnismäßige Verwaltungslast dar.[85] Diese Argumentation ist insoweit problematisch, als sie impliziert, dass Eingriffe in Grundrechte mit dem Argument gerechtfertigt werden können, ein grundrechtskonformes Handeln der Verwaltung bedeute zu viel Aufwand. Sie kann bei der Rechtfertigung von Grundrechtseingriffen keinen Bestand haben.

Einen **Eingriff**[86] in Art. 8 GrCh stellt die Verarbeitung personenbezogener Daten dar, so wie sie i.S.d. ergangenen Sekundärrechts zu verstehen ist. **Verarbeitung** ist somit der Oberbegriff für alle Datenverarbeitungsschritte, von der Erhebung über die Weitergabe bis hin zur Löschung der personenbezogenen Daten.[87]   **50**

Ein Eingriff bedarf jedoch der **Rechtfertigung**. Unionsgrundrechte werden dabei nicht schrankenlos gewährleistet. Insbesondere ist auch hier wiederum Art. 52 GrCh zu beachten. Art. 8 Abs. 2 S. 1 GrCh enthält eine **Qualifikation der Einschränkungsgründe**.[88] So dürfen Daten „nur nach Treu und Glauben für festgelegte Zwecke und   **51**

---

82 Diff. *Bernsdorff*, in: Meyer (Hrsg.), Kommentar zur Charta der Grundrechte der Europäischen Union, 4. Aufl. 2014, Art. 8 Rn. 18; s.a. *Goldhammer/Sieber*, JuS 2018, 22.

83 EuGH, Urt. v. 9.11.2010 C-92/09 u. C-93/09, ECLI:EU:C:2010:662 – *Schecke und Eifert*, Rn. 53; kritisch dazu *Kingreen*, in: Calliess/Ruffert (Hrsg.), EUV/AEUV, 5. Aufl. 2016, GrCh Art. 8 GrCh Rn. 11.

84 Vgl. zur Art und zum Kontext der veröffentlichten Daten ausführlich *Kühling/Klar*, in: Dix u.a. (Hrsg.), Informationsfreiheit und Informationsrecht, Jahrbuch 2010, 2010, 69 (76 ff.); *Wollenschläger*, AöR 2010, 363 (389 f.).

85 EuGH, Urt. v. 9.11.2010, C-92/09 u. C-93/09, ECLI:EU:C:2010:662 – *Schecke und Eifert*, Rn. 87.

86 Die korrekte Terminologie der Grundrechtsprüfung auf Unionsebene ist eigentlich „Anwendungsbereich – Einschränkungen – Rechtfertigung". Aus Gründen der besseren Lesbarkeit und Verständlichkeit beim synoptischen Lernen wird im Folgenden auch bei den Unionsgrundrechten die ebenfalls gebräuchliche deutsche Terminologie verwendet.

87 Vgl. auch *Bernsdorff*, in: Meyer (Hrsg.), Kommentar zur Charta der Grundrechte der Europäischen Union, 4. Aufl. 2014, Art. 8 Rn. 16. *Jarass*, Kommentar zur Charta der Grundrechte der Europäischen Union, 3. Aufl. 2016, Art. 8 Rn. 8; *Kingreen*, in: Calliess/Ruffert (Hrsg.), EUV/AEUV, 5. Aufl. 2016, GrChArt. 8 GrCh Rn. 12.

88 Vgl. auch *Schorkopf*, in: Ehlers (Hrsg.), Europäische Grundrechte und Grundfreiheiten, 4. Aufl. 2015, § 16 III 3 Rn. 47.

mit Einwilligung der betroffenen Person oder auf einer sonstigen gesetzlich geregelten legitimen Grundlage verarbeitet werden". Damit werden neben dem in Art. 52 Abs. 1 S. 1 GrCh enthaltenen Erfordernis einer gesetzlichen Grundlage weitere, in der datenschutzrechtlichen Grundrechtsdogmatik und in der Datenschutzgesetzgebung entwickelte Vorgaben primärrechtlich verankert: nämlich zum einen der **Zweckbindungsgrundsatz** und zum anderen der **„Zulässigkeits-Dreiklang"** aus Einwilligung, gesetzlicher Spezial- und Allgemeinregelung. Eine Einwilligung kann dabei einen Grundrechtseingriff allerdings nur legitimieren, wenn sie hinreichend informiert und freiwillig erfolgt. Das im Primär- und Sekundärrecht der EU verankerte **Transparenzgebot** stellt sodann einen rechtfertigenden legitimen Zweck dar, den der europäische Gesetzgeber durch Rechtsetzungsakte fördern muss.[89] Dabei hat der Gesetzgeber jedoch das legitime Ziel, Transparenz zu schaffen, mit den Grundrechtsgehalten der Art. 8 (und 7) GrCh in Einklang zu bringen.[90] Das Transparenzgebot genießt nicht per se Vorrang vor dem Schutz personenbezogener Daten. Das gilt auch dann, wenn gewichtige wirtschaftliche Interessen involviert sind.[91] Vielmehr sind Ausnahmen und Einschränkungen von Art. 8 Abs. 1 GrCh auf das **„absolut Notwendige"** zu beschränken.[92] Die **Abwägung** im Einzelfall kann indes im Mehrebenensystem trotz des weitgehenden Gleichlaufs des Grundrechtsschutzes durchaus merklich auseinandergehen. Exemplarisch wird dies etwa anhand der Agrarentscheidung des EuGH deutlich, in der das Gericht im Spannungsfeld von Datenschutz und Transparenz eine deutliche Tendenz zugunsten des Datenschutzes erkennen ließ[93] und damit auffällig anders wertete als noch das BVerfG. Dieses hatte es als zulässig angesehen, dass Vergütungen von Vor-

---

89 Vgl. EuGH, Urt. v. 29.6.2010, C-28/08 P, ECLI:EU:C:2010:378, Rn. 53 f. – *Kommission/Bavarian Lager* und Urt. v. 9.11.2010, C-92/09 u. C-93/09, ECLI:EU:C:2010:662, Rn. 68 ff. – *Schecke und Eifert*; vgl. zum Transparenzgebot, das einen in der EU aufgrund des weiterhin bestehenden Demokratiedefizits besonders wichtigen Abwägungstopos darstellt, ausführlich *Kühling/Klar*, in: Dix u.a. (Hrsg.), Informationsfreiheit und Informationsrecht, Jahrbuch 2010, 2010, 69 (80 ff.); *Wollenschläger*, AöR 2010, 363 (366 ff.).

90 EuGH, Urt. v. 16.12.2008, C-73/07, ECLI:EU:C:2008:727, Rn. 53 ff. – *Satakunnan Markkinapörssi und Satamedia* und Urt. v. 9.11.2010, C-92/09 u. C-93/09, ECLI:EU:C:2010:662 – *Schecke und Eifert*, Rn. 76.

91 Vgl. EuGH, Urt. v. 29.6.2010, C-28/08 P, ECLI:EU:C:2010:662 – *Kommission/Bavarian Lager*, Rn. 75 ff. und Urt. v. 9.11.2010, C-92/09 u. C-93/09, ECLI:EU:C:2010:662 – *Schecke und Eifert*, Rn. 85.

92 Zuletzt EuGH, Gutachten 1/15 v. 26.7.2017, ECLI:EU:C:2017:592 – *PNR-Abkommen mit Kanada*, Rn. 140; ferner Urt. v. 16.12.2008, C-73/07, ECLI:EU:C:2008:727, Rn. 56 ff. – *Satakunnan Markkinapörssi und Satamedia* und Urt. v. 9.11.2010, C-92/09 u. C-93/09, ECLI:EU:C:2010:662 – *Schecke und Eifert*, Rn. 77. Im letzteren Urteil kommt der EuGH zu dem Ergebnis, die in Rede stehenden Verordnungen der Union verstießen gegen Art. 8 Abs. 1 und Art. 7 GrCh, da der Unionsgesetzgeber zur Verfügung stehende mildere Mittel zur Zielerreichung nicht geprüft habe. Wieso jedoch eine durch Verordnung statuierte Veröffentlichungspflicht in Abhängigkeit von Kriterien wie etwa des Bezugszeitraums, der Bezugshäufigkeit und der Art und des Umfangs des Bezugs zu einer vom EuGH angenommenen geringeren Eingriffstiefe in die Grundrechte der von der Veröffentlichung Betroffenen bei gleicher Zweckeffektivität führen soll, bleibt rätselhaft, vgl. hierzu auch *Kühling/Klar*, in: Dix u.a. (Hrsg.), Informationsfreiheit und Informationsrecht, Jahrbuch 2010, 2010, 69 (86 ff.), die auf die besonders weite Einschätzungsprärogative des Unionsgesetzgebers abstellen.

93 EuGH, Urt. v. 9.11.2010, C-92/09 u. C-93/09, ECLI:EU:C:2010:662 – *Schecke und Eifert*; siehe dazu auch *Kühling/Klar*, JURA 2011, 771 ff.

standsmitgliedern von gesetzlichen Krankenversicherungen mit Blick auf das hohe Transparenzinteresse veröffentlicht werden,[94] und hat damit die Transparenzgesichtspunkte unter weitgehender Zurückdrängung datenschutzrechtlicher Interessen signifikant stärker gewichtet.

Darüber hinaus normiert Art. 8 Abs. 2 S. 2 GrCh mit einem **Auskunfts- und Berichtigungsanspruch** prozedurale, Art. 8 Abs. 3 GrCh mit der Verpflichtung auf eine Überwachung der Einhaltung der Schutzgehalte durch eine **unabhängige Instanz** institutionelle Datenschutzgrundrechtsaspekte. Hier schließt sich der Kreis zu den Vorgaben des BVerfG im Volkszählungsurteil, die dementsprechend aufgefächert wurden (dazu → Rn. 61 ff.). Weder Art. 8 Abs. 2 GrCh noch Art. 8 Abs. 2 EMRK führen im Übrigen zu einer Ausdehnung der Schranken.[95]   52

■ **Lösung zu Fallbeispiel 2 – Agrarbeihilfen – Datenschutz nach der GrCh (Rn. 45)**   53

VO ungültig, wenn sie Grundrechte der GrCh verletzt

A. *Art. 7 GrCh – Schutz des Privatlebens*
  I. Schutzbereich eröffnet?
    ⇒ Privatleben ist weit auszulegen, umfasst auch das Berufsleben
      (folgt aus Art. 52 Abs. 3 GrCh i.V.m. Rechtsprechung des EGMR zu Art. 8 EMRK)
    ⇒ Agrarbeihilfen = großer Teil der Einkünfte der Beihilfenempfänger
    ⇒ Angaben zur Höhe der Agrarsubventionen lassen Rückschlüsse auf Einkünfte der Beihilfenempfänger zu
    ⇒ Zugriff Dritter auf Veröffentlichung der Agrarbeihilfen führt zum Eindringen in Privatleben der Empfänger
    → Eröffnung des Gewährleistungsbereichs des Art. 7 GrCh (+)
  II. ABER: Eindringen in Privatleben resultiert aus Übermittlung und Veröffentlichung der Daten der betroffenen Personen
    ⇒ Art. 8 Abs. 1 GrCh prüfen!
    → EuGH in diesem Fall: Art. 8 Abs. 1 GrCh stellt Konkretisierung des Art. 7 GrCh dar (zuletzt allerdings parallele Anwendung beider Grundrechte)
B. *Art. 8 Abs. 1 GrCh – Schutz personenbezogener Daten*
  I. Ist jur. Person (hier: GmbH) im Hinblick auf Art. 8 Abs. 1 GrCh grundrechtsberechtigt?
    ⇒ Datenschutzgrundrecht entspringt den höchstpersönlichen Rechten
    ⇒ Datenschutzgrundrecht schützt jedoch juristische Personen, sofern es auf diese anwendbar ist
    ⇒ Informationen über Beihilfezahlungen an eine jur. Person sind im konkreten Fall Geschäftsdaten, NICHT personenbezogene Daten
    → Meyer-GmbH nicht grundrechtsberechtigt
      a.A. vertretbar ⇒ EuGH: juristische Personen grundrechtsberechtigt, soweit der Name der jur. Person eine oder mehrere natürliche Personen bestimmt
  II. Schutzbereich eröffnet?
    ⇒ Zur Veröffentlichung vorgeschriebene Daten sind im Hinblick auf natürliche Personen personenbezogene Daten i.S.v. Art. 8 Abs. 1 GrCh
    ⇒ Schutzbereich des Art. 8 Abs. 1 GrCh (+)

---

94 BVerfG, Beschl. v. 25.2.2008, 1 BvR 3255/07, Rn. 20 ff. = BVerfG, NJW 2008, 1435 (1436 f.).
95 *Jarass*, EU-Grundrechte, 2005, § 13 Rn. 11.

III. Eingriff in den Schutzbereich?

⇒ Vorgeschriebene Veröffentlichung der personenbezogenen Daten auf einer Website = Verarbeitung personenbezogener Daten i.S.v. Art. 8 Abs. 2 GrCh

ABER: Eingriff in Schutzbereich ausgeschlossen, da Einwilligung gemäß Art. 8 Abs. 2 GrCh bei Antragsstellung eingeholt?

⇒ VO begründet Informationspflicht, Antragsformulare enthalten Information über die Pflicht zur Veröffentlichung der personenbezogenen Daten

→ Bloße Information ≠ Einholung einer Einwilligung

→ Überdies: keine Freiwilligkeit, da alternativlos

→ Einwilligung der betroffenen Personen in die Veröffentlichung ihrer personenbezogenen Daten (–)

→ Eingriff in den Schutzbereich des Art. 8 Abs. 1 GrCh (+)

IV. Rechtfertigung des Eingriffs?

⇒ Art. 8 Abs. 1 GrCh nicht schrankenlos gewährleistet

→ Art. 8 Abs. 2 S. 1 GrCh i.V.m. Art. 52 Abs. 1 GrCh

⇒ Gesetzliche Grundlage = VO (+)

⇒ Verfolgung eines legitimen Zwecks = Transparenz und angemessene Verwendung öffentlicher Gelder (+)

⇒ Geeignetheit (+)

⇒ Erforderlichkeit = EuGH: Ausnahmen und Einschränkungen von Art. 8 Abs. 1 GrCh sind auf das absolut Notwendige zu beschränken

⇒ EuGH: milderes Mittel zur Zweckerreichung gegeben

⇒ Legitimes Ziel auch dann erreicht, wenn bei natürlichen Personen Veröffentlichung auf bestimmte Empfänger von Agrarbeihilfen beschränkt, beispielsweise differenziert nach Kriterien des Bezugszeitraums, der Bezugshäufigkeit und der Art und des Umfangs des Bezugs

→ Erforderlichkeit (–)

ABER: nicht ersichtlich, warum Veröffentlichung bei Unterscheidung nach genannten Kriterien weniger stark in Privatleben und Datenschutzgrundrecht der Empfänger bei gleicher Effektivität eingreift

→ a.A. vertretbar (+)

→ Verhältnismäßigkeit der VO (–), a.A. vertretbar: große Bedeutung von Transparenz!

→ Art. 8 Abs. 1 (und Art. 7) GrCh im Hinblick auf natürliche Personen verletzt (+; a.A. vertretbar)

→ VO ungültig hinsichtlich natürlicher Personen (+; a.A. vertretbar)

⇒ EuGH: bei jur. Personen besitzt Eingriff in Art. 8 Abs. 1 GrCh einen geringeren Stellenwert

→ Verhältnismäßigkeit der VO insoweit (+), Art. 8 Abs. 1 GrCh verletzt (–), ungültig (–)

→ a.A. vertretbar (jur. Personen bei Art. 8 Abs. 1 GrCh nicht grundrechtsberechtigt)

C. Rechtsrahmen im Grundgesetz

I. Einführung

54 Trotz umfassender unionsrechtlicher Überformung des nationalen Rechts hat das nationale Verfassungsrecht weiterhin eine wichtige Bedeutung für das nationale einfachgesetzliche Recht. Im deutschen Grundgesetz finden sich die Vorgaben zur **Gesetzgebung** in den Art. 70 ff. GG (dazu II.), während die einschlägigen **grundrechtlichen** Steuerungsvorgaben vor allem in den Art. 2 Abs. 1 i.V.m. Art. 1 Abs. 1 GG sowie Art. 10 GG zu finden sind (dazu III.).

II. Datenschutzrechtliche Gesetzgebungskompetenz in Bund und Ländern

Für die Datenschutzgesetzgebung in Deutschland greift die **allgemeine Kompetenz-** **55**
verteilung des Grundgesetzes. Danach steht gemäß Art. 70 Abs. 1 GG den Ländern
das Recht der Gesetzgebung zu, soweit keine Bundeskompetenz besteht. Hierbei ist zu
beachten, dass es **keine spezifische Kompetenzgrundlage für datenschutzrechtli-**
che Gesetze gibt. Angesichts der Vielfalt der möglichen Verarbeitungszusammenhänge
ist in der Kompetenzordnung des Bundes die Identifikation eines einheitlichen, die
gesamte Regelungsbreite des Gesetzes abdeckenden Anknüpfungspunktes nicht möglich.[96] Je mehr Datenschutzgesetzgebung allerdings abschließend auf der Ebene der
Europäischen Union erfolgt, desto weniger relevant wird die Frage der innerstaatlichen
Kompetenzverteilung. Unabhängig davon wäre die Schaffung einer umfassenden Gesetzgebungskompetenz auf Bundesebene de constitutione ferenda sehr wohl er-
wägenswert.

Bis dahin gilt jedoch im **nichtöffentlichen Bereich** – also bei der Datenverarbeitung   **56**
durch private Unternehmen etc. – vorwiegend die konkurrierende Gesetzgebungskompetenz aus Art. 74 Abs. 1 Nr. 1 und 11 GG, beispielsweise bei der Übermittlung von
Arbeitnehmerdaten jedoch auch aus Art. 74 Abs. 1 Nr. 12 GG.

Im Anwendungsbereich der **öffentlichen Verwaltung des Bundes** folgt die Geset-   **57**
gebungsbefugnis des Bundes aus der Annexkompetenz des Verwaltungsverfahrens zu
den jeweiligen Sachkompetenzen der Art. 73 und 74 GG.[97] Für die in Art. 74 GG ggf.
aufgeführten Bereiche der konkurrierenden Gesetzgebung ergibt sich die Bundeskompetenz aus Art. 72 Abs. 2 GG. Eine einheitliche Regelung durch den Bund im Bereich
des Datenschutzrechts ist zur Wahrung der Rechts- und Wirtschaftseinheit im gesamt-
staatlichen Interesse zwingend erforderlich.[98]

Auch außerhalb des BDSG bzw. der verschiedenen LDSGe orientiert sich die Kompe-   **58**
tenz am Regelungsgegenstand der jeweiligen **bereichsspezifischen Materie**. In einzelnen Bereichen kann sich daher die Gesetzgebungskompetenz der Länder auch auf
das Datenschutzrecht auswirken, etwa im Bereich des Rundfunks oder den klassischen Landesmaterien des Polizei-, Kommunal- und Schulrechts, aber auch im Gesundheitswesen und anderen Bereichen mit Landeskompetenzen. Nicht zuletzt diese
Zersplitterung der Kompetenzgrundlagen hat zu einem großen Teil zur **Zersplitterung**
des Datenschutzrechts geführt, was die Qualität dieser Rechtsmaterie nicht verbessert hat.[99]

---

96 *Simitis*, in: Simitis (Hrsg.), Kommentar zum BDSG, 8. Aufl. 2014, § 1 Rn. 6.
97 Zum BDSG a.F. *Gola/Klug*, Grundzüge des Datenschutzrechts, 2003, S. 7; *Simitis*, in: Simitis
   (Hrsg.), Kommentar zum BDSG, 8. Aufl. 2014, § 1 Rn. 13.
98 *Gola/Klug*, Grundzüge des Datenschutzrechts, 2003, S. 8.
99 Zur Heterogenität der Ermächtigungsgrundlagen *Gola/Klug*, Grundzüge des Datenschutzrechts,
   2003, S. 8; zur überkomplexen Ausdifferenzierung kritisch *Kingreen/Kühling*, JZ 2015, 213.

III. Grundrechte

59   ┌─ **Fallbeispiel 3** ───

Ermittlung von Mobilfunkdaten durch IMSI-Catcher – Fernmeldegeheimnis

Auf der Basis einer entsprechenden strafprozessualen Norm (§ 100i StPO) darf zum Zwecke der Ergreifung eines Beschuldigten in bestimmten qualifizierten Fällen die Geräte- und Kartennummer eines aktiv geschalteten Mobiltelefons mittels eines so genannten IMSI[100]-Catchers ermittelt werden.[101] Hierdurch wird die genaue Standortbestimmung des Mobiltelefons ermöglicht. Die so erhobenen Daten werden anonym und automatisch abgeglichen und bei fehlender Betroffenheit erfolgt eine unverzügliche Löschung nach dem Messeinsatz. Unbeteiligte Dritte werden nicht identifiziert. Gegenüber dem des Mordes dringend verdächtigen T erfolgt eine entsprechende Erhebung. T sieht hierin einen nicht gerechtfertigten Eingriff in sein Grundrecht aus Art. 10 Abs. 1 Var. 3 GG (Fernmeldegeheimnis). Nachdem er erfolglos alle Instanzen durchlaufen hat, wendet er sich an das BVerfG.

Verletzt die angegriffene Maßnahme Grundrechte des T?

Hintergrund: *Zum Empfang eingehender Anrufe oder Kurzmitteilungen ist die Lokalisierung des Standorts eines Mobiltelefons durch den Mobilfunknetzbetreiber nötig. Im Rahmen dieser ständigen Positionsangabe werden u.a. die Kartennummer (IMSI) und die Gerätenummer (IMEI[102]) des Mobiltelefons an die Basisstation gesendet. Dieses Prinzip nutzt der IMSI-Catcher, indem er innerhalb einer Funkzelle eine Basisstation des Mobilfunknetzes simuliert. Sämtliche eingeschalteten Mobiltelefone, die sich im Einzugsbereich des IMSI-Catchers befinden, senden nunmehr ihre Daten an diesen. Auf diese Weise ist es möglich, Karten- und Gerätenummer sowie den Standort des Mobiltelefons zu ermitteln.*

(Lösung siehe Rn. 108)

1. Anwendbarkeit deutscher Grundrechte neben den Unionsgrundrechten

60   Wesentliche Teile der datenschutzrechtlichen Normen finden sich ab Mai 2018 in einer europäischen Verordnung (Datenschutz-Grundverordnung).[103] Diese sind nicht anhand der Grundrechte des Grundgesetzes überprüfbar, sondern nur am Maßstab des europäischen Primärrechts, denn (jegliches) europäisches Recht geht grundsätzlich auch nationalem Verfassungsrecht vor.[104] Die Grundrechte des Grundgesetzes und die hierzu ergangene verfassungsgerichtliche Rechtsprechung sind gleichwohl weiterhin von Bedeutung: Einerseits belässt die **DS-GVO** für den nationalen Gesetzgeber umfangreiche **Spielräume**, die durch das neugefasste Bundesdatenschutzgesetz[105], ent-

---

100 International Mobile Subscriber Identity.
101 Angelehnt an BVerfG, Beschl. v. 22.8.2006, 2 BvR 1345/03 = BVerfGK 9, 62 = K&R 2007, 32.
102 International Mobile Equipment Identity.
103 Verordnung (EU) 2016/679 des Europäischen Parlaments und des Rates v. 27.4.2016 zum Schutz natürlicher Personen bei der Verarbeitung personenbezogener Daten, zum freien Datenverkehr und zur Aufhebung der Richtlinie 95/46/EG (Datenschutz-Grundverordnung).
104 St. Rspr. des EuGH, vgl. bereits EuGH, Urt. v. 5.2.1963, 26/62, ECLI:EU:C:1963:1 – *Van Gend & Loos*; Urt. v. 15.7.1964, 6/64, ECLI:EU:C:1964:66 – *Costa/ENEL*; vgl. umfassend *Oppermann/ Classen/Nettesheim*, Europarecht, 7. Aufl. 2016, § 10 Rn. 32 ff.
105 Gesetz zur Anpassung des Datenschutzrechts an die VO (EU) 2016/679 und zur Umsetzung der RL (EU) 2016/680 (Datenschutz-Anpassungs- und -Umsetzungsgesetz EU – DSAnpUG-EU) v. 30.6.2017, BGBl. I, S. 2097; vgl. hierzu auch *Kühling*, NJW 2017, 1985.

sprechende Landesdatenschutzgesetze und eine Vielzahl bereichsspezifischer Regelungen ausgefüllt werden. Da der nationale Gesetzgeber bei der Ausgestaltung der Spielräume einerseits – wie bei jedem nationalen Gesetz – die nationale Verfassung zu beachten hat und andererseits in Durchführung von Unionsrecht handelt, gelten insoweit die Grundrechte des Grundgesetzes und europäische Grundrechte **parallel**.[106] Auch die Ausführung der datenschutzrechtlichen Normen erfolgt im Wesentlichen durch nationale Behörden, die insoweit ebenfalls einer parallelen Grundrechtsbindung unterliegen. Sollte es zu Interferenzen zwischen den Schutzbereichen der korrespondierenden Normen kommen, insbesondere in multipolaren Grundrechtssituationen, so bleibt es beim Anwendungsvorrang des Unionsrechts, so dass insoweit letztlich die Maßstäbe der Unionsgrundrechte ausschlaggebend sind.[107] Von Bedeutung bleiben wird die nationale Grundrechtsdogmatik aber allemal, zumal ein Großteil der verfassungsgerichtlichen Rechtsprechung im Datenschutzrecht zu Normen im bipolaren Bürger-Staat-Verhältnis ergangen ist und in Bereichen, in denen erhebliche mitgliedstaatliche Ausgestaltungsspielräume verbleiben.

2. Recht auf informationelle Selbstbestimmung (Art. 2 Abs. 1 i.V.m. Art. 1 Abs. 1 GG)

a) Volkszählungsurteil als Ursprung des Rechts auf informationelle Selbstbestimmung

Das BVerfG hat 1983 in seinem wegweisenden **Volkszählungsurteil**, in dem das Gericht die Verfassungsmäßigkeit des damaligen Volkszählungsgesetzes zu beurteilen hatte, aus dem Allgemeinen Persönlichkeitsrecht (Art. 2 Abs. 1 i.V.m. Art. 1 Abs. 1 GG) das Recht auf informationelle Selbstbestimmung abgeleitet.[108] Darunter ist die Befugnis des Einzelnen zu verstehen, grundsätzlich selbst über die Preisgabe und Verwendung seiner persönlichen Daten zu bestimmen.[109] Das Gericht hat also das Allgemeine Persönlichkeitsrecht in einem Spezialbereich konkretisiert und damit ein allgemeiner gefasstes Grundrecht im Lichte des gewandelten Realbereichs interpretiert. Aufgrund der Beeinflussung des Allgemeinen Persönlichkeitsrechts durch Art. 1 Abs. 1 GG besteht auch für das Recht auf informationelle Selbstbestimmung ein entsprechender Menschenwürdebezug. Der Schutzbereich erstreckt sich auf **jede Form der Erhebung personenbezogener Informationen**.[110] Gerade vor dem Hintergrund der modernen Datenverarbeitungsmöglichkeiten setzt das Recht auf informationelle Selbstbestim-

61

106 EuGH, Urt. v. 26.2.2013, C-617/10, ECLI:EU:C:2013:105 – *Åkerberg Fransson*; Urt. v. 6.3.2014, C-206/13, ECLI:EU:C:2014:126 – *Siragusa*; vgl. außerdem allgemein zur Frage der parallelen Anwendbarkeit von Grundgesetz und Grundrechtecharta *Ludwigs/Sikora*, JuS 2017, 385 (390 f.).

107 Vgl. auch *Kühling/Sackmann*, JURA 2018, Heft 4 (im Erscheinen); *Ludwigs/Sikora*, JuS 2017, 385 (391); zu Besonderheiten der sog. Identitäts- und Ultra-Vires-Kontrolle vgl. BVerfG, Urt. v. 30.6.2009, 2 BvE 2/08 u.a. = BVerfGE 123, 267 – *Lissabon*.

108 Skeptisch gegenüber der Verselbstständigung als eigenes Grundrecht *Simitis*, NJW 1984, 398 (399).

109 BVerfG, Urt. v. 15.12.1983, 1 BvR 209/83 u.a. = BVerfGE 65, 1 (43) – *Volkszählung*.

110 BVerfG, Urt. v. 15.12.1983, 1 BvR 209/83 u.a. = BVerfGE 65, 1 (43) – *Volkszählung*; Urt. v. 17.7.1984, 2 BvE 11/8367 = BVerfGE 67, 100 (143).

mung den Schutz des Einzelnen gegen eine unbegrenzte Verarbeitung seiner persönlichen Daten voraus. Die im Bereich der elektronischen Kommunikation häufig fehlende Transparenz und die Nichterkennbarkeit der vielfältigen Datenverarbeitungsvorgänge kann sich auf das Kommunikationsverhalten der Nutzer negativ auswirken. Daher hat der Schutzbereich des Rechts auf informationelle Selbstbestimmung auch das Ziel, **Einschüchterungseffekte zu verhindern**, die dann entstehen können, wenn für den Einzelnen nicht mehr erkennbar ist, wer was wann und bei welcher Gelegenheit über ihn weiß.[111] Die Vermeidung abschreckender Effekte durch fremdes Geheimwissen stellt eine elementare Funktionsbedingung eines auf Handlungs- und Mitwirkungsfähigkeit seiner Bürger gegründeten freiheitlich-demokratischen Gemeinwesens dar.[112] Dabei fasst das BVerfG den Schutzbereich des Rechts auf informationelle Selbstbestimmung weit, wenn es feststellt, dass es vor dem Hintergrund der Verarbeitungs- und Verknüpfungsmöglichkeiten der Informationstechnologie unter den Bedingungen der automatischen Datenverarbeitung **kein an sich „belangloses" Datum** mehr geben kann.[113] Jegliches Datum fällt demnach in den Schutzbereich des Rechts auf informationelle Selbstbestimmung. Wichtig ist es gleichwohl zu betonen, dass es um eine Selbstbestimmung geht, die sich auch darin äußern kann, Daten in großem Umfang – etwa in sozialen Netzwerken – preiszugeben. Insofern ist die verfassungsrechtliche Konzeption begrifflich nicht paternalistisch angelegt. Sofern etwa eine Einwilligung auf Basis von Transparenz und Freiwilligkeit erfolgt, kann sie daher problemlos Datenverarbeitungsprozesse legitimieren und sie ist gerade Ausdruck des Konzepts der informationellen Selbstbestimmung.

62   Das BVerfG hat demnach **visionär** noch im „Lochkarten-Zeitalter" und anhand eines in Bezug auf die Eingriffsintensität vergleichsweise harmlosen Falls auf eine sich abzeichnende Entwicklung reagiert, die erst in jüngster Zeit durch die rasant gestiegenen Möglichkeiten der Verknüpfung verteilter Datenbestände massiv an Bedeutung gewonnen hat.

63   Das so entwickelte Grundrecht enthält zunächst eine **materiell-rechtliche Dimension**. Dazu gehört auch eine strenge Zweckbindung, die einen Gesetzeswortlaut verlangt, der die Zweckfestlegung im Gesetz selbst klarwerden lässt,[114] insbesondere sofern es um die Datenverarbeitung durch öffentliche Entitäten geht.[115] Eine Datensammlung auf Vorrat ohne zuvor festgelegten Zweck ist mithin verboten.[116] Allein ein strenges Zweckbestimmungsgebot und ein anspruchsvoller Gesetzesvorbehalt reichen indes nicht aus, um die realen Gefährdungen hinreichend einzudämmen. Daher tritt ergän-

---

111 BVerfG, Urt. v. 2.3.2006, 2 BvR 2099/04 = BVerfGE 115, 166 (184).
112 Vgl. BVerfG, Urt. v. 15.12.1983, 1 BvR 209/83 u.a. = BVerfGE 65, 1 (43) – *Volkszählung*.
113 BVerfG, Urt. v. 15.12.1983, 1 BvR 209/83 u.a. = BVerfGE 65, 1 (43) = NJW 1984, 419 (423) – *Volkszählung*.
114 BVerfG, Urt. v. 15.12.1983, 1 BvR 209/83 u.a. = BVerfGE 65, 1 (46) – *Volkszählung*; siehe auch Urt. v. 27.6.1991, 2 BvR 1493/89 = BVerfGE 84, 239 (280); Beschl. v. 7.3.1995, 1 BvR 1564/93 = BVerfGE 92, 191 (197).
115 Zur Bedeutung der Unterscheidung zwischen einer Datenverarbeitung durch private und öffentliche Stellen vgl. auch *Kingreen/Kühling*, JZ 2015, 213.
116 BVerfG, Urt. v. 15.12.1983, 1 BvR 209/83 u.a. = BVerfGE 65, 1 = NJW 1984, 419 (422) – *Volkszählung*.

zend eine **Grundrechtssicherung durch Verfahren und Organisation** hinzu, die sich insbesondere in Form von Informationspflichten und institutionellen Einrichtungen wie der eines Datenschutzbeauftragten entfaltet. Eine derartige Flankierung ist auch vor dem Hintergrund der typischen Grundrechteingriffe erforderlich, die häufig eher aus kleinen Nadelstichen denn aus eingriffsintensiven Maßnahmen bestehen. Die Konkretisierung jener begleitenden Organisationsaufgaben ist sodann Aufgabe des Gesetzgebers.

Zugleich hat das BVerfG betont, dass ein derartiges Verfügungsrecht **nicht schranken-**   64
los gewährleistet sein kann. Trotz des Menschenwürdebezuges erlaubt die Gemeinwohleinbindung des Rechts auf informationelle Selbstbestimmung eine Öffnung gegenüber Beschränkungen, die durch überwiegende Allgemeininteressen gerechtfertigt sind. Diese bedürfen aber einer **gesetzlichen Grundlage**, die insbesondere dem **Grundsatz der Verhältnismäßigkeit** und dem **Gebot der Normenklarheit** entsprechen muss.[117] In der Folge ist ein entsprechendes Grundrecht auf Schutz personenbezogener Daten in zehn der 16 Landesverfassungen der Bundesländer verankert.

b) Weiterer dogmatischer Ausbau

Seit dem Volkszählungsurteil hat sich das BVerfG in zahlreichen weiteren Entscheidun-   65
gen mit dem Recht auf informationelle Selbstbestimmung befasst und das Grundrecht dabei **konkretisiert und fortentwickelt**.

aa) Schutzbereich

Die **Weite des Schutzbereichs** prägt auch die Folgerechtsprechung des BVerfG. Ent-   66
sprechende Ausführungen hat das Gericht in der Entscheidung zum Abruf der Daten der Kontenevidenzzentrale[118] gemacht, in der es § 93 Abs. 8 AO wegen Verstoßes gegen das Gebot der Normenklarheit für verfassungswidrig erklärte.[119] Diese Bestimmung zielte darauf ab, verschiedenen Behörden Zugriff auf Informationen zum Bestehen von inländischen Konten und Depots zu verschaffen. Das BVerfG stellte fest, dass der grundrechtliche Schutz von Verhaltensfreiheit und Privatheit durch das Recht auf informationelle Selbstbestimmung **schon auf der Stufe der Persönlichkeitsgefährdung** beginnt.[120] Diese Gefährdungslage könne bereits im Vorfeld konkreter Bedrohungen benennbarer Rechtsgüter entstehen.[121]

Eine weitere Klarstellung nahm das BVerfG in der Entscheidung zur automatisierten   67
Erfassung von Kraftfahrzeugkennzeichen vor. Das Gericht hatte über die Verfassungsmäßigkeit von polizeirechtlichen Vorschriften in Hessen und Schleswig-Holstein zu

---

117 BVerfG, Urt. v. 15.12.1983, 1 BvR 209/83 u.a. = BVerfGE 65, 1 (43 f.) – *Volkszählung*; Beschl. v. 4.4.2006, 1 BvR 518/02 = BVerfGE 115, 320 = MMR 2006, 531 (532).
118 BVerfG, Beschl. v. 13.6.2007, 1 BvR 1550/03 u.a. = BVerfGE 118, 168 = DStRE 2007, 1196.
119 Vgl. dazu bereits *Kühling*, ZRP 2005, 196.
120 BVerfG, Beschl. v. 13.6.2007, 1 BvR 1550/03 u.a. = BVerfGE 118, 168 = DStRE 2007, 1196 (1200).
121 BVerfG, Beschl. v. 13.6.2007, 1 BvR 1550/03 u.a. = BVerfGE 118, 168 = DStRE 2007, 1196 (1200 f.).

befinden, die zur automatisierten Erfassung der amtlichen Kennzeichen von Kraftfahrzeugen ermächtigen. Dabei werden die Fahrzeuge zunächst von einer Videokamera aufgezeichnet, wobei mittels Software aus dem Bild das Kennzeichen ausgelesen und schließlich automatisch mit polizeilichen Fahndungsdateien abgeglichen wird. Das Gericht stellte hier fest, dass der grundrechtliche Schutz nicht bereits aufgrund der öffentlichen Zugänglichkeit der betroffenen Informationen entfällt. Auch wenn die betroffene Person sich **in die Öffentlichkeit begebe**, erstrecke sich der Schutz des Rechts auf informationelle Selbstbestimmung auch auf ihr Interesse, dass die damit verbundenen personenbezogenen Informationen nicht im Zuge automatisierter Informationserhebung zur Speicherung mit der Möglichkeit der Weiterverwertung erfasst werden.[122]

bb) Drittwirkung/Schutzpflichten

68   Im Wege der Schutzpflichtenkonstruktion bzw. im Rahmen der mittelbaren Drittwirkung ist das Recht auf informationelle Selbstbestimmung ferner auf den privaten Bereich mit vergleichbaren Gefährdungslagen zu erstrecken. Das heißt aus dem Recht auf informationelle Selbstbestimmung leitet sich auch ab, dass der Staat **Private im horizontalen Verhältnis gegenüber Datenschutzgefährdungen** durch andere Private in ihrer informationellen Selbstbestimmung **schützen** muss.[123] Das BVerfG hat in diesem Zusammenhang auf das Allgemeine Persönlichkeitsrecht bezogen ausgeführt, dass dieses als Norm des objektiven Rechts seinen Rechtsgehalt auch im Privatrecht entfaltet und deshalb die Judikative im Rahmen einer privatrechtlichen Streitigkeit den Schutzgehalt des Allgemeinen Persönlichkeitsrechts zu beachten hat, wenn sie nicht das Grundrecht des Bürgers in seiner Funktion als Schutznorm verletzen will.[124] In seiner jüngeren Rechtsprechung hat das Gericht dies erneut bestätigt und nochmals betont, dass es die „Aufgabe des Rechts" sei, insbesondere dann, wenn „in einem Vertragsverhältnis ein Partner ein solches Gewicht hat, dass er den Vertragsinhalt faktisch einseitig bestimmen kann [...] auf die Wahrung der Grundrechtspositionen beider Vertragspartner hinzuwirken, um zu verhindern, dass sich für einen Vertragsteil die Selbstbestimmung in eine Fremdbestimmung verkehrt."[125] Insgesamt ist jedoch zu betonen, dass sich der Großteil der Rspr. des BVerfG auf die Datenverarbeitung durch öffentliche Stellen – und insbesondere den Sicherheitsbereich bezieht.[126]

69   Besondere Brisanz kommt der Drittwirkungsproblematik in **multipolaren Grundrechtskonflikten** zu. Dies wird exemplarisch deutlich im Rahmen der in der Praxis äußerst relevanten **Vaterschaftsfragen**. So hatte das BVerfG bereits im Jahr 2007 einen Fall zu entscheiden, in dem ein Scheinvater dagegen vorgehen wollte, dass ein heimlich erstelltes privates Abstammungsgutachten, mit dem er seine biologische

---

122 BVerfG, Urt. v. 11.3.2008, 1 BvR 2074/05 = BVerfGE 120, 378 = EuGRZ 2008, 186 (Juris-Rn. 67).
123 Vgl. BVerfG, Beschl. v. 23.10.2006, 1 BvR 2027/02 = BVerfGK 9, 353 = WM 2006, 2270 (Juris-Rn. 30); Beschl. v. 11.6.1991, 1 BvR 239/90 = BVerfGE 84, 192 (194 f.).
124 BVerfG, Beschl. v. 23.10.2006, 1 BvR 2027/02 = BVerfGK 9, 353 = WM 2006, 2270 (Juris-Rn. 30); Beschl. v. 11.6.1991, 1 BvR 239/90 = BVerfGE 84, 192 (194 f.).
125 BVerfG, Beschl. v. 23.10.2006, 1 BvR 2027/02 = BVerfGK 9, 353 (Juris-Rn. 31).
126 Siehe dazu die umfassende Auswertung der Rechtsprechung bei *Kühling*, Die Verwaltung 2011, 525.

Vaterschaft ausschließen konnte, vor Gericht nicht anerkannt worden war.[127] Ein einwilligungsunabhängiges Verfahren zur Vaterschaftsfeststellung war damals nicht vorgesehen. Dies war nur inzident im Rahmen der Vaterschaftsanfechtung möglich. Das BVerfG stellte hier fest, dass das konfligierende Recht des Kindes auf Nichtwissen wie auch das Allgemeine Persönlichkeitsrecht der Mutter angesichts der großen Bedeutung der entsprechenden Kenntnis des „Vaters" zwar grundsätzlich zurückzutreten habe, weil sich aus den korrespondierenden Vaterpflichten eine besondere Schutzwürdigkeit ergebe. Im konkreten Fall überwiege das Recht des Vaters aber dennoch nicht, da die betreffende Feststellung (vor dem Hintergrund der damaligen Verfahrenslage) zwingend auf eine Statusänderung gerichtet sei und überdies aufgrund des heimlichen Charakters ein erheblicher Eingriff in das Allgemeine Persönlichkeitsrecht des Kindes sowie der Mutter vorliege. Gleichzeitig wies das Gericht aber auf die staatliche **Schutzpflicht** für das Allgemeine Persönlichkeitsrecht des Vaters hin, die es infolge des Mangels an einem geeigneten Verfahren zur Abstammungsklärung verletzt sah. Der Gesetzgeber hatte demgemäß einen angemessenen Verfahrensweg zu eröffnen, der insbesondere nicht zwingend mit einem Anfechtungsverfahren verbunden werden durfte.[128]

Ebenfalls in einer Vaterschaftskonstellation entschied das BVerfG jüngst, dass die richterrechtliche Verpflichtung einer Frau, **über die Person des mutmaßlichen leiblichen Vaters Auskunft zu erteilen**, diese in ihrem Allgemeinen Persönlichkeitsrecht verletzte.[129] In der Preisgabe einer geschlechtlichen Beziehung zu einem bestimmten Mann liege die Offenbarung intimster Vorgänge ihres Privatlebens. Die bereits erfolgte Offenbarung des Mehrverkehrs in der Empfängniszeit aufgrund einer vorangegangenen erfolgreichen Vaterschaftsanfechtung verbrauche nicht das spezifisch geschützte Recht der Beschwerdeführerin, geschlechtliche Beziehungen zu einem **bestimmten Partner** nicht offenbaren zu müssen.[130] Mangels hinreichend deutlicher Grundlage im geschriebenen Recht habe die entsprechende gerichtliche Verpflichtung die **Grenzen richterlicher Rechtsfortbildung überschritten**.[131] Diese seien bei einer Verschlechterung der rechtlichen Situation des Einzelnen dergestalt enger gesteckt, als die Rechtsfindung sich umso stärker auf die Umsetzung bereits bestehender Vorgaben des einfachen Gesetzesrechts beschränken müsse, je schwerer die beeinträchtigte Rechtsposition auch verfassungsrechtlich wiegt.[132] Der schwerwiegenden Grundrechtsbeeinträchtigung der Frau, die mittelbar auch das Allgemeine Persönlichkeitsrecht und das Familienleben eines zu benennenden Mannes tangiere, stehe hier allein das Interesse des

70

---

127 BVerfG, Urt. v. 13.2.2007, 1 BvR 421/05 = BVerfGE 117, 202.
128 Der Gesetzgeber reagierte mit dem Gesetz zur Klärung der Vaterschaft unabhängig vom Anfechtungsverfahren, in Kraft getreten am 1.4.2008 (BGBl I 2008, 441), das insbesondere die zentrale Neuregelung in § 1598a BGB mit einem Anspruch auf (vorherige!) Einwilligung in eine genetische Untersuchung zur Klärung der leiblichen Abstammung enthielt. Das entsprechende Verfahren tritt dabei als grundsätzlich außergerichtliches Verfahren neben das gerichtliche Vaterschaftsanfechtungsverfahren.
129 BVerfG, Beschl. v. 24.2.2015, 1 BvR 472/14 = BVerfGE 138, 377.
130 BVerfG, Beschl. v. 24.2.2015, 1 BvR 472/14 = BVerfGE 138, 377, Rn. 33.
131 BVerfG, Beschl. v. 24.2.2015, 1 BvR 472/14 = BVerfGE 138, 377, Rn. 35.
132 BVerfG, Beschl. v. 24.2.2015, 1 BvR 472/14 = BVerfGE 138, 377, Rn. 41.

Scheinvaters an einer Stärkung der Durchsetzungsfähigkeit seines einfachgesetzlichen Regressanspruchs gegenüber.[133] Der Privatrechtsgesetzgeber war hierbei nach Auffassung des Gerichts angesichts des ihm zuzugestehenden Ausgestaltungsspielraums nicht verfassungsrechtlich gezwungen, einen durchsetzungsstärkeren Regressanspruch zu schaffen.[134]

cc) Abwägungstopoi

71   Im Übrigen haben sich im Laufe der Zeit bestimmte Abwägungstopoi herauskristallisiert, die das BVerfG immer wieder heranzieht. So ist für die Eingriffsintensität maßgeblich, ob die betroffene Person für die Maßnahme einen **Anlass** gibt und wie dieser beschaffen ist.[135] Desweiteren spielt die **Verdachtslosigkeit** und **Streubreite** des Eingriffs eine Rolle. Es kommt also darauf an, ob zahlreiche Personen in den Wirkungsbereich einer Maßnahme einbezogen werden, die in keiner Beziehung zu einem konkreten Fehlverhalten stehen.[136] Ferner sind die **Heimlichkeit** des Eingriffs[137] und die Intensität der von der Maßnahme ausgehenden **Einschüchterungseffekte** zu berücksichtigen.[138] Auf der anderen Seite kommen die **Bedeutung der zu schützenden Güter** und das **Ausmaß ihrer Gefährdung** zum Tragen.

72   Diese Abwägungstopoi werden besonders deutlich am Beispiel der Entscheidung zur **Rasterfahndung**.[139] Im Zusammenhang mit der Verfassungsbeschwerde gegen gerichtliche Entscheidungen über die Anordnung einer präventiven polizeilichen Rasterfahndung stellte das BVerfG fest, dass der durch die Ermächtigung zur Rasterfahndung ermöglichte Grundrechtseingriff eine hohe Eingriffsintensität aufweist. Dies ergibt sich insbesondere daraus, dass dieser sowohl durch seine Verdachtslosigkeit als auch durch eine große Streubreite gekennzeichnet ist. Denn es werden zahlreiche Personen in den Wirkungsbereich einer Maßnahme einbezogen, die in keiner Beziehung zu einem konkreten Fehlverhalten stehen und die den Eingriff durch ihr Verhalten nicht veranlasst haben.[140] Zwar sei der betreffende Eingriff angesichts der hochrangigen Verfassungs-

---

133 BVerfG, Beschl. v. 24.2.2015, 1 BvR 472/14 = BVerfGE 138, 377, Rn. 45 f.
134 BVerfG, Beschl. v. 24.2.2015, 1 BvR 472/14 = BVerfGE 138, 377, Rn. 46.
135 BVerfG, Beschl. v. 23.2.2007, 1 BvR 2368/06 = BVerfGK 10, 330 = NVwZ 2007, 688 (691); vgl. auch Urt. v. 14.7.1999, 1 BvR 2226/94 u.a. = BVerfGE 100, 313 (376); Urt. v. 12.3.2003, 1 BvR 330/96 u. 1 BvR 348/99 = BVerfGE 107, 299 (318 ff.); Urt. v. 3.3.2004, 1 BvR 2378/98 u. 1 BvR 1084/99 = BVerfGE 109, 279 (353); Beschl. v. 4.4.2006, 1 BvR 518/02 = BVerfGE 115, 320 = MMR 2006, 531 (Juris-Rn. 94, 117) – *Rasterfahndung*.
136 BVerfG, Beschl. v. 4.4.2006, 1 BvR 518/02 = BVerfGE 115, 320 = MMR 2006, 531 (Juris-Rn. 117) – *Rasterfahndung*; vgl. auch Urt. v. 12.3.2003, 1 BvR 330/96 u. 1 BvR 348/99 = BVerfGE 107, 299 (328).
137 BVerfG, Beschl. v. 4.4.2006, 1 BvR 518/02 = BVerfGE 115, 320 = MMR 2006, 531 (Juris-Rn. 113) – *Rasterfahndung*; vgl. auch Urt. v. 12.3.2003, 1 BvR 330/96 u. 1 BvR 348/99 = BVerfGE 107, 299 (321); Urt. v. 2.3.2006, 2 BvR 2099/04 = BVerfGE 115, 166 = NJW 2006, 976 (981).
138 BVerfG, Urt. v. 15.12.1983, 1 BvR 209/83 u.a. = BVerfGE 65, 1 (42) – *Volkszählung*; Beschl. v. 12.4.2005, 2 BvR 1027/02 = BVerfGE 113, 29 (46); Beschl. v. 4.4.2006, 1 BvR 518/02 = BVerfGE 115, 320 = MMR 2006, 531 (Juris-Rn. 117) – *Rasterfahndung*.
139 BVerfG, Beschl. v. 4.4.2006, 1 BvR 518/02 = BVerfGE 115, 320 = MMR 2006, 531 – *Rasterfahndung*.
140 BVerfG, Beschl. v. 4.4.2006, 1 BvR 518/02 = BVerfGE 115, 320 = MMR 2006, 531 (535) – *Rasterfahndung*.

güter, denen er dient (Bestand und Sicherheit des Staates, Leben, Leib und Freiheit der Bevölkerung), nicht schon als solcher unverhältnismäßig. Der Gesetzgeber dürfe ihn aber erst von der Schwelle einer hinreichend konkreten Gefahr für die bedrohten Rechtsgüter an vorsehen.[141] Auch in dem bereits erwähnten Urteil zur **automatisierten Erfassung von Kraftfahrzeugkennzeichen** stellte das BVerfG maßgeblich auf die Kriterien der Streubreite, Anlasslosigkeit, Heimlichkeit und der Einschüchterungswirkung potentieller Maßnahmen ab.[142]

dd) Bestimmtheit und Normenklarheit

Schließlich kommt dem Gebot der Bestimmtheit und Normenklarheit nach der Rechtsprechung des BVerfG eine entscheidende Rolle zu. Im Urteil zur Videoüberwachung öffentlicher Plätze, in dessen Rahmen die fehlende Bestimmtheit der entsprechenden Ermächtigungsgrundlage im BayDSG als Legitimation für die beabsichtigte Videoüberwachung festgestellt wurde, hob das Gericht erneut hervor, dass Anlass, Zweck und Grenzen eines Eingriffs in der Ermächtigung **bereichsspezifisch, präzise und normenklar** festgelegt werden müssen.[143] Diese Anforderungen hat das BVerfG später in der Entscheidung zum Abruf der Daten der Kontenevidenzzentrale bestätigt (vgl. oben → Rn. 66).[144] Mindestvoraussetzung sei die Angabe im Gesetz, welche staatliche Stelle zur Erfüllung welcher Aufgaben zu der geregelten Informationserhebung berechtigt sein soll.[145] Dies ließ sich aus den gesetzlichen Bestimmungen aber nicht erkennen. Auch in der Entscheidung zur automatisierten Erfassung von Kraftfahrzeugkennzeichen[146] stellte das Gericht fest, dass der Verwendungszweck bei den angegriffenen Normen nicht hinreichend bestimmt sei und sich dies auch nicht durch eine einengende verfassungskonforme Interpretation heilen ließe.[147] Mit dem Fehlen der Zweckbestimmung der automatisierten Kennzeichenerfassung gehe eine grundrechtswidrige Unbestimmtheit auch hinsichtlich der erhebbaren Informationen einher.[148]

Aus diesen Anforderungen ergibt sich ein entsprechender Druck auf den Gesetzgeber. Konsequenz ist die Schaffung einer Vielzahl bereichsspezifischer Regelungen und damit ein **Verrechtlichungsschub**, der durchaus auch kritisch zu sehen ist, da er die Komplexität des Datenschutzrechts deutlich steigert.[149] Die daraus resultierende hohe Regelungsdichte führt indessen zu einer gewissen Unübersichtlichkeit für die betroffene Person, womit ein Spannungsverhältnis zum ebenfalls bedeutsamen **Transparenzgebot** entsteht.

73

74

---

141 BVerfG, Beschl. v. 4.4.2006, 1 BvR 518/02 = BVerfGE 115, 320 = MMR 2006, 531 (535) – *Rasterfahndung.*
142 BVerfG, Urt. v. 11.3.2008, 1 BvR 2074/05 = BVerfGE 120, 378 = EuGRZ 2008, 186 (Juris-Rn. 78 f).
143 BVerfG, Beschl. v. 23.2.2007, 1 BvR 2368/06 = BVerfGK 10, 330 = NVwZ 2007, 688 (690); vgl. auch schon Beschl. v. 3.3.2004, 1 BvF 3/92 = BVerfGE 110, 33 (52); Urt. v. 27.7.2005, 1 BvR 668/04 = BVerfGE 113, 348 (375).
144 BVerfG, Beschl. v. 13.6.2007, 1 BvR 1550/03 u.a. = BVerfGE 118, 168 = DStRE 2007, 1196 (1201).
145 BVerfG, Beschl. v. 13.6.2007, 1 BvR 1550/03 u.a. = BVerfGE 118, 168 = DStRE 2007, 1196 (1201).
146 BVerfG, Urt. v. 11.3.2008, 1 BvR 2074/05 = BVerfGE 120, 378 = EuGRZ 2008, 186.
147 BVerfG, Urt. v. 11.3.2008, 1 BvR 2074/05 = BVerfGE 120, 378 = EuGRZ 2008, 186 (Juris-Rn. 153).
148 BVerfG, Urt. v. 11.3.2008, 1 BvR 2074/05 = BVerfGE 120, 378 = EuGRZ 2008, 186 (Juris-Rn. 157).
149 *Kingreen/Kühling,* JZ 2015, 213.

c) Abgrenzung zum Recht am eigenen Bild und Recht am eigenen Wort

75 Im Rahmen von Foto- oder Videoaufnahmen kann neben dem Recht auf informationelle Selbstbestimmung auch das Recht am eigenen Bild verfassungsrechtlicher Maßstab sein. Das Recht am eigenen Bild ist wie das Recht auf informationelle Selbstbestimmung als Ausprägung des Allgemeinen Persönlichkeitsrechts anerkannt und normiert ein Verfügungsrecht des Einzelnen **über die bildliche Darstellung als Wesensausdruck** seiner Person. Daher darf grundsätzlich jedermann selbst bestimmen, ob und inwieweit andere sein Lebensbild im Ganzen oder in Teilen öffentlich darstellen dürfen.[150] Verfassungsrechtlich geschützt ist im Gegensatz zu den einfachgesetzlichen Vorschriften der §§ 22 ff. KunstUrhG nicht nur die Verbreitung und öffentliche Zurschaustellung, sondern auch die Anfertigung von Bildnissen.[151] Ein aus dem Allgemeinen Persönlichkeitsrecht hervorgehobener Schutz ist deshalb erforderlich, weil das Erscheinungsbild eines Menschen durch wissenschaftlich-technische Verfahren vereinfacht von diesem ablösbar, datenmäßig fixierbar und für einen unüberschaubaren Personenkreis reproduzierbar ist. Durch diesen Kontextwechsel kann der Sinngehalt der Bilder verändert werden[152] und der Einzelne muss sich unter Umständen verstärkt auf eine andere Öffentlichkeit einstellen.[153]

76 In Abgrenzung zum Recht auf informationelle Selbstbestimmung ist nach einer gegenständlich-funktionalen Anknüpfung immer dann das **Recht am eigenen Bild** anwendbar, sobald es sich um die Einordnung eines Bildnisses von einer Person handelt. Dabei ist die besondere Stoßrichtung des Schutzgehalts des Rechts am eigenen Bild im Vergleich zum Recht auf informationelle Selbstbestimmung insofern zu berücksichtigen, als dessen spezifischer Charakter darin besteht, die nach außen gerichtete visuelle Selbstdarstellung der betroffenen Person durch ihre Verfügungsgewalt hierüber zu garantieren. Das heißt, dass nur dann das Recht am eigenen Bild einschlägig ist, wenn die **Visualisierung** einer Person nicht nur beiläufig erfolgt, sondern **gezielt** auf die Herstellung eines Abbildes einer Person gerichtet ist und der Aussagegehalt der Aufnahme für einen objektiven Betrachter zentral von der auf der Aufnahme erkennbaren Person geprägt wird.

77 Das **Recht am eigenen Wort** ist ebenfalls eine Ausprägung des Allgemeinen Persönlichkeitsrechts. In Abgrenzung zum Recht auf informationelle Selbstbestimmung gibt es dem Einzelnen das Recht, selbst zu bestimmen, welchen Personen seine **Äußerun-**

---

150 Vgl. BVerfG, Beschl. v. 26.2.2008, 1 BvR 1602/07 u.a. = BVerfGE 120, 180 (198) – *Caroline von Hannover*; Beschl. v. 14.2.2005, 1 BvR 240/04 = GRUR 2005, 500; Urt. v. 15.12.1999, 1 BvR 653/96 = BVerfGE 101, 361 (381) – *Caroline von Monaco*; Urt. v. 5.6.1973, 1 BvR 536/72 = BVerfGE 35, 202 (220) – *Lebach*; Beschl. v. 31.1.1973, 2 BvR 454/71 = BVerfGE 34, 238 (246).

151 Vgl. BVerfG, Beschl. v. 26.2.2008, 1 BvR 1602/07 u.a. = BVerfGE 120, 180 (198) – *Caroline von Hannover*; Beschl. v. 19.12.2007, 1 BvR 620/07 = BVerfGE 119, 309 (323); Urt. v. 15.12.1999, 1 BvR 653/96 = BVerfGE 101, 361 (381 f.); nach Urt. v. 17.2.1998, 1 BvF 1/91 = BVerfGE 97, 228 (268) hingegen gewährte das Recht am eigenen Bild noch lediglich „die Verfügungsbefugnis darüber, ob und inwieweit das Bild einer Person verbreitet oder öffentlich zur Schau gestellt werden darf".

152 Vgl. *Albers*, Informationelle Selbstbestimmung, 2005, S. 260 f.

153 Vgl. BVerfG, Urt. v. 15.12.1999, 1 BvR 653/96 u.a. = BVerfGE 101, 361 (381 f.) – *Caroline von Monaco*.

gen zugänglich gemacht werden und dient der Sicherung des Eigenwerts der Persönlichkeit.[154] Der Schutz gilt universell und ist nicht auf bestimmte Äußerungsinhalte beschränkt.[155] Es ist gegenüber dem Recht auf informationelle Selbstbestimmung das speziellere Grundrecht.[156] In Abgrenzung zum Fernmeldegeheimnis wird nicht die Integrität der telekommunikativen Übermittlung geschützt, sondern das Recht, von weiteren Mithörern in Kenntnis gesetzt zu werden. Es greift folglich das Recht am eigenen Wort ein, wenn es bei einem Telefonat an der Gegenstelle weitere Mithörer gibt, von denen der Äußernde nichts weiß, denn die Integrität der Übermittlung wird davon nicht beeinträchtigt.[157]

3. Fernmeldegeheimnis (Art. 10 Abs. 1 Var. 3 GG)

a) Schutzbereich

Das Fernmeldegeheimnis aus Art. 10 Abs. 1 Var. 3 GG schützt die unkörperliche Über-   **78**
mittlung von Informationen an individuelle Empfänger mit Hilfe des Telekommunikationsverkehrs.[158] Dabei wird der Schutzbereich des Fernmeldegeheimnisses nicht allein auf den **Kommunikationsvorgang** und den **Kommunikationsinhalt**, sondern auch auf die **Kommunikationsumstände** erstreckt.[159] Dazu gehören insbesondere Informationen darüber, „ob, wann und wie oft zwischen welchen Personen oder Endeinrichtungen Telekommunikationsverkehr stattgefunden hat oder versucht worden ist".[160] Anderenfalls wäre der grundrechtliche Schutz unvollständig. Unter die näheren Umstände der Kommunikation fallen daher vor allem **Verkehrsdaten**.[161] Denn diese haben einen selbständigen Aussagegehalt, da sie im Einzelfall beachtliche Rückschlüsse auf das Kommunikations- und Bewegungsverhalten einzelner Kommunikationsteilnehmer ermöglichen können. Häufigkeit, Dauer und Zeitpunkt von Kommunikationsverbindungen geben Hinweise auf Art und Intensität persönlicher sowie geschäftlicher

---

154 Sehr instruktiv BGH, Urt. v. 18.2.2003 – XI ZR 165/02 m.w.N.
155 BVerfG, Beschluss vom 9.10.2002, 1 BvR 1611/96 = BVerfGE 106, 28 = WM 2002, 2290 (2294).
156 BVerfG, Beschl. v. 7. 12. 2011 – 2 BvR 2500/09 u. a. = BVerfGE 130, 1 (27).
157 BVerfG, Beschluss vom 9.10.2002, 1 BvR 1611/96 u.a. = BVerfGE 106, 28 = BVerfG WM 2002, 2290 (2293).
158 Vgl. BVerfG, Beschl. v. 20.6.1984, 1 BvR 1494/78 = BVerfGE 67, 157 (172); Beschl. v. 9.10.2002, 1 BvR 1611/96 u. 1 BvR 805/98 = BVerfGE 106, 28 (35 f.).
159 BVerfG, Urt. v. 2.3.2006, 2 BvR 2099/04 = BVerfGE 115, 166 = MMR 2006, 217 (219). Dem Verfahren lag die Verfassungsbeschwerde einer Richterin am Amtsgericht zu Grunde, die sich gegen die Anordnung der Durchsuchung ihrer Wohnung wegen des Verdachts der Verletzung von Dienstgeheimnissen gewendet hat. Die Durchsuchung diente dazu, Kommunikationsverbindungsdaten auf dem PC und dem Mobiltelefon der Richterin zu ermitteln, die einen Nachweis für Kontakte mit einem Reporter hätten ergeben können.
160 BVerfG, Urt. v. 2.3.2006, 2 BvR 2099/04 = BVerfGE 115, 166 = MMR 2006, 217 (219); Beschl. v. 4.2.2005, 2 BvR 308/04 = BVerfGK 5, 74 = NJW 2005, 1637 (1639); Urt. v. 12.3.2003, 1 BvR 330/96 u. 1 BvR 348/99 = BVerfGE 107, 299 = NJW 2003, 1787 (1788); vgl. auch Beschl. v. 20.6.1984, 1 BvR 1494/78 = BVerfGE 67, 157 (172); Beschl. v. 25.3.1992, 1 BvR 1430/88 = BVerfGE 85, 386 (396).
161 Verkehrsdaten i.S.d. § 3 Nr. 30 TKG sind Daten, die bei der Erbringung eines Telekommunikationsdienstes erhoben, verarbeitet oder genutzt werden. Eine Auflistung der Verkehrsdaten findet sich in § 96 Abs. 1 TKG.

Beziehungen und lassen auf den Inhalt bezogene Schlussfolgerungen zu.[162] Bestandsdaten nach § 3 Nr. 3 TKG gehören dagegen grundsätzlich nicht zu den näheren Kommunikationsumständen.[163] Denn diese beziehen sich nicht auf den Kommunikationsvorgang, sondern stellen lediglich die notwendigen Informationen zur Vertragsabwicklung zwischen dem jeweiligen Diensteanbieter und den Kunden dar. Zu den näheren Umständen der Kommunikation gehören also alle Verkehrsdaten und sonstigen Umstände, die den jeweiligen Telekommunikations*vorgang* individualisierbar und nachverfolgbar machen.

b) Abwägungstopoi

79   Im Rahmen des Fernmeldegeheimnisses zieht das BVerfG im Wesentlichen dieselben Abwägungstopoi wie beim Recht auf informationelle Selbstbestimmung (vgl. hierzu oben → Rn. 71 f.) heran. Ergänzend spielt jedoch entsprechend dem **Verwendungskontext** die **Nähe der Daten zum Kernbereich privater Lebensgestaltung** eine Rolle. So genießen Inhaltsdaten eines konkreten Gesprächs einen intensiveren Schutz als bloße Verkehrsdaten, die nicht zur Kenntnisnahme von Gesprächsinhalten führen.[164]

80   Besondere Aufmerksamkeit verdient ferner der Charakter des **Internets** als spezifisches **Medium der Rechtsverletzung**. Entsprechend der Wertung des BVerfG im Beschluss zu den Fangschaltungen, das zur Rechtfertigung dieses Eingriffs darauf abstellte, dass Fangschaltungen ein „besonders wirksames, oft sogar das einzige Mittel der Gegenwehr" darstellten,[165] liegt es nahe, an die Reaktion auf einen medienspezifischen Missbrauch mit medienspezifischen Abwehrmitteln geringere Rechtfertigungsanforderungen zu stellen. Dies könnte möglicherweise Datenzugriffsrechte von Urheberrechtsinhabern gegenüber Internet-Serviceprovidern, über deren Dienste illegale Downloads erfolgen, leichter legitimieren (vgl. hierzu oben → Rn. 78).

c) Insbesondere: Richtervorbehalt

81   Richtervorbehalte sollen für Fälle besonders schwerwiegender Grundrechtseingriffe fehlenden oder zu spät kommenden Rechtsschutz kompensieren.[166] Im Zusammenhang mit Grundrechtseingriffen bei Wohnungsdurchsuchungen begründet das BVerfG den verfassungsrechtlich vorgegebenen Richtervorbehalt in Art. 13 Abs. 2 GG mit dem

---

162 Vgl. dazu BVerfG, Urt. v. 2.3.2006, 2 BvR 2099/04 = BVerfGE 115, 166 = MMR 2006, 217 (219); Urt. v. 12.3.2003, 1 BvR 330/96 u. 1 BvR 348/99 = BVerfGE 107, 299 (320).
163 Anders stellt sich die Sachlage dann dar, wenn Bestandsdaten zu spezifischen Verkehrsdaten übermittelt werden. Dann ist das Fernmeldegeheimnis einschlägig. Diese umstrittene Frage spielt eine Rolle bei den Auskunftsverlangen von Urheberrechtsinhabern und Strafverfolgungsbehörden gegenüber Internet-Access-Providern bei der Verfolgung von Urheberrechtsverstößen in Form von illegalen Downloads, vgl. dazu u.a. LG Stuttgart, Urt. v. 4.1.2005, 13 Qs 89/04 = MMR 2005, 624 (624). Siehe auch unter → Rn. 80 und 90.
164 BVerfG, Urt. v. 3.3.2004, 1 BvR 2378/98 u. 1 BvR, 1084/99 = BVerfGE 109, 279 = NJW 2004, 999 (1010).
165 Vgl. BVerfG, Beschl. v. 25.3.1992, 1 BvR 1430/88 = BVerfGE 85, 386 (400 f.).
166 So auch *Gusy*, ZRP 2003, 275.

hohen Schutzgehalt dieses Grundrechts.[167] Im Rahmen des Fernmeldegeheimnisses aus Art. 10 Abs. 1 Var. 3 GG ist die Situation indes aus verfassungsrechtlicher Sicht schon mangels expliziter grundgesetzlicher Vorgabe eines Richtervorbehalts unklarer. Das BVerfG hat zwar in einer Entscheidung den einfachgesetzlich in § 12 FAG und § 100b StPO vorgesehenen Richtervorbehalt angesichts der persönlichen und sachlichen Unabhängigkeit des Richters auch im Hinblick auf die durch den Verhältnismäßigkeitsgrundsatz gebotene Abwägung der sich bei Eingriffen in das Fernmeldegeheimnis gegenüberstehenden Rechtspositionen für angemessen erachtet.[168] Ein allgemeines Erfordernis eines Richtervorbehalts in Fällen eines Eingriffs in das Fernmeldegeheimnis hat das Gericht jedoch zu Recht nicht aufgestellt. Aus dem **Wortlaut des Grundgesetzes** ergeben sich auch **keinerlei Anhaltspunkte** in diese Richtung. Nichtsdestotrotz ist mit Blick auf die erhebliche Bedeutung der durch Art. 10 Abs. 1 GG geschützten Rechtsgüter eine derartige prozedurale Flankierung im Rahmen der Anwendung des Verhältnismäßigkeitsgrundsatzes grundsätzlich erforderlich.

In diesem Zusammenhang böte sich möglicherweise aber auch eine **Differenzierung** **82** **nach der Eingriffsintensität** an. So wäre es durchaus möglich, einen Richtervorbehalt nur dann als verfassungsrechtlich zwingend vorgegeben anzusehen, wenn der Inhalt der Kommunikation selbst betroffen ist und es nicht lediglich um Verkehrsdaten geht. Letztlich spielt diese Frage bislang aber keine Rolle, da in den entsprechenden einfachgesetzlichen Eingriffsermächtigungen stets ein Richtervorbehalt normiert worden ist. Speziell bei Eingriffen in das Fernmeldegeheimnis zur Durchsetzung urheberrechtlicher Ansprüche wegen Rechtsverletzungen im Internet ist aber zu berücksichtigen, dass es sich beim Internet um das typische Medium der Rechtsverletzung handelt. Dementsprechend muss auch eine medienspezifische Reaktion möglich sein, so dass in diesem Fall aus verfassungsrechtlicher Sicht ein Richtervorbehalt möglicherweise nicht erforderlich ist und auch andere Kontrollverfahren – etwa unter Einschaltung der Bundesnetzagentur – denkbar sind.

d) Vorratsdatenspeicherung

Von großer Relevanz im Zusammenhang mit dem Fernmeldegeheimnis war das Urteil **83** des BVerfG zur Vorratsdatenspeicherung[169], in dem das Gericht den Beschwerdeführern im Wesentlichen Recht gab, die **angegriffenen Normen** (§§ 113a und 113b TKG a.F. sowie § 100g Abs. 1 S. 1 StPO, soweit danach Verkehrsdaten gemäß § 113a TKG a.F. erhoben werden durften) unter Feststellung der Verletzung von Art. 10 Abs. 1 GG **für** **nichtig erklärte** und die unverzügliche Löschung der auf dieser Grundlage gespeicherten Daten anordnete.

Zur Frage der **Prüfungskompetenz** führten die Richter zunächst aus, die Wirksamkeit **84** der damaligen Vorratsdatenspeicherungsrichtlinie (siehe dazu → Rn. 154 ff.) sei nicht entscheidungserheblich, weil ein **hinreichend weiter Entscheidungsspielraum der**

---

167 BVerfG, Beschl. v. 28.9.2004, 2 BvR 2105/03 = NJW 2005, 275 (276).
168 BVerfG, Urt. v. 12.3.2003, 1 BvR 330/96 u. 1 BvR 348/99 = BVerfGE 107, 299 = NJW 2003, 1787 (1792).
169 BVerfG, Urt. v. 2.3.2010, 1 BvR 256/08 u.a. = BVerfGE 125, 260 – *Vorratsdatenspeicherung*.

Mitgliedstaaten bestehe, um grundsätzlich eine Umsetzung ohne Verstoß gegen deutsche Grundrechte zu erreichen.[170] Eine Vorlage an den EuGH sah das BVerfG nicht als geboten an, weil der Zugang selbst in der Richtlinie nicht näher geregelt werde und eine anlasslose Speicherung an sich nicht schlechthin unvereinbar mit der Verfassung sei. Sie könne mit der Effektivierung der Strafverfolgung, der Gefahrenabwehr und der Erfüllung der Aufgaben der Nachrichtendienste **legitime Zwecke verfolgen**. Eine bereits im Volkszählungsurteil strikt verbotene Vorratsspeicherung zu unbestimmten oder noch nicht bestimmten Zwecken liege nicht vor. Allerdings unterliege die Speicherung hinsichtlich Begründung und Ausgestaltung **besonders strengen Anforderungen**. Gegen Geeignetheit und Erforderlichkeit bestünden keine durchgreifenden Bedenken. Speziell das „**Quick-Freeze-Verfahren**" könne nicht als ebenso wirksam angesehen werden, weil es keinen vollständigen Datenbestand für die letzten sechs Monate gewährleiste. Es bleibt abzuwarten, ob das BVerfG an diesem im Vergleich zum EuGH (siehe → Rn. 167 ff.) großzügigeren Maßstab auch künftig festhalten wird.

85   Hinsichtlich der Angemessenheit betonte das Gericht zunächst die **Schwere des Eingriffs in das Fernmeldegeheimnis** aufgrund seiner bisher ungekannten Streubreite, seiner Anlasslosigkeit und Heimlichkeit. Zudem komme den Daten eine weitreichende Aussagekraft zu, weil bei umfassender und automatisierter Auswertung bis in die Intimsphäre hineinreichende inhaltliche Rückschlüsse möglich seien und gegebenenfalls aussagekräftige **Persönlichkeits- und Bewegungsprofile** erstellt werden könnten. Im Übrigen hob das Gericht die **Missbrauchsmöglichkeiten** hervor, speziell aufgrund der Vielzahl privater Anbieter, die Zugriff auf die Daten haben müssen.

86   Demgegenüber sei jedoch zu beachten, dass die **Erhebung nicht direkt durch den Staat** vorgenommen werde und deshalb bei der Speicherung selbst noch keine Zusammenführung erfolge. Der Abruf selbst fände dann **stets anlassbezogen** nach rechtlich näher festgelegten Kriterien statt. Zwar liege die sechsmonatige Speicherdauer an der Obergrenze der Rechtfertigungsfähigkeit, der Bürger könne sich jedoch nach Ablauf auf die nachhaltige Löschung verlassen. Die Vorratsdatenspeicherung knüpfe außerdem an die besondere Bedeutung der Telekommunikation in der modernen Welt an und reagiere auf ein spezifisches Gefahrenpotential durch Bündelung von Wissen, Handlungsbereitschaft und krimineller Energie.

87   Ungeachtet dessen nahm das Gericht sodann auf den **verfassungsrechtlichen Identitätsvorbehalt** Bezug, den der Zweite Senat im „Lissabon-Urteil"[171] entwickelt hat und für dessen Wahrung sich die Bundesrepublik in europäischen und internationalen Zu-

---

170 BVerfG, Urt. v. 2.3.2010, 1 BvR 256/08 u.a. = BVerfGE 125, 260, Rn. 186 f. – *Vorratsdatenspeicherung*.

171 BVerfG, Urt. v. 30.6.2009, 2 BvE 2/08 u.a. = BVerfGE 123, 267, Rn. 240 – *Lissabon*. Das BVerfG ist indes in der späteren Entscheidung vom 6.7.2010, 2 BvR 2661/06 = BVerfGE 126, 286 – *Honeywell*, wieder dahingehend „zurückgerudert", dass eine entsprechende „Ultra-vires"-Kontrolle gegenüber dem EuGH nur dann in Betracht komme, wenn „das kompetenzwidrige Handeln der Unionsgewalt offensichtlich ist und der angegriffene Akt im Kompetenzgefüge zu einer strukturell bedeutsamen Verschiebung zulasten der Mitgliedstaaten führt."

sammenhängen einsetzen müsse.[172] Hierzu zähle, dass die Vorratsdatenspeicherung auch im Zusammenspiel mit anderen Datensammlungen nicht zu einer totalen Erfassung und Registrierung der bürgerlichen Freiheitswahrnehmung führen dürfe. Im Ergebnis dürfen also auch nach einer **„Überwachungsgesamtrechnung"** nicht praktisch alle Aktivitäten der Bürger erfassbar und rekonstruierbar sein.[173] Vor diesem Hintergrund reduziere die Vorratsdatenspeicherung zwar den Spielraum für weitere anlasslose Datensammlungen auch über den Weg der Europäischen Union. Sie führe jedoch nicht zu einer entsprechenden Totalerfassung und sei damit verfassungsrechtlich unbedenklich, sofern eine angemessene Ausgestaltung der Speicherung und Verwendung der Daten gewährleistet werde.

Dies erfordere die **Gewährleistung einer besonders hohen Datensicherheit**, enge **88** Vorgaben für die **Verwendung** der Daten, hinreichende Vorgaben zur **Transparenz** sowie **effektive Rechtsschutzmöglichkeiten und Sanktionen**. Im Einzelnen bedeute dies etwa grundsätzlich eine getrennte Speicherung, eine anspruchsvolle Verschlüsselung, ein gesichertes Zugriffsregime sowie eine revisionssichere Protokollierung.[174] Der Abruf zur Strafverfolgung setze einen durch bestimmte Tatsachen begründeten Verdacht einer schweren Straftat voraus, deren Schwere in der Strafnorm einen objektivierten Ausdruck finden und die auch im Einzelfall schwer wiegen muss.[175] Hinsichtlich aller Eingriffsermächtigungen mit präventiver Zielsetzung müssen tatsächliche Anhaltspunkte einer konkreten Gefahr für Leib, Leben oder Freiheit einer Person, für den Bestand oder die Sicherheit des Bundes bzw. eines Landes oder einer gemeinen Gefahr vorliegen.[176] Die Zweckbindung müsse dabei jeweils auch im Anschluss an Abruf oder Übermittlung sichergestellt und verfahrensmäßig flankiert werden.[177]

Die Verwendung der Daten habe nach Möglichkeit offen zu erfolgen, es sei denn, dies **89** würde den Untersuchungszweck vereiteln. In diesem Fall sei eine richterliche Anordnung und grundsätzlich die nachträgliche Benachrichtigung der betroffenen Person erforderlich.[178] Im Übrigen solle ein Rechtsschutzverfahren zur nachträglichen Kontrolle der Datenverwendung eröffnet und wirkungsvolle Sanktionen bei Verletzungen vor-

---

172 BVerfG, Urt. v. 2.3.2010, 1 BvR 256/08 u.a. = BVerfGE 125, 260, Rn. 218 – *Vorratsdatenspeicherung*.
173 *Roßnagel*, NJW 2010, 1238 (1240); *Hornung/Schnabel*, DVBl. 2010, 834 (827) weisen jedoch auf erhebliche Probleme hinsichtlich einer denkbaren Operationalisierung dieser Gesamtrechnung hin.
174 BVerfG, Urt. v. 2.3.2010, 1 BvR 256/08 u.a. = BVerfGE 125, 260, Rn. 224 – *Vorratsdatenspeicherung*.
175 BVerfG, Urt. v. 2.3.2010, 1 BvR 256/08 u.a. = BVerfGE 125, 260, Rn. 228 f. – *Vorratsdatenspeicherung*.
176 BVerfG, Urt. v. 2.3.2010, 1 BvR 256/08 u.a. = BVerfGE 125, 260, Rn. 231 ff. – *Vorratsdatenspeicherung*.
177 BVerfG, Urt. v. 2.3.2010, 1 BvR 256/08 u.a. = BVerfGE 125, 260, Rn. 235 f. – *Vorratsdatenspeicherung*.
178 BVerfG, Urt. v. 2.3.2010, 1 BvR 256/08 u.a. = BVerfGE 125, 260, Rn. 243 f. – *Vorratsdatenspeicherung*.

gesehen werden.[179] Die Abfrage oder Übermittlung sei schließlich grundsätzlich unter **Richtervorbehalt** zu stellen.[180]

90   Weniger strenge Anforderungen sollen dagegen hinsichtlich der Nutzung von Vorratsdaten zur **Referenzierung dynamischer IP-Adressen** gelten, weil die Behörden selbst hierbei keine Kenntnis von den Vorratsdaten erhalten und die Aussagekraft der Daten eng begrenzt bleibt.[181] Deshalb lässt das Gericht hier die Verfolgung von Straftaten, die Gefahrenabwehr und die Aufgabenwahrnehmung der Nachrichtendienste auf Grundlage der allgemeinen fachrechtlichen Eingriffsermächtigungen genügen, ohne dass ein Richtervorbehalt erforderlich wäre. Voraussetzung sei lediglich das Vorliegen eines hinreichenden Anfangsverdachts bzw. einer konkreten Gefahr auf einzelfallbezogener Tatsachenbasis, die aktenkundig zu machen sind. Ordnungswidrigkeiten können nur dann Anlass sein, wenn ihnen auch im Einzelfall besonderes Gewicht zukommt.[182] Diese Einschränkung hat Bedeutung für den Zugriff anlässlich der **Verfolgung von Urheberrechtsverletzungen im Internet**, der nach den bereits erläuterten strengen Vorgaben hinsichtlich des Verwendungszwecks eigentlich ausgeschlossen wäre. Weil es hierbei aber gerade um entsprechende behördliche Auskunftsansprüche hinsichtlich der Anspruchsinhaber bestimmter IP-Adressen geht[183], greift hier die geschilderte Privilegierung mit der Konsequenz, dass ein solcher Zugriff nicht grundsätzlich verwehrt ist.

91   Den geschilderten Anforderungen wurden nach Ansicht des BVerfG die **angegriffenen Vorschriften** nicht gerecht und **verstießen** deshalb **gegen das Fernmeldegeheimnis** aus Art. 10 Abs. 1 GG. § 113a Abs. 10 TKG trug den besonders hohen Anforderungen an die Datensicherheit nicht hinreichend Rechnung und ließ ein ausgeglichenes Sanktionssystem vermissen.[184] § 113b S. 1 Nr. 1 TKG i.V.m. § 100g StPO ließen verfassungswidrig generell Straftaten von erheblicher Bedeutung genügen und erlaubten undifferenziert stets den heimlichen Zugriff.[185] § 113b S. 1 Nr. 2 und 3 TKG nannte nicht konkret die Verwendungszwecke. Es wurde keinerlei Schutz von Vertrauensbeziehungen gewährleistet.

92   § 113b S. 1 Hs. 2 TKG ließ i.V.m. § 113 Abs. 1 TKG die Ahndung jeder Ordnungswidrigkeit genügen, enthielt keine normenklaren speziellen Regelungen und keine Regelungen zur Benachrichtigung der betroffenen Person. Damit war **zugleich die Speiche-**

---

179 BVerfG, Urt. v. 2.3.2010, 1 BvR 256/08 u.a. = BVerfGE 125, 260, Rn. 251 ff. – *Vorratsdatenspeicherung*.
180 BVerfG, Urt. v. 2.3.2010, 1 BvR 256/08 u.a. = BVerfGE 125, 260, Rn. 247 – *Vorratsdatenspeicherung*.
181 BVerfG, Urt. v. 2.3.2010, 1 BvR 256/08 u.a. = BVerfGE 125, 260, Rn. 256 – *Vorratsdatenspeicherung*.
182 BVerfG, Urt. v. 2.3.2010, 1 BvR 256/08 u.a. = BVerfGE 125, 260, Rn. 261 f. – *Vorratsdatenspeicherung*.
183 Vgl. BVerfG, Urt. v. 2.3.2010, 1 BvR 256/08 u.a. = BVerfGE 125, 260, Rn. 254 – *Vorratsdatenspeicherung*.
184 BVerfG, Urt. v. 2.3.2010, 1 BvR 256/08 u.a. = BVerfGE 125, 260, Rn. 271 ff. – *Vorratsdatenspeicherung*.
185 BVerfG, Urt. v. 2.3.2010, 1 BvR 256/08 u.a. = BVerfGE 125, 260, Rn. 278 f. – *Vorratsdatenspeicherung*.

rungspflicht aus § 113a TKG verfassungswidrig.[186] Das Gericht entschied, dass die Normen gemäß § 95 Abs. 3 S. 1 BVerfGG für nichtig zu erklären waren, was eine übergangsweise Anwendung in eingeschränktem Umfang ausschloss.

Im Ergebnis fehlte es in Deutschland fortan an einer Umsetzungsregelung, wie sie die Richtlinie forderte. Sämtliche auf Basis dieser Vorschriften gespeicherten Daten waren durch die Diensteanbieter unverzüglich zu löschen. Damit wurde wieder der Altzustand des grundsätzlichen Speicherungsverbotes herbeigeführt. Dieser Zustand war vor dem Hintergrund der europarechtlichen Umsetzungspflicht problematisch, weil die Bundesrepublik in **Ermangelung einer rechtswirksamen Umsetzungsregelung gegen Unionsrecht verstieß** und sich prinzipiell einem Vertragsverletzungsverfahren aussetzte. Vor diesem Hintergrund wäre es wohl sinnvoller gewesen, dem Gesetzgeber eine Frist für eine verfassungskonforme Neuregelung zu setzen und die angegriffenen Normen einstweilen (wie bereits im einstweiligen Rechtsschutzverfahren) weitergelten zu lassen, ggf. mit entsprechenden Anwendungsrestriktionen. Diese Überlegung wird auch durch eine ökonomische Betrachtung aus Sicht der betroffenen Telekommunikationsunternehmen gestützt. Die Unternehmen waren zunächst gezwungen, auf eigene Kosten die Daten zu erfassen und vorzuhalten, mussten diese sodan auf eigene Kosten vollständig und unverzüglich löschen und sahen sich in der Folgezeit erneut mit einer Speicherungspflicht konfrontiert, die seither durch eine erhöhte sicherungstechnische Flankierung und damit auch durch eine erhöhte Kostenintensität gekennzeichnet war. Denn obwohl die zugrunde liegende Richtlinie im April 2014 durch den EuGH wegen Verstoßes gegen Art. 7, 8 sowie Art. 52 GrCh für ungültig erklärt wurde (siehe dazu auch unter → Rn. 167 ff.),[187] damit die Umsetzungspflicht entfiel und folglich der Rechtszustand in Deutschland unionsrechtskonform war, wurde Ende 2015 durch das **Gesetz zur Einführung einer Speicherpflicht und einer Höchstspeicherfrist** für Verkehrsdaten[188] wiederum eine Vorratsdatenspeicherung eingeführt. Auf deren Durchsetzung verzichtete die Bundesnetzagentur aber ausdrücklich noch vor Ablauf der Übergangsfrist,[189] nachdem das OVG NRW in einem von einem Internetzugangsprovider angestrengten Verfahren im einstweiligen Rechtsschutz die Speicherpflicht aufgrund **Unionsrechtswidrigkeit** der entsprechenden Normen für nicht anwendbar gehalten hatte.[190]

93

Insgesamt ist inzwischen die Rechtsprechung des EuGH zur Vorratsdatenspeicherung auf der Basis der Datenschutzgrundrechte der EU strenger als die des BVerfG. Denn zum einen verlangt der EuGH strengere Begrenzungen der Speicherung an sich und

94

---

186 BVerfG, Urt. v. 2.3.2010, 1 BvR 256/08 u.a. = BVerfGE 125, 260, Rn. 292 – *Vorratsdatenspeicherung.*

187 EuGH, Urt. v. 8.4.2014, C-293/12 und C-594/12, ECLI:EU:C:2014:238 – *Digital Rights Ireland und Seitlinger u.a.*

188 Gesetz zur Einführung einer Speicherpflicht und einer Höchstspeicherfrist für Verkehrsdaten v. 10.12.2015, BGBl. I, S. 2218.

189 Vgl. *Bundesnetzagentur*, Verkehrsdatenspeicherung, Stand 28.6.2017, abrufbar unter https://www.bundesnetzagentur.de/DE/Sachgebiete/Telekommunikation/Unternehmen_Institutionen/Anbieterpflichten/OeffentlicheSicherheit/Umsetzung110TKG/VDS_113aTKG/VDS-node.html (Abruf: 15.1.2018).

190 OVG NRW, Beschl. v. 22.6.2017, 13 B 238/17 = K&R 2017, 597.

zum anderen auch eine Speicherung auf dem Territorium der EU (siehe dazu
→ Rn. 168).

e) Abgrenzung zum Recht auf informationelle Selbstbestimmung (Art. 2 Abs. 1 i.V.m Art. 1 Abs. 1 GG)

95   Angesichts der gemeinsamen Ausrichtung des Rechts auf informationelle Selbstbestimmung und des Fernmeldegeheimnisses auf den Datenschutz stellt sich die Frage
der Abgrenzung zwischen den beiden Grundrechten. Der Schutzgehalt des **Fernmeldegeheimnisses verdrängt** dabei in seinem Anwendungsbereich die **allgemeinere
Gewährleistung durch das Recht auf informationelle Selbstbestimmung.**[191] Mit
Blick auf die Ausgestaltung des Fernmeldegeheimnisses sind eine Reihe von Entscheidungen des BVerfG[192] ergangen. Diese sind insbesondere vor dem Hintergrund der
Abgrenzung zum Recht auf informationelle Selbstbestimmung relevant, beschäftigen
sich aber auch mit der spezifischen Ausgestaltung des Schutzbereichs des Fernmeldegeheimnisses vor dem Hintergrund technisch komplexer Ermittlungs- und Fahndungs-
methoden. Dabei unterscheiden sich die Sachverhalte teilweise nur in Nuancen, so
dass keine allgemeine Abgrenzungsformel existiert. Vielmehr wird es weiterhin bei der
Konturierung des Schutzbereichs im Rahmen einer Einzelfallrechtsprechung bleiben
müssen.

96   Als Folge der Digitalisierung hinterlässt jedenfalls jede **Nutzung der Telekommunikation personenbezogene Spuren**, die gespeichert und ausgewertet werden können.
Auch der Zugriff auf diese Daten fällt grundsätzlich in den Schutzbereich von Art. 10
Abs. 1 Var. 3 GG. Die Einordnung verschiedener Datenarten in die vom TKG vorgegebenen Datenkategorien ist zudem von besonderer Relevanz, da davon auch die Effektivität der Strafverfolgung abhängen kann. So erfordert die Auskunft über Verkehrsdaten
(hier ist das Fernmeldegeheimnis grundsätzlich betroffen) nach § 100g Abs. 1 S. 1
StPO eine richterliche Prüfung, die wesentlich zeit- und kontrollintensiver ist als ein
formloses Auskunftsverlangen nach § 113 TKG in Bezug auf die Auskunft über Bestandsdaten (hier ist das Fernmeldegeheimnis grundsätzlich nicht betroffen).[193]

97   Das wesentliche Kriterium zur Konturierung des Schutzbereichs ist der **Abschluss** bzw.
die **Beendigung eines Kommunikationsvorgangs**, die nicht mit dem Eingang der
jeweiligen Nachricht am Endgerät (z.B. Computer) des Empfängers verwechselt wer-

---

191 Vgl. BVerfG, Beschl. v. 20.6.1984, 1 BvR 1494/78 = BVerfGE 67, 157 (171); Urt. v. 14.7.1999,
    1 BvR 2226/94 u.a. = BVerfGE 100, 313 (358); Urt. v. 12.3.2003, 1 BvR 330/96 u. 1 BvR 348/99
    = BVerfGE 107, 299 (312); Beschl. v. 3.3.2004, 1 BvF 3/92 = BVerfGE 110, 33 (53); Urt. v.
    27.7.2005, 1 BvR 668/04 = BVerfGE 113, 348 = NJW 2005, 2603 (2604).
192 BVerfG, Beschl. v. 30.4.2007, 2 BvR 2151/06 = BVerfGK 11, 119 = MMR 2007, 500; Beschl. v.
    18.4.2007, 2 BvR 2094/05 = BVerfGK 11, 33 = MMR 2007, 503; Beschl. v. 27.10.2006, 1 BvR
    1811/99 = BVerfGK 9, 399 = MMR 2007, 308; Beschl. v. 22.8.2006, 2 BvR 1345/03 = BVerfGK
    9, 62 = MMR 2006, 805; Beschl. v. 29.6.2006, 2 BvR 902/06 = BVerfGK 8, 313 = MMR 2007,
    169; Beschl. v. 17.6.2006, 2 BvR 1085/05 u. 2 BvR 1189/05 = BVerfGK 8, 219 = MMR 2007,
    231; Urt. v. 2.3.2006, 2 BvR 2099/04 = BVerfGE 115,166 = MMR 2006, 217; Beschl. v. 4.2.2005,
    2 BvR 308/04 = BVerfGK 5, 74 = MMR 2005, 520.
193 Vgl. dazu auch *Bär*, MMR 2005, 626.

den darf. Denn trotz Abrufens beispielsweise einer E-Mail, kann diese weiterhin auf dem Server des Providers gespeichert werden (vgl. Optionen 2, 3 in Abbildung 1, Rn. 99). Die nach Abschluss des Übertragungsvorgangs im Herrschaftsbereich des Kommunikationsteilnehmers gespeicherten Kommunikationsverbindungsdaten werden nicht durch das Fernmeldegeheimnis, sondern durch das Recht auf informationelle Selbstbestimmung und gegebenenfalls durch Art. 13 Abs. 1 GG geschützt (vgl. dazu Option 4 in Abbildung 1).[194] Denn die Nachricht ist mit dem Zugang beim Empfänger nicht mehr den erleichterten Zugriffsmöglichkeiten Dritter – und damit auch des Staates – ausgesetzt, die sich aus der fehlenden **Beherrschbarkeit** und Überwachungsmöglichkeit des Übertragungsvorgangs durch die Kommunikationsteilnehmer ergeben. Die gespeicherten Inhalte und Verkehrsdaten unterscheiden sich dann nicht mehr von Dateien, die der Nutzer selbst angelegt hat.[195] Ist die Nachrichtenübermittlung abgeschlossen, bestehen für die bei den Teilnehmern gespeicherten Kommunikationsinhalte und -umstände nicht mehr dieselben spezifischen Risiken, wie sie sich aus der Nutzung einer Fernmeldeeinrichtung als Kommunikationsmedium ergeben.[196] Damit sind die Kriterien des Abschlusses des Übertragungsvorgangs und der Beherrschbarkeit entscheidend für die Reichweite des Fernmeldegeheimnisses.[197] Bei einem nicht abgeschlossenen Übermittlungsvorgang betrifft auch ein Zugriff am Endgerät – also beispielsweise die Überwachung des laufenden Kommunikationsvorgangs – grundsätzlich noch das Fernmeldegeheimnis.[198]

Problematisch ist dagegen die Reichweite des Fernmeldegeheimnisses im Zusammenhang mit der **Beschlagnahme von E-Mail-Daten im Rahmen einer Hausdurchsuchung, die sich beim Provider befinden und vor Ort auf den PC der betroffenen Person heruntergeladen werden, um diese zu kopieren**.[199] Solange sich die E-Mail noch beim Provider befindet, kann das Fernmeldegeheimnis deshalb als betroffen angesehen werden, weil mit dem Abruf dieser Nachricht noch ein weiterer Telekommunikationsvorgang erforderlich ist.[200] Dabei kann beim Abruf noch zwischen den verschiedenen E-Mail-Systemen mit Blick auf das Kriterium der Beherrschbarkeit unterschieden werden. So ist eine E-Mail dann nicht mehr vom Provider beherrschbar, wenn sie abgerufen wurde und die Speicherung beim Provider beendet ist (so typischerweise beim Abruf mittels POP3[201]). Sofern trotz Abrufens die E-Mail weiterhin beim Provi-

98

---

194 BVerfG, Urt. v. 2.3.2006, 2 BvR 2099/04 = BVerfGE 115, 166 = MMR 2006, 217 (219 f.); anders noch die 3. Kammer des Zweiten Senats in ihrem Beschl. v. 4.2.2005, 2 BvR 308/04 = BVerfGK 5, 74 = NJW 2005, 1637 (1640). Zustimmend *Geis/Geis*, K&R 2006, 279 (280); *Käß*, BayVBl. 2007, 135 (137); *Rauschenberger*, Kriminalistik 2006, 328 (329).

195 BVerfG, Urt. v. 2.3.2006, 2 BvR 2099/04 = BVerfGE 115, 166 = MMR 2006, 217 (220).

196 So auch BVerfG, Beschl. v. 16.6.2009, 2 BvR 902/06 = BVerfGE 124, 43 (54).

197 Vgl. auch *Eckardt*, DuD 2006, 365 (366).

198 BVerfG, Urt. v. 2.3.2006, 2 BvR 2099/04 = BVerfGE 115, 166 = MMR 2006, 217 (220 f.); Beschl. v. 9.10.2002, 1 BvR 1611/96 u. 1 BvR 805/98 = BVerfGE 106, 28 (38).

199 Vgl. *Jahn*, JuS 2006, 491 (493). Diesen Fall hat das BVerfG noch nicht entschieden.

200 Hilfreich ist in diesem Zusammenhang das Vier-Phasen-Modell bei einer E-Mail-Kommunikation, das unterscheidet zwischen den vier Vorgängen (1) des Absendens, (2) des Speicherns beim Provider, (3) des Abrufs durch den Empfänger und (4) des Speicherns beim Empfänger, vgl. dazu *Schlegel*, HRRS 2007, 44 (47).

201 POP3 (Post Office Protocol Version 3). POP3 ist ein Übertragungsprotokoll, über das ein Kunde E-Mails von einem E-Mail-Server abholen kann.

der gespeichert bleibt, muss auch weiterhin von einer Beherrschbarkeit durch den Provider ausgegangen werden (so typischerweise beim Abruf mittels IMAP[202]). Während der Zugriff beim Nachrichtenmittler also eindeutig dem Fernmeldegeheimnis unterfällt[203] unabhängig davon, ob der Empfänger sie bereits abgerufen hat (vgl. Option 1 in Abbildung 1), greift das Recht auf informationelle Selbstbestimmung, sofern der Kommunikationsvorgang abgeschlossen ist und der Zugriff beim Empfänger erfolgt (vgl. Option 4 in Abbildung 1). Davon zu unterscheiden ist die Konstellation, in der die Nachricht beim Empfänger am Endgerät angekommen ist, der Kommunikationsvorgang aber noch nicht abgeschlossen ist. Dies ist der Fall, sofern eine E-Mail beispielsweise auf dem Server des Mittlers ruht, unabhängig davon, ob sie bereits abgerufen wurde oder nicht.[204] In dieser Grauzone hat sich auch das BVerfG noch nicht abschließend festgelegt (vgl. Option 3 in Abbildung 1).[205]

99

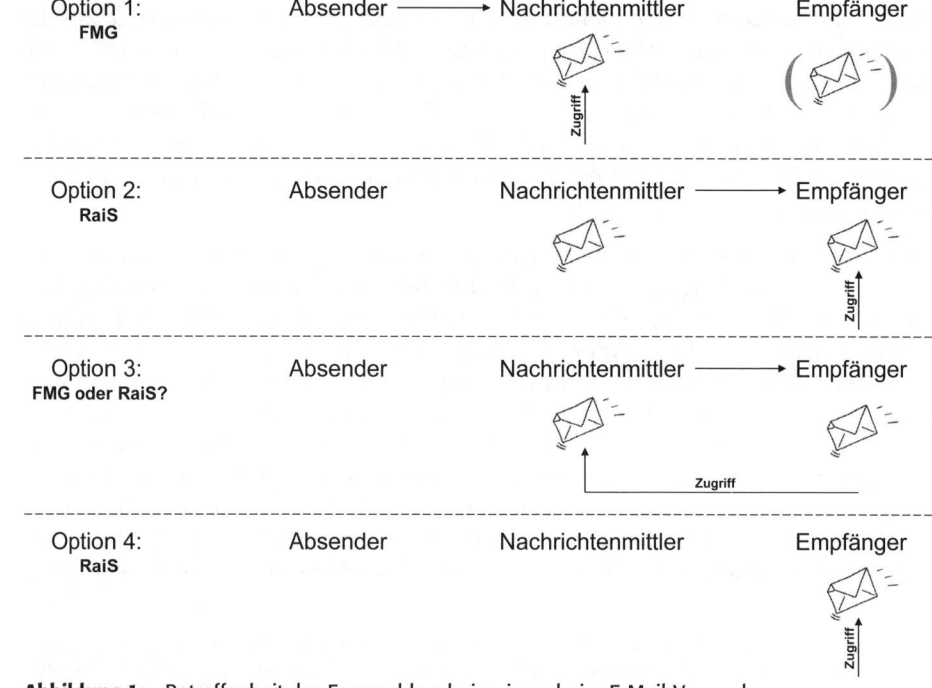

Abbildung 1: Betroffenheit des Fernmeldegeheimnisses beim E-Mail-Versand

---

202 IMAP (Internet Message Access Protocol). Das IMAP-Protokoll ermöglicht den Zugriff auf und die Verwaltung von empfangenen E-Mails. Im Gegensatz zum weiter verbreiteten Protokoll POP3 (vgl. dazu → Fn. 201 in Kapitel 1) verbleiben die E-Mails in der Regel auf dem Mailserver. Sie werden nur bei Bedarf auf den Kunden-Rechner übertragen.
203 So auch BVerfG, Beschl. v. 16.6.2009, 2 BvR 902/06 = BVerfGE 124, 43.
204 Vgl. BVerfG, Beschl. v. 16.6.2009, 2 BvR 902/06 = BVerfGE 124, 43; so zu Recht auch *Schlegel*, HRRS 2007, 44 (51).
205 In BVerfG, Beschl. v. 16.6.2009, 2 BvR 902/06 = BVerfGE 124, 43 wird diese Frage noch nicht einmal in einem obiter dictum angesprochen.

Die Abgrenzung muss sich an **Risikosphären** orientieren.[206] So ist bei einem Zugriff in   **100**
der Sphäre des Providers stets auf das Fernmeldegeheimnis zurückzugreifen, während
bei einem Zugriff bei der betroffenen Person – unabhängig davon, ob die Daten noch
auf dem Server des Providers gespeichert sind – das Recht auf informationelle Selbstbestimmung Anwendung findet. Insoweit ist auf den Aspekt der **Heimlichkeit** abzustellen und mit der Anwendbarkeit des Fernmeldegeheimnisses zu verbinden. Denn
die spezifischen Gefahren der Raum überwindenden Kommunikation verwirklichen
sich nur, wenn die betroffene Person vom Zugriffsvorgang keine Kenntnis hat. Der Ort
der gespeicherten Daten ist dagegen nicht entscheidend. Danach wäre bei Option 3 in
Abbildung 1 das Recht auf informationelle Selbstbestimmung einschlägig. Die gegen-
teilige Ansicht kann mit dem Argument, dass der Telekommunikationsvorgang noch
nicht abgeschlossen ist und die Daten noch durch den Provider beherrscht werden,
aber sicherlich auch gut vertreten werden. Dieses Problem stellt sich bei sämtlichen
Informationen, die in Nachrichtenübermittlungssystemen mit Zwischenspeicherungs-
option gespeichert sind, also etwa auch bei SMS-Nachrichten oder bei Nachrichten auf
einem netzseitigen Anrufbeantworter und auch bei Instant-Messaging-Diensten wie
WhatsApp, Threema oder Signal. Diese sind zwar beim Endpol der Kommunikation an-
gelangt, allerdings nicht allein durch den Empfänger, sondern auch noch durch den
Informationsübermittler potenziell beherrschbar, so dass hier noch der Schutzbereich
des Art. 10 Abs. 1 Var. 3 GG betroffen sein kann.

4. Grundrecht auf Gewährleistung der Vertraulichkeit und Integrität informationstechnischer Systeme (Art. 2 Abs. 1 i.V.m Art. 1 Abs. 1 GG)

a) Grundlagen

Eine Entscheidung von nicht zu unterschätzender Tragweite stellt das Urteil des BVerfG   **101**
zu den **Online-Durchsuchungen** vom 27.2.2008 dar. Dabei ging es um die Verfassungsmäßigkeit des Verfassungsschutzgesetzes Nordrhein-Westfalens. Dieses regelte
u.a. Befugnisse der Verfassungsschutzbehörden zum heimlichen Beobachten und zum
sonstigen Aufklären des Internets sowie zum heimlichen Zugriff auf informationstechnische Systeme. Als Reaktion auf die letztgenannte Eingriffsform entwickelte das
Gericht das Grundrecht auf Gewährleistung der Vertraulichkeit und Integrität informationstechnischer Systeme. Dieses soll als weitere Ausprägung des Allgemeinen Persönlichkeitsrechts aus Art. 2 Abs. 1 i.V.m. Art. 1 Abs. 1 GG vor Eingriffen in informationstechnische Systeme schützen, soweit der Schutz nicht durch andere Grundrechte,
insbesondere das Fernmeldegeheimnis oder Art. 13 GG, sowie durch das Recht auf
informationelle Selbstbestimmung gewährleistet ist.[207] Aufgrund der Allgegenwärtig-
keit informationstechnischer Systeme und der zentralen Bedeutung ihrer Nutzung für
die Lebensführung vieler Bürger ergäben sich **neue Persönlichkeitsgefährdungen**.[208]

---

206 In diese Richtung auch BVerfG, Beschl. v. 16.6.2009, 2 BvR 902/06 = BVerfGE 124, 43.
207 BVerfG, Urt. v. 27.2.2008, 1 BvR 370/07 u. 1 BvR 595/07 = BVerfGE 120, 274 = WM 2008, 503,
     Rn. 167; vgl. zum Ganzen auch *Roggan* (Hrsg.), Online-Durchsuchungen, 2008.
208 BVerfG, Urt. v. 27.2.2008, 1 BvR 370/07 u. 1 BvR 595/07 = BVerfGE 120, 274 = WM 2008, 503,
     Rn. 171 ff.; hierzu auch *Hoffmann-Riem*, JZ 2008, 1009.

Diese hingen insbesondere damit zusammen, dass der Einzelne zu seiner Persönlichkeitsentfaltung **auf die Nutzung informationstechnischer Systeme angewiesen** sei und dabei dem System persönliche Daten anvertraue bzw. durch dessen Nutzung zwangsläufig liefere.[209] Insoweit bestehe ein spezifisches und erhebliches Schutzbedürfnis,[210] dem nach Ansicht des Gerichts die bisher anerkannten Ausprägungen des Allgemeinen Persönlichkeitsrechts nicht in ausreichendem Maße genügen.[211]

b) Abgrenzung zu anderen Grundrechten durch das BVerfG

aa) Abgrenzung zu Art. 10 Abs. 1 Var. 3 GG

102   Durch das Fernmeldegeheimnis soll vor den **spezifischen Gefahren der räumlich distanzierten Kommunikation** geschützt werden. Diese bestehen nach Ansicht des BVerfG hinsichtlich solcher Inhalte und Umstände der Kommunikation, die nach Abschluss eines Kommunikationsvorgangs im Herrschaftsbereich eines Teilnehmers gespeichert werden, nicht fort, soweit der Teilnehmer eigene Schutzvorkehrungen gegen heimlichen Datenzugriff treffen kann.[212] Ebenso wenig soll Art. 10 Abs. 1 Var. 3 GG eingreifen, wenn eine staatliche Stelle die Nutzung eines informationstechnischen Systems als solche überwacht oder die Speichermedien des Systems durchsucht.[213] Dient der heimliche Zugriff auf ein System dazu, Daten in dieser Weise zu erheben, soll also das Grundrecht auf Gewährleistung der Vertraulichkeit und Integrität informationstechnischer Systeme eingreifen.[214] Damit wird das Fernmeldegeheimnis bei der sog. Quellen-TKÜ wohl nicht eingreifen. Da Instant-Messenger wie insbesondere WhatsApp die Nachrichten Ende-zu-Ende verschlüsseln, kann während der Übertragung nicht einmal der Anbieter davon Kenntnis nehmen. Insofern versagen auch die klassischen Überwachungsmethoden. Wollen staatliche Stellen diese Kommunikation überwachen, so muss dies an der „Quelle", also von dem Gerät der betroffenen Person oder deren Kommunikationspartner geschehen, da nur hier die Daten im Klartext vorliegen. Dazu muss eine Schadsoftware auf dem Gerät installiert werden.

---

209 BVerfG, Urt. v. 27.2.2008, 1 BvR 370/07 u. 1 BvR 595/07 = BVerfGE 120, 274 = WM 2008, 503, Rn. 200.
210 BVerfG, Urt. v. 27.2.2008, 1 BvR 370/07 u. 1 BvR 595/07 = BVerfGE 120, 274 = WM 2008, 503, Rn. 180 f.
211 BVerfG, Urt. v. 27.2.2008, 1 BvR 370/07 u. 1 BvR 595/07 = BVerfGE 120, 274 = WM 2008, 503, Rn. 196; vgl. hierzu die verfassungsrechtliche Rechtsprechung unter dem Aspekt der Internetkommunikation systematisch analysierend *Bäcker*, Die Vertraulichkeit der Internetkommunikation, in: Rensen/Brink (Hrsg.), Linien der Rechtsprechung des Bundesverfassungsgerichts, 2009, 99 ff.
212 BVerfG, Urt. v. 27.2.2008, 1 BvR 370/07 u. 1 BvR 595/07 = BVerfGE 120, 274 = WM 2008, 503, Rn. 185.
213 BVerfG, Urt. v. 27.2.2008, 1 BvR 370/07 u. 1 BvR 595/07 = BVerfGE 120, 274 = WM 2008, 503, Rn. 186.
214 BVerfG, Urt. v. 27.2.2008, 1 BvR 370/07 u. 1 BvR 595/07 = BVerfGE 120, 274 = WM 2008, 503, Rn. 187.

bb) Abgrenzung zu Art. 13 Abs. 1 GG

Ob Art. 13 Abs. 1 GG dem Einzelnen einen generellen, von den Zugriffsmodalitäten **103** unabhängigen Schutz gegen die Infiltration seines informationstechnischen Systems vermittelt, wenn sich dieses System in seiner Wohnung befindet, ist umstritten. Das BVerfG[215] und ein Teil der Literatur[216] verneinen dies mit der zutreffenden Begründung, der Eingriff könne unabhängig vom Standort erfolgen, so dass ein **raumbezogener Schutz** nicht in der Lage sei, die spezifische Gefährdung des informationstechnischen Systems abzuwehren. Die Ausnutzung der Verbindung des betroffenen Rechners zu einem Rechnernetzwerk durch die Infiltration lasse die durch die Abgrenzung der Wohnung vermittelte räumliche Privatsphäre unberührt.[217] Außerdem soll Art. 13 Abs. 1 GG nicht gegen die durch die Infiltration ermöglichte Erhebung von Daten schützen, die sich im Arbeitsspeicher oder auf den Speichermedien eines informationstechnischen Systems befinden, das in einer Wohnung steht.[218] In diesen Fällen greift Art. 13 Abs. 1 GG folglich nicht ein, was grundsätzlich Raum für das Recht auf Vertraulichkeit und Integrität informationstechnischer Systeme lässt.

cc) Abgrenzung zum Recht auf informationelle Selbstbestimmung (Art. 2 Abs. 1 i.V.m. Art. 1 Abs. 1 GG)

Das BVerfG geht davon aus, dass nicht jedes informationstechnische System, das per- **104** sonenbezogene Daten erzeugen, verarbeiten oder speichern kann, des besonderen Schutzes durch eine eigenständige persönlichkeitsrechtliche Gewährleistung bedarf. Das Recht auf informationelle Selbstbestimmung soll nach Ansicht des Gerichts immer dann eingreifen, wenn es um informationstechnische Systeme geht, die **lediglich Daten mit punktuellem Bezug zu einem bestimmten Lebensbereich** der betroffenen Person enthalten.[219] Demgegenüber bewahre das Allgemeine Persönlichkeitsrecht in seiner Ausprägung als Recht auf Gewährleistung der Vertraulichkeit und Integrität informationstechnischer Systeme den persönlichen und privaten Lebensbereich des Einzelnen vor staatlichem Zugriff im Bereich der Informationstechnik auch insoweit, als **auf das informationstechnische System insgesamt zugegriffen** wird und nicht nur auf einzelne Kommunikationsvorgänge oder gespeicherte Daten.[220] Ein Kartenlesegerät gehört daher beispielsweise nicht zu den durch das neue Grundrecht besonders geschützten Systemen.

---

215 BVerfG, Urt. v. 27.2.2008, 1 BvR 370/07 u. 1 BvR 595/07 = BVerfGE 120, 274 = WM 2008, 503, Rn. 194 m. w. N.

216 Vgl. etwa *Beulke/Meininghaus*, StV 2007, 64; *Gercke*, CR 2007, 250; *Kingreen/Poscher*, Grundrechte, Staatsrecht II, 33. Aufl. 2017, Rn. 450; *Schlegel*, GA 2007, 654.

217 BVerfG, Urt. v. 27.2.2008, 1 BvR 370/07 u. 1 BvR 595/07 = BVerfGE 120, 274 = WM 2008, 503, Rn. 194.

218 BVerfG, Urt. v. 27.2.2008, 1 BvR 370/07 u. 1 BvR 595/07 = BVerfGE 120, 274 = WM 2008, 503, Rn. 195.

219 BVerfG, Urt. v. 27.2.2008, 1 BvR 370/07 u. 1 BvR 595/07 = BVerfGE 120, 274 = WM 2008, 503, Rn. 202.

220 BVerfG, Urt. v. 27.2.2008, 1 BvR 370/07 u. 1 BvR 595/07 = BVerfGE 120, 274 = WM 2008, 503, Rn. 201.

dd) Kritik

105 Wenn auch an der vom BVerfG geschilderten Gefährdungssituation kein Zweifel besteht, so stellt sich doch die Frage, ob es zur angemessenen Reaktion auf die skizzierten Gefahren tatsächlich der Schaffung eines neuen Grundrechts bzw. einer neuen Ausprägung des Allgemeinen Persönlichkeitsrechts bedurfte.[221] Im Einzelnen bleibt etwa **unklar**, worin letztlich das entscheidende **Spezifikum** besteht, welches das neue Grundrecht neben den bereits bestehenden erforderlich macht. Laut BVerfG soll es gerade dann einschlägig sein, wenn die Eingriffsermächtigung Systeme erfasst, die allein oder in ihren technischen Vernetzungen personenbezogene Daten der betroffenen Person in einem Umfang und in einer Vielfalt enthalten können, dass ein Zugriff auf das System es ermöglicht, einen Einblick in wesentliche Teile der Lebensgestaltung einer Person zu gewinnen oder gar ein aussagekräftiges Bild der Persönlichkeit zu erhalten.[222] Es soll gerade den persönlichen und privaten Lebensbereich der Grundrechtsträger vor staatlichem Zugriff im Bereich der Informationstechnik bewahren.[223] Das legt ein besonderes Vertrauen infolge räumlicher Nähe und Beherrschbarkeit als ausschlaggebendes Differenzierungskriterium nahe und weist somit Verbindungslinien zum Schutzbereich des Art. 13 GG auf. In diese Richtung deutet auch die Hervorhebung des Zugriffs auf das informationstechnische System insgesamt und nicht nur auf einzelne Kommunikationsvorgänge und gespeicherte Daten als speziellen Anwendungsfall genüber dem Recht auf informationelle Selbstbestimmung.[224] Auch stellt das BVerfG in Abgrenzung zum Anwendungsbereich des Art. 10 Abs. 1 Var. 3 GG gerade auf die nach Abschluss eines Kommunikationsvorganges *im Herrschaftsbereich* eines Teilnehmers gespeicherten Inhalte und Umstände der Telekommunikation ab, die nicht vom Fernmeldegeheimnis erfasst werden, und will die so entstandene „Schutzlücke" durch das neue Grundrecht schließen.

106 Es kann letztlich **bezweifelt** werden, ob Eingriffen gerade in die geschilderten Systeme eine derart eigenständige Qualität und Bedeutung beizumessen ist, dass sie in einer Weise aus dem Anwendungsbereich des Rechts auf informationelle Selbstbestimmung heraustreten, welche die **Schaffung eines neuen Grundrechts erforderlich** macht.[225] Ob die angeführten Argumente der Begründungslast für eine neue Grundrechtsemanation gerecht geworden sind, dürfte wohl erst die etwaige Rezeption dieses Grundrechts durch künftige Verfassungsgeber zeigen. Dies ändert jedoch nichts daran, dass das BVerfG eine besonders problematische Gefährdungskonstellation sorgfältig herausgearbeitet und zu Recht einer strengen Überprüfung unterzogen hat.

---

221 Vgl. hierzu auch die Kritik bei *Britz*, DÖV 2008, 411 (412 f.).

222 BVerfG, Urt. v. 27.2.2008, 1 BvR 370/07 u. 1 BvR 595/07 = BVerfGE 120, 274 = WM 2008, 503, Rn. 203; vgl. auch *Polenz*, Der Grundrechtsschutz beim Zugriff auf informationstechnische Systeme, 2008, 34, abrufbar unter http://docplayer.org/6209287-Der-grundrechtsschutz-beim-zugriff-auf-informationstechnische-systeme-dr-sven-polenz.html (Abruf: 15.1.2018).

223 BVerfG, Urt. v. 27.2.2008, 1 BvR 370/07 u. 1 BvR 595/07 = BVerfGE 120, 274 = WM 2008, 503, Rn. 201.

224 BVerfG, Urt. v. 27.2.2008, 1 BvR 370/07 u. 1 BvR 595/07 = BVerfGE 120, 274 = WM 2008, 503, Rn. 201.

225 Zweifelnd auch *Hornung*, CR 2008, 299 (301 f. und 306).

Schutzgegenstand	EMRK	GrCh	Grundgesetz	107
Telekommunikations-inhalt	Art. 8 (Korrespondenz, Abs. 1 Alt. 4)	EuGH: Art. 7 und Art. 8 (str.)	Art. 10 Abs. 1 Alt. 3 GG	
Umstände der Telekommunikation	Art. 8 (Korrespondenz, Abs. 1 Alt. 4)	EuGH: Art. 7 und Art. 8 (str.)	Art. 10 Abs. 1 Alt. 3 GG	
Sonstige Daten	Art. 8 (Privatleben, Abs. 1 Alt. 1)	EuGH: Art. 7 und Art. 8 (str.)	RaiS (Art. 2 Abs. 1 i.V.m. Art. 1 Abs. 1 GG)	
Qualifizierte informations-technische Systeme	Art. 8 (Privatleben, ggf. Wohnung Abs. 1 Alt. 1/3)	EuGH: Art. 7 und Art. 8 (str.)	RaGVuliS (Art. 2 Abs. 1 i.V.m. Art. 1 Abs. 1 GG)	

Abbildung 2: Schutzbereichsentsprechungen der Datenschutzgrundrechte im Mehrebenensystem

■ **Lösung zu Fallbeispiel 3 – Ermittlung von Mobilfunkdaten durch IMSI-Catcher – Fernmeldegeheimnis (Rn. 59)** 108

A. Fernmeldegeheimnis, Art. 10 Abs. 1 Var. 3 GG
  I. Schutzbereich
    ⇒ Private Fernkommunikation
    ⇒ Schutz vor ungewollter Informationserhebung
    ⇒ Fernmeldegeheimnis ist entwicklungsoffen
    ⇒ Auch neuartige Übertragungstechniken geschützt
    ⇒ Unstreitig umfasst: Kommunikationsvorgang, Kommunikationsinhalte sowie nähere Umstände der Kommunikation
    ⇒ P: Werden auch Standortdaten erfasst, die gesprächsunabhängig im Stand-by-Modus eines Mobiltelefons erhoben werden?
      → BVerfG: (–), bei automatischer Interaktion im reinen Bereitschaftszustand eines Mobilfunkgerätes kein menschlich initiierter Kommunikationsvorgang offengelegt; Datenaustausch ohne individuelle und kommunikative Züge
      → A. A.: Stand-by-Modus signalisiert Kommunikationsbereitschaft[226] ABER: dann wäre auch Überprüfung, ob Festnetztelefon „frei" = Eingriff in Fernmeldegeheimnis → abzulehnen
  II. Ergebnis: Schutzbereich nicht betroffen → keine Verletzung von Art. 10 Abs. 1 Var. 3 GG

B. Recht auf informationelle Selbstbestimmung, Art. 2 Abs. 1 i.V.m. Art. 1 Abs. 1 GG
  I. Schutzbereich
    ⇒ Ausformung des Allgemeinen Persönlichkeitsrechts
    ⇒ Schutz des Einzelnen gegen unbegrenzte Erhebung, Speicherung, Verwendung und Weitergabe seiner persönlichen Daten
    ⇒ Befugnis, selbst über Preisgabe und Verwendung persönlicher Daten zu bestimmen
    ⇒ Schutz vor von der Grundrechtsausübung abschreckendem Effekt fremden Geheimwissens
  II. Eingriff
    → (+), da durch entsprechende Maßnahmen Schluss darauf möglich, welche Person sich wo befindet

---

226 *Nachbaur*, NJW 2007, 335 (337).

III. Rechtfertigung
  1. Schranken
      ⇒ Einfacher Gesetzesvorbehalt, § 100i StPO
      ⇒ Normenklarheit: gegeben
  2. Verhältnismäßigkeit
      a) Legitimer Zweck (+), wirksame Strafverfolgung
      b) Geeignetheit (+), ermöglicht weitere Ermittlungsmaßnahmen und gegebenenfalls Ergreifen des Beschuldigten
      c) Erforderlichkeit (+), kein milderes Mittel ersichtlich
      d) Angemessenheit
          ⇒ Contra: auch technische Kommunikationsdaten haben schützenswerten Aussagegehalt
          ⇒ Pro: Schutz hochrangiger Güter (schwere Straftat) und konkreter Verdacht; außerdem geringe Eingriffsintensität, da
          ⇒ Effektivierung krimineller Handlungen durch technische Kommunikationsmittel
          ⇒ Dadurch erschwerte Strafverfolgung
          ⇒ Anonymer und automatischer Datenabgleich
          ⇒ Unverzügliche Löschung nach Messeinsatz
          ⇒ Unbeteiligte Dritte werden nicht identifiziert
IV. Ergebnis: Eingriff gerechtfertigt, daher keine Verletzung von Art. 2 Abs. 1 i.V.m. Art. 1 Abs. 1 GG

D. Entwicklung, Grundstrukturen und Systematik des Datenschutzrechts

I. Einführung

109 Das jetzige **Zusammenspiel von Unionsrecht und nationalem Datenschutzrecht** in Deutschland ist – nicht nur in der gegenwärtigen Umbruchphase – schwer verständlich, wenn man sich nicht die **Entstehungsgeschichte der verschiedenen Kodifikationen** auf nationaler (dazu I.) und europäischer Ebene (dazu II.) bis zum jetzigen Status quo (dazu III.) vor Augen führt. Dabei wird auch deutlich, dass das jetzige BDSG zwar begrifflich in der Tradition allgemeiner bundesdeutscher datenschutzrechtlicher Regelungen steht, aber eine stark modifizierte Funktion im Vergleich zu seinen Vorgängerregelungen aufweist.

II. Anfänge und weitere Entwicklung des deutschen Datenschutzrechts

1. Der Weg zum BDSG 1977

110 Das Datenschutzrecht ist in Deutschland gleichsam „bottom up" zunächst auf der Ebene der Bundesländer entstanden. Die Initialzündung ging vom **Hessischen Landesdatenschutzgesetz** im Jahr **1970** aus, das weltweit die erste datenschutzrechtliche Kodifikation darstellte.[227] Vier Jahre später folgte eine vergleichbare Regelung in Rhein-

---

227 Der Text des Hessischen Landesdatenschutzgesetzes ist abrufbar unter https://www.daten schutz.hessen.de/tb39k01.htm (Abruf: 15.1.2018).

land-Pfalz.[228] Erst sieben Jahre später, am **27.1.1977,** beschloss der Bundesgesetzgeber eine umfangreiche Kodifikation mit dem „Gesetz zum Schutz vor Missbrauch personenbezogener Daten bei der Datenverarbeitung" – dem ersten **BDSG**[229]. Insgesamt hat sich die Grundstruktur des BDSG 1977 vierzig Jahre lang gehalten, so dass erst die Neuordnung durch das BDSG 2018 in Verbindung mit der DS-GVO einen fundamentalen Strukturwechsel mit sich bringt. So setzte der kodifikatorische Ansatz schon früh auf eine umfassende Regelung auf der Basis eines **Verbots mit Zulässigkeitstatbeständen**, die entweder in Form einer Einwilligung oder spezifischen Regelungen in den allgemeinen Datenschutzgesetzen oder in anderweitigen bereichsspezifischen Normen erfolgte. Ferner sah das BDSG 1977 neben materiell-rechtlichen Regelungen auch **umfassende Betroffenenrechte** vor. Das BDSG von 1977 führte sodann auch die **Unterscheidung zwischen öffentlichen und nichtöffentlichen Stellen** bei der Datenverarbeitung ein, die sich – trotz fehlender Entsprechung im Unionsrecht – auch im jetzigen BDSG – allerdings in deutlich abgeschwächter Form – fortschreibt (dazu → Rn. 196 und 224 f.). So folgte die **Grobgliederung** des BDSG 1977 einer Dreiteilung in einen knappen allgemeinen Abschnitt und einen umfassenden Abschnitt zur Datenverarbeitung der Behörden und sonstigen öffentlichen Stellen einerseits sowie zwei Abschnitten zur Datenverarbeitung durch nichtöffentliche Stellen, differenziert danach, ob diese für eigene oder für fremde Zwecke erfolgte. Auch die Datenschutzaufsicht wurde für öffentliche und nichtöffentliche Stelle unterschiedlich normiert. Selbst die Betroffenenrechte wiesen zwar zwischen beiden Bereichen große Parallelen auf, waren jedoch jeweils getrennt geregelt. Ein fünfter Abschnitt normierte Straf- und Bußgeldvorschriften. 47 Paragrafen sah das damalige BDSG vor. An dieser Grundstruktur hat sich in den folgenden vier Dekaden wenig geändert. Bemerkenswert ist, dass unmittelbar nach der Verabschiedung des BDSG von 1977 eine Debatte um die Reformbedürftigkeit der eben erst verabschiedeten Normen einsetzte.[230]

2. Das BDSG 1990

Trotz der schon seit vielen Jahren geführten Debatte und des Maßstab setzenden Volkszählungsurteils aus dem Jahre 1983 (dazu → Rn. 61 ff.) kam es erst **1990** zu einer **weiteren Reform des BDSG**, das allerdings nach wie vor als rückständig im Vergleich zu den Regelungen mancher Landesdatenschutzgesetze angesehen wurde.[231] Die **Struktur** des BDSG 1990 wurde insoweit **klarer**, als in den Abschnitten zu den öffentlichen und nichtöffentlichen Stellen jeweils übersichtlicher in Unterabschnitten getrennt wurde zwischen den materiell-rechtlichen Vorschriften, den prozeduralen Betroffenenrechten und den institutionellen Vorgaben zur Datenschutzaufsicht. Die Regelungen für nichtöffentliche Stellen wurden auf öffentlich-rechtliche Wettbewerbsunternehmen erstreckt und die Ausdifferenzierung zwischen einer Datenverarbeitung für eigene Zwecke und einer geschäftsmäßigen Datenverarbeitung wurde von der

111

---

228 Landesgesetz gegen missbräuchliche Datennutzung, GVBl. 1974, 31.
229 Gesetz vom 27.1.1997, GVBl. 1977 I 201 ff.
230 *Simitis*, in: Simitis (Hrsg.), Kommentar zum BDSG, 8. Aufl. 2014, Einleitung, Rn. 52.
231 *Simitis*, in: Simitis (Hrsg.), Kommentar zum BDSG, 8. Aufl. 2014, Einleitung, Rn. 82: „Flickwerk missglückter Formulierungen und interpretationsoffener Formelkompromisse".

Ebene der Bildung eigener Unterabschnitte auf eine Ausdifferenzierung in verschiedene Paragrafen „heruntergezont". Die Reform war ansonsten im Wesentlichen eine Fortschreibung des bisherigen Konzepts mit beachtlichen Änderungen im Detail, wobei der Fokus klar auf dem öffentlichen Bereich, also der Datenverarbeitung durch staatliche Institutionen, lag.[232] Es wurde der sachliche Anwendungsbereich des Gesetzes dahingehend ergänzt, dass jegliche Datenverarbeitung öffentlicher Stellen fortan dem Datenschutzrecht unterfallen sollte, insbesondere auch wenn sie nicht automatisiert oder in einer Datei erfolgte, sondern in Akten.[233] Die Datenerhebung, die vorrangig bei der betroffenen Person erfolgen sollte, sowie die Datennutzung waren nun ebenfalls vom Anwendungsbereich des Datenschutzrechts umfasst.[234] Daneben wurden die Legaldefinitionen ausgeweitet, so z.B. für den Begriff des Anonymisierens, und ein verschuldensunabhängiger Schadensersatzanspruch für unzulässige Datenverarbeitung durch die öffentliche Hand statuiert.[235] Im nichtöffentlichen Bereich wurde lediglich der Auskunftsanspruch erweitert.[236] Diese Gesetzesstruktur wurde bis zur großen Novelle im Rahmen der Schaffung des BDSG 2018 beibehalten. Abermals war es so, dass annähernd zeitgleich mit der Verabschiedung des BDSG von 1990 die Debatte um die Notwendigkeit eines Datenschutzrechts auf europäischer Ebene und damit eine erneute Reformdebatte begann.[237]

3. Richtlinie 95/46/EG (DSRL) und BDSG 2001

112   Die nächste Überarbeitung des BDSG war dann bereits durch das europäische Recht geprägt: Es galt, die **Richtlinie 95/46/EG in das deutsche Recht zu überführen** (dazu sogleich → Rn. 122). Dies geschah mit einiger Verspätung im **BDSG von 2001**. Die größte Neuerung der Novelle, die vor dem Eindruck eines von der Kommission eingeleiteten Vertragsverletzungsverfahrens gegen Deutschland[238] hektisch die DSRL in nationales Recht transformierte, war dabei die Möglichkeit des freien Datenverkehrs im Binnenmarkt. Vor allem für Unternehmen brachte das einige Vorteile in der täglichen Praxis. Inhaltlich beschränkte man sich weitgehend auf die Umsetzung der DSRL (siehe dazu → Rn. 122). Einige neue inhaltliche Vorgaben beinhaltete die Reform gleichwohl. Dazu zählten Regelungen wie etwa diejenigen zur Videoüberwachung öffentlich zugänglicher Räume und zu Prinzipien der Datenvermeidung und Datensparsamkeit. Das BDSG gliederte sich auch nach der Reform noch in Regelungen für öffentliche und nichtöffentliche Stellen, obwohl diese Unterscheidung so in der DSRL nicht angelegt war. Noch weniger als bei den vorherigen BDSG-Novellen war mit Verabschiedung des Gesetzes die Debatte um eine große Reform abgeschlossen. Vielmehr beabsichtigte man bereits vor (!) der Verabschiedung des Gesetzes eine baldige weitere Reform, in

---

232 BT-Drs. 12/553, S. 85 ff; vgl. auch *Simitis*, in: Simitis (Hrsg.), Kommentar zum BDSG, 8. Aufl. 2014, Einleitung, Rn. 66.
233 BT-Drs. 12/553, S. 85.
234 BT-Drs. 12/553, S. 85.
235 BT-Drs. 12/553, S. 85 ff.
236 BT-Drs. 12/553, S. 87.
237 BT-Drs. 12/553, S. 87.
238 *Simitis*, in: Simitis (Hrsg.), Kommentar zum BDSG, 8. Aufl. 2014, Einleitung, Rn. 196.

der dann die inhaltlichen Neuerungen, die aufgrund des Zeitdrucks ausgespart blieben, aufgenommen werden sollten.[239]

4. Kleinere Novellen in 2009 und 2010

In der folgenden Dekade erfolgten dann aber nur noch kleinere Novellen. So hatte der   **113**
Gesetzgeber im Jahr **2009** das BDSG insgesamt **drei kleineren Novellen** unterzogen, deren Änderungen schrittweise erfolgten. Die zweite Novelle[240] trat bereits zum 1.7.2009 in Kraft, die Änderungen der ersten[241] und dritten[242] hingegen folgten erst zum 1.4. bzw. zum 11.6.**2010**, weil der Bundestag aufgrund vermehrter Datenschutzverstöße großer deutscher Unternehmen dringenden Handlungsbedarf ausmachte und es deshalb für geboten hielt, die zweite Novelle sehr kurzfristig zu verabschieden.[243] Mit ihr sollte rasch gegen **skandalöse Datenschutzverstöße** vorgegangen werden, die auf große Resonanz in der Öffentlichkeit gestoßen waren. So wurde z.B. eine neue Informationspflicht bei unrechtmäßiger Kenntniserlangung von Daten anlässlich des Berliner Skandals um verlorene Bankdaten im neuen § 42a in das BDSG a.F. eingeführt oder aufgrund der Vorkommnisse bei Lidl eine Beschäftigtendatenschutznorm in § 32 BDSG a.F. aufgenommen. Die Änderungen im Rahmen der dritten Novelle (2010), die auf Art. 9 der Verbraucherkreditrichtlinie[244] zurückgehen, hatten ihren Schwerpunkt nicht im Datenschutzrecht. Sie bezweckten lediglich, dass Kreditgebern aus sämtlichen Mitgliedstaaten bei grenzüberschreitenden Krediten ein diskriminierungsfreier Zugang zu den zur Bewertung der Kreditwürdigkeit des Verbrauchers verwendeten Auskunftssystemen gewährt wird.

Die erste Novelle (2009) enthielt Regelungen bezüglich der Datenverarbeitung durch   **114**
Auskunfteien sowie der Datenübermittlung an Auskunfteien, stellte Anforderungen für die Zulässigkeit von **Scoringverfahren** auf und stärkte die **Auskunfts- und Informationsrechte der betroffenen Personen**. Die Neuregelung unterwarf damit einen für die betroffene Person besonders sensiblen Bereich einem differenzierten Regime, weil entsprechende Datenverarbeitungen für die betroffenen Personen – z.B. im Rahmen des Abschlusses eines Kredits bzw. kreditähnlichen Geschäfts – in der Regel direkte Auswirkungen auf den Bezug der gewünschten Leistungen haben.

In der zweiten Novelle (ebenfalls 2009) wurden zunächst materiell-rechtliche Ände-   **115**
rungen vorgenommen. Neben der Schaffung von Rechtsklarheit bei der **Auftragsver-**

---

239 *Simitis*, in: Simitis (Hrsg.), Kommentar zum BDSG, 8. Aufl. 2014, Einleitung, Rn. 100.
240 Gesetz zur Änderung datenschutzrechtlicher Vorschriften v. 14.8.2009, BGBl. I, S. 2814; ausführlich zum Gesetzgebungsverfahren *Roßnagel*, NJW 2009, 2716 (2717).
241 Gesetz zur Änderung des Bundesdatenschutzgesetzes v. 29.7.2009, BGBl. I, S. 2254; ausführlich zum Gesetzgebungsverfahren *Roßnagel*, NJW 2009, 2716 (2717).
242 Gesetz zur Umsetzung der Verbraucherkreditrichtlinie des zivilrechtlichen Teils der Zahlungsdiensterichtlinie sowie zur Neuordnung der Vorschriften über das Widerrufs- und Rückgaberecht v. 29.7.2009, BGBl. I, S. 2355, 2384.
243 Vgl. ausführlich zur Novellierung des BDSG *Kühling/Bohnen*, JZ 2010, 600 und *Bohnen*, Die BDSG Novellen 2009/2010, 2011.
244 RL 2008/48/EG v. 23.4.2008 über Verbraucherkreditverträge und zur Aufhebung der Richtlinie 87/102/EWG des Rates, ABl. EU 2008, L 133/66.

arbeitung (damalige Terminologie: Auftrags*daten*verarbeitung) hat der Gesetzgeber hier insbesondere versucht, die geltenden Grundsätze beim **Beschäftigtendatenschutz** zusammenzufassen sowie im Rahmen der Datenverarbeitung zu Werbe- und Adresshandelszwecken der Einwilligung der betroffenen Person mehr Gewicht zu verleihen. Die wohl wichtigsten Änderungen der Novelle erfolgten aber im **institutionellen Bereich**. Um dem bestehenden Vollzugsdefizit entgegenzuwirken, hat der Gesetzgeber insoweit an drei Stellen Änderungen vorgenommen. So stärkte er auf unternehmensinterner Ebene die Stellung des Datenschutzbeauftragten und erweiterte auf unternehmensexterner Ebene sowohl die Befugnisse der Aufsichtsbehörden als auch die Sanktionsmaßnahmen, die ihnen zur Verfügung standen.

5. Grundstruktur des BDSG a.F.

116   Das BDSG a.F. – und ihm folgend grundsätzlich auch die Landesdatenschutzgesetze – waren in seiner letzten Fassung in **sechs Abschnitte** untergliedert, von denen vor allem die ersten drei von Bedeutung waren. Der erste Abschnitt war als allgemeiner Teil gleichsam „vor die Klammer gezogen" und enthielt grundlegende Bestimmungen, die im gesamten Anwendungsbereich des BDSG a.F. Geltung beanspruchten. Im Übrigen erfolgte der Einstieg gemäß der klassischen Systematik über die Festlegung von Zweck und Anwendungsbereich in § 1 BDSG a.F. Hieran knüpften in den §§ 2 und 3 BDSG a.F. Begriffsbestimmungen an. Ein wesentlicher Aspekt der Regelungssystematik wurde bereits hier anhand des § 2 BDSG a.F. deutlich. Dieser war speziell der Definition von öffentlichen und nichtöffentlichen Stellen gewidmet und betonte damit die Bedeutung jener grundlegenden Differenzierung, die auch den weiteren Aufbau des Gesetzes entscheidend prägte. So waren öffentliche Stellen bis zuletzt grundsätzlich anderen Regeln unterworfen als nichtöffentliche. Sowohl materiell-rechtlich als auch prozedural liefen die Regelungen inhaltlich in weiten Teilen jedoch parallel; auch auf der institutionellen Ebene kam es zu Angleichungsprozessen und zwar sowohl mit Blick auf das BDSG a.F. als auch hinsichtlich der LDSGe, so dass zuletzt auch in allen Bundesländern bis auf Bayern eine einheitliche Datenschutzaufsichtsbehörde für öffentliche und nichtöffentliche Stellen tätig wurde (dazu → Rn. 699).

III. Die Prägung des Datenschutzrechts durch das Unionsrecht

1. Die verschiedenen Sekundärrechtsakte im Überblick

117   Geprägt durch die Vorgaben und Impulse im Rahmen des Europarates (siehe → Rn. 30 ff.) nahm sich auch die damalige Europäische Wirtschaftsgemeinschaft und spätere Europäische Gemeinschaft der Regelung des Datenschutzes an. Von entscheidender **umfassender – horizontaler**, also nicht sektoraler – **Regelungsnatur** ist insoweit die **Datenschutzrichtlinie 95/46/EG** gewesen (dazu unter 2.), die bis zu ihrer Ablösung durch die Datenschutz-Grundverordnung (DS-GVO) im Jahr 2018 (dazu → Rn. 174 ff.) das europäische Datenschutzrecht maßgeblich geprägt hat. Ergänzt wurde sie **in sektoraler Perspektive** durch die Richtlinie vom 12.7.2002 über die Verarbeitung personenbezogener Daten und den Schutz der Privatsphäre in der elektronischen Kommunikation (**Datenschutzrichtlinie für elektronische Kommunikation – EDSRL**),[245] zuletzt geändert durch Richtlinie 2009/136/EG[246] (dazu unter → Rn. 146 ff.). Diese gilt zwar noch. Sie soll jedoch in der Folge der Überführung der horizontalen *Richtlinie* 95/46/EG in eine Datenschutz-Grund*verordnung* ebenfalls in die Handlungsform einer Verordnung transformiert und modifiziert werden (dazu → Rn. 191).

Eine große Bedeutung hatte daneben die **Richtlinie vom 15.3.2006 über die Vorrats-**   **118**
speicherung von Daten, die bei der Bereitstellung öffentlich zugänglicher elektronischer Kommunikationsdienste oder öffentlicher Kommunikationsnetze erzeugt oder verarbeitet werden, und zur Änderung der Richtlinie 2002/58/EG[247] (dazu unter 4.). Im April 2014 hat der EuGH die Vorratsdatenspeicherungsrichtlinie wegen Verstoßes gegen das Grundrecht auf Achtung des Privat- und Familienlebens (Art. 7 GrCh), das Grundrecht auf Schutz personenbezogener Daten (Art. 8 GrCh) sowie den Verhältnismäßigkeitsgrundsatz (Art. 52 GrCh) für **ungültig** erklärt (dazu → Rn. 154 ff.).[248] Wegen ihrer erheblichen datenschutzrechtlichen Relevanz und der ungebrochen aktuellen rechtlichen und gesellschaftspolitischen Bedeutung der zugrunde liegenden Problematik soll vorliegend gleichwohl eine nähere Darstellung erfolgen (dazu → Rn. 154 ff.).

Darüber hinaus hatte bislang die Verarbeitung personenbezogener Daten, die im Rah-   **119**
men der polizeilichen und justiziellen Zusammenarbeit in Strafsachen erfolgt, den Vorgaben des Rahmenbeschlusses des Rates vom 27.11.2008 über den Schutz personenbezogener Daten, die im Rahmen der **PJZS** verarbeitet werden, zu genügen.[249] Der **Rahmenbeschluss** war ausweislich seines Art. 29 Abs. 1 bis zum 27.11.2010 von den Mitgliedstaaten umzusetzen. Er galt nur für den grenzüberschreitenden Austausch von personenbezogenen Daten innerhalb der EU, *nicht* aber für die Datenverarbeitung innerhalb der Mitgliedstaaten. Das Zweckbindungsprinzip war im Rahmenbeschluss zwar grundsätzlich verankert, gleichzeitig enthielt der Beschluss jedoch eine Fülle von Ausnahmen, die das Zweckbindungsprinzip eher selbst zur Ausnahme als zur Regel machen. Weiterhin ersetzte der Rahmenbeschluss nicht die auf EU-Ebene erlassenen **sektorspezifischen Vorschriften** über die PJZS wie etwa die Rechtsakte über Europol, Eurojust und das Schengener Informationssystem, die spezielle Datenschutzvorschriften enthalten. Aus diesen Gründen hat die Europäische Union im Zuge der vertieften Harmonisierung auf der Basis der neuen Rechtsgrundlagen des AEUV, auch den datenschutzrechtlichen Bereich der PJZS harmonisiert, und zwar in Form einer Richtlinie (dazu → Rn. 188 ff. und 846 ff.).

---

245 RL 2002/58/EG, ABl. EG 2002, L 201, 37.
246 RL 2009/136/EG, ABl. EU 2009, L 337, 11.
247 RL 2006/24/EG, ABl. EU 2006, L 105, 54.
248 EuGH, Urt. v. 8.4.2014, C-293/12 u. C-594/12, ECLI:EU:C:2014:238 – *Digital Rights Ireland und Seitlinger u.a.*
249 Rahmenbeschluss 2008/977/JI, ABl. EU 2008, L 350/60.

2. Umfassende horizontale Regelung in der Richtlinie 95/46/EG (DSRL)[250]

a) Entstehung, Rechtsgrundlage und Kerngehalt

120 Das Europäische Parlament forderte bereits 1975[251], 1976[252], 1979[253] und 1982[254] eine Regelung der Datenverarbeitung, um die Grundrechte des Einzelnen auch im Bereich der sich intensivierenden **transeuropäischen Datenströme** abzusichern. Die Europäische Kommission reagierte zeitverzögert und präsentierte 1990[255] ein erstes und 1992[256] ein revidiertes zweites Maßnahmenpaket. Die angestrebte Vollendung des Binnenmarkts, aber auch die Einsicht, dass eine menschen- und bürgerrechtliche Absicherung des **Gemeinschaftsinformationsmarkts** im „Europa der Bürger" unumgänglich ist, führte 1995 zum Erlass der allgemeinen Datenschutzrichtlinie 95/46/EG.

121 Der Schwerpunkt dieser Richtlinie lag auf der Angleichung des materiell-rechtlichen Datenschutzrechts (dazu unter b)) und der Betroffenenrechte (dazu unter c)). Zwar wurden auch einzelne wichtige institutionelle und prozedurale Zielvorgaben formuliert, gerade in diesen Bereichen überließ die Richtlinie den einzelnen Mitgliedstaaten jedoch erhebliche Ausgestaltungsspielräume.

b) Materiell-rechtlicher Schwerpunkt

aa) Weiter Anwendungsbereich

122 Als Anwendungsbereich markierte die Richtlinie gemäß Art. 3 Abs. 1 die auch nur teilweise automatisierte Verarbeitung personenbezogener Daten ebenso wie die nicht **automatisierte Verarbeitung**, sofern eine Speicherung dann in einer Datei erfolgte. Die Richtlinie verlagerte damit den datenschutzrechtlichen Anknüpfungspunkt vom Dateibegriff allgemein hin zur automatisierten Verarbeitung personenbezogener Daten.[257] Zwar war in Deutschland für die private Datenverarbeitung der Dateibegriff ausschlaggebend,[258] da aber eine automatisierte Verarbeitung stets darunter subsumiert wurde, hielten sich die Auswirkungen in Grenzen.[259] Neben dem weiten Datei-

---

250 Der folgende Abschnitt ist stark orientiert an *Kühling/Raab*, in: Kühling/Buchner (Hrsg.), DS-GVO/BDSG, 2. Aufl. 2018, Einführung.

251 Entschließung des EP v. 13.3.1975, ABl. EG 1975, C 60/48.

252 Entschließung des EP v. 3.5.1976, ABl. EG 1976, C 100/27.

253 Entschließung des EP v. 8.5.1979, ABl. EG 1979, C 140/29.

254 Entschließung des EP v. 9.3.1982, ABl. EG 1982, C 87/39.

255 Mitteilung der Kommission zum Schutz von Personen bei der Verarbeitung personenbezogener Daten in der Gemeinschaft und zur Sicherheit der Informationssysteme v. 13.9.1990, KOM(90) 314 final – SYN 287 u. 288.

256 Vorschlag für eine Richtlinie des Rates zum Schutz von Individuen im Hinblick auf die Verarbeitung personenbezogener Daten und den freien Datenverkehr v. 15.10.1992, KOM(92) 422 final – SYN 287.

257 *Lütkemeier*, DuD 1995, 597 (598).

258 § 1 Abs. 2 Nr. 3 BDSG 1990 eröffnete den Anwendungsbereich des BDSG für die nichtöffentlichen Stellen nur, soweit Daten in oder aus Dateien geschäftsmäßig verarbeitet wurden.

259 *Ehmann/Helfrich*, EG-Datenschutzrichtlinie, 1999, Art. 3 Rn. 3 ff.; *Wind/Siegert*, CR 1993, 46 (47 f.).

begriff des Art. 2 lit. c DSRL[260] ging die Richtlinie in Art. 2 lit. b DSRL auch von einer umfassenden Definition der Datenverarbeitung aus und subsumierte darunter entwicklungsoffen jeglichen Datenumgang.[261] Das hinderte den deutschen Gesetzgeber jedoch bedauerlicherweise nicht an der Beibehaltung der Dreiteilung bestehend aus Erhebung, Verarbeitung und Nutzung. Schließlich wurde – die weite Geltung der Richtlinie unterstreichend – auch der Personenbezug in Art. 2 lit. a DSRL extensiv definiert und eine **Bestimmbarkeit**, also die Möglichkeit einer direkten oder indirekten Identifizierung, als ausreichend erachtet.

Als **verantwortliche Stelle** definierte die Richtlinie in Art. 2 lit. d DSRL denjenigen, der   **123** über die Zwecke und Mittel der Verarbeitung entschied, wovon Empfänger und Dritte abzugrenzen sind. Die Auflösung des Anwendungskonflikts einzelstaatlichen Rechts nahm die Richtlinie in Art. 4 Abs. 1 lit. a DSRL anhand des **Sitzlandprinzips** vor. Danach war das Recht desjenigen Landes anwendbar, in dem der Verantwortliche seinen Sitz hat.[262] Existierten mehrere Niederlassungen, war deren Sitz ausschlaggebend, mit der Folge, dass auch verschiedene Regelungsregime zur Anwendung kommen konnten.[263]

Angesichts des umfassenden Regelungsanspruchs waren schon in der Richtlinie nur   **124** **wenige Ausnahmen** in Art. 3 Abs. 2 DSRL vorgesehen. Das betraf zum einen die eng zu verstehende[264] Datenverarbeitung im persönlichen oder familiären Bereich. Zum anderen erfasste die Richtlinie[265] nicht die Datenverarbeitung in Ausübung einer außerhalb des Anwendungsbereichs des Unionsrechts liegenden Tätigkeit und in den Bereichen der GASP sowie der PJZS. Den unterschiedlichen Gesetzgebungskompetenzen und beschränkten Handlungsmöglichkeiten der EG in jenen Bereichen entsprechend adressierte die Richtlinie damit insbesondere nicht die öffentliche Sicherheit, die Landesverteidigung und die strafrechtliche Tätigkeit eines Staates.[266] Insoweit griff bislang vielmehr der Rahmenbeschluss 2008/977/JI, der jetzt durch die Richtlinie 2016/680/EU (dazu → Rn. 173, 188 ff. und 846 ff.) abgelöst wird, die parallel zur Grundverordnung verhandelt wurde.

bb) Grundprinzipien

Als einen der zentralen Grundsätze des Datenschutzrechts führte die Richtlinie in   **125** Art. 6 Abs. 1 UAbs. 1 lit. b DSRL den **Zweckbindungsgrundsatz** (dazu → Rn. 51 und 338 ff.) ein, wonach eine Verarbeitung nur für festgelegte eindeutige und rechtmäßige Zwecke erfolgen darf und eine mit diesen Zwecken nicht zu vereinbarende Weiterverarbeitung ausgeschlossen ist. Zwar kannte das deutsche Recht diesen Grundsatz bereits für den öffentlichen Bereich. **Mangels Trennung zwischen öffentlicher und**

---

260 *Dammann/Simitis*, EG-Datenschutzrichtlinie, 1997, Einleitung Rn. 21.
261 *Zilkens*, RDV 2007, 196 (197).
262 *Tinnefeld/Buchner/u.a.*, Einführung in das Datenschutzrecht, 6. Aufl. 2018, S. 219.
263 *Gounalakis/Mand*, CR 1997, 431 (435).
264 *Dammann/Simitis*, EG-Datenschutzrichtlinie, 1997, Einleitung Rn. 23.
265 *Ehmann*, RDV 1999, 12 (20).
266 *Schild*, EuZW 1996, 549 (550).

nichtöffentlicher Datenverarbeitung in der Richtlinie bestand dennoch Umsetzungs-bedarf.[267] Der EG-Gesetzgeber schuf insoweit ein im Vergleich zur deutschen Rechts-lage und auch der Europarats-Konvention schärferes Datenschutzrecht.[268]

126   Entsprechend dem Ansatz im damaligen BDSG[269] etablierte die DSRL das **Verbot mit Zulässigkeitstatbeständen** auf supranationaler Ebene. Danach war eine Datenver-arbeitung verboten, sofern keine **Einwilligung** vorlag oder kein sonstiger **Zulässigkeits-tatbestand** nach der DSRL oder einer anderen Norm erfüllt war. Sie machte damit den Datenschutz der betroffenen Person zur Regel und die Verarbeitungsfreiheit des Verantwortlichen zur Ausnahme, was eine gewisse Priorisierung des Datenschutzes zulasten der Verarbeitungsfreiheit impliziert. Ob tatsächlich eine solche stärkere Ge-wichtung besteht, hängt allerdings maßgeblich von der Reichweite der Zulässigkeitstat-bestände und deren praktischer Handhabung ab. Die wichtigsten dieser in Art. 7 DSRL geregelten, **weitreichenden Zulässigkeitstatbestände** waren die erforderliche Verar-beitung im Rahmen eines Vertragsverhältnisses oder einer rechtlichen Verpflichtung sowie aufgrund einer Abwägung der Interessen des Verantwortlichen und der betrof-fenen Person. Beruhte die Verarbeitung auf einer **Einwilligung**, musste diese infor-miert, ohne Zwang und eindeutig erfolgen. Noch strengere Voraussetzungen etablierte die Richtlinie für die Verarbeitung besonderer Kategorien personenbezogener Daten, die sensiblen Daten, in Art. 8 DSRL. Insoweit war die Richtlinie inspiriert von entspre-chenden mitgliedstaatlichen Regelungsansätzen, etwa im spanischen und portugiesi-schen Recht.[270] Ein weiteres Beispiel nationalgesetzlicher Spuren innerhalb der Richt-linie stellte die Einführung einer Meldepflicht nach Art. 18 f. DSRL dar. Allerdings regelte die Richtlinie sogleich eine Alternative: So durfte von diesem dem französi-schen Recht entnommenen Erfordernis[271] abgewichen werden, wenn eine verantwort-liche Stelle gemäß Art. 18 Abs. 2 2. Spiegelstrich DSRL einen Datenschutzbeauftragten benannte. Hier übernahm die Richtlinie mit dem Datenschutzbeauftragten eine bis dahin lediglich in Deutschland bekannte Institution.[272]

127   Weiteren Umsetzungsbedarf im deutschen Recht generierte die DSRL durch eine ver-gleichsweise konkretere Regelung der **Auftragsverarbeitung** (dazu unter der DS-GVO detailliert → Rn. 522 ff.).[273] Art. 2 lit. e DSRL definierte die Auftragsverarbeitung explizit und regelte spezielle Voraussetzungen in Art. 16 f. DSRL. So musste der Auftragsverar-beiter technisch-organisatorische Maßnahmen zum Datenschutz einhalten und der Auftrag vertraglich vereinbart werden, wobei die volle Verantwortlichkeit beim Auftrag-geber verblieb und der Auftragsverarbeiter Daten nur auf Weisung verarbeiten durfte.

128   Dem durch die Richtlinie geschaffenen datenschutzrechtlichen Binnenraum folgte eine unterschiedliche Einordnung von **Datenübermittlungen** innerhalb und außerhalb die-ses Binnenraums. Dabei hing deren Zulässigkeit gemäß Art. 25 f. DSRL von einem an-

---

267 *Brühann/Zerdick*, CR 1996, 429 (431).
268 *Wind/Siegert*, CR 1993, 46 (49).
269 *Gounalakis/Mand*, CR 1997, 431 (433).
270 Darauf weist *Dammann/Simitis*, EG-Datenschutzrichtlinie, 1997, Einleitung Rn. 11, hin.
271 Siehe dazu wiederum *Dammann/Simitis*, EG-Datenschutzrichtlinie, 1997, Einleitung Rn. 12.
272 *Lütkemeier*, DuD 1995, 597 (600).
273 *Brühann/Zerdick*, CR 1996, 429 (430).

gemessenen Schutzniveau im jeweiligen Drittland ab. War dieses nicht aufgrund einer Adäquanzentscheidung der Kommission anerkannt, sah die Richtlinie ein Übermittlungsverbot vor, das wiederum durch ausdrückliche Einwilligung der betroffenen Person, verbindliche Unternehmensrichtlinien oder besonderen Vertragsklauseln überwunden werden konnte.

c) Harmonisierung der Betroffenenrechte

Schon früh hatte die datenschutzrechtliche Regulierungspraxis gezeigt, dass es nicht   **129** nur auf eine materiell-rechtliche Steuerung der Datenverarbeitung ankommt, sondern die betroffenen Personen auch prozedural Rechte benötigen, um etwaige Datenschutzverstöße zu erkennen und zu beseitigen. Als Grundlage der Ausübung der Betroffenenrechte führte die Richtlinie in den Art. 10 ff. DSRL vor diesem Hintergrund **umfassende Transparenzpflichten** ein.[274] In den Vordergrund rückte die Richtlinie die Informationspflicht und differenziert dabei danach, ob die Erhebung bei der betroffenen Person stattfindet oder bei Dritten. Von großer Bedeutung war ergänzend das **Auskunftsrecht**.[275] Daran wurden die Rechte auf **Berichtigung, Löschung** und **Sperrung** aus Art. 12 lit. b DSRL geknüpft.[276] Zwei weitere Schutzprinzipien wurden aus dem französischen Recht entlehnt: Zum einen wurde in Art. 14 DSRL ein allgemeines **Widerspruchsrecht** eingeführt,[277] das in Deutschland bis dahin nur speziell in Bezug auf Datenverarbeitung zu Werbezwecken bekannt war.[278] Zum anderen schuf Art. 15 DSRL – eine Regelung betreffend automatisierte Einzelentscheidungen[279] – ein wichtiges Rechtsschutzinstrument gegen den zunehmenden Einsatz von Datenverarbeitungsautomatismen.[280]

d) Institutionelle Vorgaben

Die Richtlinie traf auch wesentliche Regelungen zu institutionellen und prozeduralen   **130** Aspekten. Die diesbezüglichen Vorgaben waren jedoch eher **knapp** gehalten[281] und überließen es den Mitgliedstaaten, diese Zielvorgaben im nationalen Recht auszudifferenzieren. Zentral war gleichwohl, dass in institutioneller Perspektive gemäß Art. 28 eine **Aufsichtsbehörde in völliger Unabhängigkeit** und mit angemessenen Vollzugsinstrumenten installiert werden musste, was ein deutliches Bekenntnis zu einem wirksamen Datenschutz auch im Vergleich zu den Ansätzen der Europarats-Konvention darstellte.[282] Die strengen Vorgaben führten auch zu einer Stärkung der Stellung der Aufsichtsbehörden in Deutschland, die bis dahin nur über ein Beanstandungsrecht ver-

---

274 *Dammann/Simitis*, EG-Datenschutzrichtlinie, 1997, Einleitung Rn. 32.
275 *Schneider*, in: Wolff/Brink (Hrsg.), BeckOK Datenschutzrecht, 22. Ed. 2017, Syst. B Rn. 117.
276 *Zilkens*, RDV 2007, 196 (198).
277 *Gounalakis/Mand*, CR 1997, 497 (498 f.).
278 *Wind/Siegert*, CR 1993, 46 (51.)
279 *Wuermeling*, DB 1996, 663 (668).
280 *Dammann/Simitis*, EG-Datenschutzrichtlinie, 1997, Einleitung Rn. 39; *Schneider*, in: Wolff/ Brink (Hrsg.), BeckOK Datenschutzrecht, 22. Ed. 2017, Syst. B Rn. 122.
281 *Schneider*, in: Wolff/Brink (Hrsg.), BeckOK Datenschutzrecht, 22. Ed. 2017, Syst. B Rn. 136.
282 *Dammann/Simitis*, EG-Datenschutzrichtlinie, 1997, Art. 28 Rn. 1.

fügten.[283] Die Richtlinie sah in Art. 28 Abs. 3 dagegen u.a. etwa ein Klagerecht und die Möglichkeit der Untersagung der Verarbeitung vor. Als erster Schritt einer institutionellen Verflechtung im Mehrebenenverbund wurde gemäß Art. 29 eine **europäische Datenschutzgruppe** eingeführt, die sich aus Vertretern der einzelnen mitgliedstaatlichen Aufsichtsbehörden zusammensetzt (sog. **Art.-29-Datenschutzgruppe**).[284] Diese hatte die Aufgabe, u.a. die Kommission zu beraten, vor allem aber für eine einheitliche Anwendung der Richtlinie in den Mitgliedstaaten zu sorgen.[285]

131   Auf prozeduraler Ebene nahmen Art. 22 f. DSRL die Mitgliedstaaten in die Pflicht, den betroffenen Personen gerichtlichen **Rechtsschutz** zu ermöglichen, die dabei auch in der Lage sein sollten, **Schadensersatzansprüche** geltend machen zu können. Ergänzend waren gemäß Art. 24 DSRL geeignete Maßnahmen einzuführen, insbesondere Sanktionen, um die Einhaltung der Richtlinienvorgaben sicherstellen.

e) Präzisierung und Verschärfung durch die Rechtsprechung des EuGH

132   Zentral für die Entwicklung des europäischen Datenschutzrechts war auch die Rechtsprechung des EuGH zur Anwendung der DSRL, die zu einer Präzisierung und Schärfung ihrer Steuerungswirkung geführt hat. Trotz ihrer Entstehung und Umsetzung Mitte und Ende der 1990er Jahre, war die Richtlinie erst seit 2010 vermehrt Gegenstand höchstrichterlicher Rechtsprechung. Dabei interpretierte der **EuGH** die Richtlinie **streng**, auch **im Lichte der Grundrechte**, gab den mitgliedstaatlichen Gerichten oftmals jedoch nur Leitlinien für die konkrete Anwendung im nationalen Recht an die Hand. Die im Folgenden dargestellte Rechtsprechung wird teilweise auch noch die Auslegung der DS-GVO beeinflussen, denn zu dieser wird eine relevante EuGH-Rechtsprechung erst allmählich zu erwarten sein.

aa) Verdeutlichung des Wirkkreises der DSRL

133   In einer Reihe von Urteilen hat der EuGH der Richtlinie insbesondere ein weitreichendes Harmonisierungskonzept entnommen. Im **ORF-Urteil**[286] musste sich der Gerichtshof zur Vereinbarkeit der in Österreich praktizierten namentlichen Offenlegung von Gehältern im öffentlich-rechtlichen Rundfunk äußern und über die Vereinbarkeit jener Regelung mit den Vorgaben der Richtlinie entscheiden. Bereits in dieser Entscheidung verdeutlichte der EuGH, dass die Richtlinie ihre Wirkung innerhalb eines Mitgliedstaates auch dann entfalten müsse, wenn grundsätzlich kein grenzüberschreitender Sachverhalt vorliege. Ziel der Richtlinie sei gerade die – bei den auf Art. 114 AEUV (ex Art. 100a EGV – Amsterdam) basierenden Rechtsakten immanente – unionsweite Harmonisierung des Datenschutzrechts. Davon seien **auch rein nationale Sachverhalte** betroffen. Andernfalls hinge es von den Zufälligkeiten des Datenverkehrs ab, ob

---

283 *Wuermeling*, DB 1996, 663 (669 f.).
284 *Ehmann/Helfrich*, EG-Datenschutzrichtlinie, 1999, Art. 29 Rn. 3; *Lütkemeier*, DuD 1995, 597 (602).
285 *Schild*, EuZW 1996, 549 (554).
286 EuGH, Urt. v. 20.5.2003, C-465/00 u.a., ECLI:EU:C:2003:294 – *Österreichischer Rundfunk u.a.*, siehe dazu *Brühann*, AfP 2004, 221.

das Richtlinienrecht zur Anwendung käme oder nicht.[287] Damit war zu Recht die umfassende Anwendung der Richtlinie auch auf rein innerstaatliche Sachverhalte geklärt, die im Rahmen der Binnenmarktharmonisierung ebenfalls erfasst werden.

Kurz darauf musste sich der EuGH in der Entscheidung **Lindqvist**[288] mit der richtlinienrechtlichen Bewertung der Veröffentlichung von Informationen im Internet befassen. Dabei judizierte der Gerichtshof eher beiläufig und daher in der Wirkung weitgehend verkannt, die Richtlinie sei „nicht auf eine Mindestharmonisierung beschränkt, sondern führe zu einer grundsätzlich umfassenden Harmonisierung."[289] Damit attestiert der EuGH der Richtlinie eine **vollharmonisierende Wirkung**, mit der Folge, dass ein Abweichen von dem darin vorgegebenen Schutzniveau grundsätzlich weder nach oben noch nach unten zulässig ist. Einer Ausdehnung der Richtlinienvorgaben auf solche Bereiche, die von der Richtlinie nicht erfasst werden, stünde hingegen nichts entgegen.[290] Dies bestätigte der Gerichtshof noch einmal im Urteil **Huber**.[291] Hier ging es um die Vereinbarkeit der Verwendung von Daten des deutschen Ausländerzentralregisters zu statistischen Zwecken mit der Richtlinie. Der EuGH stellte erneut deren „grundsätzlich umfassende [...] Harmonisierung" fest.[292]

134

Das deutlichste Signal zur vollharmonisierenden Wirkung der Richtlinie gab der Gerichtshof schließlich in seiner **ASNEF**-Entscheidung.[293] Der EuGH musste einen spanischen Zulässigkeitstatbestand, der Art. 7 lit. f DSRL umsetzte, auf dessen Richtlinienkonformität überprüfen. Das Problem dabei war, dass die spanische Norm eine Interessensabwägung, wie sie Art. 7 lit. f DSRL fordert, nur dann ermöglichte, wenn die Daten in öffentlichen Verzeichnissen vorhanden waren. Eine Interessensabwägung bei anderweitig gespeicherten Daten war dagegen kategorisch ausgeschlossen. Der EuGH griff die in den vorherigen Urteilen entwickelten Grundsätze auf und verdeutlichte sie anhand des Art. 5 DSRL. Danach können die Mitgliedstaaten die Voraussetzungen der Rechtmäßigkeit einer Datenverarbeitung nach Maßgabe der Richtlinie – also auch nach Art. 7 lit. f DSRL – näher bestimmen. Aufgrund der vollharmonisierenden Wirkung der Richtlinie sei es den Mitgliedstaaten zwar gestattet, Leitlinien in Bezug auf die nach Art. 7 lit. f DSRL zu treffende Abwägung aufzustellen.[294] Nicht vereinbar mit der Richtlinie sei es hingegen, weitere Zulässigkeitstatbestände neben den in Art. 7 DSRL genannten einzuführen oder deren Voraussetzungen zu verändern,[295] mit der Folge, dass ein schwächeres oder strengeres Niveau verglichen mit der Richtlinie greife. Im Übrigen nahm der EuGH eine unmittelbare Wirkung jener Norm der DSRL an, so dass sich Datenverarbeiter unmittelbar auf jene Bestimmung für ihre Datenverarbeitung berufen

135

---

287 EuGH, Urt. v. 20.5.2003, C-465/00 u.a., ECLI:EU:C:2003:294 Rn. 40 ff. – *Österreichischer Rundfunk u.a.*
288 EuGH, Urt. v. 6.11.2003, C-101/01, ECLI:EU:C:2003:596 – *Lindqvist*.
289 EuGH, Urt. v. 6.11.2003, C-101/01, ECLI:EU:C:2003:596, Rn. 96 – *Lindqvist*.
290 EuGH, Urt. v. 6.11.2003, C-101/01, ECLI:EU:C:2003:596, Rn. 98 – *Lindqvist*.
291 EuGH, Urt. v. 16.12.2008, C-524/06, ECLI:EU:C:2008:724 – *Huber*.
292 EuGH, Urt. v. 16.12.2008, C-524/06, ECLI:EU:C:2008:724, Rn. 51 – *Huber*.
293 EuGH, Urt. v. 24.11.2011, C-468/10 u. C-469/10, ECLI:EU:C:2011:777 – *ASNEF*; siehe dazu *Kühling*, EuZW 2012, 281 f. („Revolution").
294 EuGH, Urt. v. 24.11.2011, C-468/10 u. C-469/10, ECLI:EU:C:2011:777, Rn. 46 – *ASNEF*.
295 EuGH, Urt. v. 24.11.2011, C-468/10 u. C-469/10, ECLI:EU:C:2011:777, Rn. 36 – *ASNEF*.

können. Art. 7 lit. f DSRL war auch Grundlage vieler Zulässigkeitstatbestände in den §§ 28 ff. BDSG a.F. und bereichsspezifischer Regelungen. Auch wenn in der Literatur durchaus vereinzelt auf die „Sprengkraft" des Urteils hingewiesen wurde,[296] blieben die erwarteten Auswirkungen auf das deutsche Datenschutzrecht doch aus. Der Gesetzgeber ignorierte das Urteil schlichtweg. Dabei hätte eine umfassende Analyse durchaus offenbart, dass einige deutsche Vorschriften den Vorgaben des Unionsrechts im Lichte der Rechtsprechung des EuGH widersprachen und diese Widersprüche auch im Rahmen einer richtlinienkonformen Auslegung oftmals nicht behoben werden können.[297] Zuletzt hat der EuGH folgerichtig § 15 TMG als nicht vereinbar mit Art. 7 lit. f DSRL erklärt, da auch diese Bestimmung im Telemedienbereich keine entsprechende Abwägung ermöglicht.[298]

bb) Schärfung des territorialen Anwendungsbereichs

136   Der Gerichtshof zeigte in seiner Rechtsprechung nicht nur den mitgliedstaatlichen Normanwendern und Gesetzgebern auf, wie die vollharmonisierende Richtlinie umzusetzen ist. Er richtete sich auch an die Verantwortlichen und schärfte die territoriale Anwendung der Richtlinie. Anlass war die Forderung eines Spaniers nach Löschung eines bestimmten Eintrags aus dem Index der **Suchmaschine von Google**.[299] Bezogen auf den räumlichen Anwendungsbereich legte der Gerichtshof Art. 4 Abs. 1 lit. a DSRL unter Berücksichtigung der Erwägungsgründe 18 bis 20 aus und ließ es genügen, wenn die verantwortliche Stelle eine **Niederlassung** in einem Mitgliedstaat unterhält, die Werbung für die Anzeige auf der für den entsprechenden Mitgliedstaat bestimmten Internetseite akquiriert, obwohl die Indexierung – also die eigentliche Datenverarbeitung – außerhalb des Unionsgebiets stattfindet. Dies sollte verhindern, dass der durch die Richtlinie gewährleistete Schutz umgangen wird.[300] Werbeakquise und Suchseite hingen untrennbar miteinander zusammen, so dass die Datenverarbeitung „im Rahmen der Tätigkeiten" i.S.v. Art. 4 Abs. 1 lit. a DSRL erfolge.[301] Damit nähert der EuGH das in der DSRL normierte Sitzlandprinzip einem **Marktortprinzip** an, indem er nicht auf den Sitz der tatsächlich verarbeitenden Niederlassung abstellt, sondern eine solche ausreichen lässt, deren Tätigkeit in wesentlichem Zusammenhang mit der Verarbeitung steht (siehe dazu → Rn. 232 f.).[302]

cc) Strenge Anforderungen an einen Drittlandtransfer

137   Schon in der **Lindqvist-Entscheidung** widmete sich der EuGH der drittlandbezogenen Übermittlungsproblematik, verneinte aber eine Übermittlung nach Art. 25 f. DSRL für

---

296 *Kühling*, EuZW 2012, 281 (281 f.).
297 Ausführlich dazu *Raab*, Die Harmonisierung des einfachgesetzlichen Datenschutzes, 2015, Kap. 4.
298 EuGH, Urt. v. 19.10.2016, C-582/14, ECLI:EU:C:2016:779 – *Breyer*; siehe dazu *Kühling/Klar*, ZD 2017, 24.
299 EuGH, Urt. v. 13.5.2014, C-131/12, ECLI:EU:C:2014:317 – *Google Spain*.
300 EuGH, Urt. v. 13.5.2014, C-131/12, ECLI:EU:C:2014:317, Rn. 54 – *Google Spain*.
301 EuGH, Urt. v. 13.5.2014, C-131/12, ECLI:EU:C:2014:317, Rn. 55 – *Google Spain*.
302 *Kühling*, EuZW 2014, 527 (528 f.).

das reine Bereitstellen von Informationen auf für jedermann weltweit zugänglichen Internetseiten. Andernfalls wäre das Unterhalten einer Internetseite im Unionsgebiet faktisch unmöglich geworden.[303]

In einem weiteren, Aufsehen erregenden und die Praxis vor große Schwierigkeiten stellenden Urteil[304] erklärte der EuGH unter Anwendung der Art. 25 und 26 DSRL im Lichte der Grundrechte das sog. **Safe-Harbor-Abkommen** für **rechtswidrig**. Dieses regelte die Möglichkeit der Drittlandübermittlung in die USA auf der Basis einer Adäquanzentscheidung der Kommission. Zwar war die Vorlagefrage eher darauf beschränkt, ob der nationalen Behörde überhaupt eine Prüfungskompetenz bezüglich der Kommissionsentscheidung zustünde. Der EuGH bejahte jedoch nicht nur dies. Er ging vielmehr darüber hinaus und beurteilte selbst die Gültigkeit der Safe-Harbor-Regelung. **138**

Bei Drittlandsübermittlungen musste gewährleistet sein, dass im Zielland ein angemessenes, nach EuGH **gleichwertiges**[305] **Datenschutzniveau** existiert. Ist dies nicht der Fall, können beispielsweise EU-Standardvertragsklauseln oder verbindliche Unternehmensrichtlinien das Hindernis überwinden (zu diesen siehe → Rn. 568). Für letztere fordert der EuGH aber konkrete Feststellungen über das tatsächliche Datenschutzniveau des Drittlands und bezieht Zugriffsmöglichkeiten staatlicher Behörden – unter Berufung auf den Wesensgehalt der Grundrechte aus Art. 7, 8 und 47 GrCh – darin ein. Mangels derartiger Feststellungen durch die Kommission erklärte der EuGH die Safe-Harbor-Prinzipien für rechtswidrig. Das Urteil lässt allerdings viele Fragen offen, etwa wie sich die Berücksichtigung staatlicher Zugriffsmöglichkeiten mit dem Anwendungsbereich der DSRL vereinbaren lässt[306] und ob die EU-Standardvertragsklauseln an einem vergleichbaren Mangel leiden. Der EuGH wird seine Rechtsprechung hier noch konkretisieren können und müssen. Vorlagen waren sowohl bezüglich der Standardvertragsklauseln[307] als auch hinsichtlich des neuen EU-US-Privacy-Shields zu erwarten.[308] Am 16.9.2016 hat „Digital Rights Ireland" Klage gegen die Europäische Kommission eingereicht, mit dem Ziel feststellen zu lassen, dass der Durchführungsbeschluss (EU) 2016/1250 (EU-US-Privacy-Shield) nicht mit der Richtlinie 95/46/EG vereinbar und damit für nichtig zu erklären sei. Die Klage wurde inzwischen aber als unzulässig abgewiesen.[309] Im weiteren Verlauf des Verfahrens Maximilian Schrems gegen Facebook Ireland Limited hat der Irische High Court am 3.10.2017 den Beschluss gefasst, auch die Standardvertragsklauseln dem EuGH zur Überprüfung vorzulegen (dazu auch unter → Rn. 564).[310] **139**

---

303 *Roßnagel,* MMR 2004, 95 (100).
304 EuGH, Urt. v. 6.10.2015, C-362/14, ECLI:EU:C:2015:650 – *Schrems*; siehe dazu *Kühling/ Heberlein,* NVwZ 2016, 7 ff.
305 EuGH, Urt. v. 6.10.2015, C-362/14, ECLI:EU:C:2015:650, Rn. 73 f. – *Schrems*.
306 *Kühling/Heberlein,* NVwZ 2016, 7 (10).
307 Dazu *v. Lewinski,* EuR 2016, 405 (411).
308 *Schreiber/Kohm,* ZD 2016, 255 (260).
309 EuG, Urt. v. 11.10.2017, T-670/15, ECLI:EU:T:2017:716 – *OSHO*.
310 Beschl. 2016 No. 4809 P. abrufbar unter http://www.europe-v-facebook.org/sh2/HCJ.pdf (Abruf: 15.1.2018).

dd) Stärkung der Unabhängigkeit der Aufsicht

140   Aber nicht nur das materielle Recht der DSRL hat der EuGH streng ausgelegt mit dem Ziel, ihr einen „effet utile" zukommen zu lassen. Auch in institutioneller Hinsicht schärfte der EuGH die Anforderungen einer **völlig unabhängigen** Aufsicht i.S.d. Art. 28 Abs. 1 UAbs. 2 DSRL.[311] Dabei bezog sich das Grundsatz-Urteil des EuGH auf die Aufsicht über öffentliche Stellen in Deutschland. Die Feststellungen gelten aber für jegliche Kontrollstellen.

141   Der Gerichtshof erklärt die Aufsicht zur Hüterin der Grundrechte und Grundfreiheiten[312] und schreibt ihr damit eine tragende Rolle bei der Verwirklichung der Harmonisierungsziele der Richtlinie zu, da der freie Datenverkehr stets mit den Betroffenenrechten in Einklang zu bringen ist. Das – schon bei Richtlinienerlass umstrittene[313] – Unabhängigkeitserfordernis ist daher dem EuGH zufolge streng auszulegen und die Aufsicht vor jeglicher Einflussnahme zu schützen. Sie dürfe **weder** einer **Fach- noch** einer **Rechtsaufsicht** unterliegen,[314] was der EuGH in einem weiteren Urteil auf die **Dienstaufsicht** ausdehnte.[315]

142   Als Folge des Urteils hat der Bundesgesetzgeber den Bundesbeauftragten für Datenschutz und Informationsfreiheit als **oberste Bundesbehörde** ausgestaltet.[316] Auch die Bundesländer gliederten die Aufsicht aus den Ministerien aus, um den Anforderungen des EuGH-Urteils gerecht zu werden.[317]

3.   Sonstige bisherige Steuerungsvorgaben der EU

a)   Überblick über die Regelwerke

143   Auf der Ebene der EG bzw. EU fand zwar auch eine bereichsspezifische Ausdifferenzierung statt;[318] diese fiel jedoch anders als in manchem Mitgliedstaat wie Deutschland deutlich bescheidener aus, insbesondere weil die datenschutztechnische Flankierung von Verarbeitungsprozessen in den an sich gemeinschaftsweit harmonisierten Bereichen den Mitgliedstaaten überlassen bzw. gerade mit Blick auf die Datenverarbeitung durch öffentliche Stellen keine entsprechende Harmonisierung angestrebt wurde. Eine weitreichende Harmonisierung erfolgte jedoch im **Telekommunikationssektor**, in dem mit dem Fernmeldegeheimnis der Datenschutz traditionell eine besondere Rolle spielt. Daher erstaunt es nicht, dass die Gemeinschaft auch die datenschutzrechtlichen

---

311   EuGH, Urt. v. 9.3.2010, C-518/07, ECLI:EU:C:2010:125 – *Kommission/Deutschland*; siehe dazu *Tinnefeld/Buchner,* DuD 2010, 581.

312   EuGH, Urt. v. 9.3.2010, C-518/07, ECLI:EU:C:2010:125, Rn. 23 – *Kommission/Deutschland*.

313   *Jaspers,* RDV 1996, 18 (18 f.).

314   EuGH, Urt. v. 9.3.2010, C-518/07, ECLI:EU:C:2010:125, Rn. 37 – *Kommission/Deutschland*.

315   EuGH, Urt. v. 16.10.2012, C-614/10, ECLI:EU:C:2012:631, Rn. 49 ff. – *Kommission/Österreich*.

316   Zweites Gesetz zur Änderung des Bundesdatenschutzgesetzes – Stärkung der Unabhängigkeit der Datenschutzaufsicht im Bund durch Errichtung einer obersten Bundesbehörde v. 25.2.2015, BGBl. I, S. 162 ff.

317   Vgl. für Bayern *Bayerisches Landesamt für Datenschutzaufsicht,* Tätigkeitsbericht des BayLDA 2011/12, 8.

318   *Schneider,* in: Wolff/Brink (Hrsg.), BeckOK Datenschutzrecht, 22. Ed. 2017, Syst. B Rn. 1, 4.

Vorgaben ausdifferenziert hat. So findet sich mit der **Richtlinie 2002/58/EG (EDSRL)**[319] der wichtigste bereichsspezifische Gemeinschaftsrechtsrahmen. Die Richtlinie enthält spezielle Datenschutzregelungen für den Telekommunikationssektor, die technologieneutral und entwicklungsoffen dem raschen technischen Fortschritt standhalten sollen.[320] Wesentliche neue Bereiche eines regulatorischen Zugriffs sind die im Telekommunikationsbereich wichtigen Verkehrs- und Standortdaten, für deren Verarbeitung eine verschärfte Zweckbindung normiert wird. Die EDSRL verpflichtet die Verantwortlichen auch zur Sicherung der Dienste durch technisch-organisatorische Maßnahmen und enthält Regelungen zum Einsatz von „Cookies" und zu der Verarbeitung der durch diese erhobenen Daten (dazu sogleich → Rn. 151).

Die am 15.3.2006 verabschiedete **Vorratsdatenspeicherungsrichtlichtlinie**[321] sollte, **144** gestützt auf die Binnenmarktharmonisierungskompetenz des Art. 114 AEUV, eine verdachtsunabhängige Speicherung bestimmter Kommunikationsdaten auf Vorrat normieren, damit diese zur Ermittlung, Feststellung und Verfolgung schwerer Straftaten in der gesamten Union vorliegen. Nachdem der EuGH in einem ersten Urteil der Union die Kompetenz zum Erlass der Richtlinie zubilligte[322], verwarf zunächst das BVerfG die deutsche Umsetzung[323] und später der EuGH die Richtlinie selbst aus materiell-rechtlichen Gründen[324] und wandte dabei die europäischen Datenschutzgrundrechte streng an (dazu sogleich unter → Rn. 154 ff.).[325]

Ein weiterer bereichsspezifischer Unionsrechtsakt ist als nach innen gerichtete Norm **145** die Datenschutzverordnung zur Regelung der Verarbeitung personenbezogener Daten durch die **Organe und Einrichtungen der Union.**[326] Die von der DSRL ausgeklammerten Bereiche[327] wurden durch den **Rahmenbeschluss** über die Verarbeitung personenbezogener Daten im Rahmen der PJZS[328] aufgefüllt (dazu sogleich → Rn. 173).

---

319 Die Richtlinie über die Verarbeitung personenbezogener Daten und den Schutz der Privatsphäre in der elektronischen Kommunikation (Datenschutzrichtlinie für elektronische Kommunikation) vom 12.7.2002, zuletzt geändert durch die Richtlinie 2009/136/EG, folgte der RL 97/66/EG über die Verarbeitung personenbezogener Daten und den Schutz der Privatsphäre im Bereich der Telekommunikation vom 15.12.1997 nach.

320 *Zilkens*, RDV 2007, 196 (198).

321 RL 2006/24/EG des Europäischen Parlaments und des Rates vom 15.3.2006 über die Vorratsspeicherung von Daten, die bei der Bereitstellung öffentlich zugänglicher elektronischer Kommunikationsdienste oder öffentlicher Kommunikationsnetze erzeugt oder verarbeitet werden, und zur Änderung der Richtlinie 2002/58/EG.

322 EuGH, Urt. v. 10.2.2009, C-301/06, ECLI:EU:C:2009:68 – *Irland/Parlament und Rat*; siehe dazu *Petri*, EuZW 2009, 214 .

323 BVerfG, Urt. v. 2.3.2010, 1 BvR 256/08 u.a. = BVerfGE 125, 260 – *Vorratsdatenspeicherung*; siehe dazu *Wybitul*, BB 2010, 889.

324 EuGH, Urt. v. 8.4.2014, C-293/12 u. C-594/12, ECLI:EU:C:2014:238 – *Digital Rights Ireland und Seitlinger u.a.*

325 Dazu auch *Kühling*, NVwZ 2014, 681 ff.

326 Verordnung (EG) Nr. 45/2001 des Europäischen Parlaments und des Rates vom 18.12.2000 zum Schutz natürlicher Personen bei der Verarbeitung personenbezogener Daten durch die Organe und Einrichtungen der Gemeinschaft und zum freien Datenverkehr.

327 Vgl. Art. 3 Abs. 2 DSRL.

328 Rahmenbeschluss 2008/977/JI des Rates vom 27.11.2008 über den Schutz personenbezogener Daten, die im Rahmen der PJZS verarbeitet werden.

b) E-Privacy-Richtlinie 2002/58/EG (EDSRL)

146 Die Richtlinie „über die Verarbeitung personenbezogener Daten und den Schutz der Privatsphäre in der elektronischen Kommunikation (Datenschutzrichtlinie für elektronische Kommunikation – **EDSRL**; dazu bereits unter → Rn. 117)" wurde am 12.7.2002 vom Europäischen Parlament und dem Rat der EU im Zuge der technologieneutralen Ausrichtung und Neuordnung des gemeinschaftsrechtlichen Telekommunikationsrechts erlassen und zuletzt durch die **Richtlinie 2009/136/EG geändert.**[329] Sie löste die Richtlinie 97/66/EG des Europäischen Parlaments und des Rats vom 15.12.1997 über die Verarbeitung personenbezogener Daten und den Schutz der Privatsphäre im Bereich der Telekommunikation ab.[330] Angesichts der schnellen technischen Entwicklung und der starken Ausrichtung der ersetzten Richtlinie auf die ISDN-Technik wurde eine Neuregelung dieses Bereichs nötig. Die EDSRL ist weitestgehend **technologieneutral** und entwicklungsoffen gehalten, indem sie am Vorgang der **elektronischen Kommunikation** als solchem ansetzt. Sie stellt eine bereichsspezifische Ergänzung und Präzisierung der DSRL dar und verankert das **Telekommunikationsgeheimnis** im unionsrechtlichen Sekundärrecht. Die Richtlinie war zum 31.10.2003 umzusetzen. Die Umsetzung erfolgte in Deutschland verspätet mit Inkrafttreten des Telekommunikationsgesetzes (TKG) vom 22.6.2004.[331] Die EDSRL wird künftig durch eine Verordnung ersetzt werden (siehe dazu → Rn. 859).

aa) Rechtsgrundlage und Verfahren, Anwendungsbereich, Begriffsbestimmungen

147 Kompetenzgrundlage der Richtlinie ist die **Binnenmarktkompetenz** (jetzt Art. 114 AEUV). Anknüpfungspunkt für die Anwendung der Richtlinie ist die elektronische Kommunikation, also das, was man in Deutschland unter Telekommunikation versteht (Art. 3 und 1 EDSRL). Während die DSRL nur den Schutz natürlicher Personen gewährleistete, erstreckt sich die EDSRL *auch* auf den Schutz berechtigter Interessen **juristischer Personen** (Art. 1 Abs. 2 S. 2 EDSRL). Darüber hinaus dient die Richtlinie auch dem Schutz der **Vertraulichkeit** der personenbezogenen Datenverarbeitung und normiert entsprechend erforderliche Vorgaben zur **Datensicherheit**. Nunmehr erstreckt sich der Anwendungsbereich der Richtlinie gemäß Art. 1 Abs. 1 EDSRL auch auf Umgebungen des allgegenwärtigen Rechnens („**Ubiquitous Computing**"). So bezieht sich Erwägungsgrund 56 der Richtlinie 2009/136/EG ausdrücklich auf Funkfrequenzerkennungsgeräte (**RFiD-Technologie**). Die von der EDSRL ungeregelten Bereiche unterfallen grundsätzlich der DSRL, sofern keine anderweitigen Spezialvorschriften greifen.[332] Wie auch die DSRL findet die EDSRL keine Anwendung auf die Verarbeitung personenbezogener Daten, die für die Ausübung von Tätigkeiten erfolgt, die nicht in den Anwendungsbereich des ehemaligen Gemeinschaftsrechts fallen. Ausdrücklich werden Verarbeitungen in den Bereichen GASP, PJZS und der Bereich der Domaine Réservé vom Anwendungsbereich der Richtlinie ausgenommen (Art. 1 Abs. 3 EDSRL).[333]

---

329 RL 2002/58/EG, ABl. EG 2002, L 201, 37; RL 2009/136/EG, ABl. EU 2009, L 337, 11.
330 RL 97/66/EG, ABl. EG 1998, L 24, 1.
331 Telekommunikationsgesetz (TKG) v. 22.6.2004, BGBl. I, S. 1190.
332 Siehe insbesondere Art. 15 und 1 Abs. 2 S. 1 EDSRL sowie Erwägungsgrund 10 der EDSRL.
333 Vgl. auch Erwägungsgrund 11 der EDSRL.

Die Begriffsbestimmungen der DSRL und der Telekommunikations-Rahmenrichtlinie   **148**
2002/21/EG[334] sind grundsätzlich bei der Anwendung der EDSRL heranzuziehen
(Art. 2 S. 1 EDSRL). Ergänzend werden in Art. 2 S. 2 lit. a bis i EDSRL weitere Begriffsbestimmungen vorgenommen. Hervorzuheben ist die Bestimmung des Begriffs der
Verkehrsdaten nach Art. 2 S. 2 lit. b und der Standortdaten nach lit. c EDSRL. Bei Verkehrsdaten handelt es sich um Daten, die zum Zweck der Weiterleitung einer Nachricht
an ein elektronisches Kommunikationsnetz oder zum Zweck der Fakturierung dieses
Vorgangs verarbeitet werden. Dazu zählt insbesondere die Information, zwischen welchen Telefonnummern über welchen Zeitraum telefoniert wurde. **Standortdaten** sind
solche, die in einem elektronischen Kommunikationsnetz oder von einem elektronischen Kommunikationsdienst verarbeitet werden und die den geografischen Standort
des Endgeräts eines Nutzers eines öffentlich zugänglichen elektronischen Kommunikationsdienstes angeben. Das bezieht sich insbesondere auf die Frage, in welchem Funk-
zellenbereich, also wo sich ein Handy-Nutzer während eines Telefongesprächs befunden hat, und umfasst ebenfalls alle Anwendungen, die eine Standortbestimmung
ermöglichen. Schließlich ist der 2009 eingefügte Buchstabe i) zu beachten. Er definiert
die „Verletzung des Schutzes personenbezogener Daten" als eine **Verletzung der
Sicherheit**, die auf unbeabsichtigte oder unrechtmäßige Weise zur Vernichtung, zum
Verlust, zur Veränderung und zur unbefugten Weitergabe von bzw. zum unbefugten
Zugang zu personenbezogenen Daten führt, die übertragen, gespeichert oder auf andere Weise im Zusammenhang mit der Bereitstellung öffentlich zugänglicher elektronischer Kommunikationsdienste in der Union verarbeitet werden. Diese Definition bezieht sich auf eine ebenfalls neu eingefügte Verpflichtung der Netzbetreiber, die im
Falle der Verletzung des Schutzes personenbezogener Daten unverzüglich die zuständige nationale Behörde und unter Umständen auch die betroffenen Personen zu benachrichtigen haben (Art. 4 Abs. 3 und 4 EDSRL).

bb) Wesentliche Regelungen

Die Richtlinie normiert spezielle **Zulässigkeitstatbestände** und **Verarbeitungsregeln**   **149**
für **Verkehrs- und Standortdaten** (Art. 6, 9 EDSRL). Diese Daten dürfen grundsätzlich
nur für die dort genannten Zwecke und unter Beachtung der aufgestellten Pflichten
verarbeitet werden. Sollen darüber hinaus Daten verarbeitet oder zu anderen Zwecken
verwendet werden, ist die *vorherige* Einwilligung des Nutzers bzw. des Teilnehmers
(betroffene Person) einzuholen.

Der Betreiber ist gemäß Art. 4 EDSRL verpflichtet, **technisch-organisatorische Maß-**   **150**
nahmen zur Sicherheit seiner Dienste und zur Netzsicherheit zu ergreifen. Konkreti-
sierend stellt der neue Art. 4 Abs. 1a EDSRL bestimmte durch die Maßnahmen zu rea-
lisierende Schutzziele auf und ermächtigt nationale Kontrollstellen, die getroffenen
Maßnahmen zu prüfen. In diesem Zusammenhang und in dem Bestreben, die Vertraulichkeit der Datenverarbeitung und die Datensicherheit zu gewährleisten, wird in
Art. 4 Abs. 3 bis 5 EDSRL erstmalig im Fall einer Verletzung des Schutzes personenbe-

---

334 Richtlinie über einen gemeinsamen Rechtsrahmen für elektronische Kommunikationsnetze
und -dienste, ABl. EG 2002, L 108, 33.

zogener Daten (siehe dazu → Rn. 148) eine detaillierte Dokumentations-, Benachrichtigungs- und Informationspflicht gegenüber der zuständigen nationalen Kontrollstelle und den betroffenen Personen festgeschrieben. Weitere Pflichten des Betreibers und Rechte des Nutzers bzw. des Teilnehmers sind den Kap. II und III der DSRL zu entnehmen. Die **Datenschutzgruppe** nach Art. 29 DSRL nimmt gemäß Art. 15 Abs. 3 EDSRL ihre Aufgaben auch für den Bereich der elektronischen Kommunikation wahr.

151 Art. 5 Abs. 3 EDSRL regelt den Einsatz von Instrumenten, die das Auslesen von Daten vom Endgerät des Nutzers ermöglichen („**Cookies**"). Ihr Einsatz ist grundsätzlich erlaubt, wenn der Nutzer *vorher* hierüber umfänglich und verständlich informiert wird und seine informierte Einwilligung erteilt. Dieser Wechsel vom „**Opt-Out**"- zum „**Opt-In**"-**Prinzip** ist auf die Richtlinie 2009/136/EG zurückzuführen.[335] Zu beachten ist jedoch Erwägungsgrund 66 der Richtlinie 2009/136/EG, der nahe legt, das „Opt-Out"-Prinzip sei nach wie vor als Regelfall anzusehen und die Einführung des „Opt-In"-Prinzips sei unter den Vorbehalt der technischen Möglichkeit und Wirksamkeit zu stellen. Indes findet diese Erwägung im Wortlaut des Art. 2 Nr. 5 Richtlinie 2009/136/ EG (= Art. 5 Abs. 3 EDSRL) keinen Niederschlag. Grund hierfür könnte die vor dem Wechsel zum „Opt-In"-Prinzip ausgebrochene Kontroverse sein. Insbesondere die Online-Werbeindustrie hat sich bis zuletzt gegen den Wechsel des Prinzips gewandt. So wurde befürchtet, dass kaum ein Nutzer dem Einsatz von Cookies aktiv zustimmen würde („Opt-In"). Nach dem „Opt-Out-Prinzip" würde es genügen, wenn die Betroffenen lediglich nicht aktiv widersprechen.

152 Weiterhin werden Regelungen zum Einzelgebührennachweis (Art. 7 EDSRL), zur Rufnummernanzeige (Art. 8 EDSRL), zur automatischen Anrufweiterschaltung (Art. 11 EDSRL) und verschärfte Vorgaben zur Direktwerbung (Art. 13 EDSRL) getroffen.

153 Mit dem Ziel, die Einhaltung der nationalen Bestimmungen zur Umsetzung der EDSRL effektiver zu gewährleisten, sieht Art. 15a EDSRL die Verpflichtung der Mitgliedstaaten vor, Verstöße angemessen und abschreckend zu **sanktionieren** (Art. 15a Abs. 1 EDSRL). Darüber hinaus ist in Abs. 2 die Befugnis der nationalen Kontrollstellen vorgesehen, nicht nur Empfehlungen auszusprechen und Verstöße festzustellen, sondern als ultima ratio auch die Einstellung der Verstöße anzuordnen. Dies beinhaltet unter Beachtung der Verhältnismäßigkeit auch die Befugnis, anzuordnen, die Datenverarbeitung ganz oder teilweise einzustellen.

c) Die gescheiterte Vorratsdatenspeicherungsrichtlinie 2006/24/EG

154 Obwohl die Vorratsdatenspeicherungsrichtlinie (VDSRL) im April 2014 vom EuGH für **ungültig** erklärt wurde, bleibt die zugrundeliegende Diskussion über die Notwendigkeit der Verfügbarkeit entsprechender Daten zur Verbrechensbekämpfung bzw. Strafverfolgung sowie Gefahrenabwehr auch auf europäischer Ebene weiter aktuell (siehe

---

335 Siehe zur Rechtslage und ihren Auswirkungen die Stellungnahme der *Art.-29-Datenschutzgruppe*, Stellungnahme 2/2010 zur Werbung auf Basis von Behavioural Targeting, WP 171, 22.6.2010, besonders S. 9 ff., abrufbar unter http://ec.europa.eu/justice/policies/privacy/ docs/wpdocs/2010/wp171_de.pdf (Abruf: 15.1.2018).

auch → Rn. 192). Auch die strikten Vorgaben des EuGH sind als zentrale Aussagen zu den Datenschutzgrundrechten der EU nach wie vor von Bedeutung. Im Folgenden sollen deshalb Hintergrund und Grundzüge der Richtlinie dargestellt werden.

Fallbeispiel 4   **155**

Vorratsdatenspeicherungsrichtlinie – Vereinbarkeit mit Kompetenzgefüge, GrCh, EMRK

Es bestehen Bedenken hinsichtlich der kompetenziellen und materiell-rechtlichen Rechtmäßigkeit der Vorratsdatenspeicherungsrichtlinie (VDSRL).[336] Daher wird Klage vor dem EuGH erhoben.[337] Ist Art. 114 AEUV die einschlägige Kompetenzgrundlage für den Erlass der VDSRL und ist diese mit den Grundrechten der EU/EMRK vereinbar? Es wird vorausgesetzt, dass die EU der EMRK beigetreten ist (was nicht der Fall ist).

(Lösung siehe Rn. 171)

---

aa) Entstehungsgeschichte; Rechtsgrundlage und Verfahren; Anwendungsbereich

Spätestens seit den Anschlägen vom 11.9.2001 in den USA hat es immer wieder Be-   **156** strebungen gegeben, eine allgemeine Datenspeicherung auf Vorrat auf europäischer Ebene zu installieren. Im Jahr 2004 legten einige Mitgliedstaaten der EU ein Eckpunktepapier vor, das die Regelungen der VDSRL vorzeichnete und als Entwurf für einen Rahmenbeschluss auf dem Gebiet der PJZS (Art. 31 Abs. 1 lit. c, 34 Abs. 2 lit. b EUV a.F.)[338] dienen sollte.[339] In einem der schnellsten Rechtsetzungsverfahren in der Geschichte der EU wurden die im Entwurf für einen Rahmenbeschluss vorgesehenen Vorschriften als Richtlinie am 15.3.2006 vom Europäischen Parlament und dem Rat der EU angenommen.[340] Vorausgegangen war ein Kompetenzstreit zwischen dem Europäischen Parlament und der Kommission einerseits und dem Rat andererseits.[341] Angesichts der nicht zu erreichenden, aber erforderlichen Einstimmigkeit für die Annahme eines Rahmenbeschlusses (Art. 34 Abs. 2 lit. b EUV a.F.) gab der Rat der Forderung nach einer Regelung im Gemeinschaftsrecht nach.[342]

---

336 RL 2006/24/EG v. 15.3.2006 über die Vorratsspeicherung von Daten, die bei der Bereitstellung öffentlich zugänglicher elektronischer Kommunikationsdienste oder öffentlicher Kommunikationsnetze erzeugt oder verarbeitet werden, und zur Änderung der RL 2002/58/EG, ABl. EU 2006, L 105, 54.

337 Angelehnt an EuGH, Urt. v. 10.2.2009, C-301/06, ECLI:EU:C:2009:68 – *Irland/Parlament und Rat*, aber aktualisiert nach AEUV; ferner ergänzend berücksichtigt Urt. v. 8.4.2014, C-293/12 u. C-594/12, ECLI:EU:C:2014:238 – *Digital Rights Ireland und Seitlinger u.a.*

338 Dieser Bereich ist durch den Lissabonner Vertrag v. 13.12.2007, ABl. EU 2007, C 306, 1 in den AEUV überführt worden.

339 Ratsdokument 8958/04 v. 28.4.2004.

340 *Alvaro*, DANA 2006, 52; *Westphal*, EuR 2006, 706.

341 EuGH, Urt. v. 10.2.2009, C-301/06 – *Irland/Parlament und Rat*; siehe auch *Alvaro*, DANA 2006, 52 ff.

342 *Rusteberg*, VBlBW 2007, 171 (173 f.); *Zöller*, GA 2007, 393 (407 ff.).

157   Das im Unionsrecht geltende **Prinzip der begrenzten Einzelermächtigung** lässt die Rechtsetzung durch Unionsorgane nur zu, wenn in den primärrechtlichen Grundlagen eine Ermächtigung für die Regelung des fraglichen Bereichs nachgewiesen werden kann. Die Wahl der Rechtsgrundlage muss sich auf objektive, gerichtlich nachprüfbare Umstände gründen, zu denen insbesondere das Ziel und der Inhalt des Rechtsakts gehören.[343] Das Europäische Parlament und der Rat beriefen sich auf die **Binnenmarktharmonisierungskompetenz** (jetzt Art. 114 AEUV) als Grundlage.

158   Die VDSRL schrieb die einheitliche und **verdachtsunabhängige Speicherung von Kommunikationsdaten auf Vorrat** vor, um auf diese im Einzelfall zum Zweck der Ermittlung, Feststellung und Verfolgung von **schweren Straftaten** (und Terrorismus) zugreifen zu können (vgl. Art. 1 Abs. 1 VDSRL).[344] Die Verbesserung der Bedingungen für das Funktionieren des Binnenmarkts durch die Harmonisierung der nationalen Vorschriften zur Vorratsdatenspeicherung stellte seinerzeit dagegen einen bloßen Rechtsreflex dar.[345] Im weiteren Verlauf der Entwicklung beeinflussten unterschiedliche Speicherpflichten und vor allem unterschiedliche Kompensationsregelungen dagegen durchaus das Level Playing Field für datenintensive Dienste wie Cloud-Dienste, die von jedem Standort in Europa aus angeboten werden können. Ironischer Weise hatte die VDSRL eine Harmonisierung der kostenrelevanten Speicherdauer aber nur sehr rudimentär vorgenommen (sechs bis 24 Monate) und die Kostenregeln gar nicht weiter thematisiert. In der Mehrzahl der Mitgliedstaaten begründete die VDSRL seinerzeit aber *erstmals* eine Rechtsgrundlage für die Vorratsspeicherung von Kommunikationsdaten.[346] Vorliegend ging es *nicht* um die strafrechtliche Absicherung des europäischen Datenschutzrechts, für die die Union nach jüngerer Rechtsprechung des EuGH die nötige **Annexkompetenz** besitzt.[347] Vielmehr sollte sichergestellt werden, dass in der gesamten EU die betreffenden Daten zum Zweck der Ermittlung, Feststellung und Verfolgung von schweren Straftaten vorliegen.[348] Bis zum Inkrafttreten des Lissabonner Vertrags besaß die Gemeinschaft im Bereich der PJZS (Art. 29 ff. EUV a.F.) nach der Rechtsprechung des EuGH keine Regelungskompetenz.[349] Es stellt sich daher die Frage, ob die in der Richtlinie getroffenen Regelungen als **Rahmenbeschluss** einstimmig hätten ergehen müssen (Art. 31 Abs. 1 lit. c, 34 Abs. 2 lit. b EUV a.F.).[350] Mit Inkrafttreten des Lissabonner Vertrags können das Europäische Parlament und der Rat gemäß

---

343   St. Rspr., EuGH, Urt. v. 11.6.1991, C-300/89, ECLI:EU:C:1991:244 – *Kommission/Rat*; Urt. v. 12.11.1996, C-84/94, ECLI:EU:C:1996:431 – *Vereinigtes Königreich/Rat*; Urt. v. 25.2.1999, C-164/97 u. C-165/97, ECLI:EU:C:1999:99 – *Parlament/Rat*; Urt. v. 4.4.2000, C-269/97, ECLI:EU:C:2000:183 – *Kommission/Rat*; Urt. v. 19.11.2002, C-336/00, ECLI:EU:C:2002:509 – *Huber*; Urt. v. 29.4.2004, C-338/01, ECLI:EU:C:2004:253 – *Kommission/Rat*; Urt. v. 13.9.2005, C-176/03, ECLI:EU:C:2005:542 – *Kommission/Rat*.

344   Explizit auch die Präambel und Erwägungsgründe 7, 9, 11 und 21 der VDSRL.

345   *Westphal*, EuR 2006, 706 (712); *Zöller*, GA 2007, 393 (409).

346   *Gitter/Schnabel*, MMR 2007, 411 (412).

347   EuGH, Urt. v. 13.9.2005, C-176/03 – *Kommission/Rat*, ECLI:EU:C:2005:542.

348   So auch *Breyer*, StV 2007, 214 (215); *Gitter/Schnabel*, MMR 2007, 411 (412 f.); *Rusteberg*, VBlBW 2007, 171 (173 f.); *Zöller*, GA 2007, 393 (409 f.).

349   EuGH, Urt. v. 30.5.2006, C-317/04 u. C-318/04, ECLI:EU:C:2006:346 – *Fluggastdatenübermittlung*.

350   Anders jetzt EuGH, Urt. v. 10.2.2009, C-301/06, ECLI:EU:C:2009:68 – *Irland/Parlament und Rat*.

dem ordentlichen Gesetzgebungsverfahren auch in diesem Bereich Maßnahmen gestützt auf Art. 67 Abs. 3, 82, 87, 88 AEUV beschließen.

Ausweislich des Art. 1 Abs. 2 S. 1 VDSRL fand die Richtlinie Anwendung auf alle **Ver-**   159
kehrs- und Standortdaten i.S.d. EDSRL und alle sonstigen Daten, die zur **Identifizie-**
rung des Kommunikationsteilnehmers erforderlich sind. Betroffen waren sowohl
natürliche als auch juristische Personen. Lediglich Daten, die sich auf den Inhalt der
Kommunikation beziehen (**Inhaltsdaten**), und „Cookie"-Daten sind nach S. 2 ausgenommen.

bb) Wesentliche Regelungen

Das Herzstück der VDSRL bildete Art. 3 Abs. 1. Er sah vor, dass Netzbetreiber bzw.   160
Diensteanbieter die in Art. 5 VDSRL bestimmten Daten elektronischer Kommunikation
auf Vorrat speichern. Betroffen waren Daten, die bei Betrieb eines öffentlichen Kommunikationsnetzes bzw. bei Bereitstellung von öffentlich zugänglichen Kommunikationsdiensten erzeugt oder verarbeitet werden. Dies schließt Daten **erfolgloser Anruf-**
versuche[351] ein, *soweit* diese bei den Netzbetreibern oder Diensteanbietern erzeugt,
verarbeitet, gespeichert oder – Internetdaten betreffend – protokolliert werden
(Art. 3 VDSRL). Lediglich Daten **erfolgloser Verbindungsversuche** unterfielen nach
Art. 3 Abs. 2 S. 2 VDSRL nicht der Pflicht zur Speicherung auf Vorrat bzw. solche Daten,
die Aufschluss über den Inhalt einer Kommunikation geben (Art. 5 Abs. 2 VDSRL).

Bereits die Vorschriften der EDSRL erlauben die Speicherung von Verkehrs- und Stand-   161
ortdaten durch Netzbetreiber und Diensteanbieter, soweit die Speicherung für bestimmte Zwecke (z.B. zur Fakturierung und Abrechnung) erforderlich ist oder die betroffene Person eingewilligt hat. Die gespeicherten Daten waren zu anonymisieren, zu
sperren oder zu löschen, sobald sie nicht mehr für vorgezeichnete Zwecke erforderlich
sind. Die zentrale Regelung des Art. 6 VDSRL sah hingegen einerseits die obligatorische
Speicherung und Vorhaltung auch von Datenkategorien vor, die nicht für die in der
EDSRL genannten Zwecke erforderlich sind, und andererseits eine Speicherdauer von
mindestens **sechs Monaten bis höchstens zwei Jahren** ab dem Zeitpunkt der Kommunikation, wobei nach Art. 12 Abs. 1 S. 1 VDSRL in besonderen Fällen Mitgliedstaaten
die Speicherfrist auch über diesen Zeitraum hinaus verlängern konnten. Speicherung
und Speicherdauer wurden somit gesetzlich festgelegt und waren nicht mehr von der
Erforderlichkeit zur Verfolgung bestimmter Zwecke abhängig.

Die in Art. 5 Abs. 1 VDSRL zur Speicherung und Vorhaltung detailliert vorgegebenen   162
Datenkategorien sollten die Identifizierung von Kommunikationsteilnehmern und die
Rekonstruktion von Kommunikationsvorgängen in bestimmten Fällen ermöglichen.
Die Datenkategorien wurden zum einen in Daten des Telefonfestnetzes und Mobilfunks und zum anderen in Daten des Internetzugangs, der Internet-E-Mail und der
Internet-Telefonie unterteilt. Die zu speichernden Kommunikationsdaten umfassten
insbesondere Anschluss- und Benutzerkennungen, die Namen und Anschriften der

---

351 Gemäß Art. 2 Abs. 2 lit. f VDSRL ist ein erfolgloser Anrufversuch ein Telefonanruf, bei dem die
    Verbindung erfolgreich aufgebaut wurde, der aber unbeantwortet bleibt.

Teilnehmer bzw. registrierten Benutzer (Art. 5 Abs. 1 lit. a und b VDSRL), Daten zur Bestimmung von Datum und Uhrzeit der Kommunikation (Art. 5 Abs. 1 lit. c VDSRL) sowie die Standortkennung (Cell-ID) mobiler Geräte und genutzter Funkzellen während des Kommunikationsvorgangs (Art. 5 Abs. 1 lit. f VDSRL).

163   Schließlich enthielt Art. 4 VDSRL die Verpflichtung der Mitgliedstaaten, unter Berücksichtigung von Menschen- und Bürgerrechten die Fälle zu bestimmen, in denen der **Zugang** zu auf Vorrat gespeicherten Daten zulässig sein sollte. Damit verblieb den Mitgliedstaaten ein erheblicher Spielraum bei der Fixierung der zugriffsberechtigten Entitäten und der zugriffsberechtigenden (Ermittlungs-)Vorgänge. Regelungen zur Datensicherheit und zur Datenqualität wurden in Art. 7 und 8 VDSRL getroffen.

164   Die Richtlinie war gemäß Art. 15 Abs. 1 VDSRL bis zum 15.9.2007 umzusetzen. In Deutschland wurde die Richtlinie insbesondere durch Änderungen des Telekommunikationsgesetzes (TKG) und der Strafprozessordnung (StPO) umgesetzt (dazu → Rn. 83 und 862 ff.).[352] Mit Urteil vom 2.3.2010 hat das **Bundesverfassungsgericht** die zur Umsetzung der VDSRL erlassenen Vorschriften des TKG und der StPO für verfassungswidrig erklärt (siehe ausführlich hierzu unter → Rn. 83 ff. und 862 ff.).[353]

cc) Rechtliche Bewertung und Urteil des EuGH

165   Die Regelungen der VDSRL stellten einen **Paradigmenwechsel** innerhalb des TK-Datenschutzrechts dar. Betonten die DSRL und die EDSRL bis dahin das Prinzip der Datensparsamkeit und Datenvermeidung und stellten die Zweckbindung der Datenverarbeitung in den Mittelpunkt des datenschutzrechtlichen Systems, so schrieb die VDSRL eine verdachtsunabhängige umfassende Speicherung nicht-anonymisierter Kommunikationsdaten mit gelockerter Zweckbindung vor. So unterfielen neben Kommunikationsdaten der Telefonie auch alle internetbasierten Verkehrsdaten europaweit der Speicherungs- und Vorhaltungspflicht, unabhängig davon, ob diese Daten innerhalb eines pauschal oder nutzungsabhängig tarifierten Vertragsmodells der elektronischen Kommunikation erzeugt werden.

166   Neben den oben skizzierten kompetenzrechtlichen Bedenken der Vereinbarkeit der Richtlinie mit höherrangigem Recht[354] begegnete die Richtlinie auch in materiell-rechtlicher Hinsicht von Beginn an Skepsis. Insoweit waren die entsprechenden Regelungen an **Art. 8 EMRK** und an den Grundrechten der **GrCh** zu messen. Diese gewährt in **Art. 7 und 8** das **Telekommunikationsgeheimnis** und das **Datenschutzgrundrecht**. Auch Art. 16 Abs. 1 AEUV gewährt einer Person das Recht auf Schutz der sie betreffenden personenbezogenen Daten. In diese Rechte wurde durch die VDSRL bzw. durch das entsprechende Umsetzungsgesetz *tief* eingegriffen. Jeder **Eingriff**, sei es in Konventionsgrundrechte, Unionsgrundrechte oder Rechte der GrCh oder des AEUV, bedarf einer Rechtfertigung. Probleme mit Blick auf den Verhältnismäßigkeitsgrundsatz erga-

---

352 Gesetz zur Neuregelung der Telekommunikationsüberwachung und anderer verdeckter Ermittlungsmaßnahmen sowie zur Umsetzung der RL 2006/24/EG v. 21.12.2007, BGBl. I, S. 3198.
353 BVerfG, Urt. v. 2.3.2010, 1 BvR 256/08 u.a. = BVerfGE 125, 260.
354 Beachte aber EuGH, Urt. v. 10.2.2009, C-301/06, ECLI:EU:C:2009:68 – *Irland/Parlament und Rat.*

ben sich insoweit insbesondere aufgrund der extrem hohen **Streubreite** des Eingriffs bei einer relativ kleinen Anzahl von Straftätern, der Möglichkeit, **Persönlichkeitsprofile** und **Bewegungsprofile** zu erstellen und der nur sehr geringen Zweckbindung der Datenverarbeitung. Darüber hinaus wurde in die unternehmerische Freiheit (Art. 16 GrCh) eingegriffen, indem Netzbetreibern und Diensteanbietern umfangreiche Speicherungspflichten auferlegt wurden, die nicht durch betriebliche, sondern allein durch strafverfolgungsbezogene Ziele veranlasst waren.[355] Gleichzeitig sah die Richtlinie keine Entschädigungsregelung vor. Die Bedenken ob der Vereinbarkeit der Richtlinie mit höherrangigem Recht wurden auch von der Kommission geteilt, und auf Unionsebene blieb die VDSRL bis zuletzt umstritten. Einerseits hatte die Kommission gegen mehrere Mitgliedstaaten Vertragsverletzungsverfahren eingeleitet, da jene gegen ihre Verpflichtungen aus der VDSRL verstoßen haben sollen, indem sie die erforderlichen Rechts- und Verwaltungsvorschriften zur Umsetzung der VDSRL nicht erlassen bzw. der Kommission diese Vorschriften nicht mitgeteilt haben sollen.[356] Andererseits hatte die Kommission mit Beschluss vom 18.4.2013 eine Expertengruppe zur Überprüfung und Verbesserung der Richtlinie eingesetzt.[357]

In seinem richtungsweisenden Urteil erklärte der **EuGH** auf der Basis eines Vorlageverfahrens des Österreichischen Verfassungsgerichtshofs und des irischen High Court die Richtlinie wegen Verstoßes gegen Art. 7 und 8 GrCh für unionsrechtswidrig und unwirksam. Das Gericht legte zunächst die **parallele Anwendung** und Eröffnung der **Schutzbereiche** der beiden Grundrechte dar.[358] Der **Eingriff** wird sodann doppelt begründet, nämlich sowohl mit der Verpflichtung zur Speicherung als auch mit dem anschließenden Zugriff durch Behörden, der von der Richtlinie eröffnet wird.[359] Hinsichtlich der Abwägungstopoi betont das Gericht die potentielle **Heimlichkeit** des Zugriffs auf Vorratsdaten und die Eignung, das Gefühl einer „ständigen Überwachung" des Privatlebens hervorzurufen,[360] ohne jedoch die **Wesensgehaltsgarantie** verletzt zu sehen, insbesondere weil keine Kommunikations*inhalte* betroffen sind.[361] Demgegen-

167

---

355 *Zöller*, GA 2007, 393 (410 f.).

356 EuGH, Urt. v. 26.11.2009, C-202/09, ECLI:EU:C:2009:736 – *Kommission/Irland*; Urt. v. 11.11. 2009, C-192/09, ECLI:EU:C:2009:692 – *Kommission/Niederlande*; Urt. v. 29.7.2010, C-189/09, ECLI:EU:C:2010:455 – *Kommission/Österreich*; Urt. v. 4.2.2010, C-185/09, ECLI:EU:C:2010:59 – *Kommission/Schweden*; Urt. v. 26.11.2009, C-211/09, ECLI:EU:C:2009:737 – *Kommission/ Griechenland*.

357 Beschl. der Kommission vom 18.4.2013 zur Einsetzung einer Expertengruppe für vorbildliche Verfahrensweisen bei der Vorratsspeicherung elektronischer Kommunikationsdaten zum Zwecke der Untersuchung, Aufdeckung und Verfolgung schwerer Straftaten (Expertengruppe „Vorratsdatenspeicherung"), C(2013) 2144 endg., abrufbar unter http://ec.europa.eu/dgs/ home-affairs/what-we-do/policies/police-cooperation/data-retention/docs/20130418_data_ retention_expert_group_decision_de.pdf (Abruf: 15.1.2018).

358 EuGH, Urt. v. 8.4.2014, C-293/12 u. C-594/12, ECLI:EU:C:2014:238, Rn. 29 f. – *Digital Rights Ireland und Seitlinger u.a.*; zum Folgenden bereits *Kühling*, NVwZ 2014, 681.

359 EuGH, Urt. v. 8.4.2014, C-293/12 u. C-594/12, ECLI:EU:C:2014:238, Rn. 32-36. – *Digital Rights Ireland und Seitlinger u.a.*

360 EuGH, Urt. v. 8.4.2014, C-293/12 u. C-594/12, ECLI:EU:C:2014:238, Rn. 37 – *Digital Rights Ireland und Seitlinger u.a.*

361 EuGH, Urt. v. 8.4.2014, C-293/12 u. C-594/12, ECLI:EU:C:2014:238, Rn. 39 – *Digital Rights Ireland und Seitlinger u.a.*

über waren die zulässigen Einschränkungstatbestände der Bekämpfung schwerer Kriminalität und der öffentlichen Sicherheit zu berücksichtigen[362] sowie Art. 6 GrCh, der ein Recht auf Sicherheit normiert.[363] In die Verhältnismäßigkeitsprüfung stieg der EuGH sodann ein, indem er einen begrenzten **Gestaltungsspielraum** des Unionsgesetzgebers hinsichtlich der Geeignetheit konstatierte, den das Gericht mit der besonderen Bedeutung der betroffenen Grundrechte sowie dem Ausmaß und der Schwere des Eingriffs begründet.[364] Mit Blick auf die Erforderlichkeit müsse sich der Eingriff – gerade angesichts seiner Schärfe – auf das **„absolut Notwendige"** beschränken.[365] Aufgrund der besonderen Bedeutung des Datenschutzes für den Schutz der Privatsphäre und der erheblichen Gefahren des unberechtigten Zugangs, die durch die automatische Verarbeitung begründet werden, seien weiter klare und präzise Regeln und ausreichende **Garantien gegen Missbrauchsrisiken** erforderlich.[366] Entscheidendes Gewicht sollte schließlich dem Umstand zukommen, dass die Richtlinie einen „Eingriff in die Grundrechte fast der gesamten europäischen Bevölkerung" bedinge.[367] Auf dieser Grundlage stellte das Gericht fünf materiell-rechtliche bzw. prozedurale Defizite fest, die zur Unverhältnismäßigkeit des Eingriffs führten.

168 Erstens würden alle Personen und alle elektronischen Kommunikationsmittel **anlasslos, ausnahmslos**[368] und **zusammenhanglos** erfasst, so dass Personenkreis und Umfang der betroffenen elektronischen Kommunikation praktisch unbegrenzt seien.[369] Zweitens sei nicht nur die gesammelte Datenmenge zu groß, sondern auch der **Zugang** hierzu **zu weit** ausgestaltet und ohne hinreichenden prozeduralen Grundrechtsschutz bei der Kontrolle der Zugriffskriterien.[370] Drittens ginge die **pauschale Frist** mit einem erheblichen Spektrum von sechs bis 24 Monaten ohne objektive Kriterien für die nähere Eingrenzung zu weit.[371] Viertens vermisste der EuGH (ähnlich wie das BVerfG in seinem Urteil[372]) einen angemessenen Missbrauchsschutz und dazu technische und organisatorische **Schutzmechanismen** einschließlich entsprechender Löschpflich-

---

362 EuGH, Urt. v. 8.4.2014, C-293/12 u. C-594/12, ECLI:EU:C:2014:238, Rn. 41 – *Digital Rights Ireland und Seitlinger u.a.*

363 EuGH, Urt. v. 8.4.2014, C-293/12 u. C-594/12, ECLI:EU:C:2014:238, Rn. 42 – *Digital Rights Ireland und Seitlinger u.a.*

364 EuGH, Urt. v. 8.4.2014, C-293/12 u. C-594/12, ECLI:EU:C:2014:238, Rn. 48 – *Digital Rights Ireland und Seitlinger u.a.*

365 EuGH, Urt. v. 8.4.2014, C-293/12 u. C-594/12, ECLI:EU:C:2014:238, Rn. 52, 65 – *Digital Rights Ireland und Seitlinger u.a.*

366 EuGH, Urt. v. 8.4.2014, C-293/12 u. C-594/12, ECLI:EU:C:2014:238, Rn. 53 ff. – *Digital Rights Ireland und Seitlinger u.a.*

367 EuGH, Urt. v. 8.4.2014, C-293/12 u. C-594/12, ECLI:EU:C:2014:238, Rn. 56 – *Digital Rights Ireland und Seitlinger u.a.*

368 Und insbesondere auch Träger von Berufsgeheimnissen erfasst.

369 EuGH, Urt. v. 8.4.2014, C-293/12 u. C-594/12, ECLI:EU:C:2014:238, Rn. 56 ff. – *Digital Rights Ireland und Seitlinger u.a.*

370 EuGH, Urt. v. 8.4.2014, C-293/12 u. C-594/12, ECLI:EU:C:2014:238, Rn. 60 ff. – *Digital Rights Ireland und Seitlinger u.a.*

371 EuGH, Urt. v. 8.4.2014, C-293/12 u. C-594/12, ECLI:EU:C:2014:238, Rn. 63 ff. – *Digital Rights Ireland und Seitlinger u.a.*

372 BVerfG, Urt. v. 2.3.2010, 1 BvR 256/08 u.a. = BVerfGE 125, 260 (320) – *Vorratsdatenspeicherung.*

ten.[373] Schließlich forderte das Gericht fünftens eine **Speicherung im Unionsgebiet**, um eine Überwachung durch Unionsbehörden zu ermöglichen.[374]

Konsequenter Weise prüfte der EuGH nach dem Verwerfen der Vorratsdatenspeiche-   **169** rungsrichtlinie die nationalen Gesetze zur Vorratsdatenspeicherung nun anhand der EDSRL und im Lichte der Grundrechtecharta – und nach den skizzierten Maßstäben die **Regelungen** in **Schweden** und dem **Vereinigten Königreich** für **nicht mit Unionsrecht vereinbar** gehalten.[375] Dabei hat der EuGH die Anforderungen präzisiert und streng angewandt. So müssen erstens die Tragweite und Anwendung der Vorratsdatenspeicherung klar und präzise bestimmt sein. Zweitens müssen objektive Kriterien für einen hinreichenden Zusammenhang zwischen den zu speichernden Daten und dem verfolgten Ziel vorliegen. Dies muss eine wirksame Begrenzung des Umfangs der Maßnahme und entsprechend der betroffenen Personenkreise bewirken, was sowohl durch eine **geografische**, **zeitliche** als auch durch eine **personelle Einschränkung** erfolgen kann. Daran gemessen erfüllen die nationalen Regeln die Voraussetzungen nicht und überschreiten die Grenzen des absolut Notwendigen. Sie sind daher nicht als in einer demokratischen Gesellschaft gerechtfertigt anzusehen.[376] Derartige nationale Regelungen stehen damit in Widerspruch zur Richtlinie, die der EuGH im Lichte der Grundrechtecharta auslegte.[377]

Im Ergebnis ist mit diesen Maßgaben **kaum noch eine unions(primär)rechtskonfor-**   **170** **me Regelung der Vorratsdatenspeicherung möglich**, auch wenn der EuGH explizit unter sehr strengen Vorgaben eine Vorratsdatenspeicherung für zulässig hält.[378] Konsequenterweise hat daher auch das **OVG NRW** das inzwischen national und ohne sekundärrechtliche Vorprägung gestaltete **Gesetz zur Vorratsdatenspeicherung vom 10.12.2015**[379] mit Beschluss vom 22.6.2017 trotz gewisser Einschränkungen gegenüber der vorangegangenen Regelung im TKG in zeitlicher und sachlicher Hinsicht in einem Verfahren des einstweiligen Rechtsschutzes für **unionsrechtswidrig** gehalten und der Bundesnetzagentur vorläufig die Durchsetzung der Nomen gegenüber dem antragstellenden Unternehmen untersagt (siehe dazu → Rn. 93 und 863 ff.).[380] Die Bundesnetz-

---

373 EuGH, Urt. v. 8.4.2014, C-293/12 u. C-594/12, ECLI:EU:C:2014:238, Rn. 66 f. – *Digital Rights Ireland und Seitlinger u.a.*

374 EuGH, Urt. v. 8.4.2014, C-293/12 u. C-594/12, ECLI:EU:C:2014:238, Rn. 68 – *Digital Rights Ireland und Seitlinger u.a.* Bislang machte das einfache Gesetzesrecht dagegen keine Vorgaben, an welchem Standort die Daten gespeichert werden, sofern sie von dem Verantwortlichen beherrscht und nicht an Dritte (andere Verantwortliche) weitergegeben werden. Zugespitzt formuliert entsteht hier eine datenschutzrechtliche „Festung Europa", was den Enthüllungen im Zuge der Snowden-Affäre geschuldet ist.

375 EuGH, Urt. v. 21.12.2016, C-203/15 u. C-698/15, ECLI:EU:C:2016:970 – *Tele2 Sverige.*

376 EuGH, Urt. v. 21.12.2016, C-203/15 u. C-698/15, ECLI:EU:C:2016:970, Rn. 107 – *Tele2 Sverige.*

377 EuGH, Urt. v. 21.12.2016, C-203/15 u. C-698/15, ECLI:EU:C:2016:970, Rn. 107 – *Tele2 Sverige.*

378 EuGH, Urt. v. 21.12.2016, C-203/15 u. C-698/15, ECLI:EU:C:2016:970, Rn. 108 ff. – *Tele2 Sverige.*

379 Gesetz zur Einführung einer Speicherpflicht und einer Höchstspeicherfrist für Verkehrsdaten v. 10.12.2015, BGBl. I, S. 2218.

380 Vgl. dazu vertiefend *Kühling*, Todesstoß für die Vorratsdatenspeicherung: der Beschluss des OVG NRW und seine Folgen, Verfassungsblog v. 29.6.2017, abrufbar unter http://verfassungs blog.de/todesstoss-fuer-die-vorratsdatenspeicherung-der-beschluss-des-ovg-nrw-und-seine-folgen/ (Abruf: 15.1.2018).

agentur hat dies zum Anlass genommen, den Vollzug generell bis zur endgültigen Klärung der Unionsrechtskonformität auszusetzen.[381]

171 ■ **Lösung zu Fallbeispiel 4 – Vorratsdatenspeicherungsrichtlinie – Vereinbarkeit mit Kompetenzgefüge, GrCh, EMRK (Rn. 155)**

    A. Richtige Kompetenzgrundlage?

       Einzelermächtigung gemäß Art. 114 Abs. 1 S. 2 AEUV „Errichtung und Funktionieren des Binnenmarkts"?

       I. Pro: vorhandene Behinderung des Binnenmarkts durch unterschiedliche nationale Vorschriften über Vorratsdatenspeicherung (Art, Bedingungen, Dauer), unterschiedlich hohe Kostenbelastung der Diensteanbieter
         ⇒ Wettbewerbsverzerrungen
         → RL schafft Harmonisierung

       II. Contra:
         ⇒ Bekämpfung von Terror und Verbrechen seinerzeit evident primärer Zweck der Richtlinie
         ⇒ Vermeidung von Wettbewerbsverzerrungen damals bloß akzessorisch (inzwischen durchaus anders zu bewerten)
         ⇒ Harmonisierungsargument wird uferlos ausgeweitet
         ⇒ PJZS einschlägig = Materie nach Art. 29 ff. EUV a.F. (!)
         ⇒ A.A. (bei Befolgung von Punkt I.) in Einklang mit dem Urteil des EuGH (Slg. 2009, I-593 – Vorratsdatenspeicherung) gerade angesichts der Entwicklung neuer grenzüberschreitender datenintensiver Diensteangebote (wie Cloud-Dienste) inzwischen sehr gut vertretbar
        → Aber (!):
         ⇒ Neuer Rechtsrahmen nach Lissabonner Vertrag enthält spezifische datenschutzrechtliche Kompetenzvorschrift = Art. 16 Abs. 2 AEUV!
         ⇒ PJZV ins Unionsrecht überführt = Art. 16 Abs. 2 AEUV einschlägige datenschutzrechtliche Kompetenzvorschrift auch für Materie der ehemaligen PJZS
         ⇒ Beachte Art. 39 EUV als datenschutzrechtliche Kompetenzvorschrift für den Bereich der GASP hier nicht einschlägig
         → Ergebnis: nach EuGH bislang Art. 114 Abs. 1 S. 2 AEUV (ex Art. 95 EGV), nach Lissabonner Vertrag aber Art. 16 Abs. 2 AEUV

    B. Vereinbarkeit der VDSRL mit Grundrechten der EU/EMRK?

       Schutzobjekt: Daten über Kommunikationsumstände (äußere Kommunikationsdaten) und Bestandsdaten

       I. Art. 8 Abs. 1 EMRK
         1. Schutzbereiche: ⇒ Privatleben, Korrespondenz
           a) Privatleben: Schutz personenbezogener Daten als Teil des Schutzes der Privatsphäre
             ⇒ äußere Kommunikationsdaten und Bestandsdaten ermöglichen Identifikation der Kommunikationsteilnehmer und dokumentieren ihr Kommunikationsverhalten
             Ergebnis: personenbezogene Daten (+)
             → Schutzbereich eröffnet (+)
           b) Korrespondenz: Schutz der Vertraulichkeit der Individual(tele)kommunikation
             ⇒ Daten über Kommunikationsumstände und zugehörige Bestandsdaten unterfallen der Vertraulichkeit der Individual(tele)kommunikation
             → Schutzbereich eröffnet (+)

---

381 *Bundesnetzagentur*, Verkehrsdatenspeicherung, Stand: 28.6.2017, abrufbar unter https://www.bundesnetzagentur.de/DE/Sachgebiete/Telekommunikation/Unternehmen_Institutionen/Anbieterpflichten/OeffentlicheSicherheit/Umsetzung110TKG/VDS_113aTKG/VDS.html (Abruf: 15.1.2018).

→ EGMR lässt Schutzbereichszuordnung offen
→ beide Schutzbereiche unterfallen gleicher Schrankenregelung (Art. 8 Abs. 2 EMRK)
2. Eingriff:
⇒ VDSRL sieht verdachtsunabhängige Speicher- und Übermittlungspflicht von Daten über Kommunikationsumstände und Bestandsdaten vor
⇒ Staat erlangt gegebenenfalls Kenntnis; privates Speichern, aber staatliche Veranlassung
⇒ Schutz personenbezogener Daten und Vertraulichkeit der Kommunikation beeinträchtigt
→ Ergebnis: Eingriff (+)
3. Rechtfertigung: Schrankenregelung des Art. 8 Abs. 2 EMRK
   a) Gesetzesvorbehalt
   ⇒ Zugänglichkeit der Norm (i.S.v. Möglichkeit der Kenntnisnahme)
   ⇒ Vorhersehbarkeit = Bestimmtheitsgebot
   ⇒ VDSRL
   → Ergebnis: Gesetzesvorbehalt (+)
   b) Legitimes Ziel
   ⇒ VDSRL soll gemeinschaftliche und öffentliche Sicherheit fördern und schwere Straftaten verhüten (und den Informationsbinnenmarkt harmonisieren)
   → Ergebnis: Legitimes Ziel (+)
   c) Verhältnismäßigkeit
   (1) geeignet: der Zielerreichung förderlich
   (2) erforderlich: kein milderes Mittel bei gleicher Effektivität
   (3) angemessen: Eingriff nicht außer Verhältnis zum angestrebten Ziel
       → Eingriff ist nicht angemessen (s. Text)
   → Ergebnis: Verhältnismäßigkeit (–), (a.A. vertretbar)
   → Ergebnis: Rechtfertigung des Eingriffs (–), (a.A. vertretbar)
→ Ergebnis: Art. 8 Abs. 1 EMRK verletzt (+), (a.A. vertretbar)
II. Art. 7 und 8 GrCh
1. Schutzbereiche: Art. 7 und 8 GrCh sind nach EuGH *parallel* anzuwenden; im Ergebnis *identisch* mit Art. 8 Abs. 1 EMRK
   a) Privatleben: Schutz personenbezogener Daten als Teil des Schutzes der Privatsphäre
   ⇒ Äußere Kommunikationsdaten und Bestandsdaten ermöglichen Identifikation der Kommunikationsteilnehmer und dokumentieren ihr Kommunikationsverhalten
   → Ergebnis: personenbezogene Daten (+), Schutzbereich eröffnet (+)
   b) Kommunikation: Schutz der Vertraulichkeit der Individual(tele)kommunikation
   ⇒ Daten über Kommunikationsumstände und zugehörige Bestandsdaten unterfallen der Vertraulichkeit der Individual(tele)kommunikation
   → Ergebnis: Schutzbereich eröffnet (+)
   c) Alle Angaben über eine bestimmte oder bestimmbare Person; bestimmbar, wenn Person direkt oder indirekt identifizierbar
   ⇒ Äußere Kommunikationsdaten und Bestandsdaten ermöglichen Identifikation der Kommunikationsteilnehmer und dokumentieren ihr Kommunikationsverhalten
   ⇒ Personenbezogene Daten (+)
   → Ergebnis: Schutzbereich eröffnet (+)
2. Eingriff:
   ⇒ VDSRL sieht verdachtsunabhängige Speicher- und Übermittlungspflicht von Daten über Kommunikationsumstände und Bestandsdaten vor
   ⇒ Staat erlangt gegebenenfalls Kenntnis; privates Speichern, aber staatliche Veranlassung
   ⇒ Vertraulichkeit der Kommunikation beeinträchtigt
   → Ergebnis: Eingriff (+)
3. Rechtfertigung: Schrankenregelung des Art. 52 GrCh
   ⇒ Gesetzesvorbehalt und Bestimmtheitsgebot (Abs. 1 S. 1) (+)

⇒ Keine Verletzung der Wesensgehaltsgarantie (Abs. 2 S. 1), da insb. keine Kommunikationsinhalte betroffen (+)
⇒ Verfolgung eines legitimen Ziels (Abs. 1 S. 2) (+)
⇒ Qualifizierter Gesetzesvorbehalt, Abs. 3 S. 1 i.V.m. Art. 8 Abs. 2 EMRK
Geeignetheit (begrenzter Gestaltungsspielraum, da bedeutsame Grundrechte betroffen und schwerer Eingriff) (+)
⇒ Verhältnismäßigkeit, Art. 52 Abs. 1 S. 2 i.V.m. Art. 8 Abs. 2 EMRK: angesichts Eingriffsintensität auf das „absolut Notwendige" zu beschränken
  ⇒ Eingriff aber nicht angemessen, da
  ⇒ extreme Streubreite; anlasslos, ausnahmslos, zusammenhangslos
  ⇒ Zugang zu weit; nicht hinreichend prozedural flankiert
  ⇒ pauschale Frist geht zu weit
  ⇒ kein angemessener Missbrauchsschutz
  ⇒ fehlende Pflicht zur Speicherung im Unionsgebiet
  → Verhältnismäßigkeit (–), (a.A. vertretbar)
→ Ergebnis: Rechtfertigung des Eingriffs (–), (a.A. vertretbar)
→ Ergebnis: Art. 7, 8 GrCh verletzt (+), (a.A. vertretbar)
→ Ergebnis: VDSRL mit Grundrechten der EU/EMRK nicht vereinbar (a.A. vertretbar)[382]

172

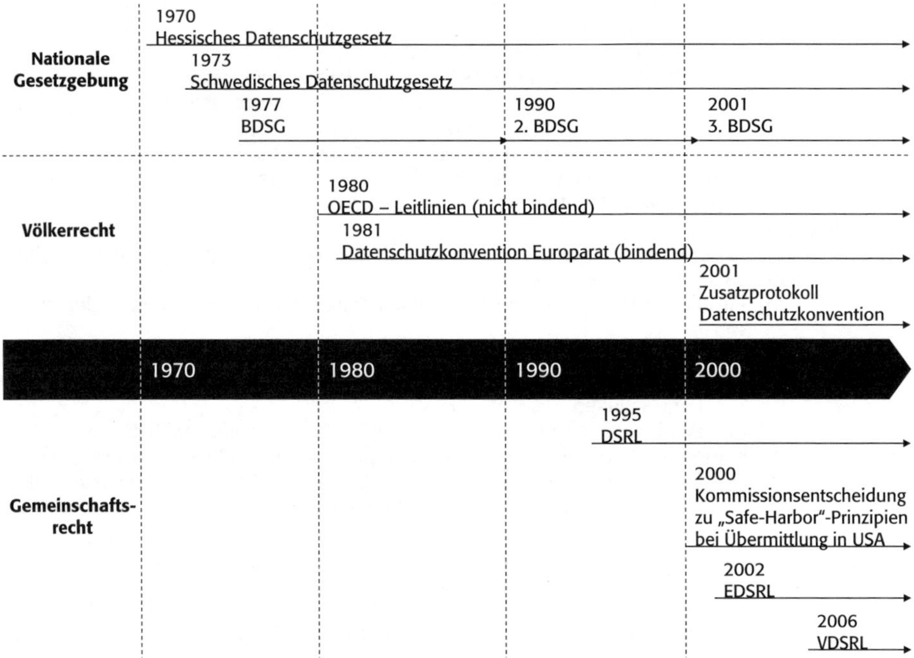

Nationale Gesetzgebung
1970
Hessisches Datenschutzgesetz
1973
Schwedisches Datenschutzgesetz
1977
BDSG
1990
2. BDSG
2001
3. BDSG

Völkerrecht
1980
OECD – Leitlinien (nicht bindend)
1981
Datenschutzkonvention Europarat (bindend)
2001
Zusatzprotokoll
Datenschutzkonvention

1970   1980   1990   2000

Gemeinschaftsrecht
1995
DSRL
2000
Kommissionsentscheidung zu „Safe-Harbor"-Prinzipien bei Übermittlung in USA
2002
EDSRL
2006
VDSRL

Abbildung 3: Chronologische Entwicklung des Datenschutzrechts vor der Reform

---

382 Dazu etwa *Kühling*, NVwZ 2014, 681.

d) Rahmenbeschluss 2008/977/JI

Besondere Aufmerksamkeit findet der Datenschutz in der öffentlichen Debatte regel-   **173**
mäßig dann, wenn es um die Erweiterung der Befugnisse der staatlichen Institutionen
zur **Abwehr von Gefahren** oder zur **Verfolgung von Straftaten** geht. Als Beispiel sei
die soeben dargestellte Vorratsdatenspeicherung von Telekommunikations-Verkehrs-
daten genannt. Wichtige datenschutzrechtliche Fragen stellen sich auch bei Systemen
wie der biometrischen Analyse von Videoüberwachungsdaten, automatisierte Kennzeichenerfassung durch die Polizei sowie Risikoanalysesoftware, etwa zur Einbruchs-
erkennung (sog. predictive policing).[383] Zu einer umfassenden Regelung des Datenschutzrechts gehört daher auch dieser besonders sensible Bereich, bei dem es sich um
ein bereichsspezifisches Datenschutzrecht handelt. Dieser Sektor ist besonders stark
staatlich geprägt und gerade hier bestehen sehr unterschiedliche Ansichten zwischen
den Mitgliedstaaten, wie das Verhältnis von Freiheit und Sicherheit in einer freiheitlich-demokratischen Gesellschaft auszutarieren ist. Nachdem der Austausch von Daten
zwischen den Mitgliedstaaten im Bereich der PJZS stark zugenommen hatte, sah man
es zum Schutz der Grundrechte und zur Stärkung des Vertrauens als erforderlich an, für
diesen Datenaustausch bestimmte grundlegende Datenschutzstandards zu etablieren.[384] Er war aus diesem Grund auch nur auf Sachverhalte mit grenzüberschreitendem
Bezug anwendbar.[385] Er beinhaltete die grundlegenden Betroffenenrechte und statuierte die wesentlichen Datenschutzgrundsätze, etwa den Grundsatz der Datensparsamkeit, für diesen Bereich. Um ein gewisses Maß an Harmonisierung zu erreichen
und zugleich den Mitgliedstaaten noch ausreichend Handlungsspielräume zu belas-
sen, wählte man die Rechtsform des Rahmenbeschlusses und normierte Grundstan-
dards für diesen Bereich im Rahmenbeschluss 2008/977/JI.

IV. Die Reform des EU-Datenschutzrechts[386]

1. Umfassende horizontale Regelung in der DS-GVO

Die Rechtsprechung des EuGH zur Datenschutzrichtlinie hat gezeigt, dass der über   **174**
20 Jahre alte Rechtsrahmen materiell aktuellen Fragestellungen wie etwa die Durchsetzung gegenüber EU-ausländischen „Datengiganten" im Internet-Zeitalter durchaus
gewachsen ist. Gleichwohl gab es immer wieder Diskussionen, das Datenschutzrecht
zu modernisieren. Im Jahr 2010 kündigte die Europäische Kommission an, ein neues
Datenschutzkonzept auszuarbeiten.[387] Dieses legte sie schließlich im Jahr 2012 unter

---

383 Vgl. *Weinhold/Johannes*, DVBl. 2016, 1501.
384 BR-Drucks. 356/15, S. 18.
385 Erwägungsgrund 7 des Rahmenbeschlusses 2008/977/JI.
386 Der folgende Abschnitt ist stark orientiert an *Kühling/Raab*, in: Kühling/Buchner (Hrsg.),
     DS-GVO/BDSG, 2. Aufl. 2018, Einführung.
387 Mitteilung der Kommission an das Europäische Parlament, den Rat, den Europäischen Wirt-
     schafts- und Sozialausschuss und den Ausschuss der Regionen v. 4.11.2010, KOM(2010) 609
     endg.

der Justizkommissarin *Vivane Reding*[388] vor. Zur Überraschung vieler erfolgte kein An-passungsvorschlag für eine Überarbeitung der Richtlinie, sondern ein **Rechtsform-wechsel** hin zu einer Verordnung,[389] die durch eine Richtlinie zur strafrechtsrelevanten Datenverarbeitung[390] ergänzt werden sollte. Dieser Wechsel ist sehr nachvollziehbar, berücksichtigt man die erheblichen Umsetzungsdefizite, die von der mangelnden Beachtung der Vollharmonisierungswirkung der Richtlinie ausgingen (siehe dazu → Rn. 134 f.).

a) Allgemeine Diskussion um den Kommissionsentwurf

175   Der Verordnungsentwurf stieß auf **breite Resonanz** in Literatur[391], Wirtschaft[392] sowie Politik und Behörden.[393] Die Bewertungen waren höchst unterschiedlich. Sie reichten von „gelungener Entwurf"[394] bis „verpasste Chance".[395] Zu Recht gelobt wurde der mu-tige Ansatz der Kommission, die Materie neu zu strukturieren,[396] da dies für eine wirk-same Harmonisierung erforderlich ist[397] und damit auch eine Stärkung der Wirtschaft einhergeht.[398]

176   Erstaunliche Zweifel wurden hingegen hinsichtlich der **Kompetenz** der Union erhoben. Zwar wurde die seit dem Lissabonner Vertrag mit Art. 16 AEUV geschaffene eigene datenschutzrechtliche Rechtsgrundlage anerkannt,[399] diese aber für das Konzept gene-rell nicht als ausreichend angesehen.[400] Diese Einwände sind unberechtigt, Art. 16 AEUV lässt eine umfassende Regelung des Datenschutzrechts in der Union zu (siehe dazu → Rn. 42).

177   Die Wahl der **Rechtsform** wurde ebenfalls unterschiedlich beurteilt. Der zutreffenden Einschätzung, der Wechsel von einer Richtlinie zur Verordnung sei eine konsequente

---

388 *Reding,* ZD 2012, 195.

389 Vorschlag für Verordnung des Europäischen Parlaments und Rates zum Schutz natürlicher Per-sonen bei der Verarbeitung personenbezogener Daten und zum freien Datenverkehr (DS-GVO) v. 25.11.2010, KOM(2012) 11 endg.

390 Vorschlag für Verordnung des Europäischen Parlaments und Rates zum Schutz natürlicher Per-sonen bei der Verarbeitung personenbezogener Daten und zum freien Datenverkehr (Daten-schutz-Grundverordnung) v. 25.11.2010, KOM(2012) 11 endg.; dazu *Bäcker/Hornung,* ZD 2012, 147; *Kugelmann,* DuD 2012, 581.

391 Siehe etwa *Eckhardt,* CR 2012, 195; *Gola/Schulz,* RDV 2013, 1; *Härting,* BB 2012, 459; *Herkströter,* RuP 2012, 196 ; *Hornung,* ZD 2012, 99 ; *Kort,* DB 2012, 1020; *Lang,* K&R 2012, 145; *Masing,* NJW 2012, 2305; *Rogall-Grothe,* ZRP 2012, 193; *Ronellenfitsch,* DuD, 2012, 561; *Schild/Tinnefeld,* DuD 2012, 312; *Schneider,* ITRB 2012, 180; *Wagner,* DuD 2012, 676.

392 Stellungnahme BITKOM v. 18.5.2012; Stellungnahme des DGB v. 24.9.2012.

393 *Art.-29-Datenschutzgruppe,* Opinion 01/2012 on the data protection reform proposals, WP 191, 23.3.2012; Beschl. des Bundesrates v. 30.3.2012, BR-Drs. 52/12; Stellungnahme des Europäischen Datenschutzbeauftragten v. 7.3.2012; Stellungnahme der Konferenz der Daten-schutzbeauftragten des Bundes und der Länder v. 11.6.2012.

394 Zumindest in Ansätzen *Schild/Tinnefeld,* DuD 2012, 312.

395 *Schultze-Melling,* ZD 2012, 97 (98).

396 *Hornung,* ZD 2012, 99 (106).

397 Dazu *v. Lewinski,* DuD 2012, 564 (570).

398 *Lang,* K&R, 2012, 145 (150).

399 *Wybitul/Fladung,* BB 2012, 509 (509).

400 *Ronellenfitsch,* DuD 2012, 561 (562).

Fortführung der Harmonisierungsvorgaben der EuGH-Rechtsprechung,[401] wurde entgegnet, eine Richtlinie sei sinnvoller,[402] da etwa eine Verordnung das „Trial and error"-Prinzip hinsichtlich der Wirksamkeit unterschiedlicher Konzepte verhindere.[403] Schließlich wurden zu viele Generalklauseln und zu wenig Normenklarheit moniert.[404] Teilweise wurden für das Internet-Zeitalter konkrete Spezifizierungen verlangt,[405] teilweise die Gefahr eines absinkenden Schutzniveaus gesehen.[406] Besonders scharf war die Kritik dahingehend, dass ein **effektiver (Grund)Rechtsschutz** verloren ginge, da die Verordnung dazu führe, dass der EuGH als letztinstanzliches Gericht[407] in besonders grundrechtssensiblen Bereichen tätig werde, das bislang zuständige BVerfG insoweit aber nicht adäquat ersetzen könne.[408] Das ist schon deshalb fraglich, weil sich die bisherige Rechtsprechung des BVerfG hauptsächlich auf den von der Verordnung nur begrenzt erfassten Sicherheitsbereich bezieht.[409] Vor allem blieb aber unklar, warum der EuGH im Zusammenspiel mit den nationalen Gerichten im Mehrebenensystem nicht gleichermaßen einen effektiven Grundrechtsschutz bewirken könne.[410] Im Übrigen kam dem EuGH schon unter der DSRL im Anwendungsbereich der vollharmonisierenden Richtlinie eine Letztentscheidungsbefugnis zu. Insgesamt ist der Wechsel der Rechtsform angesichts der unbefriedigenden Ergebnisse bei der tatsächlich erreichten Vollharmonisierung über die Handlungsform der Richtlinie nur allzu verständlich und dürfte die durchschlagendste Wirkung im Rahmen der Neuordnung des Datenschutzrechts entfalten.

b) Das Gesamtkonzept in der Fortentwicklung

Inhaltlich zielte die Kommission eher auf eine **Evolution** denn auf eine Revolution ab[411] und orientiert sich stark an den Regelungsgehalten der Richtlinie. Auch diesbezüglich wurde teilweise Bedauern geäußert[412] und teils durchaus radikale Alternativkonzepte etwa mit einer Abkehr vom Verbotsprinzip vorgeschlagen.[413] Im weiteren Verlauf der inhaltlichen Diskussion des Verordnungsentwurfs erstreckte sich diese auf eine kritische Analyse der Vielzahl der Einzelnormen.[414] So wurde beispielsweise der mangelnde Technikdatenschutz kritisiert,[415] andere wünschten sich eine stärkere Berücksichtigung des mündigen Bürgers und folglich höhere Transparenzanforde-

178

---

401 *Schild/Tinnefeld,* DuD 2012, 312 (313).
402 *Eckhardt,* CR 2012, 195 (203).
403 *Roßnagel,* DuD 2012, 553 (553).
404 *Wagner,* DuD 2012, 676 (677).
405 *Roßnagel/Richter/Nebel,* ZD 2012, 103 (108).
406 *Tinnefeld,* ZD 2012, 301 (301 f.).
407 *Kort,* DB 2012, 1020 (1023); *Wybitul/Fladung,* BB 2012, 509 (515).
408 *Masing,* Süddeutsche Zeitung v. 9.1.2012; *Schwartmann,* RDV 2012, 55 (60).
409 *Dazu v. Lewinski,* DuD 2012, 564 (570).
410 Dazu grdl. *Kühling,* Europäisierung des Datenschutzrechts – Gefährdung deutscher Grundrechtsstandards?, 2014, S. 23 ff.
411 *Reding,* ZD 2012, 195 (196).
412 *Schneider/Härting,* ZD 2012, 199 (203).
413 *Härting/Schneider,* CRi 2013, 19.
414 Ein Überblick findet sich bei *Gola/Schulz,* RDV 2013, 1.
415 *Richter,* DuD 2012, 576 ff.; *Münch,* RDV 2012, 72 (77).

rungen.[416] Auch einzelne scheinbar neue Regelungen – wie das überschätzte „Recht auf Vergessenwerden" – zogen eine Fülle teils zustimmender, teils kritischer Stellungnahmen auf sich.

179 In einer größeren Perspektive lassen sich jenseits des Wechsels der Handlungsform **drei wesentliche Neuerungen** der Verordnung ausmachen, die im weiteren Prozess zu scharfer Kritik geführt haben und so am Ende auch nicht aufrecht erhalten blieben.[417] Zwei Punkte betrafen letztlich die **Rolle der Kommission** selbst, die sich sowohl was die Normsetzung als auch deren Durchsetzung anbelangt, in eine zentrale Position rücken wollte.[418] In diesem Punkt ist sie **gescheitert**.[419] Mit Blick auf die Normsetzung sah die Verordnung eine Vielzahl von Bestimmungen vor, die der Kommission Befugnisse zum Erlass **delegierter Rechtsakte** und **Durchführungsrechtsakte** auf der Basis von Art. 86 DS-GVO-E (KOM) hätten einräumen sollen. Mit deren Hilfe hätte eine Konkretisierung der Verordnung ermöglicht werden sollen. Auf noch größere Ablehnung stieß der Ansatz der Kommission, im Rahmen der aufsichtsbehördlichen Zusammenarbeit gemäß den Art. 57 ff. DS-GVO-E (KOM) **entscheidungserheblich einzugreifen**. Dieses Konzept wurde zu Recht scharf angegriffen[420] (und sogar als primärrechtswidrig eingestuft)[421], da es letztlich mit der Idee unabhängiger Aufsichtsbehörden nicht zusammenpasst. Die Kommission ist keine unabhängige Behörde. Das jetzt etablierte Verbundsystem der nationalen Aufsichtsbehörden (dazu → Rn. 692 ff.) ist darauf die richtige Antwort. Ein dritter zentraler Kritikpunkt in der politischen Diskussion war schließlich der **weitreichende Harmonisierungsansatz** auch für die **Datenverarbeitung öffentlicher Stellen**.[422]

180 Unter diesen Vorzeichen nahm das Europäische **Parlament** unter Federführung des Grünen-Abgeordneten *Jan Philipp Albrecht* die Arbeit am Kommissionsentwurf auf. Die parlamentarische Arbeit war dabei geprägt von einer Vielzahl hoch umstrittener Detailfragen und der Artikulation einer Fülle kollidierender Partikularinteressen, die teils von sehr spezifischen Interessenträgern an die Parlamentarier herangetragen wurden, mit der Folge, dass etwa **4000 Änderungsvorschläge** bearbeitet werden muss-

---

416 *Herkströter,* RuP 2012, 196 (202 f.).

417 Neben der Vertiefung der Harmonisierung werden teils weitere Ziele der DS-GVO genannt wie das der Entbürokratisierung, das allerdings kaum Niederschlag im Verordnungstext gefunden hat.

418 Dazu kritisch statt aller *Wybitul/Fladung,* BB 2012, 509 (515); *Hartung,* ZD 2012, 99 (106).

419 *Selmayr/Ehmann,* in: Ehmann/Selmayr (Hrsg.), DS-GVO, 2017, Einführung Rn. 56 sehen hier hingegen einen doppelten taktischen Erfolg der Kommission, da delegierte Rechtsakte gleichsam nur Verhandlungsmasse für den weiteren Gesetzgebungsprozess gewesen seien und die nun etablierte Verbundverwaltung, bei der die Kommission durch ein Zusammenspiel der dezentralen unabhängigen Datenschutzbeauftragten substituiert worden sei, ganz dem Interesse der Kommission entspräche.

420 Dazu *v. Lewinski,* DuD 2012, 564 (567); *Ronellenfitsch,* DuD 2012, 561 (563); *Schild/Tinnefeld,* DuD 2012, 312 (313).

421 *Kahler,* RDV 2013, 69.

422 Aufschlussreich zu den Hintergründen des Gesetzgebungsverfahrens basierend auf der Kommissionsperspektive *Selmayr/Ehmann,* in: Ehmann/Selmayr (Hrsg.), DS-GVO, 2017, Einführung Rn. 45 ff.

ten.[423] Die Ziele des Parlaments waren unter anderem, die im Entwurf vorgesehene Machtfülle der Kommission einzugrenzen und stattdessen die mitgliedstaatliche Aufsicht und den Ausschuss zu stärken,[424] Prinzipien und Definitionen zu schärfen sowie Betroffenenrechte zu stärken und Verarbeiterpflichten zu reduzieren.[425] Dabei leistete den Großteil der Arbeit der Ausschuss für Bürgerliche Freiheiten, Justiz und Inneres (LIBE), dessen Bericht am 21.10.2013 dem Parlament vorgelegt[426] und von diesem am 12.3.2014 angenommen wurde.[427]

Zwar wurde teilweise die schon mit Blick auf den Kommissionsentwurf geäußerte generelle Kritik aufrechterhalten[428] und auch weiterhin ein Verstoß gegen Art. 5 EUV reklamiert.[429] Auf positive Resonanz stießen jedoch die ausdifferenzierteren Regelungen[430] und insbesondere die Abschwächung der Stellung der Kommission unter **Stärkung der mitgliedstaatlichen Aufsichtsbehörden**.[431]   **181**

Noch schwerer als dem Parlament fiel es dem **Rat,** eine gemeinsame Position für den nachfolgenden Trilog zu finden. Die einzelnen Mitgliedstaaten versuchten, möglichst viele ihrer eigenen Datenschutzregelungen einzubringen und insbesondere Deutschland wurde für sein zögerliches Handeln kritisiert.[432] Schließlich einigte man sich am 15.6.2015 auf einen gemeinsamen Standpunkt,[433] der teilweise dafür gelobt wurde, die Kommissionsbefugnisse noch stärker einzuschränken als im Entwurf des Parlaments vorgesehen.[434] Kritik erfuhr der Ratsentwurf insbesondere im Hinblick auf eine mögliche Abschwächung des Zweckbindungsgrundsatzes[435] und die Schaffung von Öffnungsklauseln für den öffentlichen Bereich, was im Widerspruch zum Harmonisierungsziel steht.[436]   **182**

Mit den drei Entwürfen von Kommission, Parlament und Rat[437] begann schließlich am 24.7.2015 der **Trilog,** der am 17.12.2015 mit einem Kompromisspapier abgeschlossen wurde.[438] Der Rat setzte sich im Rahmen der Trilog-Verhandlungen mit seinem Ansatz einer Fülle von Öffnungsklauseln insbesondere für den öffentlichen Bereich durch. Ferner blieb es bei der Stärkung der exekutiven Kompetenzen der nationalen Regulie-   **183**

---

423 *Albrecht,* ZD 2013, 587 (589 f.).
424 *Albrecht,* DuD 2013, 655 (657).
425 *Albrecht,* ZD 2013, 587 (590).
426 Parlamentsdokument A7–0402/2013.
427 Parlamentsdokument P7_AT(2014)0212.
428 *Härting,* CR 2013, 715 (716 ff.).
429 *Koós,* ZD 2014, 9 (15).
430 *Eckhardt/Kramer,* DuD 2013, 287 (291).
431 *Koós,* ZD 2014, 9 (15); *Roßnagel/Kroschwald,* ZD 2014, 495 (496).
432 *Schaar,* ZD 2014, 113 f.
433 Europäischer Rat, Dok. 9565/15.
434 *Roßnagel/Nebel/Richter,* ZD 2015, 455 (455).
435 Ausführlich *Richter,* DuD 2015, 735 ff.
436 *Ehmann,* ZD 2015, 6 (8); *Roßnagel/Nebel/Richter,* ZD 2015, 455 (460).
437 Eine Synopse ist abrufbar unter https://www.lda.bayern.de/media/baylda_synopse.pdf (Abruf: 15.1.2018).
438 Pressemitteilung des Parlaments abrufbar unter http://www.europarl.europa.eu/news/de/news-room/20151217IPR08112/eu-datenschutzreform-mehr-rechte-f%C3 %BCr-europas-internetnutzer (Abruf: 15.1.2018).

rungsbehörden und ihrer Zusammenarbeit im Mehrebenenverbund zu Lasten der Kommissionskompetenzen, die ebenso wie die Vielzahl von normativen Konkretisierungsbefugnissen der Kommission gestrichen wurden. Nachdem das Parlament den Text am 14.4.2016 verabschiedet hatte, wurde die Verordnung am 4.5.2016 im Amtsblatt der Europäischen Union veröffentlicht,[439] trat nach Art. 99 Abs. 1 DS-GVO i.V.m. Art. 297 Abs. 2 UAbs. 2 S. 2 AEUV in Kraft und gilt nach Art. 99 Abs. 2 DS-GVO ab dem 25.5.2018. Bis dahin hatten die Mitgliedstaaten Zeit, ihr nationales Datenschutzrecht an die neuen europäischen Vorgaben anzupassen.

184 Angesichts der bedenklich hohen Zahl an **Öffnungsklauseln**, die den Harmonisierungseffekt der Verordnung in Frage stellen, war die Verabschiedung der DS-GVO in den Mitgliedstaaten zugleich das Startsignal für die Diskussion um deren Nutzung und damit um die **Zukunft des nationalen Datenschutzrechts** (zum deutschen Ansatz im BDSG siehe → Rn. 194 ff.). Die Kommission hat sich dabei informell in die Gesetzgebungsprozesse eingeschaltet und auf eine möglichst zurückhaltende Nutzung der Öffnungsklauseln gedrängt, deren Reichweite im Übrigen in zahlreichen Fällen umstritten ist.[440] Die Kommission ging dabei von einem restriktiven Verständnis der Klauseln aus.

c) Aufbau und Umfang

185 Die Verordnung stellt den eigentlichen Artikeln **173 Erwägungsgründe** – 101 mehr als in der DSRL[441] – voran, die der nach Art. 296 Abs. 2 AEUV erforderlichen Begründung dienen. Sie beanspruchen zwar keine Verbindlichkeit, so dass weder Rechte noch Pflichten aus ihnen abgeleitet werden können. Sie sind dennoch in ihrer Funktion nicht zu unterschätzen. Zum einen dienen die Erwägungsgründe der Transparenz, indem „die Gründe, die das Organ zu ihrem Erlass veranlasst haben, so dargelegt werden, dass dem Gerichtshof die Ausübung seiner Rechtskontrolle und den Mitgliedstaaten sowie deren etwa beteiligten Staatsangehörigen die Unterrichtung darüber ermöglicht wird, in welcher Weise die Gemeinschaftsorgane den Vertrag angewandt haben".[442] Diese Hintergründe ermöglichen weiterhin die **Auslegung des Rechtsakts**.[443] Schließlich sollen die Erwägungsgründe auch für Rechtsfrieden sorgen, indem sie zum besseren Verständnis und damit zu einer erhöhten Akzeptanz des Rechtsakts beitragen.[444]

186 Die 99 Artikel der Verordnung – fast dreimal so viele wie noch in der DSRL – sind in **elf Kapitel** unterteilt. In Kap. I werden wie in der Richtlinie die allgemeinen Bestimmungen beschrieben. Kap. II nennt die Grundsätze der Datenverarbeitung, wohingegen sich Kap. III den Rechten der betroffenen Personen widmet, die in der Richtlinie noch im Kapitel über die allgemeinen Bedingungen verortet waren. Die Pflichten des Ver-

---

439 ABl.EU 2016 L 119, 1–88.
440 Vgl. dazu umfassend *Kühling/Martini/u.a.*, Die Datenschutz-Grundverordnung und das nationale Recht, 2016.
441 Zur Bedeutung für die DSRL *Kopp*, DuD 1995, 356 (356 f.).
442 EuGH, Urt. v. 7.7.1981, 158/80, ECLI:EU:C:1981:163, Rn. 25 – *Rewe/Hauptzollamt Kiel*.
443 *Krajewski/Rösslein*, in: Grabitz/Hilf/Nettesheim (Hrsg.), Das Recht der Europäischen Union, 62. EL Stand: Juli 2017, Art. 296 AEUV Rn. 5.
444 *Gellermann*, in: Streinz (Hrsg.), EUV/AEUV, 2. Aufl 2012, Art. 296 AEUV Rn. 5.

antwortlichen und der Auftragsverarbeiter werden in Kap. IV geregelt und daran anschließend in Kap. V die Vorgaben für Drittlandsübermittlungen normiert. Die Voraussetzungen einer unabhängigen Aufsicht und deren Aufgaben beschreibt Kap. VI, gefolgt von den Regeln über deren Zusammenarbeit untereinander und mit dem Europäischen Datenschutzausschuss in Kap. VII. In Kap. VIII sind die Rechtsbehelfe, Haftung und Sanktionen geregelt. Vorschriften zu besonderen Verarbeitungssituationen finden sich in Kap. IX. Schließlich beinhaltet Kap. X die Möglichkeit des Erlasses delegierter Rechtsakte und Kap. XI die Schlussbestimmungen.

Insgesamt behandeln knapp die Hälfte der Artikel, nämlich 50, das **materielle Datenschutzrecht**. In der Richtlinie lag hier der Schwerpunkt und der Anteil noch bei mehr als zwei Dritteln. 26 Artikel der Verordnung adressieren **institutionelle Vorgaben**. Dies ist im Vergleich zu gerade einmal drei Artikeln in der Richtlinie eine wesentlich detailliertere Ausgestaltung, die eines der Hauptziele der Verordnung, die **verbesserte Rechtsdurchsetzung im Mehrebenensystem**, schon quantitativ sichtbar macht. Weitere acht Artikel behandeln den Komplex „Rechtsbehelfe, Haftung und Sanktionen". Im Schlussteil der Verordnung finden sich neben den obligatorischen Schlussbestimmungen im Bereich besonderer Verarbeitungssituationen umfassende Öffnungsklauseln (insbesondere im Beschäftigtendatenschutz).

187

2. Sonstige Steuerungsvorgaben der EU

a) Datenschutz bei der Verbrechensbekämpfung – DSRL-JI

Die **Kommission** wollte den europäischen Datenschutz nicht nur mittels der DS-GVO modernisieren, sondern plante ein **Maßnahmenbündel**, zu dem insbesondere auch die Richtlinie (EU) 2016/680 des Europäischen Parlaments und des Rates vom 27.4.2016 zum Schutz natürlicher Personen bei der Verarbeitung personenbezogener Daten durch die zuständigen Behörden zum Zwecke der Verhütung, Ermittlung, Aufdeckung oder Verfolgung von Straftaten oder der Strafvollstreckung sowie zum freien Datenverkehr und zur Aufhebung des Rahmenbeschlusses 2008/977/JI des Rates (DSRL-JI) gehörte.[445] Regelungsgegenstand der DSRL-JI ist der Bereich der polizeilichen und justiziellen Zusammenarbeit, der schon in der DSRL (Art. 3 Abs. 2 erster Spiegelstrich) von deren Anwendungsbereich ausgenommen war und nun auch bei der DS-GVO (Art. 2 Abs. 2 lit. d) nicht eröffnet ist. Die DSRL-JI tritt die **Nachfolge des Rahmenbeschlusses 2008/977/JI** an, den sie zugleich aufhebt (zum Inhalt der Richtlinie siehe → Rn. 846 ff.). Auch das Fluggastdatengesetz[446], durch das die Fluggastdatenspeicherungsrichtlinie[447] umgesetzt wurde, lässt sich in diesem Bereich verorten. In jenem Spezialgesetz wurde geregelt, dass Fluggesellschaften bei Flügen mit Start oder Landung in Deutschland umfangreiche Daten ihrer Reisenden an das Bundeskriminalamt übermitteln dürfen. Hier wurde also bewusst eine Regelung außerhalb des BDSG

188

---

445 Mitteilung der Kommission an das Europäische Parlament, den Rat, den Europäischen Wirtschafts- und Sozialausschuss und den Ausschuss der Regionen v. 25.1.2012, KOM(2012) 9 endgültig.
446 Fluggastdatengesetz v. 6.6.2017, BGBl. I, S. 1484.
447 RL (EU) 2016/681, ABl. EU 2016 L 119, 132.

gesucht, wo sie als bereichsspezifisches Datenschutzrecht auch sinnvoller Weise aufgehoben ist.

189   Der ursprüngliche Rahmenbeschluss 2008/977/JI beschränkte sich auf die Datenverarbeitung mit grenzüberschreitendem Bezug und bei der Durchführung des Unionsrechts. Die **lückenhafte Umsetzung** führte zu **uneinheitlichen Vorgaben** innerhalb der Mitgliedstaaten.

190   Die **Rechtsgrundlage** der DSRL-JI findet sich – ebenso wie die der DS-GVO – in **Art. 16 Abs. 2 AEUV**, so dass nun auch die **innerstaatliche Datenverarbeitung** geregelt werden konnte. Weiterhin **nicht erfasst** ist dagegen die **Außen- und Sicherheitspolitik**, da hier Art. 39 EUV (Lissabon) greift sowie der Bereich der nationalen Sicherheit, der nach Art. 4 Abs. 2 S. 3 EUV der alleinigen Verantwortung der Mitgliedstaaten zugewiesen ist.[448] Die Richtlinie wurde **gemeinsam mit der DS-GVO** von der Kommission vorgestellt. Gleichwohl fand sie weit weniger Beachtung.[449] Der Richtlinie soll die Verarbeitung personenbezogener Daten in der **Strafverfolgung**, **Strafvollstreckung** oder zum Schutz von und zur **Abwehr vor Gefahren** für die öffentliche Sicherheit unionsweit harmonisieren.[450] Sie soll ein hohes und einheitliches Datenschutzniveau sicherstellen und gleichzeitig den Datenaustausch zwischen den Mitgliedstaaten erleichtern und gilt anders als der frühere Rahmenbeschluss auch für innerstaatliche Sachverhalte.[451] Inhaltlich gelten ähnliche Standards wie nach der DS-GVO (im Einzelnen dazu → Rn. 846 ff.).

b)   Künftige E-Privacy-Verordnung (E-Privacy-VO)

191   Am 10.1.2017 hat die EU-Kommission ihre Vorschläge[452] für eine Reform der EDSRL vorgelegt, die Teil des überarbeiteten Telekommunikationsrechtsrahmens ist:[453] Die EDSRL soll durch die **Verordnung über Privatsphäre und elektronische Kommunikation (E-Privacy-VO)** ersetzt werden, die in den Mitgliedstaaten dann unmittelbare Wirkung entfaltet und in Deutschland insbesondere die Datenschutzvorschriften des TKG verdrängen wird. Der Kommissionsentwurf zu Art. 29 Abs. 2 (im Folgenden **E-Privacy-VO-KOM-E**) sah eine Geltung der Verordnung ab dem 25.5.2018, d.h. zeitgleich mit der DS-GVO (Art. 99 Abs. 2 DS-GVO), vor. Die Einhaltung dieses Termins erschien im weiteren Gesetzgebungsverfahren immer fragwürdiger: So sind die schutzwürdigen unternehmerischen Interessen zu beachten, die Übergangsfristen erfordern. Die betroffenen Stellen können kaum innerhalb eines Zeitraums von wenigen Mona-

---

448 *Wolff*, in: Schantz/Wolff, Das neue Datenschutzrecht, 2017, Rn. 232.
449 *Albrecht/Jotzo*, Das neue Datenschutzrecht der EU, 2017, Teil 10 Rn. 8.
450 Vgl. *Weinhold/Johannes*, DVBl. 2016, 1501.
451 Vgl. *Weinhold/Johannes*, DVBl. 2016, 1501.
452 Vorschlag für eine Verordnung des Europäischen Parlaments und des Rates über die Achtung des Privatlebens und den Schutz personenbezogener Daten in der elektronischen Kommunikation und zur Aufhebung der RL 2002/58/EG (Verordnung über Privatsphäre und elektronische Kommunikation) v. 10.1.2017, KOM(2017) 10 endg.
453 Siehe dazu Vorschlag für eine Verordnung des Europäischen Parlaments und des Rates über die Achtung des Privatlebens und den Schutz personenbezogener Daten in der elektronischen Kommunikation und zur Aufhebung der RL 2002/58/EG (Verordnung über Privatsphäre und elektronische Kommunikation) v. 10.1.2017, KOM(2017) 10 endg., S. 3.

ten oder gar Wochen ihre internen Prozesse so umstellen, dass sie die – möglicherweise erst im Trilog erarbeiteten – Veränderungen durch die E-Privacy-VO (Überblick dazu → Rn. 895 ff.) vollständig umsetzen können. Dementsprechend hat das Europäische Parlament in seinem ersten Standpunkt („E-Privacy-VO-P-E")[454] in Art. 29 Abs. 2 E-Privacy-VO-P-E eine Übergangsfrist von einem Jahr ab dem Zeitpunkt des Inkrafttretens der E-Privacy-VO vorgesehen, in der dann noch die auf der EDSRL beruhenden nationalen Vorschriften Anwendung finden. Auch im Rat war keine schnelle Verständigung auf eine gemeinsame Position der Mitgliedstaaten zu erzielen. Somit ist eine Einigung im Trilog erst im Laufe des Jahres 2018 zu erwarten, so dass mit einer Anwendung der Verordnung ab Ende 2019 zu rechnen ist.

c) Neuanlauf zur Vorratsdatenspeicherung?

Anlässlich des Gesetzgebungsverfahrens zur E-Privacy-VO hat die estnische Ratspräsidentschaft im Juli 2017 eine **Expertengruppe** eingesetzt, um Möglichkeiten auszuloten, eine unionsweite Vorratsdatenspeicherung zu ermöglichen, die den strengen Vorgaben des EuGH genügt. Das Thema wurde am 7.12.2017 erneut im Rat diskutiert, nachdem bereits im Vorfeld vertrauliche Papiere der estnischen Ratspräsidentschaft hierzu von den Medien veröffentlicht worden sind. Ob und in welcher Form Vorschriften zur Vorratsdatenspeicherung in der E-Privacy-VO oder einem anderen Rechtsakt der Union verankert werden, ist derzeit allerdings **noch offen**.

192

193

Abbildung 4: Die Europäische Datenschutzreform

---

454 Draft European Parliament Legislative Resolution on the proposal for a regulation of the European Parliament and of the Council concerning the respect for private life and the protection of personal data in electronic communications and repealing Directive 2002/58/EC (Regulation on Privacy and Electronic Communications), COM(2017)0010 – C8-0009/2017 – 2017/0003(COD).

3. Nationale Begleitung durch das neue BDSG[455]

a) Entstehung des Datenschutzanpassungsgesetzes

194   Beim Ausfüllen der in ihrer Reichweite im Einzelnen umstrittenen **Öffnungsklauseln** musste der deutsche Gesetzgeber letztlich darüber entscheiden, wie viel vom lieb gewonnen Datenschutzrecht des bisherigen BDSG er in die neue Ära der DS-GVO „hinüberretten" und damit angesichts der Kontinuität und Ausdifferenziertheit bestehender Normen durchaus Stabilität und Rechtssicherheit generieren will. Mit umfangreichen nationalen Regelungen wird das eigentliche Harmonisierungsziel der DS-GVO jedoch gefährdet, nämlich den „Flickenteppich" nationaler Datenschutzregime zu beseitigen. Zudem wirft jeder Rückgriff auf fakultative Öffnungsklauseln die Frage nach der Unionsrechtskonformität der mitgliedstaatlichen Ausgestaltung auf und generiert insoweit wiederum Rechtsunsicherheit. Aus rechtspolitischer Sicht sprach daher von vornherein trotz aller Handlungsoptionen, die angesichts der Vielzahl von rund vier Dutzend Öffnungsklauseln in der DS-GVO[456] mit teils horizontaler Wirkung für weitere Bestimmungen bestehen, alles dafür, nur so wenig nationale Regelungen wie zwingend erforderlich vorzusehen. Die ersten Referentenentwürfe des BMI für die Ressortabstimmung vom Herbst 2016, die teilweise „geleakt" wurden,[457] mündeten am 23.11.2016 in einen offiziellen Referentenentwurf[458], der in die Verbändeanhörung gegeben wurde. Dieser ist zum Teil auf heftige Kritik gestoßen. Gleichwohl ist es gelungen, bis zum 24.2.2017 einen gemeinsamen Gesetzesentwurf der Bundesregierung[459] zu verabschieden. Nach einem vergleichsweise kurzen Gesetzgebungsverfahren mit knapper Diskussion im Bundestag[460] und im Bundesrat[461] hat Letzterer am 12.5.2017 dem „Datenschutzanpassungsgesetz" zugestimmt, das im Kern ein neues Bundesdatenschutzgesetz enthält (BDSG). Damit war der Weg frei für eine neue Datenschutzordnung in Deutschland. Dabei hat der Gesetzgeber im Vergleich zu den ersten Entwürfen den Rückgriff auf die fakultativen Öffnungsklauseln reduziert.

b) Aufbau des BDSG

195   Das BDSG erhält trotz der Namenskontinuität zu dem unter der alten Rechtslage zentralen Normwerk eine völlig neue Rolle: Es ergänzt die DS-GVO in den Teilen, die durch die zahlreichen Öffnungsklauseln mitgliedstaatliche Regelungen erlauben oder erfordern. Jedenfalls in der finalen Fassung ist das BDSG **klar strukturiert**.[462] So trennt das

---

455 Dieser Abschnitt ist stark orientiert an *Kühling*, NJW 2017, 1985.

456 *Kühling/Martini*, EuZW 2016, 448 (449) und *dies./u.a.*, Die Datenschutz-Grundverordnung und das nationale Recht, 1.

457 Siehe dazu und zum Folgenden exemplarisch die Nachweise in *Wybitul*, EU-Datenschutz-Grundverordnung: Überblick über den neuen Gesetzesentwurf zur DS-GVO, 23.11.2016, abrufbar unter http://hoganlovells-blog.de/2016/11/23/ (Abruf: 15.1.2018).

458 Referentenentwurf abrufbar unter www.brak.de/w/files/newsletter_archiv/berlin/2016/2016_606anlage.pdf (Abruf: 15.1.2018).

459 BT-Drs. 18/11325.

460 Alle Materialien abrufbar unter http://dipbt.bundestag.de/extrakt/ba/WP18/796/79680.html (Abruf: 15.1.2018)

461 BR-Drucks. 332/17.

462 Lobend auch *Wolff*, Stellungnahme zu Drucksache 18/11325, BT-Ausschuss-Drs. 18(4)824 E, 3.

Gesetz deutlich zwischen dem *Anpassungs**bedarf*** für die DS-GVO (im zweiten Teil) und dem *Umsetzungs**bedarf*** der Richtlinie (im dritten Teil des BDSG). Gemeinsame Bestimmungen für beide Teile finden sich im allgemeinen ersten Teil. Der nur aus einem Paragrafen bestehende vierte Teil greift den Sonderfall auf, dass die Datenverarbeitung nicht einem der beiden Bereiche zuzuordnen ist. Die für Unternehmen und sonstige private Verantwortliche oder Auftragsverarbeiter und die meisten öffentlichen Stellen relevanten Bestimmungen finden sich vor allem in den ersten beiden Teilen des Gesetzes, die zusammen mit 44 Paragrafen einen lediglich etwas geringeren Umfang aufweisen als das bisherige gesamte BDSG. Für öffentliche Stellen existiert dabei nunmehr kein eigenständiger ausdifferenzierter Abschnitt mehr im BDSG. Es finden sich vielmehr nur noch einzelne Sondervorschriften (siehe etwa § 23 BDSG). Teil 3 widmet sich dagegen der Umsetzung der DSRL-JI (siehe dazu → Rn. 846 ff.).

c) Anwendungsbereich des BDSG

Wichtig für das Verständnis der Gesetzessystematik ist, dass das BDSG in § 1 Abs. 1 und   **196**
an vielen weiteren Stellen an der Unterscheidung zwischen **öffentlichen und nicht-öffentlichen Stellen** festhält, auch wenn sie sich nicht mehr in der Unterteilung des Gesetzes in Abschnitten wiederspiegelt. Diese Differenzierung ist so nicht in der DS-GVO angelegt (und war es auch nicht in der Vorgängerrichtlinie 95/46/EG), wird von den europäischen Vorgaben aber auch nicht ausgeschlossen. Unternehmen haben sich – wie bislang – an die Regeln für nichtöffentliche Stellen zu halten. Allerdings differenzieren auch im BDSG – wie schon im bisherigen BDSG – die meisten materiell-rechtlichen Regelungen nicht zwischen den beiden Adressatenkreisen, sondern gelten für beide. Das ist etwa nach § 4 BDSG für die Videoüberwachung der Fall. Wichtig ist die Unterscheidung vor allem für die Ausdifferenzierung der Datenschutzaufsicht und die Selbstkontrolle (siehe dazu → Rn. 687 ff. und 754 ff.).

Anwendung findet das Gesetz nach § 1 Abs. 4 S. 2 BDSG nur, wenn der Verantwortli-   **197**
che oder Auftragsverarbeiter personenbezogene Daten entweder im Inland verarbeitet (§ 1 Abs. 4 S. 2 Nr. 1 BDSG) oder dies im Rahmen der Tätigkeiten der inländischen Niederlassung erfolgt (§ 1 Abs. 4 S. 2 Nr. 2 BDSG). Entscheidend ist dann jedoch die ergänzende Bezugnahme in § 1 Abs. 4 S. 2 Nr. 3 BDSG auf den Anwendungsbereich der DS-GVO. Daher sind darüber hinaus nach Art. 3 Abs. 2 DS-GVO auch die Fälle erfasst, in denen ein Verantwortlicher oder Auftragsverarbeiter betroffenen Personen Waren oder Dienstleistungen anbietet oder deren Verhalten – alles jeweils in Deutschland – beobachtet. Es ist allerdings damit zu rechnen, dass diese komplexe Regelung des Anwendungsbereichs für Streitigkeiten sorgen wird (siehe dazu ausführlicher → Rn. 244 f.).

V. Zusammenspiel der verschiedenen Datenschutzregelungen

1. Dreifache Ausdifferenzierung des Datenschutzregimes

Das Zusammenspiel der verschiedenen Datenschutzregime ist ungewöhnlich komplex   **198**
und in der Rechtsanwendung eine der größten Herausforderungen für dieses an sich

noch junge Rechtgebiet. Dieser Abschnitt zum Zusammenspiel der verschiedenen Datenschutzregelungen ist daher für das Grundverständnis des Datenschutzrechts essentiell. Vor diesem Hintergrund ist das Auffinden der einschlägigen Rechtsgrundlage oftmals die größte Herausforderung auf dem Weg zur Bearbeitung eines datenschutzrechtlichen Problems. Hintergrund der Komplexität ist die **dreifache Ausdifferenzierung des Datenschutzrechts** auf unionsrechtlicher und nationaler Ebene (dazu 2.), die mit Blick auf das nationale Recht in Deutschland noch weiter ausdifferenziert wird in die Bundes- und Landesebene (dazu 3.) sowie die quer dazu verlaufende Unterscheidung zwischen allgemeiner datenschutzrechtlicher und bereichsspezifischer Regelung (dazu 4.). Hinzu kommt ergänzend noch die Differenzierung zwischen der Datenverarbeitung durch öffentliche und nichtöffentliche Stellen, die allerdings so im Unionsrecht nicht angelegt ist und daher auch im nationalen Recht nicht mehr konsequent durchgehalten wird. Gleichwohl findet sie sich weiterhin im neuen BDSG (dazu → Rn. 224). Ferner ist darauf hinzuweisen, dass bestimmte Bereiche durch ganz eigene Regelungen geprägt sind, wie etwa der Datenschutz in kirchlichen Institutionen.[463]

2. Unions- und nationale Ebene

199   Durch die Überführung der DSRL in die Handlungsform der Verordnung – und ihr folgend der E-Privacy-Richtlinie in die E-Privacy-VO – kommt dem BDSG (und dem TKG) in der Systematik und Arbeitsweise eine völlig neue Rolle zu, auch wenn der Name des Gesetzes identisch bleibt: Der **erste Blick** wandert für das allgemeine Datenschutzrecht immer in die **DS-GVO**, und nur soweit diese Konkretisierungen durch die Mitgliedstaaten eröffnet, ist zu prüfen, ob im BDSG oder sektorspezifisch Entsprechendes geregelt ist. Schon in Anbetracht der Quantität an Normen zeigt sich aber, dass das neue BDSG auch künftig von Bedeutung bleiben wird. Das macht eine nähere Klärung seines Zusammenspiels mit der DS-GVO erforderlich. Eine erste Regelung sieht insoweit § 1 Abs. 5 BDSG vor, der den Vorrang der unmittelbar geltenden Bestimmungen der Verordnung normiert und damit dem Anwendungsvorrang des Unionsrechts Rechnung trägt. Demnach greift das BDSG nur dort und soweit, wie die Bestimmungen der DS-GVO überhaupt ergänzungsbedürftig (obligatorische **Öffnungsklauseln**) bzw. zumindest ergänzungsoffen (fakultative Öffnungsklauseln) sind. Soweit das BDSG gewisse den DS-GVO-Text **wiederholende Vorschriften** enthält, ist dies nicht von vornherein unzulässig.[464] Abzustellen ist dann bei Auslegungsfragen aber auf alle Sprachfassungen der DS-GVO, denn die Wiederholung des Textes der Verordnung im nationalen Recht kann nicht dazu führen, dass sich an dem Regelungsgehalt der Verordnung materiell etwas ändert.

200   Insoweit greift im allgemeinen Datenschutzrecht also ein Rechtsregime aus unionsrechtlicher Perspektive in **zwei Stufen**: Auf der ersten, **höherrangigen Stufe** steht die

---

463 Siehe dazu *Herbst,* in: Kühling/Buchner (Hrsg.), DS-GVO/BDSG, 2. Aufl. 2018, Art. 91 DS-GVO Rn. 10 ff.

464 Dazu *Kühling/Martini/u.a.,* Die Datenschutz-Grundverordnung und das nationale Recht, S. 6 ff.; vgl. insoweit auch Erwägungsgrund 8 der DS-GVO; vgl. auch BT-Drs. 18/11325, 73 f.

DS-GVO. Soweit sie Regelungen ohne Öffnungsklauseln für eine nationale Begleitung vorsieht, ist auf sie für die Rechtsanwendung unmittelbar und abschließend zurückzugreifen. Eine Konkretisierung auf der zweiten Stufe ist nur für die von der Verordnung eröffneten „Restbereiche" zulässig und möglich. Werden diese Öffnungsklauseln überschritten, greift der Grundsatz „**Lex superior derogat legi inferiori**", das höherrangige Recht verdrängt also das niederrangige Recht, vorliegend im Rahmen eines Anwendungsvorrangs. Diesen haben Gerichte und Behörden unmittelbar zu beachten. Daher können und müssen sie schon vor dem Hintergrund des Rechtsstaatsprinzips und der Bindung an Recht und Gesetze aus Art. 20 Abs. 3 GG unter Umständen[465] geltendes nationales Recht unbeachtet lassen. Anschließend kann unmittelbar auf die DS-GVO zurückgegriffen werden. Sollte sich also beispielsweise herausstellen, dass § 4 BDSG zur Videoüberwachung öffentlich zugänglicher Räume zumindest in Teilen nicht von den Öffnungsklauseln des Unionsrechts gedeckt ist, müssen Behörden und Gerichte diese Vorschrift insoweit unbeachtet lassen und unmittelbar auf die Zulässigkeitstatbestände der DS-GVO und insbesondere den dortigen Art. 6 zurückgreifen (siehe dazu unten → Rn. 359 ff.). Nationale Gerichte *können* als unterinstanzliches Gericht und *müssen* als letztinstanzliches Gericht im konkreten Verfahren dann allerdings die Frage der Vereinbarkeit der nationalen Norm mit dem Unionsrecht dem EuGH im Vorabentscheidungsverfahren nach Art. 267 AEUV vorlegen.

Zu der Unterscheidung zwischen allgemeinen und bereichsspezifischen Regelung tritt auf nationaler Ebene zusätzlich die Zweiteilung in Normen des Bundes- und Landesrechts, wobei jeweils auf beiden Ebenen wiederum sowohl allgemeine als auch bereichsspezifische Regelungen greifen. Dabei ist das BDSG grundsätzlich **subsidiär** gegenüber den bereichsspezifischen Regelungen (dazu → Rn. 206), während sich das Eingreifen des Bundes- und Landesrechts nach der Kompetenzverteilung im Föderalstaat richtet (dazu → Rn. 55 ff.; 203 ff.). **201**

Für die meisten Verantwortlichen wird gleichwohl bei der wichtigsten Frage, nämlich an welche **materiell-rechtlichen Datenschutzvorschriften** sie sich zu halten haben, vor allem der Blick in die **DS-GVO** ausschlaggebend sein, die insbesondere den Kernzulässigkeitstatbestand des Art. 6 DS-GVO und die Einwilligung in Art. 7 und 8 DS-GVO regelt – mit jedoch durchaus relevanten Ausnahmen im Einzelfall. Das **BDSG** enthält hierzu **punktuell** ergänzende Regelungen, insbesondere im **prozeduralen und institutionellen Bereich** mit Blick auf die Betroffenenrechte und die Vorgaben zu den Datenschutzbeauftragten. Auch prozedurale Pflichten ergeben sich teils unmittelbar aus der DS-GVO, etwa die in Art. 35 DS-GVO normierte umfassende Pflicht zur Durchführung einer Datenschutz-Folgenabschätzung für risikoreiche Verarbeitungen als Ausdruck eines eher risikobasierten Regulierungsansatzes. **202**

3. Bundes- und Landesebene

Für Sachverhalte im Kompetenzbereich der Länder, insbesondere für den Datenschutz bei öffentlichen Stellen der Länder, greifen als allgemeine Normen die Landesda- **203**

---

465 Dazu vertiefend auch *Kühling/Sackmann*, JURA 2018, Heft 4 (im Erscheinen).

tenschutzgesetze, die ebenfalls mit den Vorgaben der DS-GVO in Einklang stehen müssen. Ferner bestehen auch auf Länderebene eine Vielzahl von bereichsspezifischen Datenschutzregelungen, etwa im Bereich des Gesundheitsdatenschutzrechts die Landeskrankenhausgesetze. Hier setzt sich das gestufte Normensystem aufgrund der heterogenen Verteilung der **Gesetzgebungs- und Verwaltungskompetenzen im Föderalstaat** Deutschland innerhalb der zweiten Stufe fort. Dabei ist zwischen der Gesetzgebungs- und Verwaltungskompetenz (!) zu differenzieren.

204 Gemäß der Verteilung der **Gesetzgebungskompetenzen** nach Art. 70 ff. GG ist der Bund für die allgemeine Datenschutzgesetzgebung im Privatbereich (Recht der Wirtschaft, Art. 74 Nr. 11 GG) und für eine Vielzahl von bereichsspezifischen Regelungen (etwa beim Telekommunikationsdatenschutz nach Art. 73 Abs. 1 Nr. 7 GG) zuständig (siehe dazu auch → Rn. 55 ff.). Auf die verschiedenen Kompetenztitel im Grundgesetz gründen sich die zahlreichen bereichsspezifischen Regelungen auf Bundesebene. Die Länder sind hingegen zuständig für die die DS-GVO ergänzenden materiell-rechtlichen und prozeduralen Regelungen der öffentlichen Stellen der Länder im Rahmen der allgemeinen Landesdatenschutzgesetze, aber auch im Rahmen von zahlreichen sonstigen Kompetenzbereichen, etwa für die Regelung des Landeskrankenhausrechts in den Landeskrankenhausgesetzen. Das materielle Datenschutzrecht für staatlichen Universitäten (wie z.B. der Universität Regensburg) oder für Kommunen (wie z.B. der Stadt Regensburg) findet sich daher in den allgemeinen (oder besonderen) Regelungen des Landesrechts (also für die Universität und die Stadt Regensburg im BayDSG). Der Bund hat hingegen die Gesetzgebungskompetenz für die materiell-rechtliche Steuerung der nichtöffentlichen Stellen, wie z.B. der Unternehmen BMW oder Xing, sowie der öffentlichen Stellen des Bundes wie der Bundesministerien oder der Bundeswehruniversität. Damit richtet sich das **anwendbare nationale Datenschutzrecht** stark nach der **Qualifikation des Verantwortlichen oder Auftragsverarbeiters** als nichtöffentliche Stelle (dann grundsätzlich Bundesrecht) oder öffentliche Stelle des Bundes (dann ebenfalls grundsätzlich Bundesrecht) oder öffentliche Stelle des Landes (dann grundsätzlich Landesrecht).

205 In **verwaltungsrechtlicher Hinsicht** sind die **Länder** gemäß den Art. 83 ff. GG **deutlich umfassender zuständig** für die Ausdifferenzierung des gesamten Verwaltungsvollzugs – nicht nur des Landesdatenschutzrechts, sondern auch des Bundesdatenschutzrechts. Sie sind also nicht nur für die Datenschutzaufsicht über die öffentlichen Stellen der Länder, sondern auch für den gesamten nichtöffentlichen Bereich zuständig (siehe dazu auch → Rn. 55 ff.). Neben Sonderausnahmen – wie der gemäß § 115 TKG auf Bundesebene durch die Bundesnetzagentur wahrgenommenen Datenschutzkontrolle für den Telekommunikationsdatenschutz nach dem TKG (dazu → Rn. 693) – ist der Bund in exekutiver Hinsicht lediglich für die Verwaltung auf Bundesebene zuständig, also für die Datenschutzaufsicht über die Bundesministerien. Damit stehen die landesrechtlichen Bestimmungen für die Errichtung diesbezüglicher Vollzugsinstanzen und der tatsächliche Vollzug auf Länderebene im Vordergrund (siehe dazu auch → Rn. 695).

4. Allgemeine und bereichsspezifische Regelungen

Eine dritte, quer dazu liegende Unterscheidung ist die zwischen allgemeinen und be-   **206**
reichsspezifischen Vorgaben. Diese Differenzierung ist auf allen Normebenen relevant:
Auf Unionsebene greifen neben der allgemeinen DS-GVO die Spezialregelungen in der
(geplanten) E-Privacy-VO, der DSRL-JI und der bisherigen EDSRL. Hinzu kommen eine
Reihe von datenschutzrechtlichen Sonderbestimmungen in Spezialgesetzen des EU-
Rechts wie beispielsweise zur Fluggastdatenspeicherung (siehe dazu → Rn. 188). Auf
nationaler Ebene findet sich im BDSG in den ersten beiden Teilen das allgemeine Datenschutzrecht, während im dritten Teil mit der Umsetzung der DSRL-JI bereichsspezifisches Recht im BDSG geregelt ist. Das ist neu, da das BDSG bislang ein allgemeines
Datenschutzrechtsregime darstellte. Auch auf Ebene der Länder findet sich diese Unterscheidung zwischen den allgemeinen Landesdatenschutzgesetzen und einer Fülle
von bereichsspezifischen Regelungen etwa im Sicherheitsrecht oder im Gesundheitswesen. Auf allen Ebenen ist der Lex-specialis-Grundsatz anzuwenden, so dass die
Spezialnorm, soweit sie reicht, grundsätzlich die allgemeinere Bestimmung verdrängt
(„**Lex specialis derogat legi generali**"). In dem Umfang, in dem in der Spezialregelung
allerdings keine spezifischen Vorgaben zu finden sind, greift wieder die allgemeine
Regelung, wie etwa die Grundregeln zur Einwilligung nach Art. 7 DS-GVO auch im
Rahmen der (künftigen) E-Privacy-VO (siehe dazu → Rn. 895 und 907).

207

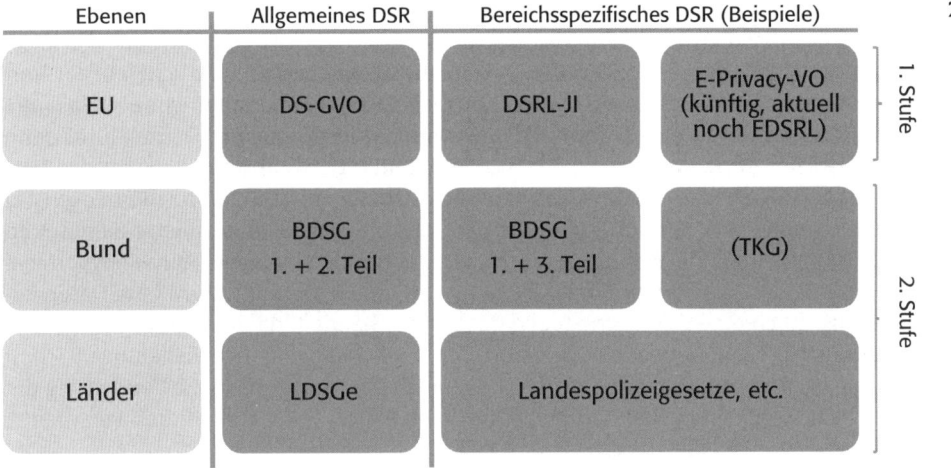

Abbildung 5:   Datenschutzvorschriften im Mehrebenensystem

5. Prüfungsstruktur einer datenschutzrechtlichen Frage

Für die Bearbeitung datenschutzrechtlicher Fragen ergibt sich daraus, vereinfacht dar-   **208**
gestellt, die folgende schematische Grobstruktur: Zunächst ist zu prüfen, ob **personenbezogene Daten** vorliegen. Dann ist der Anwendungsbereich des Datenschutzrechts
eröffnet. Sodann ist zuerst auf unionsrechtlicher Ebene die Frage zu beantworten, ob
es sich um eine Verarbeitung, für welche die allgemeinen Vorgaben gelten, handelt

oder ob insoweit eine bereichsspezifische Regelung greift. Handelt es sich etwa um eine elektronische Kommunikation, ist die vorrangige Anwendung der geplanten E-Privacy-VO und nicht der DS-GVO zu beachten. Das ist beispielsweise für die Verarbeitung von Telekommunikationsdaten durch die Telekom, aber auch z.B. durch Mobilfunkanbieter wie Vodafone und nach der (geplanten) E-Privacy-VO ausdrücklich auch für Instant-Messaging-Dienste wie WhatsApp der Fall (siehe dazu → Rn. 898 und 907). Soweit die Spezialnorm sodann Sonderregelungen enthält, sind diese einschlägig, andernfalls die Vorgaben der DS-GVO. Diese finden im Übrigen auch Anwendung, wenn Telekommunikationsdiensteanbieter keine telekommunikationsrelevanten Daten verarbeiten, sondern etwa die ihrer Lieferanten oder Arbeitnehmer. Insoweit ist das allgemeine Datenschutzrecht anwendbar. Sodann ist zu prüfen, ob die DS-GVO (bzw. die jeweilige Spezialregelung) **Öffnungsklauseln** enthält, von denen (unionsrechtskonform) durch den nationalen Gesetzgeber Gebrauch gemacht worden ist. Dann ist diese nationale Vorschrift (ergänzend) heranzuziehen, sofern sie unionsrechtskonform ist. Andernfalls hat sie außer Anwendung zu bleiben. Ergänzende nationale Vorschriften können für das materielle Recht (Arbeitnehmerdatenschutz gemäß § 26 BDSG) genauso existieren wie für prozedurale Rechte, etwa die Betroffenenrechte, beispielsweise für das Auskunftsrecht nach § 34 BDSG.

209	Verarbeitet also beispielsweise ein Telekommunikationsdiensteanbieter personenbezogene Daten seiner Nutzer, gelten insoweit vorrangig die Datenschutzvorgaben des TKG bzw. zukünftig der E-Privacy-VO. In Bezug auf die Daten der Mitarbeiter des Telekommunikationsdiensteanbieters ist neben der DS-GVO (z.B. mit Blick auf die Informationspflichten des Art. 13 DS-GVO) § 26 BDSG anwendbar. Hinsichtlich der Verarbeitung von Daten seiner sonstigen Dienstleister oder Lieferanten gilt ebenfalls die DS-GVO bzw. (soweit eine Öffnungsklausel vorhanden ist) das BDSG. Dies führt dann beispielsweise dazu, dass nach § 34 Abs. 1 Nr. 2 lit. b BDSG abweichend von den Vorgaben der DS-GVO das Auskunftsrecht entfällt, soweit die Daten nur noch Zwecken der Datensicherung (z.B. in Backups) durch den Telekommunikationsanbieter dienen und die Auskunftserteilung insbesondere einen unverhältnismäßigen Aufwand verursachen würde. Auf **nationaler Ebene** ist zudem zu fragen, ob es sich um eine Datenverarbeitung durch eine öffentliche Stelle des Landes handelt, da dann grundsätzlich das **Landesrecht** – gegebenenfalls wiederum mit bereichsspezifischen Regelungen – einschlägig ist. Andernfalls greift das BDSG. Wenn also beispielsweise die Verwaltung der Universität Regensburg Beschäftigtendaten oder Noten von Studierenden verarbeitet, greift neben der DS-GVO auch das BayDSG.

2. Kapitel

Datenschutz im Zusammenspiel von DS-GVO, BDSG und LDSGen

Das Zusammenspiel der verschiedenen Regelungen auf der EU-Ebene (DS-GVO), Bundesebene (BDSG) und Landesebene (LDSGe) setzt zunächst eine Klärung des sachlichen und räumlichen Anwendungsbereichs des Datenschutzrechts (dazu A.) sowie wesentlicher Begriffe (dazu B.) voraus. Nach diesen wichtigen „Präliminarien" stellt sich in materiell-rechtlicher Hinsicht vor allem die Frage nach den allgemeinen Regelungsgrundsätzen (dazu C.) und ganz besonders nach den Vorgaben zur Rechtmäßigkeit der Datenverarbeitung (dazu D.), wobei der Legitimationswirkung der Einwilligung eine herausgehobene Bedeutung zukommt (dazu E.). Ferner spielt die Einbindung von weiteren Stellen in die Datenverarbeitung im Rahmen der Auftragsverarbeitung in der Praxis eine große Rolle (dazu F.). Schließlich ist angesichts der besonderen Bedeutung des grenzüberschreitenden Datenverkehrs dessen Regelung näher zu betrachten (dazu G.). Für die Durchsetzung der materiellen Rechte sind sodann in prozeduraler Hinsicht die Betroffenenrechte von großer Bedeutung (dazu H.). Das gilt auch für die weitere institutionelle und prozedurale Flankierung des Normvollzugs unter Rückgriff auf starke „externe" Aufsichtsbehörden und „interne" Maßnahmen der Verantwortlichen in Form von zu benennenden Datenschutzbeauftragten, zu erfüllenden Dokumentationspflichten etc. (dazu I.).

210

A. Anwendungsbereich des Datenschutzrechts

I. Sachlicher Anwendungsbereich der DS-GVO (Art. 2 DS-GVO)

Der sachliche Geltungsbereich der DS-GVO wird in Art. 2 DS-GVO definiert. Die Vorschrift bildet im Zusammenspiel mit Art. 1 DS-GVO (Gegenstand und Ziele der DS-GVO), Art. 3 DS-GVO (räumlicher Anwendungsbereich der DS-GVO) und den Begriffsdefinitionen aus Art. 4 DS-GVO die Grundvoraussetzung für die Anwendbarkeit der Verordnung. Die Norm öffnet also gleichsam das **„Tor" zur DS-GVO**.[1]

211

1. Automatisierte und nicht automatisierte Verarbeitung (Art. 2 Abs. 1 DS-GVO)

Zur Regelung des sachlichen Anwendungsbereichs greift Art. 2 Abs. 1 DS-GVO auf ein Zusammenspiel verschiedener in Art. 4 DS-GVO näher definierter Begriffe zurück. Als wichtigstes Begriffspaar ist hierbei die Verarbeitung personenbezogener Daten anzu-

212

---

1 Vgl. hierzu *Kühling/Raab*, in: Kühling/Buchner (Hrsg.), DS-GVO/BDSG, 2. Aufl. 2018, Art. 2 DS-GVO Rn. 1.

sehen (vgl. dazu → Rn. 285 ff.). Ist eine Verarbeitung personenbezogener Daten gegeben, ist zu prüfen, ob diese **ganz oder teilweise automatisiert** erfolgt. Aber selbst für eine nicht automatisiert erfolgende Verarbeitung personenbezogener Daten beansprucht die DS-GVO nach Art. 2 Abs. 1 DS-GVO Geltung, sofern die Informationen in einem **Dateisystem** gespeichert sind oder dort gespeichert werden sollen. Hingegen rekurriert die Verordnung nicht auf einen speziellen Adressaten im Sinne eines persönlichen Anwendungsbereichs. Daher gilt die Verordnung unterschiedslos für jeglichen Verarbeiter personenbezogener Daten, unabhängig davon, ob eine natürliche oder juristische Person die Verarbeitung vornimmt oder ob sich der Verarbeitungsvorgang – anders insoweit die Regelung im BDSG (vgl. dazu → Rn. 312 ff.) – im öffentlichen oder im nichtöffentlichen Bereich abspielt. Die Öffnungsklausel in Art. 6 Abs. 2 DS-GVO ermöglicht vielmehr eine entsprechende Abgrenzung im nationalen Recht.

a) Verarbeitung personenbezogener Daten

213   Den Begriff der Verarbeitung definiert der Unionsgesetzgeber in Art. 4 Nr. 1 DS-GVO **denkbar weit** und subsumiert darunter jeglichen Vorgang im Zusammenhang mit personenbezogenen Daten von der Erhebung bis zur Löschung bzw. Vernichtung. Gleiches galt schon für die DSRL, die in Art. 2 lit. b DSRL ebenso von einem weiten Verarbeitungsbegriff ausging, der als Oberbegriff alle Teilaspekte der Verarbeitung umfasste. Dem ist nun auch der deutsche Gesetzgeber des BDSG gefolgt, der in der Vergangenheit im BDSG a.F. noch einen Dreiklang aus Erhebung, Verarbeitung und Nutzung vorgesehen hatte. Von zentraler Bedeutung ist des Weiteren der Begriff des personenbezogenen Datums. Hierbei orientiert sich die DS-GVO wiederum an der DSRL[2] und versteht darunter nach Art. 4 Nr. 1 DS-GVO eine Information, die sich auf eine identifizierte oder identifizierbare natürliche Person bezieht, und beschreibt nachfolgend die Anforderungen an eine Identifizierbarkeit (vgl. dazu im Detail → Rn. 253 ff.). Viele Einzelheiten des Begriffs sind unklar und äußerst umstritten. Daran hat auch die kürzlich ergangene Entscheidung des EuGH und des BGH zur Einordnung dynamischer IP-Adressen kaum etwas geändert (siehe dazu → Rn. 256 und 284).

b) Ganz oder teilweise automatisiert

214   Die Verarbeitung der personenbezogenen Daten fällt unter die DS-GVO, sofern sie ganz oder teilweise automatisiert erfolgt. Dies ist der Fall, wenn **Datenverarbeitungsanlagen** zum Einsatz kommen.[3] Eine konkrete Definition oder gar Beispiele einer automatisierten Verarbeitung unter Einsatz von Datenverarbeitungsanlagen finden sich in der Verordnung nicht. Das ist als bewusste Entscheidung zu verstehen, da die Verordnung auch zukünftige technologische Entwicklungen abdecken soll.[4]

---

2 *Buchner*, DuD 2016, 155 (155).
3 So für das BDSG a.F. *Dammann*, in: Simitis (Hrsg.), Kommentar zum BDSG, 8. Aufl. 2014, § 1 Rn. 140.
4 Vgl. Erwägungsgrund 15 der DS-GVO.

In der Folge ist die Norm **weit auszulegen**.[5] Der EuGH subsumiert auch die Videoüber- **215**
wachung, bei der die Informationen auf einer kontinuierlichen Speichervorrichtung
gesichert werden, unter den Begriff der „automatisierten Verarbeitung".[6] Damit sind
von der Regelung insbesondere Dashcams, Bodycams, Actioncams oder Drohnenauf-
zeichnung erfasst. Erforderlich ist aber, dass eine Verarbeitung tatsächlich stattfindet.
Damit scheiden Kameras aus, die ohne Zwischenspeicherung nur ein Live-Bild übertragen.[7] Unerheblich ist im Rahmen der (teilweise) automatisierten Verarbeitung, ob
die Dateien in irgendeiner Weise strukturiert abgespeichert sind.[8] Die Differenzierung
zwischen einer ganz oder teilweise automatisiert erfolgenden Verarbeitung ist über
mögliche manuelle Zwischenschritte vorzunehmen.[9] Letztere liegt beispielsweise vor,
wenn die Erhebung der Daten durch eine Person erfolgt und nicht direkt durch die
Anlage. Unter einer teilweise automatisierten Verarbeitung kann aber auch verstanden
werden, dass zwar eine Dateisammlung gänzlich analog geführt wird, jedoch ein automatisierter Index angelegt wird, um einzelne Dateien schneller auffinden zu können.[10]

c) Nichtautomatisierte Verarbeitung bei Speicherung in Dateisystem

Neben der ganz oder teilweise automatisiert erfolgenden Datenverarbeitung erfasst **216**
der Anwendungsbereich der DS-GVO zusätzlich unter bestimmten Voraussetzungen
auch die nichtautomatisierte Verarbeitung personenbezogener Daten. Unter nichtautomatisierter Verarbeitung versteht die Verordnung nach Erwägungsgrund 15 die **rein
manuelle Verarbeitung**. Da für die Annahme einer teilweise automatisierten Verarbeitung bereits genügt, dass ein einzelner Teilschritt automatisiert erfolgt, darf im Um-
kehrschluss bei der manuellen Verarbeitung überhaupt kein Verarbeitungsschritt automatisiert stattfinden.[11] Eine Abgrenzung zwischen digitalem und analogem Bereich ist
dabei irreführend,[12] da etwa auch ältere analoge Tonbandgeräte, die Informationen auf
Magnetbandkassetten speichern, unter den Begriff der Datenverarbeitungsanlage zu
subsumieren sind.

Hauptanwendungsfall einer nichtautomatisierten Verarbeitung dürfte das Festhalten **217**
von Informationen beispielsweise mittels eines Stifts auf einem Blatt Papier sein. Eine
Einschränkung des Anwendungsbereichs in Bezug auf die manuellen Verarbeitungen
nimmt die DS-GVO dahingehend vor, dass die Informationen in einem **Dateisystem**
gespeichert sind oder dort gespeichert werden sollen. Dabei versteht die DS-GVO nach
Art. 4 Nr. 6 unter Dateisystem jede strukturierte Sammlung personenbezogener Daten,
die nach bestimmten Kriterien zugänglich sind, unabhängig davon, ob diese Samm-

---

5 *Ernst*, in: Paal/Pauly (Hrsg.), DS-GVO, 2017, Art. 2 Rn. 5; *Kühling/Raab*, in: Kühling/Buchner
   (Hrsg.), DS-GVO/BDSG, 2. Aufl. 2018, Art. 2 DS-GVO Rn. 15.
6 EuGH, Urt. v. 11.12.2014, C-212/13, ECLI:EU:C:2014:2428 – *Ryneš*; dazu *Klar*, NJW 2015, 463
   (465 f.).
7 *Klar*, Datenschutz und die Visualisierung des öffentlichen Raums, 2012, S. 106 m.w.N. Von § 4
   BDSG werden diese aber wohl erfasst.
8 Im Rahmen der DSRL *Dammann/Simitis*, EG-Datenschutzrichtlinie, 1997, Art. 3 Rn. 3.
9 *Ernst*, in: Paal/Pauly (Hrsg.), DS-GVO, 2017, Art. 2 Rn. 6.
10 Im Rahmen der DSRL *Dammann/Simitis*, EG-Datenschutzrichtlinie, 1997, Art. 3 Rn. 4.
11 *Kühling/Raab*, in: Kühling/Buchner (Hrsg.), DS-GVO/BDSG, 2. Aufl. 2018, Art. 2 DS-GVO Rn. 17.
12 So aber *Ernst*, in: Paal/Pauly (Hrsg.), DS-GVO, 2017, Art. 2 Rn. 7.

lung zentral, dezentral oder nach funktionalen oder geografischen Gesichtspunkten geordnet geführt wird. Dementsprechend sollen nach Erwägungsgrund 15 der DS-GVO keine Akten oder Aktensammlungen sowie ihre Deckblätter vom Anwendungsbereich der Verordnung erfasst sein, sofern sie nicht nach bestimmten Kriterien geordnet sind. Derartige Kriterien können etwa eine Anordnung nach Jahr, Aktenzeichen oder Namen beispielsweise in alphabetischer Reihenfolge darstellen. Eine Sammlung weist dann eine Struktur auf, wenn sie nach zumindest zwei Kriterien sortierbar ist.[13] Der DS-GVO liegt hierbei ein weites Verständnis zugrunde und sie ordnet auch Aufzeichnungen unter den Anwendungsbereich, wenn sie erst zu einem späteren Zeitpunkt in ein sortiertes Dateisystem aufgenommen werden sollen. So fallen etwa einzelne Zettel mit personenbezogenen Daten, die unsortiert in einer Ablage aufbewahrt werden, um später in eine Akte einsortiert zu werden, nicht erst in dem Zeitpunkt in den Anwendungsbereich der DS-GVO, in dem sie den Akten hinzugefügt werden, sondern bereits im Zeitpunkt ihrer Anfertigung.[14]

2. Ausnahmen vom Anwendungsbereich (Art. 2 Abs. 2 und 3 DS-GVO)

218   Art. 2 Abs. 2 DS-GVO sieht eine Reihe von Fällen vor, in denen die DS-GVO keine Anwendung findet. Danach scheidet eine Anwendung der DS-GVO nach Art. 2 Abs. 2 lit. a DS-GVO aus, wenn sich die Datenverarbeitung auf Tätigkeiten **außerhalb des Anwendungsbereichs des Unionsrechts** bezieht. Mit dieser selbstverständlichen Aussage hält sich die Vorschrift an die kompetenzrechtlichen Grenzen von Art. 16 Abs. 2 AEUV[15] und hat ausschließlich deklaratorischen Charakter.[16] Als Beispiel nennt Erwägungsgrund 16 der DS-GVO die nationale Sicherheit betreffende Tätigkeiten und überschneidet sich damit mit der Ausnahme aus Art. 2 Abs. 2 lit. d DS-GVO.

219   Keine Anwendung findet die DS-GVO auch dann, wenn die Datenverarbeitung innerhalb des Titels V Kap. 2 des EUV geregelte Sachverhalte (d.h. besondere Bestimmungen über die **Gemeinsame Außen- und Sicherheitspolitik** – GASP) betrifft. Die Ausnahme schließt also die Datenverarbeitung im Rahmen der GASP vom Anwendungsbereich der DS-GVO aus. Ein Schutz personenbezogener Daten ist insoweit nur direkt über Art. 7 und 8 GrCh zu erreichen,[17] sofern nicht im Rahmen der Anwendung der Kompetenzbestimmungen der GASP entsprechende Spezialregeln erlassen werden.[18]

220   Ein weiterer, als „Haushaltsausnahme" bekannter Ausnahmetatbestand ist in Art. 2 Abs. 2 lit. c DS-GVO geregelt. Danach unterfällt eine Datenverarbeitung – wie schon unter der DSRL und dem BDSG a.F.[19] – dann nicht unter die DS-GVO, wenn sie

---

13 So zum BDSG a.F. *Gola/Schomerus*, BDSG, 12. Aufl. 2015, § 3 Rn. 20.

14 *Kühling/Raab*, in: Kühling/Buchner (Hrsg.), DS-GVO/BDSG, 2. Aufl. 2018, Art. 2 DS-GVO Rn. 18.

15 *Kühling/Martini/u.a.*, Die Datenschutz-Grundverordnung und das nationale Recht, 2016, S. 5.

16 *Albrecht*, CR 2016, 88 (90).

17 *Ernst*, in: Paal/Pauly (Hrsg.), DS-GVO, 2017, Art. 2 Rn. 12.

18 Ein solches Beispiel wäre etwa Art. 2 Abs. 4 des Beschlusses (GASP) 2015/778 des Rates vom 18.5.2015 über eine Militäroperation der Europäischen Union im südlichen zentralen Mittelmeer (EUNAVFORMED), ABl. EU 2016 L 122, 31, der eine spezifische Grundlage für die Datenverarbeitung enthält, diese einschränkt und im Übrigen auf die Wahrung geltenden Rechts verweist.

19 Vgl. § 1 Abs. 2 Nr. 3 BDSG a.F. S. jetzt auch § 1 Abs. 1 S. 2 BDSG.

durch natürliche Personen zur Ausübung **ausschließlich persönlicher oder familiärer Tätigkeiten** erfolgt. Eine konkrete Definition und Abgrenzung der Begriffe „persönlich" und „familiär" nimmt die DS-GVO nicht vor. Die Ausnahme ist Ausdruck der grundrechtlich geschützten Privatsphäre. Als Abgrenzungskriterium formuliert Erwägungsgrund 18 der DS-GVO das Fehlen jeglichen Bezugs zu einer beruflichen oder wirtschaftlichen Tätigkeit und zählt als Beispiele persönlicher und familiärer Tätigkeiten das Führen eines Schriftverkehrs oder von Anschriftenverzeichnissen oder die Nutzung **sozialer Netze** und Online-Tätigkeiten im Rahmen solcher Tätigkeiten auf. Ob eine Datenverarbeitung persönlicher oder familiärer Natur ist, entscheidet die Verkehrsanschauung.[20] Mit Blick auf die in Erwägungsgrund 18 der DS-GVO genannte Nutzung sozialer Netze ist eine differenzierte Betrachtung anhand des Kriteriums der Zugriffsmöglichkeit[21] erforderlich. Solange die Nutzung dergestalt erfolgt, dass ein lediglich begrenzter Personenkreis von Informationen Kenntnis erlangt, wie etwa im Rahmen von Einzel- oder Gruppennachrichten, ist die Ausnahme einschlägig.[22]

Jedoch greift die Ausnahme nicht für die Veröffentlichung von Informationen gegenüber einem unbestimmten Personenkreis.[23] Der EuGH hat sich diesbezüglich bereits in den Urteilen *Lindqvist*[24] und *Satamedia*[25] geäußert und eine Bekanntgabe an die Öffentlichkeit nicht unter die entsprechende Ausnahme der DSRL subsumiert. Trotz der Nennung der Nutzung sozialer Netzwerke in den Erwägungsgründen will die DS-GVO von dieser Rechtsprechung nicht abweichen.[26] Eine geforderte Klarstellung[27] ist im Gesetzgebungsprozess jedoch nicht erfolgt, so dass durchaus mit einer weiteren Befassung des EuGH zu rechnen ist. Aber selbst wenn die private oder familiäre Verarbeitung im konkreten Fall von der Ausnahme erfasst wird, können sich die Anbieter solcher Internetplattformen nicht ebenfalls auf den ihre Nutzer betreffenden Ausnahmetatbestand berufen.[28] Dies stellt Erwägungsgrund 18 der DS-GVO am Ende klar, indem er die Verantwortlichen, welche die Instrumente für die Verarbeitung der Nutzer bereitstellen, unter den Geltungsbereich der DS-GVO stellt. Der Wortlaut der Norm ist im Übrigen sehr eng, indem er eine Verwendung „ausschließlich" zu privaten oder familiären Zwecken verlangt. Damit adressiert die Ausnahme **keine gemischten Datensammlungen**, etwa Adressbücher, die sowohl private als auch geschäftliche Kontakte beinhalten. Die Videoüberwachung privater Lebensbereiche kann von der Ausnahme erfasst sein, da die Sicherung und Sicherheit der eigenen Wohnung als privater Zweck

221

---

20 Mit zahlreichen Beispielen im Rahmen des BDSG a.F. *Dammann*, in: Simitis (Hrsg.), Kommentar zum BDSG, 8. Aufl. 2014, § 1 Rn. 151.
21 Stellungnahme des Europäischen Datenschutzbeauftragten zum Datenschutzreformpaket vom 7.3.2012, Rn. 91.
22 *Kühling/Raab*, in: Kühling/Buchner (Hrsg.), DS-GVO/BDSG, 2. Aufl. 2018, Art. 2 DS-GVO Rn. 25.
23 Im Rahmen der DSRL *Dammann/Simitis*, EG-Datenschutzrichtlinie, 1997, Art. 3 Rn. 8.
24 EuGH, Urt. v. 6.11.2003, C-101/01, ECLI:EU:C:2003:596 – *Lindqvist*.
25 EuGH, Urt. v. 16.12.2008, C-73/07, ECLI:EU:C:2008:727, Rn. 43 f. – *Satakunnan Markkinapörssi und Satamedia*.
26 *Schantz*, NJW 2016, 1841 (1843).
27 Stellungahme der Konferenz der Datenschutzbeauftragen des Bundes und der Länder vom 11.6.2012 zur Datenschutz-Grundverordnung zu Art. 2, 4 f.
28 Vgl. dazu umfassend auch *Heberlein*, Datenschutz im Social Web, materiell-rechtliche Aspekte der Verarbeitung personenbezogener Daten durch Private in sozialen Netzwerken, 2017, S. 94 f.

anzusehen ist. Dies gilt nach einer neueren Entscheidung des EuGH aber dann nicht, wenn gleichzeitig auch ein öffentlicher Bereich, etwa die Straße vor der Haustüre, mit aufgezeichnet wird.[29] Die gleiche Problematik stellt sich bei der Nutzung von Dashcams zur Aufzeichnung von Unfallhergängen[30] oder beim Einsatz von privaten, kamerabestückten Drohnen.[31]

222   Der Schutz natürlicher Personen bei der Verarbeitung personenbezogener Daten durch die zuständige Behörde zum Zwecke der Verhütung, Ermittlung, Aufdeckung oder Verfolgung von **Straftaten** oder der **Strafvollstreckung** wurde bislang im Rahmenbeschluss 2008/977/JI geregelt, der jetzt von der Richtlinie 2016/680/EU abgelöst wird (siehe dazu → Rn. 188 ff.). Konsequent grenzt sich die Verordnung von der Richtlinie ab und schließt die unter die Richtlinie fallende Datenverarbeitung vom Anwendungsbereich der Verordnung aus.[32] Die Richtlinie erfasst sowohl präventiv als auch repressiv erforderliche Verarbeitungsvorgänge zu den genannten Zwecken, so dass in Deutschland insbesondere die StPO und die Polizeigesetze betroffen sind.[33] Polizeiliche Tätigkeiten ohne Bezug zu Straftaten (z.B. im Rahmen von Vermisstenanzeigen) unterfallen aber weiterhin der DS-GVO.

223   Ebenfalls nicht in den Anwendungsbereich der DS-GVO fallen Datenverarbeitungen durch Organe, Einrichtungen, Ämter und Agenturen der Union, Art. 2 Abs. 3 DS-GVO. Insoweit gilt die hierfür einschlägige **Verordnung (EG) Nr. 45/2001**, die an die Grundsätze und Vorschriften der DS-GVO anzupassen sein wird und bis dahin im Lichte der DS-GVO anzuwenden ist.[34]

3.   Vorgaben im BDSG (§ 1 Abs. 1 BDSG)

224   Das BDSG unterscheidet, anders als die DS-GVO (siehe dazu → Rn. 310 ff.), in personeller Hinsicht zwischen öffentlichen und nichtöffentlichen Stellen (§ 1 Abs. 1 BDSG). In Bezug auf **nichtöffentliche Stellen** findet das BDSG nach § 1 Abs. 1 S. 2 BDSG für die ganz oder teilweise automatisierte Verarbeitung personenbezogener Daten sowie die nichtautomatisierte Verarbeitung personenbezogener Daten Anwendung, die in einem Dateisystem gespeichert sind oder gespeichert werden sollen. Dies deckt sich insoweit mit den Vorgaben, welche die DS-GVO in Art. 2 Abs. 1 DS-GVO an den sachlichen Anwendungsbereich stellt.

225   In Bezug auf **öffentliche Stellen** enthält das BDSG insoweit keine Einschränkung und geht folglich über den sachlichen Anwendungsbereich der DS-GVO hinaus. Damit gilt das BDSG für öffentliche Stellen ungeachtet dessen, ob die Verarbeitung die Anforderungen einer automatisierten Verarbeitung oder einer in einem Dateisystem gespei-

---

29 EuGH, Urt. v. 11.12.2014, C-212/13, ECLI:EU:C:2014:2428, Rn. 33 – *Ryneš*; dazu *Klar*, NJW 2015, 463.
30 *Klar*, NJW 2015, 463 (465).
31 Im Rahmen des BDSG a.F. *Gola/Schomerus*, BDSG, 12. Aufl. 2015, § 6b Rn. 7b.
32 Vgl. Erwägungsgrund 19 der DS-GVO.
33 *Kugelmann*, DuD 2012, 581 (582).
34 Vgl. Erwägungsgrund 17 der DS-GVO.

cherten Verarbeitung erfüllt.[35] Der Anwendungsbereich des BDSG geht hinsichtlich öffentlicher Stellen auch im Übrigen **über den Geltungsbereich der DS-GVO hinaus**. Denn in der DS-GVO ist der Teilbereich der nationalen Sicherheit vom Anwendungsbereich ausgenommen (Art. 2 Abs. 2 lit. a DS-GVO). Grund hierfür ist die insoweit fehlende Regelungszuständigkeit der Europäischen Union. Dies betrifft die Bereiche der Datenverarbeitung durch das Bundesamt für Verfassungsschutz, den Bundesnachrichtendienst, den Militärischen Abschirmdienst sowie den Bereich des Sicherheitsüberprüfungsgesetzes.[36] Insoweit gibt das BDSG für diese Bereiche außerhalb des Rechts der Europäischen Union allgemeine Regelungen vor. Soweit in bereichsspezifischen Gesetzen, wie etwa im Bundesverfassungsschutzgesetz (BVerfSchG), im Bundesnachrichtendienstgesetz (BNDG), im Gesetz über den Militärischen Abwehrdienst (MADG) oder im Sicherheitsüberprüfungsgesetz (SÜG) abweichende Regelungen getroffen werden, gehen sie gemäß § 1 Abs. 2 den Vorgaben des BDSG vor.[37]

II. Räumlicher Anwendungsbereich der DS-GVO (Art. 3 DS-GVO)

> **Fallbeispiel 5** — 226
>
> **Google Spain – Räumlicher Anwendungsbereich der DS-GVO**
>
> Der Spanier A wendet sich gegen das US-amerikanische Unternehmen Google Inc. wegen einer seiner Ansicht nach unzulässigen Verlinkung auf einen Zeitschriftenbeitrag, der über die finanziellen Verhältnisse des A in der Vergangenheit berichtet. A ist der Auffassung, dass die Google Inc. mit ihrer Tochtergesellschaft Google Spain SL in Spanien eine Niederlassung unterhalte, die – was zutrifft – im Bereich des Verkaufs von Online-Werbeflächen tätig sei. Daher gelte europäisches Datenschutzrecht.
>
> Zu Recht?
>
> *(Lösung siehe Rn. 246)*

Der räumliche Anwendungsbereich der DS-GVO wird in Art. 3 DS-GVO geregelt. Danach gilt die DS-GVO nach Abs. 1, wenn ein Verantwortlicher oder Auftragsverarbeiter eine **Niederlassung in der Union** unterhält und im Rahmen der Tätigkeiten dieser Niederlassung personenbezogene Daten verarbeitet. Insoweit setzt die DS-GVO das aus der DSRL bekannte Niederlassungsprinzip fort. Abs. 2 führt ein **Marktortprinzip** ein. Danach erstrecken sich die Vorgaben des europäischen Datenschutzrechts erstmals ausdrücklich auch auf solche Verantwortliche oder Auftragsverarbeiter, die nicht in der Union niedergelassen sind, aber betroffenen Personen in der Union Waren oder Dienstleistungen anbieten (lit. a) oder deren Verhalten beobachten (lit. b). Während der EuGH bereits im Rahmen der DSRL ähnliche marktortbezogene Wertungen zugrunde gelegt hatte,[38] erhebt die Neuregelung das Marktortprinzip nun in aller Deutlichkeit

227

---

35 *Klar*, in: Kühling/Buchner (Hrsg.), DS-GVO/BDSG, 2. Aufl. 2018, § 1 BDSG Rn. 6 f.
36 BT-Drs. 18/11325, 79.
37 *Klar*, in: Kühling/Buchner (Hrsg.), DS-GVO/BDSG, 2. Aufl. 2018, § 1 BDSG Rn. 14.
38 EuGH, Urt. v. 13.5.2014, C-131/12, ECLI:EU:C:2014:317, Rn. 55 – *Google Spain* (siehe dazu auch → Rn. 136 und 231).

zum Maßstab.[39] Nach Art. 3 Abs. 3 findet die DS-GVO Anwendung hinsichtlich der Verarbeitung personenbezogener Daten durch einen Verantwortlichen an Orten wie **diplomatischen oder konsularischen Vertretungen**, die nach internationalem Recht dem Recht eines Mitgliedstaats unterliegen.

1. Niederlassung in der EU (Art. 3 Abs. 1 DS-GVO)

228   Der tatsächliche Ort der Datenverarbeitung ist für die Eröffnung des räumlichen Anwendungsbereichs der DS-GVO unerheblich, wie Art. 3 Abs. 1 und Erwägungsgrund 22 der DS-GVO deutlich machen. **Zentraler Begriff** des Art. 3 DS-GVO ist vielmehr der Begriff der Niederlassung. Dieser wird in der DS-GVO nicht definiert. Erwägungsgrund 22 der DS-GVO enthält allerdings einige Anhaltspunkte, welche Anforderungen an das Vorliegen einer Niederlassung zu stellen sind. Danach muss es sich bei einer Niederlassung um eine „feste Einrichtung" handeln, von der aus eine Tätigkeit „effektiv und tatsächlich" ausgeübt wird.

229   Ob eine **„feste Einrichtung"** vorliegt, ist allein anhand der tatsächlichen Umstände festzustellen. Unerheblich ist nach Erwägungsgrund 22 der DS-GVO die Rechtsform oder der Umstand, ob die Einrichtung eine Zweigstelle oder eine Tochtergesellschaft mit eigener Rechtspersönlichkeit darstellt. Damit können insbesondere auch interne Abteilungen wie Produktionsstätten, Buchhaltung oder Rechenzentren ohne Fähigkeit zum Vertragsschluss eine Niederlassung darstellen. Nach Ansicht des EuGH ist eine „flexible Konzeption" des Niederlassungsbegriffs zugrundezulegen, die Abstand nimmt von jeglicher formalistischer Interpretation. Danach soll es insbesondere nicht darauf ankommen, ob das in Rede stehende Unternehmen in den Registern des betreffenden Orts eingetragen ist.[40] Erforderlich ist vielmehr ein **Zusammenwirken von persönlichen und sachlichen Mitteln**, die für die Durchführung der Tätigkeit der Einrichtung erforderlich sind,[41] sowie ein gewisser **Grad an Beständigkeit**.[42] Auch wenn das Vorhalten einer Räumlichkeit nicht notwendigerweise erforderlich ist, genügt eine lediglich vorübergehend installierte Einrichtung dem Merkmal der festen Einrichtung nicht. Daher stellen mobile Geschäftsstätten oder Messestände keine feste Einrichtung i.S.d. Vorschrift dar.[43] Werden Räumlichkeiten dauerhaft in der Union unterhalten, gehen von ihnen aber keine irgendwie gearteten menschlichen Aktivitäten aus, reicht dies für die Annahme einer Niederlassung ebenfalls nicht aus.[44] Rein technische Stützpunkte, Ser-

---

39 *Albrecht*, CR 2016, 88 (90), bezeichnet die Neuregelung dagegen als „Klarstellung".
40 EuGH, Urt. v. 1.10.2015, C-230/14, ECLI:EU:C:2015:639, Rn. 29 – *Weltimmo*.
41 Vgl. EuGH, Urt. v. 4.7.1985, C-168/84, ECLI:EU:C:1985:299, Rn. 18 – *Berkholz/Finanzamt Hamburg-Mitte-Altstadt*.
42 Zur Rechtslage unter der DSRL EuGH, Urt. v. 1.10.2015, C-230/14, ECLI:EU:C:2015:639, Rn. 29 – *Weltimmo*; zuletzt Urt. v. 28.7.2016, C-191/15, ECLI:EU:C:2016:612 Rn. 77 – *Verein für Konsumenteninformation*; vgl. zum Merkmal der Dauerhaftigkeit einer Niederlassung ferner Urt. v. 25.7.1991, C-221/89, ECLI:EU:C: 1991:320, Rn. 20 – *Factortame*.
43 Im Rahmen des BDSG a.F. *Dammann*, in: Simitis (Hrsg.), Kommentar zum BDSG, 8. Aufl. 2014, § 1 Rn. 203.
44 Vgl. zur Rechtslage unter dem BDSG a.F. bzw. der DSRL *Dammann*, in: Simitis (Hrsg.), Kommentar zum BDSG, 8. Aufl. 2014, § 1 Rn. 203; *Art.-29-Datenschutzgruppe*, Stellungnahme 8/2010 zum anwendbaren Recht, WP 179, 16.12.2010, S. 14.

ver oder Briefkastenfirmen sind daher nicht als Einrichtungen anzusehen.[45] Unter Umständen kann, abhängig vom besonderen Charakter der angebotenen Dienstleistung, aber bereits das Vorhandensein eines einzigen Vertreters ausreichen, um eine feste Einrichtung zu begründen. Dies gilt nach Ansicht des EuGH jedenfalls dann, wenn der Vertreter mit einem ausreichenden Grad an Beständigkeit mit den für die Erbringung der betreffenden konkreten Dienstleistungen erforderlichen Mitteln im Mitgliedstaat tätig ist, insbesondere effektive und tatsächliche Tätigkeiten dort ausführt.[46]

Gemäß Erwägungsgrund 22 der DS-GVO muss von der festen Einrichtung eine Tätig-   **230** keit **„effektiv und tatsächlich"** ausgeübt werden. Hieran sind keine hohen Anforderungen zu stellen. Ob die Voraussetzung erfüllt ist, ist in einer **Gesamtschau** unter Beachtung des besonderen Charakters der im Rahmen der Einrichtung ausgeübten Tätigkeiten und der in Rede stehenden Dienstleistungen zu prüfen.[47] So hat der EuGH in der Vergangenheit beispielsweise eine relevante Tätigkeitsausübung in einem Fall angenommen, in dem ein Verantwortlicher in einem Mitgliedstaat einen Vertreter bestellt hatte, der mit Kunden im betreffenden Mitgliedstaat über die Begleichung unbezahlter Forderungen verhandelt, eine Website in der Sprache des entsprechenden Mitgliedstaats betrieben, ein Bankkonto zur Einziehung von Forderungen und zur Abwicklung der laufenden Geschäfte ein Postfach im Hoheitsgebiet dieses Mitgliedstaats unterhalten hatte.[48] Auf das individuelle Ausmaß oder die Intensität der ausgeübten Tätigkeit soll es regelmäßig nicht ankommen.[49]

Die Datenverarbeitung des Verantwortlichen oder Auftragsverarbeiters muss **„im Rah-**   **231** **men der Tätigkeiten"** der Niederlassung erfolgen. Wie Erwägungsgrund 124 der DS-GVO zum Ausdruck bringt, muss die Datenverarbeitung in einem Zusammenhang mit der in der Niederlassung ausgeübten Tätigkeit stehen.[50] Hierfür ist das **Maß bzw. der Umfang der Beteiligung** der Niederlassung an den Aktivitäten, in deren Rahmen personenbezogene Daten verarbeitet werden, entscheidend.[51] Die Niederlassung muss in die betreffende Datenverarbeitung einbezogen sein, ihre Tätigkeit einen unmittelbar datenverarbeitenden Zusammenhang aufweisen.[52] Nach Ansicht des EuGH in seiner Entscheidung *Google Spain* ist das Merkmal der Datenverarbeitung „im Rahmen der Tätigkeiten" nicht eng auszulegen und kann bereits bei bloßen Werbe- oder Vertriebsniederlassungen erfüllt sein.[53] Die in Rede stehende Verarbeitung personenbezogener

45 *Wieczorek*, DuD 2013, 644 (647).
46 Vgl. EuGH, Urt. v. 1.10.2015, C-230/14, ECLI:EU:C:2015:639, Rn. 29 f. – *Weltimmo*; kritisch mit Blick auf den Wortlaut *Kartheuser/Schmitt*, ZD 2016, 155 (157).
47 Vgl. EuGH, Urt. v. 1.10.2015, C-230/14, ECLI:EU:C:2015:639, Rn. 29 – *Weltimmo*.
48 EuGH, Urt. v. 1.10.2015, C-230/14, ECLI:EU:C:2015:639, Rn. 29 – *Weltimmo*
49 Vgl. EuGH, Urt. v. 28.7.2016, C-191/15, ECLI:EU:C:2016:612, Rn. 75 – *Verein für Konsumenteninformation*; Urt. v. 1.10.2015, C-230/14, ECLI:EU:C:2015:639, Rn. 31 – *Weltimmo*.
50 Auf einen „Zusammenhang" stellt auch die *Art.-29-Datenschutzgruppe* ab, vgl. Stellungnahme 8/2010 zum anwendbaren Recht, WP 179, 16.12.2010, S. 16.
51 *Art.-29-Datenschutzgruppe*, Stellungnahme 8/2010 zum anwendbaren Recht, WP 179, 16.12.2010, S. 17.
52 Vgl. *Karg*, ZD 2013, 371 (374); *Ott*, MMR 2009, 158 (160); *Pauly/Ritzer/Geppert*, ZD 2013, 423 (425); *Stadler*, ZD 2011, 57 (58).
53 EuGH, Urt. v. 13.5.2014, C-131/12, ECLI:EU:C:2014:317 – *Google Spain*; kritisch *Voigt*, ZD 2014, 15 (17).

Daten muss nach Ansicht des EuGH nicht zwingend „von" der betreffenden Niederlassung selbst ausgeführt werden.[54] Für eine relevante Beteiligung der Niederlassung an der Datenverarbeitung soll es vielmehr ausreichen, dass die Niederlassung lediglich mit der eigentlichen Datenverarbeitung wirtschaftlich verknüpft und als untrennbar miteinander verbunden anzusehen ist.[55] Aus dieser noch zur DSRL ergangenen Entscheidung des EuGH folgte, dass sich „Internetgiganten" wie Google schon unter der DSRL nicht dem europäischen Datenschutzrecht entziehen konnten. Das jetzt explizit in Art. 3 Abs. 2 DS-GVO normierte Marktortprinzip (dazu sogleich unter 2.) wurde durch den EuGH in der Entscheidung *Google Spain* folglich partiell „vorweggenommen".

2. Niederlassung außerhalb der EU (Art. 3 Abs. 2 DS-GVO)

232   Eine Anwendung der DS-GVO kann sich auch für Verantwortliche und Auftragsverarbeiter ergeben, die außerhalb der EU niedergelassen sind. So regelt Art. 3 Abs. 2 DS-GVO die räumliche Anwendbarkeit der DS-GVO für Fälle, in denen der Verantwortliche oder Auftragsverarbeiter – anders als in den Fällen des Art. 3 Abs. 1 DS-GVO – nicht in der Union niedergelassen ist. Die Vorschrift ist dann einschlägig, wenn entweder überhaupt keine Niederlassung in der Union existiert oder aber die Niederlassung in der Union die Anforderungen des Art. 3 Abs. 1 DS-GVO nicht erfüllt, weil die fragliche Datenverarbeitung **nicht im Rahmen ihrer Tätigkeiten** erfolgt.[56]

233   Voraussetzung ist weiter, dass die Datenverarbeitung in Zusammenhang steht mit einem Angebot von Waren oder Dienstleistungen gegenüber betroffenen Personen in der Union oder einer Beobachtung deren Verhaltens. Dieses sog. **Marktortprinzip** wurde erstmalig in die DS-GVO eingefügt.[57] Zuvor galt für außerhalb der Union niedergelassene Verantwortliche das europäische Datenschutzrecht nach der DSRL nur dann, wenn bei der Datenverarbeitung „auf automatisierte oder nicht automatisierte Mittel" zurückgegriffen wurde, die im Hoheitsgebiet des betreffenden Mitgliedstaats belegen waren. Dies sollte nur dann nicht der Fall sein, wenn diese Mittel lediglich zum Zweck der Durchfuhr durch das Gebiet der Europäischen Gemeinschaft verwendet wurden.[58] Damit galt unter der DSRL insoweit ein Territorialitätsprinzip, dessen Anwendung sich gerade in Bezug auf Internetsachverhalte als deutlich unbefriedigend erwies.[59] Auch unter der Geltung der DSRL wurde in der deutschen datenschutzrechtlichen Literatur aber vereinzelt der Versuch unternommen, im Sinne einer normativen Auslegung wertende Kriterien (z.B. Sprache, länderspezifische Domains) zur Bestimmung der räumlichen Anwendbarkeit des Datenschutzrechts heranzuziehen.[60] Schließlich legte

---

54 EuGH, Urt. v. 28.7.2016, C-191/15, ECLI:EU:C:2016:612, Rn. 78 – *Verein für Konsumenteninformation*; Urt. v. 1.10.2015, C-230/14, ECLI:EU:C:2015:639, Rn. 35 – *Weltimmo*; Urt. v. 13.5.2014, C-131/12, ECLI:EU:C:2014: 317, Rn. 52 – *Google Spain*.

55 EuGH, Urt. v. 13.5.2014, C-131/12, ECLI:EU:C:2014:317, Rn. 56 – *Google Spain*.

56 *Klar*, in: Kühling/Buchner (Hrsg.), DS-GVO/BDSG, 2. Aufl. 2018, Art. 3 DS-GVO Rn. 60.

57 Näher zum Marktortprinzip *Klar*, in: Kühling/Buchner (Hrsg.), DS-GVO/BDSG, 2. Aufl. 2018, Art. 3 DS-GVO Rn. 6 f.

58 Art. 4 Abs. 1 lit. c DSRL.

59 *Klar*, Datenschutzrecht und die Visualisierung des öffentlichen Raums, 179 ff.

60 Vgl. *Duhr/Naujok/Schaar*, MMR 2001, XVI (XVII); *Jotzo*, MMR 2009, 232 (237); *Ott*, MMR 2009, 158 (160); *Weichert*, VuR 2009, 323 (326).

auch der EuGH in seiner vielbeachteten Entscheidung *Google Spain* in Bezug auf Suchmaschinenbetreiber marktortbezogene Kriterien zugrunde und griff damit dem neuen Art. 3 Abs. 2 DS-GVO gleichsam vor.[61] In der Literatur wurde diese weite Auslegung des EuGH mit Blick auf den Wortlaut und die Zielsetzungen der DSRL mitunter kritisiert,[62] vielerorts aber auch ausdrücklich begrüßt.[63]

a) Angebot von Waren und Dienstleistungen in der EU (Art. 3 Abs. 2 lit. a DS-GVO)

Voraussetzung für die Anwendbarkeit der DS-GVO auf außerhalb der EU niedergelassene Verantwortliche oder Auftragsverarbeiter ist nach Art. 3 Abs. 2 lit. a DS-GVO, dass die Verarbeitung personenbezogener Daten mit einem **Angebot von Waren oder Dienstleistungen** an betroffene Personen in der Union im Zusammenhang steht. Die Regelung gilt unabhängig davon, ob von der betroffenen Person für die Entgegennahme der Ware oder Dienstleistung eine Zahlung zu leisten ist.   **234**

Der Begriff des Angebots ist losgelöst von einem klassisch zivilrechtlichen Verständnis, d.h. **autonom zu interpretieren**. Ein **Angebot** im Sinne dieser unionsrechtlichen Vorschrift liegt zwar jedenfalls immer dann vor, wenn der Verantwortliche oder Auftragsverarbeiter eine auf einen Vertragsschluss gerichtete Willenserklärung abgibt. Die Bedeutung der Vorschrift ist hierauf jedoch nicht beschränkt. Sie ist jedenfalls auch auf solche Datenverarbeitungen zu erstrecken, die im Rahmen einer bloßen Aufforderung zur Abgabe eines Angebots erfolgen (*invitatio ad offerendum*). Ob es tatsächlich zu einem Vertragsschluss kommt, ist unerheblich.[64] Nicht zwingend erforderlich ist ein aktives Handeln des Verantwortlichen oder Auftragsverarbeiters. Auch das bloße passive Bereithalten eines Angebots auf einer Internetseite kann daher ein Angebot i.S.d. Vorschrift darstellen.[65] Im Übrigen sind an das Vorliegen eines Angebots keine hohen Anforderungen zu stellen. Eine weite Auslegung folgt daraus, dass es nach dem Wortlaut der Vorschrift ausreicht, dass die Datenverarbeitung mit einem Angebot von Waren oder Dienstleistungen lediglich „im Zusammenhang" stehen muss.   **235**

Erfasst sind damit nicht nur unmittelbar auf eine Angebotsabgabe bezogene Datenverarbeitungen, sondern auch solche, die diesen Zweck lediglich **mittelbar** verfolgen.[66] So wird man auch solche Datenverarbeitungen unter die Vorschrift fassen können, die einem Angebot in zeitlicher Hinsicht vor- oder nachgelagert sind. Angesprochen sind damit insbesondere zu Werbezwecken vorgenommene Datenverarbeitungen, wie beispielsweise im Zusammenhang mit der Bestellung von Werbe- oder Informationsmaterial von der Webseite eines Hotels.[67]   **236**

Nach Art. 3 Abs. 2 lit. a DS-GVO muss die Datenverarbeitung mit einem Angebot von Waren oder Dienstleistungen **„in der Union"** im Zusammenhang stehen. Erwägungs-   **237**

---

61 Vgl. zur Entscheidung *Google Spain* ausführlich → Rn. 136 und 231.
62 Vgl. nur *Leupold*, MR-Int 2014, 3 (4); ferner *Beyvers/Herbrich*, ZD 2014, 558 (561).
63 Vgl. nur *Kühling*, EuZW 2014, 527.
64 *Piltz*, K&R 2016, 557 (559).
65 *Klar*, in: Kühling/Buchner (Hrsg.), DS-GVO/BDSG, 2. Aufl. 2018, Art. 3 DS-GVO Rn. 67.
66 Vgl. *Klar*, in: Kühling/Buchner (Hrsg.), DS-GVO/BDSG, 2. Aufl. 2018, Art. 3 DS-GVO Rn. 69.
67 *Klar*, in: Kühling/Buchner (Hrsg.), DS-GVO/BDSG, 2. Aufl. 2018, Art. 3 DS-GVO Rn. 69.

grund 23 der DS-GVO macht deutlich, dass das Angebot i.S.d. Marktortprinzips auf betroffene Personen, die sich in der Union befinden, **ausgerichtet** sein muss. Ob dies der Fall ist, ist im Wege einer Gesamtschau zu ermitteln. Erwägungsgrund 23 der DS-GVO führt mehrere Merkmale auf, auf die es bei der Bestimmung ankommen soll.[68] Entscheidend ist nach Erwägungsgrund 23 der DS-GVO, ob es der Verantwortliche oder Auftragsverarbeiter **„offensichtlich beabsichtigt"**, betroffenen Personen in einem oder mehreren Mitgliedstaaten der Union Dienstleistungen anzubieten. Diese Voraussetzung wird man nicht als erfüllt ansehen können, wenn es bloß faktisch möglich ist, auf einer Webseite eine Bestellung aufzugeben. Zu fordern ist vielmehr eine deutlich erkennbare Ausrichtung des Angebots auf das Marktgebiet (mindestens eines) der Mitgliedstaaten der Union. Da die Absicht „offensichtlich" sein muss, wirken sich Mehrdeutigkeiten nicht zu Lasten des Verantwortlichen oder des Auftragsverarbeiters aus. Erwägungsgrund 23 der DS-GVO bestimmt weiter, dass die bloße Zugänglichkeit einer Website eines Verantwortlichen oder eines Vermittlers in der Union oder einer E-Mail-Adresse oder anderer Kontaktdaten oder die Verwendung einer Sprache, die in dem Drittland, in dem der Verantwortliche niedergelassen ist, allgemein gebräuchlich ist, keinen ausreichenden Anhaltspunkt für ein „offensichtliches Beabsichtigen" darstellt. Dagegen sollen Faktoren, wie die Verwendung einer Sprache oder Währung, die in einem oder mehreren Mitgliedstaaten gebräuchlich ist, in Verbindung mit der Möglichkeit, Waren und Dienstleistungen in dieser anderen Sprache zu bestellen, und/oder die Erwähnung von Kunden oder Nutzern, die sich in der Union befinden, darauf hindeuten, dass der Verantwortliche es beabsichtigt, betroffenen Personen in der Union Waren oder Dienstleistungen anzubieten.

238   Die in Erwägungsgrund 23 der DS-GVO aufgeführten Kriterien sind nicht abschließend. Der EuGH hat im Zusammenhang mit der Verordnung Nr. 44/2001[69] **weitere Merkmale** bestimmt, anhand derer zu beurteilen ist, ob eine Tätigkeit auf den Wohnsitzmitgliedstaat einer Person ausgerichtet ist. Diese Kriterien können auch im Rahmen von Art. 3 Abs. 2 lit. a DS-GVO herangezogen werden. Danach sind alle offenkundigen Ausdrucksformen des Willens des Anbietenden, Personen in diesem Mitgliedstaat als Kunden zu gewinnen, in Betracht zu ziehen.[70] Das Bestehen eines solchen Willens wird sowohl durch die ausdrückliche Angabe belegt, Dienstleistungen oder Produkte in einem oder mehreren namentlich genannten Mitgliedstaaten anzubieten als auch durch die Tätigung von Ausgaben für einen Internetreferenzierungsdienst des Betreibers einer Suchmaschine, die das Ziel verfolgt, in verschiedenen Mitgliedstaaten wohnhaften Verbrauchern den Zugang zur Website des Anbieters zu erleichtern.[71] Ergänzend können auch Kriterien wie die Angabe einer internationalen Vorwahl, die Verwendung

---

68 Die Merkmale wurden auf die Initiative des Rats der Europäischen Union in den Verordnungstext aufgenommen (vgl. *Rat der Europäischen* Union, Interinstitutionelles Dossier 2012/0011 (COD), 10227/13 v. 31.5.2013, 6) und lehnen sich an die Rspr. des EuGH, Urt. v. 7.11.2010, C-585/08 u. C-144/09, ECLI:EU:C:2010:740, Rn. 47 ff. – *Pammer und Hotel Alpenhof* im Zusammenhang mit der Verordnung Nr. 44/2001, ABl. EG 2001 L 12, 1, an.

69 Verordnung (EG) Nr. 44/2001, ABl. EG 2001 L 12, 1.

70 EuGH, Urt. v. 7.11.2010, C-585/08 u. C-144/09, ECLI:EU:C:2010:740, Rn. 80 – *Pammer und Hotel Alpenhof*.

71 EuGH, Urt. v. 7.11.2010, C-585/08 u. C-144/09, ECLI:EU:C:2010:740, Rn. 81 – *Pammer und Hotel Alpenhof*.

mitgliedstaatspezifischer Top-Level-Domains (z.B. „.uk", „.fr", oder „.es"),[72] Anfahrtsbeschreibungen von einem oder mehreren Mitgliedstaaten aus zum Ort der Niederlassung oder die Wiedergabe von Kundenbewertungen aus der EU herangezogen werden.[73] Für ein Ausrichten auf die Union kann es auch sprechen, dass der Anbieter eine spezielle Kostenregelung für Versendungen in Mitgliedstaaten der EU vorhält.

b) Verhaltensbeobachtung (Art. 3 Abs. 2 lit. b DS-GVO)

Nach Abs. 2 lit. b DS-GVO erstreckt sich der Anwendungsbereich der DS-GVO auch auf die Datenverarbeitung durch außerhalb der EU niedergelassene Verantwortliche oder Auftragsverarbeiter, die im Zusammenhang steht mit der **Beobachtung des Verhaltens** betroffener Personen, die sich in der Union befinden, soweit ihr Verhalten in der Europäischen Union erfolgt.   **239**

Nach Erwägungsgrund 24 der DS-GVO sind diese Voraussetzungen erfüllt, wenn die Internetaktivitäten einer betroffenen Person nachvollzogen werden, einschließlich der möglichen nachfolgenden Verwendung von Techniken zur Verarbeitung personenbezogener Daten, durch die von einer natürlichen Person ein Profil erstellt wird, das insbesondere die Grundlage für sie betreffende Entscheidungen bildet oder anhand dessen ihre persönlichen Vorlieben, Verhaltensweisen oder Gepflogenheiten analysiert oder vorausgesagt werden sollen. Die Vorschrift zielt nach Erwägungsgrund 24 der DS-GVO ausdrücklich auf **Internetsachverhalte** ab. Vorgänge außerhalb des Internets können daher grundsätzlich nicht Gegenstand der Beobachtung i.S.v. Art. 3 Abs. 2 lit. b DS-GVO sein.[74] Dies hat zur Folge, dass beispielsweise eine Beobachtung des Verhaltens von betroffenen Personen mittels **Satellitenaufnahmen** wie z.B. Google Earth – wie auch schon unter der DSRL[75] – nicht unter das europäische Datenschutzrecht fällt.[76]   **240**

Welche Anwendungsfälle konkret von Art. 3 Abs. 2 lit. b DS-GVO erfasst sind, wird in der DS-GVO nicht näher geregelt. Der Vorschrift lässt sich jedenfalls entnehmen, dass die Beobachtung auf eine bestimmte **Dauer angelegt** sein muss. Hierfür spricht zum einen der Wortsinn des Begriffs „Beobachtung", der von einer zeitlichen Komponente geprägt ist. Zum anderen folgt dies aus Erwägungsgrund 24 der DS-GVO, der explizit Maßnahmen des Trackings und Profilings anspricht, deren Erfolg nur bei einer auf Kontinuität angelegten Beobachtung eintreten kann. Darüber hinaus muss die Beobachtung eine gewisse **Intensität** aufweisen. Maßnahmen, die erkennbar von vornherein als einmalige und punktuelle Handlungen ausgestaltet sind, stellen keine Beobach-   **241**

---

72 Vgl. auch die Vorversion von Erwägungsgrund 23 des Entwurfs der *Europäischen Kommission*, Proposal for a Regulation of the European Parliament and of the Council on the Protection of Individuals with Regard to the Processing of Personal Data and on the Free Movement of Such Data (General Data Protection Regulation), Version 56 (29/11/2011), 20.

73 Vgl. EuGH, Urt. v. 7.11.2010, C-585/08 u. C-144/09, ECLI:EU:C:2010:740, Rn. 83 – *Pammer und Hotel Alpenhof.*

74 *Klar*, in: Kühling/Buchner (Hrsg.), DS-GVO/BDSG, 2. Aufl. 2018, Art. 3 DS-GVO Rn. 92.

75 Vgl. *Klar*, Datenschutzrecht und die Visualisierung des öffentlichen Raums, 173 ff.

76 Sofern solche Aufnahmen anschließend jedoch im Internet zum Abruf bereitgehalten werden, kann diese Form der Datenverarbeitung unter Umständen unter die Regelung des Art. 3 Abs. 2 lit. a DS-GVO fallen.

tung dar.[77] Nicht erforderlich ist es dagegen, dass die Beobachtung einer flächende-ckenden oder systematischen Überwachung gleichkommt oder bereits unmittelbar Entscheidungen zulasten der Persönlichkeitsrechte der betroffenen Personen getroffen werden.[78] Der Verordnungsgeber hat sich vielmehr bewusst gegen den Begriff der Überwachung entschieden, der im Entwurf des Europäischen Parlaments noch vorge-sehen war.[79]

242   Unter die Vorschrift fallen insbesondere jegliche Formen des **Profilings**[80] und des (diesem vorgelagerten) **Trackings**[81] im Internet durch Analyse-Tools, die wie etwa **Cookies**[82] eine individuelle Rückverfolgbarkeit der Nutzer ermöglichen oder Zwecke der individuellen **Werbung** (Targeted Advertising) verfolgen.[83] Ferner sind **Social Plugins**[84] und sonstige Schaltflächen im Internet erfasst, die wie der „Like-Button" von Facebook die von betroffenen Personen aufgesuchten Internetseiten registrieren.[85] Ebenfalls ist der Anwendungsbereich der Vorschrift eröffnet bei sonstigen sog. „Value-Added Services", bei denen beispielsweise ein Cloud-Anbieter das genutzte Daten-volumen seines Cloud-Nutzers erfasst, um ihm beim Überschreiten einer bestimmten Kapazität ein höheres Speicherkontingent anzubieten.[86]

3. Anwendbarkeit aufgrund völkerrechtlicher Vorgaben (Art. 3 Abs. 3 DS-GVO)

243   Der Anwendungsbereich der DS-GVO wird nach Art. 3 Abs. 3 DS-GVO erstreckt auf die Verarbeitung personenbezogener Daten durch einen nicht in der Union niedergelasse-nen Verantwortlichen an einem Ort, der aufgrund **Völkerrechts dem Recht eines Mit-gliedstaats unterliegt**. Erwägungsgrund 25 der DS-GVO bestimmt, dass die Vorschrift für Fälle gelten soll, in denen nach internationalem Recht das innerstaatliche Recht eines Mitgliedstaats anwendbar ist und nennt das Beispiel einer **diplomatischen oder**

---

77 Hierzu *Klar*, ZD 2013, 109 (113).
78 *Klar*, in: Kühling/Buchner (Hrsg.), DS-GVO/BDSG, 2. Aufl. 2018, Art. 3 DS-GVO Rn. 95.
79 Der Entwurf der Europäischen Kommission und der des Rats sprechen ebenso nur von einer „Beobachtung".
80 Unter „Profiling" sind nach Art. 4 Nr. 4 DS-GVO Datenauswertungen zu verstehen, die dem Zweck dienen, bestimmte persönliche Aspekte, die sich auf eine natürliche Person beziehen, zu bewerten. Damit ist insbesondere eine Datenverarbeitung gemeint, die Aspekte wie die Arbeits-leistung, die wirtschaftliche Lage, die Gesundheit, die persönliche Vorlieben, die Interessen, die Zuverlässigkeit, das Verhalten, den Aufenthaltsort oder den Ortswechsel der betroffenen Person analysieren oder vorhersagen.
81 Unter Tracking ist das Sammeln von Informationen über einen Nutzer (z.B. über dessen Surf-verhalten) zu verstehen.
82 Cookies sind kleine Textdateien, die auf dem Endgerät eines Nutzers abgelegt werden und des-sen Wiedererkennung ermöglichen. Besucht ein Nutzer eine Webseite erneut, erkennt die Web-seite das gespeicherte Cookie und kann so z.B. das Nutzungsverhalten des Nutzers (Besuchte Seiten, Warenkorb, etc.) registrieren.
83 Vgl. *Härting*, BB 2012, 459 (462); *Piltz*, K&R 2016, 557 (559); *Wieczorek*, DuD 2013, 644 (648).
84 Social Plugins sind optionale Software-Erweiterungen, die Webseitenbetreiber einsetzen kön-nen, um z.B. Dienste von Facebook, Twitter oder Google+ auf ihren Webseiten einzubinden. Die Nutzer können dann die Inhalte dieser Webseiten in ihren Profilen in sozialen Netzwerken mit anderen Nutzern teilen.
85 *Hornung*, ZD 2012, 99 (102); *Schantz*, NJW 2016, 1841 (1842).
86 *Klar*, in: Kühling/Buchner (Hrsg.), DS-GVO/BDSG, 2. Aufl. 2018, Art. 3 DS-GVO Rn. 98.

konsularischen Vertretung eines Mitgliedstaats. Darüber hinaus kann die Vorschrift in Bezug auf Botschaften, Schiffe oder Flugzeuge in Betracht kommen.[87]

4. Vorgaben im BDSG (§ 1 Abs. 4 BDSG)

Das BDSG sieht in § 1 Abs. 4 BDSG eigene Vorschriften zum räumlichen Anwendungsbereich des BDSG vor. Danach finden die nationalen Vorschriften des BDSG Anwendung, soweit der Verantwortliche oder Auftragsverarbeiter personenbezogene Daten **im Inland** verarbeitet, § 1 Abs. 4 S. 2 Nr. 1 BDSG. Ferner ist das BDSG anwendbar, wenn die Datenverarbeitung im Rahmen der Tätigkeiten einer **inländischen Niederlassung** des Verantwortlichen oder Auftragsverarbeiters erfolgt, § 1 Abs. 4 S. 2 Nr. 2 BDSG. Schließlich soll das BDSG nach seinem § 1 Abs. 4 S. 2 Nr. 3 gelten, wenn der Verantwortliche oder Auftragsverarbeiter zwar keine Niederlassung in einem Mitgliedsstaat der Europäischen Union oder in einem anderen Vertragsstaat des Abkommens über den Europäischen Wirtschaftsraum hat, er aber in den **Anwendungsbereich der DS-GVO** fällt.

244

Diese pauschale Definition des räumlichen Anwendungsbereichs im BDSG ist **unionsrechtlich nicht unproblematisch**. Denn in einigen Öffnungsklauseln sind spezielle Hinweise auf die Anwendbarkeit des jeweils mitgliedstaatlichen Rechts angelegt.[88] Ein spannungsfreies Verhältnis zu Art. 3 DS-GVO und etwaigen Datenschutzgesetzen anderer Mitgliedstaaten wird durch § 1 Abs. 4 BDSG daher nicht in jedem Fall gewährleistet sein.

245

■   **Lösung zu Fallbeispiel 5 – Google Spain – Räumlicher Anwendungsbereich der DS-GVO**[89]   **246**
    (Rn. 226)

    A. *Art. 3 Abs. 1 DS-GVO Niederlassung?*
       ⇒ Effektive und tatsächliche Ausübung einer Tätigkeit mittels einer festen Einrichtung durch die Google Inc.?
         ⇒ E.A. Niederlassung (-), d.h. DS-GVO nicht anwendbar, da die Anzeige der Verlinkung durch die Google Inc. keine Tätigkeit darstellt, die „im Rahmen der Tätigkeiten" der Google Spain SL (Platzierung von Werbeanzeigen) erfolgt
         ⇒ A.A. Niederlassung (+), ausreichend, dass Google Spain SL lediglich mit der betreffenden Datenverarbeitung, die durch die Google Inc. ausgeführt wird, wirtschaftlich verknüpft ist (Förderung des Verkaufs von Werbeflächen und der Verkauf selbst, mit denen die Dienstleistung der Suchmaschine rentabel gemacht werden soll; so noch zur Rechtslage unter der DSRL EuGH, Urt. v. 13.5.2014, C-131/12, EU:C:2014:317)
       → Damit hier Anwendbarkeit nach Art. 3 Abs. 1 DS-GVO (-)/(+)
    B. *Art. 3 Abs. 2 DS-GVO*
       ⇒ Angebot von Waren und Dienstleistungen?
       → (+), Suchergebnisse stehen im Zusammenhang mit dem Angebot von eigenen Waren und Dienstleistungen und solchen Dritter
    C. *Ergebnis*
       Anforderungen des Art. 3 Abs. 1 (a.A. vertretbar) bzw. Abs. 2 DS-GVO erfüllt; DS-GVO ist anwendbar

---

87 So noch zur DSRL *Art.-29-Datenschutzgruppe*, Stellungnahme 8/2010 zum anwendbaren Recht, WP 179, 16.12.2010, S. 22.
88 Ausführlich *Klar*, in: Kühling/Buchner (Hrsg.), DS-GVO/BDSG, 2. Aufl. 2018, Art. 3 DS-GVO Rn. 108.
89 Zur Originalentscheidung siehe → Rn. 136 und 231.

B. Wesentliche Begriffe im Datenschutzrecht

I. Personenbezogene Daten

247   ┌─ **Fallbeispiel 6** ──

IP-Adressen – Personenbezogene Daten und Haushaltsausnahme[90]

A betreibt eine kostenlose Webseite, auf der sich Besucher durch entsprechende Anleitungen und Videos darüber informieren können, wie sie ihre Smartphones im Falle von Beschädigungen, z.B. bei einem defekten Akku oder einem Sprung im Display, selbst reparieren können. Über Werbeflächen Dritter, die auf der Webseite eingebunden sind und auf denen Ersatzteile für Smartphones jeglicher Art angepriesen werden, erzielt A Einnahmen, die ihm den Betrieb und die Wartung der Webseite ermöglichen und zugleich seinen Lebensunterhalt sichern.

Als ihn sein Freund F, ein bekennender Datenschützer, zu einem Vortrag mit dem Titel „Die DS-GVO ist da! Sind Sie bereit?" einlädt, lehnt A dankend ab. Seiner Ansicht nach sei das Thema Datenschutz für ihn nicht relevant. Zum einen betreibe er seine Webseite rein privat. Zum anderen verarbeite er überhaupt keine Daten irgendwelcher Personen. Alles, was er über die Besucher seiner Webseite speichere, seien rein technische Daten, wie insbesondere die IP-Adresse der Besucher. Diese werde dem Besucher aber von dessen Internetzugangsanbieter (IZA) zugeteilt. Anders als der IZA, mit dem der Besucher einen Vertrag abgeschlossen habe, kenne er die Identität seiner Kunden nicht. Er benötige die „anonyme" IP-Adresse der Besucher lediglich dazu, den Besuchern seine Webseite zugänglich zu machen und einen Missbrauch seines Angebots zu verhindern und ggf. zu verfolgen. F meint sich dagegen zu erinnern, dass man – was zutrifft – in bestimmten Fällen den Inhaber einer IP-Adresse, z.B. über ein staatsanwaltschaftliches Auskunftsersuchen, ausfindig machen könne.

Hat A Recht, dass die DS-GVO für ihn nicht anwendbar ist?

(Lösung siehe Rn. 284)

1. Personenbezug und betroffene Person (Art. 4 Nr. 1 DS-GVO)

248   Zentrales Schutzobjekt der DS-GVO ist das personenbezogene Datum. Der Anwendungsbereich und die Schutzfunktion der DS-GVO sind nur dann eröffnet und einschlägig, wenn es sich bei den betreffenden Daten um personenbezogene Daten handelt. Personenbezogene Daten sind nur solche Informationen, die sich auf eine **natürliche Person** beziehen. Die DS-GVO nennt diese Personen „betroffene Personen". Juristische Personen sowie Personenmehrheiten und -gruppen sind aus dem Schutzbereich ausgenommen. Soweit Informationen über die Personengruppe aber auf ein identifiziertes oder identifizierbares Mitglied „durchschlagen", handelt es sich bei der Information um ein personenbezogenes Datum.[91] Dies kann etwa der Fall sein, wenn eine Angabe zur finanziellen Situation einer Personengesellschaft oder einer „Einmann-GmbH" gemacht wird.

---

90 Angelehnt an EuGH, Urt. v. 19.10.2016, C-582/14, ECLI:EU:C:2016:779 – *Breyer* = ZD 2016, 24 m. Anm. *Kühling/Klar.*
91 So noch zur DSRL *Art.-29-Datenschutzgruppe*, Stellungnahme 4/2007 zum Begriff „personenbezogene Daten", WP 136, 20.6.2007, S. 27; im Rahmen des BDSG a.F. *Dammann*, in: Simitis (Hrsg.), Kommentar zum BDSG, 8. Aufl. 2014, § 3 Rn. 19.

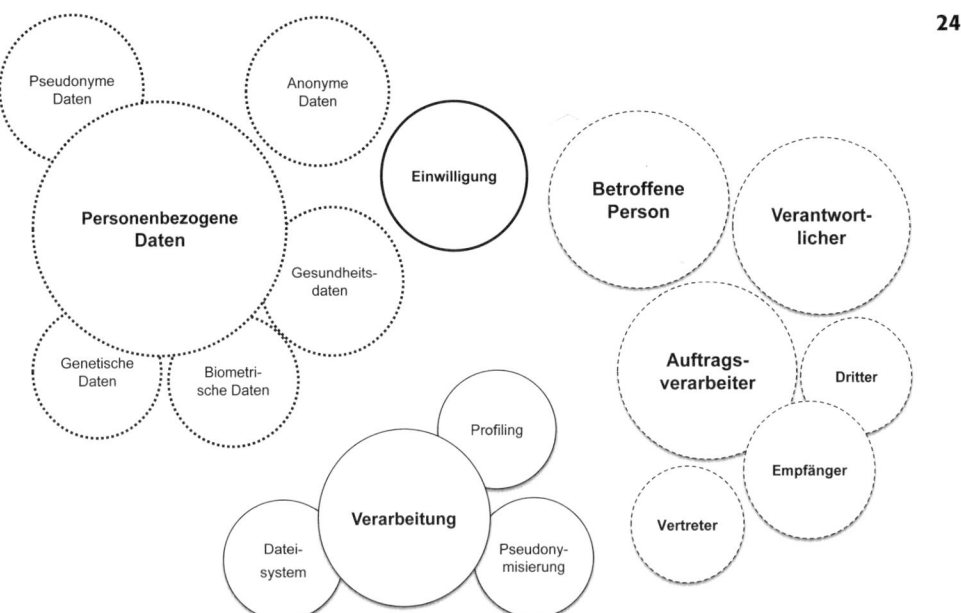

Abbildung 6:   Zentrale Grundbegriffe des Datenschutzrechts

Daten **Verstorbener** stellen nach Erwägungsgrund 27 der DS-GVO keine personenbe-   250
zogenen Daten dar. Allerdings können bestimmte Daten eines Verstorbenen einen
Bezug zu einer lebenden Person haben und insoweit einen Personenbezug aufweisen.[92] So ist beispielsweise die Information, der Verstorbene habe an einer Erbkrank-
heit gelitten, in Bezug auf den Verstorbenen kein geschütztes Datum, schon aber in
Bezug auf dessen noch lebende Verwandte.

a)   Informationen mit Bezug zu einer Person

Art. 4 Nr. 1 DS-GVO umfasst ohne Einschränkung **„alle Informationen"**, die sich auf   251
eine Person beziehen und ist daher **grundsätzlich weit** zu verstehen. Unter die Vorschrift fallen sowohl im Kontext verwendete persönliche Informationen wie Identifikationsmerkmale (z.B. Name, Anschrift und Geburtsdatum), äußere Merkmale (wie Geschlecht, Augenfarbe, Größe und Gewicht) oder innere Zustände (z.B. Meinungen,
Motive, Wünsche, Überzeugungen und Werturteile) als auch sachliche Informationen
wie etwa Vermögens- und Eigentumsverhältnisse, Kommunikations- und Vertragsbeziehungen und alle sonstigen Beziehungen der betroffenen Person zu Dritten und ihrer
Umwelt. Nach Auffassung des Bundesverfassungsgerichts, der auch auf europäischer
Ebene gefolgt wird, gibt es unter den Bedingungen der automatisierten Datenverarbeitung kein belangloses Datum.[93] Daher kommt es auf den Aussagegehalt und die **per-**

---

92 So noch zur DSRL *Art.-29-Datenschutzgruppe*, Stellungnahme 4/2007 zum Begriff „personenbezogene Daten", WP 136, 20.6.2007, S. 26.
93 BVerfG, Urt. v. 15.12.1983, 1 BvR 209/83 u.a. = BVerfGE 65, 1 (45) – *Volkszählung*.

sönlichkeitsrechtliche Implikation der Information nicht an. Bei der Beurteilung des Personenbezugs ist daher anders als etwa im Rahmen der Zulässigkeitstatbestände (vgl. etwa Art. 6 Abs. 1 UAbs. 1 lit. f DS-GVO) keine Interessenabwägung vorzunehmen. Selbst die Information, dass Person X zwei Arme hat, stellt ein personenbezogenes Datum i.S.v. Art. 4 Nr. 1 DS-GVO dar. Unerheblich ist auch die **Herkunft und Ausgestaltung** der Information. Umfasst sind demnach alle Informationen, seien sie in Form von Sprache, Schrift, Zeichen, Bild oder Ton, digital oder analog.[94]

252   Nach Art. 4 Nr. 1 DS-GVO muss sich die Information **„auf eine natürliche Person beziehen"**. Keinen Bezug zu einer Person weisen sog. **Sachdaten** auf. Sie beziehen sich nicht auf eine Person, sondern ausschließlich auf eine Sache. Dies ist z.B. bei der Aussage „Der Mount Everest ist der höchste Berg der Erde" oder „Das Fertighaus X kostet 200.000 Euro" der Fall. Dies gilt selbst dann, wenn bei dem Verantwortlichen oder einem Dritten das Wissen vorhanden ist, dass Person A den Mount Everest bestiegen hat oder Eigentümerin des Fertighauses X ist. Denn in diesem Fall ist lediglich das Merkmal der Identifizierbarkeit erfüllt, nicht jedoch die Voraussetzung, dass sich die Information (von sich heraus) auf eine Person bezieht. Insoweit ist eine ganze Reihe von Streitfällen denkbar, die in jedem Einzelfall einer differenzierten Lösung zuzuführen sind. Abgrenzungsfragen stellen sich vor allem im Zusammenhang mit der sog. Machineto-Machine-Kommunikation durch Alltagsgegenstände, die an das Internet angebunden sind, wie z.B. Fahrzeuge, Küchengeräte oder sog. Wearables (**„Internet der Dinge"**). Insoweit ist in der Regel nicht von Sachdaten auszugehen.[95] Die Abgrenzung vom Sachdatum zum personenbezogenen Datum kann hier nach dem kontextbezogenen Ansatz der Art.-29-Datenschutzgruppe erfolgen, den diese zum Begriff des personenbezogenen Datums aus Art. 2 lit a DSRL entwickelt hatte. Danach bezieht sich eine Information dann auf eine natürliche Person (und nicht auf eine Sache), wenn ein **Inhaltselement, ein Zweckelement oder ein Ergebniselement** vorhanden ist.[96] Ein Inhaltselement soll vorliegen, wenn unter Berücksichtigung aller Begleitumstände und unabhängig vom Zweck auf Seiten des Verantwortlichen oder eines Dritten oder von den Auswirkungen auf die betroffene Person Informationen über eine Person gegeben werden. Ein Zweckelement liegt vor, wenn es möglich ist, die Informationen zu dem Zweck der Beurteilung, Behandlung oder Beeinflussung einer Person zu verwenden. Auch ohne dass ein Inhalts- oder Zweckelement vorhanden ist, soll schließlich ein Ergebniselement immer dann vorliegen, wenn die Gefahr besteht, dass sich die Angabe unter Berücksichtigung aller Begleitumstände auf die Rechte und Interessen einer bestimmten Person auswirken kann. Dies kann etwa bei Informationen über die wirtschaftliche Nutzung und Verwertung von Immobilien der Fall sein.

---

94 *Klar/Kühling*, in: Kühling/Buchner (Hrsg.), DS-GVO/BDSG, 2. Aufl. 2018, Art. 4 Nr. 1 DS-GVO Rn. 9.

95 Hierzu etwa *Buchner*, DuD 2015, 372 (373 f.); *Kinast/Kühnl*, NJW 2014, 3057 (3058); *Lüdemann*, ZD 2015, 247 (249 f.).

96 So noch zur DSRL *Art.-29-Datenschutzgruppe*, Stellungnahme 4/2007 zum Begriff „personenbezogene Daten", WP 136, 20.6.2007, S. 10 ff.

b) Identifiziertheit und Identifizierbarkeit der Person

Die Informationen müssen sich auf eine identifizierte oder identifizierbare Person be- **253**
ziehen. Ob die betreffende Person identifiziert oder lediglich identifizierbar ist, spielt in
rechtlicher Hinsicht keine Rolle, da hieran jeweils keine unterschiedlichen gesetzlichen
Voraussetzungen geknüpft werden. Bei einer Interessenabwägung (z.B. im Rahmen
von Art. 6 Abs. 1 UAbs. 1 lit. f DS-GVO) kann dieser Umstand ggf. aber von Bedeutung
sein.

Wann eine Person i.S.d. Art. 4 Nr. 1 **„identifiziert"** ist, wird in der DS-GVO nicht näher **254**
erläutert. Von einer identifizierten Person ist auszugehen, wenn die Identität der Person unmittelbar aus der Information selbst folgt.[97] Dies ist beispielsweise der Fall,
wenn die Information ein Identifikationsmerkmal (z.B. Name, Anschrift und Geburtsdatum) der Person beinhaltet oder wenn der Inhalt der Information oder der Kontext
eine eindeutige Identifikation erlaubt, ohne dass auf weitere Informationen zurückgegriffen werden muss.

Dagegen ist eine Person **identifizierbar**, wenn die Information zwar für sich genom- **255**
men nicht ausreicht, um sie einer Person zuzuordnen, dies aber gelingt, sobald die
Information mit weiteren Informationen verknüpft wird.[98] So bestimmt Art. 4 Nr. 1 DS-
GVO, dass eine Person dann identifizierbar ist, wenn sie direkt oder indirekt, insbesondere mittels Zuordnung zu einer Kennung wie einem Namen, zu einer Kennnummer,
zu Standortdaten, zu einer Online-Kennung oder zu einem oder mehreren besonderen
Merkmalen, die Ausdruck der physischen, physiologischen, genetischen, psychischen,
wirtschaftlichen, kulturellen oder sozialen Identität dieser natürlichen Person sind,
identifiziert werden kann. Nach Erwägungsgrund 26 der DS-GVO sind bei der Frage, ob
eine Person identifizierbar ist, alle Mittel zu berücksichtigen, die von dem Verantwortlichen oder einer anderen Person nach allgemeinem Ermessen wahrscheinlich genutzt
werden, um die natürliche Person direkt oder indirekt zu identifizieren. Bei der Frage,
welche Mittel nach allgemeinem Ermessen wahrscheinlich zur Identifizierung genutzt
werden, sind nach Erwägungsgrund 26 der DS-GVO alle über die betreffende Person
bekannten oder ermittelbaren Informationen sowie alle objektiven Faktoren heranzuziehen, wie z.B. die Kosten der Identifizierung und der dafür erforderliche Zeitaufwand.
Inwieweit auch das **Wissen und die Mittel Dritter** zu berücksichtigen sind, die diese
zur Identifizierung einer Person verwenden können, ist umstritten. Die Problematik
betrifft die Frage, ob es bei der Herstellbarkeit des Personenbezugs auf den jeweils
Verantwortlichen ankommt (relativer Personenbezug) oder ob es ausreicht, dass ir-
gendein Dritter einen Personenbezug herstellen kann (absoluter Personenbezug). Zwischen beiden Extrempositionen findet sich eine Reihe von Mischformen.[99] Der EuGH
hat im Zusammenhang mit dem Personenbezug von IP-Adressen erste richtungswei-
sende Ausführungen dazu gemacht, welche Anforderungen an die Berücksichtigung

---

97 EuGH, Urt. v. 19.10.2016, C-582/14, ECLI:EU:C:2016:779, Rn. 38 – *Breyer* = ZD 2016, 24 m. Anm.
   Kühling/Klar.
98 *Klar/Kühling*, in: Kühling/Buchner (Hrsg.), DS-GVO/BDSG, 2. Aufl. 2018, Art. 4 Nr. 1 DS-GVO
   Rn. 19.
99 Dazu *Bergt*, ZD 2015, 365 ff.

des Wissens und die Mittel Dritter zu stellen sind.[100] Danach ist ein Personenbezug zu bejahen, wenn der Verantwortliche über **rechtliche Mittel** verfügt, um sich die Daten des Dritten verfügbar zu machen.[101] Dabei soll unerheblich sein, ob dies über den Umweg staatlicher Behörden erfolgt. Nach Ansicht des EuGH sollen gesetzlich verbotene Möglichkeiten außer Betracht bleiben, da sie regelmäßig nicht „vernünftigerweise" i.S.v. Erwägungsgrund 26 der DSRL – bzw. übertragen auf Erwägungsgrund 26 der DS-GVO nicht „nach allgemeinem Ermessen wahrscheinlich" – zur Bestimmung der betreffenden Person eingesetzt werden.[102] Der BGH hat sich dieser Auffassung angeschlossen.[103]

c) Beispiele

256   Bei dynamischen **IP-Adressen** verfügt prinzipiell nur der Internetzugangsanbieter des Nutzers über entsprechende LogDateien und Zuordnungsdateien, die erkennen lassen, welchem Nutzer er zu welcher Zeit welche IP-Adresse zugeordnet hat. Wie der EuGH in einer früheren Entscheidung festgestellt hat, ist die IP-Adresse daher für den Internetzugangsanbieter ein personenbezogenes Datum.[104] Nach einer jüngeren Entscheidung des EuGH liegt ein Personenbezug aber auch für den Webseitenbetreiber vor, soweit diesem rechtliche Mittel zustehen, Daten, die eine Identifikation ermöglichen, vom Internetzugangsanbieter herauszuverlangen. Ungeklärt ist, wie es zu bewerten ist, wenn das Endgerät – z.B. im Rahmen eines offenen WLAN – von mehreren Nutzern genutzt wird. Ein Bezug zu der natürlichen Person kann in diesem Fall fraglich sein.[105]

257   Gleiches gilt für die Einordnung von **Cookies** (vgl. dazu auch → Rn. 411). In der Regel lässt der Datensatz eines Cookies keinen Personenbezug zu. Hat der Nutzer aber bei dem den Cookie ablegenden Anbieter zu einem früheren Zeitpunkt Identifikationsmerkmale (z.B. seine IP-Adresse) hinterlassen oder hinterlässt er solche zu einem späteren Zeitpunkt (z.B. im Rahmen eines Bestell- oder Registrierungsvorgangs), kann die Information des CookieDatensatzes ggf. den Identifikationsmerkmalen des Nutzers zugeordnet werden. Möglich ist die Herstellung eines Personenbezugs auch, wenn der Nutzer mehrere Dienste desselben Anbieters nutzt (z.B. Google Mail und die Google Suchmaschine). In diesen Fällen kann der Anbieter den gebildeten Profilen meist sogar den Namen des Nutzers zuordnen.[106] Dasselbe gilt, wenn Mittel wie „Device-Fingerprinting" eingesetzt werden, bei denen der Nutzer selbst bei einem Wechsel der IP-Adresse aufgrund der individuellen Einstellungen seines Internetbrowsers wiederzu-

---

100   EuGH, Urt. v. 19.10.2016, C-582/14, ECLI:EU:C:2016:779, Rn. 31 ff. – *Breyer* = ZD 2016, 24 m. Anm. *Kühling/Klar*.
101   Vgl. EuGH, Urt. v. 19.10.2016, C-582/14, ECLI:EU:C:2016:779, Rn. 47 ff. – *Breyer* = ZD 2016, 24 m. Anm. *Kühling/Klar*.
102   EuGH, Urt. v. 19.10.2016, C-582/14, ECLI:EU:C:2016:779, Rn. 46 – *Breyer* = ZD 2016, 24 m. Anm. *Kühling/Klar*.
103   BGH, Urt. v. 16.5.2017, VI ZR 135/13= MMR 2017, 605, Rn. 26.
104   EuGH, Urt. v. 24.11.2011, C-70/10, ECLI:EU:C:2011:771, Rn. 51 – *Scarlet Extended*.
105   Vgl. *Bergt*, ZD 2015, 365 (370); *Keppeler*, CR 2016, 360 (363).
106   Vgl. *Art.-29-Datenschutzgruppe*, Stellungnahme 1/2008 zu Datenschutzfragen im Zusammenhang mit Suchmaschinen, WP 148, 4.4.2008, S. 24.

erkennen ist.[107] Ist eine Person über die so gesammelten Informationen identifizierbar, liegt für den Webseitenbetreiber ein personenbezogenes Datum vor.

Nach Erwägungsgrund 51 der DS-GVO können auch **Lichtbilder** von Personen (engl. **258** „photographs") personenbezogene Daten darstellen. Sofern sie mit entsprechenden technischen Mitteln verarbeitet werden, kommt auch eine Qualifikation als biometrische Daten i.S.v. Art. 4 Nr. 14 in Betracht. Ebenfalls können durch **Videoüberwachung** gewonnene Aufnahmen einen Personenbezug aufweisen, wenn die erfassten Personen erkennbar sind.[108]

Personenbezogene Daten (Art. 4 Nr. 1 DS-GVO)   259

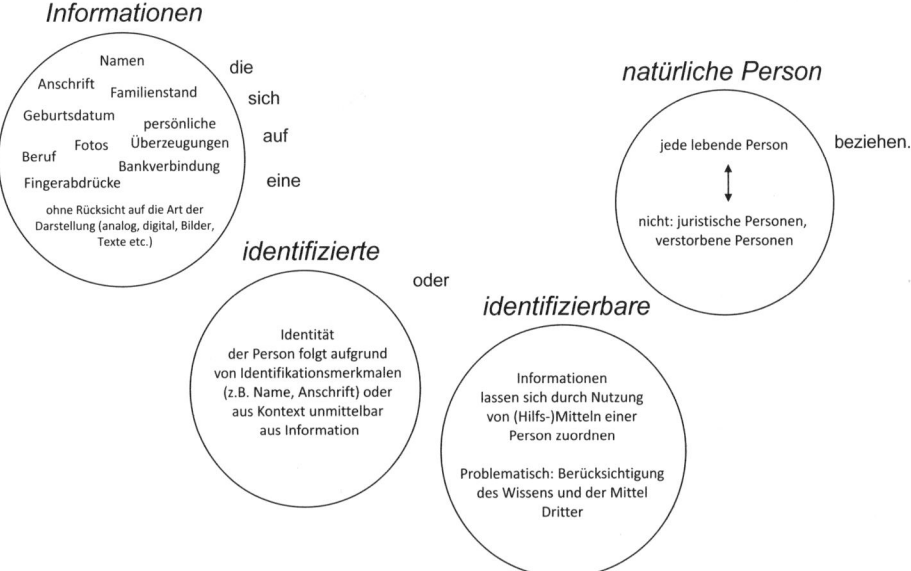

Abbildung 7: Personenbezogene Daten – Begriff

Visualisierungen des öffentlichen Raums wie **Gebäudeansichten** (z.B. i.R.v. Google **260** Street View) oder **Satelliten- und Luftbildaufnahmen** können einen Personenbezug aufweisen, wenn sie mit einer Adresse versehen bzw. georeferenziert sind.[109] Kein Personenbezug liegt dagegen bei Gebäudeabbildungen in einem Stadtführer vor, da es insoweit an einem Inhalts-, Ergebnis-, oder Zweckelement fehlt (vgl. zur Abgrenzung zu Sachdaten oben → Rn. 252). Bei Satelliten- und Luftbildaufnahmen kommt es zudem auf den Detaillierungsgrad, d.h. auf die Bodenauflösung der Abbildungen, an.[110]

---

107 Dazu *Karg/Kühn*, ZD 2014, 285; *Schmidt/Babilon*, K&R 2016, 86.
108 *Klar/Kühling*, in: Kühling/Buchner (Hrsg.), DS-GVO/BDSG, 2. Aufl. 2018, Art. 4 Nr. 1 DS-GVO Rn. 37.
109 Ausführlich *Klar*, Datenschutzrecht und die Visualisierung des öffentlichen Raums, S. 128 ff.
110 *Klar*, MMR 2012, 788 (792).

Insoweit sind von Unternehmen, die sich dem „GeoBusiness Code of Conduct" angeschlossen haben, bestimmte Schwellenwerte zu beachten.[111]

261   Angaben wie **Kennziffern** (z.B. eine Sozialversicherungsnummer) oder **E-Mail-Adressen** weisen einen Personenbezug auf, soweit sie „sprechend" sind, d.h. sie eindeutige Identifizierungsmerkmale (wie Namen etc.) enthalten.[112] Ansonsten ist entscheidend, ob der Verantwortliche oder ein Dritter, auf den der Verantwortliche Zugriff hat (zur Berücksichtigung des Wissens und der Mittel Dritter näher → Rn. 255), über ein korrelierendes Wissen zur Referenzierung verfügt.

2.   Anonyme Informationen und Pseudonymisierung

a)   Anonyme Informationen

262   In engem Zusammenhang mit dem Begriff des personenbezogenen Datums steht der Begriff der anonymen Information. Nach Erwägungsgrund 26 der DS-GVO gelten die Grundsätze des Datenschutzrechts **nicht für anonyme Informationen**, d.h. für Informationen, die sich (von vornherein) nicht auf eine identifizierte oder identifizierbare natürliche Person beziehen, oder personenbezogene Daten, die (nachträglich) in einer Weise anonymisiert worden sind, dass die betroffene Person nicht oder nicht mehr identifiziert werden kann.[113]

263   Durch die Formulierung macht der Verordnungsgeber deutlich, dass das anonyme Datum die Kehrseite des personenbezogenen Datums darstellt und ein Datum entweder personenbezogen oder anonym ist.[114] Anonyme Daten weisen also **keinen Personenbezug** auf. Ob eine natürliche Person nicht mehr identifizierbar und das Datum damit anonym ist, ist nach Maßgabe des Erwägungsgrundes 26 der DS-GVO zu prüfen, d.h. es sind **alle Mittel zu berücksichtigen**, die von dem Verantwortlichen oder einer anderen Person nach allgemeinem Ermessen wahrscheinlich genutzt werden, wobei insbesondere die Kosten der Identifizierung und der dafür erforderliche Zeitaufwand zu berücksichtigen sind.

264   Die Verordnung macht **keine technischen Vorgaben** dazu, welche Anforderungen an eine Anonymisierung zu stellen sind. Erwägungsgrund 26 der DS-GVO bestimmt jedoch, dass im Rahmen der Feststellung der Identifizierbarkeit einer Person die zum Zeitpunkt der Verarbeitung jeweils verfügbare Technologie und technologische Entwicklungen zu berücksichtigen sind. Daraus folgt, dass eingesetzte Anonymisierungsverfahren zumindest dem aktuellen Stand der Technik entsprechen müssen.

265   Als **Verfahren der Anonymisierung** kommen in der Praxis eine Löschung von identifizierenden Merkmalen (z.B. Name, Anschrift, Kontodaten), eine Aggregation von

---

111   Hierzu *Martini*, NVwZ-Extra 6/2016, 1 (6).
112   Dazu im Rahmen des BDSG a.F. *Dammann*, in: Simitis (Hrsg.), Kommentar zum BDSG, 8. Aufl. 2014, § 3 Rn. 61.
113   Ausführlich *Klar/Kühling*, in: Kühling/Buchner (Hrsg.), DS-GVO/BDSG, 2. Aufl. 2018, Art. 4 Nr. 1 DS-GVO Rn. 31 ff.
114   Ebenso *Karg*, DuD 2015, 520 (523).

Daten, die Bildung von Gruppen und/oder die kontrollierte Einbringung von Zufallsfehlern in Betracht.[115]

b) Pseudonymisierung (Art. 4 Nr. 5 DS-GVO)

Auch der Begriff der Pseudonymisierung nach Art. 4 Nr. 5 DS-GVO ist im Zusammenhang mit personenbezogenen Daten von Bedeutung. Eine Pseudonymisierung bietet sich in der Praxis immer dann an, wenn die jederzeitige Kenntnis der Identität einer Person verzichtbar ist, die Daten jedoch gleichzeitig unter bestimmten Bedingungen mit einer bestimmten Person verknüpfbar bleiben sollen. Charakteristisch für pseudonyme Daten ist – im Unterschied zu anonymen Daten – das **Bestehen einer Zuordnungsregel**, welche den unter einem Pseudonym erfassten Daten ein Identifikationsmerkmal einer Person zuweist. Eine Pseudonymisierung stellt daher keine Anonymisierung, sondern – wie Art. 32 Abs. 1 lit. a DS-GVO verdeutlicht – eine bloße **Sicherungsmaßnahme** dar.[116] Das Ziel der Pseudonymisierung besteht nach Erwägungsgrund 28 der DS-GVO darin, die Risiken für betroffene Personen zu senken und den Verantwortlichen und Auftragsverarbeiter bei der Einhaltung der Datenschutzpflichten zu unterstützen.   **266**

Die DS-GVO definiert in Art. 4 Nr. 5 DS-GVO das Pseudonymisieren als die Verarbeitung personenbezogener Daten in einer Weise, dass die personenbezogenen Daten ohne Hinzuziehung zusätzlicher Informationen nicht mehr einer spezifischen betroffenen Person zugeordnet werden können. In Abgrenzung zur Anonymisierung sind die zusätzlichen Informationen aber nicht zu löschen, sondern zu ersetzen und gesondert aufzubewahren. Gemeint ist hierbei eine technisch/räumlich getrennte Aufbewahrung.[117] Die personenbezogenen Daten sind zudem besonderen **technischen und organisatorischen Maßnahmen** zu unterwerfen, die gewährleisten, dass die Daten nicht einer identifizierten oder identifizierbaren natürlichen Person zugewiesen werden. In Betracht kommen insoweit die Maßnahmen nach Art. 32 DS-GVO. Diese müssen sicherstellen, dass der Nutzer der pseudonymisierten Daten keinen Zugang zur Zuordnungsregel hat. Ausweislich des Erwägungsgrundes 29 der DS-GVO sollte der Verantwortliche die insoweit zur Nutzung befugten Personen angeben.   **267**

Eine Pseudonymisierung personenbezogener Daten kann auf **verschiedene Arten** vorgenommen werden. So kann die Zuweisung des Pseudonyms durch die betroffene Person selbst erfolgen, etwa indem sie unter einer frei gewählten Nutzer-ID auftritt. Denkbar ist es auch, dass ein Dritter, z.B. eine Zertifizierungsstelle oder ein Datentreuhänder, das Pseudonym zuweist. Schließlich kann die Zuweisung des Pseudonyms durch den Verantwortlichen erfolgen (beispielsweise durch Zuweisung einer Kennziffer), dem die Identität der betroffenen Person bekannt ist.   **268**

---

115 Ausführlich *Art.-29-Datenschutzgruppe*, Stellungnahme 5/2014 zu Anonymisierungstechniken, WP 216, 10.4.2014; *Schefzig*, K&R 2014, 772 (776).

116 Ebenso bereits *Art.-29-Datenschutzgruppe*, Stellungnahme 5/2014 zu Anonymisierungstechniken, WP 216, 10.4.2014, S. 3 und 12.

117 Vgl. *Ernst*, in: Paal/Pauly (Hrsg.), DS-GVO, 2017, Art. 2 Rn. 43.

269   Für den **Vorgang der Pseudonymisierung** kommen verschiedene Möglichkeiten in Betracht, etwa die logische Trennung der Information, die Implementierung eines Rechte- und Rollenkonzepts oder die Erzeugung von Zufallswerten und die Zuordnung zur betroffenen Person mittels Referenzliste. Auch die Verschlüsselung von Daten kann eine Pseudonymisierung darstellen, obgleich Art. 6 Abs. 4 lit. e und Art. 32 Abs. 1 lit. a DS-GVO „Verschlüsselung" und „Pseudonymisierung" als zwei unterschiedliche im Abwägungsprozess zu berücksichtigende Maßnahmen beschreiben. Denn die Daten können erst nach Hinzuziehung zusätzlicher Informationen (des Schlüssels) wieder lesbar gemacht werden. Erwägungsgrund 83 der DS-GVO sieht insoweit vor, dass Verschlüsselungsmaßnahmen unter Berücksichtigung des Stands der Technik erfolgen sollen.

270   Erwägungsgrund 26 der DS-GVO bestimmt, dass pseudonymisierte Daten, die durch Heranziehung zusätzlicher Informationen einer natürlichen Person zugeordnet werden können, als Informationen über eine identifizierbare natürliche Person zu betrachten sind. Pseudonymisierte Daten weisen folglich einen **Personenbezug** auf. Dogmatisch gesehen handelt es sich bei pseudonymisierten Daten daher um einen Unterfall von personenbezogenen Daten.[118] Dies hat zur Folge, dass die Regelungen der DS-GVO für die Verarbeitung pseudonymisierter Daten im vollen Umfang zu beachten sind. Problematisch sind Fälle, in denen ein Verantwortlicher pseudonymisierte Daten selbst nicht durch Heranziehung zusätzlicher Informationen einer natürlichen Person zuordnen kann, aber ein Dritter im Besitz einer Zuordnungsregel ist. Virulent wird dies etwa dann, wenn ein Arzt pseudonymisierte Blutproben in ein Labor einschickt. Der Arzt kennt regelmäßig die Zuordnungsregel, wohingegen sie dem Labor unbekannt ist. Eine ähnliche Problematik besteht, wenn ein Treuhänder oder die betroffene Person selbst das Pseudonym verwaltet. Ob in diesen Fällen auch für die Stelle, die nicht über die Zuordnungsregel verfügt, ein Personenbezug vorliegt, ist vor dem Hintergrund der Grundsätze des EuGH zu beantworten, die dieser zur Frage der Berücksichtigung des Zusatzwissens Dritter postuliert hat.[119] Ist das Zusatzwissen nicht zu berücksichtigen, ist von anonymen Daten auszugehen.

271   Eine ausdrückliche Privilegierung der Verarbeitung pseudonymisierter Daten enthält die DS-GVO nicht.[120] Der praktische **Anreiz**, personenbezogene Daten zu pseudonymisieren, liegt aber darin, dass eine Interessenabwägung (dazu näher unter → Rn. 398 ff.) eher zugunsten des Verantwortlichen ausfallen wird, der eine Pseudonymisierung vornimmt, als wenn es zu keiner Pseudonymisierung kommt.[121] Auch ist der technisch-organisatorische Schutzbedarf bei pseudonymen Daten geringer. Zudem besteht im Falle von Datenschutzverstößen nach Art. 34 Abs. 3 lit. a DS-GVO keine Benachrichtigungspflicht gegenüber der betroffenen Person, wenn Verschlüsselungsverfahren angewandt wurden. Kommt es zu einer Zweckänderung bei der Datenverarbeitung, fließt die Tatsache, dass die Daten pseudonymisiert verarbeitet werden, nach Art. 6 Abs. 4 lit. e DS-GVO in den Abwägungsprozess ein. Überdies kann die privilegierte Verarbei-

---

118   Ebenso *Karg*, DuD 2015, 520 (524).
119   EuGH, Urt. v. 19.10.2016, C-582/14, ECLI:EU:C:2016:779, Rn. 31 ff. – *Breyer* = ZD 2016, 24 m. Anm. *Kühling/Klar*.
120   *Piltz*, K&R 2016, 557 (562); kritisch hierzu *Härting*, ITRB 2016, 36 (38).
121   *Härting*, NJW 2013, 2067; *Karg*, DuD 2015, 520 (524).

tung von personenbezogenen Daten zu im öffentlichen Interesse liegenden Archivzwecken, zu wissenschaftlichen oder historischen Forschungszwecken und zu statistischen Zwecken nach Art. 89 DS-GVO eine Pseudonymisierung erfordern.
Erwägungsgrund 29 der DS-GVO enthält zudem eine Privilegierung für die Verarbeitung im Rahmen allgemeiner Analysen. Danach sollen solche Pseudonymisierungs-
maßnahmen, die eine „allgemeine Analyse" zulassen, bei demselben Verantwortlichen
„möglich" sein, wenn dieser die erforderlichen technischen und organisatorischen
Maßnahmen getroffen hat, um – für die jeweilige Verarbeitung – die Umsetzung der
DS-GVO zu gewährleisten.

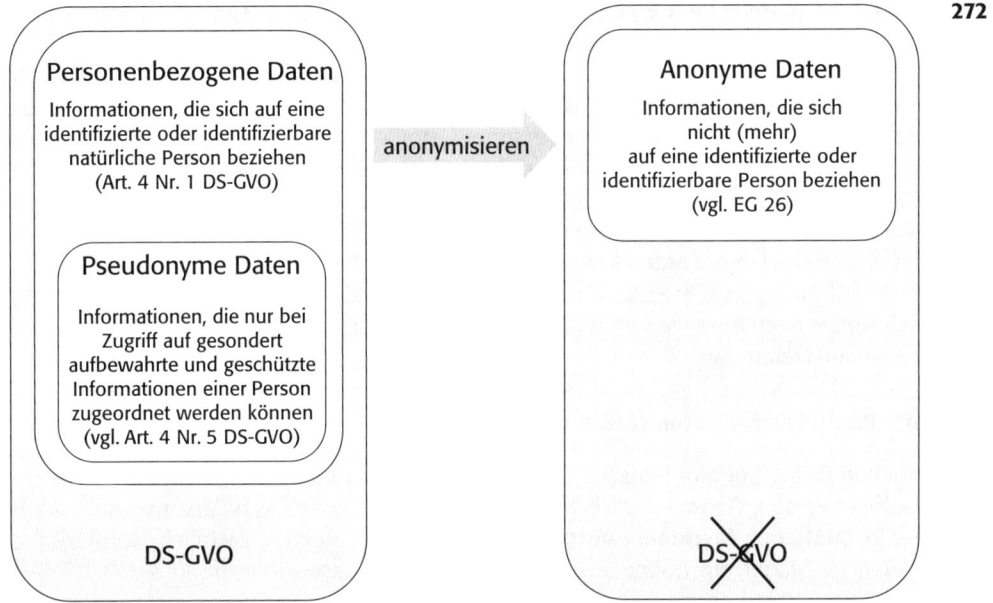

272

Abbildung 8:   Personenbezogene und anonyme Daten

3. Besondere Kategorien personenbezogener Daten (Art. 9 Abs. 1 DS-GVO)

Bereits unter dem BDSG a.F. und der DSRL wurden bestimmte Kategorien personen-   **273**
bezogener Daten aus dem allgemeinem Schutzregime herausgegriffen und besonderen Regelungen unterworfen. Insoweit kommt es auf den konkreten Verwendungszusammenhang der Daten, der typischerweise im Datenschutzrecht von Relevanz ist,
nicht an. In Anerkennung des hohen **Missbrauchsrisikos** dieser speziellen Kategorien
personenbezogener Daten hat der Verordnungsgeber für die nachfolgend aufgeführten
abstrakten Kategorien von personenbezogenen Daten **spezielle Schutzvorkehrungen**
und **Verarbeitungsbeschränkungen** insbesondere in Art. 9 DS-GVO definiert (dazu
näher → Rn. 439 ff.). Zu beachten ist, dass auch die nachfolgend beschriebenen, zuweilen auch als „**sensitive Daten**" oder „**sensible Daten**" bezeichneten besonderen
Kategorien personenbezogener Daten einen Personenbezug aufweisen müssen und
insoweit die allgemeinen Anforderungen an den Personenbezug Anwendung finden.

a) Genetische Daten (Art. 4 Nr. 13 DS-GVO)

274   Genetische Daten bergen ein **hohes Risikopotenzial**, da sie z.B. im Rahmen von Beschäftigungs- oder Versicherungsverhältnissen wertvolle Informationen über den aktuellen oder den zukünftigen Gesundheitszustand der betroffenen Person liefern können. Ebenso lassen sich auf Basis genetischer Daten **Rückschlüsse auf den Gesundheitszustand der Verwandten** der betroffenen Person gewinnen. Folglich unterliegen genetische Daten einem hohen Schutzstandard und insbesondere den in Art. 9 DS-GVO genannten Verarbeitungsbeschränkungen. Die DS-GVO definiert genetische Daten in Art. 4 Nr. 13 DS-GVO als personenbezogenen Daten zu den ererbten oder erworbenen **genetischen Eigenschaften einer natürlichen Person**, die eindeutige Informationen über die Physiologie oder die Gesundheit dieser natürlichen Person liefern und insbesondere aus der Analyse einer biologischen Probe der betreffenden natürlichen Person gewonnen wurden. Aus Erwägungsgrund 34 der DS-GVO folgt, dass als genetische Daten solche personenbezogenen Daten anzusehen sind, die aus der Analyse einer biologischen Probe der betreffenden natürlichen Person, insbesondere durch eine Chromosomen-, Desoxyribonukleinsäure (DNS)- oder Ribonukleinsäure (RNS)-Analyse oder der Analyse eines anderen Elements, durch die gleichwertige Information erlangt werden können, gewonnen werden. Insoweit gelten die allgemeinen Ausführungen zum Personenbezug von Daten (vgl. dazu oben → Rn. 247 ff.). Folglich stellen auch Aussagen über die Wahrscheinlichkeit etwaiger Gendefekte personenbezogene Daten dar.

b) Biometrische Daten (Art. 4 Nr. 14 DS-GVO)

275   Auch in Bezug auf biometrische Daten besteht ein **hohes Risikopotenzial** für die betroffene Person. Denn auf Basis biometrischer Daten lassen sich Personen anhand ihrer **körperlichen Merkmale automatisiert** erkennen. Auch hinsichtlich biometrischer Daten gilt daher ein hoher Schutzstandard und insbesondere die in Art. 9 DS-GVO genannten Verarbeitungsbeschränkungen.

276   Biometrische Daten werden in Art. 4 Nr. 14 DS-GVO definiert als personenbezogene Daten, die mit **speziellen technischen Verfahren gewonnen** wurden, sich auf die **physischen, physiologischen oder verhaltenstypischen Merkmale einer natürlichen Person** beziehen und die eine **eindeutige Identifizierung** dieser natürlichen Person ermöglichen oder bestätigen, wie z.B. Gesichtsbilder oder Fingerabdrücke.[122]

277   Die Verarbeitung einfacher **Lichtbilder**, auf denen Personen abgebildet sind, stellt grundsätzlich keine Verarbeitung besonderer Kategorien von personenbezogenen Daten dar. Solche Lichtbilder sind nur dann von der Definition des Begriffs „biometrischer Daten" erfasst, wenn sie mit speziellen technischen Mitteln verarbeitet werden (z.B. Gesichtserkennungsverfahren), welche die eindeutige Identifizierung oder Authentifizierung einer natürlichen Person ermöglichen.[123]

---

122 Hierzu EuGH, Urt. v. 17.10.2013, C-291/12, ECLI:EU:C:2013:670 = ZD 2013, 608 (609) – *Schwarz*.
123 Vgl. Erwägungsgrund 51 der DS-GVO.

c) Gesundheitsdaten (Art. 4 Nr. 15 DS-GVO)

Auch Gesundheitsdaten[124] i.S.v. Art. 4 Nr. 15 DS-GVO sind einem **besonderen Schutz**   **278**
unterstellt und unterliegen den in Art. 9 DS-GVO aufgeführten strengen **Verarbei-**
tungsbeschränkungen. Dieser erhöhte Schutz verfolgt nach Erwägungsgrund 53 der
DS-GVO das Ziel, die Bedingungen für die Verarbeitung besonderer Kategorien personenbezogener Gesundheitsdaten in der Union zu harmonisieren, insbesondere wenn
die Verarbeitung dieser Daten für gesundheitsbezogene Zwecke von Personen durchgeführt wird, die gemäß einer rechtlichen Verpflichtung dem **Berufsgeheimnis** unterliegen.

Gesundheitsdaten werden in Art. 4 Nr. 15 DS-GVO definiert als personenbezogene   **279**
Daten, die sich auf die **körperliche oder geistige Gesundheit** einer natürlichen Person
beziehen und aus denen Informationen über den früheren, gegenwärtigen oder künftigen Gesundheitszustand hervorgehen.[125] Der Begriff des Gesundheitsdatums ist
grundsätzlich weit auszulegen.[126] Umfasst sind z.B. Daten, die über Gesundheits- oder
Fitness-Apps, Wearables oder Smart Watches erfasst werden. Ferner sind hierunter Informationen wie Nummern, Symbole oder Kennzeichen zu verstehen, die einer natürlichen Person zugeteilt wurden, um sie für gesundheitliche Zwecke eindeutig identifizieren zu können.[127] Auch fallen Informationen hierunter, die von der Prüfung der
Untersuchung eines Körperteils oder einer körpereigenen Substanz, auch aus genetischen Daten und biologischen Proben, abgeleitet wurden. Ebenfalls erfasst sind nach
Erwägungsgrund 35 der DS-GVO Informationen über Krankheiten, Behinderungen,
Krankheitsrisiken, Vorerkrankungen, klinische Behandlungen oder den physiologischen
oder biomedizinischen Zustand der betroffenen Person, unabhängig von der Her-
kunft der Daten, d.h. gleich ob sie von einem Arzt oder sonstigem Angehörigen eines
Gesundheitsberufs im Krankenhaus, von einem Medizinprodukt oder von einem In-
Vitro-Diagnostikum stammen.

d) Sonstige besonders schützenswerte Daten (Art. 9 Abs. 1 DS-GVO)

Darüber hinaus sieht der Verordnungsgeber in Art. 9 Abs. 1 DS-GVO eine Reihe weite-   **280**
rer personenbezogener Daten als besonders schützenswert an. Hierunter fallen z.B.
Daten, aus denen die **rassische und ethnische Herkunft** hervorgehen. Damit sind
beispielsweise Angaben über die Hautfarbe und andere markante äußere Merkmale
gemeint.[128]

Ein besonderes Schutzbedürfnis sieht der Verordnungsgeber auch hinsichtlich **poli-**   **281**
tischer Meinungen und **religiöser und weltanschaulicher Überzeugungen**. Vom
Schutzbereich umfasst sind sowohl Meinungen (Werturteile, Stellungnahmen, Ansich-

---

124 Vgl. zu dieser Thematik umfassend auch *Kühling/Seidel*, in: Kingreen/Kühling (Hrsg.), Gesund-
heitsdatenschutzrecht, 2015, S. 29.
125 Vgl. auch Erwägungsgrund 35 der DS-GVO.
126 *Ernst*, in: Paal/Pauly (Hrsg.), DS-GVO, 2017, Art. 4 Rn. 109.
127 Vgl. Erwägungsgrund 35 der DS-GVO.
128 *Weichert*, in: Kühling/Buchner (Hrsg.), DS-GVO/BDSG, 2. Aufl. 2018, Art. 9 DS-GVO Rn. 26; vgl.
in diesem Zusammenhang auch Erwägungsgrund 51 der DS-GVO.

ten) bzw. Überzeugungen als auch deren Ausübung im Rahmen diesen zuzuordnenden Tätigkeiten.[129] Als Beispiele lassen sich die Zugehörigkeit zu einer politischen Partei, die Teilnahme bei einer Versammlung, der Besuch politischer Veranstaltungen oder die Mitgliedschaft in einer religiösen Vereinigung oder Kirche nennen.

282   Ebenfalls nach Art. 9 Abs. 1 DS-GVO besonders geschützt sind Angaben zur **Gewerkschaftszugehörigkeit** einer betroffenen Person. Hintergrund der Regelung ist, betroffene Personen davor zu schützen, dass diese aufgrund ihrer gewerkschaftlichen Organisation Diskriminierungen auf dem Arbeitsmarkt oder durch den Arbeitgeber ausgesetzt sind.[130]

283   Schließlich unterstellt der Verordnungsgeber Daten zum **Sexualleben** und der **sexuellen Orientierung** natürlicher Personen dem besonderen Schutzstandard des Art. 9 Abs. 1 DS-GVO. Hiervon erfasst sind beispielsweise Angaben über die Homo- oder Bisexualität einer betroffenen Person oder Informationen über den Kauf von Verhütungsmitteln oder erotischer Literatur.

284   ■   **Lösung zu Fallbeispiel 6 – IP-Adressen – Personenbezogene Daten und Haushaltsausnahme (Rn. 247)**

   A. Anwendbarkeit der DS-GVO
      I. Verarbeitung „personenbezogener Daten" (Art. 2 Abs. 1 DS-GVO)?
         ⇒ Personenbezogene Daten nach Art. 4 Nr. 1 DS-GVO alle Informationen, die sich auf eine identifizierte oder identifizierbare natürliche Person beziehen
         ⇒ Besucher der Webseite durch IP-Adresse identifizierbar?
            ⇒ E.A.: „Objektive Theorie": Ausreichend, dass irgendjemand IP-Adresse einer Person zuordnen kann; jedenfalls IZA hat diese Möglichkeit, daher Personenbezug (+)
            ⇒ A.A.: „Relative Theorie": Es kommt auf Person des Verantwortlichen (hier: A) an. Dieser kann IP-Adresse grds. nicht einer Person zuordnen, daher Personenbezug i.d.R. (-)
            → EuGH (Urt. v. 19.10.2016, C-582/14): eher relative Theorie: Wissen Dritter (hier: des IZA) zu berücksichtigen, wenn rechtliche Mittel gegeben, um an dieses Wissen zu gelangen. Solche rechtlichen Mittel liegen vor, daher Personenbezug (+)
            → Personenbezug (+), a.A. vertretbar
      II. „Haushaltsausnahme" einschlägig (Art. 2 Abs. 2 lit. c DS-GVO)?
         ⇒ Erfolgt Verarbeitung personenbezogener Daten zur Ausübung ausschließlich persönlicher oder familiärer Tätigkeiten?
            ⇒ Hier: Zweck der Verarbeitung der IP-Adresse ist es, Besuchern die Webseite zugänglich zu machen und Missbrauch des Angebots zu verhindern und ggf. zu verfolgen
            ⇒ Für lediglich private Datenverarbeitung könnte sprechen, dass Webseite grundsätzlich kostenlos angeboten wird; allerdings hat A nicht unerhebliche Einnahmen durch Werbung, daher (auch) geschäftliches Gepräge und nicht mehr „ausschließlich" persönliche Tätigkeit
            ⇒ Verarbeitung, um Missbrauch des Angebots zu verhindern und ggf. zu verfolgen, ebenfalls keine ausschließlich persönliche Tätigkeit
         → Voraussetzungen der Haushaltsausnahme nicht erfüllt (a.A. vertretbar)
   B. Ergebnis
      Anwendbarkeit der DS-GVO (+), a.A. vertretbar

---

129 Vgl. *Weichert*, in: Kühling/Buchner (Hrsg.), DS-GVO/BDSG, 2. Aufl. 2018, Art. 9 DS-GVO Rn. 27 f.
130 *Weichert*, in: Kühling/Buchner (Hrsg.), DS-GVO/BDSG, 2. Aufl. 2018, Art. 9 DS-GVO Rn. 30.

II.   Verarbeitung personenbezogener Daten (Art. 4 Nr. 2 DS-GVO)

Die DS-GVO fasst unter dem Begriff der Verarbeitung in Art. 4 Nr. 2 eine **Vielzahl von**   285
Verarbeitungsformen zusammen. Danach bezeichnet „Verarbeitung" jeden mit oder
ohne Hilfe automatisierter Verfahren ausgeführten Vorgang oder jede solche Vorgangs-
reihe im Zusammenhang mit personenbezogenen Daten. Dabei ist der erste Schritt
eines idealtypischen Verarbeitungsvorgangs das Erheben oder Erfassen von personenbezogenen Daten. Anschließend können die Organisation, das Ordnen, die Speicherung, die Anpassung oder Veränderung, das Auslesen, das Abfragen, die Verwendung,
die Offenlegung durch Übermittlung, Verbreitung oder eine andere Form der Bereitstellung, den Abgleich oder die Verknüpfung oder die Einschränkung der Daten folgen.
Zum Schluss steht das Löschen oder die Vernichtung der personenbezogenen Daten.
Alle genannten Formen der Verarbeitung personenbezogener Daten unterliegen dem
Datenschutzgrundsatz des **Verbots mit Zulässigkeitstatbeständen** (siehe dazu oben
→ Rn. 323).

1.   Erheben und Erfassen

Dass bereits die Einbeziehung der Erhebung von personenbezogenen Daten in das   286
Datenschutzrecht eine rechtfertigungsbedürftige Handlung darstellt, folgte für das
deutsche Recht bereits aus dem **Volkszählungsurteil** des Bundesverfassungsgerichts.
Dieses stellte fest, dass bereits die Erhebung einen Eingriff – und zwar den markantes-
ten – in das Recht auf informationelle Selbstbestimmung der betroffenen Person darstellt und deshalb auch diese Vorphase der Datenverarbeitung gesetzlich zu regeln
ist.[131] In der Folge wurde auch die Datenerhebung als datenschutzrechtlich relevante
Form des Umgangs mit personenbezogenen Daten geregelt und dem datenschutzrechtlichen Grundsatz des **Verbots mit Zulässigkeitstatbeständen** unterstellt. Die
Phase der Datenerhebung ist auch insofern von entscheidender Bedeutung, als sich
der im Datenschutzrecht zu beachtende **Zweckbindungsgrundsatz** auf den Zweck bezieht, der bei Erhebung der Daten festgelegt wurde. Wenn der Verantwortliche personenbezogene Daten verarbeitet, ist auf den bei der Erhebung festgelegten Zweck
abzustellen, um zu bestimmen, ob sich die Verarbeitung noch mit dem Grundsatz der
Zweckbindung vereinbaren lässt oder ob schon eine nur in engen Grenzen zulässige Zweck*änderung* vorliegt (zur Möglichkeit einer Zweckänderung nach Art. 6 Abs. 4
DS-GVO siehe → Rn. 338 ff.).

Die Erhebung und Erfassung personenbezogener Daten ist in der DS-GVO nicht defi-   287
niert. In Anlehnung an die bisher zu diesen Begriffen vertretenen Auffassungen ist
unter dem Erheben das **gezielte Beschaffen von Daten über die betroffene Person**
zu verstehen. Bei einem Erfassen handelt es sich primär um die **kontinuierliche Aufzeichnung eines Datenstroms**.[132] Eine Unterscheidung von Erheben und Erfassen
kann nicht trennscharf erfolgen. Weisen die beschafften Daten für die beschaffende

---

131   BVerfG, Urt. v. 15.12.1983, 1 BvR 209/83 u.a. = BVerfGE 65, 1 (48 ff.) – *Volkszählung* (siehe
        dazu bereits → Rn. 61 ff.).
132   *Herbst*, in: Kühling/Buchner (Hrsg.), DS-GVO/BDSG, 2. Aufl. 2018, Art. 13 DS-GVO Rn. 22.

Stelle keinen Personenbezug auf, sind sie als anonyme Daten anzusehen und werden nicht i.S.v. Art. 4 Nr. 2 DS-GVO erhoben. Daten werden auch nicht erhoben, wenn einer Stelle Daten ohne eigenes Zutun zuwachsen, etwa durch zufällige Wahrnehmung, oder wenn der Stelle unaufgefordert Daten zugestellt oder mitgeteilt werden (aufgedrängte Information).[133] Um eine **aufgedrängte Information** handelt es sich beispielsweise, wenn Bürger X unaufgefordert der Stadtverwaltung mitteilt, sein Nachbar Y verbrenne Unrat im Garten. Die Stadtverwaltung hat hier die Daten nicht erhoben.[134] Das ist eine Folge des Umstands, dass das Erheben nur durch ein *gezieltes* Beschaffen bzw. eine gezielte Beobachtung (bei der Videoüberwachung) verwirklicht werden kann. Der Verantwortliche muss selbst *aktiv* werden. Hierfür reicht es allerdings bereits aus, dass er Interesse an bestimmten Daten bekundet. Wachsen die Daten dem Verantwortlichen in der Folge zu, sei es durch die betroffene Person selbst, sei es durch Dritte, ist hierin ein Erheben zu sehen. Nicht erhobene Daten werden datenschutzrechtlich erst dann bedeutsam, wenn die Kenntnis erlangende Stelle sie anschließend beispielsweise speichert oder in sonstiger Art und Weise verwendet.

288   In erster Linie sind personenbezogene Daten bei der betroffenen Person selbst zu erheben. Der **Grundsatz der Direkterhebung** ist zwar (anders als früher unter dem BDSG a.F.) in der DS-GVO nicht unmittelbar angesprochen. Er folgt jedoch mittelbar aus Art. 8 GrCh, wonach sich Datenverarbeitungen im erforderlichen Rahmen halten müssen. Datenerhebungen bei der betroffenen Person beeinträchtigen deren Interessen regelmäßig weniger als eine Erhebung beim Dritten.[135] Durch eine Direkterhebung bei der betroffenen Person soll diese von Beginn an in der Lage sein, zu bestimmen und einzuschätzen, wer was wann über sie weiß. Die beabsichtigte Erhebung von personenbezogenen Daten löst daher konsequenterweise **Informationspflichten** gemäß Art. 12 ff. DS-GVO aus, beispielsweise über den Namen und die Kontaktdaten des Verantwortlichen, die Datenverarbeitungszwecke (sowie deren Rechtsgrundlage) sowie gegebenenfalls die Empfänger oder Kategorien von Empfängern (vgl. zu den Informationspflichten näher → Rn. 589 ff.). Wurden personenbezogene Daten unter Nichtbeachtung der jeweils geltenden Informationspflichten erhoben und hing die Datenerhebung vom Willen der betroffenen Person ab (da sie nicht verpflichtet war, die Datenerhebung zu dulden oder an ihr mitzuwirken), dürfen sie *nicht* verarbeitet, sondern müssen **unverzüglich gelöscht** werden – es sei denn, die betroffene Person stimmt der Erhebung nachträglich und informiert zu.[136]

2. Organisation und Ordnen

289   Durch eine Organisation und ein Ordnen personenbezogener Daten soll die Auffindbarkeit und Auswertbarkeit der Daten vereinfacht oder verbessert werden.[137] Unter Organisation und Ordnen von personenbezogenen Daten ist der **Aufbau einer Struktur** innerhalb eines Datensatzes zu verstehen. Unerheblich ist, ob diese Struktur simpel

---

133 *Schild*, in: Wolff/Brink (Hrsg.), BeckOK Datenschutzrecht, 22. Ed. 2017, Art. 4 DS-GVO Rn. 36.
134 Sofern sie diese Daten speichert, liegt dann jedoch eine Verarbeitung vor.
135 Vgl. *Bäcker*, in: Kühling/Buchner (Hrsg.), DS-GVO/BDSG, 2. Aufl. 2018, Art. 13 DS-GVO Rn. 3.
136 Vgl. *Bäcker*, in: Kühling/Buchner (Hrsg.), DS-GVO/BDSG, 2. Aufl. 2018, Art. 13 DS-GVO Rn. 65.
137 *Herbst*, in: Kühling/Buchner (Hrsg.), DS-GVO/BDSG, 2. Aufl. 2018, Art. 13 DS-GVO Rn. 23.

oder komplex ist oder inwieweit es sich um eine qualitativ anspruchsvolle Struktur handelt.[138]

3. Speichern

Unter Speichern ist das – im weitesten Sinne – Aufnehmen personenbezogener Daten auf einem Datenträger zum Zweck ihrer weiteren Verarbeitung zu verstehen. Aufnehmen beschreibt das **Fixieren von Daten** mittels apparativer Aufzeichnungsmechaniken wie beispielsweise Magnetbandaufnahme und Festplattenaufzeichnung. Als **Datenträger** kommt jedes Medium in Betracht, das geeignet ist, Daten aufzunehmen und in lesbarer Form auch unter Zuhilfenahme weiterer Apparaturen zu reproduzieren.[139] Auch ein Holzstück, in das personenbezogene Daten eingeritzt wurden, kann ein Datenträger sein.

290

Speichern ist nicht nur die (erstmalige) Fixierung von Daten. Ein Verantwortlicher speichert auch dann, wenn er bereits fixierte Daten auf einem Datenträger entgegennimmt und sie zur weiteren Verarbeitung und Nutzung **bereithält**, d.h. schlicht aufbewahrt. Eine Speicherung wird man aber dann nicht annehmen können, wenn Daten technikbedingt für *kürzeste* Momente „zwischengespeichert" oder „umgespeichert" werden. Für die Anwendbarkeit der DS-GVO ist eine **bedingte Verwendungsabsicht** zu fordern, die jedoch als selbstverständlich vorausgesetzt werden kann.[140]

4. Anpassung oder Veränderung

Ein Anpassen oder Verändern personenbezogener Daten liegt vor, wenn die gespeicherten Daten **inhaltlich umgestaltet** werden. Ausschlaggebend für eine Veränderung personenbezogener Daten ist die Schaffung einer **neuen Bedeutung** des personenbezogenen Datums. Dabei ist es unerheblich, wie der neue Informationsgehalt erreicht wird. So kann das Datum selbst manipuliert werden (z.B. „Max Mustermann wohnt in der Universitätsstr. 30" statt „Max Mustermann wohnt in der Universitätsstr. 31"); es kann aber auch die unveränderte Übernahme in einen **neuen Kontext** sein, die dem Datum eine neue Bedeutung verleiht, beispielsweise wenn Max Mustermann nicht mehr in der Datei „Kunden im Zahlungsverzug", sondern in der Datei „Kunden ohne offene Positionen" geführt wird. Eine bloße Abkürzung oder Teillöschung des Datums stellt regelmäßig *keine* Anpassung oder Veränderung dar. Maßgeblich ist immer, ob das personenbezogene Datum einen neuen Informations- und Aussagegehalt erhält.

291

Eine neue Bedeutung kann insbesondere durch die **Verknüpfung** mit anderen Daten erreicht werden.[141] Obwohl das einzelne Datum nicht angepasst oder verändert wird, kann durch die Verknüpfung mit anderen Daten ein erhöhter, in jedem Fall jedoch ein

292

---

138 *Ernst*, in: Paal/Pauly (Hrsg.), DS-GVO, 2017, Art. 4 Rn. 26; *Schild*, in: Wolff/Brink (Hrsg.), BeckOK Datenschutzrecht, 22. Ed. 2017, Art. 4 DS-GVO Rn. 43.

139 *Schild*, in: Wolff/Brink (Hrsg.), BeckOK Datenschutzrecht, 22. Ed. 2017, Art. 4 DS-GVO Rn. 42.

140 Noch zum BDSG a.F. *Dammann*, in: Simitis (Hrsg.), Kommentar zum BDSG, 8. Aufl. 2014, § 3 Rn. 120.

141 Vgl. *Schild*, in: Wolff/Brink (Hrsg.), BeckOK Datenschutzrecht, 22. Ed. 2017, Art. 4 DS-GVO Rn. 44.

veränderter Informationsgehalt hergestellt werden. Ändert sich der Sachverhalt und wird hierdurch das bislang „richtige" Datum „falsch", ist hierin *kein* Anpassen oder Verändern zu sehen; anders, wenn das nunmehr „falsche" Datum berichtigt wird. Der Begriff des Anpassens oder Veränderns schließt andere Formen der Datenverarbeitung nicht aus. Wird ein Datum gänzlich gelöscht, kann neben dem Tatbestand der Löschung auch ein neuer Informationsgehalt geschaffen worden sein, etwa wenn die Angabe „röm.-kath." zur Kirchensteuerpflichtigkeit ersatzlos gelöscht wird. Der neue Informationsgehalt besteht nun darin, dass die betroffene Person keiner kirchensteuerberechtigten Religionsgemeinschaft angehört.

293   Einen rechtlich besonders geregelten Fall des Veränderns stellt die **Berichtigung** personenbezogener Daten dar (Art. 5 Abs. 1 lit. d, Art. 16 DS-GVO).[142] Dabei handelt es sich um das Ersetzen eines falschen Datums durch ein richtiges, mit dem Ziel, das Datum mit der Wirklichkeit in Einklang zu bringen (zum Recht auf Berichtigung siehe → Rn. 616 ff.).

5. Auslesen und Abfragen

294   Auslesen bedeutet die **(Zurück-)Gewinnung von Informationen** aus einem vorhandenen Datensatz. Das Abfragen (als dessen Unterfall) ist die Konsultation eines Datensatzes beispielsweise mittels Eingabe von Suchbegriffen.[143]

6. Verwendung

295   Personenbezogene Daten können schließlich auch verwendet werden. Unter Verwendung ist jede Art des **zweckgerichteten Gebrauchs oder der Nutzung** von Daten zu verstehen.[144] Der Begriff der Verwendung stellt einen **Auffangtatbestand** dar für Fälle der Datenverarbeitung, die nicht unter die anderen Formen der Datenverarbeitung fallen.[145] Ziel ist es hierbei, jeden Umgang mit personenbezogenen Daten dem grundsätzlichen Verbot mit Zulässigkeitstatbeständen zu unterstellen.[146] Die Pseudonymisierung personenbezogener Daten und die Errechnung eines (Score-)Wertes („**Scoring**") aus einem Bestand personenbezogener Daten stellen keine Verwendung, sondern eine Pseudonymisierung (Art. 4 Nr. 5 DS-GVO) bzw. ein Profiling (Art. 4 Nr. 4 DS-GVO) personenbezogener Daten dar (siehe dazu → Rn. 266 ff.).

7. Offenlegung durch Übermittlung, Verbreitung und sonstige Bereitstellung

296   Die Weitergabe – in der Terminologie der DS-GVO: Offenlegung – personenbezogener Daten spielt angesichts der sich stetig in qualitativer und quantitativer Hinsicht entwickelnden Möglichkeiten zur Datenverknüpfung und -übertragung eine besondere Rolle. Dem damit **erhöhten Gefährdungspotenzial** wird teilweise mit speziellen Re-

---

142 *Schild*, in: Wolff/Brink (Hrsg.), BeckOK Datenschutzrecht, 22. Ed. 2017, Art. 4 DS-GVO Rn. 46.
143 Vgl. *Herbst*, in: Kühling/Buchner (Hrsg.), DS-GVO/BDSG, 2. Aufl. 2018, Art. 4 DS-GVO Nr. 2 DS-GVO Rn. 27.
144 *Ernst*, in: Paal/Pauly (Hrsg.), DS-GVO, 2017, Art. 4 Rn. 29.
145 *Schild*, in: Wolff/Brink (Hrsg.), BeckOK Datenschutzrecht, 22. Ed. 2017, Art. 4 DS-GVO Rn. 48.
146 Vgl. Erwägungsgrund 50 der DS-GVO.

gelungen begegnet. So enthält die DS-GVO an einigen Stellen übermittlungsspezifische Vorgaben, etwa wenn es um die Information betroffener Personen über die Empfänger geht, denen gegenüber der Verantwortliche personenbezogene Daten offengelegt hat (Art. 13 Abs. 1 lit. e DS-GVO). Besondere Anforderungen gelten für die Übermittlung personenbezogener Daten in Drittländer gemäß den Vorgaben der Art. 44 ff. DS-GVO (vgl. dazu → Rn. 554 ff.). Dagegen wird der Umstand einer Offenlegung personenbezogener Daten in den Zulässigkeitstatbeständen der DS-GVO, die überwiegend allgemein an die Verarbeitung personenbezogener Daten anknüpfen, regelmäßig nicht berücksichtigt. Er wirkt sich daher nur an solchen Stellen (mittelbar) aus, in denen die DS-GVO die Möglichkeit einer Interessenabwägung vorsieht.

Die DS-GVO definiert in Art. 4 Nr. 2 mit der Übermittlung, Verbreitung und sonstigen Bereitstellung verschiedene Formen der Offenlegung. Aufgrund dieser weiten Formulierung kommt es auf die Form (mündlich, Brief, E-Mail etc.) der Offenlegung nicht an.[147] Selbst ein beredtes Schweigen kann im richtigen Kontext eine Offenlegung darstellen. Gemein ist allen Formen der Offenlegung die **Zugänglichmachung** erfasster oder gespeicherter personenbezogener Daten an einen Empfänger i.S.v. Art. 4 Nr. 9 DS-GVO, d.h. eine natürliche oder juristische Person, Behörde, Einrichtung oder sonstige Stelle (z.B. auch Auftragsverarbeiter). Unerheblich ist, ob es sich bei dem Empfänger um einen Dritten i.S.v. Art. 4 Nr. 10 DS-GVO handelt.[148] Bei der Verbreitung erfolgt die Offenlegung der personenbezogenen Daten an eine unbestimmte Vielzahl von Empfängern.[149] Verschafft sich der Empfänger **unbefugt Zugang zu Daten**, so sind diese nicht vom Verantwortlichen offengelegt. An die Offenlegung sind eine Reihe Informations- und Auskunftspflichten gekoppelt, die im jeweiligen Kontext erläutert werden (vgl. etwa zu den Betroffenenrechten → Rn. 572 ff.).   **297**

8. Abgleich und Verknüpfung

Einen weiteren Unterfall der Verarbeitung stellt der Abgleich und die Verknüpfung personenbezogener Daten dar. Unter einem Abgleich von Daten ist die Überprüfung von Daten auf **Konsistenz** zu verstehen.[150] Hierunter fällt etwa die Prüfung, ob die in mehreren Dateisystemen gespeicherten Daten einer betroffenen Person identisch sind. Verknüpfung meint die **Zusammenführung** von Daten über eine betroffene Person aus verschiedenen Datensätzen.[151]   **298**

9. Einschränkung

Eine weitere Form der Verarbeitung personenbezogener Daten ist die Einschränkung. Gemeint ist hier das Sperren personenbezogener Daten. Der Begriff wird in Art. 4 Nr. 3 DS-GVO beschrieben als die **Markierung** gespeicherter personenbezogener Daten mit dem Ziel, ihre künftige Verarbeitung einzuschränken. Hieraus ergeben sich weder die   **299**

---

147 *Schild*, in: Wolff/Brink (Hrsg.), BeckOK Datenschutzrecht, 22. Ed. 2017, Art. 4 DS-GVO Rn. 50.
148 *Herbst*, in: Kühling/Buchner (Hrsg.), DS-GVO/BDSG, 2. Aufl. 2018, Art. 13 DS-GVO Rn. 29.
149 Vgl. *Herbst*, in: Kühling/Buchner (Hrsg.), DS-GVO/BDSG, 2. Aufl. 2018, Art. 13 DS-GVO Rn. 32.
150 *Ernst*, in: Paal/Pauly (Hrsg.), DS-GVO, 2017, Art. 4 Rn. 31.
151 *Schild*, in: Wolff/Brink (Hrsg.), BeckOK Datenschutzrecht, 22. Ed. 2017, Art. 4 DS-GVO Rn. 52.

Voraussetzungen noch die Wirkung der Einschränkung, sondern lediglich ihr Zweck und das verfolgte Ziel. Vorgreifend kann festgestellt werden, dass eine betroffene Person vom Verantwortlichen nach Art. 18 Abs. 1 DS-GVO eine Einschränkung der Verarbeitung dann verlangen kann, wenn sie die Richtigkeit der Daten bestreitet, die Verarbeitung unrechtmäßig ist und die betroffene Person die Löschung der personenbezogenen Daten ablehnt und stattdessen die Einschränkung der Nutzung der personenbezogenen Daten verlangt, der Verantwortliche die personenbezogenen Daten für die **Zwecke der Verarbeitung nicht länger benötigt**, die betroffene Person sie jedoch zur Geltendmachung, Ausübung oder Verteidigung von Rechtsansprüchen benötigt, oder wenn die betroffene Person **Widerspruch gegen die Verarbeitung** nach Maßgabe von Art. 21 Abs. 1 DS-GVO eingelegt hat (siehe dazu → Rn. 668 ff.). Wurde die Verarbeitung hiernach eingeschränkt, darf auf die Daten nur unter besonderen Voraussetzungen zugegriffen werden.

300   Mit dem Begriff der Markierung wird lediglich ein äußeres Gewährleistungsverfahren beschrieben. Die konkrete Form der möglichen Markierung ergibt sich nur im **Kontext** unter Berücksichtigung des Datenträgers, der Ausnahmetatbestände, die eine Verarbeitung und Nutzung der Daten bedingen und zulassen, und der personenbezogenen Daten selbst. Entscheidend ist, dass die vom Verantwortlichen gewählte Markierung eine funktionale Gewähr für die Sperre bewirkt.[152] D.h., die Kennzeichnung muss den Zugriff auf die Daten und ihre Verarbeitung *tatsächlich* einschränken. Der Aufdruck „gesperrt" oder „Zugriff eingeschränkt" auf Karteikartendaten reicht beispielsweise nicht aus, da damit nicht in jedem Fall verhindert wird, dass der Sachbearbeiter oder ein sonstiger Verantwortlicher trotz Sperrvermerks die Daten sperrwidrig verarbeitet. Im informationstechnischen Bereich können die zu sperrenden Datenfelder gekennzeichnet und **Verfahren installiert werden**, die den Zugriff auf diese Datenfelder nur dann ermöglichen, wenn die gesetzlichen Voraussetzungen hierfür gegeben sind. Da eine Einschränkung keine negativen Rückschlüsse zulassen darf (etwa die Kennzeichnung „gesperrt" im Datenfeld für Vorstrafen), ist es oftmals nötig, die einzuschränkenden Daten in einen Sonderdatenbestand mit **Zugriffsbeschränkung** zu überführen und im Grunddatenbestand auf den Sonderdatenbestand hinzuweisen.

10. Löschen und Vernichten

301   Schließlich sind auch das Löschen und Vernichten personenbezogener Daten Fälle der in der DS-GVO beschriebenen Verarbeitung. Art. 17 DS-GVO regelt, unter welchen Voraussetzungen eine **Pflicht zur Datenlöschung** besteht (siehe dazu → Rn. 622 ff.). Auch wenn eine ausdrückliche Verpflichtung zur Erstellung und Vorhaltung eines **Löschkonzepts** nach der DS-GVO nicht besteht, ergibt sich das Erfordernis der Erstellung eines solchen Konzepts mittelbar aus der Rechenschaftspflicht des Art. 5 Abs. 2 DS-GVO und den daraus resultierenden Dokumentationspflichten.[153] So müssen Ver-

---

152 Vgl. zum BDSG a.F. *Dammann*, in: Simitis (Hrsg.), Kommentar zum BDSG, 8. Aufl. 2014, § 3 Rn. 166.

153 Vgl. die „Leitlinie zur Entwicklung eines Löschkonzepts mit Ableitung von Löschfristen für personenbezogene Daten", die das Deutsche Institut für Normung e.V. (DIN) im September 2015 als DIN 66398 verabschiedet hat.

antwortliche in dem von ihnen zu führenden Verzeichnis von Verarbeitungstätigkeiten **dokumentieren** (dazu näher → Rn. 723 ff.), wann sie personenbezogene Daten löschen (Art. 30 Abs. 1 S. 2 lit. f DS-GVO).

Unter Löschen ist das **Unkenntlichmachen** gespeicherter personenbezogener Daten dergestalt zu verstehen, dass Daten nicht mehr zur Kenntnis genommen und Informationen nicht länger aus gespeicherten Daten gewonnen werden können. Mit Vernichten ist die **physische Zerstörung des Datenträgers** gemeint. Befinden sich die personenbezogenen Daten auf einem Datenträger und sollen diese unkenntlich gemacht werden, so ist in der Regel das Löschen einschlägig. Existieren physische Datenträger, wie z.B. Papierakten oder Festplatten, kommt deren Vernichtung in Betracht. Wie das Löschen oder Vernichten konkret zu erfolgen hat, gibt die DS-GVO nicht vor.[154] Ob ein Löschen oder Vernichten vorliegt, ist vom jeweils aktuellen **Stand der Technik** abhängig. Um eine Reproduzierbarkeit zu verhindern, kann der Datenträger vernichtet werden, die Daten auf dem Datenträger zerstört werden (z.B. durch Magnetisierung), der Personenbezug aufgehoben werden (faktische Anonymisierung) oder der Datensatz unumkehrbar codiert werden. Bei Akten kann auch ein **Schwärzen** oder Übermalen (gegebenenfalls mit Tipp-Ex) erfolgen.[155] Es handelt sich also um eine funktionale Gewährleistung. Die in den Daten enthaltene Information muss aus allen Datenbeständen getilgt werden. Personenbezogene Daten sind deshalb nicht gelöscht, solange in der „ältesten" Sicherungsversion des betreffenden Datensatzes das zu löschende Datum noch gespeichert ist. Ob im informationstechnischen Bereich die logische Löschung (beispielsweise die Befehle „löschen", „delete" und „erase") den gesetzlichen Begriff des Löschens erfüllt, ist fraglich, denn die Daten sind immer noch auf dem Datenträger reproduzierbar. Es bedarf vielmehr grundsätzlich abhängig vom Datenträger des **mehrfachen Überschreibens** (ggf. unter Einsatz entsprechender Software), um eine funktionale Löschung sicher zu gewährleisten.[156] Wie bei der Einschränkung darf auch das Löschen und Vernichten personenbezogener Daten keine negativen Rückschlüsse zulassen.

302

III. Verantwortlicher, Auftragsverarbeiter, Empfänger und Dritter

1. Verantwortlicher (Art. 4 Nr. 7 DS-GVO)

Für die Feststellung, wen die Rechte und Pflichten der DS-GVO treffen, muss bestimmt werden, wer „Verantwortlicher" i.S.d. DS-GVO und damit Adressat der Rechenschaftspflicht aus Art. 5 Abs. 2 DS-GVO ist. Der Begriff des Verantwortlichen, der zuvor unter der Geltung der DSRL in § 3 Abs. 7 BDSG a.F. noch als „verantwortliche Stelle" bezeichnet wurde, ist in Art. 4 Nr. 7 DS-GVO legal definiert. Er umfasst jede natürliche oder juristische Person, Behörde, Einrichtung oder andere Stelle, die allein oder gemeinsam mit anderen über die **Zwecke und Mittel der Verarbeitung von personenbezogenen**

303

---

154 Vgl. aber die DIN 66399, die verschiedene Löschstufen in Abhängigkeit von der Schutzbedürftigkeit der Daten enthält.
155 Vgl. *Schild*, in: Wolff/Brink (Hrsg.), BeckOK Datenschutzrecht, 22. Ed. 2017, Art. 4 DS-GVO Rn. 56.
156 *Schild*, in: Wolff/Brink (Hrsg.), BeckOK Datenschutzrecht, 22. Ed. 2017, Art. 4 DS-GVO Rn. 54.

Daten entscheidet. Die Verantwortlichkeit ist also gerade nicht davon abhängig, dass die betroffene Stelle die Daten selbst erhebt oder verarbeitet. Handeln einzelne natürliche Personen, ist danach zu fragen, wem das Handeln zuzurechnen ist, der handelnden Person selbst (dann ist sie selbst Verantwortlicher) oder der Organisation, für die sie tätig wird (dann ist diese Verantwortlicher).[157]

304   Im Rahmen der DS-GVO existiert grundsätzlich **kein Konzernprivileg.** Das bedeutet, dass wirtschaftliche Verflechtungen oder faktischer Einfluss keine Rolle spielen für die Festlegung des Verantwortlichen.[158] In diesem Zusammenhang ist also nicht von einer wirtschaftlichen, sondern von einer juristischen Betrachtungsweise auszugehen. Rechtlich selbständige Unternehmen sind demnach jeweils eigene Verantwortliche, auch wenn sie im Konzernverbund stehen. Eine gewisse „Handreichung" enthält jedoch Erwägungsgrund 48 der DS-GVO, wonach Verantwortlichen, die Teil einer Unternehmensgruppe sind, ein **berechtigtes Interesse** zugebilligt wird, personenbezogene Daten innerhalb der Unternehmensgruppe für interne Verwaltungszwecke auszutauschen. Diese Erwägung ist im Rahmen des Zulässigkeitstatbestands des Art. 6 Abs. 1 UAbs. 1 lit. f DS-GVO (Interessenabwägung; dazu → Rn. 398 ff.) zugunsten des Verantwortlichen zu berücksichtigen.

305   Aus der Definition des Verantwortlichen folgt, dass auch die Möglichkeit einer **gemeinsamen Verantwortung** möglich ist. Die Voraussetzungen einer gemeinsamen Verantwortung sind in Art. 26 DS-GVO näher erläutert. Danach können verarbeitende Stellen gemeinsam Verantwortliche i.S.d. DS-GVO sein, wenn sie die Zwecke der und die Mittel zur Verarbeitung gemeinsam festlegen. Ist dies der Fall, müssen die Verantwortlichen in einer Vereinbarung in transparenter Form festlegen, wer von ihnen welche Verpflichtungen gemäß der DS-GVO erfüllt (z.B. Wahrnehmung der Rechte der betroffenen Personen, Informationspflichten, etc.). Die Vereinbarung muss die jeweiligen tatsächlichen Funktionen und Beziehungen der gemeinsam Verantwortlichen gegenüber der betroffenen Person gebührend widerspiegeln. Die wesentlichen Inhalte der Vereinbarung müssen die gemeinsam Verantwortlichen der betroffenen Person zur Verfügung stellen. Unbeschadet der Aufteilung der Pflichten im Innenverhältnis zwischen den gemeinsam Verantwortlichen kann die betroffene Person ihre Rechte jedoch gegenüber jedem gemeinsam Verantwortlichen geltend machen.

306   Liegt eine **Auftragsverarbeitung** (Art. 28 DS-GVO) vor (dazu ausführlich unter → Rn. 522 ff.), bleibt grundsätzlich der Auftraggeber für die Einhaltung der materiellen datenschutzrechtlichen Vorschriften verantwortlich. Folglich ist der Auftragsverarbeiter grundsätzlich **nicht Verantwortlicher** i.S.d. DS-GVO. Charakteristisch für die Auftragsverarbeitung ist dabei, dass der Auftragnehmer die Verarbeitung nur im Rahmen der Weisungen des Auftraggebers vornehmen darf (Art. 29 DS-GVO). Der Verantwortliche bleibt also „Herr der Daten". Dem Auftragsverarbeiter kommt keine Eigenverantwort-

---

157 *Hartung*, in: Kühling/Buchner (Hrsg.), DS-GVO/BDSG, 2. Aufl. 2018, Art. 4 Nr. 7 DS-GVO Rn. 9; vgl. näher zum Begriff des Verantwortlichen auch *Art.-29-Datenschutzgruppe*, Stellungnahme 1/2010 zu den Begriffen „für die Verarbeitung Verantwortlicher" und „Auftragsverarbeiter", WP 169, 16.2.2010.
158 *Albers*, in: Wolff/Brink (Hrsg.), BeckOK Datenschutzrecht, 22. Ed. 2017, Art. 6 DS-GVO Rn. 49.

lichkeit und keine Entscheidungsbefugnis zu, die seine Tätigkeit über die reine Hilfs-funktion im Rahmen fremder Zwecke hinausheben würde. Dies kommt auch in der Definition des Auftragsverarbeiters in Art. 4 Nr. 8 DS-GVO zum Ausdruck, wonach Auftragsverarbeiter jede natürliche und juristische Person, Behörde, Einrichtung oder andere Stelle ist, die personenbezogene Daten im Auftrag des Verantwortlichen verarbeitet. Bestimmt ein Auftragsverarbeiter allerdings unter Verstoß gegen die DS-GVO die Zwecke und Mittel der Verarbeitung selbst, **gilt er insoweit als Verantwortlicher**, Art. 28 Abs. 10 DS-GVO. In diesem Umfang ist der Auftragsverarbeiter folglich selbst „Verantwortlicher".

2. Auftragsverarbeiter (Art. 4 Nr. 8 DS-GVO)

Ein weiterer wichtiger Akteur im Rahmen der DS-GVO ist der Auftragsverarbeiter. Hier-unter fällt nach Art. 4 Nr. 8 DS-GVO jede natürliche oder juristische Person, Behörde, Einrichtung oder andere Stelle, die personenbezogene Daten **im Auftrag des Verantwortlichen** verarbeitet. Typische Anwendungsfälle der Auftragsverarbeitung sind z.B. die Aktenvernichtung oder die Betreuung durch Rechenzentren (siehe zur Auf-tragsverarbeitung unten → Rn. 522 ff.). Keine Auftragsverarbeitung liegt beispiels-weise bei der Beauftragung von Rechtsanwälten oder der Fertigung von Steuererklä-rungen durch Steuerberater vor. Der Auftragsverarbeiter muss auf Grundlage eines **Auftragsverarbeitungsvertrags** nach Art. 28 DS-GVO für den Verantwortlichen tätig werden. Er fungiert im Verhältnis zum Verantwortlichen gleichsam als „Datensklave" oder als „Marionette".[159] Verlässt der Auftragsverarbeiter den ihm vorgegebenen Rahmen, gilt er jedoch als Verantwortlicher (Art. 28 Abs. 10 DS-GVO). Werden dem Auftragsverarbeiter personenbezogene Daten offengelegt, ist der zugleich **Empfänger** i.S.v. Art. 4 Nr. 9 DS-GVO.

307

3. Empfänger und Dritter (Art. 4 Nr. 9 und 10 DS-GVO)

Die Stelle, der personenbezogene Daten **offengelegt** werden, wird in der DS-GVO „Empfänger" genannt. Nach Art. 4 Nr. 9 DS-GVO kommt als Empfänger jede natürliche oder juristische Person, Behörde, Einrichtung oder andere Stelle in Betracht, unabhän-gig davon, ob es sich bei ihr um einen in Art. 4 Nr. 10 DS-GVO definierten „Dritten" (dazu sogleich) handelt oder nicht. Als Empfänger kommen auch **Auftragsverarbeiter** oder **Stellen innerhalb des Verantwortlichen**, wie z.B. der Betriebsrat, in Betracht. Voraussetzung ist jedoch eine gewisse Eigenständigkeit des Empfängers. Relevant wird die Einordnung als Empfänger vor allem im Rahmen der Informationspflichten (Art. 14), der Auskunftsrechte (Art. 15), der Mitteilungspflichten (Art. 19) und der Erstellung des Verarbeitungsverzeichnisses (Art. 30). Nicht als Empfänger sind ausweislich der Defini-tion Behörden anzusehen, die im Rahmen eines bestimmten Untersuchungsauftrags (z.B. Steuer- oder Zollbehörden) personenbezogene Daten erhalten.[160]

308

---

159 Vgl. *Ernst*, in: Paal/Pauly (Hrsg.), DS-GVO, 2017, Art. 4 Rn. 56; vgl. näher zum Begriff des Auf-tragsverarbeiters auch *Art.-29-Datenschutzgruppe*, Stellungnahme 1/2010 zu den Begriffen „für die Verarbeitung Verantwortlicher" und „Auftragsverarbeiter", WP 169, 16.2.2010.
160 Vgl. insoweit Erwägungsgrund 31 der DS-GVO.

309   **„Dritter"** i.S.d. Art. 4 Nr. 10 DS-GVO ist demgegenüber jede natürliche oder juristische Person, Behörde, Einrichtung oder andere Stelle, **außer der betroffenen Person, dem Verantwortlichen, dem Auftragsverarbeiter** und den Personen, die unter der unmittelbaren Verantwortung des Verantwortlichen oder des Auftragsverarbeiters befugt sind, die personenbezogenen Daten zu verarbeiten. Dritter ist folglich der datenschutzrechtlich **völlig Außenstehende**. Die von der Definition des Dritten ausgenommenen Stellen, insbesondere der Auftragsverarbeiter, können jedoch als Empfänger i.S.v. Art. 4 Nr. 9 DS-GVO zu qualifizieren sein. Als Beispiele für „Dritte" im Sinne der Vorschrift lassen sich freie Mitarbeiter (sofern sie nicht als Auftragsverarbeiter eingesetzt werden), Handelsvertreter oder sonstige Personen anführen, die allein für sich tätig werden. Personen, die unter der unmittelbaren Verantwortung des Verantwortlichen oder des Auftragsverarbeiters befugt sind, personenbezogenen Daten zu verarbeiten, sind beispielsweise Arbeitnehmer, soweit die Datenverarbeitung von ihrer arbeitsrechtlichen Kompetenz erfasst ist.[161]

IV. Öffentliche und nichtöffentliche Stellen

1. Keine Unterscheidung in der DS-GVO

310   Die DS-GVO erwähnt in ihren Erwägungsgründen und im Verordnungstext Behörden und öffentliche Stellen bzw. Einrichtungen einerseits und private Stellen, private Akteure und Unternehmen sowie den privaten Sektor andererseits.[162] In den Begriffsbestimmungen des Art. 4 DS-GVO finden sich dagegen keine Definitionen für die vorstehenden Begriffe. Im Hinblick auf den systematischen Aufbau und die materiellen Regelungen der DS-GVO kommt es grundsätzlich zu **keiner Unterscheidung zwischen öffentlichen und privaten Stellen**. Wie Art. 4 Nr. 7 DS-GVO zum Ausdruck bringt, kann Verantwortlicher i.S.v. Art. 4 Nr. 7 DS-GVO vielmehr jede natürliche oder juristische Person, Behörde, Einrichtung oder andere Stelle sein, die allein oder gemeinsam mit anderen über die Zwecke und Mittel der Verarbeitung personenbezogener Daten entscheidet. Auch die Zulässigkeitsvoraussetzungen (Art. 6 DS-GVO), die Informationspflichten (Art. 12 ff. DS-GVO) oder die Betroffenenrechte (Art. 15 ff. DS-GVO) differenzieren grundsätzlich nicht danach, ob es sich bei dem Verantwortlichen um eine öffentliche oder nichtöffentliche Stelle handelt.

311   Lediglich **vereinzelt finden sich Differenzierungen** im Verordnungstext hinsichtlich der Adressierung der materiellen Regelungen an öffentliche oder private Stellen. So sieht beispielsweise Art. 6 Abs. 1 UAbs. 2 DS-GVO vor, dass Art. 6 Abs. 1 UAbs. 1 lit. f DS-GVO (Verarbeitung personenbezogener Daten zur Wahrung berechtigter Interessen) nicht für von Behörden in Erfüllung ihrer Aufgaben vorgenommene Verarbeitungen gelten soll. Ferner normiert Art. 37 Abs. 1 DS-GVO eine verpflichtende Bestellung eines Datenschutzbeauftragten für Behörden oder sonstige öffentliche Stellen. Behörden oder öffentliche Stellen müssen beispielsweise auch keinen Vertreter in der Union benen-

---

161 Vgl. *Ernst*, in: Paal/Pauly (Hrsg.), DS-GVO, 2017, Art. 4 Rn. 60.
162 Vgl. etwa Erwägungsgründe 5, 19, 45, 97, 122, 128 der DS-GVO; siehe ferner Art. 55 Abs. 2 und Art. 86 DS-GVO.

nen, wenn sie nicht in der Union niedergelassen sind, Art. 27 Abs. 2 lit. b DS-GVO. Art. 83 Abs. 7 DS-GVO sieht eine Öffnungsklausel dahingehend vor, dass die Mitgliedstaaten bestimmen dürfen, ob und in welchem Umfang gegen Behörden und öffentliche Stellen Geldbußen verhängt werden können. Unterschiede ergeben sich des Weiteren bei den Regelungen zur Datenschutzaufsicht (Art. 51 ff. DS-GVO). Im Übrigen stellt die Verordnung in verschiedenen Bestimmungen auf die Verfolgung öffentlicher Interessen ab, was aber eher für öffentliche Stellen relevant ist.

2. Öffentliche Stellen i.S.d. BDSG

Das BDSG unterscheidet dagegen in § 1 Abs. 1 S. 1 BDSG ausdrücklich zwischen öffentlichen und nichtöffentlichen Stellen. Wie dargelegt, kennt die DS-GVO eine solche Unterscheidung zwar nicht, sie verbietet sie im Rahmen der an die Mitgliedstaaten gerichteten **Öffnungsklauseln** aber auch nicht.[163]   312

Unter den Begriff der öffentlichen Stelle fällt der **gesamte Bereich der Betätigung der öffentlichen Hand**, d.h. alle Behörden, Organe der Rechtspflege und andere öffentlich-rechtlich organisierte Einrichtungen ungeachtet ihrer Rechtsform. Was den **Begriff der Behörde** anbelangt, kann für dessen Bestimmung auf die Legaldefinition der Verwaltungsverfahrensgesetze zurückgegriffen werden. Gemäß § 1 Abs. 4 VwVfG ist Behörde „jede Stelle, die Aufgaben der öffentlichen Verwaltung wahrnimmt". In Abgrenzung zu einem bloßen Behördenteil ist darauf abzustellen, ob eine gewisse organisatorische Selbstständigkeit besteht. Indizien hierfür sind insbesondere die Unabhängigkeit vom Wechsel des Amtsinhabers, die Selbstständigkeit der Aufgabenerledigung sowie die Möglichkeit, die eigenen Angelegenheiten in einem gewissen Umfang selbst zu gestalten. Eine funktionsbezogene Auslegung, die auch „interne" Datenübermittlungen durch einzelne Behördenteile erfassen würde, wäre demgegenüber weder effektiv noch vom Schutzniveau angezeigt.[164] Entsprechend der Regelungssystematik in § 2 BDSG ist, wie auch schon unter dem BDSG a.F., zwischen öffentlichen Stellen des Bundes und solchen der Länder zu unterscheiden.   313

Öffentlich-rechtliche Religionsgesellschaften sind weder öffentliche Stellen des Bundes noch der Länder. Die Religionsgesellschaften werden als öffentlich-rechtliche Körperschaften gleichwohl regelmäßig unmittelbar (oder mittelbar) dem verfassungsrechtlichen Gebot zur Wahrung des Rechts auf informationelle Selbstbestimmung unterworfen, soweit sie hoheitliche Aufgaben wahrnehmen.[165] Aus diesem Grund existieren insoweit entsprechende bereichsspezifische Regelungen.[166] Sofern die Reli-   314

---

163 *Klar*, in: Kühling/Buchner (Hrsg.), DS-GVO/BDSG, 2. Aufl. 2018, § 2 BDSG Rn. 2.
164 Zur Rechtslage unter dem BDSG a.F. siehe *Gola/Schomerus*, BDSG, 12. Aufl. 2015, § 2 Rn. 7; *Schreiber*, in: Plath (Hrsg.), BDSG/DS-GVO, 2. Aufl. 2016, § 2 BDSG Rn. 7.
165 Allgemein zur Grundrechtsbindung öffentlich-rechtlicher Religionsgesellschaften *Herdegen*, in: Maunz/Dürig (Hrsg.), GG-Kommentar, 81. EL Stand: September 2017, Art. 1 Abs. 3 Rn. 103; speziell zum Grundrecht auf informationelle Selbstbestimmung *Preuß*, ZD 2015, 217 (218); ebenfalls in diese Richtung geht das BVerfG, das die Grundrechtsbindung nicht ausdrücklich auf Art. 1 Abs. 3 GG stützt, sondern Art. 20 Abs. 3 GG heranzieht, BVerfG, Urt. v. 19.12.2000, 2 BvR 1500/97 = BVerfGE 102, 370 = NJW 2001, 429 (431).
166 Zum Verhältnis dieser Regelungen zur DS-GVO vgl. Art. 91 DS-GVO.

gionsgesellschaften aber nicht in ihrer kirchlichen Mission, sondern im allgemeinen Geschäftsverkehr tätig werden, sind sie wie nichtöffentliche Stellen zu behandeln.

a) Öffentliche Stellen des Bundes (§ 2 Abs. 1 BDSG)

315   Unter die **öffentlichen Stellen des Bundes** fallen nach § 2 Abs. 1 BDSG alle Behörden, die Organe der Rechtspflege und andere öffentlich-rechtlich organisierte Einrichtungen des Bundes, der bundesunmittelbaren Körperschaften, der Anstalten und Stiftungen des öffentlichen Rechts sowie deren Vereinigungen ungeachtet ihrer Rechtsform. In den Bereich der **Behörden des Bundes** fallen zunächst die obersten Bundesbehörden (beispielsweise die Bundesministerien oder das Bundeskanzleramt) sowie die Bundesoberbehörden (wie das Bundeskriminalamt oder das Bundeskartellamt). Weiterhin zählen hierzu die Bundesmittelbehörden (etwa Wehrbereichsverwaltungen und Oberfinanzdirektionen) und Bundesunterbehörden (z.B. Kreiswehrersatzämter, Hauptzollämter). Im Rahmen der **Organe der Rechtspflege** ist zum einen das Bundesverfassungsgericht zu nennen. Des Weiteren fallen hierunter auch die obersten Bundesgerichte, also der Bundesgerichtshof, das Bundesverwaltungsgericht, das Bundesarbeitsgericht, das Bundessozialgericht und der Bundesfinanzhof. Die Auffangklausel der **anderen öffentlich-rechtlich organisierten Einrichtungen** des Bundes soll gewährleisten, dass tatsächlich alle Bereiche staatlichen Handelns unabhängig von ihrer Erscheinungsform erfasst werden. Hierhin gehören etwa die Verfassungsorgane mit ihren Untergliederungen, wie z.B. der Bundestag mit seinen Fraktionen. Des Weiteren sind die rechtsfähigen bundesunmittelbaren Körperschaften, Anstalten und Stiftungen des öffentlichen Rechts erfasst.

316   **Vereinigungen des privaten Rechts** von öffentlichen Stellen des Bundes und der Länder, die Aufgaben der öffentlichen Verwaltung wahrnehmen, beispielsweise die Deutsche Akkreditierungsstelle GmbH (dazu unter → Rn. 755), gelten nach § 2 Abs. 3 S. 1 BDSG ungeachtet der Beteiligung nichtöffentlicher Stellen als öffentliche Stellen des Bundes, wenn sie über den Bereich eines Landes hinaus tätig werden (Nr. 1) oder dem Bund die absolute Mehrheit der Anteile gehört oder die absolute Mehrheit der Stimmen zusteht (Nr. 2). Ist dies nicht der Fall, gelten die Vereinigungen des privaten Rechts als öffentliche Stellen der Länder (S. 2) und unterliegen dem jeweiligen Landesdatenschutzrecht.

b) Öffentliche Stellen der Länder (§ 2 Abs. 2 BDSG)

317   Nach § 2 Abs. 2 BDSG sind **öffentliche Stellen der Länder** Behörden, Organe der Rechtspflege und andere öffentlich-rechtlich organisierte Einrichtungen eines Landes, einer Gemeinde, eines Gemeindeverbandes oder sonstiger der Aufsicht des Landes unterstehender juristischer Personen des öffentlichen Rechts sowie deren Vereinigungen ungeachtet ihrer Rechtsform.

318   Öffentliche Stellen der Länder sind nach § 1 Abs. 1 S. 1 Nr. 2 nur insoweit Normadressaten des BDSG, als der Datenschutz **nicht durch Landesrecht geregelt** ist. Soweit ein Bundesland daher über ein eigenes Landesdatenschutzgesetz verfügt, verbleibt für das BDSG insoweit kein Anwendungsbereich. Stattdessen greifen die jeweiligen Landes-

datenschutzgesetze. Erfasst sind hiervon alle öffentlich-rechtlich organisierten Einrichtungen der Länder, Gemeinden und Gemeindeverbände. Hinzu kommen noch all jene juristischen Personen des öffentlichen Rechts, die der Aufsicht eines Landes unterstehen (beispielsweise Hochschulen, Industrie- und Handelskammern, kommunale Zweckverbände). Da alle Bundesländer noch unter der Geltung des BDSG a.F. Landesdatenschutzgesetze erlassen haben, kommt es bei ihrer Anwendung bis zum Erlass von entsprechend an die DS-GVO angepassten Vorschriften auf die Vereinbarkeit mit den Regelungen der DS-GVO an.[167]

3. Nichtöffentliche Stellen i.S.d. BDSG (§ 2 Abs. 4 BDSG)

Als nichtöffentliche Stellen definiert § 2 Abs. 4 S. 1 BDSG **natürliche und juristische Personen, Gesellschaften und andere Personenvereinigungen des privaten Rechts.** Nimmt eine nichtöffentliche Stelle hoheitliche Aufgaben der öffentlichen Verwaltung wahr, ist sie insoweit öffentliche Stelle i.S.d. BDSG (§ 2 Abs. 4 S. 2 BDSG). Hiermit ist der Fall beliehener Unternehmen gemeint. Für die Einordnung als nichtöffentliche Stelle ist die Rechtsform unerheblich. Damit sind neben freiberuflich Tätigen, wie z.B. Steuerberatern oder Architekten, auch etwa BGB-Gesellschaften und nicht-rechtsfähige Vereine erfasst. Durch die weite Fassung soll gewährleistet werden, dass keine datenschutzfreien Räume entstehen. **319**

§ 1 Abs. 1 S. 2 letzter Hs. BDSG sieht eine Privilegierung zugunsten nichtöffentlicher Stellen vor. Verarbeiten diese Daten **ausschließlich für persönliche oder familiäre Tätigkeiten,** findet das BDSG insoweit keine Anwendung. Die Voraussetzungen dieses als „Haushaltsausnahme" bekannten Ausnahmetatbestands deckend sich weitestgehend mit den insoweit identischen Vorgaben aus Art. 2 Abs. 2 lit. c DS-GVO (siehe oben → Rn. 220 f.). **320**

Öffentliche Stellen des Bundes gelten als nichtöffentliche Stellen i.S.d. BDSG, soweit sie als öffentlich-rechtliche Unternehmen am Wettbewerb teilnehmen (§ 2 Abs. 5 S. 1 BDSG). Dies ist z.B. bei der Deutschen Bahn AG oder beim Deutschlandradio der Fall. Zuständig für die Aufsicht über solche öffentliche Stellen des Bundes ist gemäß § 9 Abs. 1 S. 1 BDSG der oder die Bundesbeauftragte für den Datenschutz und die Informationsfreiheit (dazu detailliert → Rn. 693 f.).[168] Als nichtöffentliche Stellen i.S.d. BDSG gelten auch **öffentliche Stellen der Länder,** soweit sie wie etwa Sparkassen, kommunale Verkehrsbetriebe oder Krankenhäuser, als öffentlich-rechtliche Unternehmen am Wettbewerb teilnehmen. Weitere Voraussetzung ist, dass die Stellen Bundesrecht ausführen und der Datenschutz nicht durch Landesgesetz geregelt ist (§ 2 Abs. 5 S. 2 BDSG). **321**

---

167 *Kremer,* CR 2017, 367 (370).
168 Vgl. *Kremer,* CR 2017, 367 (372).

C. Regelungsgrundsätze der DS-GVO

322 Bereits vor Einführung der DS-GVO war das deutsche Datenschutzrecht von einer Reihe von Regelungsgrundsätzen durchzogen und geprägt, die nur teilweise einen expliziten Niederschlag in den einzelnen Vorschriften des BDSG fanden, im Übrigen aber in Auslegungsfragen als Richtschnur zum Tragen kamen. Ihren Ursprung haben sie teils in völkerrechtlichen und europarechtlichen Quellen, teils in der Rechtsprechung des BVerfG zum Allgemeinen Persönlichkeitsrecht, insbesondere zum Recht auf informationelle Selbstbestimmung, und teils in bundesdeutscher Gesetzgebung. Mit Einführung der DS-GVO finden nun über deren Art. 5 viele dieser tragenden Grundsätze erstmals **unmittelbare Geltung** in Deutschland. Gemeinsam ist ihnen allen der bezweckte Schutz und die Gewährleistung des Rechts auf informationelle Selbstbestimmung in einer Umgebung des stetig anwachsenden Datenaufkommens und Datenverkehrs und der zunehmenden Entwicklung hin zur allgegenwärtigen Datenverarbeitung und -vernetzung. Dieses Anliegen wird bekräftigt durch ein insgesamt deutlich verschärftes Sanktionsregime (ausführlich dazu → Rn. 760 ff.), das gemäß Art. 83 Abs. 5 lit. a DS-GVO speziell Verstöße gegen die im Folgenden näher dargestellten Grundsätze aus Art. 5 DS-GVO potentiellen Geldbußen von bis zu 20 Mio. Euro bzw. bei Unternehmen alternativ 4 % des jährlichen weltweiten Jahresumsatzes unterwirft.

I. Rechtmäßigkeit – Verbot mit Zulässigkeitstatbeständen/Erforderlichkeit (Art. 5 Abs. 1 lit. a Var. 1 DS-GVO)

323 Die bislang in § 4 Abs. 1 BDSG a.F. normierte zentrale Regel des deutschen Datenschutzrechts gilt auch unter dem Regime der DS-GVO weiter: Die Verarbeitung personenbezogener Daten ist grundsätzlich verboten.[169] Sie darf nur erfolgen, wenn entweder die betroffene Person einwilligt (dazu sogleich unter 1.), oder ein sonstiger gesetzlicher Zulässigkeitstatbestand greift (dazu unter 2.), insbesondere aus der abschließenden Liste in den Generalklauseln der Art. 6 und 9 DS-GVO, aber auch aus dem nationalen Recht, soweit die DS-GVO diese Möglichkeit durch die verschiedenen Öffnungsklauseln (dazu ausführlich oben → Rn. 199) ausdrücklich einräumt.[170] Dieses „**Verbot mit Zulässigkeitstatbeständen**", das von *jedem* Verantwortlichen (sei es im öffentlichen, sei es im privaten Bereich) zu beachten ist, konkretisiert auf nationaler Ebene für den öffentlichen Bereich den Gesetzesvorbehalt als allgemeines Prinzip des Unionsrechts,[171] der bei Eingriffen in Grundrechte immer zu beachten ist. Im nicht-öffentlichen Bereich stellt das Verbot mit Zulässigkeitstatbeständen umgekehrt eine Beschränkung der Grundrechte des Verarbeiters dar. Jede einzelne Phase der Datenverarbeitung bedarf einer Legitimation. Eine Einwilligung der betroffenen Person, die lediglich das Erheben und Speichern erfasst, taugt somit nicht zur Übermittlung von

---

169 Vgl. zur Kritik an diesem „Verbotsprinzip" *Buchner/Petri*, in: Kühling/Buchner (Hrsg.), DS-GVO/BDSG, 2. Aufl. 2018, Art. 6 DS-GVO Rn. 14.

170 *Pötters*, in: Gola (Hrsg.), DS-GVO, 2017, Art. 5 Rn. 6.

171 EuGH, Urt. v. 21.9.1989, 46/87, ECLI:EU:C:1989:337, Rn. 19 – *Hoechst*; *Wegener*, in: Calliess/Ruffert (Hrsg.), EUV/AEUV, 5. Aufl. 2016, Art. 19 EUV Rn. 38.

Daten. Es ist immer sorgfältig zu prüfen, ob jede beabsichtigte Verwendung personenbezogener Daten in jeder Phase auf einen Zulässigkeitstatbestand gestützt werden kann. Ist dies nicht möglich, muss von der Verarbeitung der betreffenden personenbezogenen Daten abgesehen werden. Ergänzend tritt das übergreifende **Erforderlichkeitsprinzip**[172] neben das Verbot mit Zulässigkeitsvorbehalt, wie insbesondere an den Zulässigkeitstatbeständen des Art. 6 Abs. 1 UAbs. 1 lit. b-f DS-GVO deutlich wird: Die Verarbeitung personenbezogener Daten ist demnach nur dann zulässig, wenn dies im Rahmen des jeweiligen Zulässigkeitstatbestands erforderlich ist, wenn es also zur beabsichtigten Art und Weise der Datenverarbeitung **keine sinnvolle oder zumutbare Alternative** gibt, um die verfolgte Zielsetzung zu erreichen.[173]

324

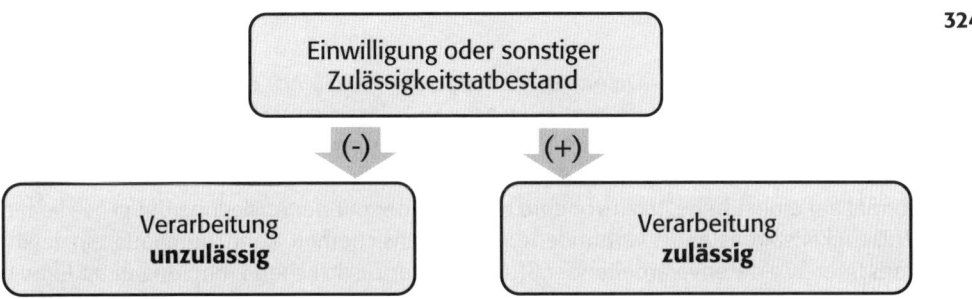

Abbildung 9:   Verbot mit Zulässigkeitstatbeständen

1. Zulässigkeit aufgrund der Einwilligung der betroffenen Person

Die Einwilligung wird als genuiner **Ausfluss des Rechts auf informationelle Selbstbestimmung** bezeichnet.[174] Sie spiegelt den Inhalt des informationellen Selbstbestimmungsrechts in besonders deutlicher Weise wieder. Die betroffene Person hat das Recht, selbst zu bestimmen, was mit ihren personenbezogenen Daten passiert und wer was wann über sie weiß. Die Bedeutung der Einwilligung ist insbesondere beim Umgang mit personenbezogenen Daten im privaten Bereich nicht zuletzt aufgrund ihrer Flexibilität groß. Mit ihrer Hilfe lassen sich die Grenzen der gesetzlichen Zulässigkeitstatbestände überwinden und nahezu jede Verarbeitung mit personenbezogenen Daten legitimieren.

325

Die Kehrseite dieser Einwilligungswirkung wird kritisch als Fiktion der Legitimationswirkung der Einwilligung beschrieben.[175] Stehen sich zwei ungleich potente Verhandlungspartner gegenüber, sei es auf ökonomischsozialer Ebene, sei es auf der Ebene der Verwaltung, droht die Legitimationswirkung der Einwilligung zu einer Formalie herabzusinken. Im telemedienspezifischen Datenschutzrecht wurde nicht zuletzt aus diesem

326

---

172 *Frenzel*, in: Paal/Pauly (Hrsg.), DS-GVO, 2017, Art. 6 Rn. 9.

173 *Buchner/Petri*, in: Kühling/Buchner (Hrsg.), DS-GVO, 2. Aufl. 2018, Art. 6 DS-GVO Rn. 15.

174 Vgl. *Gola/Schomerus*, BDSG, 12. Aufl. 2015, § 4 Rn. 5; *Holznagel/Sonntag*, in: Roßnagel (Hrsg.), Handbuch Datenschutzrecht, 2003, Kap. 4.8 Rn. 5; *Roßnagel/Pfitzmann/Garstka*, DuD 2001, 253 (258).

175 Vgl. zum BDSG a.F. *Simitis*, in: Simitis (Hrsg.), Kommentar zum BDSG, 8. Aufl. 2014, § 4a Rn. 3.

Grunde das die Freiwilligkeit der Einwilligung sichernde Instrument des **Koppelungs-verbots** installiert (vgl. § 12 Abs. 3 TMG a.F.). Seine Implementierung als Regelungs-grundsatz im Datenschutzrecht wurde insbesondere vor dem Hintergrund der an-schwellenden Datenverarbeitung im privaten Bereich gefordert.[176] Zwischenzeitlich hatte der Gesetzgeber diese Forderung aufgegriffen, das Koppelungsverbot aus dem bereichsspezifischen TMG herausgelöst und es, allerdings mit beschränktem Anwen-dungsbereich, in das allgemeine BDSG eingefügt (vgl. § 28 Abs. 3b BDSG a.F.).[177] Mit Einführung der DS-GVO findet das Koppelungsverbot nun über Art. 7 Abs. 4 allgemei-ne Anwendung (näher dazu → Rn. 499 ff.). Hinzu kommt die zu beobachtende Ten-denz zur Kommerzialisierung der Einwilligung, der ein Verständnis der Einwilligung als Verwertungsrecht zugrunde liegt. Personenbezogene Daten werden der betroffenen Person „abgekauft".[178]

327   Die Rechtmäßigkeit einer Datenverarbeitung setzt gemäß Art. 6 Abs. 1 DS-GVO voraus, dass „mindestens" einer der dort aufgelisteten Zulässigkeitstatbestände erfüllt ist. Die Verarbeitung kann demnach grundsätzlich auch auf **mehrere Rechtsgrundlagen** ge-stützt werden.[179] Einwilligung und Rechtsvorschrift stehen als Zulässigkeitstatbestände formal auf einer Ebene. Insbesondere aufgrund der mit der Auslegung der gesetzlichen Zulässigkeitstatbestände verbundenen Rechtsunsicherheit kann durchaus ein legiti-mes Interesse datenverarbeitender Stellen an der zusätzlichen Einholung einer Einwil-ligung bestehen.[180] Dennoch hat der Verantwortliche nicht immer die Wahl, ob er die beabsichtigte Datenverarbeitung auf die Einwilligung der betroffenen Person oder auf eine legitimierende Rechtsvorschrift stützen will. Soll die betroffene Person nicht fal-schen Vorstellungen bezüglich ihres informationellen Selbstbestimmungsrechts unter-liegen, ist auf das Instrument der Einwilligung nur dann zurückzugreifen, wenn keine gesetzliche Rechtsgrundlage die beabsichtigte Datenverarbeitung rechtfertigt oder wenn der Verantwortliche rechtlich und tatsächlich in der Position ist, die eventuelle Verweigerung der Einwilligung der betroffenen Person zu akzeptieren.[181] Signalisiert der Verantwortliche der betroffenen Person nämlich durch Einholung einer Einwilli-gung, dass die Zulässigkeit der Datenverarbeitung von ihrem Einverständnis abhängt, wäre es widersprüchlich und damit unzulässig, im Falle der Verweigerung oder Unwirksamkeit der Einwilligung einfach alternativ auf den gesetzlichen Zulässigkeits-tatbestand zurückzugreifen.[182] Hierbei ist im Übrigen weiter zu differenzieren. Im öffentlichen Bereich verfügen die Verantwortlichen regelmäßig über die zu ihrer Auf-

---

176 Zum BDSG a.F. *Simitis*, in: Simitis (Hrsg.), Kommentar zum BDSG, 8. Aufl. 2014, § 4a Rn. 63.
177 Siehe auch BTDrs. 16/12011, S. 42 f. und 52.
178 Zum BDSG a.F. *Simitis*, in: Simitis (Hrsg.), Kommentar zum BDSG, 8. Aufl. 2014, § 4a Rn. 5 f.
179 *Buchner/Petri*, in: Kühling/Buchner (Hrsg.), DS-GVO/BDSG, 2. Aufl. 2018, Art. 6 DS-GVO Rn. 22.
180 *Buchner/Kühling*, in: Kühling/Buchner (Hrsg.), DS-GVO/BDSG, 2. Aufl. 2018, Art. 7 DS-GVO Rn. 17; ähnlich *Schulz*, in: Gola (Hrsg.), DS-GVO, 2017, Art. 6 Rn. 12.
181 Vgl. zum BDSG a.F. *Gola/Schomerus*, BDSG, 12. Aufl. 2015, § 4 Rn. 16; *Scholz/Sokol*, in: Simitis (Hrsg.), Kommentar zum BDSG, 8. Aufl. 2014, § 4 Rn. 6.
182 *Buchner/Petri*, in: Kühling/Buchner (Hrsg.), DS-GVO/BDSG, 2. Aufl. 2018, Art. 6 DS-GVO Rn. 23.

gabenerfüllung erforderlichen gesetzlichen Ermächtigungsgrundlagen. Die kumulative Einholung einer Einwilligung ist nur dann statthaft, wenn der Verantwortliche aus dem öffentlichen Bereich rechtlich und tatsächlich in der Lage ist, die Verweigerung der Einwilligung zu akzeptieren, weil keine Verarbeitungspflichten existieren.[183] Im privaten Bereich hat der Verantwortliche den betroffenen Personen bereits bei Einholung der Einwilligung auf den einschlägigen gesetzlichen Zulässigkeitstatbestand hinzuweisen,[184] will er nicht die Unwirksamkeit der Einwilligung riskieren und sich nicht der Möglichkeit eines Rückgriffs auf den gesetzlichen Zulässigkeitstatbestand wegen Verstoßes gegen den Grundsatz von Treu und Glauben berauben.[185]

Die Entwicklung der Bedeutung der Einwilligung als Legitimationsinstrument gestaltet sich ambivalent. Einerseits führt die Tendenz zur sektorspezifischen Regulierung des Datenschutzrechts zu einer Einschränkung des Anwendungsbereichs der Einwilligung.[186] Andererseits führen die Verlagerung des Schwerpunkts der Datenverarbeitung vom öffentlichen zum privaten Bereich und die stetig zunehmenden Möglichkeiten der Datenverarbeitung zu einer Ausweitung des Anwendungsbereichs der Einwilligung. Die Vielfalt der Datenverarbeitungsprozesse wird zunehmend schwieriger gesetzlich erfassbar. Im Rahmen des Verbots mit Erlaubnisvorbehalt kommt der Einwilligung somit eine grundsatzsichernde Funktion zu. Inwiefern das Instrument der Einwilligung in der Lage sein wird, diese Funktion auch künftig zu erfüllen, hängt nicht zuletzt von der Ausgestaltung ihrer Wirksamkeitsvoraussetzungen ab. Diese ergeben sich neben der Legaldefinition der Einwilligung in Art. 4 Nr. 11 DS-GVO aus Art. 7 DS-GVO (sowie für die Einwilligung eines Kindes in Bezug auf Dienste der Informationsgesellschaft aus Art. 8 DS-GVO) und werden an späterer Stelle erläutert (siehe dazu → Rn. 489 ff.). **328**

2. Zulässigkeit aufgrund eines sonstigen gesetzlichen Zulässigkeitstatbestandes

Neben der Einwilligung können als sonstige gesetzliche Zulässigkeitstatbestände prinzipiell **drei weitere Rechtsquellen** die Datenverarbeitung legitimieren, die in einem Hierarchieverhältnis stehen: die **DS-GVO**, das **bereichsspezifische deutsche Datenschutzrecht** (auf Bundes- und Landesebene) sowie das **allgemeine BDSG** (bzw. für Sachverhalte der Länder die allgemeinen Landesdatenschutzgesetze). Dabei ist stets primär die DS-GVO heranzuziehen, die unmittelbar maßgeblich ist, soweit keine Öffnungsklauseln bestehen (siehe hierzu ausführlich oben → Rn. 199). Nur soweit die DS-GVO ergänzungsbedürftig (obligatorische Öffnungsklauseln) oder ergänzungsfähig (fakultative Öffnungsklauseln) ist, kommt als Konkretisierung auf einer zweiten Stufe das deutsche Datenschutzrecht zur Anwendung, das wiederum seinerseits aufgeteilt ist in sektorspezifisches Datenschutzrecht (teils im BDSG zur Gefahrenabwehr und Ver- **329**

---

183 Vgl. zum BDSG a.F. bereits *Holznagel/Sonntag*, in: Roßnagel (Hrsg.), Handbuch Datenschutzrecht, 2003, Kap. 4.8 Rn. 24.

184 *Buchner/Kühling*, in: Kühling/Buchner (Hrsg.), DS-GVO/BDSG, 2. Aufl. 2018, Art. 7 DS-GVO Rn. 18; vgl. auch *Schulz*, in: Gola (Hrsg.), DS-GVO, 2017, Art. 6 Rn. 12.

185 Vgl. schon *Holznagel/Sonntag*, in: Roßnagel (Hrsg.), Handbuch Datenschutzrecht, 2003, Kap. 4.8 Rn. 25.

186 So zum BDSG a.F. *Scholz/Sokol*, in: Simitis (Hrsg.), Kommentar zum BDSG, 8. Aufl. 2014, § 4 Rn. 7.

brechensbekämpfung im dortigen Dritten Teil) und die allgemeinen Regelungen im BDSG (bzw. den LDSGen).[187]

330   Nach dem Grundsatz der *lex specialis* gehen sektorspezifische Datenschutzgesetze dem BDSG vor. § 1 Abs. 2 S. 1 BDSG schreibt dies auch explizit für „andere Rechtsvorschriften des Bundes" fest. Regeln diese indes einen Sachverhalt, für den das BDSG gilt, nicht oder nicht abschließend, so kommt gemäß § 1 Abs. 2 S. 2 BDSG insoweit subsidiär das BDSG zur Anwendung. Hierin kommt der Charakter des BDSG als Auffanggesetz klar zum Vorschein. Dies bedeutet allerdings auch, dass sich die Subsidiaritätswirkung auf **deckungsgleiche Tatbestände** beschränkt. Trifft die „andere" Bundesnorm zu einem bestimmten Sachverhalt keine Aussage, verdrängt sie insoweit nicht das BDSG.[188]

331   Es muss sich bei der Rechtsvorschrift um eine materielle Rechtsnorm mit Außenwirkung handeln. In Frage kommen demnach Gesetze (auch Landesgesetze im Rahmen des Kompetenzgefüges), Rechtsverordnungen und Satzungen bundesunmittelbarer Körperschaften, Anstalten und Stiftungen des öffentlichen Rechts. Für Beschäftigungsverhältnisse ergibt sich im Übrigen aus § 26 Abs. 1 BDSG, dass auch **Tarifverträge bzw. Betriebs- oder Dienstvereinbarungen** (Kollektivvereinbarungen) als Zulässigkeitstatbestände für die Datenverarbeitung in Betracht kommen.[189]

332   Das BDSG macht zur **rechtlichen Qualität** der verdrängenden Vorschrift, also zum gewährten Schutzniveau, keine Angaben. Bei vorrangigen Bundesgesetzen wurde schon bisher allgemein davon ausgegangen, dass diese das Schutzniveau des BDSG unterschreiten dürfen.[190] Dies gilt auch weiterhin, allerdings nur in dem Rahmen, den die DS-GVO über die entsprechenden Öffnungsklauseln zulässt. Untergesetzliche Normen, insbesondere auch Rechtsverordnungen des Bundes, müssen jedoch das Schutzniveau des BDSG trotz der Kollisionsnorm des § 1 Abs. 2 S. 1 BDSG einhalten.

333   „Andere" Rechtsvorschriften können die Datenverarbeitung nicht nur erlauben und gebieten, sie können ihn auch verbieten. Dies ergibt sich aus § 1 Abs. 2 S. 3 BDSG. Hierunter sind gesetzliche **Geheimhaltungspflichten, Berufsgeheimnisse und Amtsgeheimnisse** wie auch von der Rechtsprechung aus dem Standesrecht entwickelte Grundsätze zu verstehen.[191] Diese verbieten, soweit sie einen bestimmten Sachverhalt erfassen, die Datenverarbeitung, selbst wenn das BDSG dem nicht entgegensteht. Es ist insoweit subsidiär.

---

187   *Kühling*, NJW 2017, 1985 (1986 f.).
188   Vgl. noch zum BDSG a.F. *Gola/Schomerus*, BDSG, 12. Aufl. 2015, § 4 Rn. 7; *Scholz/Sokol*, in: Simitis (Hrsg.), Kommentar zum BDSG, 8. Aufl. 2014, § 4 Rn. 12.
189   Dies war bereits vor Geltung der DS-GVO anerkannt, da der normative Teil von Tarifverträgen und Betriebsvereinbarungen als „andere Rechtsvorschrift" i.S.d. § 4 Abs. 1 BDSG qualifiziert wurde, vgl. zum BDSG a.F. *Tinnefeld/Buchner/Petri*, Einführung in das Datenschutzrecht, 5. Aufl. 2012 (Vorauflage), S. 180, 188.
190   Statt vieler zum BDSG a.F. *Gola/Schomerus*, BDSG, 12. Aufl. 2015, § 4 Rn. 7; *Scholz/Sokol*, in: Simitis (Hrsg.), Kommentar zum BDSG, 8. Aufl. 2014, § 4 Rn. 16.
191   Vgl. zum BDSG a.F. *Gola/Schomerus*, BDSG, 12. Aufl. 2015, § 4 Rn. 11 f.

Liegt die Einwilligung der betroffenen Person nicht vor und ist im Rahmen eines von   **334** der DS-GVO eröffneten „Restbereiches" keine sektorspezifische Rechtsvorschrift auf nationaler Ebene einschlägig, ist zu prüfen, ob die vorgesehene Datenverarbeitung auf einen Auffangtatbestand des BDSG gestützt werden kann. Dabei differenziert das BDSG, anders als die DS-GVO, nach wie vor grundsätzlich zwischen öffentlichen und nichtöffentlichen Stellen.

II. Verarbeitung nach Treu und Glauben (Art. 5 Abs. 1 lit. a Var. 2 DS-GVO)

Personenbezogene Daten sind gemäß Art. 5 Abs. 1 lit. a Var. 2 DS-GVO „nach Treu und   **335** Glauben" zu verarbeiten. Dies ist indes nicht so zu verstehen, dass hier die entsprechende deutsche Dogmatik (insbesondere zur zivilrechtlichen Generalklausel des § 242 BGB) mit ihren facettenreichen Bedeutungsgehalten und Fallgruppen heranzuziehen wäre.[192] Vielmehr geht es allgemein darum, eine **„faire" Datenverarbeitung** dergestalt zu gewährleisten, dass der betroffenen Person nicht aufgrund unzulässiger Rechtsausübung durch den Verantwortlichen Nachteile entstehen, die dem Kräftegleichgewicht der Parteien, wie es sich aus dem Gesamtsystem der DS-GVO ergibt, widersprechen.[193] Konkret heißt dies etwa, dass im Rahmen der Interessenabwägung des Zulässigkeitstatbestandes aus Art. 6 Abs. 1 UAbs. 1 lit. f DS-GVO (dazu ausführlich → Rn. 398 ff.) bei der Berücksichtigung der Betroffeneninteressen auf die „vernünftigen Erwartungen" der betroffenen Person abzustellen ist.[194] Während unter dem Regime der DSRL noch eine ausgeprägte Verflechtung mit dem Transparenzgrundsatz (dazu sogleich unter → Rn. 336 f.) bestand, findet jener nunmehr in der DS-GVO (nicht aber in der zeitgleich erlassenen DSRL-JI) eine eigenständige Erwähnung, was für eine stärkere Aufspaltung der Anwendungsbereiche spricht.[195] Mangels einer präzisen Definition wird es bei der Beurteilung, ob im Einzelfall eine treuwidrige und mithin unzulässige Datenverarbeitung vorliegt, stets auf eine **wertende Gesamtbetrachtung des Verarbeitungsvorgangs und -kontextes** ankommen. Der Grundsatz von Treu und Glauben kann in diesem Sinne als Korrektiv eingreifen, wenn nach den tragenden Wertungen der DS-GVO eine unangemessene Benachteiligung der betroffenen Person vorliegt, ohne dass konkret spezifische datenschutzrechtliche Vorschriften verletzt wurden.

---

192 *Frenzel*, in: Paal/Pauly (Hrsg.), DS-GVO, 2017, Art. 5 Rn. 18 f; *Heberlein*, in: Ehmann/Selmayr (Hrsg.), DS-GVO, 2017, Art. 5 Rn. 9; *Herbst*, in: Kühling/Buchner (Hrsg.), DS-GVO/BDSG, 2. Aufl. 2018, Art. 5 DS-GVO Rn. 13.

193 *Herbst*, in: Kühling/Buchner (Hrsg.), DS-GVO/BDSG, 2. Aufl. 2018, Art. 5 DS-GVO Rn. 17.

194 *Heberlein*, in: Ehmann/Selmayr (Hrsg.), DS-GVO, 2017, Art. 5 Rn. 10; *Härting*, DS-GVO, 2016, Rn. 89.

195 Ausführlich hierzu *Herbst*, in: Kühling/Buchner (Hrsg.), DS-GVO/BDSG, 2. Aufl. 2018, Art. 5 DS-GVO Rn. 15 ff.

III. Grundsatz der Transparenz (Art. 5 Abs. 1 lit. a Var. 3 DS-GVO)

336   Aus dem Recht auf informationelle Selbstbestimmung erwächst die Notwendigkeit, jeden Umgang mit personenbezogenen Daten transparent zu gestalten. Nur wer überblicken kann, wer was bei welcher Gelegenheit über ihn weiß, ist frei, aus eigener Selbstbestimmung zu planen und zu entscheiden.[196] Nur wenn der Grundsatz der Transparenz beachtet wird, ist die betroffene Person in der Lage, selbstbestimmt über die Verwendung ihrer Daten zu befinden. Darüber hinaus ist der Grundsatz der Transparenz Voraussetzung für den Persönlichkeitsschutz. Wer keine Kenntnis über die Existenz von Datenverarbeitungsvorgängen hat, kann seine ihm zustehenden Rechte zum Schutze seiner Persönlichkeit, etwa die Berichtigung (Art. 16 DS-GVO), Löschung (Art. 17 DS-GVO, § 35 BDSG) oder Einschränkung der Verarbeitung (Art. 18 DS-GVO) nicht wahrnehmen. Vor diesem Hintergrund leuchtet es ein, dass der Transparenzgrundsatz durch die Einführung der DS-GVO gegenüber der bisherigen Rechtslage maßgeblich an Bedeutung gewonnen hat, was nicht zuletzt darin zum Ausdruck kommt, dass er nunmehr eigenständige Erwähnung in den fundamentalen Strukturprinzipien des Art. 5 DS-GVO findet. Wie sich aus Erwägungsgrund 39 der DS-GVO ergibt, soll für betroffene Personen Transparenz konkret über den **Umstand und Umfang der Verarbeitung** sie betreffender personenbezogenen Daten bestehen, sowie über die Identität des Verantwortlichen, die Verarbeitungszwecke, die Betroffenenrechte und die Risiken der Verarbeitung. Der Grundsatz betrifft im Übrigen „sonstige Informationen, die eine faire und transparente Verarbeitung im Hinblick auf die betroffenen natürlichen Personen gewährleisten". Die entsprechenden Informationen müssen des Weiteren **„leicht zugänglich und verständlich und in klarer und einfacher Sprache** abgefasst" sein.

337   Konkretisiert werden diese Anforderungen insbesondere in den Transparenzvorschriften der Art. 12 bis 15 DS-GVO (und den korrespondierenden Ergänzungsnormen für die Betroffenenrechte in den §§ 32 ff. BDSG; dazu → Rn. 594 ff.) und in verschiedenen Erwägungsgründen (insbesondere 58, 71, 78 und 100). Auch im Wege des Datenschutzes durch Technik[197] (Art. 25 DS-GVO; dazu → Rn. 757 ff.) oder über Zertifizierungen und Prüfzeichen (Art. 42 DS-GVO; dazu → Rn. 754 f.) kann Transparenz über Datenverarbeitungsvorgänge für betroffene Personen gewährleistet werden.[198]

IV. Zweckbindungsgrundsatz (Art. 5 Abs. 1 lit. b DS-GVO)

338   Ein weiteres zentrales und seit jeher im deutschen Datenschutzrecht verankertes Regelungselement ist der Zweckbindungsgrundsatz. Er entspringt dem datenschutzrechtlichen Konzept der normativen Zweckbegrenzung.[199] Gemäß Art. 5 Abs. 1 lit. b DS-GVO müssen personenbezogene Daten für **festgelegte**, **eindeutige** und **legitime Zwecke**

---

196 BVerfG, Urt. v. 15.12.1983, 1 BvR 209/83 u.a. = BVerfGE 65, 1 (43) – *Volkszählung*.
197 Vgl ausführlich zum Datenschutz durch Technik *Baumgartner/Gausling*, ZD 2017, 308.
198 *Herbst*, in: Kühling/Buchner (Hrsg.), DS-GVO/BDSG, 2. Aufl. 2018, Art. 5 DS-GVO Rn. 19.
199 Ausführlich zum Konzept der normativen Zweckbegrenzung *v. Zezschwitz*, in: Roßnagel (Hrsg.), Handbuch Datenschutzrecht, 2003, Kap. 3.1 Rn. 1 ff.

erhoben werden und dürfen nicht in einer mit diesen Zwecken nicht zu vereinbarenden Weise weiterverarbeitet werden. Sie dürfen also nicht ohne Zweckbestimmung gleichsam auf Vorrat erhoben und gespeichert werden. Aus dem Wortlaut der Norm und des Erwägungsgrundes 39 der DS-GVO geht klar hervor, dass die Zwecke der Erhebung und beabsichtigten Verarbeitung bereits **zum Zeitpunkt der Datenerhebung** festgelegt sein müssen.[200] Der Zweckbindungsgrundsatz dient der Überschaubarkeit und Kontrolle der Datenverarbeitung. Die betroffene Person soll nicht den Überblick verlieren, sondern in der Lage sein, Umgangsphasen nachzuvollziehen und gegebenenfalls einschreiten zu können.

Die Verarbeitungszwecke müssen „**eindeutig**" i.S.v. explizit bzw. konkret[201] festgelegt   **339** sein. Voraussetzung für die Funktionserfüllung des Zweckbindungsgrundsatzes ist also nach wie vor die hinreichende **Bestimmtheit** der Zweckfestlegung. Das Maß des durch das Zweckbindungsgebot gewährten Schutzes des Rechts auf informationelle Selbstbestimmung ist abhängig vom Bestimmtheitsgrad der Zweckfestlegung. Es ist zu fordern, dass der Zweck so eindeutig, bestimmt und klar wie möglich festgelegt wird. Generische Globalzweckangaben wie „Marketing-Zwecke" oder „geschäftsmäßige Verarbeitung" werden dieser Anforderung nicht gerecht.[202] Zwar können personenbezogene Daten auch für mehrere Zwecke erhoben werden, sie müssen dann aber ebenfalls genau und transparent festgelegt werden. Der Bestimmtheitsgrad der Zweckfestlegung spielt auch für den dem Verhältnismäßigkeitsprinzip entspringenden Erforderlichkeitsgrundsatz eine entscheidende Rolle (zum Erforderlichkeitsprinzip bereits oben unter → Rn. 323). Der Verhältnismäßigkeitsgrundsatz dominiert das gesamte Verwaltungshandeln und ist auch im Datenschutzrecht ein zentrales Regelungsinstrument, das den Zweckbindungsgrundsatz flankiert. Er besagt als Erforderlichkeitsgrundsatz, dass in den Persönlichkeitsbereich der betroffenen Person grundsätzlich nur insoweit eingegriffen werden darf, als es für die (rechtmäßige) Zweckerreichung *unerlässlich* ist. Im öffentlichen Bereich ist es die staatliche Aufgabenzuweisung, die das Verwaltungshandeln begrenzt und für die Zweckfestlegung und den Grad der Erforderlichkeit eine Richtschnur bildet. Im privaten Bereich schlägt sich das Erforderlichkeitsprinzip in zumeist offenen Abwägungsklauseln nieder (etwa Art. 6 Abs. 1 UAbs. 1 lit. c DS-GVO). Insbesondere in diesem Bereich kann das Erforderlichkeitsprinzip nur dann fruchtbar eingesetzt werden, wenn die Zweckbestimmung hinreichend eindeutig und transparent formuliert wird. Eine nur vage Festlegung des verfolgten Zwecks lässt sowohl die Zweckbindung als auch den Erforderlichkeitsgrundsatz ins Leere laufen. So hat der Gesetzgeber etwa im telekommunikationsspezifischen Datenschutzrecht jegliche Verwendung von Verbindungs-, Bestands- und Nutzungsdaten strikt dem Prinzip der Erforderlichkeit unterworfen und von der Verwendung offener Abwägungsklauseln abgesehen (siehe dazu → Rn. 871 ff.). Die Verarbeitungszwecke müssen darüber hinaus

---

200 *Herbst*, in: Kühling/Buchner (Hrsg.), DS-GVO/BDSG, 2. Aufl. 2018, Art. 5 DS-GVO Rn. 31.
201 *Pötters*, in: Gola (Hrsg.), DS-GVO, 2017, Art. 5 Rn. 14 mit dem Hinweis auf die englische („explicit") und französische („explicites") Sprachfassung der Verordnung.
202 *Heberlein*, in: Ehmann/Selmayr (Hrsg.), DS-GVO, 2017, Art. 5 Rn. 14 m.w.N.; vgl. auch die weiteren Beispiele bei *Herbst*, in: Kühling/Buchner (Hrsg.), DS-GVO/BDSG, 2. Aufl. 2018, Art. 5 DS-GVO Rn. 35.

auch **„legitim"**[203] sein, also allgemeinen Rechtsprinzipien und sonstigem einschlägigen Recht außerhalb des Datenschutzes entsprechen.[204]

340 Art. 6 Abs. 1 UAbs. 1 lit. b DS-GVO bestimmt weiter, dass personenbezogene Daten nicht in einer mit den ursprünglich festgelegten Zwecken nicht zu vereinbarenden Weise weiterverarbeitet werden dürfen. Eine **Zweckänderung**, also die (Weiter-)Verarbeitung von personenbezogenen Daten zu anderen Zwecken als jenen, die bei der ursprünglichen Erhebung festgelegt wurden, ist damit grundsätzlich nicht zulässig. Etwas anderes gilt nur, wenn die Weiterverarbeitung zu „neuen" Zwecken gemäß Art. 6 Abs. 4 DS-GVO auf einer Einwilligung der betroffenen Person oder einer qualifizierten Rechtsvorschrift der Union oder der Mitgliedstaaten[205] beruht oder aber mit den ursprünglichen Zwecken **„vereinbar"** ist (dazu ausführlich → Rn. 420 ff.). Um festzustellen, ob eine solche „Vereinbarkeit" gegeben ist, hat der Verantwortliche eine wertende Beurteilung der fraglichen Verarbeitung vorzunehmen, die die ursprüngliche Zweckfestlegung und die Funktion des Zweckbindungsgrundsatzes berücksichtigt.[206] Die Verordnung liefert dabei einen **nicht abschließenden Beispielskatalog mit Prüfkriterien** in Art. 6 Abs. 4 (z.B. jede Verbindung zwischen ursprünglichen und „neuen" Zwecken, Erhebungskontext, Art der personenbezogenen Daten oder mögliche Folgen der Weiterverarbeitung für die betroffene Person). Ist die Weiterverarbeitung zu geänderten Zwecken in diesem Sinne mit den ursprünglichen Zwecken vereinbar, muss sie nicht kumulativ durch eine **eigenständige Rechtsgrundlage** legitimiert werden, wie sich insbesondere aus dem eindeutigen Wortlaut des Erwägungsgrundes 50 S. 2 der DS-GVO ergibt.[207]

341 Gemäß Art. 5 Abs. 1 lit. b Hs. 2 DS-GVO sind Weiterverarbeitungen für im öffentlichen Interesse liegende **Archivzwecke, wissenschaftliche oder historische Forschungszwecke** und für **statistische Zwecke** (dazu ausführlich → Rn. 428 und 468 ff.) dergestalt privilegiert, dass sie nicht als unvereinbar mit den ursprünglichen Zwecken gelten (Fiktion der Vereinbarkeit), die Vereinbarkeitsprüfung entfällt also insoweit.[208] Voraussetzung ist indessen, dass die entsprechende Weiterverarbeitung „gemäß Artikel 89 Absatz 1" erfolgt, es ist also durch technische und organisatorische Maßnahmen sicher-

---

203 Die englische Fassung verwendet hier den Begriff „legitimate", genau wie in der Parallelvorschrift des Art. 6 Abs. 1 UAbs. 1 lit. b DSRL, die in der deutschen Fassung von „rechtmäßige(n)" Zwecken sprach.

204 *Heberlein*, in: Ehmann/Selmayr (Hrsg.), DS-GVO, 2017, Art. 5 Rn. 15, der als Beispiele das Diskriminierungsverbot und einschlägige Anforderungen des Arbeitsrechts, Vertragsrechts und Verbraucherschutzrechts nennt.

205 Gemäß Art. 6 Abs. 4 DS-GVO muss es sich um eine Rechtsvorschrift der Union oder der Mitgliedstaaten handeln, „die in einer demokratischen Gesellschaft eine notwendige und verhältnismäßige Maßnahme zum Schutz der in Artikel 23 Absatz 1 genannten Ziele darstellt".

206 *Herbst*, in: Kühling/Buchner (Hrsg.), DS-GVO/BDSG, 2. Aufl. 2018, Art. 5 DS-GVO Rn. 43.

207 So auch *Frenzel*, in: Paal/Pauly (Hrsg.), DS-GVO, 2017, Art. 5 Rn. 31; *Härting*, DS-GVO, 2016, Rn. 514 f.; *Kühling/Martini*, EuZW 2016, 448 (451); *Piltz*, K&R 2016, 557 (566); *Richter*, DuD 2016, 581 (584); a.A. *Herbst*, in: Kühling/Buchner (Hrsg.), DS-GVO/BDSG, 2. Aufl. 2018, Art. 5 DS-GVO Rn. 48 f.; *Schantz*, NJW 2016, 1841 (1844); im Ergebnis ebenso, aber für eine einschränkende Auslegung des Erwägungsgrundes 50 S. 2 der DS-GVO *Heberlein*, in: Ehmann/Selmayr (Hrsg.), DS-GVO, 2017, Art. 5 Rn. 19 f.; *Monreal*, ZD 2016, 507 (510).

208 *Herbst*, in: Kühling/Buchner (Hrsg.), DS-GVO/BDSG, 2. Aufl. 2018, Art. 5 DS-GVO Rn. 50.

zustellen, dass sie geeigneten Garantien für die Rechte und Freiheiten der betroffenen Person unterliegt.[209] Nicht zuletzt vor dem Hintergrund der Erwägungsgründe 125 ff. der DS-GVO ist diese Privilegierung überdies **stets eng auszulegen** und es sind hohe Anforderungen an solche Zwecksetzungen zu stellen, so dass etwa Profiling- und Scoring-Verfahren oder Big-Data-Analysen nicht als „Statistik" privilegiert und vom Zweckbindungsgrundsatz ausgenommen sein können.[210]

Das BDSG a.F. sah in den §§ 14 Abs. 4, 31 noch eine besondere Zweckbindung für Daten vor, die ausschließlich zu Zwecken der Datenschutzkontrolle, der Datensicherung oder zur Sicherstellung eines ordnungsgemäßen Betriebes einer Datenverarbeitungsanlage gespeichert wurden. Mangels Entsprechung in der DS-GVO entfällt diese nunmehr und es greift der allgemeine Zweckbindungsgrundsatz mit Abweichungsmöglichkeit nach Art. 6 Abs. 4 DS-GVO.[211]   **342**

V. Grundsatz der Datensparsamkeit/Datenminimierung (Art. 5 Abs. 1 lit. c DS-GVO), Systemdatenschutz

Anders als § 3a S. 2 BDSG a.F. enthält Art. 5 Abs. 1 lit. c DS-GVO keinen ausdrücklichen Verweis auf die Möglichkeiten der **Anonymisierung und Pseudonymisierung** (hierzu bereits → Rn. 262 ff.), Art. 25 Abs. 1 DS-GVO nennt indes im Rahmen des Systemdatenschutzes die Pseudonymisierung beispielhaft als geeignete Maßnahme zur wirksamen Umsetzung der Datenminimierung. Im Übrigen ist stets zu prüfen, ob der Verarbeitungszweck auch mit anonymisierten Daten erreicht werden kann. In diesem Fall wäre die Verarbeitung nicht anonymisierter Daten nicht i.S.d. Art. 5 Abs. 1 lit. c DS-GVO auf das notwendige Maß beschränkt und damit wegen Verstoßes gegen den Grundsatz der Datenminimierung unzulässig.[212]   **343**

Mit immer weiteren Möglichkeiten, Datenbestände zu vernetzen, wuchs auch die Einsicht, dass die bloße Verrechtlichung des Datenschutzes keine Gewähr für seine Einhaltung bietet.[213] Moderner und effektiver Datenschutz muss die technischen Möglichkeiten und Gegebenheiten berücksichtigen und in ein Konzept des **Systemdatenschutzes** einbinden.[214] Technischer Datenschutz und eine datenschutzfreundliche Systemstruktur von Datenverarbeitungssystemen sollen von vornherein zu einem ho-   **344**

---

209 *Heberlein*, in: Ehmann/Selmayr (Hrsg.), DS-GVO, 2017, Art. 5 Rn. 17; *Herbst*, in: Kühling/Buchner (Hrsg.), DS-GVO, 2. Aufl. 2018, Art. 5 DS-GVO Rn. 51.

210 *Buchner*, DuD 2016, 155 (157); *Heberlein*, in: Ehmann/Selmayr (Hrsg.), DS-GVO, 2017, Art. 5 Rn. 17.

211 *Pötters*, in: Gola (Hrsg.), DS-GVO, 2017, Art. 5 Rn. 19; näher zu Art. 6 Abs. 4 DS-GVO unter → Rn. 421 ff.

212 *Herbst*, in: Kühling/Buchner (Hrsg.), DS-GVO/BDSG, 2. Aufl. 2018, Art. 5 DS-GVO Rn. 58.

213 Zur Historie *Dix*, in: Roßnagel (Hrsg.), Handbuch Datenschutzrecht, 2003, Kap. 3.5 Rn. 19 ff.; *Scholz*, in: Simitis (Hrsg.), Kommentar zum BDSG, 8. Aufl. 2014, § 3a Rn. 3 f.

214 Vgl. bereits *Roßnagel/Pfitzmann/Garstka*, Modernisierung des Datenschutzrechts, Gutachten im Auftrag des Bundesministeriums des Innern, 4.1.2010, abrufbar unter https://www.bfdi. bund.de/SharedDocs/VortraegeUndArbeitspapiere/2001GutachtenModernisierungDSRecht. pdf?__blob=publicationFile&v=3 (Abruf: 15.1.2018); *Roßnagel/Pfitzmann/Garstka*, DuD 2001, 253 (255).

hen Datenschutzniveau beitragen. Entsprechend ist die Vorgabe der Datensparsamkeit ergänzend in Art. 25 DS-GVO als technischer Datenschutz normiert[215] (dazu ausführlich → Rn. 757 ff.) mit der Pflicht für Verantwortliche, Systeme technisch so zu gestalten, dass die Risiken für die Rechte und Freiheiten der betroffenen Personen minimiert werden („privacy by design") und sicherzustellen, dass durch Voreinstellungen grundsätzlich nur personenbezogene Daten verarbeitet werden, deren Verarbeitung für den jeweiligen bestimmten Verarbeitungszweck erforderlich ist („privacy by default").[216]

345   Der Grundsatz der Datenminimierung und seine nähere Ausgestaltung insbesondere in Art. 25 DS-GVO konkretisieren dabei den aus dem Verhältnismäßigkeitsprinzip folgenden Erforderlichkeitsgrundsatz mit der Zielvorgabe, die Verarbeitung personenbezogener Daten *und* die Gestaltung und Auswahl von Datenverarbeitungssystemen am Grundsatz der Datenminimierung auszurichten. Der Umgang mit personenbezogenen Daten und Systemstrukturen soll so konzipiert werden, dass personenbezogene Daten **nur im unbedingt erforderlichen Umfang** verarbeitet werden. Schon auf technischer Ebene soll ausgeschlossen werden, was nicht erlaubt ist, und unterstützt werden, was gefordert wird.

346   Während der Grundsatz der Datenvermeidung und Datensparsamkeit im BDSG a.F. keine materiell-rechtliche Zulässigkeitsbedingung für den Umgang mit personenbezogenen Daten beinhaltete, teilweise gar nur als unverbindlicher Programmsatz verstanden wurde[217] und Verstöße nicht sanktionsbewehrt waren, unterfällt nunmehr das Pendant des Datenminimierungsgebots als tragendes Strukturprinzip und Grundsatz für die Verarbeitung i.S.d. Art. 83 Abs. 5 lit. a DS-GVO dem **Sanktionsregime der DS-GVO** (ausführlich hierzu → Rn. 760 ff.). Der Pflicht der stetigen Systemoptimierung mit dem Ziel der Datenminimierung kommt damit für Verantwortliche durchaus auch in ökonomischer Hinsicht große Bedeutung zu. Relevant wird dieser Grundsatz im Übrigen im Rahmen der Auditierung (vgl. dazu → Rn. 754 f.).

VI. Richtigkeit (Art. 5 Abs. 1 lit. d DS-GVO)

347   Personenbezogene Daten müssen gemäß Art. 5 Abs. 1 lit. d DS-GVO „**sachlich richtig** und **erforderlichenfalls auf dem neuesten Stand**" sein. Die Einschränkung „erforderlichenfalls" trägt dem Umstand Rechnung, dass personenbezogene Informationen sich auch auf in der Vergangenheit liegende Situationen und Zustände beziehen können, an deren Dokumentation ungeachtet inzwischen möglicherweise eingetretener Veränderungen ein legitimes Interesse besteht. Dies kann beispielsweise bei Gesundheitsdaten der Fall sein, die bei einer bestimmten Untersuchung gewonnen wurden[218], auch wenn sich der Gesundheitszustand der betroffenen Person in der Zwischenzeit geändert hat, oder auch bei veralteten Daten, die zum Zweck der Beweissicherung weiter

---

215 *Buchner*, DuD 2016, 155 (156).
216 *Nolte/Werkmeister*, in: Gola (Hrsg.), DS-GVO, 2017, Art. 25 Rn. 26.
217 *Gola/Schomerus*, BDSG, 12. Aufl. 2015, § 3a Rn. 2; vgl. hingegen *Kühling/Bohnen*, JZ 2010, 600 (603).
218 *Herbst*, in: Kühling/Buchner (Hrsg.), DS-GVO/BDSG, 2. Aufl. 2018, Art. 5 DS-GVO Rn. 61.

aktuell bleiben.[219] Der Verantwortliche ist überdies verpflichtet, alle angemessenen Maßnahmen zu treffen, damit personenbezogene Daten, die im Hinblick auf die Zwecke ihrer Verarbeitung unrichtig sind, unverzüglich gelöscht oder berichtigt werden. Der korrespondierende Berichtigungsanspruch der betroffenen Person ergibt sich aus Art. 16 DS-GVO, Löschpflichten können sich aus Art. 17 Abs. 1 lit. d DS-GVO ergeben (ausführlich zu den Betroffenenrechten → Rn. 572 ff.).

VII. Speicherbegrenzung (Art. 5 Abs. 1 lit. e DS-GVO)

Art. 5 Abs. 1 lit. e DS-GVO verpflichtet Verantwortliche, personenbezogene Daten in einer Form zu speichern, welche die Identifizierung der betroffenen Personen nur so lange ermöglicht, wie es für die Zwecke, für die sie verarbeitet werden, erforderlich ist. Wie sich aus Erwägungsgrund 39 der DS-GVO ergibt, ist deshalb eine **auf das unbedingt erforderliche Mindestmaß beschränkte Speicherfrist** festzulegen (S. 8) und Fristen für die Löschung oder regelmäßige Überprüfung der personenbezogenen Daten vorzusehen (S. 10). Auf diese Weise wird der Grundsatz der **Zweckbindung** und das **Verhältnismäßigkeitsprinzip in zeitlicher Hinsicht konkretisiert**.[220] Die Speicherfrist muss sich dabei nicht auf einen konkreten Stichtag beziehen, sondern kann auch von einem datumsmäßig noch nicht feststehenden Ereignis oder einer Bedingung abhängig gemacht werden; sie kann also beispielsweise, soweit dies für nachvertragliche Zwecke erforderlich ist, für ein Jahr ab Vertragsende festgelegt werden.[221]   **348**

Ist die Erforderlichkeit für die festgelegten Verarbeitungszwecke nicht mehr gegeben, kommt neben der Löschung auch die **Aufhebung des Personenbezugs** in Betracht, um die Anforderungen des Art. 5 Abs. 1 lit. e DS-GVO zu erfüllen. Hierbei müssen die fraglichen Daten dergestalt verändert werden, dass sie keiner identifizierten oder identifizierbaren Person mehr zugeordnet werden können (zur Anonymisierung siehe → Rn. 262 ff.).[222]   **349**

Wie schon im Rahmen des Zweckbindungsgrundsatzes (siehe unter IV. → Rn. 420 ff. und die dortigen Ausführungen zur Privilegierung) findet sich auch für die Speicherbegrenzung in Art. 5 Abs. 1 lit. e Hs. 2 DS-GVO eine **Privilegierung** bei Weiterverarbeitungen für im öffentlichen Interesse liegende Archivzwecke, wissenschaftliche oder historische Forschungszwecke und statistische Zwecke. Soweit jene Weiterverarbeitung „gemäß Artikel 89 Absatz 1" erfolgt, also insbesondere den dort angesprochenen Garantien unterliegt, dürfen die Daten länger gespeichert werden und die Prüfung, ob die weitere Speicherung für diese Zwecke erforderlich ist, entfällt.[223]   **350**

Eine **Konkretisierung und Flankierung** erfährt der Grundsatz der Speicherbegrenzung durch verschiedene weitere Vorschriften der DS-GVO, etwa die korrespondierenden   **351**

---

219 *Frenzel*, in: Paal/Pauly (Hrsg.), DS-GVO, 2017, Art. 5 Rn. 40 f.; *Heberlein*, in: Ehmann/Selmayr (Hrsg.), DS-GVO, 2017, Art. 5 Rn. 24.

220 *Pötters*, in: Gola (Hrsg.), DS-GVO, 2017, Art. 5 Rn. 25.

221 *Heberlein*, in: Ehmann/Selmayr (Hrsg.), DS-GVO, 2017, Art. 5 Rn. 25.

222 *Herbst*, in: Kühling/Buchner (Hrsg.), DS-GVO/BDSG, 2. Aufl. 2018, Art. 5 DS-GVO Rn. 66.

223 *Herbst*, in: Kühling/Buchner (Hrsg.), DS-GVO/BDSG, 2. Aufl. 2018, Art. 5 DS-GVO Rn. 69.

Rechte auf Information (Art. 13 Abs. 2 lit. a und Art. 14 Abs. 2 lit. a DS-GVO)[224], auf Auskunft bezüglich der Verarbeitungszwecke (Art. 15 Abs. 1 lit. a DS-GVO), auf Löschung (Art. 17 Abs. 1 lit. a DS-GVO) und auf Einschränkung der Verarbeitung (Art. 18 Abs. 1 DS-GVO) sowie Regelungen zur Führung eines Verarbeitungsverzeichnisses, wo u.a. Löschfristen zu regeln sind (Art. 30 Abs. 1 lit. f DS-GVO).

VIII. Integrität und Vertraulichkeit/Datensicherheit (Art. 5 Abs. 1 lit. f DS-GVO)

352   Art. 5 Abs. 1 lit. f DS-GVO statuiert den Grundsatz der Vertraulichkeit und Integrität, nach dem personenbezogene Daten in einer Weise verarbeitet werden müssen, die eine **angemessene Sicherheit** dieser Daten gewährleistet. Dabei sind ausdrücklich geeignete technische und organisatorische Maßnahmen einerseits zum Schutz vor unbefugter oder unrechtmäßiger Verarbeitung und andererseits vor unbeabsichtigtem Verlust, unbeabsichtigter Zerstörung oder unbeabsichtigter Schädigung zu ergreifen. Gemäß Erwägungsgrund 39 S. 12 der DS-GVO ist insbesondere zu gewährleisten, dass Unbefugte keinen Zugang zu den Daten haben und weder die Daten noch die Geräte, mit denen diese verarbeitet werden, benutzen können. Die erforderlichen Maßnahmen werden u.a. in Art. 32 DS-GVO (Sicherheit der Verarbeitung) konkretisiert, aber auch etwa für den Bereich der Auftragsverarbeitung (ausführlich zur Auftragsverarbeitung → Rn. 522 ff.) in Art. 28 Abs. 3 S. 2 lit. b, 29 DS-GVO.

IX. Rechenschaftspflicht (Art. 5 Abs. 2 DS-GVO)

353   Gemäß Art. 5 Abs. 2 DS-GVO ist der Verantwortliche für die Einhaltung der soeben dargestellten Grundsätze für die Datenverarbeitung aus Art. 5 Abs. 1 DS-GVO verantwortlich. Anders als noch unter Geltung der DSRL hat er dies nunmehr auch gegenüber der jeweils zuständigen Aufsichtsbehörde nachzuweisen. Damit ist auch klargestellt, dass die **Beweislast** für die Rechtmäßigkeit einer Datenverarbeitung beim Verantwortlichen liegt.[225] Dies hat für die Verantwortlichen erhebliche Auswirkungen.

354   Die Bestimmung wird in Art. 24 DS-GVO konkretisiert, der in Abs. 1 S. 1 den Verantwortlichen zur Umsetzung geeigneter technischer und organisatorischer Maßnahmen verpflichtet, um sicherstellen und nachweisen zu können, dass die Verarbeitung in Einklang mit der DS-GVO erfolgt. Dabei wird ein so genannter **risikobasierter Ansatz** verfolgt. Bei der Umsetzung der Maßnahmen hat der Verantwortliche also Art, Umfang, Umstände und Zwecke der Verarbeitung sowie die unterschiedliche Eintrittswahrscheinlichkeit und Schwere der Risiken[226] für die Rechte und Freiheiten der betroffenen

---

224   Hiernach ist die betroffene Person bei Erhebung der Daten über „die Dauer, für die die personenbezogenen Daten gespeichert werden oder, falls dies nicht möglich ist, die Kriterien für die Festlegung dieser Dauer" zu informieren.

225   *Pötters*, in: Gola (Hrsg.), DS-GVO, 2017, Art. 5 Rn. 34.

226   Eine umfassende Aufzählung relevanter Risiken findet sich in Erwägungsgrund 75 der DS-GVO, beispielsweise Diskriminierung, Identitätsdiebstahl oder Rufschädigung.

Personen zu berücksichtigen (Art. 24 Abs. 1 DS-GVO). Bei der Verarbeitung besonders sensibler Daten, die etwa intime Lebensbereiche betreffen oder stigmatisierende Rückschlüsse zulassen (z.B. zu Geschlechtskrankheiten) bestehen dabei entsprechend strengere Anforderungen an die umzusetzenden Maßnahmen. Art. 24 Abs. 1 S. 2 DS-GVO stellt dabei klar, dass es nicht genügt, die entsprechenden Maßnahmen einmalig ins Leben zu rufen, sondern dass diese erforderlichenfalls überprüft und aktualisiert werden müssen.

355

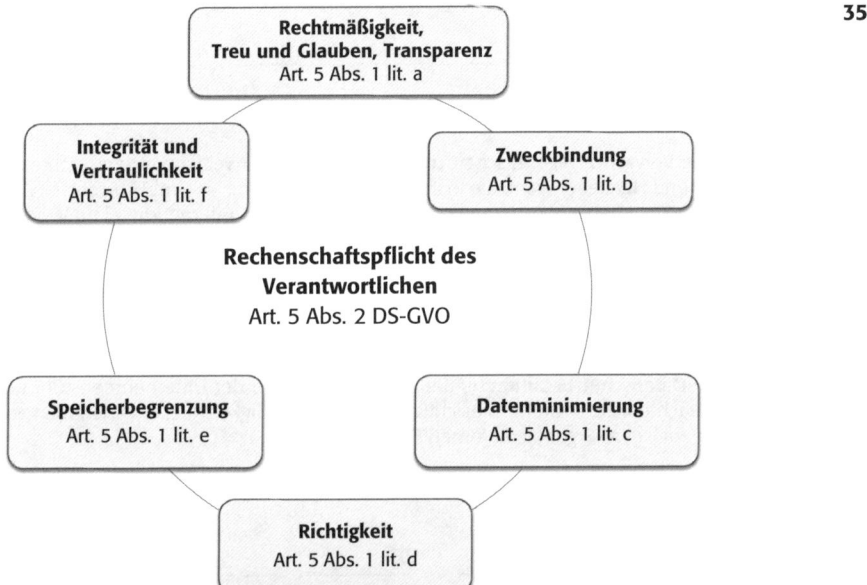

Abbildung 10:   Grundsätze und Rechenschaftspflicht des Verantwortlichen nach Art. 5 DS-GVO

Art. 5 DS-GVO schreibt keine spezifische **Form des Nachweises** vor. Der Verantwortli-   **356** che sollte aber alle Maßnahmen dokumentieren, die er zur Einhaltung der datenschutzrechtlichen Vorgaben ergreift, insbesondere die dargelegten geeigneten technischen und organisatorischen Maßnahmen.[227] Je nach Einschlägigkeit kann insoweit auch die Einhaltung weiterer Kooperations- und Nachweispflichten zum Tragen kommen, etwa nach Art. 30 DS-GVO (Verzeichnis der Verarbeitungstätigkeiten), Art. 31 DS-GVO (Zusammenarbeit mit der Aufsichtsbehörde) oder Art. 35 DS-GVO (Durchführung einer Datenschutz-Folgenabschätzung; näher zu den genannten Pflichten → Rn. 722 ff.). Insgesamt führt die Rechenschaftspflicht zu einem gegenüber der bisherigen Rechtslage deutlich ausgeprägteren Dokumentationsbedürfnis, weil Verantwortliche angesichts potentiell exorbitanter Bußgelder und der Rechtsunsicherheit, die

---

227 Gemäß Erwägungsgrund 78 der DS-GVO sollte der Verantwortliche, um die Einhaltung der Verordnung nachweisen zu können, „interne Strategien festlegen und Maßnahmen ergreifen, die insbesondere den Grundsätzen des Datenschutzes durch Technik (data protection by design) und durch datenschutzfreundliche Voreinstellungen (data protection by default) Genüge tun".

mit den zahlreichen unbestimmten Rechtsbegriffen im Rahmen der Datenschutzgrundsätze und der prognostischen Unsicherheit hinsichtlich ihrer Auslegung im Einzelfall durch die zuständigen Aufsichtsbehörden einhergeht, gut beraten sind, „auf Nummer sicher" zu gehen.

D. Rechtmäßigkeit der Datenverarbeitung

357

Fallbeispiel 7

Verwertungsgesellschaft – Allgemeines Zulässigkeitstatbestände (I)

V ist eine Verwertungsgesellschaft und nimmt die sog. Zweitverwertungsrechte für diejenigen Künstler und Hersteller wahr, die in ihr organisiert sind. V ist als GmbH organisiert. Die Forderungen gegen die Lizenzerwerber zieht allerdings das Inkassounternehmen I für V ein. I ist ebenfalls als GmbH organisiert. V erwägt nun, den Vertrag über die Inkassotätigkeit mit I aufzulösen und die für die selbständige Forderungseinziehung notwendigen Daten (Bankverbindung, Adresse des Lizenzerwerbers, Größe des Geschäftslokals der Lizenzerwerber) von I einzufordern. Lizenzerwerber sind dabei z.B. Privatleute, die auf Feiern Musik abspielen, Gastwirte und große Fernseh- und Radiosender, die als GmbHs und AGs agieren.

Sie sind Datenschutzbeauftragter der I und werden von der Unternehmensführung beauftragt, eine gutachterliche Prüfung hinsichtlich der Rechtmäßigkeit dieser Datenübergabe vorzunehmen. Zu welchem Ergebnis kommen Sie?

(Lösung siehe Rn. 438)

358

Fallbeispiel 8

Fitnessstudio – Allgemeines Zulässigkeitstatbestände (II)

Der schwer übergewichtige Student S beschließt, zukünftig das Fitnessstudio F zu besuchen. Das Anmeldeformular von F sieht vor, dass S zwingend verschiedene Angaben zu seiner Person wie Name, Anschrift, Kontodaten und Körpergewicht machen muss. S muss dem Formular des Weiteren ein Foto von sich beifügen, das auf die individuelle Zugangskarte von S gedruckt werden soll, damit eine spätere Identifizierung und Überprüfung der Zugangsberechtigung von S für das Fitnessstudio möglich ist. Wie S mitgeteilt wird, registriert F auch die Anzahl der Besuche seiner Mitglieder, da jedes Mitglied nach 20 Besuchen im Fitnessstudio einen Fitnessdrink gratis erhält. Wie S bei einem Probetraining bemerkt hat, muss bei manchen Fitnessgeräten das Körpergewicht angegeben werden, damit der Nutzer die Gewichtsentwicklung und den Fitnesserfolg am Display des Geräts überprüfen kann.

S füllt das Anmeldeformular vollständig aus und lässt es F zukommen. Bei F wird das Formular maschinell eingelesen. Auf Basis der von S gemachten Angaben entscheidet die Software ohne weitere Überprüfung durch Mitarbeiter des F, ob der Anmeldung des S entsprochen wird.

Sind die angesprochenen Datenverarbeitungen rechtmäßig?

(Lösung siehe Rn. 488)

I. Zulässigkeitstatbestände des Art. 6 Abs. 1 DS-GVO

Aus dem in Art. 5 Abs. 1 lit. a DS-GVO normierten Grundprinzip folgt, dass personen- **359**
bezogene Daten nur auf **rechtmäßige Weise verarbeitet** werden dürfen (dazu oben
→ Rn. 323 ff.). Art. 6 Abs. 1 UAbs. 1 DS-GVO führt abschließend sechs „Bedingungen"
für die Rechtmäßigkeit der Verarbeitung von personenbezogenen Daten auf und begründet damit ein Verbot mit Zulässigkeitstatbeständen. Danach liegt eine rechtmäßige
Datenverarbeitung dann vor, wenn entweder die betroffene Person in die Datenverarbeitung eingewilligt hat (Art. 6 Abs. 1 UAbs. 1 lit. a DS-GVO) oder eine andere gesetzliche Grundlage existiert (Art. 6 Abs. 1 UAbs. 1 lit. b bis f DS-GVO). Die Regelung
stellt die **zentrale Vorschrift** in der DS-GVO für die Verarbeitung personenbezogener
Daten dar. Für die Verarbeitung besonderer Kategorien personenbezogener Daten gilt
dagegen Art. 9 DS-GVO, der im Verhältnis zu Art. 6 Abs. 1 DS-GVO lex specialis ist (vgl.
zur Verarbeitung besonderer Kategorien personenbezogener Daten → Rn. 439 ff.).

Auch wenn die Einwilligung der betroffenen Person in Art. 6 Abs. 1 UAbs. 1 DS-GVO an **360**
erster Stelle aufgeführt ist, wird damit **keine Rangfolge** oder Wertigkeit der Einwilligung im Verhältnis zu den anderen Zulässigkeitstatbeständen zum Ausdruck gebracht.
Die übrigen in Art. 6 Abs. 1 UAbs. 1 DS-GVO aufgeführten Zulässigkeitstatbestände
stehen der Einwilligung vielmehr gleichrangig gegenüber.[228] Eine Verarbeitung von
personenbezogenen Daten ist bereits dann rechtmäßig, wenn sie auf nur einen der in
Art. 6 Abs. 1 UAbs. 1 DS-GVO geregelten Tatbestände gestützt werden kann.[229]

361

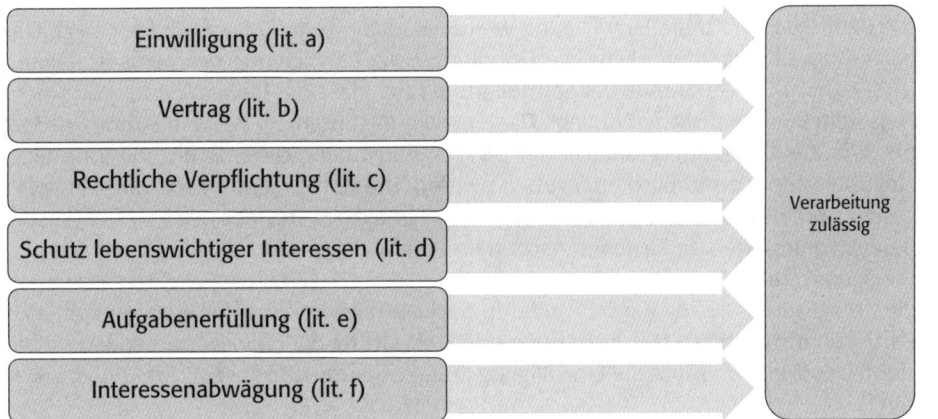

Abbildung 11: Zulässigkeitstatbestände des Art. 6 Abs. 1 UAbs. 1 DS-GVO

---

228 *Plath*, in: Plath (Hrsg.), BDSG/DS-GVO, 2. Aufl. 2016, Art. 6 DS-GVO Rn. 5; *Schulz*, in: Gola
(Hrsg.), DS-GVO, 2017, Art. 6 Rn. 10.
229 *Buchner/Petri*, in: Kühling/Buchner (Hrsg.), DS-GVO/BDSG, 2. Aufl. 2018, Art. 6 DS-GVO
Rn. 22.

1. Einwilligung (Art. 6 Abs. 1 UAbs. 1 lit. a DS-GVO)

362   Neben der Möglichkeit, die Datenverarbeitung auf gesetzliche Zulässigkeitstatbestände zu stützen, sieht die DS-GVO in Art. 6 Abs. 1 UAbs. 1 DS-GVO die Möglichkeit vor, die Verarbeitung über eine Einwilligung der betroffenen Person zu legitimieren (vgl. zur Einwilligung ausführlich → Rn. 489 ff.). In der Praxis ist es für private Verantwortliche in der Regel vorzugswürdig, Datenverarbeitungen über eine **Interessenabwägung** nach Art. 6 Abs. 1 UAbs. 1 lit. f DS-GVO rechtfertigen zu können. Allerdings lässt sich oft nicht mit abschließender Sicherheit bestimmen, ob die Interessenabwägung, beispielsweise bei **Werbeansprachen** mittels Anzeigen im Internet gegenüber betroffenen Personen (dazu näher → Rn. 408 ff.), zugunsten oder zulasten des Verantwortlichen ausfallen wird. Dann kann es aus Gründen der **Rechtssicherheit** geboten sein, eine Einwilligung der betroffenen Person einzuholen und die Rechtmäßigkeit der Datenverarbeitung auf diese Einwilligung zu stützen. Eine Einwilligung kommt erst recht in Betracht, wenn keine Zweifel bestehen, dass die schutzwürdigen Interessen der betroffenen Person überwiegen.

363   Die Einwilligung wird in Art. 4 Nr. 11 DS-GVO definiert. Danach ist hierunter jede **freiwillig** für den bestimmten Fall, in **informierter Weise** und **unmissverständlich** abgegebene Willensbekundung in Form einer Erklärung oder einer sonstigen eindeutigen bestätigenden Handlung zu verstehen, mit der die betroffene Person signalisiert, dass sie mit der Verarbeitung der sie betreffenden personenbezogenen Daten einverstanden ist.

364   Die Bedingungen für die Einwilligung werden sodann in Art. 7 DS-GVO festgelegt. Danach muss der Verantwortliche die Einholung einer Einwilligung **nachweisen** können (Art. 7 Abs. 1 DS-GVO). Aus der Formulierung folgt, dass die Beweislast für den Nachweis dem Verantwortlichen obliegt. Die Einwilligung unterliegt **keinem Formerfordernis**. Wie aus Erwägungsgrund 32 der DS-GVO folgt, kann die Einwilligung schriftlich, elektronisch oder mündlich abgegeben werden. Die Abgabe einer wirksamen Einwilligung erfordert ein sog. **Opt-In**, verlangt also ein aktives Tun der betroffenen Person. Bereits vorangekreuzte Kästchen reichen für eine wirksame Einwilligung nicht aus (vgl. Erwägungsgrund 32 der DS-GVO). Aus Art. 7 Abs. 2 DS-GVO folgt weiter, dass sofern die schriftliche Einwilligung mit anderen Sachverhalten verbunden werden soll, eine Pflicht zur **besonderen Hervorhebung und Gestaltung** der Einwilligungserklärung besteht. Des Weiteren muss die Einwilligung jederzeit **widerrufbar** sein (Art. 7 Abs. 3 DS-GVO).

365   Die Freiwilligkeit der Einwilligung (siehe dazu → Rn. 499 ff.) ist nicht gegeben, wenn die Erfüllung eines Vertrags von der Einwilligung zu einer Verarbeitung von personenbezogenen Daten abhängig gemacht wird, die für die Erfüllung des Vertrags nicht erforderlich ist (Art. 7 Abs. 4 DS-GVO). Insoweit gilt ein umfassendes **Koppelungsverbot**, das nicht unerhebliche Auswirkungen für die Praxis hat.[230] Insbesondere das Geschäftsmodell „Bezahlung mit Daten", also z.B. die unentgeltliche Bereitstellung eines Internetdienstes im Austausch für die Einwilligung des Nutzers in die Verarbeitung

---

230 Hierzu *Weidert/Klar*, BB 2017, 1858 (1860).

seiner Daten, gerät regelmäßig in ein Spannungsfeld mit dem Koppelungsverbot.[231] Denn nach Art. 7 Abs. 4 DS-GVO muss bei der Beurteilung der Freiwilligkeit „im größtmöglichen Umfang" auch geklärt werden, ob der Vertragspartner die Erfüllung des Vertrags von einer Einwilligung zur Verarbeitung personenbezogener Daten abhängig gemacht hat, die für die Vertragserfüllung nicht erforderlich ist. Bei einer Vielzahl der gegen „Bezahlung mit Daten" angebotenen Internetdienste ist die Datenverarbeitung aber nicht zur eigentlichen Vertragserfüllung erforderlich (vgl. dazu sogleich → Rn. 368 ff.), so dass diese gegen das Koppelungsverbot verstoßen dürften. Hier wird künftig Vieles davon abhängen, welche Kriterien die Rechtsprechung im Rahmen der nach Art. 7 Abs. 4 DS-GVO vorzunehmenden Abwägung anwenden wird. Insoweit ist auch offen, ob die Rechtsprechung wie unter § 28 Abs. 3b BDSG a.F. eine etwaige marktbeherrschende Stellung des jeweiligen Anbieters für die Feststellung der Freiwilligkeit berücksichtigen wird.[232]

Handelt es sich bei der betroffenen Person, deren Einwilligung eingeholt werden soll, um ein **Kind**, d.h. um eine Person, die jünger als 16 Jahre alt ist, gelten nach Art. 8 DS-GVO besondere Anforderungen. Eine solche Einwilligung muss durch den Träger der elterlichen Verantwortung für das Kind oder mit dessen Zustimmung erteilt werden. Vom Verantwortlichen verlangt der Verordnungsgeber insoweit, **angemessene Anstrengungen** zu unternehmen, um sicherzustellen, dass die Einwilligung auf die vorgesehene Weise eingeholt wird.   **366**

Eine **ausdrückliche Einwilligung** ist in den Fällen des Art. 20 Abs. 1 DS-GVO erforderlich. Danach hat die betroffene Person das Recht, nicht einer ausschließlich auf einer automatisierten Verarbeitung beruhenden Entscheidung einschließlich Profiling unterworfen zu werden, die ihr gegenüber rechtliche Wirkung entfaltet oder sie in ähnlicher Weise erheblich beeinträchtigt (sog. **automatisierte Entscheidungen im Einzelfall**; hierzu näher → Rn. 477 ff.). Dieses Verbot gilt jedoch dann nicht, wenn die Entscheidung mit ausdrücklicher Einwilligung der betroffenen Person erfolgt und der Verantwortliche angemessene Maßnahmen zum Schutz der Rechte und Freiheiten sowie der berechtigten Interessen der betroffenen Person getroffen hat (Art. 20 Abs. 1 lit. a, Abs. 3 S. 1 DS-GVO). Die Anforderungen an die Einholung der Einwilligung entsprechen denen des Art. 6 Abs. 1 UAbs. 1 lit. a und Art. 7 DS-GVO.[233]   **367**

2. Erfüllung eines Vertrags oder Durchführung vorvertraglicher Maßnahmen (Art. 6 Abs. 1 UAbs. 1 lit. b DS-GVO)

Nach Art. 6 Abs. 1 UAbs. 1 lit. b DS-GVO ist eine Verarbeitung rechtmäßig, wenn sie für die Erfüllung eines Vertrags, dessen Vertragspartei die betroffene Person ist, oder zur Durchführung vorvertraglicher Maßnahmen erforderlich ist, die auf Anfrage der betroffenen Person erfolgen.   **368**

231 So *Frenzel*, in: Paal/Pauly (Hrsg.), DS-GVO, 2017, Art. 7 Rn. 21; *Schantz*, NJW 2016, 1841 (1845); zweifelnd dagegen *Stemmer*, in: BeckOK Datenschutzrecht, 22. Ed. 2017, Art. 7 DS-GVO Rn. 46.1.

232 So vorgeschlagen von *Schantz*, NJW 2016, 1841 (1845); ebenso *Frenzel*, in: Paal/Pauly (Hrsg.), DS-GVO, 2017, Art. 7 Rn. 21.

233 *Buchner*, in: Kühling/Buchner (Hrsg.), DS-GVO/BDSG, 2. Aufl. 2018, Art. 6 DS-GVO Rn. 41 f.

a) Vertragserfüllung

369 Unter einem Vertrag im Sinne der Vorschrift ist **jedes vertragliche Schuldverhältnis** zu verstehen.[234] Erfasst sind auch vertragsähnliche Verhältnisse, die auf einer autonomen Entscheidung der betroffenen Person beruhen, wie etwa Gefälligkeitsverträge oder mitgliedschaftliche Beziehungen wie Vereins- oder Gewerkschaftsmitgliedschaften.[235] Nicht unter den Vertragsbegriff fallen Tarifverträge und Betriebsvereinbarungen.[236]

370 Zu beachten ist, dass die **betroffene Person selbst Partei** des Vertrages sein muss. Ein Vertrag, der allein zwischen dem Verantwortlichen und einem Dritten besteht, reicht zur Rechtfertigung der Datenverarbeitung folglich nicht aus. Nicht zwingend erforderlich ist dagegen, dass der Verantwortliche selbst Vertragspartei ist.[237] Möglich ist es daher, dass der Verantwortliche lediglich in die Abwicklung eines Vertrags, der **zwischen einem anderen Verantwortlichen und der betroffenen Person** abgeschlossenen wurde, eingebunden ist und die Datenverarbeitung auf Grundlage von Art. 6 Abs. 1 UAbs. 1 lit. b DS-GVO durchführt.

371 Die Vorgabe, dass die Datenverarbeitung zur Vertragserfüllung **erforderlich** sein muss, bedeutet nicht, dass die Datenverarbeitung unverzichtbar im Sinne einer absolut zwingenden Notwendigkeit sein muss.[238] Ausreichend ist, wenn es unter Berücksichtigung der Interessen aller Beteiligten keine **zumutbare und gleichermaßen geeignete Alternative** gibt, den Vertragszweck ohne oder jedenfalls mit einem Weniger an Datenverarbeitung zu realisieren.[239] Ob die Datenverarbeitung hiernach zur Vertragserfüllung erforderlich ist, ist anhand objektiver Kriterien festzustellen.[240] Zu prüfen ist, ob ein unmittelbarer Zusammenhang zwischen der Datenverarbeitung und dem konkreten Zweck des Vertrags steht.[241] Welche Zwecke der Vertrag verfolgt, ist dabei anhand des objektiven Empfängerhorizonts (§§ 133, 157 BGB) zu ermitteln.[242] Dabei gilt es, den Kern, d.h. das spezifische Charakteristikum der vom Verantwortlichen angebotenen Leistung zu identifizieren.[243] Auch die Natur des Vertragsverhältnisses ist zu berücksichtigen. So kann im Rahmen eines einmaligen Bestellvorgangs der notwendige Umfang

---

234 *Plath*, in: Plath (Hrsg.), BDSG/DS-GVO, 2. Aufl. 2016, Art. 6 DS-GVO Rn. 9.

235 *Buchner/Petri*, in: Kühling/Buchner (Hrsg.), DS-GVO/BDSG, 2. Aufl. 2018, Art. 6 DS-GVO Rn. 29.

236 Vgl. *Buchner/Petri*, in: Kühling/Buchner (Hrsg.), DS-GVO/BDSG, 2. Aufl. 2018, Art. 6 DS-GVO Rn. 32.

237 *Albers*, in: Wolff/Brink (Hrsg.), BeckOK Datenschutzrecht, 22. Ed. 2017, Art. 6 DS-GVO Rn. 30; *Plath*, in: Plath (Hrsg.), BDSG/DS-GVO, 2. Aufl. 2016, Art. 6 DS-GVO Rn. 11.

238 *Buchner/Petri*, in: Kühling/Buchner (Hrsg.), DS-GVO/BDSG, 2. Aufl. 2018, Art. 6 DS-GVO Rn. 45; *Schulz*, in: Gola (Hrsg.), DS-GVO, 2017, Art. 6 Rn. 36.

239 Vgl. *Buchner/Petri*, in: Kühling/Buchner (Hrsg.), DS-GVO/BDSG, 2. Aufl. 2018, Art. 6 DS-GVO Rn. 45.

240 *Buchner/Petri*, in: Kühling/Buchner (Hrsg.), DS-GVO/BDSG, 2. Aufl. 2018, Art. 6 DS-GVO Rn. 38.

241 *Albrecht/Jotzo*, Das neue Datenschutzrecht der EU, 2016, S. 43; *Buchner/Petri*, in: Kühling/Buchner (Hrsg.), DS-GVO/BDSG, 2. Aufl. 2018, Art. 6 DS-GVO Rn. 39.

242 Vgl. *Albrecht/Jotzo*, Das neue Datenschutzrecht der EU, 2016, S. 43; *Schulz*, in: Gola (Hrsg.), DS-GVO, 2017, Art. 6 Rn. 37.

243 *Buchner/Petri*, in: Kühling/Buchner (Hrsg.), DS-GVO/BDSG, 2. Aufl. 2018, Art. 6 DS-GVO Rn. 39.

der erforderlichen Datenverarbeitung ein anderer sein als bei einem Dauerschuldverhältnis.[244] Eine Erforderlichkeit wird man bejahen können, wenn der Vertrag ohne die Verarbeitung der betreffenden Daten nicht erfüllt werden kann. Bei der Bestellung einer Ware über das Internet etwa werden personenbezogene Daten wie Name, Lieferanschrift und Zahlungsmodalitäten unstreitig zur Vertragserfüllung erforderlich sein.

Als erforderlich ist es auch anzusehen, wenn der Verantwortliche, z.B. durch Verarbeitung risikorelevanter Daten zur Kreditwürdigkeit der betroffen Person im Rahmen eines Kreditvertrags, durch die betreffende Datenverarbeitung erst die **notwendige Entscheidungsgrundlage** für das „Ob" und „Wie" eines konkreten Schuldverhältnisses gewinnen kann.[245] Daher darf ein Vermieter grundsätzlich auch Daten über Mietschulden aus früheren Mietverhältnissen vor Abschluss eines Mietvertrages erheben.[246] Dagegen dürfen bei der Anlegung eines Sparbuchs mangels Überziehungsmöglichkeit auf Grundlage von Art. 6 Abs. 1 UAbs. 1 lit. b DS-GVO weder kreditrelevante Daten noch Sicherheiten gespeichert oder anderen Stellen gegenüber offengelegt werden. Dasselbe gilt bei Verträgen, bei denen die betroffene Person in Vorleistung geht und für den Verantwortlichen damit kein Risiko eines Zahlungsausfalls besteht.[247] **372**

Ist die Datenverarbeitung lediglich **zweckdienlich** oder **nützlich**, fehlt es an ihrer Erforderlichkeit zur Vertragserfüllung.[248] So kann das Ziel eines besseren Services, günstigerer Preise, einer schnelleren Abwicklung, der Kundenzufriedenheit oder der Zurverfügungstellung bedarfsgerechter Angebote auf Basis personalisierter Informationen (Werbung) eine Erforderlichkeit i.S.v. Art. 6 Abs. 1 UAbs. 1 lit. b DS-GVO nicht ohne Weiteres begründen.[249] Derartige Zielsetzungen lassen sich in der Regel eher über eine Interessenabwägung nach Art. 6 Abs. 1 UAbs. 1 lit. f DS-GVO oder eine Einwilligung nach Art. 6 Abs. 1 UAbs. 1 lit. a DS-GVO rechtfertigen. **373**

Nicht unter die Vorschriften zu subsumieren sind daher verschiedene Angebote sozialer Netzwerke wie **Facebook**, soweit die im Rahmen des sozialen Netzwerks erhobenen Daten der Nutzer zu Werbezwecken verwendet werden und daher für die Erfüllung des Vertrags mit den Nutzern nicht erforderlich sind.[250] Auch **Kundenbindungssysteme** fallen in der Regel nicht unter die Vorschrift des Art. 6 Abs. 1 UAbs. 1 lit. b DS-GVO.[251] Dasselbe gilt in Bezug auf sonstige **Online-Dienste**. Soweit die Inanspruchnahme sol- **374**

---

244 *Frenzel*, in: Paal/Pauly (Hrsg.), DS-GVO, 2017, Art. 6 Rn. 14.
245 *Buchner/Petri*, in: Kühling/Buchner (Hrsg.), DS-GVO/BDSG, 2. Aufl. 2018, Art. 6 DS-GVO Rn. 46 f.
246 *Schulz*, in: Gola (Hrsg.), DS-GVO, 2017, Art. 6 Rn. 37.
247 Vgl. *Buchner/Petri*, in: Kühling/Buchner (Hrsg.), DS-GVO/BDSG, 2. Aufl. 2018, Art. 6 DS-GVO Rn. 66.
248 Hierzu *Buchner/Petri*, in: Kühling/Buchner (Hrsg.), DS-GVO/BDSG, 2. Aufl. 2018, Art. 6 DS-GVO Rn. 42 ff.
249 *Buchner/Petri*, in: Kühling/Buchner (Hrsg.), DS-GVO/BDSG, 2. Aufl. 2018, Art. 6 DS-GVO Rn. 43; *Heberlein*, in: Ehmann/Selmayr (Hrsg.), DS-GVO, 2017, Art. 6 Rn. 13.
250 *Albrecht/Jotzo*, Das neue Datenschutzrecht der EU, 2016, S. 44, hierzu auch *Buchner/Petri*, in: Kühling/Buchner (Hrsg.), DS-GVO/BDSG, 2. Aufl. 2018, Art. 6 DS-GVO Rn. 41.
251 *Buchner/Petri*, in: Kühling/Buchner (Hrsg.), DS-GVO/BDSG, 2. Aufl. 2018, Art. 6 DS-GVO Rn. 52 f.

cher Dienste auf einem Vertrag basiert, ist danach zu fragen, ob die vorgenommene Datenverarbeitung zur Erfüllung dieses Vertrags erforderlich ist. Dies ist regelmäßig hinsichtlich solcher Daten der Fall, die der Nutzer bei einem Log-In angibt (Nutzername, Passwort, etc.).[252] Nicht erfasst sind aber Konstellationen, bei denen es um die Protokollierung von IP-Adressen zum Zwecke der IT-Sicherheit geht,[253] oder die Verarbeitung zum Zwecke des Ausspielens personalisierter Werbung mittels Nutzertrackings und Profilings erfolgt (dazu näher unten → Rn. 411 ff.). Insoweit kommt es auch hier auf das Vorhandensein einer Einwilligung i.S.v. Art. 6 Abs. 1 UAbs. 1 lit. a DS-GVO bzw. die Einschlägigkeit der Interessenabwägungsklausel des Art. 6 Abs. 1 UAbs. 1 lit. f DS-GVO an (vgl. zu Art. 6 Abs. 1 UAbs. 1 lit. f DS-GVO näher → Rn. 398 ff.).

375   Bindet der Verantwortliche zur Abwicklung des Vertrags mit der betroffenen Person beispielsweise Lieferanten oder sonstige Dienstleister (z.B. Zahlungsdienstleister) ein, ist die **Weitergabe personenbezogener Daten** an diese Empfänger, soweit die Daten zur Vertragserfüllung benötigt werden, erforderlich und damit nach Art. 6 Abs. 1 UAbs. 1 lit. a DS-GVO zulässig.[254] Das ist auch dann der Fall, wenn die betroffene Person beispielsweise in einem Reisebüro eine Reise bucht und das Reisebüro die personenbezogenen Daten anschließend an die entsprechende Fluggesellschaft und das gebuchte Hotel weiterleitet.[255]

376   Das Kriterium der Erforderlichkeit zur Vertragserfüllung wird auch im Rahmen von Art. 20 Abs. 1 DS-GVO virulent. Danach hat die betroffene Person das Recht, nicht einer ausschließlich auf einer automatisierten Verarbeitung beruhenden Entscheidung einschließlich Profilings unterworfen zu werden, die ihr gegenüber rechtliche Wirkung entfaltet oder sie in ähnlicher Weise erheblich beeinträchtigt (**automatisierte Entscheidungen im Einzelfall**, dazu näher → Rn. 477 ff.). Dieses Verbot gilt jedoch dann nicht, wenn die Entscheidung für den Abschluss oder die Erfüllung eines Vertrags zwischen der betroffenen Person und dem Verantwortlichen erforderlich ist und der Verantwortliche angemessene Maßnahmen zum Schutz der Rechte und Freiheiten sowie der berechtigten Interessen der betroffenen Person getroffen hat (Art. 20 Abs. 1 lit. a, Abs. 3 S. 1 DS-GVO). Relevant wird dies etwa in dem Fall, dass eine Entscheidung für oder gegen die Einräumung eines Kredits auf Basis von Scoring-Verfahren getroffen werden soll.[256]

b) Durchführung vorvertraglicher Maßnahmen

377   Auch Datenverarbeitungen, die der Durchführung vorvertraglicher Maßnahmen dienen und hierfür erforderlich sind, können über Art. 6 Abs. 1 UAbs. 1 lit. b DS-GVO legitimiert werden. Unter vorvertraglichen Maßnahmen ist sowohl das Stadium der Ver-

---

252 *Schulz*, in: Gola (Hrsg.), DS-GVO, 2017, Art. 6 Rn. 32.
253 Vgl. *Buchner/Petri*, in: Kühling/Buchner (Hrsg.), DS-GVO/BDSG, 2. Aufl. 2018, Art. 6 DS-GVO Rn. 61.
254 Vgl. *Buchner/Petri*, in: Kühling/Buchner (Hrsg.), DS-GVO/BDSG, 2. Aufl. 2018, Art. 6 DS-GVO Rn. 68.
255 *Schulz*, in: Gola (Hrsg.), DS-GVO, 2017, Art. 6 Rn. 37.
256 *Buchner/Petri*, in: Kühling/Buchner (Hrsg.), DS-GVO/BDSG, 2. Aufl. 2018, Art. 6 DS-GVO Rn. 30.

tragsverhandlungen als auch der Vertragsanbahnung zu verstehen.[257] Erwägungsgrund 44 der DS-GVO nennt als vorvertragliche Maßnahme das Beispiel eines **geplanten Vertragsabschlusses**. Erfasst ist auch der Fall, dass der Verantwortliche personenbezogene Daten an eine Auskunftei zum Zwecke der Bonitätsprüfung weitergibt.[258] Nicht erforderlich ist, dass es tatsächlich zum Abschluss eines Vertrages kommt.[259] Kommt ein Vertrag aber nicht zustande, entfallen der Zweck und die Erforderlichkeit der Verarbeitung und die erhobenen Daten sind grundsätzlich nach Art. 17 Abs. 1 lit. a DS-GVO zu löschen.

Im Rahmen vorvertraglicher Maßnahmen, beispielsweise bei der Erstellung von Angeboten für einen Versicherungsvertrag, werden im Einzelfall zum Teil sehr umfangreiche und höchst persönliche Daten ausgetauscht. Wichtig ist hier, dass die **Initiative** für die vorvertragliche Maßnahme von der betroffenen Person ausgehen muss („auf Anfrage"). Ein nicht nachgefragtes Ausforschen (z.B. durch sog. Erbensucher) fällt daher nicht in den Anwendungsbereich der Vorschrift,[260] kann aber gegebenenfalls über eine Interessenabwägung nach Art. 6 Abs. 1 UAbs. 1 lit. f DS-GVO gerechtfertigt sein. Was das Merkmal der **Erforderlichkeit** anbelangt, gelten dieselben Maßstäbe wie im Rahmen der Datenverarbeitung zur Erfüllung eines Vertrages. **378**

c) Weiterverarbeitungen

Sollen personenbezogene Daten, die im Zusammenhang mit einer Vertragserfüllung oder der Durchführung vorvertraglicher Maßnahmen erhoben wurden, für **andere Zwecke**, beispielsweise zur Kundenbindung oder zur Bewertung des Käuferverhaltens (Kundenhistorie) verarbeitet werden, liegt in der Regel eine Zweckänderung vor. Die Zulässigkeit der Verarbeitung zu solchen Sekundärzwecken ist anhand von Art. 6 Abs. 4 DS-GVO zu beurteilen (dazu näher → Rn. 420 ff.).[261] **379**

3. Erfüllung einer rechtlichen Verpflichtung (Art. 6 Abs. 1 UAbs. 1 lit. c DS-GVO)

Art. 6 Abs. 1 UAbs. 1 lit. c DS-GVO bestimmt, dass die Verarbeitung personenbezogener Daten zulässig ist, wenn sie zur Erfüllung einer rechtlichen Verpflichtung erforderlich ist, welcher der Verantwortliche unterliegt. Zweck der Regelung ist es, bereits erlassene mitgliedstaatliche Vorschriften aufrechtzuerhalten, in denen die Zulässigkeit der Verarbeitung personenbezogener Daten bereits geregelt wird. Damit stellt die Vorschrift einen **Kompromiss** dar zwischen dem Unionsrecht einerseits und dem gewachsenen nationalen Recht andererseits.[262] Die Regelung gilt grundsätzlich gleichermaßen für private und nicht private Verantwortliche.[263] **380**

---

257 Vgl. *Buchner/Petri*, in: Kühling/Buchner (Hrsg.), DS-GVO/BDSG, 2. Aufl. 2018, Art. 6 DS-GVO Rn. 34.
258 *Plath*, in: Plath (Hrsg.), BDSG/DS-GVO, 2. Aufl. 2016, Art. 6 DS-GVO Rn. 10.
259 *Buchner/Petri*, in: Kühling/Buchner (Hrsg.), DS-GVO/BDSG, 2. Aufl. 2018, Art. 6 DS-GVO Rn. 32.
260 *Frenzel*, in: Paal/Pauly (Hrsg.), DS-GVO, 2017, Art. 6 Rn. 15.
261 Vergleiche zur Zweckbindung auch Art. 5 Abs. 1 lit. b DS-GVO.
262 *Albrecht/Jotzo*, Das neue Datenschutzrecht der EU, 2016, S. 73.
263 *Albers*, in: Wolff/Brink (Hrsg.), BeckOK Datenschutzrecht, 22. Ed. 2017, Art. 6 DS-GVO Rn. 35.

381   Voraussetzung für die Anwendbarkeit der Vorschrift ist eine **Verpflichtung kraft objektiven Rechts**, auf die sich der Verantwortliche berufen kann. Eine vertraglich begründete Verpflichtung reicht nicht aus.[264] Verarbeitungen auf Basis rechtsgeschäftlicher Schuldverhältnisse können aber gegebenenfalls über Art. 6 Abs. 1 UAbs. 1 lit. b DS-GVO gerechtfertigt sein.[265] Die Anforderungen, die an die Tauglichkeit der Vorschrift als „rechtliche Verpflichtung" i.S.v. Art. 6 Abs. 1 UAbs. 1 lit. c DS-GVO zu stellen sind, werden in Art. 6 Abs. 3 DS-GVO definiert. Danach kommen als Rechtsgrundlage sowohl Vorschriften des Unionsrechts, wie etwa unmittelbar geltendes Primärrecht, Verordnungen (nicht: Richtlinien) als auch Regelungen der Mitgliedstaaten in Betracht.[266] In Deutschland sind dies beispielsweise materielle Regelungen im Bundes- und Landesrecht, kommunale Satzungen oder Satzungen anderer juristischer Personen des öffentlichen Rechts.[267] Der Rechtsgrundlage muss unmittelbare Außenwirkung zukommen.[268] Daher scheiden Verwaltungsvorschriften als Rechtsgrundlage aus.[269] Auch Verwaltungsakte kommen nicht in Betracht, da sie ihrerseits lediglich auf Grundlage einer materiellen Rechtsnorm erlassen wurden.[270] Die jeweilige Rechtsgrundlage muss hinreichend klar, präzise und vorhersehbar sein sowie den Zweck der Verarbeitung festlegen.[271] Damit steht diese Vorgabe in einem engen Zusammenhang mit den Grundsätzen aus Art. 5 Abs. 1 DS-GVO. Die betreffende Rechtsgrundlage „kann" (d.h. muss nicht) **spezifische Bestimmungen zur Anpassung** der Anwendung von Art. 6 Abs. 1 UAbs. 1 lit. c DS-GVO enthalten. Dazu zählen beispielsweise Ausführungen dazu, welche allgemeinen Bedingungen für die Regelung der Rechtmäßigkeit der Verarbeitung durch den Verantwortlichen gelten, welche Arten von Daten verarbeitet werden, welche Personen betroffen sind, welchen Einrichtungen und für welche Zwecke die personenbezogenen Daten offen gelegt werden dürfen, welcher Zweckbindung sie unterliegen, wie lange sie gespeichert werden und welche Verarbeitungsvorgänge und -verfahren angewandt werden dürfen. Ferner muss die betreffende Rechtsvorschrift ein im öffentlichen Interesse liegendes Ziel verfolgen und in einem angemessenen Verhältnis zu dem verfolgten legitimen Zweck stehen. Diese Anforderungen wurden als prozedurale Verpflichtungen zum Teil bereits zuvor in der datenschutzspezifischen Rechtsprechung des EuGH definiert.[272] Inwieweit einzelne vorhandene nationale Regelungen als Rechtsgrundlagen i.S.d. Abs. 3 in Betracht kommen können, d.h. sie den Anforderungen der DS-GVO genügen, ist im Rahmen einer **Einzelfallprüfung** zu ermitteln. Im **deutschen Recht** lassen sich insoweit als Rechtsgrund-

---

264 *Buchner/Petri*, in: Kühling/Buchner (Hrsg.), DS-GVO/BDSG, 2. Aufl. 2018, Art. 6 DS-GVO Rn. 77; *Frenzel*, in: Paal/Pauly (Hrsg.), DS-GVO, 2017, Art. 6 Rn. 16.

265 *Buchner/Petri*, in: Kühling/Buchner (Hrsg.), DS-GVO/BDSG, 2. Aufl. 2018, Art. 6 DS-GVO Rn. 77.

266 *Frenzel*, in: Paal/Pauly (Hrsg.), DS-GVO, 2017, Art. 6 Rn. 35.

267 Vgl. *Buchner/Petri*, in: Kühling/Buchner (Hrsg.), DS-GVO/BDSG, 2. Aufl. 2018, Art. 6 DS-GVO Rn. 84.

268 *Frenzel*, in: Paal/Pauly (Hrsg.), DS-GVO, 2017, Art. 6 Rn. 35.

269 *Buchner/Petri*, in: Kühling/Buchner (Hrsg.), DS-GVO/BDSG, 2. Aufl. 2018, Art. 6 DS-GVO Rn. 85.

270 *Frenzel*, in: Paal/Pauly (Hrsg.), DS-GVO, 2017, Art. 6 Rn. 36.

271 Vgl. Erwägungsgrund 41 und Art. 6 Abs. 3 der DS-GVO.

272 Vgl. EuGH, Urt. v. 9.11.2010, C-92/09 u. C-93/09, ECLI:EU:C:2010:662 – *Schecke und Eifert*; kritisch dazu *Kühling/Klar*, JURA 2011, 771.

lage etwa die Regelungen zu Auskunftspflichten von Telekommunikationsanbietern gegenüber Sicherheitsbehörden aus den §§ 110 ff. TKG nennen (zum TKG näher → Rn. 858 ff.).[273] Ebenfalls unter die Vorschrift fallen handelsrechtliche Aufzeichnungs- und Aufbewahrungspflichten (z.B. § 257 HGB).

Die Datenverarbeitung muss zur Erfüllung der rechtlichen Verpflichtung erforderlich sein. Die **Erforderlichkeit** liegt grundsätzlich insoweit vor, wie der Verarbeitungszweck der rechtlichen Verpflichtung reicht.[274] Wie Art. 6 Abs. 3 UAbs. 2 S. 1 DS-GVO bestimmt, muss der Zweck der Verarbeitung in der Rechtsgrundlage festgelegt sein. Nur eine klare und präzise Festlegung des Verarbeitungszwecks kann eine rechtliche Verpflichtung zur Datenverarbeitung auslösen. **382**

Art. 6 Abs. 2 DS-GVO begrenzt die Regelung des Abs. 3 insoweit,[275] als die Mitgliedstaaten im Fall des Art. 6 Abs. 1 UAbs. 1 lit. c DS-GVO lediglich **spezifischere Bestimmungen** in ihrem nationalen Recht vorsehen dürfen, d.h. die Vorgaben der DS-GVO lediglich präzisieren, das Schutzniveau der Verordnung jedoch nicht unterschreiten dürfen.[276] Den Mitgliedstaaten steht es also grundsätzlich frei, zur Anpassung der Anwendung der Vorschrift des Art. 6 Abs. 1 UAbs. 1 lit. c DS-GVO Regelungen **beizubehalten oder einzuführen**, indem sie spezifische Anforderungen für die Verarbeitung sowie sonstige Maßnahmen präziser bestimmen. Nach Erwägungsgrund 8 der DS-GVO ist die Übernahme von Textteilen der DS-GVO in nationales Recht dabei nur gestattet, soweit dies erforderlich ist, um die Kohärenz zu wahren und die nationalen Rechtsvorschriften für die Personen, für die sie gelten, verständlicher zu machen (vgl. auch → Rn. 199).[277] **383**

Soweit personenbezogene Daten zur Erfüllung einer rechtlichen Verpflichtung i.S.v. Art. 6 Abs. 1 UAbs. 1 lit. c DS-GVO verarbeitet werden, sind die **Rechte der betroffenen Person** (zu diesen unter → Rn. 572 ff.) **teilweise eingeschränkt**. Nach Art. 17 Abs. 3 lit. b DS-GVO besteht kein Recht der betroffenen Person auf Löschung und auch keine Pflicht des Verantwortlichen, die personenbezogenen Daten in den Fällen des Art. 17 Abs. 1 und 2 DS-GVO zu löschen. **384**

4. Schutz lebenswichtiger Interessen (Art. 6 Abs. 1 UAbs. 1 lit. d DS-GVO)

Die Verarbeitung personenbezogener Daten ist nach Art. 6 Abs. 1 UAbs. 1 lit. d DS-GVO auch dann zulässig, wenn sie erforderlich ist, um lebenswichtige Interessen der betroffenen Person oder einer anderen natürlichen Person zu schützen. Die Regelung bringt folglich zum Ausdruck, dass in Notsituationen die Wahrung lebenswichtiger Interessen **Vorrang** gegenüber dem Schutz personenbezogener Daten genießt. **385**

---

273 *Buchner/Petri*, in: Kühling/Buchner (Hrsg.), DS-GVO/BDSG, 2. Aufl. 2018, Art. 6 DS-GVO Rn. 98 ff.

274 Vgl. *Buchner/Petri*, in: Kühling/Buchner (Hrsg.), DS-GVO/BDSG, 2. Aufl. 2018, Art. 6 DS-GVO Rn. 81 f.

275 Zum Verhältnis von Abs. 2 und 3 der Vorschrift *Albers*, in: Wolff/Brink (Hrsg.), BeckOK Datenschutzrecht, 22. Ed. 2017, Art. 6 DS-GVO Rn. 59; *Buchner/Petri*, in: Kühling/Buchner (Hrsg.), DS-GVO/BDSG, 2. Aufl. 2018, Art. 6 DS-GVO Rn. 194 ff.

276 *Schulz*, in: Gola (Hrsg.), DS-GVO, 2017, Art. 6 Rn. 175.

277 Ausführlich *Kühling/Martini/u.a.*, Die Datenschutz-Grundverordnung und das nationale Recht, 2016, S. 6 ff.; hierzu auch *Heberlein*, in: Ehmann/Selmayr (Hrsg.), DS-GVO, 2017, Art. 6 Rn. 40 f.

386   Die Vorschrift dient dem **Schutz individueller Rechtsgüter** wie z.B. der körperlichen Unversehrtheit und dem Leben.[278] Damit sind auch die Anforderungen der Vorschrift hoch.[279] Die Rechtfertigungsschwelle für ein Eingreifen der Regelung ist beispielsweise überschritten bei Datenverarbeitungen, die im Zusammenhang mit Unfallopfern oder sonstigen Notfällen stehen, bei denen die betroffene Person typischerweise nicht mehr erreichbar ist und nicht mehr selbst einwilligen kann. Die Verordnung nennt als Beispiele Verarbeitungen zu **humanitären Zwecken** einschließlich der Überwachung von Epidemien und deren Ausbreitung sowie humanitäre Notfälle insbesondere bei Naturkatastrophen oder von Menschen verursachten Katastrophen.[280] Denkbar sind auch medizinische Notfälle, Bewusstlosigkeit, Drogeneinfluss, eine Gefahr oder ein bereits eingetretener Schaden hinsichtlich lebenswichtiger Interessen der betroffenen Person.[281]

387   Nicht erforderlich ist, dass bereits ein lebensgefährlicher Zustand besteht.[282] Auch dass die Einholung einer Einwilligung von der betroffenen Person unmöglich ist, ist nicht Voraussetzung für die Anwendung der Vorschrift.[283] Die Regelung greift auch nicht nur dann ein, wenn es um den Schutz lebenswichtiger Interessen der betroffenen Person geht. Sie kann vielmehr auch dann eine Rechtsgrundlage für die Verarbeitung personenbezogener Daten darstellen, wenn diese zum Schutz **anderer natürlicher Personen** erforderlich ist. In diesem Fall sollen die personenbezogenen Daten nach Erwägungsgrund 46 der DS-GVO allerdings nur verarbeitet werden, wenn die Datenverarbeitung nicht offensichtlich auf einen anderen Zulässigkeitstatbestand der DS-GVO, beispielsweise eine Einwilligung der betroffenen Person, gestützt werden kann. Insoweit ist Art. 6 Abs. 1 UAbs. 1 lit. d DS-GVO also **subsidiär** gegenüber anderen einschlägigen Zulässigkeitstatbeständen.[284]

388   Zu beachten ist in diesem Zusammenhang, dass für die Verarbeitung **besonderer Kategorien personenbezogener Daten** nach Art. 9 Abs. 2 lit. c DS-GVO Sonderregelungen für Fälle bestehen, in denen die betroffenen Personen aus körperlichen oder rechtlichen Gründen außerstande sind, ihre Einwilligung zu erteilen. Diese Regelungen gehen Art. 6 Abs. 1 UAbs. 1 lit. d DS-GVO als **lex specialis** vor. Dasselbe gilt, wenn es um den Schutz vor gefährlichen Krankheiten und Infektionen geht. Insoweit ist Art. 9 Abs. 2 lit. i DS-GVO einschlägig. Damit dürfte der Anwendungsbereich von Art. 6 Abs. 1 UAbs. 1 lit. d DS-GVO in der Praxis eher **gering** sein.[285] Hinzukommt, dass Überschneidungen mit Art. 6 Abs. 1 UAbs. 1 lit. e DS-GVO nicht ausgeschlossen sind,

---

278 Vgl. Erwägungsgrund 112 der DS-GVO.
279 *Albrecht/Jotzo*, Das neue Datenschutzrecht der EU, 2016, S. 74.
280 Vgl. Erwägungsgrund 46 der DS-GVO.
281 *Schulz*, in: Gola (Hrsg.), DS-GVO, 2017, Art. 6 Rn. 45.
282 Vgl. *Schulz*, in: Gola (Hrsg.), DS-GVO, 2017, Art. 6 Rn. 45.
283 Vgl. *Buchner/Petri*, in: Kühling/Buchner (Hrsg.), DS-GVO/BDSG, 2. Aufl. 2018, Art. 6 DS-GVO Rn. 110; *Frenzel*, in: Paal/Pauly (Hrsg.), DS-GVO, 2017, Art. 6 Rn. 21; a.A. *Heberlein*, in: Ehmann/Selmayr (Hrsg.), DS-GVO, 2017, Art. 6 Rn. 17; *Schulz*, in: Gola, DS-GVO, 2017, Art. 46 Rn. 44.
284 *Albers*, in: Wolff/Brink (Hrsg.), BeckOK Datenschutzrecht, 22. Ed. 2017, Art. 6 DS-GVO Rn. 37.
285 *Buchner/Petri*, in: Kühling/Buchner (Hrsg.), DS-GVO/BDSG, 2. Aufl. 2018, Art. 6 DS-GVO Rn. 106.

da die Abwehr von Gefahren für absolut geschützte Rechtsgüter oftmals für den Verantwortlichen auch in Wahrnehmung einer öffentlichen Aufgabe erfolgt.[286]

5. Aufgabenwahrnehmung (Art. 6 Abs. 1 UAbs. 1 lit. e DS-GVO)

a) Allgemeine Anforderungen

Art. 6 Abs. 1 UAbs. 1 lit. e DS-GVO erlaubt die Verarbeitung personenbezogener Daten, wenn sie für die Wahrnehmung einer Aufgabe erforderlich ist, die im öffentlichen Interesse liegt oder in Ausübung öffentlicher Gewalt erfolgt, die dem Verantwortlichen übertragen wurde. Adressaten der Vorschrift sind **öffentliche Stellen sowie Private**, denen Aufgaben übertragen wurden (Beliehene).[287]   **389**

Bei den unter die Vorschrift fallenden Aufgaben handelt es sich typischerweise um administrativ ausgeführte **Staatsaufgaben**.[288] Erwägungsgrund 55 der DS-GVO nennt für das Vorliegen eines öffentlichen Interesses als Beispiel die Verarbeitung personenbezogener Daten durch staatliche Stellen zu verfassungsrechtlich oder völkerrechtlich verankerten Zielen von staatlich anerkannten **Religionsgemeinschaften**. Nach Erwägungsgrund 56 der DS-GVO soll ein öffentliches Interesse vorliegen, wenn **politische Parteien** im Zusammenhang mit Wahlen personenbezogene Daten über die politische Einstellung von Personen sammeln und das Funktionieren des demokratischen Systems dies erfordert und geeignete Garantien für den Schutz der betroffenen Personen vorgesehen werden.[289] Als weiteres Beispiel ist die Durchführung von Disziplinarmaßnahmen durch Anwalts- oder Ärztekammern gegenüber ihren Mitgliedern oder der Betrieb einer öffentlichen Bibliothek, einer Schule oder eines Schwimmbads zu nennen.[290]   **390**

Die konkrete Verarbeitung muss zur Erfüllung der öffentlichen Aufgabe **erforderlich** sein. Maßstab ist hier, anders als im Rahmen von Art. 6 Abs. 1 UAbs. 1 lit. b DS-GVO, die **Verhältnismäßigkeit** der Datenverarbeitung. Folglich ist insbesondere zu prüfen, ob die Durchführung der Datenverarbeitung auch durch gleich geeignete und mildere Mittel durchführbar ist.[291] Der EuGH hat insoweit in seiner datenschutzspezifischen Rechtsprechung oft betont, dass die Datenverarbeitung auf das „absolut Notwendige" zu beschränken ist.[292]   **391**

286 Vgl. *Buchner/Petri*, in: Kühling/Buchner (Hrsg.), DS-GVO/BDSG, 2. Aufl. 2018, Art. 6 DS-GVO Rn. 108; *Frenzel*, in: Paal/Pauly (Hrsg.), DS-GVO, 2017, Art. 6 Rn. 22.
287 *Schulz*, in: Gola (Hrsg.), DS-GVO, 2017, Art. 6 Rn. 49.
288 *Albrecht/Jotzo*, Das neue Datenschutzrecht der EU, 2016, S. 73; *Buchner/Petri*, in: Kühling/ Buchner (Hrsg.), DS-GVO/BDSG, 2. Aufl. 2018, Art. 6 DS-GVO Rn. 124.
289 Hierzu auch *Buchner/Petri*, in: Kühling/Buchner (Hrsg.), DS-GVO/BDSG, 2. Aufl. 2018, Art. 6 DS-GVO Rn. 115.
290 Vgl. *Heberlein*, in: Ehmann/Selmayr (Hrsg.), DS-GVO, 2017, Art. 6 Rn. 19.
291 *Frenzel*, in: Paal/Pauly (Hrsg.), DS-GVO, 2017, Art. 6 Rn. 23.
292 Vgl. EuGH, Gutachten 1/15 v. 26.7.2017, ECLI:EU:C:2017:592, Rn. 140 – *PNR-Abkommen mit Kanada*; Urt. v. 16.12.2008, C-73/07, ECLI:EU:C:2008:727, Rn. 56 – *Satakunnan Markkinapörssi und Satamedia*; Urt. v. 9.11.2010, C-92/09 u. C-93/09, ECLI:EU:C:2010:662, Rn. 77 – *Schecke und Eifert*; hierzu *Kühling/Klar*, JURA 2011, 771.

b) Erfordernis einer Rechtsgrundlage

392   Damit eine **Aufgabe** im Sinne der Vorschrift vorliegt, reicht ein bloßes öffentliches Interesse nicht aus. Die Aufgabe muss vielmehr in einer unionsrechtlichen oder mitgliedstaatlichen Rechtsgrundlage definiert sein und entweder ein im **öffentlichen Interesse** liegendes Ziel verfolgen oder in **Ausübung öffentlicher Gewalt** wahrgenommen werden, die dem Verantwortlichen übertragen wurde. Hieraus folgt, dass Art. 6 Abs. 1 UAbs. 1 lit. e DS-GVO selbst keinen eigenständigen Zulässigkeitstatbestand darstellt, auf dessen Basis allein eine Datenverarbeitung zulässig wäre.[293] Die Vorschrift setzt vielmehr eine konkrete Rechtsgrundlage im Unionsrecht oder im mitgliedstaatlichen Recht voraus.

393   Welche **Anforderungen an die Rechtsgrundlage** zu stellen sind, regelt Abs. 3 der Vorschrift. Insoweit gelten die zu Art. 6 Abs. 1 UAbs. 1 lit. c DS-GVO (Erfüllung einer rechtlichen Verpflichtung) gemachten Ausführungen (vgl. oben → Rn. 380 ff.). Zu beachten ist jedoch, dass der Zweck der Verarbeitung – anders als im Falle des Art. 6 Abs. 1 UAbs. 1 lit. c DS-GVO – in der Rechtsgrundlage nicht zwingend festgelegt sein muss. Ausreichend ist es, wenn der Zweck der Verarbeitung für die Erfüllung der Aufgabe erforderlich ist. Insoweit muss die Aufgabe in der Rechtsgrundlage aber hinreichend klar und bestimmt formuliert sein.[294] Wie auch für Datenverarbeitungen auf der Grundlage von Art. 6 Abs. 1 UAbs. 1 lit. c DS-GVO (Erfüllung einer rechtlichen Verpflichtung) vorgesehen, besteht über die Öffnungsklausel des Art. 6 Abs. 2 DS-GVO für die Mitgliedstaaten die Möglichkeit, spezifischere Anforderungen an die Datenverarbeitungen zu bestimmen (vgl. dazu oben → Rn. 383). Hinsichtlich der Anforderungen an die Öffnungsklausel gelten die zu Art. 6 Abs. 1 UAbs. 1 lit. c DS-GVO gemachten Ausführungen (vgl. → Rn. 380 ff.).

c) Generalklausel des § 3 BDSG

394   **§ 3 BDSG** enthält eine entsprechende auf Art. 6 Abs. 1 UAbs. 1 lit. e DS-GVO basierende[295] Rechtsgrundlage für die Verarbeitung personenbezogener Daten durch **öffentliche Stellen**. Wer zu dem Kreis der öffentlichen Stellen gehört, wird in § 2 Abs.1 bis 3 BDSG bestimmt (dazu oben → Rn. 315 ff.). Soweit **nichtöffentliche Stellen** hoheitliche Aufgaben der öffentlichen Verwaltung wahrnehmen (sog. Beliehene), gelten sie nach § 2 Abs. 4 S. 2 BDSG als öffentliche Stellen und können ihre Datenverarbeitung daher ebenfalls auf die Befugnis in § 3 BDSG stützen.[296]

395   Nach § 3 BDSG ist die Verarbeitung zulässig, wenn sie zur Erfüllung der in der Zuständigkeit des Verantwortlichen liegenden **Aufgabe** oder in **Ausübung öffentlicher Gewalt**, die dem Verantwortlichen übertragen wurde, erforderlich ist. Insoweit wiederholt § 3 BDSG die Formulierung in Art. 6 Abs. 1 UAbs. 1 lit. e DS-GVO. Die Erfüllung der

---

293 Vgl. *Schulz*, in: Gola (Hrsg.), DS-GVO, 2017, Art. 6 Rn. 46.
294 *Buchner/Petri*, in: Kühling/Buchner (Hrsg.), DS-GVO/BDSG, 2. Aufl. 2018, Art. 6 DS-GVO Rn. 121.
295 BT-Drs. 18/11325, S. 81.
296 BT-Drs. 18/11325, S. 81.

Aufgabe und die Ausübung öffentlicher Gewalt können sich sowohl aus nationalen Rechtsvorschriften als auch aus EU-Vorgaben ergeben.[297] Wie die Gesetzesbegründung klarstellt, ist die Verarbeitung personenbezogener Daten nicht nur auf Grundlage von § 3 BDSG, sondern auch auf der Grundlage der weiteren in Art. 6 Abs. 1 DS-GVO aufgeführten Zulässigkeitstatbestände einschließlich der auf der Grundlage der DS-GVO erlassenen bereichsspezifischen Regelungen zulässig.[298] So ist etwa die Zulässigkeit der Verarbeitung von **Sozialdaten** abschließend im SGB X in Verbindung mit dem SGB I sowie in den übrigen Sozialgesetzbüchern geregelt.[299]

d) Teilweise eingeschränkte Betroffenenrechte

Soweit personenbezogene Daten zur Wahrnehmung einer Aufgabe i.S.v. Art. 6 Abs. 1 UAbs. 1 lit. e DS-GVO verarbeitet werden, sind die Rechte der betroffenen Person **teilweise eingeschränkt**. So besteht nach Art. 17 Abs. 3 lit. b DS-GVO kein Recht der betroffenen Person auf Löschung und auch keine Pflicht des Verantwortlichen, die personenbezogenen Daten in den Fällen des Art. 17 Abs. 1 und 2 DS-GVO zu löschen.   **396**

e) Widerspruchsrecht (Art. 21 Abs. 1 DS-GVO)

Hinzuweisen ist schließlich auf das Widerspruchsrecht, das der betroffenen Person nach Art. 21 Abs. 1 DS-GVO gegen Verarbeitungen nach Art. 6 Abs. 1 UAbs. 1 lit. e DS-GVO zusteht (dazu ausführlich → Rn. 669 ff.). Danach hat die betroffene Person das Recht, aus Gründen, die sich aus ihrer besonderen Situation ergeben, jederzeit gegen die Verarbeitung sie betreffender personenbezogenen Daten, die aufgrund von Art. 6 Abs. 1 UAbs. 1 lit. e DS-GVO erfolgt, Widerspruch einzulegen. Legt die betroffene Person Widerspruch ein, darf der Verantwortliche die personenbezogenen Daten **nicht mehr verarbeiten**, es sei denn, dass er zwingende schutzwürdige Gründe für die Verarbeitung nachweisen kann, welche die Interessen, Rechte und Freiheiten der betroffenen Person überwiegen, oder dass die Datenverarbeitung der Geltendmachung, Ausübung oder Verteidigung von Rechtsansprüchen dient.   **397**

6. Interessenabwägung (Art. 6 Abs. 1 UAbs. 1 lit. f DS-GVO)

Art. 6 Abs. 1 UAbs. 1 lit. f DS-GVO ermöglicht schließlich eine Datenverarbeitung auf Basis einer Interessenabwägung. Ausweislich der Vorschrift ist die Verarbeitung personenbezogener Daten zulässig, wenn sie zur Wahrung der berechtigten Interessen des Verantwortlichen oder eines Dritten erforderlich ist, sofern nicht die Interessen oder Grundrechte und Grundfreiheiten der betroffenen Person, die den Schutz personenbezogener Daten erfordern, überwiegen. Adressat der Vorschrift sind **ausschließlich private Verantwortliche**, d.h. Hoheitsträger können sich nicht auf die Regelung (ggf. aber auf Art. 6 Abs. 1 UAbs. 1 lit. c und e DS-GVO) berufen.[300] Dies ist dem Umstand   **398**

---

297 BT-Drs. 18/11325, S. 81.
298 Vgl. BT-Drs. 18/11325, S. 81.
299 BT-Drs. 18/11325, S. 81.
300 Vgl. Art. 6 Abs. 1 UAbs. 2 DS-GVO und Erwägungsgrund 47 der DS-GVO.

geschuldet, dass es nach dem Grundsatz des Gesetzesvorbehalts dem Gesetzgeber obliegt, die Rechtsgrundlagen für die Verarbeitung personenbezogener Daten durch öffentliche Stellen zu schaffen.[301]

399 Bei der Regelung des Art. 6 Abs. 1 UAbs. 1 lit. f DS-GVO handelt es sich um eine „**Auffangvorschrift**". Sie verfolgt das Ziel, einen sachgerechten Ausgleich zwischen den Interessen der Verbraucher und der Wirtschaft herzustellen.[302] Demzufolge kommt der Vorschrift in der Praxis eine **zentrale Bedeutung** zu; dies nicht zuletzt deshalb, weil der Katalog des Art. 6 Abs. 1 UAbs. 1 DS-GVO abschließend ist und daher in vielen Fällen das Erfordernis besteht, die von Art. 6 Abs. 1 UAbs. 1 lit. a bis e DS-GVO nicht erfassten Sachverhalte datenschutzrechtlich hinreichend einfangen zu können.

400 Der Vorteil des als Interessenabwägungsklausel ausgestalteten Zulässigkeitstatbestandes ist zweifellos seine **hohe Flexibilität**. Gleichzeitig geht diese Flexibilität aber zwangsläufig mit einer gewissen **Rechtsunsicherheit** einher.[303] Denn der Verantwortliche kann sich nicht in jedem Fall sicher sein, ob die Interessenabwägung zu seinen Gunsten oder zu seinen Lasten ausfällt. Folge hiervon ist, dass in der Praxis bei Zweifelsfällen regelmäßig eine Einwilligung der betroffenen Person eingeholt wird.

a) Allgemeine Anforderungen

401 Voraussetzung für ein Eingreifen der Vorschrift ist zunächst das Vorliegen eines **berechtigten Interesses**. Abhängig von der jeweiligen Fallkonstellation muss dieses entweder in der Person des Verantwortlichen oder in der Person eines Dritten begründet sein. Erfasst sind sowohl rechtliche als auch tatsächliche, wirtschaftliche oder ideelle Interessen.[304] Insoweit sind Fluchtpunkte auch die Grundrechte des Verantwortlichen oder des Dritten, wie z.B. die Meinungs-, Presse-, Rundfunk- oder die Berufsfreiheit.[305]

402 Ob ein berechtigtes Interesse besteht, ist ausweislich des Erwägungsgrundes 47 der DS-GVO sorgfältig abzuwägen.[306] Danach kann ein berechtigtes Interesse beispielsweise dann vorliegen, wenn eine maßgebliche und angemessene Beziehung zwischen der betroffenen Person und dem Verantwortlichen besteht. Dies ist der Fall, wenn die betroffene Person z.B. Kunde des Verantwortlichen ist oder in seinen Diensten steht. Nach Erwägungsgrund 47 der DS-GVO kann auch die Verarbeitung personenbezogener Daten zum Zwecke der **Direktwerbung** als einem berechtigten Interesse dienende Verarbeitung angesehen werden. Ferner können **konzerninterne Datentransfers**, die internen Verwaltungszwecken dienen, als berechtigte Interessen im Sinne der Regelung

---

301 Vgl. Erwägungsgrund 47 der DS-GVO; *Buchner/Petri*, in: Kühling/Buchner (Hrsg.), DS-GVO/ BDSG, 2. Aufl. 2018, Art. 6 DS-GVO Rn. 157.

302 *Albrecht/Jotzo*, Das neue Datenschutzrecht der EU, 2016, S. 51.

303 *Buchner/Petri*, in: Kühling/Buchner (Hrsg.), DS-GVO/BDSG, 2. Aufl. 2018, Art. 6 DS-GVO Rn. 141 f.

304 Vgl. *Buchner/Petri*, in: Kühling/Buchner (Hrsg.), DS-GVO/BDSG, 2. Aufl. 2018, Art. 6 DS-GVO Rn. 146.

305 *Buchner/Petri*, in: Kühling/Buchner (Hrsg.), DS-GVO/BDSG, 2. Aufl. 2018, Art. 6 DS-GVO Rn. 147.

306 Vgl. Erwägungsgrund 47 der DS-GVO.

in Betracht kommen (dazu näher → Rn. 419).[307] Auch **Sicherheitsinteressen** des Verantwortlichen können eine Datenverarbeitung im Sinne der Vorschrift legitimieren.[308] Folglich kann beispielsweise eine an einer Tankstelle erfolgende **Videoüberwachung** unter die Vorschrift fallen (dazu → Rn. 773 ff.).[309] Aber auch andere Formen der optisch-elektronischen Datenverarbeitung wie z.B. Dashcams oder Körperkameras können von der Regelung erfasst sein, soweit nicht die **Haushaltsausnahme** des Art. 2 Abs. 2 lit. c DS-GVO einschlägig ist, d.h. die Verarbeitung nicht zur Ausübung ausschließlich persönlicher oder familiärer Tätigkeiten erfolgt (vgl. dazu oben → Rn. 220 f.).[310]

Weiter ist Voraussetzung, dass die Interessen oder die Grundrechte und Grundfreiheiten (insbesondere Art. 7 und 8 GrCh) der betroffenen Person das berechtigte Interesse des Verantwortlichen hinsichtlich der Datenverarbeitung nicht überwiegen. Insoweit ist eine Interessenabwägung vorzunehmen. Nach Erwägungsgrund 47 der DS-GVO sind im Rahmen dieser Interessenabwägung die **vernünftigen Erwartungen** der betroffenen Person, die auf ihrer Beziehung zu dem Verantwortlichen beruhen, zu berücksichtigen. Im Rahmen dieses auch im amerikanischen Datenschutzrecht anerkannten Maßstabes der „reasonable expectation of privacy"[311] soll von Bedeutung sein, ob eine betroffene Person zum Zeitpunkt der Erhebung der personenbezogenen Daten und angesichts der Umstände, unter denen sie erfolgt, vernünftigerweise absehen kann, dass möglicherweise eine Verarbeitung für den betreffenden Zweck erfolgen wird. Ebenfalls in die Interessenabwägung einzustellen sind die Art, der Inhalt und die Aussagekraft der personenbezogenen Daten,[312] die jeweils im Kontext der Verarbeitung zu bewerten sind, sowie die Art der betroffenen Personen, die Eingriffsintensität und Maßnahmen der Datensicherheit.[313]

403

Eine Weitergabe personenbezogener Daten oder die **Veröffentlichung der Daten im Internet** ist ebenfalls zu berücksichtigen.[314] Bei **unrichtigen Daten** fällt die Interessenabwägung in der Regel zulasten des Verantwortlichen aus.[315] In besonderem Fokus steht freilich auch der **Zweck der Verarbeitung**. Besteht dieser in der Erstellung von Persönlichkeitsprofilen, ist regelmäßig von einem Überwiegen der Interessen der betroffenen Person auszugehen.[316] Anders kann dies dann zu bewerten sein, wenn die Profilerstellung auf Basis pseudonymisierter Daten erfolgt. Ebenfalls ist ein etwaiges

404

---

307 Vgl. Erwägungsgrund 48 der DS-GVO.

308 Vgl. Erwägungsgrund 49 der DS-GVO.

309 *Frenzel*, in: Paal/Pauly (Hrsg.), DS-GVO, 2017, Art. 6 Rn. 31. Siehe zur Videoüberwachung aber die speziellere Vorschrift des § 4 BDSG.

310 Vgl. EuGH, Urt. v. 11.12.2014, C-212/13, ECLI:EU:C:2014:2428 – *Ryneš*; dazu *Klar* NJW 2015, 463 (465 f.).

311 Vgl. hierzu näher *Klar/Kühling*, AöR 2016, 165 (177 f.).

312 *Buchner/Petri*, in: Kühling/Buchner (Hrsg.), DS-GVO/BDSG, 2. Aufl. 2018, Art. 6 DS-GVO Rn. 149.

313 *Schulz*, in: Gola (Hrsg.), DS-GVO, 2017, Art. 6 Rn. 53.

314 Vgl. *Schulz*, in: Gola (Hrsg.), DS-GVO, 2017, Art. 6 Rn. 166.

315 Ähnlich *Buchner/Petri*, in: Kühling/Buchner (Hrsg.), DS-GVO/BDSG, 2. Aufl. 2018, Art. 6 DS-GVO Rn. 151.

316 *Buchner/Petri*, in: Kühling/Buchner (Hrsg.), DS-GVO/BDSG, 2. Aufl. 2018, Art. 6 DS-GVO Rn. 153; *Schulz*, in: Gola (Hrsg.), DS-GVO, 2017, Art. 6 Rn. 62.

Missbrauchsrisiko hinsichtlich der Daten zu berücksichtigen. Hat die betroffene Person erkennbar zum Ausdruck gebracht, dass sie eine Datenverarbeitung für die vom Verantwortlichen geplanten Zwecke nicht wünscht, ist dies zu ihren Gunsten in die Interessenabwägung einzubeziehen.

405 Schließlich ist zulasten des Verantwortlichen zu berücksichtigen, wenn es sich bei der betroffenen Person um ein **Kind** handelt. Insoweit können im Rahmen der Interessenabwägung aber Differenzierungen anhand des Alters des Kindes vorzunehmen sein.[317] Ein per se geringeres Schutzbedürfnis besteht dagegen hinsichtlich solcher Daten, die – wie etwa eine geschäftliche E-Mail-Adresse – der **beruflichen Sphäre** der betroffenen Person zuzuordnen sind,[318] oder Daten, die von der betroffenen Person **öffentlich** gemacht wurden.[319]

b) Informationspflicht und Widerspruch gegen die Verarbeitung

406 Wird die Datenverarbeitung auf Art. 6 Abs. 1 UAbs. 1 lit. f DS-GVO gestützt, muss der Verantwortliche die betroffene Person über die dabei verfolgten berechtigten Interessen **informieren** (Art. 13 Abs. 1 lit. d DS-GVO).

407 Der betroffenen Person steht nach Art. 21 Abs. 1 DS-GVO ein **Widerspruchsrecht** gegen Verarbeitungen nach Art. 6 Abs. 1 UAbs. 1 lit. f DS-GVO zu. Danach hat die betroffene Person das Recht, aus Gründen, die sich aus ihrer besonderen Situation ergeben, jederzeit gegen die Verarbeitung sie betreffender personenbezogener Daten, die aufgrund von Art. 6 Abs. 1 UAbs. 1 lit. f DS-GVO erfolgt, Widerspruch einzulegen. Insoweit ist eine besondere Form der Interessenabwägung vorzunehmen. Legt die betroffene Person Widerspruch ein, darf der Verantwortliche die personenbezogenen Daten nicht mehr verarbeiten, es sei denn, er kann zwingende schutzwürdige Gründe für die Verarbeitung nachweisen, welche die Interessen, Rechte und Freiheiten der betroffenen Person überwiegen, oder die Verarbeitung der Geltendmachung, Ausübung oder Verteidigung von Rechtsansprüchen dient. Auf dieses Widerspruchsrecht ist die betroffene Person spätestens bei der ersten Kommunikation **hinzuweisen**, Art. 21 Abs. 4 DS-GVO. Werden personenbezogene Daten verarbeitet, um Direktwerbung zu betreiben, so hat die betroffene Person nach Art. 21 Abs. 2 DS-GVO das Recht, jederzeit und ohne weitere Voraussetzungen Widerspruch gegen die Verarbeitung einzulegen. Dies gilt auch für das Profiling, soweit es mit solcher Direktwerbung in Zusammenhang steht.

c) Anwendungsbeispiele

aa) Werbung

408 Werbung und Datenschutzrecht stehen in einem grundsätzlichen **Spannungsverhältnis** zueinander. Typischerweise steht der Durchschnittsverbraucher – als Zielperson der

---

317 Vgl. *Buchner/Petri*, in: Kühling/Buchner (Hrsg.), DS-GVO/BDSG, 2. Aufl. 2018, Art. 6 DS-GVO Rn. 155.
318 *Buchner/Petri*, in: Kühling/Buchner (Hrsg.), DS-GVO/BDSG, 2. Aufl. 2018, Art. 6 DS-GVO Rn. 150.
319 *Schulz*, in: Gola (Hrsg.), DS-GVO, 2017, Art. 6 Rn. 53.

Werbung – Werbemaßnahmen tendenziell ablehnend gegenüber, wohingegen Unternehmen grundsätzlich ein berechtigtes Interesse an der Bekanntmachung ihrer Produkte haben. In den letzten Jahren haben sich vermehrt neue Werbemöglichkeiten im Internet herausgebildet. Als Beispiele lassen sich etwa Bannerwerbung, Dialogmarketing oder Spamming durch unerbetene E-Mails nennen. Dabei lässt sich beobachten, dass die Wirtschaft versucht, die Werbung verstärkt zu **personalisieren** bzw. so zu konfigurieren, dass der einzelne Verbraucher möglichst passgenau angesprochen werden kann.[320]

In vielen Fällen sind Werbemaßnahmen nur über eine **Einwilligung** der betroffenen Person zulässig (vgl. zur Einwilligung oben → Rn. 362 ff. und 489 ff.). Sie lassen sich aber dann über die Interessenabwägungsklausel des Art. 6 Abs. 1 UAbs. 1 lit. f DS-GVO legitimieren, wenn sie zur Wahrung der berechtigten Interessen des Verantwortlichen oder eines Dritten erforderlich sind und die Interessen oder Grundrechte und Grundfreiheiten der betroffenen Person nicht überwiegen. Welche werbespezifischen Abwägungsparameter im Rahmen der Interessenabwägung greifen und wie diese für die Beurteilung der Zulässigkeit einzelner Werbemaßnahmen zu gewichten sind, lässt sich der DS-GVO nicht unmittelbar entnehmen.[321] Hier ist damit zu rechnen, dass grundsätzliche Fragen künftig erst durch konkretisierende **behördliche Stellungnahmen** des Europäischen Datenschutzausschusses oder der nationalen Aufsichtsbehörden und durch die Rechtsprechung (insbesondere des EuGH) beantwortet werden. **409**

Der Verordnungsgeber hat in der DS-GVO zumindest einige grobe Weichenstellungen zum Thema Werbung vorgenommen: So stellt er in Erwägungsgrund 47 der DS-GVO in Zusammenhang mit Werbung klar, dass die Verarbeitung personenbezogener Daten zum Zwecke der **Direktwerbung** als eine dem berechtigten Interesse dienende Verarbeitung in Betracht kommen kann. Direktwerbung kann folglich in der Regel ohne Einholung einer Einwilligung zulässig sein.[322] Soweit personenbezogene Daten von Kindern verarbeitet werden sollen, sieht Erwägungsgrund 38 der DS-GVO vor, dass **Kindern** ein besonderer Schutz im Zusammenhang mit der Verwendung ihrer Daten für Werbezwecke und der Erstellung von Persönlichkeits- oder Nutzerprofilen zukommen muss. Diese Wertungen gilt es im Rahmen der Interessenabwägung nach Art. 6 Abs. 1 UAbs. 1 lit. f DS-GVO in besonderem Maße zu berücksichtigen.[323] Auch die **konkrete Werbeform** kann im Rahmen der Bewertung von Bedeutung sein. Je nachdem, ob es sich um Eigenwerbung, Fremdwerbung, Geschäftswerbung, Adresshandel, Spendenwerbung oder Cross-Device-Tracking handelt, kann die Interessenabwägung anders ausfallen.[324] Insoweit kommt es jeweils auf die konkreten **Umstände des Einzelfalls** an. **410**

Im Bereich des **Online-Marketings** ist die Anzeige personalisierter Werbung weit verbreitet. Damit die Werbung tatsächlich personalisiert erfolgen kann, ist die Erstellung **411**

---

320 *Weidert/Klar*, BB 2017, 1858 (1858).
321 *Weidert/Klar*, BB 2017, 1858 (1862).
322 *Plath*, in: Plath (Hrsg.), BDSG/DS-GVO, 2. Aufl. 2016, Art. 6 DS-GVO Rn. 21.
323 *Weidert/Klar*, BB 2017, 1858 (1862).
324 Vgl. *Buchner/Petri*, in: Kühling/Buchner (Hrsg.), DS-GVO/BDSG, 2. Aufl. 2018, Art. 6 DS-GVO Rn. 177.

von **Profilen** (Profiling) auf der Basis der über die jeweilige Person gesammelten Daten (Tracking) erforderlich. Das Sammeln der für die Erstellung von Nutzerprofilen notwendigen Daten erfolgt u.a. dadurch, dass auf dem Endgerät der betroffenen Person während des Surfens im Internet ein sog. **(Tracking-)Cookie** gespeichert wird. Cookies sind kleine Textdateien, die eine Wiedererkennung des vom Nutzer verwendeten Endgeräts ermöglichen. Besucht der Nutzer die Webseite erneut, erkennt die Webseite das gespeicherte Cookie und kann so das Nutzungsverhalten des Besuchers (Besuchte Seiten, Warenkorb, etc.) auswerten. Eine weitere Möglichkeit stellt das sog. **„Device-Fingerprinting"** dar.[325] Anders als im Falle von Cookies wird beim Einsatz von Fingerprinting-Verfahren keine Datei auf dem Endgerät des Nutzers abgelegt. Vielmehr werden vom Endgerät des Nutzers ausgesandte Informationen (Ausstattung der Computerhardware, Version des genutzten Browsers, installierte Software, etc.) verwendet, um das Endgerät des Nutzers zu identifizieren. Da das Device-Fingerprinting ohne die Speicherung einer Datei auf dem Computer des Nutzers auskommt, kann der Nutzer den Vorgang kaum feststellen oder verhindern. Um eine Erstellung von Nutzungsprofilen zu Werbezwecken über Art. 6 Abs. 1 UAbs. 1 lit. f. DS-GVO rechtfertigen zu können, müssen **berechtigte Interessen** des Verantwortlichen eine solche Datenverarbeitung erfordern und die Interessen oder Grundrechte der betroffenen Person dürften die Verarbeitung nicht überwiegen.

412   Gewisse Anhaltspunkte dafür, wie die Interessen innerhalb der vorzunehmenden Interessenabwägung zu gewichten sind, folgen aus dem Umstand, dass die Erstellung von Nutzungsprofilen – einen Personenbezug der Daten vorausgesetzt – als **Profiling** i.S.d. Definition in Art. 4 Nr. 4 DS-GVO einzuordnen ist. Ein Profiling liegt danach bei Datenauswertungen vor, die dazu dienen, bestimmte persönliche Aspekte, die sich auf eine natürliche Person beziehen, zu bewerten. Damit sind insbesondere Datenverarbeitungen gemeint, die Aspekte wie die Arbeitsleistung, die wirtschaftliche Lage, die Gesundheit, die persönlichen Vorlieben, die Interessen, die Zuverlässigkeit, das Verhalten, den Aufenthaltsort oder den Ortswechsel der betroffenen Person analysieren oder vorhersagen. Auch wenn das Profiling in der DS-GVO keinen materiellen Zulässigkeitskriterien unterworfen wird, wird doch an verschiedenen Stellen zum Ausdruck gebracht, dass das Profiling eine **erhöhte Gefahr** für die Rechte der betroffenen Personen bedeuten kann.[326]

413   Dem steht Erwägungsgrund 47 der DS-GVO gegenüber, wonach die Verarbeitung personenbezogener Daten zum Zwecke der **Direktwerbung** gerade als eine einem berechtigten Interesse dienende Verarbeitung betrachtet werden kann.[327] Zwischen der Gefahr des Profilings einerseits und der grundsätzlichen Zulässigkeit der Direktwerbung andererseits ist folglich ein schonender Ausgleich zu finden.[328] Insoweit kann Erwägungsgrund 47 der DS-GVO weiter helfen, wonach im Rahmen der Interessen-

---

325 Zum Device-Fingerprinting näher *Dieterich*, ZD 2015, 199; *Schmidt/Babilon*, K&R 2016, 86.
326 Vgl. Erwägungsgründe 60, 63, 70, 71 und insbesondere 72 der DS-GVO.
327 Hierzu auch *Buchner/Petri*, in: Kühling/Buchner (Hrsg.), DS-GVO/BDSG, 2. Aufl. 2018, Art. 6 DS-GVO Rn. 175; *Frenzel*, in: Paal/Pauly (Hrsg.), DS-GVO, 2017, Art. 6 Rn. 31; *Plath*, in: Plath (Hrsg.), BDSG/DS-GVO, 2. Aufl. 2016, Art. 6 DS-GVO Rn. 21.
328 *Weidert/Klar*, BB 2017, 1858 (1862).

abwägung die **vernünftigen Erwartungen** der betroffenen Person, die auf ihrer Beziehung zu dem Verantwortlichen beruhen, zu berücksichtigen sind. Dieser Maßstab wird dahingehend weiter konkretisiert, dass ein berechtigtes Interesse beispielsweise dann vorliegen kann, wenn eine **maßgebliche und angemessene Beziehung** zwischen der betroffenen Person und dem Verantwortlichen besteht, d.h. die betroffene Person ein Kunde des Verantwortlichen ist oder in seinen Diensten steht. Daraus folgt, dass Bestandskundenwerbung grundsätzlich über eine Interessenabwägung gerechtfertigt sein kann, soweit die betroffene Person hierüber ausreichend gemäß den Art. 12 ff. DS-GVO informiert wurde.[329]

Für die Erstellung von Nutzungsprofilen zu Werbezwecken im Internet lassen sich hieraus zwar keine unmittelbar richtungsweisenden Aussagen ableiten. Man wird aber eine vernünftige Erwartungshaltung der betroffenen Person in Deutschland insoweit bejahen können, als werbetreibende Unternehmen die den Nutzungsprofilen zugrundeliegenden personenbezogenen Daten zumindest in **pseudonymisierter Form** zu Werbezwecken verarbeiten.[330] Denn dies war auch schon vor Geltung der DS-GVO nach § 15 Abs. 3 TMG a.F. erlaubt und verbreitet. Letztlich wird ein sachgerechter Ausgleich daher auch unter der DS-GVO der in der Vergangenheit üblichen Lösung entsprechen, wonach die Erstellung von Nutzungsprofilen und nachfolgende Werbemaßnahmen auf Basis pseudonymisierter Daten ohne Einwilligung der betroffenen Person zulässig sind. Für dieses Ergebnis spricht auch Erwägungsgrund 29 der DS-GVO, demzufolge Pseudonymisierungen möglich sein sollen, wenn die Datenverarbeitung eine „allgemeine Analyse" zulässt.[331] **414**

Änderungen dürften sich im Bereich des Online-Marketings durch die neue **E-Privacy-VO** ergeben, die in einem Entwurf der Europäischen Kommission von Januar 2017 vorliegt (zur E-Privacy-VO näher → Rn. 859).[332] Diese Verordnung enthält ergänzende und spezielle Regelungen zum Umgang mit Daten in Diensten der elektronischen Kommunikation. Danach soll der Nutzer zwar künftig in die Nutzung der Speicherfunktion seines Endgeräts durch Dritte (z.B. durch Ablegen eines Cookies) und die Erhebung von Informationen aus seinem Endgerät (z.B. durch Fingerprinting-Verfahren) zu Werbezwecken einwilligen müssen. Allerdings soll er diese Einwilligung über eine entsprechende Voreinstellung seines Browsers erteilen können. Eine solche Do-not-Track-Vorgabe wäre dann von den Webseitenbetreibern verbindlich zu berücksichtigen. **415**

Für Werbung mittels **elektronischer Post** (z.B. E-Mail) oder eines **Telefonanrufs** (z.B. Kundenzufriedenheitsbefragungen) sind auch unter Geltung der DS-GVO primär die **416**

---

329 Ebenso *Schulz*, in: Gola (Hrsg.), DS-GVO, 2017, Art. 6 Rn. 71 f. Insoweit decken sich diese Wertungen auch weitgehend mit denen aus § 7 Abs. 3 UWG, hierzu *Schirmbacher*, ITRB 2016, 274 (277).
330 *Weidert/Klar*, BB 2017, 1858 (1862).
331 Ebenso *Schulz*, in: Gola (Hrsg.), DS-GVO, 2017, Art. 6 Rn. 81.
332 Vorschlag für eine Verordnung des Europäischen Parlaments und des Rates über die Achtung des Privatlebens und den Schutz personenbezogener Daten in der elektronischen Kommunikation und zur Aufhebung der RL 2002/58/EG (Verordnung über Privatsphäre und elektronische Kommunikation) v. 10.1.2017, KOM(2017) 10 endg.

wettbewerbsrechtlichen Vorschriften des UWG, insbesondere § 7 UWG,[333] anzuwenden, die weitergehende Anforderungen an die Zulässigkeit von Werbung stellen.[334] Diese Regelungen sind jedoch nicht im Rahmen der Interessenabwägung des Art. 6 Abs. 1 UAbs. 1 lit. f DS-GVO als Abwägungsfaktor zu berücksichtigen, da sie auf europäischem Richtlinienrecht basieren und eine entsprechende Berücksichtigung in den Mitgliedstaaten zwangsläufig unterschiedliche Ergebnisse hervorrufen würde.[335]

bb) IT-Sicherheit

417   Nach Erwägungsgrund 49 der DS-GVO wird Verantwortlichen ein berechtigtes Interesse dahingehend zugestanden, für die Gewährleistung der **Netz- und Informationssicherheit** personenbezogene Daten zu verarbeiten, soweit dies unbedingt notwendig und verhältnismäßig ist. Voraussetzung ist, dass durch die Datenverarbeitung die Fähigkeit eines Netzes oder Informationssystems gewährleistet wird, mit einem vorgegebenen Grad der Zuverlässigkeit Störungen oder widerrechtliche oder mutwillige Eingriffe abzuwehren, welche die Verfügbarkeit, Authentizität, Vollständigkeit und Vertraulichkeit von gespeicherten oder übermittelten personenbezogenen Daten sowie die Sicherheit von zusammenhängenden Diensten beeinträchtigen. Ein solches berechtigtes Interesse kann beispielsweise darin bestehen, den **Zugang Unbefugter** zu elektronischen Kommunikationsnetzen und die **Verbreitung schädlicher Programmcodes** zu verhindern sowie Angriffe in Form der gezielten Überlastung von Servern („Denial of service"-Angriffe) und Schädigungen von Computer- und elektronischen Kommunikationssystemen abzuwehren.

418   **Verantwortliche**, die sich auf ein solches berechtigtes Interesse berufen können, sind nach Erwägungsgrund 49 der DS-GVO Behörden, Computer-Notdienste, Betreiber von elektronischen Kommunikationsnetzen und -diensten sowie Anbieter von Sicherheitstechnologien und -diensten. Diese Auflistung entspricht den Vorgaben des **EuGH** in der Rechtssache *Breyer*, in der er staatlichen Webseitenbetreibern ein berechtigtes Interesse zuerkannt hatte, IP-Adressen der Nutzer zur Aufrechterhaltung der Funktionsfähigkeit der angebotenen Dienste über die konkrete Nutzung hinaus zu speichern (siehe dazu näher oben → Rn. 255 f.).[336]

cc) Konzerninterne Datentransfers

419   Wie bereits dargestellt, existiert im Rahmen der DS-GVO **kein Konzernprivileg** (vgl. dazu oben → Rn. 304). Rechtlich selbständige Unternehmen sind demnach jeweils als eigene Verantwortliche anzusehen, auch wenn sie im Konzernverbund stehen. Dagegen erkennt Erwägungsgrund 48 der DS-GVO an, dass Verantwortlichen, die Teil einer Unternehmensgruppe sind, ein **berechtigtes Interesse** zustehen kann, personenbezo-

---

333   § 7 UWG ist auch unter der DS-GVO weiterhin anwendbar, vgl. Art. 95 DS-GVO, Art. 13 RL 2002/58/EG.

334   *Schulz*, in: Gola (Hrsg.), DS-GVO, 2017, Art. 6 Rn. 62.

335   Vgl. *Schulz*, in: Gola (Hrsg.), DS-GVO, 2017, Art. 6 Rn. 67.

336   EuGH, Urt. v. 19.10.2016, C-582/14, ECLI:EU:C:2016:779 – *Breyer*; dazu *Kühling/Klar*, ZD 2016, 24.

gene Daten (z.B. Mitarbeiter, Kunden- oder Lieferantendaten) innerhalb der Unternehmensgruppe für interne Verwaltungszwecke auszutauschen. Hierdurch wird Konzernunternehmen zwar kein Freibrief für einen voraussetzungslosen Datentransfer innerhalb des Konzerns erteilt. Die Wertungen des Erwägungsgrundes 48 der DS-GVO sind aber grundsätzlich im Rahmen des Zulässigkeitstatbestands des Art. 6 Abs. 1 UAbs. 1 lit. f DS-GVO zugunsten des Verantwortlichen zu berücksichtigen. Das hat zur Folge, dass etwa das Führen eines konzernweiten **Kundeninformationssystems** (sog. CRM-System) als zulässig angesehen werden kann.[337]

II. Rechtmäßigkeit zweckändernder Verarbeitungen

Aus dem Grundsatz der **Zweckbindung** nach Art. 5 Abs. 1 lit. b DS-GVO (vgl. zur Zweckbindung oben → Rn. 338 ff.) folgt, dass personenbezogene Daten grundsätzlich nur für im Vorhinein konkret festgelegte Zwecke verarbeitet werden dürfen. In der Praxis kommt es allerdings nicht selten vor, dass der Verantwortliche die erhobenen Daten auch zu anderen Zwecken als denen, für die er sie ursprünglich erhoben hat, verarbeiten will. Beabsichtigt er dies, muss er die betroffene Person vor einer solchen Weiterverarbeitung entsprechend **informieren** (Art. 13 Abs. 3, Art. 14 Abs. 4 DS-GVO) und die folgenden speziellen Anforderungen an Zweckänderungen beachten.   **420**

1. Kompatibilität von neuem und ursprünglichem Zweck (Art. 6 Abs. 4 DS-GVO)

Zweckändernde Verarbeitungen sind nach Art. 6 Abs. 4 DS-GVO nur unter engen Voraussetzungen möglich. Für die Prüfung, ob eine Zweckänderungen der Verarbeitung zulässig ist, sieht Art. 6 Abs. 4 DS-GVO einen **zweistufigen Mechanismus** vor: Zunächst ist zu prüfen, ob die zweckändernde Verarbeitung nicht bereits von einer Einwilligung[338] der betroffenen Person oder einer entsprechenden mitgliedstaatlichen Vorschrift[339] – wie z.B. § 23 und 24 BDSG (dazu sogleich → Rn. 429 ff.) – gedeckt ist.   **421**

Ist dies nicht der Fall, ist vom Verantwortlichen zu untersuchen, ob die Verarbeitung zu dem anderen (neuen) Zweck mit demjenigen, zu dem die personenbezogenen Daten ursprünglich erhoben wurden, vereinbar ist. Bei der insoweit vorzunehmenden **Kompatibilitätsprüfung** hat der Verantwortliche verschiedene Aspekte zu berücksichtigen, die in Art. 6 Abs. 4 lit. a bis e DS-GVO in nicht abschließender Form („unter anderem") aufgeführt sind. Danach ist vom Verantwortlichen jede Verbindung zwischen dem ursprünglichen und dem neuen Zweck zu untersuchen (Art. 6 Abs. 4 lit. a DS-GVO). Je weiter die neuen Zwecke von den ursprünglichen Zwecken entfernt, d.h. denklogisch   **422**

---

337 *Schulz*, in: Gola (Hrsg.), DS-GVO, 2017, Art. 6 Rn. 171.
338 Zu Einwilligungen, die sich auch auf sich ändernde Zwecke bezieht *Buchner/Petri*, in: Kühling/Buchner (Hrsg.), DS-GVO/BDSG, 2. Aufl. 2018, Art. 6 DS-GVO Rn. 179.
339 Zu den Anforderungen an eine solche mitgliedstaatliche Vorschrift *Buchner/Petri*, in: Kühling/Buchner (Hrsg.), DS-GVO/BDSG, 2. Aufl. 2018, Art. 6 DS-GVO Rn. 180, 199.

nicht mehr als miteinander verknüpft anzusehen sind, desto eher wird es an einer Zweckkompatibilität fehlen.[340]

423   Daraus folgt, dass eine Zweckänderung beispielsweise zum Zwecke der **Bestands- kundenwerbung** oder bei **Zahlungsstörungen** seitens der betroffenen Person, die eine Weitergabe von Daten an Inkassodienstleister erforderlich machen, zulässig sein kann.[341] Eine eher lose Verbindung zwischen dem ursprünglichen und dem neuen Zweck besteht dagegen etwa bei der Nutzung einer ursprünglich zu Sicherheits- zwecken eingesetzten **Videoüberwachungsanlage** zum neuen Zweck der Über- wachung des Arbeitsverhaltens von Beschäftigten.[342]

424   Des Weiteren ist der **Zusammenhang** zu analysieren, in dem die personenbezogenen Daten erhoben wurden. Dabei soll es insbesondere auf das Verhältnis zwischen der betroffenen Person und dem Verantwortlichen ankommen (Art. 6 Abs. 4 lit. b DS- GVO). Insoweit sind nach Erwägungsgrund 50 der DS-GVO insbesondere die **vernünf- tigen Erwartungen** der betroffenen Person zu berücksichtigen. Besonders schützens- wert sind betroffene Personen dann, wenn zwischen ihnen und dem Verantwortlichen berufliche Geheimhaltungspflichten (z.B. im Rahmen eines Patient-Arzt-Verhältnisses) bestehen.[343] Ferner ist von Bedeutung, um welche Art von personenbezogenen Daten es sich handelt, insbesondere ob besondere Kategorien personenbezogener Daten (Art. 9 DS-GVO) oder personenbezogene Daten über strafrechtliche Verurteilungen und Straftaten (Art. 10 DS-GVO) verarbeitet werden (Art. 6 Abs. 4 lit. c DS-GVO). Da- rüber hinaus muss der Verantwortliche die möglichen Folgen, welche die beabsichtig- te Weiterverarbeitung für die betroffene Person haben kann (z.B. im Falle eines Identi- tätsdiebstahls, finanziellen Verlusts, gesellschaftlicher Nachteile, Profilbildung),[344] in seine Prüfung einbeziehen (Art. 6 Abs. 4 lit. d DS-GVO). Schließlich ist zu berücksichti- gen, ob geeignete Garantien, wie beispielsweise Maßnahmen der Verschlüsselung oder der Pseudonymisierung, vorhanden sind (Art. 6 Abs. 4 lit. e DS-GVO), welche die mit der Zweckänderung verbundenen Risiken kompensieren können.

425   Dass eine Kompatibilitätsprüfung durchgeführt wurde und wie deren Ergebnis ausge- fallen ist, sollte der Verantwortliche angesichts der ihn treffenden Rechenschaftspflicht aus Art. 5 Abs. 2 DS-GVO zu Nachweiszwecken **angemessen dokumentieren**.[345]

426   Fehlt es nach der vorstehenden Prüfung an der notwendigen Kompatibilität des ur- sprünglichen und des neuen Zwecks, bleibt es dem Verantwortlichen unbenommen, einen originären, **neuen Datenverarbeitungsprozess** anzustoßen, für den die allge- meinen Rechtmäßigkeitsanforderungen aus Art. 6 Abs. 1 DS-GVO gelten.[346] Folglich

---

340 *Buchner/Petri*, in: Kühling/Buchner (Hrsg.), DS-GVO/BDSG, 2. Aufl. 2018, Art. 6 DS-GVO Rn. 187.
341 *Schulz*, in: Gola (Hrsg.), DS-GVO, 2017, Art. 6 Rn. 180 f.
342 *Heberlein*, in: Ehmann/Selmayr (Hrsg.), DS-GVO, 2017, Art. 6 Rn. 47.
343 Vgl. *Heberlein*, in: Ehmann/Selmayr (Hrsg.), DS-GVO, 2017, Art. 6 Rn. 49.
344 *Heberlein*, in: Ehmann/Selmayr (Hrsg.), DS-GVO, 2017, Art. 6 Rn. 51.
345 *Schulz*, in: Gola (Hrsg.), DS-GVO, 2017, Art. 6 Rn. 179.
346 *Buchner/Petri*, in: Kühling/Buchner (Hrsg.), DS-GVO/BDSG, 2. Aufl. 2018, Art. 6 DS-GVO Rn. 185.

muss sich der Verantwortliche gegebenenfalls erneut um die Einholung einer Einwilligung von der betroffenen Person bemühen.

Umstritten ist, ob zur Rechtfertigung einer zweckändernden Verarbeitung neben der **427** Prüfung der Zweckkompatibilität nach Maßgabe von Art. 6 Abs. 4 DS-GVO auch noch einer der **Zulässigkeitstatbestände aus Art. 6 Abs. 1 UAbs. 1 DS-GVO** vorliegen und geprüft werden muss, oder ob Art. 6 Abs. 4 DS-GVO bereits selbst als „vollwertiger" Zulässigkeitstatbestand anzusehen ist.[347] Für letzteres Verständnis spricht der klare Wortlaut von Erwägungsgrund 50 S. 2 der DS-GVO, wonach in Fällen der zweckändernden Verarbeitung „keine andere gesonderte Rechtsgrundlage" erforderlich ist als diejenige für die Erhebung der personenbezogenen Daten.[348]

2. Weiterverarbeitungen zu Archiv-, Forschungs- und statistischen Zwecken (Art. 5 Abs. 1 lit. b Hs. 2 DS-GVO)

Zweckändernde Weiterverarbeitungen sind nach Art. 5 Abs. 1 lit. b Hs. 2 DS-GVO da- **428** gegen ungeachtet der Voraussetzungen des Art. 6 Abs. 4 DS-GVO zulässig, soweit es sich bei den neuen Zwecken um im öffentlichen Interesse liegende **Archivzwecke**, wissenschaftliche oder historische **Forschungszwecke** oder **statistische Zwecke** handelt (vgl. Art. 89 Abs. 1 DS-GVO). Erwägungsgrund 156 der DS-GVO sieht jedoch vor, dass eine solche Weiterverarbeitung erst dann erfolgen darf, wenn der Verantwortliche geprüft hat, ob es nicht auch möglich ist, die (neuen) Zwecke im Wege einer Verarbeitung personenbezogener Daten durchzuführen, bei der eine Identifizierung von betroffenen Personen nicht oder nicht mehr möglich ist. Als Beispiel nennt Erwägungsgrund 156 der DS-GVO die Pseudonymisierung. Insoweit wird also klargestellt, dass auch hinsichtlich dieser Verarbeitungszwecke die Garantien und Grundsätze der DS-GVO gelten.

3. Ergänzende Vorgaben im BDSG (§§ 23 ff. BDSG)

Das BDSG enthält in Bezug auf die Zulässigkeit von Zweckänderungen **ergänzende** **429** **Vorgaben in den §§ 23 ff. BDSG**, die für Verantwortliche im Geltungsbereich des BDSG unmittelbar anzuwenden sind. Diese Vorgaben waren im Gesetzgebungsverfahren besonders umstritten,[349] zumal hier auch ein breites Meinungsspektrum zur Reichweite der einschlägigen Öffnungsklausel in Art. 6 Abs. 4 DS-GVO vertreten wird.[350]

---

347 Zum Streitstand *Buchner/Petri*, in: Kühling/Buchner (Hrsg.), DS-GVO/BDSG, 2. Aufl. 2018, Art. 6 DS-GVO Rn. 181 ff.

348 So *Kühling/Martini*, EuZW 2016, 448 (451); *Schulz*, in: Gola (Hrsg.), DS-GVO, 2017, Art. 6 Rn. 185; a.A. *Albrecht/Jotzo*, Das neue Datenschutzrecht der EU, 2016, S. 76; *Buchner/Petri*, in: Kühling/Buchner (Hrsg.), DS-GVO/BDSG, 2. Aufl. 2018, Art. 6 DS-GVO Rn. 183.

349 Vgl. *Kühling*, NJW 2017, 1985 (1988).

350 Siehe einerseits *Kühling/Martini/u.a.*, Die Datenschutz-Grundverordnung und das nationale Recht, 2016, S. 38 ff., mit der Qualifikation als Öffnungsklausel und andererseits *Buchner/Petri*, in: Kühling/Buchner (Hrsg.), DS-GVO/BDSG, 2. Aufl. 2018, Art. 6 DS-GVO Rn. 180: „keine Öffnungsklausel".

430   Das BDSG unterscheidet zwischen zweckändernden Verarbeitungen durch **öffentliche Stellen** und **nichtöffentliche Stellen**. Soweit die entsprechenden tatbestandlichen Voraussetzungen des BDSG erfüllt sind, kann die Weiterverarbeitung personenbezogener Daten durch öffentliche Stellen bzw. nichtöffentliche Stellen auf diese Vorschrift gestützt werden. Dies gilt unabhängig davon, ob die Zwecke der Weiterverarbeitung mit den Zwecken, für die die Daten ursprünglich erhoben wurden, nach Art. 6 Abs. 4 DS-GVO vereinbar sind.[351] Dies ist nur anders bei Datenverarbeitungen **zu Archiv-, Forschungs- und statistischen Zwecken**. Insoweit richten sich Zweckänderungen nach Art. 5 Abs. 1 lit. b DS-GVO, so dass die §§ 23 bis 25 BDSG keine Anwendung finden.[352] Auch im Bereich der **Videoüberwachung** findet sich eine eigene Regelung zur Zulässigkeit von zweckändernden Verarbeitungen (§ 4 Abs. 3 S. 3 BDSG).

a) Zweckändernde Verarbeitung durch öffentliche Stellen

aa) Allgemeine Vorgaben (§ 23 BDSG)

431   Für **öffentliche Stellen** führt § 23 Abs. 1 BDSG eine **Reihe von Alternativen** auf, bei denen zweckändernde Verarbeitungen erlaubt sind. Die Unionsrechtskonformität ist problematisch, da fraglich ist, ob die Voraussetzungen der Öffnungsklausel eingehalten wurden.[353] Danach ist eine Zweckänderung zulässig, wenn offensichtlich ist, dass sie im Interesse der betroffenen Person liegt und kein Grund zu der Annahme besteht, dass die betroffene Person in Kenntnis des anderen Zwecks ihre Einwilligung verweigern würde (Nr. 1). Ebenfalls möglich ist es, Angaben der betroffenen Person in Fällen zu überprüfen, in denen tatsächliche Anhaltspunkte für deren Unrichtigkeit bestehen (Nr. 2). Eine zulässige Zweckänderung stellt es auch dar, wenn erhebliche Nachteile für das Gemeinwohl abzuwehren sind oder eine Gefahr für die öffentliche Sicherheit, die Verteidigung oder die nationale Sicherheit besteht oder erhebliche Belange des Gemeinwohls oder das Steuer- und Zollaufkommen zu wahren sind (Nr. 3). Ferner kann eine Zweckänderung zur Verfolgung von Straftaten oder Ordnungswidrigkeiten in Betracht kommen (Nr. 4) oder wenn sie zur Abwehr einer schwerwiegenden Beeinträchtigung der Rechte einer anderen Person erforderlich ist (Nr. 5). Schließlich sind Zweckänderungen zulässig, wenn sie der Wahrnehmung von Aufsichts- und Kontrollbefugnissen, der Rechnungsprüfung oder der Durchführung von Organisationsuntersuchungen des Verantwortlichen dienen (Nr. 6).

bb) Besondere Anforderungen für zweckändernde Datenübermittlungen (§ 25 BDSG)

432   Für die zweckändernde Datenübermittlung durch öffentliche Stellen sieht § 25 BDSG eine **Spezialregelung** vor. In dieser wird danach differenziert, ob es sich bei dem Empfänger der Daten um eine öffentliche Stelle (dann ist § 25 Abs. 1 BDSG einschlägig) oder um eine nichtöffentliche Stelle handelt (in diesem Fall greift § 25 Abs. 2 BDSG;

---

351 BT-Drs. 18/11325, 95.
352 Vgl. BT-Drs. 18/11325, 99.
353 Vgl. dazu im Einzelnen *Herbst*, in: Kühling/Buchner (Hrsg.), DS-GVO/BDSG, 2. Aufl. 2018, § 23 BDSG Rn. 1 ff.

vgl. zu den Begriffen der öffentlichen bzw. nichtöffentlichen Stellen ausführlich → Rn. 310 ff.). Die Vorschrift schafft materiell eine nationale Rechtsgrundlage für die Übermittlung personenbezogener Daten durch öffentliche Stellen, soweit diese zu einem **anderen Zweck** als zu demjenigen, zu dem die Daten erhoben wurden, erfolgt. Dies kommt zwar in der Vorschrift selbst nur unzureichend zum Ausdruck, folgt aber aus der Überschrift des Abschnitts 1, der mit „[...] Verarbeitung zu anderen Zwecken" überschrieben ist, sowie aus der Gesetzesbegründung.[354]

Die Zulässigkeit der **Datenübermittlung an eine öffentliche Stelle** macht § 25 Abs. 1 S. 1 BDSG zunächst davon abhängig, dass sie für die Aufgabenerfüllung der übermittelnden Stelle oder aber des Dritten, an den die Daten übermittelt werden, erforderlich ist. Hinzu kommt, dass die Voraussetzungen einer zweckändernden Verarbeitung nach § 23 BDSG vorliegen müssen. Insoweit kann auf die Ausführungen dort verwiesen werden (vgl. dazu → Rn. 431). § 25 Abs. 1 S. 2 BDSG überträgt die Zweckbindung der übermittelten Daten auf deren Empfänger. Dieser darf die entsprechenden Daten grundsätzlich nur für diejenigen Zwecke verarbeiten, zu deren Erfüllung sie ihm übermittelt wurden. Nur bei Vorliegen der Voraussetzungen für eine zweckändernde Verarbeitung nach § 23 BDSG ist eine Verarbeitung durch den Empfänger auch zu anderen Zwecken zulässig (§ 25 Abs. 1 S. 3 BDSG). **433**

Für die Datenübermittlung durch Verantwortliche des öffentlichen Bereichs an **nichtöffentliche Stellen** enthält § 25 Abs. 2 S. 1 BDSG **drei Zulässigkeitstatbestände**. So ist die entsprechende Übermittlung zunächst bei Erforderlichkeit zur Aufgabenerfüllung der übermittelnden Stelle zulässig, sofern zusätzlich die Voraussetzungen erfüllt sind, die eine Zweckänderung nach § 23 BDSG (vgl. dazu die Erläuterungen zu § 23 BDSG → Rn. 431) zulassen würden (§ 25 Abs. 2 S. 1 Nr. 1 BDSG). Des Weiteren erlaubt § 25 Abs. 2 S. 1 Nr. 2 BDSG die Übermittlung, wenn der Empfänger der Daten ein berechtigtes Interesse an der Kenntnis der zu übermittelnden Daten glaubhaft darlegt und die betroffene Person kein schutzwürdiges Gegeninteresse hat. Schließlich ist die Übermittlung erlaubt, wenn sie zur Geltendmachung, Ausübung oder Verteidigung rechtlicher Ansprüche erforderlich ist (§ 25 Abs. 2 S. 1 Nr. 3 BDSG). Gemeinsame Voraussetzung aller drei Alternativen ist, dass sich der Dritte gegenüber der übermittelnden öffentlichen Stelle verpflichtet hat, die Daten nur für den Zweck zu verarbeiten, zu dessen Erfüllung sie ihm übermittelt wurden. Auch insoweit wird die Zweckbindung folglich an den Dritten „weitergereicht". Eine Verarbeitung für andere Zwecke ist nur dann zulässig, wenn die Vorgaben für eine Übermittlung nach § 25 Abs. 2 S. 1 BDSG vorliegen und zusätzlich die übermittelnde Stelle **zugestimmt** hat (§ 25 Abs. 2 S. 2 BDSG). **434**

Für **besondere Kategorien personenbezogener Daten** i.S.d. Art. 9 Abs. 1 DS-GVO ist zu beachten, dass ihre Übermittlung nur dann zulässig ist, wenn die Voraussetzungen von § 25 Abs. 1 oder 2 BDSG sowie ein Ausnahmetatbestand nach Art. 9 Abs. 2 DS-GVO oder nach § 22 BDSG vorliegt. Dies ist nur anders bei Datenverarbeitungen zu Archiv-, Forschungs- und statistischen Zwecken. Insoweit richten sich Zweckänderun- **435**

---

354 BT-Drs. 18/11325, S. 96.

gen nach Art. 5 Abs. 1 lit. b DS-GVO, so dass die §§ 23 bis 25 BDSG keine Anwendung finden.[355]

b) Zweckändernde Verarbeitung durch nichtöffentliche Stellen (§ 24 BDSG)

436   Ist Verantwortlicher eine **nichtöffentliche Stelle**, sind zweckändernde Verarbeitungen nach § 24 BDSG **zulässig**, wenn sie zur Abwehr von Gefahren für die staatliche oder öffentliche Sicherheit oder zur Verfolgung von Straftaten (§ 24 Nr. 1 BDSG) oder zur Geltendmachung, Ausübung oder Verteidigung zivilrechtlicher Ansprüche erforderlich sind (§ 24 Nr. 2 BDSG). In beiden Fällen dürfen die Interessen der betroffenen Person an dem Ausschluss der zweckändernden Verarbeitung nicht überwiegen.

437   Sind Gegenstand der zweckändernden Verarbeitung besondere **Kategorien personenbezogener Daten** (Art. 9 Abs. 1 DS-GVO), so sind Zweckänderungen durch öffentliche und nichtöffentliche Stellen nur zulässig, wenn einer der jeweils für sie geltenden Tatbestände des § 23 Abs. 1 (für öffentliche Stellen) bzw. § 24 Abs. 1 BDSG (für nichtöffentliche Stellen) erfüllt ist und zusätzlich ein Ausnahmetatbestand nach Art. 9 Abs. 2 DS-GVO oder nach § 22 BDSG einschlägig ist.

438   ■ **Lösung zu Fallbeispiel 7 – Verwertungsgesellschaft – Zulässigkeitstatbestände (I) (Rn. 357)**

   A. Anwendbarkeit DS-GVO: personenbezogene Daten (Art. 4 Nr. 1 DS-GVO)
   ⇒ P: Personenbezug → juristische Personen nicht erfasst
   ⇒ Welche Personen werden von den Datensätzen erfasst?
   I. Privatpersonen → unzweifelhaft personenbezogene Daten
   II. Daten, die sich auf juristische Personen beziehen
       ⇒ Radiosender (GmbH) → keine personenbezogenen Daten
          ABER: Anders, wenn es sich um solche auf die juristische Person bezogenen Daten handelt, die wiederum in dem Unternehmen tätige natürliche Personen betreffen, z.B. Unternehmensangaben über Gehälter → hier nicht der Fall
   III. Daten beziehen sich auf Unternehmen und zugleich automatisch auf dahinterstehende natürliche Person(en)
       ⇒ Informatorischer Durchgriff auf natürliche Personen, z.B. Einzelkaufmann
       ⇒ Arg.: Firma nur ein anderer Name der Person
       ⇒ Hier: könnte auf Vielzahl der Lizenzerwerber zutreffen
       ⇒ Gaststättenbetreiber
       ⇒ Kreis nicht zu weit ziehen (Bsp.: Daten einer Kapitalgesellschaft nicht zugleich deshalb personenbezogene Daten des Gesellschafters, weil es sich um eine Einmann-GmbH handelt)
   → Zwischenergebnis: Anwendungsbereich (teilweise) eröffnet
   B. Zulässigkeit der Datenverarbeitung
       ⇒ Übersendung der Daten als Verarbeitung i.S.d. Offenlegung gemäß Art. 4 Nr. 2 DS-GVO
   I. Art. 6 Abs. 1 Uabs. 1 lit. b DS-GVO
       ⇒ Erforderlichkeit für Erfüllung eines Vertrags, dessen Vertragspartei die betroffene Person ist, oder zur Durchführung vorvertraglicher Maßnahmen, die auf Anfrage der betroffenen Person erfolgt, wohl (+)

---

355 Vgl. BT-Drs. 18/11325, 99.

II. Art. 6 Abs. 1 UAbs. 1 lit. f DS-GVO
⇒ Interessen eines Dritten (des V)? (+) Daten zur Durchführung der geschäftlichen Tätigkeit des V zwingend erforderlich
⇒ Interessenabwägung → kein Überwiegen der Interessen der betroffenen Personen
→ Datenweitergabe ist zulässig

III. Verarbeitung besonderer Kategorien personenbezogener Daten (Art. 9 DS-GVO)

1. Grundsätzliches Verarbeitungsverbot (Art. 9 Abs. 1 DS-GVO)

Menschen sind immer wieder wegen bestimmter Eigenschaften, Merkmale und Anschauungen diskriminiert und verfolgt worden. Der Verordnungsgeber normiert daher in Art. 9 DS-GVO **strenge Voraussetzungen** für die Verarbeitung besonderer Kategorien personenbezogenen Daten. Zuweilen werden diese auch als *„sensitive Daten"* oder *„sensible Daten"* bezeichnet.   **439**

Die Verarbeitung besonderer Kategorien personenbezogener Daten ist nach Abs. 1 der Vorschrift grundsätzlich **untersagt.** Sie ist nur zulässig, wenn die Voraussetzungen des Abs. 2 oder Abs. 3 der Vorschrift erfüllt sind. Als besonders schützenswert hat der Verordnungsgeber die folgenden besonderen Kategorien personenbezogener Daten identifiziert (vgl. die Erläuterungen zu den einzelnen Datenkategorien oben → Rn. 272 ff.):   **440**

- Daten, aus denen die rassische und ethnische Herkunft, politische Meinungen, religiöse oder weltanschauliche Überzeugungen oder die Gewerkschaftszugehörigkeit hervorgehen,
- Genetische Daten (Art. 4 Nr. 13 DS-GVO),
- Biometrische Daten (Art. 4 Nr. 14 DS-GVO) zur eindeutigen Identifizierung einer natürlichen Person,
- Gesundheitsdaten (Art. 4 Nr. 15), und
- Daten zum Sexualleben oder der sexuellen Orientierung einer natürlichen Person.

Dieser risikobasierte Ansatz erfolgt vor dem Hintergrund, dass mit der Verarbeitung besonderer Kategorien personenbezogener Daten **erhebliche Risiken** für die Grundrechte und Grundfreiheiten verbunden sein können.[356] Auf der Ebene des Primärrechts folgt die besondere Schutzbedürftigkeit der vorstehenden Datenkategorien zudem aus einer Vielzahl von **Grundfreiheiten und Grundrechten** der GrCh, wie z.B. aus Art. 1 (Würde des Menschen), Art. 7 (Privat- und Familienleben), Art. 8 (Schutz personenbezogener Daten), Art. 10 (Gedanken-, Gewissens- und Religionsfreiheit), Art. 11 (Freiheit der Meinungsäußerung), Art. 12 (Versammlungs- und Vereinigungsfreiheit), Art. 21 (Nichtdiskriminierung), Art. 22 (Vielfalt der Kulturen, Religionen und Sprachen) oder Art. 28 (Recht auf Kollektivverhandlungen und Kollektivmaßnahmen).[357] Diese   **441**

---

356 Siehe Erwägungsgrund 51 der DS-GVO.
357 *Frenzel*, in: Paal/Pauly (Hrsg.), DS-GVO, 2017, Art. 9 Rn. 1.

erhöhen die Bedeutung der entsprechenden sekundärrechtlichen (Datenschutz-)Vorgaben weiter.[358]

442   Der Ansatz, bestimmten Arten von Daten ein erhöhtes Gefährdungsrisiko zuzuschreiben und ihre Verwendung zu unterbinden, ist dem Datenschutzrecht eigentlich fremd. Denn im Datenschutzrecht wird traditionellerweise mehr auf den **Verwendungszusammenhang** der Verarbeitung personenbezogener Daten abgestellt. Vermeintlich harmlose Daten können sich nämlich in einem bestimmten Kontext als äußerst sensibel erweisen, etwa wenn Name und Adresse sich als Daten eines Patienten erweisen, der in einer psychopathologischen Abteilung untergebracht ist oder in einer Drogenberatungsstelle vorspricht. Umgekehrt variiert das Gefährdungsrisiko vermeintlich höchst sensibler Daten, wie z.B. genetischer Daten, je nachdem, ob sie Teil des Datenbestands eines Krankenhauses oder eines Versicherers sind.[359]

443   Art. 9 Abs. 1 DS-GVO macht als Zeichen seines risikobasierten Ansatzes von der Notwendigkeit der Berücksichtigung der Kontextualität personenbezogener Daten eine **Ausnahme**, indem er jegliche Verarbeitung besonderer Kategorien personenbezogener Daten verbietet. Eine **Berücksichtigung** des Verwendungszusammenhangs (im weitesten Sinne) erfolgt lediglich auf der Ebene der (eng umrissenen) **Ausnahmetatbestände des Art. 9 Abs. 2 DS-GVO.**

2.   Einzelne Zulässigkeitstatbestände (Art. 9 Abs. 2 DS-GVO)

444   Der Verordnungsgeber formuliert in Art. 9 Abs. 2 DS-GVO einen **abschließenden Katalog von Tatbeständen**, nach dem die Verarbeitung besonderer Kategorien personenbezogener Daten entgegen dem grundsätzlichen Verbot der Verarbeitung besonderer Kategorien personenbezogener Daten aus Art. 9 Abs. 1 DS-GVO zulässig sein kann (Regel-Ausnahme-Verhältnis).[360] Dabei sind die Voraussetzungen für eine rechtmäßige Datenverarbeitung gegenüber den in Art. 6 Abs. 1 UAbs. 1 DS-GVO aufgeführten allgemeinen Zulässigkeitstatbeständen deutlich erhöht.[361] Zudem sind sie im Verhältnis zu diesen als leges speciales anzusehen.[362]

a)   Einwilligung (Art. 9 Abs. 2 lit. a DS-GVO)

445   Die Verarbeitung besonderer Kategorien personenbezogener Daten ist zunächst zulässig, wenn eine Einwilligung der betroffenen Person vorliegt (Art. 9 Abs. 2 lit. a DS-GVO). Damit die Einwilligung wirksam und die Datenverarbeitung folglich gerechtfertigt ist, muss die betroffene Person vor Erteilung der Einwilligung ausreichend darüber **informiert** worden sein, welche Daten zu welchen Zwecken verarbeitet werden. Die betroffene Person muss ihre Einwilligung sodann **ausdrücklich** erklären. Schlüssiges

---

358 Vgl. insoweit auch Erwägungsgrund 51 der DS-GVO.
359 *Frenzel*, in: Paal/Pauly (Hrsg.), DS-GVO, 2017, Art. 9 Rn. 6.
360 *Schiff*, in: Ehmann/Selmayr (Hrsg.), DS-GVO, 2017, Art. 9 Rn.27.
361 *Weichert*, in: Kühling/Buchner (Hrsg.), DS-GVO/BDSG, 2. Aufl. 2018, Art. 9 DS-GVO Rn. 4.
362 *Schulz*, in: Gola (Hrsg.), DS-GVO, 2017, Art. 9 Rn. 1.

Handeln ist dabei nicht ausreichend.[363] Inhaltlich muss sich die Einwilligung explizit auf die Verarbeitung besonderer Kategorien personenbezogener Daten beziehen. Insoweit gilt ein erhöhtes Maß an Bestimmtheit und Präzision.[364] Im Übrigen gelten die **allgemeinen Anforderungen** an wirksame Einwilligungserklärungen (vgl. dazu unten → Rn. 499 ff.). Zu beachten ist, dass die Einholung einer Einwilligung durch staatliche Stellen grundsätzlich problematisch ist, da eine wirksame Einwilligung eine gewisse Gleichordnung der Beteiligten voraussetzt.[365]

Ausweislich der Regelung können das Unionsrecht oder das Recht der Mitgliedstaaten   **446**
das Verbot nach Art. 9 Abs. 1 DS-GVO **„einwilligungsfest"** machen, d.h. Konstellationen vorsehen, in denen eine Einwilligung ausscheidet.

b) Arbeitsrecht, Recht der sozialen Sicherheit und Sozialschutz (Art. 9 Abs. 2 lit. b DS-GVO)

Zulässig ist eine Verarbeitung besonderer Kategorien personenbezogenen Daten wei-   **447**
ter, wenn sie zur Wahrnehmung von Arbeits- und sozialrechtlichen Rechten und Pflichten des Verantwortlichen oder der betroffenen Person erforderlich ist (Art. 9 Abs. 2 lit. b DS-GVO). Diese Alternative betrifft u.a. die Verarbeitung besonderer Kategorien personenbezogener Daten im Rahmen von **Beschäftigungsverhältnissen**. Hintergrund ist, dass bei diesen Dauerschuldverhältnissen der Arbeitgeber in einer Vielzahl von Fällen auf die in Art. 9 Abs. 1 DS-GVO genannten besonderen Kategorien personenbezogener Daten angewiesen ist. Als Beispiele lassen sich hier Gesundheitsdaten wie etwa Krankheitstage, Kuraufenthalte, Daten über die Gewerkschaftszugehörigkeit (relevant für die Eingruppierung), oder etwa biometrische Daten (z.B. zur Sicherung des Betriebsgeländes durch biometrische Einrichtungen), Angaben zur sexuellen Orientierung (Personenstand, Kenntnis notwendig z.B. für die Bezahlung von Witwen- oder Witwerrente) nennen.

Erfasst von der Vorschrift sind des Weiteren Datenverarbeitungen, die im Zusammen-   **448**
hang mit der Erbringung von **Sozialleistungen** stehen. Entsprechende Zulässigkeitstatbestände finden sich in Deutschland insbesondere in den Sozialgesetzbüchern (SGB).

Von Bedeutung ist, dass die Vorschrift selbst **keinen eigenständigen Zulässigkeitstat-**   **449**
bestand für eine Datenverarbeitung darstellt. Erforderlich ist vielmehr, dass für die betreffende Verarbeitung personenbezogener Daten eine entsprechende unionsrechtliche oder mitgliedstaatliche Rechtsgrundlage (in Betracht kommen Gesetze, Verordnungen, Tarifverträge, Betriebsvereinbarungen) existiert, die den Vorgaben von Art. 9 Abs. 2 lit. b DS-GVO entspricht und auf die sich der Verantwortliche stützen kann. Danach muss eine solche Rechtsgrundlage insbesondere geeignete Garantien für die Grundrechte und Interessen der betroffenen Person vorsehen (z.B. Verschlüsselung oder Pseudonymisierung).

---

363 Vgl. *Schiff*, in: Ehmann/Selmayr (Hrsg.), DS-GVO, 2017, Art. 9 Rn. 28; *Weichert*, in: Kühling/ Buchner (Hrsg.), DS-GVO/BDSG, 2. Aufl. 2018, Art. 9 DS-GVO Rn. 47.
364 *Weichert*, in: Kühling/Buchner (Hrsg.), DS-GVO/BDSG, 2. Aufl. 2018, Art. 9 DS-GVO Rn. 47.
365 *Frenzel*, in: Paal/Pauly (Hrsg.), DS-GVO, 2017, Art. 9 Rn. 24.

450   § 22 Abs. 1 Nr. 1 lit. a BDSG normiert eine entsprechende Rechtsgrundlage. Danach dürfen besondere Kategorien personenbezogener Daten sowohl durch öffentliche als auch durch nichtöffentliche Stellen verarbeitet werden, wenn dies erforderlich ist, um die aus dem Recht der sozialen Sicherheit des Sozialschutzes erwachsenden Rechte auszuüben und den diesbezüglichen Pflichten nachzukommen. Für Beschäftigungsverhältnisse sieht § 26 Abs. 3 und 4 BDSG Rechtsgrundlagen für die Verarbeitung besonderer Kategorien personenbezogener Daten vor (dazu näher → Rn. 800 ff.). Soweit diese Vorgaben reichen, sind sie vom Verantwortlichen als Rechtsgrundlage für Verarbeitungen zu den in Art. 9 Abs. 2 lit. b DS-GVO aufgeführten Zwecken heranzuziehen.

c) Schutz lebenswichtiger Interessen (Art. 9 Abs. 2 lit. c DS-GVO)

451   Auch der Schutz lebenswichtiger Interessen kann eine Verarbeitung besonderer Kategorien personenbezogener Daten rechtfertigen (Art. 9 Abs. 2 lit. c DS-GVO). Insoweit ist eine entsprechende Datenverarbeitung zulässig, wenn die Verarbeitung zum Schutz lebenswichtiger Interessen der **betroffenen Person** oder einer **anderen natürlichen Person** erforderlich ist. Die Voraussetzungen der Vorschrift sind regelmäßig dann erfüllt, wenn es um die Abwehr von Gefahren für Leib und Leben geht.[366] Nicht erforderlich ist, dass bereits ein konkret lebensgefährlicher Zustand besteht.[367] Die Ausnahme gilt nur, wenn die betroffene Person aus körperlichen (auch psychischen) oder rechtlichen Gründen **außerstande ist, ihre Einwilligung zu erteilen**. Das ist z.B. der Fall, wenn die betroffene Person bewusstlos ist oder nicht oder nicht rechtzeitig erreicht werden kann.[368]

d) Stiftungen, Vereinigungen, sonstige Organisationen (Art. 9 Abs. 2 lit. d DS-GVO)

452   Die Verarbeitung besonderer Kategorien personenbezogener Daten ist ferner zulässig, wenn sie durch eine politisch, weltanschaulich, religiös oder gewerkschaftlich ausgerichtete Stiftung, Vereinigung oder sonstige **Organisationen ohne Gewinnerzielungsabsicht** (sog. Tendenzbetriebe) im Rahmen ihrer rechtmäßigen Tätigkeiten erfolgt (Art. 9 Abs. 2 lit. d DS-GVO). Voraussetzung ist weiter, dass sich die Verarbeitung ausschließlich auf die **Mitglieder oder ehemaligen Mitglieder** des Verantwortlichen oder auf Personen bezieht, die im Zusammenhang mit deren Tätigkeitszweck regelmäßige Kontakte mit ihm unterhalten (z.B. regelmäßige Spender oder Veranstaltungsteilnehmer). Hintergrund der Privilegierung ist, dass sich die genannten Stiftungen oder Vereinigungen regelmäßig für die Ausübung der Grundfreiheiten einsetzen.[369]

453   Die Vorschrift erfasst grundsätzlich nur die **interne Datenverarbeitung**, nicht die Weitergabe der personenbezogenen Daten.[370] Sollen die Daten der betroffenen Personen

---

366 *Weichert*, in: Kühling/Buchner (Hrsg.), DS-GVO/BDSG, 2. Aufl. 2018, Art. 9 DS-GVO Rn. 63.
367 Vgl. *Weichert*, in: Kühling/Buchner (Hrsg.), DS-GVO/BDSG, 2. Aufl. 2018, Art. 9 DS-GVO Rn. 63.
368 *Weichert*, in: Kühling/Buchner (Hrsg.), DS-GVO/BDSG, 2. Aufl. 2018, Art. 9 DS-GVO Rn. 65.
369 Vgl. Erwägungsgrund 51 der DS-GVO.
370 *Schulz*, in: Gola (Hrsg.), DS-GVO, 2017, Art. 9 Rn. 22.

nach außen offen gelegt werden, so ist zwingend eine Einwilligung der jeweiligen Person einzuholen. Die Qualifikation als Organisation im Sinne der Vorschrift bedeutet freilich keinen Freibrief für die Verarbeitung besonderer Kategorien personenbezogener Daten. Die betreffende Datenverarbeitung muss vielmehr einen unmittelbaren Bezug zur Tätigkeit des Verantwortlichen haben. So darf eine gewerkschaftlich ausgerichtete Vereinigung beispielsweise nicht ohne Weiteres biometrische oder genetische Daten ihrer Mitglieder verarbeiten.[371]

Schließlich muss die Verarbeitung auf der Grundlage **geeigneter Garantien** erfolgen.   **454** Dies ist beispielsweise der Fall, wenn der Verantwortliche Maßnahmen der Pseudonymisierung oder der Verschlüsselung einsetzt.

e) Offensichtlich öffentlich gemachte Daten (Art. 9 Abs. 2 lit. e DS-GVO)

Hat die betroffene Person ihre Daten – beispielsweise über eine allgemein zugängliche   **455** Webseite – einem unbestimmten Personenkreis zugänglich gemacht, bedarf sie des besonderen Schutzes aus Art. 9 Abs. 1 DS-GVO nicht mehr.[372] Daher sieht Art. 9 Abs. 2 lit. e DS-GVO vor, dass die Verarbeitung besonderer Kategorien personenbezogener Daten zulässig ist, wenn die betroffene Person die Daten **offensichtlich öffentlich** gemacht hat. Dies ist nur dann der Fall, wenn die Veröffentlichung der betroffenen Person auch **zugerechnet** werden kann. Bei Pressemitteilungen beispielsweise kann dies der Fall sein, wenn die Mitteilung erkennbar von der betroffenen Person initiiert wurde. Äußerungen vor einer nur teilweisen Öffentlichkeit (z.B. bei Versammlungen) fallen jedoch grundsätzlich nicht hierunter.[373]

f) Verfolgung rechtlicher Ansprüche (Art. 9 Abs. 2 lit. f DS-GVO)

Die Verarbeitung besonderer Kategorien personenbezogener Daten ist auch dann zu-   **456** lässig, wenn sie für die Geltendmachung, Ausübung oder Verteidigung von Rechtsansprüchen oder Handlungen der Gerichte im Rahmen ihrer justiziellen Tätigkeit erforderlich ist (Art. 9 Abs. 2 lit. f DS-GVO), d.h. sie im weitesten Sinne der **Verfolgung rechtlicher Ansprüche** dient. Die Regelung verfolgt den Zweck, die Funktionsfähigkeit der Justiz und den Justizgewährungsanspruch sicherzustellen.[374]

Von der Ausnahme umfasst sind sowohl die **außergerichtlich** als auch die im Rahmen   **457** eines **Gerichts- oder Verwaltungsverfahrens** erfolgende Datenverarbeitung.[375] Geht es in einem Zivilrechtsstreit beispielsweise um die Frage, inwieweit einem Arzt ein Entgeltanspruch zusteht, dürfen zum Nachweis von Behandlungsfehlern Gesundheitsdaten in den Prozess eingebracht werden.[376]

---

371 *Frenzel*, in: Paal/Pauly (Hrsg.), DS-GVO, 2017, Art. 9 Rn. 34.
372 *Schulz*, in: Gola (Hrsg.), DS-GVO, 2017, Art. 9 Rn. 23.
373 *Frenzel*, in: Paal/Pauly (Hrsg.), DS-GVO, 2017, Art. 9 Rn. 36; *Weichert*, in: Kühling/Buchner (Hrsg.), DS-GVO/BDSG, 2. Aufl. 2018, Art. 9 DS-GVO Rn. 82.
374 *Frenzel*, in: Paal/Pauly (Hrsg.), DS-GVO, 2017, Art. 9 Rn. 37.
375 Vgl. Erwägungsgrund 52 S. 2 der DS-GVO.
376 *Weichert*, in: Kühling/Buchner (Hrsg.), DS-GVO/BDSG, 2. Aufl. 2018, Art. 9 DS-GVO Rn. 86.

g) Erhebliches öffentliches Interesse (Art. 9 Abs. 2 lit. g DS-GVO)

458   Auch aus Gründen eines erheblichen **öffentlichen Interesses** kann die Verarbeitung besonderer Kategorien personenbezogener Daten zulässig sein (Art. 9 Abs. 2 lit. g DS-GVO). Unter das öffentliche Interesse fällt grundsätzlich das Interesse der gesamten Bevölkerung oder eines Großteils hiervon, das der Gemeinschaft dient.[377] Dass das Interesse **erheblich** sein muss, bedeutet, dass es besonders qualifiziert sein muss.[378]

459   Art. 9 Abs. 2 lit. g DS-GVO stellt, wie schon Art. 9 Abs. 2 lit. b DS-GVO, keinen datenschutzrechtlichen Zulässigkeitstatbestand dar. Damit ein Verantwortlicher sich für eine Datenverarbeitung auf die in der Vorschrift genannten Zwecke berufen kann, muss er sich auf eine unionsrechtliche oder mitgliedstaatliche **Rechtsgrundlage** stützen können. Diese Rechtsgrundlage muss in einem angemessenen Verhältnis zum verfolgten Zweck stehen, den Wesensgehalt des Rechts auf Datenschutz wahren und angemessene und spezifische Maßnahmen zur Wahrung der Grundrechte und Interessen der betroffenen Person vorsehen. Die Verhältnismäßigkeit der jeweiligen Rechtsgrundlage ist damit jeweils inzident am Maßstab der DS-GVO zu überprüfen.[379]

460   Der **deutsche Gesetzgeber** hat in § 22 Abs. 1 Nr. 2 lit. a bis d BDSG entsprechende Rechtsgrundlagen geschaffen. Danach ist die Verarbeitung besonderer Kategorien personenbezogener Daten durch öffentliche Stellen zulässig, wenn diese aus Gründen eines erheblichen öffentlichen Interesses zwingend erforderlich ist (§ 22 Abs. 1 Nr. 2 lit. a BDSG), zur Abwehr einer erheblichen Gefahr für die öffentliche Sicherheit erforderlich ist (§ 22 Abs. 1 Nr. 2 lit. b BDSG), zur Abwehr erheblicher Nachteile Teile für das Gemeinwohl oder zur Wahrung erheblicher Belange des Gemeinwohls zwingend erforderlich ist (§ 22 Abs. 1 Nr. 2 lit. c BDSG), oder aus zwingenden Gründen der Verteidigung oder der Erfüllung über- oder zwischenstaatlicher Verpflichtungen einer öffentlichen Stelle des Bundes auf dem Gebiet der Krisenbewältigung oder Konfliktverhinderung oder für humanitäre Maßnahmen erforderlich ist (§ 22 Abs. 1 Nr. 2 lit. d BDSG). Voraussetzung aller vier Alternativen ist, dass die Interessen des Verantwortlichen an der Datenverarbeitung die Interessen der betroffenen Person überwiegen. Auch die Regelung des § 37 Abs. 2 BDSG (automatisierte Entscheidungen im Einzelfall) basiert auf Art. 9 Abs. 2 lit. g DS-GVO. Soweit die vorstehenden Vorgaben reichen, sind sie vom Verantwortlichen als Rechtsgrundlage für Verarbeitungen zu den in Art. 9 Abs. 2 lit. f DS-GVO aufgeführten Zwecken heranzuziehen.

h) Versorgung im Gesundheitsbereich (Art. 9 Abs. 2 lit. h DS-GVO)

461   Geht es um **Maßnahmen der individuellen Gesundheit**, etwa im Zusammenhang mit medizinischen Datenverarbeitungen oder im Bereich der Verwaltung der gesundheitlichen Versorgung, ist Art. 9 Abs. 2 lit. h DS-GVO einschlägig. Danach ist die Verarbeitung besonderer Kategorien personenbezogener Daten zulässig, wenn die Verarbeitung für Zwecke der Gesundheitsvorsorge oder der Arbeitsmedizin, für die Beurteilung

---

377   Vgl. *Schiff*, in: Ehmann/Selmayr (Hrsg.), DS-GVO, 2017, Art. 9 Rn. 45.
378   *Weichert*, in: Kühling/Buchner (Hrsg.), DS-GVO/BDSG, 2. Aufl. 2018, Art. 9 DS-GVO Rn. 91.
379   *Frenzel*, in: Paal/Pauly (Hrsg.), DS-GVO, 2017, Art. 9 Rn. 38.

der Arbeitsfähigkeit des Beschäftigten, für die medizinische Diagnostik, die Versorgung oder Behandlungen im Gesundheits- oder Sozialbereich oder für die Verwaltung von Systemen und Diensten im Gesundheits- und Sozialbereich erforderlich ist. Damit betrifft die Vorschrift insbesondere Verarbeitungen im Bereich der Behandlung von Patienten in der jeweiligen Einrichtung (z.B. Arztpraxis), die damit verbundene Abrechnung von Gesundheitsleistungen sowie die Verwaltung der Systeme und Dienste im Rahmen der gesetzlichen Krankenversicherung.

Voraussetzung für die Anwendbarkeit von Art. 9 Abs. 2 lit. h DS-GVO ist, dass die Verarbeitung auf der Grundlage einer unionsrechtlichen oder mitgliedsstaatlichen **Rechtsgrundlage** oder aufgrund eines **Vertrags** mit einem Angehörigen eines Gesundheitsberufs vorgenommen wird. Daraus folgt, dass die Vorschrift als solche keine Rechtsgrundlage für die Rechtfertigung einer Datenverarbeitung darstellt.   **462**

Voraussetzung ist weiter, dass die Daten von **Fachpersonal** oder unter dessen Verantwortung oder von anderen Personen verarbeitet werden, die dem **Berufsgeheimnis** oder einer gesetzlichen Geheimhaltungspflicht unterliegen (Art. 9 Abs. 3 DS-GVO). Damit beschränkt sich die Befugnis zur Datenverarbeitung auf die in § 203 Abs. 1 Nr. 1 StGB genannten Personen sowie „Hilfspersonal" mit entsprechenden Schweigepflichten wie etwa Krankengymnasten oder Optiker. Die auf Art. 9 Abs. 2 lit. h DS-GVO bezogene Regelung des Art. 9 Abs. 3 DS-GVO ist nach erster Lektüre so zu verstehen, dass er die Verarbeitung besonderer Daten zu Zwecken des Art. 9 Abs. 2 lit. h DS-GVO nur insoweit zulässt, als der Verarbeiter ein Berufsgeheimnisträger ist. Damit wäre die Ausgestaltungsbefugnis ratione personae allerdings erheblich eingeschränkt und auf entsprechendes Fachpersonal beschränkt. Daher wird Art. 9 Abs. 3 DS-GVO zum Teil so verstanden, dass er eine zusätzliche Möglichkeit einräumen möchte, eine Verarbeitungsbefugnis für Berufsgeheimnisträger zu schaffen.[380]   **463**

Das BDSG enthält in § 22 Abs. 1 Nr. 1 lit. b BDSG eine entsprechende Rechtsgrundlage, die im Wesentlichen den Wortlaut von Art. 9 Abs. 2 lit. h und Abs. 3 DS-GVO wiedergibt. Soweit diese Vorgaben reichen, sind sie vom Verantwortlichen als Rechtsgrundlage für Verarbeitungen zu den in Art. 9 Abs. 2 lit. h DS-GVO aufgeführten Zwecken heranzuziehen.   **464**

i) Öffentliche Gesundheitsinteressen (Art. 9 Abs. 2 lit. i DS-GVO)

Besondere Kategorien personenbezogener Daten dürfen auch dann verarbeitet werden, wenn dies aus Gründen des **öffentlichen Interesses** im Bereich der **öffentlichen Gesundheit**, wie dem Schutz vor schwerwiegenden grenzüberschreitenden Gesundheitsgefahren oder zur Gewährleistung hoher Qualitäts- und Sicherheitsstandards bei der Gesundheitsversorgung und bei Arzneimitteln und Medizinprodukten, erforderlich ist (Art. 9 Abs. 2 lit. i DS-GVO). Unter der öffentlichen Gesundheit sind alle Elemente im Zusammenhang mit der Gesundheit zu verstehen. Hierunter fallen der Gesund-   **465**

---

380 So *Weichert*, in: Kühling/Buchner (Hrsg.), DS-GVO/BDSG, 2. Aufl. 2018, Art. 9 DS-GVO Rn. 138, mit beachtlichen Argumenten auch gegen *Kühling/Martini/u.a.*, Die Datenschutz-Grundverordnung und das nationale Recht, 2016, S. 51.

heitszustand einschließlich Morbidität und Behinderung, die sich auf diesen Gesundheitszustand auswirkenden Determinanten, der Bedarf an Gesundheitsversorgung, der Gesundheitsversorgung zugewiesene Mittel, die Bereitstellung von Gesundheitsversorgungsleistungen, der allgemeine Zugang zu diesen Leistungen und die entsprechenden Ausgaben und die Finanzierung sowie die Ursachen der Mortalität.[381]

466   Auch hier muss die konkrete Datenverarbeitung auf eine unionsrechtliche oder mitgliedstaatliche **Rechtsgrundlage** gestützt werden können, die angemessene und spezifische Maßnahmen zur Wahrung der Rechte und Freiheiten der betroffenen Person, insbesondere des Berufsgeheimnisses, vorsehen muss.

467   Eine entsprechende Rechtsgrundlage wurde in Deutschland mit § 22 Abs. 1 Nr. 1 lit. c BDSG geschaffen. Diese gibt im Wesentlichen den Wortlaut von Art. 9 Abs. 2 lit. i DS-GVO wieder. Soweit diese Vorgaben reichen, sind sie vom Verantwortlichen als Rechtsgrundlage für Verarbeitungen zu den in Art. 9 Abs. 2 lit. i DS-GVO aufgeführten Zwecken heranzuziehen.

j)   Archivarische, wissenschaftliche und statistische Zwecke (Art. 9 Abs. 2 lit. j DS-GVO)

468   Schließlich enthält Art. 9 Abs. 2 lit. j DS-GVO eine **Privilegierung** für die Verarbeitung besonderer Kategorien personenbezogener Daten, soweit diese für im öffentlichen Interesse liegende Archivzwecke, für wissenschaftliche oder historische Forschungszwecke oder für statistische Zwecke erforderlich ist.[382] Werden Daten für diese Zwecke verarbeitet, kann unter Umständen der Löschanspruch der betroffenen Person ausgeschlossen sein (Art. 17 Abs. 3 lit. d DS-GVO).

469   Die eigentliche gesetzliche Grundlage für eine Verarbeitung nach Art. 9 Abs. 2 lit. j DS-GVO ist auch hier eine unionsrechtliche oder mitgliedstaatliche **Rechtsgrundlage**. Diese muss in einem angemessenen Verhältnis zu dem verfolgten Zweck stehen, den Wesensgehalt des Rechts auf Datenschutz wahren und angemessene und spezifische Maßnahmen zur Wahrung der Grundrechte und Interessen der betroffenen Person vorsehen. Erwägungsgrund 156 der DS-GVO sieht insoweit vor, dass durch **technische und organisatorische Maßnahmen** sichergestellt werden muss, dass insbesondere der Grundsatz der Datenminimierung (Art. 5 Abs. 1 lit. c DS-GVO) gewährleistet wird. Hier gilt es zu beachten, dass die Anforderungen an die technischen und organisatorischen Maßnahmen speziell bei den hier in Rede stehenden besonderen Kategorien personenbezogener Daten ungleich höher sind als im Falle „einfacher" personenbezogener Daten.[383]

470   Mit § 27 BDSG besteht eine entsprechende Rechtsgrundlage für Datenverarbeitungen zu wissenschaftlichen oder historischen Forschungszwecken und zu statistischen Zwecken. Der Gesetzgeber hat ferner in § 28 BDSG eine solche für die Datenverarbeitung

---

381 Vgl. Erwägungsgrund 54 der DS-GVO.
382 Vgl. in Bezug auf Verarbeitungen zur wissenschaftlichen Forschung auch Erwägungsgründe 53 und 159 der DS-GVO.
383 *Frenzel*, in: Paal/Pauly (Hrsg.), DS-GVO, 2017, Art. 9 Rn. 46.

zu im öffentlichen Interesse liegenden Archivzwecken geschaffen (vgl. dazu näher → Rn. 830 f.). Soweit diese Vorgaben reichen, sind sie von Verantwortlichen als Rechtsgrundlage für Verarbeitungen zu den in Art. 9 Abs. 2 lit. j DS-GVO aufgeführten Zwecken heranzuziehen.

3. Weitere Schutzregelungen und spezifische Pflichten

In der DS-GVO finden sich an verschiedenen Stellen **weitere Regelungen** zum Schutz besonderer Kategorien personenbezogener Daten.[384] So ist im Rahmen der Prüfung der Zulässigkeit einer zweckändernden Verarbeitung nach Art. 6 Abs. 4 lit. c DS-GVO zu berücksichtigen, ob es sich bei den verarbeiteten Daten um besondere Kategorien personenbezogener Daten handelt (vgl. dazu näher → Rn. 424). Automatisierte Entscheidungen im Einzelfall i.S.v. Art. 22 DS-GVO dürfen nach dessen Abs. 4 grundsätzlich nicht auf Basis besonderer Kategorien personenbezogener Daten getroffen werden (dazu → Rn. 485). Erhöhte Anforderungen gelten auch bei der Durchführung von Datenschutz-Folgenabschätzungen nach Art. 35 Abs. 3 lit. b DS-GVO und für die Bestellung eines Datenschutzbeauftragten (Art. 37 Abs. 1 lit. c DS-GVO; vgl. dazu näher → Rn. 740). **471**

IV. Verarbeitung von personenbezogenen Daten über strafrechtliche Verurteilungen und Straftaten (Art. 10 DS-GVO)

Ein besonderer Schutz wird Daten über strafrechtliche Verurteilungen und Straftaten zu Teil. Hintergrund hierfür ist, dass strafrechtliche Verfahren und Verurteilungen für Beschuldigte bzw. Angeklagte **gravierende Maßnahmen** darstellen, die in besonderer Weise geeignet sind, die betroffene Person langfristig zu stigmatisieren.[385] Um diesem besonderen Schutzbedürfnis Rechnung zu tragen, sieht Art. 10 DS-GVO vor, dass die Verarbeitung personenbezogener Daten über strafrechtliche Verurteilungen und Straftaten oder damit zusammenhängende Sicherungsmaßregeln auf der Grundlage von Art. 6 Abs. 1 DS-GVO nur unter **behördlicher Aufsicht** vorgenommen werden darf oder wenn dies aufgrund einer geeigneten Rechtsgrundlage im Unionsrecht oder im nationalen Recht zulässig ist. Soll ein umfassendes **Register** über strafrechtliche Verurteilungen geführt werden, ist auch dies nur unter behördlicher Aufsicht zulässig. **472**

Auch wenn es insoweit auf eine spezifisch unionsrechtliche Interpretation ankommt, ist betroffene Person im Sinne der Vorschrift doch jede Person, die nach deutschem Recht als Beschuldigter, Angeschuldigter, Angeklagter oder Verurteilter anzusehen ist. Personenbezogene Daten von Opfern oder Zeugen sind nicht Gegenstand der Regelung.[386] Daten über strafgerichtliche Verurteilungen betreffen Informationen über ein tatbestandmäßiges, rechtswidriges und schuldhaftes Verhalten der betroffenen Person sowie die Art der Strafe und das Strafmaß. Unter Straftaten fallen auch gerechtfertigte **473**

---

384 Hierzu *Schiff*, in: Ehmann/Selmayr (Hrsg.), DS-GVO, 2017, Art. 9 Rn. 7; *Weichert*, in: Kühling/Buchner (Hrsg.), DS-GVO/BDSG, 2. Aufl. 2018, Art. 9 DS-GVO Rn. 5.

385 *Frenzel*, in: Paal/Pauly (Hrsg.), DS-GVO, 2017, Art. 10 Rn. 1.

386 Vgl. *Frenzel*, in: Paal/Pauly (Hrsg.), DS-GVO, 2017, Art. 10 Rn. 5.

oder schuldlose Handlungen. Unter Sicherungsmaßregeln sind schließlich solche Maßnahmen zu verstehen, die in Ansehung einer von dem Täter unmittelbar ausgehenden Gefahr ergehen.[387]

474   Dass die Verarbeitung in der ersten Variante der Vorschrift nur unter **behördlicher Aufsicht** erfolgen darf, betrifft den Fall, dass die Behörde die Daten an Dritte weitergibt. In dieser Konstellation muss sie die vom Dritten vorgenommene Verarbeitung wirksam beaufsichtigen.[388] Eine gesonderte Rechtsgrundlage ist insoweit nicht erforderlich.

475   Die zweite Variante der Vorschrift sieht eine **Öffnungsklausel** zugunsten des Unionsrechts und des Rechts der Mitgliedstaaten vor. Existiert im Unionsrecht oder im Recht der Mitgliedstaaten eine **Rechtsgrundlage**, welche die Verarbeitung der in Art. 10 DS-GVO genannten Daten legitimiert, ist eine spezifisch behördliche Aufsicht nicht erforderlich. Als Beispiele lassen sich Auskünfte aus dem Bundeszentralregister nennen, die private Unternehmen, beispielsweise potentielle Arbeitgeber, nutzen können.[389] Hervorzuheben ist, dass die betreffende Rechtsgrundlage im Unionsrecht bzw. im Recht der Mitgliedstaaten „geeignete Garantien" hinsichtlich der Rechte und Freiheiten der betroffenen Personen vorsehen muss.[390] Der Gesetzgeber muss also mindestens den hohen Stellenwert der in Art. 10 DS-GVO genannten Daten erkannt und in der jeweiligen Rechtsgrundlage durch die Etablierung eines besonderen Schutzregimes berücksichtigt haben.

476   Schließlich darf ein etwaiges umfassendes **Register strafrechtlicher Verurteilungen** nur unter behördlicher Aufsicht geführt werden. In Deutschland ist der Anwendungsbereich dieser Ausnahme deutlich beschränkt. Die Auslagerung vollständiger Strafregister an Dritte, die keine Hoheitsträger darstellen, dürfte angesichts des hohen Risikopotenzials selbst unter besonderer behördlicher Aufsicht regelmäßig kaum möglich sein.[391]

V. Verbot automatisierter Entscheidungen im Einzelfall einschließlich Profiling (Art. 22 DS-GVO)

1. Grundsätzliches Verbot (Art. 22 Abs. 1 DS-GVO)

477   Der Verordnungsgeber sieht in Art. 22 DS-GVO ein **grundsätzliches Verbot** vor, betroffene Personen einer ausschließlich auf einer automatisierten Verarbeitung beruhenden Entscheidung zu unterwerfen, die für betroffene Personen eine rechtliche Wirkung entfaltet oder sie erheblich beeinträchtigt. Unter das Verbot fällt auch das Profiling, soweit es die vorstehenden Voraussetzungen erfüllt. Der Begriff des Profilings wird in

---

387 *Frenzel*, in: Paal/Pauly (Hrsg.), DS-GVO, 2017, Art. 10 Rn. 5.
388 Siehe *Frenzel*, in: Paal/Pauly (Hrsg.), DS-GVO, 2017, Art. 10 Rn. 6.
389 *Frenzel*, in: Paal/Pauly (Hrsg.), DS-GVO, 2017, Art. 10 Rn. 7.
390 Dazu näher *Weichert*, in: Kühling/Buchner (Hrsg.), DS-GVO/BDSG, 2. Aufl. 2018, Art. 9 DS-GVO Rn. 11.
391 *Frenzel*, in: Paal/Pauly (Hrsg.), DS-GVO, 2017, Art. 10 Rn. 7.

Art. 4 Nr. 4 DS-GVO definiert als jede Art der automatisierten Verarbeitung personenbezogener Daten, die darin besteht, dass die personenbezogenen Daten verwendet werden, um bestimmte persönliche Aspekte, die sich auf eine natürliche Person beziehen, zu bewerten, insbesondere um Aspekte bezüglich Arbeitsleistung, wirtschaftliche Lage, Gesundheit, persönliche Vorlieben, Interessen, Zuverlässigkeit, Verhalten, Aufenthaltsort oder Ortswechsel dieser natürlichen Person zu analysieren oder vorherzusagen. Die Vorschrift ist als **Verfahrensregelung** zu verstehen, welche die Verarbeitung personenbezogener Daten nicht legitimiert, sondern die Nutzung bestimmter Ergebnisse einer Datenverarbeitung regelt.[392]

Ziel des Verbots ist es, zu vermeiden, dass die betroffene Person **Objekt einer Datenverarbeitung** wird, deren auf Persönlichkeitsprofilen fußende Konsequenzen sie tragen muss, ohne dass sie die Möglichkeit hat, die zugrunde liegenden Angaben und Bewertungsmaßstäbe zu erfahren und nachträglich Einfluss zu nehmen. Vielmehr müssen Entscheidungen personal verantwortet und dürfen nicht einem Computerprogramm, wie etwa einem Algorithmus, überlassen werden, zumal die Gefahr besteht, dass dem scheinbar objektiven und unbestreitbaren Charakter eines maschinell gelieferten Ergebnisses von menschlichen Entscheidungsträgern übermäßige Bedeutung beigemessen werden könnte. Als Beispiel nennt Erwägungsgrund 71 der DS-GVO die automatische Ablehnung eines Online-Kreditantrags oder Online-Einstellungsverfahren ohne jegliches menschliche Eingreifen. **478**

Nicht jede automatisierte Auswertung personenbezogener Daten wird allerdings von § 22 Abs. 1 DS-GVO erfasst. Gewährt etwa ein Arbeitgeber einen Fahrtkostenzuschuss oder die Zuweisung eines Parkplatzes aufgrund der Entfernung des Wohnorts des Arbeitnehmers vom Arbeitsplatz durch eine einseitige, endgültige, von einem Computerprogramm generierte Entscheidung, so werden keine persönlichen Aspekte analysiert oder vorhergesagt. Der Anwendungsbereich des Verbots ist vor dem Hintergrund des Wortlauts des Art. 22 Abs. 1 DS-GVO, der von einem „Unterworfenwerden" der betroffenen Person spricht, dahingehend **einzuengen**, dass nur die Entscheidungen vom Verbot erfasst sind, die sich auf automatisierte Verarbeitungen stützen und deren Grundlagen und Bedingungen vom Verantwortlichen **einseitig** festgelegt werden. Führt das Computerprogramm lediglich **Vereinbarungen oder Anordnungen** der betroffenen Person durch, so liegt die Voraussetzung der Einseitigkeit nicht vor. Beispiele hierfür sind die Abhebung von Geld am Automaten, wobei die Software lediglich die Einhaltung des vereinbarten Verfügungsrahmens prüft, die automatisierte Genehmigung von Kreditkartenverfügungen, deren Voraussetzungen im Vorfeld zwischen der betroffenen Person und dem Kreditinstitut vertraglich geregelt wurden oder die vom Gehaltsabrechnungsprogramm errechnete Höhe der monatlichen Bezüge, deren Grundlage im geschlossenen Arbeitsvertrag liegt. **479**

Ferner greift das Verbot nur dann, wenn die per Computer aus Persönlichkeitsmerkmalen gewonnenen Erkenntnisse **als bestimmende Motive** in eine Entscheidung münden. Ist dagegen die Möglichkeit einer abweichenden Entscheidung eines Men- **480**

---

392 *Buchner*, in: Kühling/Buchner (Hrsg.), DS-GVO/BDSG, 2. Aufl. 2018, Art. 22 DS-GVO Rn. 11.

schen gegeben, greift das Verbot nicht. Eine *ausschließlich* auf einer automatisierten Verarbeitung beruhende Entscheidung i.S.d. Vorschrift liegt dann vor, wenn keine inhaltliche Bewertung und darauf gestützte Entscheidung durch eine natürliche Person stattgefunden hat.[393] Um nicht unter das Verbot zu fallen, muss die automatisierte Entscheidung *tatsächlich* von einem Menschen zur Kenntnis genommen und geprüft werden und der Prüfer muss die Befugnis und die entsprechende Datengrundlage besitzen, um von der automatisierten Entscheidung abweichen zu können. Die **bloß vorgesehene Möglichkeit** einer menschlichen Überprüfung reicht nicht aus, um das Verbot auszuschließen.

481   Typischer Anwendungsfall eines automatisierten personenbezogenen Bewertungsverfahrens sind so genannte Punktwertverfahren („**Scoring**") des Kreditgewerbes. Dabei werden statistische Daten mit Erfahrungswerten aus den jeweiligen Geschäfts- und Behördenbereichen kombiniert. Einzelnen Merkmalen, wie z.B. Alter, Adresse, Mahnungen und Ausbildung, wird basierend auf Erfahrungen ein Punktwert zugeschrieben. Aus der Summe dieser Punktwerte, d.h. genau betrachtet aus dem Profil der betroffenen Person, ergibt sich ein Punktestand („Score"), der Rückschlüsse etwa auf die Bonität oder die Leistungsfähigkeit der betroffenen Person zulassen soll.[394] Bewertete Persönlichkeitsmerkmale sind in diesem Beispiel also die Kreditwürdigkeit bzw. die Leistungsfähigkeit einer bestimmten Person. Dennoch handelt es sich hierbei nicht um eine automatisierte Einzelentscheidung, sondern um eine der Entscheidung vorausgehende Datenauswertung. Von einer automatisierten Entscheidung kann im Falle des Scorings nur dann ausgegangen werden, wenn der Verantwortliche eine rechtliche Folgen für die betroffene Person nach sich ziehende oder sie erheblich beeinträchtigende Entscheidung ausschließlich aufgrund eines Score-Ergebnisses ohne weitere inhaltliche Prüfung trifft, nicht aber, wenn die mittels automatisierter Datenverarbeitung gewonnenen Erkenntnisse lediglich Grundlage für eine von einem Menschen noch zu treffende abschließende Entscheidung sind.[395]

482   Das Verbot des Art. 22 Abs. 1 DS-GVO greift ferner nur, wenn die automatisierte Verarbeitung für die betroffene Person eine **rechtliche Wirkung** entfaltet (Art. 22 Abs. 1 Alt. 1 DS-GVO) oder sie in ähnlicher Weise **erheblich beeinträchtigt** (Art. 22 Abs. 1 Alt. 2 DS-GVO). Im öffentlichen Bereich lösen insbesondere Verwaltungsakte (auch begünstigende) eine rechtliche Folge aus, d.h. verändern die Rechtsposition der betroffenen Person. Im privaten Sektor ist an den Abschluss eines Vertrags (etwa die Gewährung eines Kredits) oder an die Kündigung eines solchen zu denken. Die betroffene Person ist durch eine automatisierte Entscheidung erheblich beeinträchtigt, wenn sie in ihrer wirtschaftlichen oder persönlichen Entfaltung nachhaltig gestört wird. Dies ist etwa der Fall, wenn ein Kreditantrag abgelehnt wird oder die Aufnahme in ein Beschäftigungsverhältnis unterbleibt.

393 *Martini*, in: Paal/Pauly (Hrsg.), DS-GVO, 2017, Art. 22 Rn. 16
394 Vgl. insoweit auch die Regelung des § 32 BDSG.
395 *Buchner*, in: Kühling/Buchner (Hrsg.), DS-GVO/BDSG, 2. Aufl. 2018, Art. 22 DS-GVO Rn. 16.

2. Ausnahmen vom Verbot in der DS-GVO (Art. 22 Abs. 2 DS-GVO)

Eine auf einer automatisierten Verarbeitung beruhende Entscheidungsfindung ist dagegen erlaubt, wenn eine der in Abs. 2 der Vorschrift genannten Konstellationen vorliegt. Dies ist der Fall, wenn die automatisierte Entscheidung für den **Abschluss oder die Erfüllung eines Vertrags** zwischen der betroffenen Person und einem Verantwortlichen erforderlich ist (Art. 22 Abs. 2 lit. a DS-GVO). Erlaubt ist die automatisierte Entscheidung auch dann, wenn sie aufgrund einer unionsrechtlichen oder mitgliedstaatlichen **Rechtsgrundlage** zulässig ist und diese Rechtsvorschrift angemessene Maßnahmen zur Wahrung der Rechte und Freiheiten sowie der berechtigten Interessen der betroffenen Person enthält (Art. 22 Abs. 2 lit. b DS-GVO; vgl. insoweit § 37 BDSG; näher hierzu → Rn. 486 f.). Erwägungsgrund 71 der DS-GVO nennt beispielhaft Rechtsvorschriften, die dazu dienen, im Einklang mit den Vorschriften, Standards und Empfehlungen der Institutionen der Union oder der nationalen Aufsichtsgremien Betrug und Steuerhinterziehung zu überwachen und zu verhindern und die Sicherheit und Zuverlässigkeit der vom Verantwortlichen bereitgestellten Dienste zu gewährleisten. Schließlich ist die auf einer automatisierten Verarbeitung beruhende Entscheidung zulässig, wenn die betroffene Person ihre **ausdrückliche Einwilligung** hierzu erteilt hat (Art. 22 Abs. 2 lit. c DS-GVO; vgl. zu den Anforderungen an eine wirksame Einwilligung ausführlich → Rn. 499 ff.).   **483**

Art. 22 Abs. 3 DS-GVO sieht in den Fällen von Abs. 2 lit. a (Erforderlichkeit zur Vertragserfüllung) und Abs. 2 lit. c (Einwilligung) als weitere Voraussetzung vor, dass der Verantwortliche **angemessene Maßnahmen** treffen muss, um die Rechte und Freiheiten sowie die berechtigten Interessen der betroffenen Person zu wahren. Dazu gehört als Mindestanforderung das Recht der betroffenen Person, vom Verantwortlichen das Eingreifen einer Person zu fordern, den eigenen Standpunkt darzulegen sowie die Entscheidung anzufechten. Um von diesen Rechten Gebrauch machen zu können, muss der Verantwortliche die betroffene Person nach Art. 13 Abs. 2 lit. f bzw. Art. 14 Abs. 2 lit. g DS-GVO entsprechend **informieren**. Korrespondierend hierzu enthält Art. 15 Abs. 1 lit. h DS-GVO ein entsprechendes Auskunftsrecht der betroffenen Person.   **484**

Automatisierte Entscheidungsfindungen auf der Grundlage **besonderer Kategorien personenbezogener Daten** sind nur unter den strengen Anforderungen des Art. 22 Abs. 4 DS-GVO erlaubt.   **485**

3. Ausnahmen vom Verbot im BDSG (§ 37 BDSG)

Das BDSG enthält in § **37 BDSG weitere Ausnahmen** vom Verbot der automatisierten Entscheidung im Einzelfall. Dabei macht der Gesetzgeber von dem in Art. 22 Abs. 2 lit b DS-GVO eröffneten Regelungsspielraum Gebrauch.[396] Diese tragen ausweislich der Gesetzesbegründung den spezifischen Belangen der Versicherungswirtschaft Rechnung.[397] Danach gilt das Verbot des Art. 22 Abs. 1 DS-GVO dann nicht, wenn die Entscheidung im Rahmen der Leistungserbringung nach einem **Versicherungsvertrag**   **486**

---

396 *Buchner*, in: Kühling/Buchner (Hrsg.), DS-GVO/BDSG, 2. Aufl. 2018, § 37 BDSG Rn. 1.
397 BT-Drs. 18/11325, S. 106; vgl. insoweit die Öffnungsklausel in Art. 22 Abs. 2 lit. b DS-GVO.

ergeht und dem Begehren der betroffenen Person stattgegeben wurde (§ 37 Abs. 1 Nr. 1 BDSG). Hierunter sind etwa Fälle der automatisierten Schadensregulierung zwischen der Kfz-Haftpflichtversicherung des Schädigers und dem Geschädigten zu fassen.[398] Nach § 37 Abs. 1 Nr. 1 BDSG besteht ferner eine Ausnahme vom Verbot, wenn die Entscheidung auf der Anwendung verbindlicher **Entgeltregelungen für Heilbehandlungen** beruht und der Verantwortliche für den Fall, dass dem Antrag nicht vollumfänglich stattgegeben wird, angemessene Maßnahmen zur Wahrung der berechtigten Interessen der betroffenen Person trifft. Damit greift die Ausnahmeregelung des § 37 BDSG insbesondere im Bereich der automatisierten Entscheidung über Versicherungsleistungen der privaten Krankenversicherung.[399]

487   Die auf Basis der Vorschrift getroffenen Entscheidungen dürfen auch auf der Verarbeitung von **Gesundheitsdaten** i.S.v. Art. 4 Nr. 15 DS-GVO beruhen. Insoweit sind dann allerdings **angemessene spezifische Maßnahmen** zur Wahrung der Interessen der betroffenen Person nach § 22 Abs. 2 S. 2 BDSG zu treffen.

488   ■ **Lösung zu Fallbeispiel 8 – Fitnessstudio – Zulässigkeitstatbestände (II) (Rn. 358)**

    A. Rechtmäßigkeit der Verarbeitung der von S gemachten Angaben
        I. Name, Anschrift, Kontodaten
           ⇒ Art. 6 Abs. 1 UAbs. 1 lit. b DS-GVO
              ⇒ Verarbeitung von Name, Anschrift und Kontodaten erforderlich für Erfüllung eines Vertrags oder Durchführung vorvertraglicher Maßnahmen?
              → (+), Daten erforderlich, da ohne diese eine Vertragsbeziehung zwischen S und F nicht sinnvoll möglich ist
           ⇒ Rechtmäßigkeit der Datenverarbeitung (+)
        II. Foto
           ⇒ Art. 9 Abs. 2 DS-GVO
              ⇒ Fällt Foto unter die besonderen Kategorien personenbezogener Daten, da Foto u.U. indirekte Hinweise auf in Art. 9 Abs. 1 DS-GVO aufgeführte Merkmale enthält (z.B. Hautfarbe, Eigenschaft als Brillenträger, etc.), so dass sich Zulässigkeit der Verarbeitung nach Art. 9 Abs. 2 DS-GVO richtet?
              → Hier (-), da aufgrund des konkreten Verarbeitungskontextes und der Auswertungsabsicht (Prüfung der Identität und Zugangsberechtigung von S) kein spezifischer Schutzbedarf hervorgerufen wird
           ⇒ Art. 6 Abs. 1 UAbs. 1 lit. b DS-GVO
              ⇒ Verarbeitung des Fotos erforderlich für Erfüllung eines Vertrags oder Durchführung vorvertraglicher Maßnahmen?
              → Um sicherzustellen, dass F seine vertraglich geschuldete Leistung tatsächlich S gegenüber erbringt, ist die Verarbeitung seines Fotos erforderlich, daher (+) (a.A. vertretbar)
           ⇒ Art. 6 Abs. 1 UAbs. 1 lit. f DS-GVO
              ⇒ Prüfung der Identität und der Zugangsberechtigung von S = berechtigtes Interesse seitens F
              ⇒ Überwiegen schutzwürdiger Interessen des S? Hier (-), Verarbeitung des Fotos deckt sich mit Erwartungshaltung des S, der von Verwendung des Fotos Kenntnis hat; i.Ü. kein Überwiegen schutzwürdiger Interessen erkennbar
           → Rechtmäßigkeit der Datenverarbeitung (+)

---

398 BT-Drs. 18/11325, S. 106.
399 BT-Drs. 18/11325, S. 106.

III. Angaben zum Körpergewicht
   1. Angaben im Anmeldeformular
      ⇒ Art. 6 Abs. 1 UAbs. 1 lit. b DS-GVO
         ⇒ Verarbeitung von Angaben zum Körpergewicht erforderlich für Erfüllung eines Vertrags oder Durchführung vorvertraglicher Maßnahmen?
         → Keine Anhaltspunkte hierfür erkennbar, daher (-)
      ⇒ Art. 6 Abs. 1 UAbs. 1 lit. f DS-GVO
         → Keine berechtigten Interessen seitens F erkennbar; umgekehrt überwiegen schutzwürdige Interessen des S
         → Interessenabwägung fällt zulasten von F aus, Rechtmäßigkeit der Datenverarbeitung daher (-)
      ⇒ Art. 9 Abs. 2 DS-GVO
         ⇒ Soweit Angaben zum Körpergewicht aufgrund des konkreten Verarbeitungskontextes oder der Auswertungsabsicht unter die besonderen Kategorien personenbezogener Daten i.S.v. Art. 9 Abs. 1 DS-GVO fallen sollten, müsste für rechtmäßige Verarbeitung ein Zulässigkeitstatbestand aus Art. 9 Abs. 2 DS-GVO einschlägig sein
         → Hier: Kein Zulässigkeitstatbestand aus Art. 9 Abs. 2 DS-GVO ersichtlich, daher (-)
      ⇒ Art. 6 Abs. 1 UAbs. 1 lit. a bzw. Art. 9 Abs. 2 lit. a DS-GVO
         ⇒ Einwilligung durch S? (-), da Angaben zum Körpergewicht zwingend und daher nicht freiwillig i.S.v. Art. 7 Abs. 4 DS-GVO
      → Rechtmäßigkeit der Datenverarbeitung (–)
   2. Eingabe in Fitnessgeräten
      ⇒ Erhebung personenbezogener Daten?
         ⇒ Erheben erfordert Vorgang, bei dem personenbezogene Daten in Verfügungsbereich des Verantwortlichen gelangen, so dass Möglichkeit zur Kenntnisnahme besteht
         → Hier: (-), da Daten im Gerät nur für die Dauer der jeweiligen Trainingseinheit vorhanden und keine Anhaltspunkte, dass F Daten auswerten kann

B. *Rechtmäßigkeit der Verarbeitung der Anzahl von Fitnessstudiobesuchen*
   ⇒ Art. 6 Abs. 1 UAbs. 1 lit. b DS-GVO
      ⇒ Verarbeitung der Angaben über Anzahl der Besuche im Fitnessstudio erforderlich für Erfüllung des Vertrags oder Durchführung vorvertraglicher Maßnahmen?
      → (-), Gratis-Fitnessgetränk ist vertraglich nicht geschuldet; von S zu zahlendes Entgelt auch nicht abhängig von Anzahl der Besuche bei F
   ⇒ Art. 6 Abs. 1 UAbs. 1 lit. f DS-GVO
      ⇒ Belohnung der Treue der Mitglieder von F = berechtigtes Interesse
      → Überwiegen schutzwürdiger Interessen des S (-), S erleidet durch Verarbeitung zum Zweck des Erhalts eines Gratis-Fitnessgetränks keine Nachteile; auch i.Ü. kein Überwiegen schutzwürdiger Interessen erkennbar

C. *Rechtmäßigkeit der automatisierten Entscheidungsfindung*
   ⇒ Verstoß gegen Verbot des Art. 22 Abs. 1 DS-GVO?
      ⇒ Automatisierte Verarbeitung (+)
      ⇒ „Ausschließlich", d.h. keine Überprüfung der Entscheidungsfindung durch natürliche Person (+)
      ⇒ Rechtliche Wirkung gegenüber S, da Entscheidung über Zugang zu F (+)
   ⇒ Ausnahme von Verbot nach Art. 22 Abs. 2 DS-GVO bzw. § 37 BDSG; insbesondere ist automatisierte Entscheidung für Abschluss oder Erfüllung eines Vertrags erforderlich oder basiert auf Einwilligung des S? Hier: (-)
   → Automatisierte Entscheidungsfindung rechtswidrig

E. Einwilligung der betroffenen Person (Art. 7 f. DS-GVO)

I. Einführung

489

> **Fallbeispiel 9**
>
> **Fußball-EM – Einwilligung**
>
> Für die Heimspiele in der Qualifikation zur Herren-Fußball-Europameisterschaft 2020 wird vom DFB aufgrund der immensen Ticketnachfrage ein neues System für Kartenbestellungen eingeführt. Bei dem am 1.7.2018 startenden Bestellverfahren ist eine Identifizierung sämtlicher Zuschauer vorgesehen. Für Werbezwecke lässt sich der Deutsche Fußball-Bund (DFB) eine Einwilligung zur Verarbeitung dieser Daten erteilen. Vertragspartner der Fans ist der DFB. Die Fußball-Fans stehen mangels anderer Erwerbsmöglichkeiten vor der Alternative, entweder ihre Daten preiszugeben oder auf die Teilnahme an den Heimspielen in der EM-Qualifikation zu verzichten. Erforderliche Informationspflichten sind erfüllt.
>
> Liegt eine wirksame Einwilligung vor?
>
> *(Lösung siehe Rn. 521)*

490   Art. 6 Abs. 1 UAbs. 1 lit. a DS-GVO statuiert die Einwilligung der betroffenen Person als einen **Zulässigkeitstatbestand** an erster Stelle neben den gesetzlichen Zulässigkeitstatbeständen. Eine wirksame Einwilligung kann also grundsätzlich die Verarbeitung personenbezogener Daten legitimieren. Dabei kommt ihr aus Sicht der betroffenen Person eine besondere Stellung zu, denn nur die Einwilligung ermöglicht es ihr, über das Ausmaß der Verarbeitung ihrer personenbezogenen Daten zu **disponieren**. Im Gegensatz zu den gesetzlichen Zulässigkeitstatbeständen hat die Einwilligung relativ klar definierte Voraussetzungen (geregelt in Art. 7 und 4 Nr. 11 DS-GVO, dazu sogleich), so dass sie für die Verantwortlichen ein hohes Maß an Rechtssicherheit für eine auf sie gründende Datenverarbeitung bedeutet.[400]

491   Die Einwilligung ist grundsätzlich **abschließend in der DS-GVO** geregelt, es finden sich also keine ergänzenden nationalen Normen, die eine horizontale Bedeutung entfalten. Punktuell werden national aber im **bereichsspezifischen Datenschutzrecht** spezielle Regelungen getroffen, so etwa im Arbeitnehmerdatenschutzrecht.[401]

492   So zentral die Einwilligung als Ausdruck und Wahrnehmung des Rechts auf Datensouveränität dogmatisch sein mag, so problematisch gestaltet sie sich vielfach in der praktischen Handhabung.[402] Ihren Sinn kann die Einwilligung nämlich nur verwirklichen, wenn sie tatsächlich Ausdruck eines frei geäußerten Willens der betroffenen Person darstellt und sich nicht auf **bloßen Formalismus** beschränkt. Gleich ob in der Einwilligung der „Schlüssel" zu den zentralen Gütern der Informationsgesellschaft, den Daten,

---

400 Vgl. *Buchner/Kühling,* in: Kühling/Buchner (Hrsg.), DS-GVO/BDSG, 2. Aufl. 2018, Art. 7 DS-GVO Rn. 9.
401 *Buchner/Kühling*, DuD 2017, 544 (545).
402 Vgl. im Einzelnen dazu jetzt auch *Art.-29-Datenschutzgruppe*, Draft Guidelines on Consent, WP 259, 28.11.2017.

gesehen wird[403] oder ob die Einwilligung als notorisch überschätztes Legitimationsinstrument beurteilt wird,[404] besteht doch Einigkeit darüber, dass die Einwilligung – nach traditioneller deutscher Grundrechtsdogmatik – genuiner Ausdruck des Rechts auf informationelle Selbstbestimmung ist.[405] Mit ihrer Hilfe soll der Einzelne über den Umgang mit seinen Daten bestimmen können. So erscheint es folgerichtig, wenn formaljuristisch Einwilligung und gesetzliche Zulässigkeitstatbestände auf einer Stufe stehen. In der Rechtswirklichkeit stehen sich jedoch oftmals **ungleiche Partner** gegenüber. Die betroffene Person sieht sich dem Staat, dem Großunternehmen oder seinem Arbeitgeber gegenübergestellt. Um die Legitimationswirkung der Einwilligung auch in diesen Fällen zu begründen, hat der Gesetzgeber auf unionsrechtlicher Ebene eine Reihe von inhaltlichen und formalen **Wirksamkeitsvoraussetzungen** aufgestellt, die es zu beachten gilt, soll die Einwilligung der betroffenen Person die Verarbeitung seiner Daten rechtfertigen (Art. 7 DS-GVO). Zusätzliche Anforderungen wurden für die Wirksamkeit der Einwilligung Minderjähriger aufgestellt (Art. 8 DS-GVO).

Die **Rechtsnatur** der Einwilligung war schon unter dem BDSG a.F. **umstritten**. Zum Teil wurde sie als rechtsgeschäftliche Erklärung,[406] zum Teil als Realhandlung[407] und dann wiederum als geschäftsähnliche Handlung[408] begriffen. Hierzu ist zunächst festzustellen, dass es sich bei der Einwilligung um eine **antizipierte Erlaubnis** handelt (mit Ähnlichkeit zu § 183 BGB). Die Einwilligung ist somit immer und ausnahmslos **vor** jedweder Verarbeitung personenbezogener Daten einzuholen und kann nicht nachträglich (Genehmigung) eine Heilung bewirken (mit Ähnlichkeit zu § 184 BGB).[409] Mit der konkreten Regelung der Einwilligung Minderjähriger in Art. 8 Abs. 1 DS-GVO hat dieser Streit stark an Bedeutung eingebüßt, für die Frage des Umgangs mit Willensmängeln wie Irrtümern oder Täuschung ist er aber gleichwohl noch relevant. Viel spricht dafür, dass unter dem Regime der DS-GVO die Einwilligung eine Handlung sui generis ist, auf welche nationale Vorschriften über Willenserklärungen nicht – auch nicht entsprechend – Anwendung finden können. Unionsrechtsautonom müssen jedoch Grundsätze entwickelt werden, die den Umgang mit Fällen der Täuschung und des Irrtums regeln.

493

---

403 So *Holznagel/Sonntag*, in: Roßnagel (Hrsg.), Handbuch Datenschutzrecht, 2003, Kap. 4.8 Rn. 1; auch *Heckmann/Paschke*, in: Ehmann/Selmayr (Hrsg.), DS-GVO, 2017, Art. 7 Rn. 12 sehen in der Einwilligung einen „entscheidende[n] Grundpfeiler des Datenschutzes"; ebenso *Frenzel*, in: Paal/Pauly (Hrsg.), DS-GVO, 2017, Art. 7 Rn. 1.

404 Vgl noch zum BDSG a.F. *Simitis*, in: Simitis (Hrsg.), Kommentar zum BDSG, 8. Aufl. 2014, § 4a Rn. 3 ff., 80.

405 So zum BDSG a.F. *Gola/Schomerus*, BDSG, 12. Aufl. 2015, § 4 Rn. 5; *Holznagel/Sonntag*, in: Roßnagel (Hrsg.), Handbuch Datenschutzrecht, 2003, Kap. 4.8 Rn. 5; *Roßnagel/Pfitzmann/ Garstka*, DuD 2001, 253 (258).

406 Zum BDSG a.F. *Simitis*, in: Simitis (Hrsg.), Kommentar zum BDSG, 8. Aufl. 2014, § 4a Rn. 20; so jetzt auch zur DS-GVO *Schaffland/Holthaus,* in: Schaffland/Wiltfang (Hrsg.), DS-GVO/BDSG, EL 10/17 Stand: Dezember 2017, Art. 7 Rn. 11 f.

407 *Gola/Schomerus*, BDSG, 12. Aufl. 2015, § 4a Rn. 10.

408 *Holznagel/Sonntag*, in: Roßnagel (Hrsg.), Handbuch Datenschutzrecht, 2003, Kap. 4.8 Rn. 21.

409 Zum BDSG a.F. *Gola/Schomerus*, BDSG, 12. Aufl. 2015, § 4a Rn. 15; *Schaffland/Holthaus*, in: Schaffland/Wiltfang (Hrsg.), DS-GVO/BDSG, EL 10/17 Stand: Dezember 2017, Art. 7 Rn. 12; *Tinnefeld/Buchner/u.a.*, Einführung in das Datenschutzrecht, 6. Aufl. 2018, S. 396 f.

II. Die Einwilligung gegenüber öffentlichen und privaten Stellen

494   Das Instrument der Einwilligung und seine Wirksamkeitsvoraussetzungen werden zwar für den öffentlichen wie den nichtöffentlichen Bereich in der DS-GVO einer einheitlichen Regelung zugeführt. Die praktische Relevanz der Einwilligung ist im nichtöffentlichen Bereich jedoch ungleich größer.[410] Denn **öffentliche Verantwortliche** haben nicht nur darauf zu achten, dass die Verarbeitung personenbezogener Daten sich auf einen gesetzlichen Zulässigkeitstatbestand stützen lässt. Vielmehr ist ihr Umgang mit personenbezogenen Daten auch durch ihr Aufgabenfeld vorgezeichnet. Öffentliche Verantwortliche dürfen grundsätzlich nur die personenbezogenen Daten verarbeiten, die sie zu ihrer Aufgabenwahrnehmung benötigen. Sind personenbezogene Daten nicht für die Aufgabenwahrnehmung des Verantwortlichen erforderlich, so ist er grundsätzlich daran gehindert, diese Daten dennoch zu verarbeiten, indem er die Einwilligung der betroffenen Person einholt.[411] Auch nach dem gesetzlichen Leitbild der DS-GVO sollen Verantwortliche aus dem öffentlichen Sektor über die für die Wahrnehmung ihrer Aufgaben erforderlichen gesetzlichen Zulässigkeitstatbestände verfügen. Die Einwilligung soll hingegen die Ausnahme bleiben, denn die DS-GVO geht typisierend im Bürger-Staat-Verhältnis von ungleichen Partnern aus, die grundsätzlich nicht auf Augenhöhe über den Umfang von Datenverarbeitungen privatautonom bestimmen können.[412] Die Einwilligung gegenüber einer Behörde kommt daher nur im Einzelfall als Legitimationsgrundlage in Betracht. Insbesondere dürfte der Einsatz der Einwilligung als Rechtfertigungsinstrument dann zulässig sein, wenn der Umgang mit den Daten der betroffenen Person Prozesse im Interesse der betroffenen Person beschleunigen und erleichtern soll.[413] Kann sich die öffentliche Stelle auf eine Rechtsnorm stützen, so hat sie schließlich von der **kumulativen** Einholung der Einwilligung der betroffenen Person – etwa aus Gründen der Rechtssicherheit – abzusehen, es sei denn, sie ist sachlich und rechtlich in der Lage, die Verweigerung der Einwilligung zu akzeptieren. Andernfalls wird bei der betroffenen Person die falsche Vorstellung geweckt, sie habe tatsächlich die Wahl, die Datenverarbeitung zu legitimieren oder auch nicht.[414]

495   Im **privaten Bereich** ist die Einwilligung von großer Bedeutung. Mit ihrer Hilfe lässt sich nahezu jeder Umgang mit personenbezogenen Daten flexibel legitimieren. Andererseits stehen sich auch im privaten Sektor, etwa im Bereich der Arbeit, der Versicherung und des Kreditwesens, oftmals ökonomisch und sozial **ungleiche Partner** gegenüber. Die Legitimationswirkung der Einwilligung muss in diesen Fällen unter dem Aspekt der geforderten Freiwilligkeit der Einwilligung kritisch betrachtet werden.

496   Kann sich ein privater Verantwortlicher auf einen gesetzlichen Zulässigkeitstatbestand stützen und holt er dennoch die Einwilligung der betroffenen Person ein, so lässt dies den gesetzlichen Zulässigkeitstatbestand grundsätzlich unberührt. Er hat in diesem Fall

---

410   *Buchner/Kühling*, in: Kühling/Buchner (Hrsg.), DS-GVO/BDSG, Art. 7 DS-GVO Rn. 14; zum BDSG a.F. *Simitis*, in: Simitis (Hrsg.), Kommentar zum BDSG, 8. Aufl. 2014, § 4a Rn. 14.
411   Vgl. *Frenzel*, in: Paal/Pauly (Hrsg.), DS-GVO, 2017, Art. 7 Rn. 19.
412   Vgl. Erwägungsgrund 43 der DS-GVO.
413   So zum BDSG a.F. *Simitis*, in: Simitis (Hrsg.), Kommentar zum BDSG, 8. Aufl. 2014, § 4a Rn. 17.
414   *Holznagel/Sonntag*, in: Roßnagel (Hrsg.), Handbuch Datenschutzrecht, 2003, Kap. 4.8 Rn. 18.

aber die betroffen Personen bei Einholung der Einwilligung auf den gesetzlichen Zulässigkeitstatbestand hinzuweisen. Unterlässt er dies, läuft er Gefahr, bei der betroffenen Person falsche Vorstellungen zu wecken.[415] Die Legitimationswirkung der Einwilligung ist zweifelhaft, wenn bei ihrer Einholung die betroffene Person nicht auf den gesetzlichen Zulässigkeitstatbestand hingewiesen wird. Regelmäßig wird bei Einholung einer Einwilligung bei der betroffenen Person der Eindruck erweckt, er bestimme über das „ob" und das „wie" der Datenverarbeitung. Bei fehlendem Hinweis auf den insofern gleichfalls einschlägigen gesetzlichen Zulässigkeitstatbestand unterliegt die betroffene Person einer falschen Vorstellung bezüglich der Legitimationswirkung, des Widerrufs und der Verweigerung seiner Einwilligung. Da er die Tragweite seiner Einwilligung aufgrund des fehlenden Hinweises falsch einschätzt, ist bereits fraglich, ob er in einem solchen Fall wirksam einwilligen kann. Doch selbst wenn von der Wirksamkeit der Einwilligung ausgegangen wird, verstößt der nichtöffentliche Verantwortliche gegen den **Grundsatz von Treu und Glauben** (Art. 5 Abs. 1 lit. a DS-GVO), wenn er – etwa im Falle des Widerrufs der Einwilligung – auf den gesetzlichen Zulässigkeitstatbestand zurückgreift.[416] In der Folge ist die Datenverarbeitung **unzulässig**. Weist er die betroffene Person dagegen bereits bei Einholung der Einwilligung auf den gesetzlichen Zulässigkeitstatbestand hin, vermeidet er eine eventuelle Unwirksamkeit der Einwilligung aufgrund inhaltlicher Mängel und behält sich den Rückgriff auf den gesetzlichen Zulässigkeitstatbestand vor. Die Datenverarbeitung ist bei erfolgtem Hinweis sowohl auf Grundlage der Einwilligung als auch im Rahmen des gesetzlichen Zulässigkeitstatbestands **zulässig,** sofern dessen Voraussetzungen vorliegen.

III. Grundrechtliche Vorprägung

Die Einwilligung ist als Legitimationsgrundlage für eine Datenverarbeitung in Art. 8 Abs. 2 S. 1 GrCh explizit genannt. Die genaue Umgrenzung der Ausformung des Datenschutzgrundrechts durch den EuGH ist noch unvollständig. Viel spricht aber dafür, dass sich die vom BVerfG auf nationaler Ebene entwickelten Grundsätze in ähnlicher Form auch auf europäischer Ebene in den nächsten Jahren ausdifferenzieren werden, trotz der begrifflichen und konzeptionellen Unterschiede der korrespondierenden Grundrechte.[417] Auf nationaler Ebene ist die Einwilligung eine Freiheitswahrnehmung: Die betroffene Person macht von ihrem Recht auf informationelle Selbstbestimmung aus Art. 2 Abs. 1 i.V.m. Art. 1 Abs. 1 GG Gebrauch, indem sie anderen den Umgang mit den sie betreffenden Daten erlaubt. Damit wird die Befugnis des Einzelnen ausgeübt, „grundsätzlich selbst über die Preisgabe und Verwendung seiner persönlichen Daten zu bestimmen".[418] Daher ist die Eröffnung einer Einwilligungsoption nicht nur aus Sicht des Verantwortlichen und dessen Berufsfreiheit aus Art. 12 GG prinzipiell grundrechtlich indiziert, sondern auch aus der datenschutzrechtlichen Per-

497

---

415 *Holznagel/Sonntag*, in: Roßnagel (Hrsg.), Handbuch Datenschutzrecht, 2003, Kap. 4.8 Rn. 18.
416 Vgl. zum BDSG a.F. *Gola/Schomerus*, BDSG, 12. Aufl. 2015, § 4 Rn. 16; *Scholz/Sokol*, in: Simitis (Hrsg.), Kommentar zum BDSG, 8. Aufl. 2014, § 4 Rn. 6.
417 Vgl. *Buchner/Kühling*, in: Kühling/Buchner (Hrsg.), DS-GVO/BDSG, Art. 7 DS-GVO Rn. 19.
418 BVerfG, Urt. v. 15.12.1983, 1 BvR 209/83 u.a. = BVerfGE 65, 1 (Leitsatz 1) – *Volkszählung*.

spektive der betroffenen Person in Form ihres Selbstbestimmungsrechts selbst.[419] Soll das **informationelle Selbstbestimmungsrecht** aber effektiv gewahrt werden, sind an eine wirksame Einwilligung in materieller Hinsicht strenge Anforderungen zu stellen. So muss die Einwilligung vor allem auf einer freien Entscheidung beruhen. Die Möglichkeit einer Einwilligung soll nämlich nur so lange bestehen, wie die betroffene Person sich nicht einer Situation ausgesetzt sieht, in der sie nicht mehr „frei" über die Preisgabe der sie betreffenden Daten entscheiden kann, sondern sich faktisch dazu gezwungen fühlt, der Datenverarbeitung zuzustimmen.[420] Dies kann insbesondere dann der Fall sein, wenn sich die betreffende Person einem Machtgefälle ausgesetzt sieht, weil von ihrer Entscheidung über die Preisgabe der sie betreffenden Daten etwas abhängt, was für sie von großer Bedeutung ist – wie insbesondere in abhängigen Beschäftigungsverhältnissen. So hat das Bundesverfassungsgericht in einem Nichtannahmebeschluss hervorgehoben, dass „der einzelne Arbeitnehmer sich beim Abschluss von Arbeitsverträgen typischerweise in einer Situation struktureller Unterlegenheit befindet" und sich diese Unterlegenheit auch während des Arbeitsverhältnisses fortsetze.[421]

498   Zwar hatte das Gericht noch nicht die Gelegenheit, daraus die Konsequenzen für datenschutzrechtlich relevante Fragen bei abhängigen Beschäftigten zu ziehen. Im Hinblick auf die informationelle Selbstbestimmung hat das BVerfG aber Vorgaben am Beispiel des Abschlusses eines Versicherungsvertrages entwickelt. In der Entscheidung hebt das Gericht zwar hervor, dass es dem Einzelnen grundsätzlich freistehe, Daten gegenüber anderen zu offenbaren und bekräftigt, dass dieses Recht grundrechtlich geschützt ist.[422] Das BVerfG betont sodann jedoch, dass in **asymmetrischen Vertragsverhältnissen**, in denen letztlich ein Vertragspartner aufgrund seines überragenden Gewichts den Vertragsinhalt faktisch einseitig festlegt, die Rechtsordnung die Aufgabe zu erfüllen hat, die konfligierenden Grundrechtspositionen beider Vertragsparteien zu schützen und damit zu verhindern, „dass sich für einen Vertragsteil die Selbstbestimmung in eine Fremdbestimmung verkehrt".[423] Eine solche einseitige Bestimmungsmacht eines Vertragspartners kann sich auch daraus ergeben, dass die von dem überlegenen Vertragspartner angebotene Leistung für den anderen Partner zur Sicherung seiner persönlichen Lebensverhältnisse derart relevant ist, dass der Verzicht auf eine vertragliche Vereinbarung zur Vermeidung der Offenbarung personenbezogener Daten für ihn unzumutbar ist. Damit lässt sich das **Koppelungsverbot** für mächtige Vertrags-

---

419 Zu dieser grundrechtlichen Ausgangssituation exemplarisch für den Bereich des Gesundheitsrechts *Kühling/Seidel*, GesR 2010, 231; dies verkennen *Katko/Babaei-Beigi*, MMR 2014, 360, wenn, ausgehend von der These, dass es unter Verweis auf die sog. Big-Data-Ecomony möglicherweise gar keine anonymen Daten mehr gibt, in Anschluss an *Cate/Cullen/Mayer-Schönberger*, Data Protection Principles for the 21st Century, März 2014, abrufbar unter http://www.oii.ox.ac.uk/publications/Data_Protection_Principles_for_the_21st_Century.pdf   (Abruf: 15.1.2018) einer teilweisen Aufgabe des Einwilligungskonzepts das Wort geredet wird.

420 Zum BDSG a.F. *Simitis*, in: Simitis (Hrsg.), Kommentar zum BDSG, 8. Aufl. 2014, § 4a Rn. 62.

421 BVerfG, Beschl. v. 23.11.2006, 1 BvR 1909/06 = NJW 2007, 286 (287).

422 BVerfG, Beschl. v. 23.10.2006, 1 BvR 2027/02 = BVerfGK 9, 353 = MMR 2007, 93.

423 Vgl. auch BVerfG, Beschl. v. 19.10.1993, 1 BvR 567/89 u.a. = BVerfGE 89, 214 (232); Urt. v. 6.2.2001, 1 BvR 12/92 = BVerfGE 103, 89 (101); Urt. v. 26.7.2005, 1 BvR 782/94 u. 1 BvR 957/96 = BVerfGE 114, 1 (34 f.); Urt. v. 26.7.2005, 1 BvR 80/95 = BVerfGE 114, 73 (90).

partner auch verfassungsrechtlich verorten. Typisierend geht die DS-GVO in Erwägungsgrund 43 davon aus, dass im Bürger-Staat-Verhältnis stets eine Überlegenheit der Behörde anzunehmen ist.[424]

IV. Inhaltliche Wirksamkeitsvoraussetzungen (Art. 7 DS-GVO)

1. Freiwillig (Art. 4 Nr. 11 DS-GVO; Art. 7 Abs. 4 DS-GVO)

Art. 4 Nr. 11 DS-GVO definiert die Einwilligung als eine Willensbekundung, die **frei-** **499** **willig** erfolgt. Die explizite Forderung der Freiwilligkeit der Einwilligung für ihre Wirksamkeit spiegelt die Erkenntnis aus der Rechtswirklichkeit wider, dass sich oftmals ungleiche Partner gegenüberstehen. Die Einwilligung des schwächeren Partners droht ihre Legitimationswirkung für den Eingriff in sein informationelles Selbstbestimmungsrecht zu verlieren, wenn er aufgrund der faktischen Verhältnisse gleichsam keine Wahl hat und einwilligen **muss**, um die begehrte Leistung, etwa einen Kredit, eine Versicherungspolice, einen Arbeitsplatz oder einen Versorgungsvertrag (Strom, Wasser) zu erhalten bzw. zu behalten.[425] Dies entspricht auch den soeben erläuterten grundrechtlichen Vorgaben. Dasselbe gilt, wenn die betroffene Person durch „übermäßige Anreize finanzieller oder sonstiger Natur zur Preisgabe [ihrer] Daten verleitet wird".[426] Insgesamt sind für die Bewertung der Freiwilligkeit die **Kriterien** des Ungleichgewichts, der Erforderlichkeit, der vertragscharakteristischen Leistung, der zumutbaren Alternative und eines angemessenen Interessenausgleichs relevant.[427]

So kann eine Einwilligung unfreiwillig sein, wenn zwischen betroffener Person und **500** Datenverarbeiter ein klares **Ungleichgewicht** besteht (vgl. Erwägungsgrund 43 der DS-GVO). Dies kann namentlich in Arbeitsverhältnissen, im Bürger-Staat-Verhältnis sowie bei Hinzutreten weiterer Umstände auch zwischen Unternehmer und Verbraucher der Fall sein.[428] Die Problematik der Einwilligung bei krassen **Verhandlungsungleichgewichten** hat im Bereich der konzernverbundenen Finanzdienstleister[429], des Versicherungsgewerbes[430] und der Kreditwirtschaft[431] zu Einwilligungsklauseln geführt, die mit den Aufsichtsbehörden abgestimmt wurden. In jüngerer Zeit führte das

---

424 Vgl. dazu *Buchner/Kühling,* in: Kühling/Buchner (Hrsg.), DS-GVO/BDSG, 2. Aufl. 2018, Art. 7 DS-GVO Rn. 15.
425 Vgl. Beschl. v. 25.3.1992, 1 BvR 1430/88 = BVerfGE 85, 386.
426 BGH, Urt. v. 16.7.2008, VIII ZR 348/06 = BGHZ 177, 253 (Rn. 21).
427 Siehe dazu und zum Folgenden *Buchner/Kühling,* in: Kühling/Buchner (Hrsg.), DS-GVO/BDSG, 2. Aufl. 2018, Art. 7 DS-GVO Rn. 41 ff.
428 Vgl. Erwägungsgrund 43 der DS-GVO; dazu auch *Buchner,* DuD 2016, 155 (158).
429 Sog. Allfinanzklausel, siehe hierzu *Bundesbeauftragte für den Datenschutz und die Informationsfreiheit,* 15. Tätigkeitsbericht zum Datenschutz 1993-1994, S. 437, abrufbar unter https://www.bfdi.bund.de/SharedDocs/Publikationen/Taetigkeitsberichte/TB_BfDI/15TB_93_94.pdf?__blob=publicationFile&v=3; 16. Tätigkeitsbericht zum Datenschutz 1995-1996, S. 410, abrufbar unter https://www.bfdi.bund.de/SharedDocs/Publikationen/Taetigkeitsberichte/TB_BfDI/16TB_95_96.pdf?__blob=publicationFile&v=3 (Abruf: 15.1.2018).
430 Sog. Datenschutzermächtigungsklausel, siehe hierzu VerBAV 1979, 408.
431 Sog. Schufa-Klausel, siehe noch zum BDSG a.F. BGH, Urt. v. 19.9.1985, III ZR 213/83 = BGHZ 95, 362.

BVerfG aus, dem Einzelnen müsse ein informationeller Selbstschutz auch tatsächlich möglich und zumutbar sein. Sei das nicht der Fall, bestehe eine **staatliche Verantwortung**, die Voraussetzungen selbstbestimmter Kommunikationsteilhabe zu gewährleisten. In einem solchen Fall könne der betroffenen Person staatlicher Schutz nicht unter Berufung auf eine nur scheinbare Freiwilligkeit der Preisgabe bestimmter Informationen versagt werden. Die aus dem Allgemeinen Persönlichkeitsrecht folgende **Schutzpflicht** gebiete den zuständigen staatlichen Stellen vielmehr, die rechtlichen Voraussetzungen eines wirkungsvollen informationellen Selbstschutzes bereitzustellen.[432] Ist es ersichtlich, dass in einem Vertragsverhältnis ein Partner ein solches Gewicht hat, dass er den Vertragsinhalt faktisch einseitig bestimmen kann, sei es Aufgabe des Rechts, auf die Wahrung der Grundrechtspositionen beider Vertragspartner hinzuwirken, um zu verhindern, dass sich für einen Vertragteil die Selbstbestimmung in eine Fremdbestimmung verkehrt.[433] Auch wenn die DS-GVO als EU-Verordnung freilich nicht an den Maßstäben des BVerfG zu messen ist, dürften diese Grundsätze auch auf europäischer Ebene Anwendung finden.

501   Mit Art. 7 Abs. 4 schreibt die DS-GVO die schon unter dem Regime von Richtlinie und nationalen Umsetzungsgesetzen[434] geltenden Grundsätze des sog. **Koppelungsverbots** fort und stellt auch sonst an die Freiwilligkeit der Einwilligung vergleichbare Anforderungen.[435] Das Koppelungsverbot wird verletzt, wenn die Erfüllung eines Vertrages von einer Einwilligung abhängig gemacht wird, obwohl die Datenverarbeitung, in welche eingewilligt wird, für die Erfüllung des Vertrages nicht erforderlich ist.[436] Dem Datenverarbeiter ist es dabei nicht versagt, seine Leistung von der Erteilung einer Einwilligung i.S.v. „take it or leave it" abhängig zu machen. Dafür müssen aber sämtliche Datenverarbeitungen, in die eingewilligt wird, für die Durchführung des Vertrages erforderlich sein.[437] Dann wird aber regelmäßig bereits eine Zulässigkeit nach Art. 6 Abs. 1 UAbs. 1 lit. b DS-GVO vorliegen (→ Rn. 368 ff.). Durch die Einwilligung kann jedoch die Bereitstellung der personenbezogenen Daten selbst zum **Gegenstand der Hauptleistungspflicht** mutieren, etwa im Falle eines Tausches „Daten gegen Leistung" – beispielsweise in sozialen Netzwerken. Dann muss dieses Leistungs-Gegenleistungs- Verhältnis aber hinreichend transparent sein. Für die Beurteilung der Erforderlichkeit muss zudem das **spezifische Charakteristikum** des vom Verantwortlichen erbrachten Dienstes bestimmt werden, was gerade für die „Online-Welt" ein transparentes Modell „Daten gegen Leistung" eröffnet.[438] Weiterhin spielt es eine Rolle, ob der

---

432 BVerfG, Beschl. v. 23.10.2006, 1 BvR 2027/02 = BVerfGK 9, 353 = MMR 2007, 93 (93).
433 BVerfG, Beschl. v. 23.10.2006, 1 BvR 2027/02 = BVerfGK 9, 353 = MMR 2007, 93 (93).
434 Vgl. insbesondere § 28 Abs. 3b BDSG a.F. sowie § 95 Abs. 5 TKG.
435 Vgl. *Buchner/Kühling*, in: Kühling/Buchner (Hrsg.), DS-GVO/BDSG, 2. Aufl. 2018, Art. 7 DS-GVO Rn. 41 und 43; *Buchner*, DuD 2016, 155 (158); sehr kritisch dazu *Härting*, Koppelungsverbot – der Einwilligungskiller nach der DS-GVO, CR-online.de Blog v. 11.10.2016, abrufbar unter https://www.cr-online.de/blog/2016/10/11/ (Abruf: 15.1.2018).
436 Vgl. *Buchner*, DuD 2016, 155 (158); *Heckmann/Paschke*, in: Ehmann/Selmayr (Hrsg.), DS-GVO, 2017, Art. 7 Rn. 52.
437 *Buchner/Kühling*, in: Kühling/Buchner (Hrsg.), DS-GVO/BDSG, 2. Aufl. 2018, Art. 7 DS-GVO Rn. 43.
438 *Buchner/Kühling*, in: Kühling/Buchner (Hrsg.), DS-GVO/BDSG, 2. Aufl. 2018, Art. 7 DS-GVO Rn. 49.

betroffenen Person für den gewünschten Vertragsschluss eine **zumutbare Alternative** am Markt zur Verfügung steht.[439] Das kann besonders bei sehr marktstarken Akteuren wie großen Suchmaschinen oder sozialen Netzwerken eher nicht der Fall sein. Richtigerweise muss daneben noch bei der Gesamtbetrachtung das Kriterium eines **angemessenen Interessenausgleichs** berücksichtigt werden.[440]

Die Regelungen zur datenschutzrechtlichen Einwilligung sind von der Stoßrichtung   **502** stark vergleichbar mit der zivilrechtlichen und ebenfalls europarechtlich vorgeprägten[441] AGB-Kontrolle. In beiden Fällen ist der Ausgangspunkt die Privatautonomie. Diese wird bei ungleichen Vertragspartnern gefährdet, da sich der unterlegene Teil letztlich nicht mehr wirklich frei entscheiden kann. Auch sind die Situationen insoweit vergleichbar, dass dem unterlegenen Teil häufig faktisch wenig Zeit bleibt, sich über die Tragweite seiner Erklärung klar zu werden. Insofern spricht einiges dafür, als wesentliches Kriterium für die Freiwilligkeit danach zu fragen, ob durch die Einwilligung die betroffene Person **unangemessen benachteiligt** wird (Rechtsgedanke des Art. 3 Abs. 1 der Richtlinie 39/13/EWG). Eine stark zulasten der betroffenen Person und gegen dessen objektive Interessen gerichtete Einwilligung indiziert subjektiv Zweifel an der Freiwilligkeit.[442] Je unvorteilhafter eine Einwilligung für die betroffene Person objektiv ist, umso mehr wird bei den anderen Kriterien kritisch zu prüfen sein, ob die Einwilligungserklärung wirklich Ausdruck einer freien Entscheidung der betroffenen Person ist.

Im Ergebnis kann also nur dann von einer freien Entscheidung der betroffenen Person   **503** gesprochen werden, wenn die betroffene Person **effektiv** die Möglichkeit hat, selbst zu bestimmen, ob und wie ihre Daten verarbeitet werden. Beruht die Einwilligung der betroffenen Person nicht auf ihrer freien Entscheidung, ist ihre Einwilligung unwirksam. Bereits erhobene Daten sind grundsätzlich zu löschen.

2. Informierte Einwilligung (Art. 4 Nr. 11 DS-GVO)

Das Unionsrecht fordert in Art. 4 Nr. 11 DS-GVO, dass die Einwilligung **in informierter**   **504** **Weise** zu erfolgen hat. Nur eine betroffene Person, die alle entscheidungsrelevanten Informationen kennt, kann Risiken und Vorteile der Einwilligung abschätzen und eine darauf basierende Entscheidung treffen. Ihre Einwilligung kann sich auch nur auf die Umstände beziehen, die ihr bekannt sind. In eine unbestimmte Datenverwendung kann sie nicht wirksam einwilligen. Den Verantwortlichen trifft somit eine **umfassende** Informationspflicht, insbesondere hinsichtlich der Arten von verarbeiteten Daten, des Verarbeitungszwecks, der Identität des Verantwortlichen und dessen Erreichbarkeit

---

439 *Buchner/Kühling,* in: Kühling/Buchner (Hrsg.), DS-GVO/BDSG, 2. Aufl. 2018, Art. 7 DS-GVO Rn. 52 ff.
440 *Buchner/Kühling,* in: Kühling/Buchner (Hrsg.), DS-GVO/BDSG, 2. Aufl. 2018, Art. 7 DS-GVO Rn. 54.
441 Vgl. insoweit die RL 93/13/EWG des Rates vom 5.4.1993 über missbräuchliche Klauseln in Verbraucherverträgen.
442 In diese Richtung auch *Buchner/Kühling,* in: Kühling/Buchner (Hrsg.), DS-GVO/BDSG, 2. Aufl. 2018, Art. 7 DS-GVO Rn. 54.

und an welche Empfänger ggf. Daten übermittelt werden, die er *vor* Einholung der Einwilligung erfüllen muss (vgl. im Einzelnen Art. 12 und 13 DS-GVO).[443] Dieser genügt es nicht, wenn zunächst der Eindruck einer Unterrichtung über wissenschaftliche oder andere Erkenntnisse erweckt wird, es aber letztlich um die Verwendung von Daten zu späteren Verkaufszwecken geht.[444] Entspricht die Legitimationsreichweite der Einwilligung der betroffenen Person nicht ihrer Kenntnis der Sachlage, so ist ihre Einwilligung im Umfang seiner Uninformiertheit unwirksam. Eine umfassende Unwirksamkeit der Einwilligung einer unvollständig informierten betroffenen Person ist dagegen nicht anzunehmen.[445] Eine völlig unzulängliche Information, etwa in einer für die betroffene Person unverständlichen Sprache,[446] kann aber durchaus zu einer vollständigen Unwirksamkeit der Einwilligung führen.

3. Bestimmtheit (Art. 5 Abs. 1 lit b, 6 Abs. 1 UAbs. 1 lit. a DS-GVO)

505   In engem Zusammenhang mit der soeben beschriebenen Informationspflicht des Verantwortlichen steht das Erfordernis der Bestimmtheit der Einwilligungserklärung (Art. 5 Abs. 1 lit. b und Art. 6 Abs. 1 UAbs. 1 lit. a DS-GVO), das sich unmittelbar aus dem Zweckbindungsgrundsatz ableitet.[447] Die betroffene Person kann nur dann die Vorteile und Risiken der Einwilligung einschätzen, wenn sie zum einen in der Lage ist, den **Inhalt** der Einwilligung zu verstehen und wenn zum anderen die Einwilligungserklärung hinreichend **konkret** abgefasst ist.

506   Um dem Gebot der Bestimmtheit zu genügen, sind nicht nur die Daten oder die Art der Daten zu benennen, sondern grundsätzlich auch die einzelnen konkreten Phasen der Datenverarbeitung. Das erforderliche Maß an Bestimmtheit lässt sich allerdings nur in Zusammenschau mit der konkreten **Verarbeitungssituation** ausmachen. Bei einer Vielzahl von – unter Umständen auch noch komplexen – Verarbeitungsphasen kann nicht die Benennung eines jeden einzelnen Verarbeitungsschrittes gefordert werden. Es reicht dann aus, wenn die relevanten, für die Beurteilung der Tragweite der Erklärung wesentlichen Phasen der Verarbeitung beschrieben sind. Ein gewisser Grad an Unvollständigkeit muss dann schon aus Gründen der Klarheit und der Verständlichkeit hingenommen werden. Umgekehrt sind an das Maß an Bestimmtheit umso höhere Anforderungen zu stellen, je mehr der Persönlichkeitsschutz der betroffenen Person berührt wird.[448]

---

443 Vgl. *Buchner/Kühling,* in: Kühling/Buchner (Hrsg.), DS-GVO/BDSG, 2. Aufl. 2018, Art. 7 DS-GVO Rn. 59 f.

444 Vgl. noch zum BDSG a.F. LG Traunstein, Urt. v. 20.5.2008, 7 O 318/08 = MMR 2008, 858.

445 So aber zum BDSG a.F. *Simitis,* in: Simitis (Hrsg.), Kommentar zum BDSG, 8. Aufl. 2014, § 4a Rn. 76.

446 Vgl. dazu *Ernst,* ZD 2017, 110 (113).

447 *Buchner/Kühling,* in: Kühling/Buchner (Hrsg.), DS-GVO/BDSG, 2. Aufl. 2018, Art. 7 DS-GVO Rn. 61.

448 Zum BDSG a.F. *Holznagel/Sonntag,* in: Roßnagel (Hrsg.), Handbuch Datenschutzrecht, 2003, Kap. 4.8 Rn. 49.

Die Einwilligung bezieht sich immer auf die konkrete Verarbeitung bestimmter Daten   **507**
für einen vorher genau festgelegten Zweck. Blankoeinwilligungen und pauschal gehaltene Einwilligungserklärungen sind **unwirksam**.[449] Ebenso wenig genügen Formulierungen wie die „Übermittlung personenbezogener Daten an verbundene und befreun-
dete Unternehmen", die „Verwendung der Daten im Rahmen einer ordnungsgemäßen
Geschäftsführung"[450] bzw. „im Rahmen der üblichen Betreuung des Ermächtigen-
den"[451] oder die „Weitergabe der Daten des Kreditnehmers über die Abwicklung des
Kredits"[452] dem Gebot der Bestimmtheit. In allen Fällen ist die betroffene Person gezwungen, weitere Informationen einzuholen, um die Tragweite ihrer Einwilligung zu
überblicken.

Insbesondere bei **Allgemeinen Geschäftsbedingungen** stellt die Bestimmtheit der   **508**
Einwilligung ein Kernproblem dar. Formularverträge sollen typischerweise eine Vielzahl von Verwendungsfällen abdecken. Trotzdem kann auf die konkreten oben genannten Angaben und den erforderlichen Grad an Bestimmtheit nicht verzichtet werden. Andernfalls verstoßen sie nicht nur gegen datenschutzrechtliche Vorgaben,
sondern auch gegen die Regelungen der §§ 305c und 307 BGB.[453] Dies gilt auch unter
dem Regime der DS-GVO fort. Zwar könnte man die Auffassung vertreten, dass es insoweit einer Öffnungsklausel bedürfte, allerdings ist auch das AGB-Recht unionsrechtlich vorgeprägt,[454] so dass insoweit die unionsrechtlichen Wertungen weder der DS-
GVO noch des AGB-Rechts mit ihren unterschiedlichen Schutzrichtungen unterlaufen
werden sollten. Das AGB-Recht ist daher bei der Gestaltung von vorformulierten Einwilligungserklärungen weiterhin parallel zu prüfen. Unklarheiten gehen auch hier zulasten des Verantwortlichen. Im Übrigen ist ganz grundsätzlich Skepsis gegenüber dem
Vorliegen einer „freien Entscheidung" angezeigt, wenn letztlich keine individuelle Wil-
lensbetätigung ersichtlich ist.[455] Insofern sind hier auch die Anforderungen an die Hervorhebung besonders streng zu sehen.[456] Der Einwilligende muss erkennen könne, ob
ein Text eine vorformulierte Einwilligungserklärung oder aber einen Hinweis auf gesetzliche Zulässigkeitstatbestände darstellt oder der Verantwortliche damit Informationspflichten erfüllt.

---

449 So zum BDSG a.F. BGH, Urt. v. 19.9.1985, III ZR 213/83 = BGHZ 95, 362 (367 f.); Urt. v. 10.7.1991,
     VIII ZR 296/90 = BGHZ 115, 123 (127); Urt. v. 11.12.1991, VIII ZR 4/91 = BGHZ 116, 268 (273).
450 So zum BDSG a.F.*Simitis*, in: Simitis (Hrsg.), Kommentar zum BDSG, 8. Aufl. 2014, § 4a Rn. 81.
451 Zum BDSG a.F.*Simitis*, in: Simitis (Hrsg.), Kommentar zum BDSG, 8. Aufl. 2014, § 4a Rn. 81.
452 So zum BDSG a.F. BGH, Urt. v. 19.9.1985, III ZR 213/83 = BGHZ 95, 362 (367 f.) – *Schufa-Ent-
     scheidung*; vgl. auch *Gola/Klug*, Grundzüge des Datenschutzrechts, 2003, S. 58 f.
453 Vgl. BGH, Urt. v. 19.9.1985, III ZR 213/83 = BGHZ 95, 362 (367 f.); Urt. v. 23.1.2003, III ZR 54/02
     = K&R 2003, 511; OLG Köln, Urt. v. 11.1.2002, 6 U 125/01 = RDV 2002, 237; OLG Düsseldorf,
     Urt. v. 25.8.1994, 6 U 266/93 = CR 1995, 539; LG Bonn, Urt. v. 31.10.2006, 11 O 66/06 = RDV
     2007, 77.
454 Vgl. insoweit die RL 93/13/EWG des Rates vom 5.4.1993 über missbräuchliche Klauseln in
     Verbraucherverträgen.
455 Siehe auch *Menzel*, DuD 2008, 400 (406).
456 So zum BDSG a.F. etwa OLG Koblenz, Urt. v. 26.3.2014, 9 U 1116/13 = WRP 2014, 876 (877 f.).

4. Einwilligung bei sensiblen Daten (Art. 9 Abs. 2 lit. a DS-GVO)

509   Aufgrund des besonderen Risikos der Benachteiligung und Diskriminierung der betroffenen Person, das sensiblen Daten anhaftet (vgl. dazu bereits → Rn. 439 ff.), sind sie grundsätzlich einer Verarbeitung unzugänglich. Art. 9 Abs. 2 lit. a DS-GVO sieht dennoch die Möglichkeit vor, in die Verarbeitung dieser besonderen Kategorien personenbezogener Daten einzuwilligen. An die Einwilligung sind jedoch insofern erhöhte Anforderungen zu stellen, als sie sich **ausdrücklich** auf diese Daten beziehen muss. In Ergänzung und Verschärfung der bereits erläuterten inhaltlichen Wirksamkeitsvoraussetzungen sind die zu verwendenden sensiblen Daten genau zu benennen und der **konkrete Verwendungszusammenhang** aufzuzeigen. Denn es lässt sich das Risiko der Verwendung eines sensiblen Datums erst im konkreten Verwendungskontext beurteilen. Insgesamt ist an den Inhalt der Einwilligung ein erhöhtes Maß an Bestimmtheit und Genauigkeit zu stellen. Die betroffene Person muss zweifelsfrei erkennen können, welche sensiblen Daten für welchen genau umschriebenen Verwendungszweck in welchem Verwendungskontext verarbeitet werden sollen.[457] Das bedeutet etwa für die Forschung mit Gesundheitsdaten, dass eine ausführliche Erläuterung der Verwendung der Daten und der zugriffsberechtigten Personen sowie der indizierten Risiken erfolgen muss.[458] Erfüllt die Einwilligung nicht diese erhöhten Ansprüche, ist sie unwirksam. Der Umgang mit den betreffenden sensiblen Daten ist unzulässig und bereits gespeicherte sensible Daten sind grundsätzlich zu löschen.

510   Art. 9 Abs. 2 lit. a DS-GVO enthält eine **Öffnungsklausel,** wonach das nationale Recht die Einwilligung als Legitimationstatbestand für die Verarbeitung besonders sensibler Daten ausschließen kann. Bislang hat Deutschland davon keinen Gebrauch gemacht. Möglich wäre es auch, an die Einwilligung als Minus zum Ausschluss spezifische Anforderungen zu stellen.[459] Diese wären dann wiederum nach nationalem Verfassungsrecht vor dem Hintergrund zu beurteilen, dass die Legitimation einer Datenverarbeitung durch eine Einwilligung gerade Ausdruck des Rechts auf informationelle Selbstbestimmung ist (siehe unter → Rn. 497 f.). Eine Beschränkung wäre also ein Eingriff und müsste gerechtfertigt, insbesondere verhältnismäßig sein.

---

457 Vgl. *Holznagel/Sonntag*, in: Roßnagel (Hrsg.), Handbuch Datenschutzrecht, 2003, Kap. 4.8 Rn. 56; zum BDSG a.F. *Simitis*, in: Simitis (Hrsg.), Kommentar zum BDSG, 8. Aufl. 2014, § 4a Rn. 87; ferner *Schiff*, in: Ehmann/Selmayr (Hrsg.), DS-GVO, 2017, Art. 9 Rn. 28 f.

458 Dazu etwa *Gerling*, DuD 2008, 733 (734), mit Blick auf die Genomforschung; zu den Schwierigkeiten, das richtige Ausmaß der Aufklärung zu finden, plastisch *Menzel*, DuD 2008, 400 (407 f.).

459 Vgl. *Weichert,* in: Kühling/Buchner (Hrsg.), DS-GVO/BDSG, 2. Aufl. 2018, Art. 9 DS-GVO Rn. 48.

V. Formale Wirksamkeitsvoraussetzungen

1. Abgabe/Einwilligungsbewusstsein (Art. 4 Nr. 11, Erwägungsgrund 32 DS-GVO)

Wie die Abgabe der Einwilligung zu erfolgen hat, war schon nach bisheriger Rechtslage **511** **umstritten**. Teils wurde das Erfordernis der **höchstpersönlichen** Abgabe aufgestellt, teils wurde eine **Stellvertretung** für möglich erachtet. Die Möglichkeit der Abgabe durch einen **Boten** war hingegen unstreitig.[460] Auch die DS-GVO klärt diese Frage nicht.[461] Sofern der Bevollmächtigte in gesetzlich geforderter Weise informiert wird und die **Vollmacht** sich explizit auch auf die datenschutzrechtliche Einwilligung bezieht, ist nicht ersichtlich, inwiefern der betroffenen Person, also der Vertretenen, ein Nachteil erwachsen sollte.[462] Entscheidend ist die **Schutzrichtung** des Gesetzes. Zwar sollen die Vorschriften der DS-GVO ein hohes Datenschutzniveau sichern, eine Bevormundung und Freiheitsbeschränkung der betroffenen Person kann jedoch nicht bezweckt sein. Sind schutzwürdige Interessen des Verantwortlichen oder Dritter bei der Abgabe der Einwilligung der betroffenen Person regelmäßig nicht berührt und wird die Einwilligung als genuiner Ausdruck des informationellen Selbstbestimmungsrechts der betroffenen Person begriffen, muss ihr die Möglichkeit der Stellvertretung eingeräumt werden.

Voraussetzung für die wirksame Abgabe ist jedoch stets das **Einwilligungsbewusst-** **512** **sein** (Art. 4 Nr. 11 und Erwägungsgrund 32 der DS-GVO).[463] Die betroffene Person muss sich bei der Abgabe im Klaren darüber sein, dass sie etwas Rechtserhebliches erklärt. Nicht mehr möglich ist unter der DS-GVO daher die Einholung von Einwilligungen mittels eines sog. Opt-out, wie es bisher durchaus verbreitet war.[464] Eine Einwilligung setzt also stets eine **aktive Handlung** voraus.[465]

2. Form

Die DS-GVO stellt keine besonderen Anforderungen an die Form der Abgabe einer Ein- **513** willigungserklärung. Insbesondere ist – anders als nach § 4a Abs. 1 S. 3 BDSG a.F. – **kein Schriftformerfordernis** vorgesehen. Gleichwohl wird sich aus Gründen der Nachweisbarkeit (dazu sogleich) häufig zumindest die Einholung in Textform empfehlen.

---

460 Zum BDSG a.F. *Simitis*, in: Simitis (Hrsg.), Kommentar zum BDSG, 8. Aufl. 2014, § 4a Rn. 31.
461 *Buchner/Kühling*, in: Kühling/Buchner (Hrsg.), DS-GVO/BDSG, 2. Aufl. 2018, Art. 7 DS-GVO Rn. 31.
462 So auch *Gola/Schomerus*, BDSG, 12. Aufl. 2015, § 4a Rn. 10; *Holznagel/Sonntag*, in: Roßnagel (Hrsg.), Handbuch Datenschutzrecht, 2003, Kap. 4.8 Rn. 27.
463 *Buchner/Kühling*, in: Kühling/Buchner (Hrsg.), DS-GVO/BDSG, 2. Aufl. 2018, Art. 7 DS-GVO Rn. 56.
464 *Buchner/Kühling*, in: Kühling/Buchner (Hrsg.), DS-GVO/BDSG, 2. Aufl. 2018, Art. 7 DS-GVO Rn. 57 f.
465 *Buchner/Kühling*, in: Kühling/Buchner (Hrsg.), DS-GVO/BDSG, 2. Aufl. 2018, Art. 7 DS-GVO Rn. 57.

3. Transparenzgebot (Art. 7 Abs. 2 S. 1 DS-GVO)

514 Häufig wird aus praktischen Erwägungen die Einwilligung zusammen mit anderen Erklärungen abgegeben, indem eine entsprechende Erklärung etwa in AGB-Klauselwerken enthalten ist.[466] Um zu verhindern, dass die Einwilligungserklärung „versteckt" wird, fordert Art. 7 Abs. 2 S. 1 DS-GVO als besondere Ausprägung des Transparenzgebots des Art. 5 Abs. 1 lit. a DS-GVO die besondere Hervorhebung der Einwilligung.[467] Der Einwilligungstext muss sich **optisch**, etwa drucktechnisch,[468] von den übrigen Erklärungen abheben und angemessen platziert sein. Ein bloßer Hinweis auf Allgemeine Geschäftsbedingungen reicht *nicht* aus.[469] Wird der Einwilligungstext nicht in geforderter Weise besonders hervorgehoben, ist die Einwilligung **unwirksam** und eine auf sie gestützte Datenverarbeitung rechtswidrig.[470] Unter der DS-GVO kommt dem Transparenzgebot auch eine inhaltliche Dimension zu.[471] Der Text muss der betroffenen Person den Inhalt der Einwilligung, die vom Verantwortlichen vorformuliert und mit anderen Erklärungen gemeinsam abgegeben wird, in einer klaren und verständlichen Sprache vor Augen führen.[472]

4. Nachweisbarkeit (Art. 7 Abs. 1 DS-GVO)

515 Art. 7 Abs. 1 DS-GVO schreibt vor, dass der Verantwortliche nachweisen können muss, dass die betroffene Person in die Verarbeitung ihrer personenbezogenen Daten eingewilligt hat. Dabei handelt es sich um eine reine Beweislastregel und nicht um eine materielle Wirksamkeitsvoraussetzung, auch wenn man dies in systematischer Auslegung vor dem Hintergrund der Überschrift des Art. 7 DS-GVO („Bedingungen für die Einwilligung") annehmen könnte.[473]

---

466 Vgl. *Ernst*, ZD 2017, 110 (111, 113).
467 So zum BDSG a.F. *Gola/Schomerus*, BDSG, 12. Aufl. 2015, § 4a Rn. 14; *Tinnefeld/Buchner/u.a.*, Einführung in das Datenschutzrecht, 6. Aufl. 2018, S. 418.
468 Vgl. *Buchner/Kühling*, in: Kühling/Buchner (Hrsg.), DS-GVO/BDSG, 2. Aufl. 2018, Art. 7 DS-GVO Rn. 25 ff.; vgl. zur inhaltlich gleichlaufenden Vorläufernorm des § 4a Abs. 1 S. 4 BDSG auch OLG Celle, Urt. v. 14.11.1979, 3 U 92/79 = NJW 1980, 347 (348).
469 Zum BDSG a.F. *Gola/Schomerus*, BDSG, 12. Aufl. 2015, § 4a Rn. 14.
470 Vgl. zum BDSG a.F. BGH, Urt. v. 16.7.2008, VIII ZR 348/06 = BB 2008, 2426 (2429); bestätigt durch Urt. v. 11.11.2009, VIII ZR 12/08 = WRP 2010, 278; siehe auch später OLG Koblenz, Urt. v. 26.3.2014, 9 U 1116/13 = WRP 2014, 876 (877 f.) und OLG Hamm, Urt. v. 17.2.2011, 4 U 174/10 = K&R 2011, 411 (412); Zum BDSG a.F. *Simitis*, in: Simitis (Hrsg.), Kommentar zum BDSG, 8. Aufl. 2014, § 4a Rn. 42.
471 Vgl. *Buchner/Kühling*, in: Kühling/Buchner (Hrsg.), DS-GVO/BDSG, 2. Aufl. 2018, Art. 7 DS-GVO Rn. 26.
472 Vgl. dazu auch *Ernst*, ZD 2017, 110 (113).
473 Vgl. *Buchner/Kühling*, in: Kühling/Buchner (Hrsg.), DS-GVO/BDSG, 2. Aufl. 2018, Art. 7 DS-GVO Rn. 22 f.; *Heckmann/Paschke*, in: Ehmann/Selmayr (Hrsg.), DS-GVO, 2017, Art. 7 Rn. 19.

VI. Widerrufbarkeit (Art. 7 Abs. 3 DS-GVO)

Wie schon nach bisheriger Rechtslage allgemein anerkannt, normiert Art. 7 Abs. 3 DS-GVO die jederzeitige Widerrufbarkeit der Einwilligung nunmehr explizit.[474] Dies ist Ausdruck der Freiwilligkeit der Einwilligung. Der Widerruf ist dem Verantwortlichen gegenüber zu erklären, der auch Adressat der Einwilligungserklärung war. Zur Freiwilligkeit der Einwilligung gehört auch die jederzeitige Lösbarkeit der betroffenen Person von ihrer einmal erteilten Einwilligung, so dass das Widerrufsrecht nicht durch Verzicht bindend ausgeschlossen werden kann. Grundsätzlich kann die betroffene Person somit frei über den Zeitpunkt, den Umfang und die Form ihres Widerrufs mit Wirkung **ex nunc** entscheiden.

516

Unter dem BDSG a.F. wurde angenommen, dass der Widerruf einer Einwilligung bei bereits begonnener Datenverarbeitung nur unter Einschränkungen möglich ist. Wurden demnach personenbezogene Daten bereits verarbeitet, konnte ein Widerruf nur unter Berücksichtigung des **Grundsatzes von Treu und Glauben** erfolgen.[475] Daraus folgte, dass die betroffene Person nur widerrufen konnte, wenn ihr das Festhalten an der Einwilligung **objektiv** nicht länger zuzumuten war, etwa weil der Verantwortliche die vom Einwilligungsinhalt gezogenen Verarbeitungsgrenzen überschritt oder erforderliche Maßnahmen zur Datensicherheit nicht durchführte oder angesichts sensibler Daten ein Entscheidungswandel den überwiegenden berechtigten Interessen der betroffenen Person entsprach.[476] Lag der Einwilligung eine rechtsgeschäftliche Beziehung oder allgemein eine Geschäftsbeziehung zugrunde und entfiel diese später, konnte die betroffene Person ebenfalls ihren Widerruf erklären.[477] Der Grundsatz von Treu und Glauben findet sich auch in der DS-GVO wieder (Art. 5 Abs. 1 lit. a DS-GVO), wohingegen Art. 7 Abs. 3 S. 1 DS-GVO das „jederzeitige" Recht zum Widerruf postuliert. Ob sich Einschränkungen vor dem Hintergrund dieser scharfen Formulierung weiterhin aufrechterhalten lassen, erscheint zweifelhaft. Überzeugend erscheint es aber durchaus, jedenfalls in umfassenden Vertragsverhältnissen gewisse Einschränkungen im Interesse der Praktikabilität zuzulassen.[478]

517

Der Widerruf entfaltet Wirkung für die Zukunft. Wurden jedoch Daten bereits gespeichert, sind sie nunmehr grundsätzlich zu **löschen**, es sei denn, es besteht eine anderweitige Rechtsgrundlage für die Verarbeitung (vgl. Art. 17 Abs. 1 lit. b DS-GVO). Sollte auch eine Übermittlung getätigt worden sein, hat der Verantwortliche den Empfänger

518

---

474 *Buchner/Kühling,* in: Kühling/Buchner (Hrsg.), DS-GVO/BDSG, 2. Aufl. 2018, Art. 7 DS-GVO Rn. 33.

475 So jetzt auch *Schafftland/Holzhaus,* in: Schaffland/Wiltfang (Hrsg.), DS-GVO/BDSG, EL 10/17 Stand: Dezember 2017, Art. 7 DS-GVO Rn. 55.

476 Vgl. zur Rechtslage unter dem BDSG a.F. *Simitis,* in: Simitis (Hrsg.), Kommentar zum BDSG, 8. Aufl. 2014, § 4a Rn. 99 f.; dem auch unter der DS-GVO folgend *Schaffland/Holthaus,* in: Schaffland/Wiltfang (Hrsg.), DS-GVO/BDSG, EL 10/17 Stand: Dezember 2017, Art. 7 DS-GVO Rn. 55.

477 Vgl. zum BDSG a.F. *Gola/Schomerus,* BDSG, 12. Aufl. 2015, § 4a Rn. 18 f.; *Simitis,* in: Simitis (Hrsg.), Kommentar zum BDSG, 8. Aufl. 2014, § 4a Rn. 99 f.

478 Vgl. dazu *Buchner/Kühling,* in: Kühling/Buchner (Hrsg.), DS-GVO/BDSG, 2. Aufl. 2018, Art. 7 DS-GVO Rn. 38 ff.

über den Widerruf der betroffenen Person zu informieren.[479] Das Fehlen einer Belehrung führt nicht automatisch zur Rechtswidrigkeit der Verarbeitung, auch wenn in Art. 7 Abs. 3 DS-GVO eine Pflicht statuiert, die betroffene Person von der Widerrufbarkeit in Kenntnis zu setzen.[480]

VII. Einsichtsfähigkeit und Einwilligung Minderjähriger (Art. 8 DS-GVO)

519   Voraussetzung für eine wirksame Einwilligung ist die Einsichtsfähigkeit der betroffenen Person.[481] Punktuell und beschränkt auf die **Dienste der Informationsgesellschaft** i.S.d. Art. 4 Nr. 25 DS-GVO und Angebote, die einem **Kind direkt gemacht**[482] **werden, trifft Art. 8 DS-GVO ergänzende Regelungen für die Einwilligung Minderjähriger.**[483] Daneben sind zusätzlich die Kriterien des Art. 7 DS-GVO zu beachten. So wird eine Altersgrenze von 16 Jahren statuiert. Ab diesem Alter kann die betroffene Person selbst grundsätzlich wirksam einwilligen; bis dahin können die Träger der elterlichen Sorge für die betroffene Person dies tun. Auf die **individuelle Einsichtsfähigkeit** der minderjährigen Person **kommt es nun nicht mehr an.** Ab 16 Jahren kann eine Person also wirksam einwilligen und damit die Verarbeitung beliebiger personenbezogener Daten legitimieren. Damit wird für den wichtigen und für diese Altersgruppe besonders relevanten Bereich der Dienste der Informationsgesellschaft wie Social Networks, Youtube, und Messaging-Diensten etc. Rechtssicherheit geschaffen und im Ansatz eine Harmonisierung im Binnenmarkt erreicht. Da den Mitgliedstaaten jedoch die Möglichkeit bleibt, die Altersgrenze durch eine entsprechende nationale Gesetzgebung auf bis zu 13 Jahre abzusenken, müssen die Anbieter daher jeden nationalen Markt weiterhin unterschiedlich behandeln. Deutschland hat von dieser Möglichkeit allerdings keinen Gebrauch gemacht, so dass die Einsichtsfähigkeit und damit einhergehend Wirksamkeit einer eigenen Einwilligung ab 16 Jahren **unwiderleglich vermutet** wird.

520   Dem Verantwortlichen wird in Art. 8 Abs. 2 DS-GVO auferlegt, **angemessene technische Maßnahmen** zu ergreifen, um die Einhaltung der Altersgrenze zu prüfen. Hier werden technische Lösungen zu entwickeln sein. Nicht ausreichen kann es sicherlich, wenn der Minderjährige selbst versichert, dass die Träger der elterlichen Sorge eingewilligt haben. Eine Lösung könnte das sog. „Double-Opt-In-Verfahren" darstellen, bei

---

479   *Frenzel*, in: Paal/Pauly (Hrsg.), DS-GVO, 2017, Art. 7 DS-GVO Rn. 16.

480   Vgl. *Ernst*, ZD 2017, 110 (112); *Heckmann/Paschke*, in: Ehmann/Selmayr (Hrsg.), DS-GVO, 2017, Art. 7 Rn. 32.

481   Vgl. *Buchner/Kühling,* in: Kühling/Buchner (Hrsg.), DS-GVO/BDSG, 2. Aufl. 2018, Art. 8 DS-GVO Rn. 19; *Frenzel,* in: Paal/Pauly (Hrsg.), DS-GVO, 2017, Art. 8 DS-GVO Rn. 2; *Heckmann/ Paschke,* in: Ehmann/Selmayr (Hrsg.), DS-GVO, 2017, Art. 8 Rn. 4.

482   Hier ist umstritten, ob nur Angebote erfasst werden, die sich spezifisch an Kinder richten. Da die Norm dem Schutz von Kindern dient, ist sie teleologisch so auszulegen, dass zumindest die Dienste, die sich sowohl an Erwachsene als auch an Kinder richten, in ihren Anwendungsbereich fallen, vgl. dazu *Buchner/Kühling,* in: Kühling/Buchner (Hrsg.), DS-GVO/BDSG, 2. Aufl. 2018, Art. 8 DS-GVO Rn. 15 ff.

483   Vgl. *Buchner/Kühling,* in: Kühling/Buchner (Hrsg.), DS-GVO/BDSG, 2. Aufl. 2018, Art. 8 DS-GVO Rn. 1 ff.; *Frenzel,* in: Paal/Pauly (Hrsg.), DS-GVO, 2017, Art. 7 DS-GVO Rn. 6 ff.; *Heckmann/ Paschke,* in: Ehmann/Selmayr (Hrsg.), DS-GVO, 2017, Art. 8 Rn. 1.

dem neben der Erklärung des Minderjährigen auch noch eine weitere Handlung des Trägers elterlicher Sorge erforderlich ist. Daneben gibt es weitere Ansätze, wie etwa die Legitimation anhand von Kreditkartendaten, durch ein Telefongespräch oder Video-Ident-Verfahren. Insgesamt fordert Art. 8 DS-GVO nicht, dass jeglicher Missbrauch verhindert wird. Der Unionsgesetzgeber nimmt vielmehr einen Kompromiss in Kauf zwischen Praktikabilität einerseits und Missbrauchskontrolle andererseits. Welche technischen Ansätze sich durchsetzen werden, bleibt abzuwarten. Sachgerecht erscheint es, beim Aufwand nach der Bedeutung der Daten zu differenzieren und nur bei besonders sensiblen Daten z.B. ein Post-Ident-Verfahren zu verlangen.[484]

■ **Lösung zu Fallbeispiel 9 – Fußball-EM – Einwilligung (Rn. 489)**   521

A. Wirksame Einwilligung?
   Einwilligung der betroffenen Person gemäß Art. 7 DS-GVO?: Inhaltliche Anforderungen
   ⇒ Freie Entscheidung der betroffenen Person (Art. 4 Nr. 11 DS-GVO)
   ⇒ Einwilligung nur wirksam, wenn Koppelungsverbot beachtet (Art. 7 Abs. 4 DS-GVO)
       → Abschluss eines Vertrags (+)
       → Berechtigung, das betreffende Spiel als Zuschauer zu verfolgen
       → Vertrag zwischen DFB und betroffenen Personen
       → Abhängigmachen i.S.e. zwingenden Voraussetzung?
       → Zwingende Voraussetzung für den Abschluss des Vertrags ist die Einwilligung in die Nutzung der personenbezogenen Daten für Werbezwecke eines Verantwortlichen
       → Ergebnis (+)
       → Koppelungsverbot anwendbar
       → Prüfung in der Zusammenschau notwendig (Erwägungsgrund 43 S. 2 sowie Art. 7 Abs. 4 der DS-GVO)
       → Werbung nicht zwingend für Vertragsdurchführung erforderlich
       → Einziger Ticketanbieter: Kein alternativer Bezug der Vertragsleistung am Markt möglich
       → Koppelungsverbot verletzt (+)
       → Ergebnis: Freiwilligkeit (–)
B. Ergebnis
   Keine wirksame Einwilligung

F. Auftragsverarbeitung (Art. 28 DS-GVO)

Der so genannten Auftragsverarbeitung (vormals als Auftrags*daten*verarbeitung bezeichnet) kommt eine **hohe Praxisrelevanz** zu, weil die Auslagerung von Datenverarbeitungsprozessen an externe Dienstleister das gesamte Wirtschaftsleben durchzieht und ein Datenfluß im Konzern, zwischen Unternehmen und im Verhältnis zu Privatkunden ohne beispielsweise Cloud-Computing oder spezialisierte Systemwartung kaum mehr denkbar ist. Mit Einführung der DS-GVO bleibt hier gegenüber der Rechtslage unter dem BDSG a.F. bzw. der DSRL vieles beim Alten. Insbesondere bei den relevanten grundlegenden Definitionen (Verarbeitung, Verantwortlicher, Auftragsverarbeiter, Dritter und Empfänger; ausführlich zu den Begriffsdefinitionen unter → Rn. 303 ff.)   522

---

484 Vgl. zum ganzen Absatz *Buchner/Kühling*, DuD 2017, 544 (546 f.).

in Art. 4 DS-GVO haben sich überwiegend nur geringfügige, meist rein terminologische Änderungen ergeben. Allerdings finden sich durchaus auch Modifikationen, sowohl hinsichtlich der Anforderungen an die praktische Umsetzung der Auftragsverarbeitung, die Reichweite des Anwendungsbereichs, aber auch und vor allem mit Blick auf die Verantwortlichkeiten des Auftragsverarbeiters. Die **zentrale Norm zur Auftragsverarbeitung ist Art. 28 DS-GVO**, der detaillierte Vorgaben für deren wirksame Umsetzung macht. Die Norm ist jedoch im Gefüge zahlreicher weiterer relevanter Vorschriften zu sehen, speziell die genannten Begriffsdefinitionen und ein über mehrere Bestimmungen verteilter Pflichtenkatalog, der sich spezifisch an Auftragsverarbeiter richtet.

I.   Begriff der Auftragsverarbeitung

1.   Definition

523   Wie schon unter Geltung des BDSG a.F. gibt es nach wie vor keine zentrale Definition der Auftragsverarbeitung. Die **Kriterien ergeben sich im Zusammenspiel verschiedener Normen**, insbesondere der Definitionen der „Verarbeitung" (Art. 4 Nr. 2 DS-GVO), des „Verantwortlichen" (Art. 4 Nr. 7 DS-GVO), des „Auftragsverarbeiters" (Art. 4 Nr. 8 DS-GVO), des „Empfängers" (Art. 4 Nr. 9 DS-GVO) sowie des „Dritten" (Art. 4 Nr. 10 DS-GVO).[485] Grundsätzlich liegt eine Auftragsverarbeitung vor, wenn eine „natürliche oder juristische Person, Behörde, Einrichtung oder andere Stelle" personenbezogene Daten „im Auftrag des Verantwortlichen verarbeitet" (Art. 4 Nr. 8 DS-GVO). Die zugrundeliegende Konstellation ist also wie bisher ein Verantwortlicher, der sich für bestimmte Datenverarbeitungsprozesse einer separaten Entität (nämlich des Auftragsverarbeiters) bedient.

2.   Weisungsgebundenheit (Art. 29 DS-GVO)

524   Ob es sich bei der Einschaltung einer anderen Stelle um eine Auftragsverarbeitung handelt, hängt entscheidend davon ab, ob die andere Stelle „**im Auftrag** des Verantwortlichen" im Sinne der Vorschrift des Art. 4 Nr. 8 DS-GVO tätig wird. Maßgeblich ist in diesem Zusammenhang also die Weisungsgebundenheit der Tätigkeit. Die DS-GVO enthält hierzu in Art. 29 eine mit Art. 16 DSRL inhaltlich nahezu identische Vorschrift, die bestimmt, dass (vorbehaltlich gegebenenfalls bestehender rechtlicher Verarbeitungs*pflichten*) der Auftragsverarbeiter personenbezogene Daten **ausschließlich auf Weisung des Verantwortlichen** verarbeiten darf. Dies gilt gleichermaßen für ihm oder dem Verantwortlichen unterstellte Personen, die Zugang zu personenbezogenen Daten haben. Klärungsbedürftig ist, wie groß der dem Auftragsverarbeiter verbleibende Spielraum im Rahmen dieser Weisungen ist, wie viel Eigenverantwortlichkeit der anderen Stelle also hinnehmbar ist, ohne dass sie ihre Eigenschaft als Auftragsverarbeiter einbüßt.

---

485 *Hartung*, in: Kühling/Buchner (Hrsg.), DS-GVO/BDSG, 2. Aufl. 2018, Art. 28 DS-GVO Rn. 24.

3. Abgrenzung zur „Funktionsübertragung"

Noch unter Geltung des BDSG a.F. vertrat die zutreffende ganz h.M[486] hier eine eher restriktive Auslegung, wonach der Auftragnehmer nur gleichsam als unterstützendes „Werkzeug" des Verantwortlichen (so die damalige Terminologie) in völliger Weisungsabhängigkeit tätig werden durfte. Hierin sah man auch das ausschlaggebende Abgrenzungskriterium zur so genannten Funktionsübertragung, die dadurch gekennzeichnet war, dass der anderen Stelle eine **Eigenverantwortlichkeit und Entscheidungsbefugnis** zukam, die ihre Tätigkeit über die reine Hilfsfunktion im Rahmen fremder Zwecke hinaushob und sie insoweit selbst zu einem „Verantwortlichen" (und damit nicht mehr Auftragsverarbeiter) machte.

525

Das neue Regelungssystem unter der DS-GVO ist hier großzügiger, da eine Auftragsverarbeitung „nur" insoweit ausscheidet, wie die andere Stelle „allein oder gemeinsam mit anderen über die Zwecke und Mittel der Verarbeitung von personenbezogenen Daten entscheidet" und damit selbst ein Verantwortlicher i.S.d. Art. 4 Nr. 7 DS-GVO ist. Mit anderen Worten kommt eine Auftragsverarbeitung solange in Betracht, wie potentielle Eigenständigkeit und Gestaltungsspielräume der anderen Stelle nicht dazu führen, dass sie die **Entscheidungsbefugnis über die Zwecke und Mittel der Datenverarbeitung** erhält. Ein Auftragsverarbeiter kann gleichwohl durchaus grundsätzlich innerhalb des durch den Verantwortlichen vorgegebenen Rahmens über die Mittel (nicht aber auch über die Zwecke) der Verarbeitung (mit-)entscheiden, also etwa über die Hard- und Softwareinfrastruktur.[487] Dies hat zur Konsequenz, dass viele Fälle, die zuvor als „Funktionsübertragung" aus dem Regime der Auftragsverarbeitung herausfielen, nunmehr als Auftragsverarbeitung nach Art. 28 DS-GVO ausgestaltet werden können.[488] Letztlich existieren aber **keine trennscharfen Abgrenzungskriterien,** um exakt ermitteln zu können, wann die Grenze zu einer Eigenverantwortlichkeit bzw. Zweckherrschaft überschritten ist, die eine Auftragsverarbeitung ausschließt indem sie eine Verantwortlichkeit der anderen Stelle gemäß Art. 4 Nr. 7 DS-GVO begründet. Man wird hier stets eine wertende Gesamtbetrachtung aller Umstände durchführen müssen, wobei Indizien wie Umfang und Detailgrad der erteilten Weisungen oder Intensität und Dauerhaftigkeit der Überwachung und Beaufsichtigung zu berücksichtigen

526

---

486 Siehe statt vieler zum BDSG a.F. *Petri*, in: Simitis (Hrsg.), Kommentar zum BDSG, 8. Aufl. 2014, § 11 Rn. 22 ff.

487 *Bertermann*, in: Ehmann/Selmayr (Hrsg.), DS-GVO, 2017, Art. 28 Rn. 3, mit Hinweis auf *Art.-29-Datenschutzgruppe*, Stellungnahme 1/2010 zu den Begriffen „für die Verarbeitung Verantwortlicher" und „Auftragsverarbeiter", WP 169, 16.2.2010, S. 17. Siehe aber auch *Hartung*, in: Kühling/Buchner (Hrsg.), DS-GVO/BDSG, 2. Aufl. 2018, Art. 28 DS-GVO Rn. 51, der überzeugend darauf hinweist, dass hier etwas anderes gelten kann, wenn die Entscheidungsspielräume der anderen Stelle über die Mittel der Verarbeitung zu einer neuen Risikolage und Verantwortung führen.

488 *Hartung*, in: Kühling/Buchner (Hrsg.), DS-GVO/BDSG, 2. Aufl. 2018, Art. 28 DS-GVO Rn. 44 mit zahlreichen Fallgruppen in Rn. 45 ff.; *Müthlein*, RDV 2016, 74 (84).

sind.[489] Der Kriterienkatalog mit Beispielen, der von der Art.-29-Datenschutzgruppe noch zur DSRL erstellt wurde,[490] kann dabei durchaus hilfreich sein.

4. Verantwortung

527   Ist die Einschaltung einer anderen Stelle zur Verarbeitung personenbezogener Daten als Auftragsverarbeitung zu qualifizieren, hat dies Konsequenzen für die Verantwortlichkeit der Beteiligten (allgemein zur datenschutzrechtlichen Verantwortlichkeit ausführlich oben unter → Rn. 303 ff.). Unter Geltung des BDSG a.F. bestimmte dessen § 11 (die ehemalige „Zentralnorm" zur Auftragsverarbeitung) in Abs. 1 S. 1, dass der **Verantwortliche für die Einhaltung der datenschutzrechtlichen Vorschriften** (also insbesondere Zulässigkeitsvoraussetzungen und Betroffenenrechte) **verantwortlich** war. Obwohl nicht ausdrücklich in Art. 28 DS-GVO übernommen, gilt dies nach wie vor und ergibt sich nunmehr aus dem Kontext der einschlägigen Normen, speziell Art. 24 DS-GVO.[491] Auch die unabdingbaren Betroffenenrechte sowie gegebenenfalls bestehende Schadensersatzansprüche sind (wie schon zuvor nach § 11 Abs. 1 S. 2 BDSG a.F.) dem Verantwortlichen gegenüber geltend zu machen, was nunmehr unmittelbar aus den Art. 12 bis 23 DS-GVO folgt.[492] Neu ist indes, dass unter der DS-GVO zusätzlich auch der Auftragsverarbeiter selbst viel mehr als bisher in die Pflicht genommen wird (näher sogleich → Rn. 547). Zudem bestimmt Art. 28 Abs. 10 DS-GVO, dass ein Auftragsverarbeiter, soweit er „die Zwecke und Mittel der Verarbeitung bestimmt" (sich also verordnungswidrig zum „Herr der Datenverarbeitung" aufschwingt), selbst als Verantwortlicher gilt und mithin entsprechend dem erweiterten Pflichtenkatalog und Bußgeldregime (ausführlich zu den Sanktionen → Rn. 706 ff.) unterliegt. Dies gilt gleichermaßen für den „Funktionsexzess", bei dem der Auftragsverarbeiter den Rahmen der Vorgaben einer Auftragsverarbeitung überschreitet.[493]

II. „Privilegierung" der Auftragsverarbeitung

1. Verständnis unter Geltung des BDSG a.F.

528   Wichtigste Konsequenz des Vorliegens einer Auftragsverarbeitung nach deutschem Recht war die „Privilegierung" des Verantwortlichen in der Weise, dass die Datenweitergabe an den Auftragsverarbeiter **keine „Übermittlung"** i.S.d. § 3 Abs. 4 S. 2 Nr. 3 BDSG a.F. darstellte und folglich auch nicht den allgemeinen Zulässigkeitsanforderungen unterlag. Der Verantwortliche und der Auftragsverarbeiter wurden vielmehr als rechtliche Einheit behandelt. Während der Verantwortliche also (natürlich) eine

---

489 Vgl. *Hartung*, in: Kühling/Buchner (Hrsg.), DS-GVO/BDSG, 2. Aufl. 2018, Art. 28 DS-GVO Rn. 46 ff.

490 *Art.-29-Datenschutzgruppe*, Stellungnahme 1/2010 zu den Begriffen „für die Verarbeitung Verantwortlicher" und „Auftragsverarbeiter", WP 169, 16.2.2010, S. 34 ff.

491 *Hartung*, in: Kühling/Buchner (Hrsg.), DS-GVO/BDSG, 2. Aufl. 2018, Art. 28 DS-GVO Rn. 5.

492 *Hartung*, in: Kühling/Buchner (Hrsg.), DS-GVO/BDSG, 2. Aufl. 2018, Art. 28 DS-GVO Rn. 5.

493 *Hartung*, in: Kühling/Buchner (Hrsg.), DS-GVO/BDSG, 2. Aufl. 2018, Art. 28 DS-GVO Rn. 103; *Martini*, in: Paal/Pauly (Hrsg.), DS-GVO, 2017, Art. 28 Rn. 77.

Rechtsgrundlage für die Verarbeitung selbst benötigte, war keine zusätzliche Legitimation dafür erforderlich, dass er die Verarbeitung „durch" eine andere Stelle durchführen ließ und zu diesem Zweck die betreffenden personenbezogenen Daten an diese weitergab. § 3 Abs. 8 S. 3 BDSG a.F. bestimmte nämlich explizit, dass der Auftragsverarbeiter (solange er sich im Inland oder innerhalb der EU bzw. des EWR befand) nicht als „Dritter" anzusehen war, wie es der Übermittlungsbegriff voraussetzte.

2. Neue Rechtslage

Für das neue Regelungsregime unter Geltung der DS-GVO ist nun **umstritten**, ob, und gegebenenfalls in welcher Form, jene Privilegierungswirkung fortbesteht. Insoweit wird vertreten, dass die beschriebene Privilegierung nunmehr vollständig entfalle[494], und damit stets auch die Datenweitergabe an den Auftragsverarbeiter an den allgemeinen Zulässigkeitsanforderungen aus Art. 6 DS-GVO zu messen sei. Soweit dabei zur Begründung angeführt wird, dass der Wortlaut des § 3 Abs. 8 S. 3 BDSG a.F.[495] in der DS-GVO nicht übernommen wurde[496], überzeugt dies nicht, weil die Verordnung in Art. 4 Nr. 10 nach wie vor unmissverständlich deutlich macht, dass der Auftragsverarbeiter nicht „Dritter" ist. Schwerer wiegt indes das Argument, dass es hierauf letztlich gar nicht mehr ankommt, weil der Verarbeitungsbegriff (ausführlich zum Verarbeitungsbegriff → Rn. 285 ff.) mit dem Unterfall der „Offenlegung" dem Wortlaut nach (anders als noch die „Übermittlung" nach dem BDSG a.F.) keine Beschränkung auf „Dritte" enthält, woraus sich folgern lässt, dass die Offenlegung stets als „Verarbeitung" nach Art. 6 DS-GVO rechtfertigungsbedürftig ist, unabhängig davon, ob sie gegenüber einem „Dritten" erfolgt oder nicht.[497]

529

Insgesamt sprechen aber die besseren Gründe wohl für die **Aufrechterhaltung der Privilegierung** im Rahmen der DS-GVO.[498] Zum einen wird aus der Gesamtschau der im Wesentlichen inhaltsgleichen maßgeblichen Begriffsbestimmungen deutlich, dass auch weiterhin eine unterschiedliche Behandlung von Empfänger bzw. Drittem beab-

530

---

494 *Härting*, ITRB 2016, 137 (138); *Laue/Nink/Kremer*, Das neue Datenschutzrecht in der betrieblichen Praxis, 2016, S. 165; *Piltz*, Datenschutz-Grundverordnung – Kaum beachtet: Deutsche Privilegierung der Auftragsdatenverarbeitung entfällt, De lege data v. 10.5.2016, abrufbar unter https://www.delegedata.de/2016/05/datenschutz-grundverordnung-kaum-beachtet-deutsche -privilegierung-der-auftragsdatenverarbeitung-entfaellt/ (Abruf: 15.1.2018); *Schneider*, in: Schneider (Hrsg.), Handbuch EDV-Recht, 5. Aufl. 2017, A. Datenschutz und IT-Management, Rn. 628 ff.

495 „Dritte sind nicht [...] Stellen, die [...] personenbezogene Daten im Auftrag erheben, verarbeiten oder nutzen."

496 *Härting*, ITRB 2016, 137 (138).

497 So überzeugend *Piltz*, Datenschutz-Grundverordnung – Kaum beachtet: Deutsche Privilegierung der Auftragsdatenverarbeitung entfällt, De lege data v. 10.5.2016, abrufbar unter https:// www.delegedata.de/2016/05/datenschutz-grundverordnung-kaum-beachtet-deutsche-privile gierung-der-auftragsdatenverarbeitung-entfaellt/ (Abruf: 15.1.2018).

498 So nun ausdrücklich *Datenschutzkonferenz*, Kurzpapier Nr. 13, Auftragsverarbeitung, Art. 28 DS-GVO, 16.1.2018, S. 2; vgl. ferner die ausführliche Darstellung von Argumenten bei *Hartung*, in: Kühling/Buchner (Hrsg.), DS-GVO/BDSG, 2. Aufl. 2018, Art. 28 DS-GVO Rn. 15 ff. und *Schmidt/Freund*, ZD 2017, 14 (15 ff.); so im Ergebnis auch *Gola*, in: Gola (Hrsg.), DS-GVO, 2017, Art. 4 Rn. 57 f; *Wolff*, in: Schantz/Wolff, Das neue Datenschutzrecht, 2017, Rn. 939; *von Holleben/Knaut*, CR 2017, 299 (301).

sichtigt ist.[499] Vor allem aber ergäbe die äußerst detaillierte und differenzierte Ausgestaltung der Auftragsverarbeitung mit unterschiedlichen Pflichten für Verantwortliche und Auftragsverarbeiter keinen Sinn und Art. 28 DS-GVO mit dem Erfordernis einer ausführlichen Vereinbarung wäre überflüssig, wenn eine Abwicklung über die allgemeinen Zulässigkeitstatbestände ohne Privilegierung der Auftragsverarbeitung beabsichtigt wäre.[500] Dieses Verständnis ist auch sachgerecht, da die Betroffeneninteressen durch die weitreichenden Pflichten der Parteien und die strengen Anforderungen an das Auftragsverarbeitungsverhältnis (dazu sogleich → Rn. 531 ff.) umfassend geschützt werden. Zumal bei vorschriftsmäßiger Auswahl des (meist auf professionelle Datenverarbeitung spezialisierten) Auftragsverarbeiters und ordnungsgemäßer Umsetzung der vorgeschriebenen Maßnahmen das Datenschutzniveau gegenüber einer Verarbeitung durch den Verantwortlichen selbst regelmäßig sogar erhöht wird.[501]

III. Auswahl des Auftragsverarbeiters durch den Verantwortlichen (Art. 28 Abs. 1 DS-GVO)

531   Wie schon unter Geltung des BDSG a.F. obliegt dem Verantwortlichen die **sorgfältige Auswahl des Auftragsverarbeiters.** Ausweislich Art. 4 Nr. 8 DS-GVO kommt insoweit grundsätzlich jede natürliche oder juristische Person, Behörde, Einrichtung oder andere Stelle in Betracht. Der Verantwortliche darf aber gemäß Art. 28 Abs. 1 DS-GVO nur Auftragsverarbeiter einsetzen, die hinreichende Garantien dafür bieten, dass geeignete technische und organisatorische Maßnahmen so durchgeführt werden, dass die Verarbeitung im Einklang mit den Anforderungen der DS-GVO erfolgt und den Schutz der Rechte der betroffenen Person gewährleistet. Wie sich aus Erwägungsgrund 81 der DS-GVO ergibt, bezieht sich dies speziell auf das **Fachwissen**, die **Zuverlässigkeit** und die **Ressourcen** der eingesetzten Stelle und die **Sicherheit** der Verarbeitung. Als „Garantie" in diesem Sinne ist dabei mindestens zu fordern, dass der Auftragsverarbeiter Nachweise vorweisen kann, die eine sorgfältige und gewissenhafte Tätigkeit nach Maßgabe der DS-GVO wahrscheinlich machen.[502] In diesem Zusammenhang kann nach Art. 28 Abs. 5 DS-GVO die Einhaltung genehmigter Verhaltensregeln gemäß Art. 40 DS-GVO oder eines genehmigten Zertifizierungsverfahrens gemäß Art. 42 DS-GVO (näher zu beidem → Rn. 754 ff.) durch den Auftragsverarbeiter als Faktor für die Beurteilung herangezogen werden. Dies entbindet den Verantwortlichen gleichwohl nicht von einer Gesamtbeurteilung aller verfügbaren Informationen und Nachweise.[503] Daneben kommen z.B. auch eigene oder beauftragte Prüfungen des Verantwortlichen oder des Auftragsverarbeiters in Frage, um entsprechende Garantien nachzuweisen.[504]

---

499 *Hartung*, in: Kühling/Buchner (Hrsg.), DS-GVO/BDSG, 2. Aufl. 2018, Art. 28 DS-GVO Rn. 17; *Martini*, in: Paal/Pauly (Hrsg.), DS-GVO, 2017, Art. 28 Rn. 8; *Plath*, in: Plath (Hrsg.), BDSG/DS-GVO, Art. 28 DS-GVO Rn. 3.

500 *Hartung*, in: Kühling/Buchner (Hrsg.), DS-GVO/BDSG, 2. Aufl. 2018, Art. 28 DS-GVO Rn. 18.

501 *Schmidt/Freund*, ZD 2017, 14 (16).

502 *Hartung*, in: Kühling/Buchner (Hrsg.), DS-GVO/BDSG, 2. Aufl. 2018, Art. 28 DS-GVO Rn. 56.

503 *Hartung*, in: Kühling/Buchner (Hrsg.), DS-GVO/BDSG, 2. Aufl. 2018, Art. 28 DS-GVO Rn. 56; *Martini*, in: Paal/Pauly (Hrsg.), DS-GVO, 2017, Art. 28 Rn. 69.

504 *Bertermann*, in: Ehmann/Selmayr (Hrsg.), DS-GVO, 2017, Art. 28 Rn. 10.

Die Regelung des § 11 Abs. 2 S. 4 BDSG a.F., nach der sich der Verantwortliche von der   **532**
Einhaltung der beim Auftragsverarbeiter getroffenen technischen und organisatorischen Maßnahmen vor Beginn der Datenverarbeitung und sodann regelmäßig „zu
überzeugen" und das Ergebnis zu dokumentieren hatte, findet sich in Art. 28 DS-GVO
nicht wieder. Die Norm ist indes so zu verstehen, dass die Auftragsverarbeitung stets
nur so lange zulässig ist, wie die entsprechenden Garantien gewährleistet sind,[505] was
den Verantwortlichen letztlich weiterhin zu einer kontinuierlichen Begleitung der
Auftragsverarbeitung mit **regelmäßigen Überprüfungen** zwingt.[506] Dieses Erfordernis
ergäbe sich im Übrigen auch bereits aus der allgemeinen Rechenschaftspflicht aus
Art. 5 Abs. 2 DS-GVO (dazu bereits → Rn. 353 ff.), weil der Verantwortliche ohne effektive Kontrolle des Auftragsverarbeiters kaum in der Lage sein dürfte, die Einhaltung der
Datenschutzgrundsätze aus Art. 5 Abs. 1 DS-GVO nachzuweisen.[507]

IV. Vereinbarung zur Auftragsverarbeitung (Art. 28 Abs. 3, 4, 6 bis 9 DS-GVO)

Eine zentrale Voraussetzung[508] für eine wirksame Auftragsverarbeitung ist das Vorliegen   **533**
einer detaillierten, rechtlich verbindlichen Vereinbarung der Parteien, für die Art. 28
DS-GVO verschiedene Mindestinhalte vorschreibt. Die Vorschrift spricht hier von einem
Vertrag oder einem **anderen Rechtsinstrument nach dem Unionsrecht oder dem
Recht der Mitgliedstaaten**, der bzw. das den Auftragsverarbeiter in Bezug auf den Verantwortlichen bindet. Es kommen mithin verschiedene Vertragstypen in Frage (etwa
Dienstverträge oder Geschäftsbesorgungsverträge), aber auch Gestaltungen im Rahmen bestehender Geschäftsbeziehungen, beispielsweise indem das Rechenzentrum
eines Unternehmens die Verarbeitung für alle weiteren Unternehmen in einem Konzernverbund übernimmt.[509]

Gemäß Art. 28 Abs. 9 DS-GVO ist die Vereinbarung **schriftlich** abzufassen, was aber   **534**
auch in einem „**elektronischen Format**" erfolgen kann. Während nicht eindeutig klar
ist, was damit konkret gemeint ist, dürfte dies nicht im Sinne einer strengen Form nach
§ 126a BGB zu verstehen sein, bei der das elektronische Dokument mit einer qualifizierten elektronischen Signatur zu versehen ist. Vielmehr genügt wohl etwa die ein-

---

505 *Martini*, in: Paal/Pauly (Hrsg.), DS-GVO, 2017, Art. 28 Rn. 21.
506 *Hartung*, in: Kühling/Buchner (Hrsg.), DS-GVO/BDSG, 2. Aufl. 2018, Art. 28 DS-GVO Rn. 60;
   Martini, in: Paal/Pauly (Hrsg.), DS-GVO, 2017, Art. 28 Rn. 21.
507 *Müthlein*, RDV 2016, 74 (77).
508 Im Sinne einer notwendigen, aber nicht hinreichenden Bedingung; der Vereinbarung kommt
   also keine konstitutive Wirkung dergestalt zu, dass ihr Abschluss über fehlende andere Voraussetzungen einer wirksamen Auftragsverarbeitung hinweghelfen könnte, vgl. *Hartung*, in:
   Kühling/Buchner (Hrsg.), DS-GVO/BDSG, 2. Aufl. 2018, Art. 28 DS-GVO Rn. 61.
509 *Gola*, in: Gola (Hrsg.), DS-GVO, 2017, Art. 4 Rn. 59; *Wolff*, in: Schantz/Wolff, Das neue Datenschutzrecht, 2017, Rn. 946.

gescannte Kopie eines unterschriebenen Vertrages oder der Austausch des Vertrages per E-Mail mit einfacher digitaler Signatur.[510]

535 Art. 28 DS-GVO enthält einen **nicht abschließenden Anforderungskatalog notwendiger Inhalte** der Vereinbarung, der im Wesentlichen den Vorgaben des § 11 Abs. 2 BDSG a.F. entspricht, in Einzelheiten aber darüber hinausgeht. Konkret sind zu regeln:

1. Beschreibung der Verarbeitung, Pflichten und Rechte des Verantwortlichen (Art. 28 Abs. 3 S. 1 DS-GVO)

536 Die Vereinbarung muss eine klare Beschreibung von Gegenstand, Dauer, Art und Zweck der Verarbeitung sowie der Art der personenbezogenen Daten und der Kategorien betroffener Personen enthalten. Dabei ist insbesondere auf eine eindeutige Beschreibung der Zweckbestimmung zu achten, die erkennbar dem Verantwortlichen zugeordnet werden können muss.[511] Im Übrigen kann grundsätzlich, speziell mit Blick auf Gegenstand und Dauer, auf bereits bestehende Dokumente (wie beispielsweise zivilrechtliche Verträge oder Service Level Agreements) verwiesen werden.[512] Ferner sind die Pflichten und Rechte des Verantwortlichen zu beschreiben. Diese korrespondieren teilweise mit den gemäß Art. 28 Abs. 3 S. 2 DS-GVO an den Auftragsverarbeiter zu stellenden vertraglichen Anforderungen (dazu sogleich). Den Parteien steht es jedoch frei, darüber hinausgehende Regelungen zu treffen.

2. Weisungsbefugnis (Art. 28 Abs. 3 S. 2 lit. a DS-GVO)

537 Die Vereinbarung muss explizit vorsehen, dass der Auftragsverarbeiter personenbezogene Daten grundsätzlich nur auf dokumentierte Weisungen des Verantwortlichen verarbeitet, speziell im Hinblick auf die Übermittlung der Daten an ein Drittland oder eine internationale Organisation. Etwas anderes gilt nur dann, wenn der Auftragsverarbeiter rechtlich zu einer abweichenden Verarbeitung verpflichtet ist. In diesem Fall hat er dies (abweichend von der bisherigen Rechtslage nach dem BDSG a.F.) dem Verantwortlichen vor der Verarbeitung mitzuteilen, es sei denn, jene Mitteilung ist rechtlich wegen eines wichtigen öffentlichen Interesses untersagt (etwa im Zusammenhang mit Schweigeverpflichtungen im Rahmen nachrichtendienstlicher Untersuchungsbefugnisse öffentlicher Behörden).[513] Auch die ausdrückliche Dokumentationspflicht aller Weisungen stellt eine Neuerung gegenüber der Rechtslage nach dem BDSG a.F. dar. Für die Form der Dokumentation selbst dürfte insoweit die Textform entsprechend § 126b BGB genügen bzw. jedes elektronische Verfahren mit einem Mindestmaß an Manipulationsschutz.[514]

---

510 *Hartung*, in: Kühling/Buchner (Hrsg.), DS-GVO/BDSG, 2. Aufl. 2018, Art. 28 DS-GVO Rn. 96; *Müthlein*, RDV 2016, 74 (76). So im Ergebnis auch *Klug*, in: Gola (Hrsg.), DS-GVO, 2017, Art. 28 Rn. 12.

511 *Hartung*, in: Kühling/Buchner (Hrsg.), DS-GVO/BDSG, 2. Aufl. 2018, Art. 28 DS-GVO Rn. 65.

512 *Klug*, in: Gola (Hrsg.), DS-GVO, 2017, Art. 28 Rn. 8.

513 *Hartung*, in: Kühling/Buchner (Hrsg.), DS-GVO/BDSG, 2. Aufl. 2018, Art. 28 DS-GVO Rn. 68.

514 *Hartung*, in: Kühling/Buchner (Hrsg.), DS-GVO/BDSG, 2. Aufl. 2018, Art. 28 DS-GVO Rn. 99; *Martini*, in: Paal/Pauly (Hrsg.), DS-GVO, 2017, Art. 28 Rn. 39.

3. Vertraulichkeit (Art. 28 Abs. 3 S. 2 lit. b DS-GVO)

Weiterhin muss die Vereinbarung die Pflicht des Auftragsverarbeiters enthalten, zu **538**
gewährleisten, dass sich die zur Datenverarbeitung befugten Personen entweder zur
Vertraulichkeit verpflichtet haben oder einer angemessenen gesetzlichen Verschwie-
genheitspflicht unterliegen (etwa als Berufsgeheimnisträger). Dabei ist es aus Beweis-
gründen empfehlenswert, die entsprechenden Verpflichtungserklärungen der Mitarbeiter zu dokumentieren.[515]

4. Sicherheit (Art. 28 Abs. 3 S. 2 lit. c DS-GVO)

In der Vereinbarung ist auch vorzusehen, dass der Auftragsverarbeiter alle gemäß **539**
Art. 32 DS-GVO erforderlichen Maßnahmen ergreift. Weil sich diese Pflicht bereits unmittelbar aus Art. 32 DS-GVO selbst ergibt, kommt jener Anforderung in Art. 28 DS-GVO
im Wesentlichen rein deklaratorische Bedeutung zu.[516] Obwohl dem Wortlaut nach
nicht erforderlich, wird es sich für die Parteien in aller Regel anbieten, auch die konkret
zu treffenden Maßnahmen zum Bestandteil des Vertrags zu machen, weil sie ohnehin
umfassenden Dokumentationspflichten unterliegen.[517]

5. Unterauftragsverarbeiter (Art. 28 Abs. 3 S. 2 lit. d DS-GVO)

Soweit die Dienste von Unterauftragsverarbeitern in Anspruch genommen werden, ist **540**
in die Vereinbarung aufzunehmen, dass der Auftragsverarbeiter die entsprechenden
Bedingungen des Art. 28 Abs. 2 und 4 DS-GVO (dazu sogleich unter → Rn. 548 f.) ein-
hält.

6. Unterstützungspflichten (Art. 28 Abs. 3 S. 2 lit. e und f DS-GVO)

Weiterhin ist in der Vereinbarung festzulegen, dass der Auftragsverarbeiter den Verant- **541**
wortlichen bei der Wahrnehmung bestimmter Pflichten zu unterstützen hat. Zum einen
bezieht sich dies auf die Pflicht des Verantwortlichen, die **Betroffenenrechte** gemäß
Kapitel III der DS-GVO (dazu ausführlich → Rn. 572 ff.) zu gewährleisten. Hierbei hat
ihn der Auftragsverarbeiter „nach Möglichkeit mit geeigneten technischen und organisatorischen Maßnahmen" zu unterstützen, Art. 28 Abs. 3 S. 2 lit. e DS-GVO. Außerdem
hat er ihn (neu gegenüber dem BDSG a.F.) „unter Berücksichtigung der Art der Verarbeitung und der ihm zur Verfügung stehenden Informationen" bei der Einhaltung der
Pflichten aus Art. 32 – 36 DS-GVO zu unterstützen, Art. 28 Abs. 3 S. 2 lit. f DS-GVO.
Auch hier empfiehlt sich, obwohl insoweit keine gesetzliche Verpflichtung besteht, die
konkreten Unterstützungsleistungen in die Vereinbarung mit aufzunehmen.[518]

---

515 *Klug*, in: Gola (Hrsg.), DS-GVO, 2017, Art. 28 Rn. 10.
516 *Bertermann*, in: Ehmann/Selmayr (Hrsg.), DS-GVO, 2017, Art. 28 Rn. 21.
517 *Bertermann*, in: Ehmann/Selmayr (Hrsg.), DS-GVO, 2017, Art. 28 Rn. 21; *Hartung*, in: Kühling/
    Buchner (Hrsg.), DS-GVO/BDSG, 2. Aufl. 2018, Art. 28 DS-GVO Rn. 71.
518 *Bertermann*, in: Ehmann/Selmayr (Hrsg.), DS-GVO, 2017, Art. 28 Rn. 23.

7. Rückgabe/Löschung (Art. 28 Abs. 3 S. 2 lit. g DS-GVO)

542 Die Vereinbarung muss außerdem die Pflicht des Auftragsverarbeiters enthalten, nach Abschluss der Erbringung der Verarbeitungsleistungen alle personenbezogenen Daten nach Wahl des Verantwortlichen entweder zu löschen oder zurückzugeben. Etwas anderes gilt nur, soweit gesetzliche Speicherungspflichten (insbesondere Archivierungspflichten)[519] dem entgegenstehen.

8. Informations- und Kontrollbefugnisse (Art. 28 Abs. 3 S. 2 lit. h DS-GVO)

543 Schließlich ist der Auftragsverarbeiter in der Vereinbarung zu verpflichten, dem Verantwortlichen alle Informationen zur Verfügung zu stellen, die zum Nachweis der Einhaltung der sich aus Art. 28 DS-GVO ergebenden Pflichten erforderlich sind, und Überprüfungen durch den Verantwortlichen bzw. einen von diesem beauftragten Prüfer (einschließlich Inspektionen) zu ermöglichen und aktiv zu unterstützen („dazu beiträgt"). Der Verantwortliche kann die Kontrolle dabei durch persönliche Inaugenscheinnahme vor Ort oder auf andere Weise durchführen, etwa durch Anforderung von Prüfergebnissen oder Einschaltung sachverständiger Dritter.[520]

544 Ähnlich wie es schon der bisherigen Praxis zu § 11 Abs. 3 S. 2 BDSG a.F. entsprach, verpflichtet Art. 28 Abs. 3 S. 3 DS-GVO den Auftragsverarbeiter, den Verantwortlichen unverzüglich zu informieren, falls er der Auffassung ist, dass eine ihm erteilte **Weisung gegen Datenschutzbestimmungen verstößt**. Hält der Verantwortliche gleichwohl an der Weisung fest, darf der Auftragsverarbeiter grundsätzlich auf deren Rechtmäßigkeit vertrauen, es sei denn es handelt sich um eine offensichtliche Rechtsverletzung und es drohen insbesondere schwere Verletzungen des Persönlichkeitsrechts betroffener Personen.[521]

545 Neben den gesetzlich vorgegebenen Mindestinhalten der Vereinbarung können **verschiedene zusätzliche Regelungen** sinnvoll sein, etwa zum Gerichtsstand, zum anwendbaren Vertragsrecht (speziell bei grenzüberschreitender Auftragsverarbeitung, ausführlich zum grenzüberschreitenden Datenverkehr unter → Rn. 553 ff.) oder zur Haftungsverteilung im Innenverhältnis.[522]

546 Gemäß Art. 28 Abs. 6 DS-GVO steht es den Parteien im Übrigen frei, für die Gestaltung der Vereinbarung insgesamt oder in Teilen auf bestimmte **Standardvertragsklauseln** zurückzugreifen. Diese können auch Bestandteil einer gemäß Art. 42 und 43 DS-GVO erteilten Zertifizierung (näher zu Zertifizierung unter → Rn. 754 f.) sein. Insoweit kommen zum einen Standardvertragsklauseln nach Art. 28 Abs. 7 DS-GVO in Betracht, die durch die Kommission im Einklang mit dem Prüfverfahren nach Art. 93 Abs. 2 DS-GVO erlassen wurden, zum anderen solche i.S.d. Art. 28 Abs. 8 DS-GVO, die nationale Auf-

---

519 *Hartung*, in: Kühling/Buchner (Hrsg.), DS-GVO/BDSG, 2. Aufl. 2018, Art. 28 DS-GVO Rn. 77; *Martini*, in: Paal/Pauly (Hrsg.), DS-GVO, 2017, Art. 28 Rn. 51.
520 *Klug*, in: Gola (Hrsg.), DS-GVO, 2017, Art. 28 Rn. 11.
521 *Bertermann*, in: Ehmann/Selmayr (Hrsg.), DS-GVO, 2017, Art. 28 Rn. 26 m.w.N.
522 *Hartung*, in: Kühling/Buchner (Hrsg.), DS-GVO/BDSG, 2. Aufl. 2018, Art. 28 DS-GVO Rn. 80.

sichtsbehörden nach Durchführung des Kohärenzverfahrens gemäß Art. 63 DS-GVO (ausführlich zum Kohärenzverfahren unter → Rn. 709 ff.) festgelegt haben.

V. Eigenständige Pflichten des Auftragsverarbeiters

Die wohl einschneidendste Änderung durch die DS-GVO im Zusammenhang mit der Auftragsverarbeitung gegenüber der Rechtslage unter Geltung des BDSG a.F. ist der fundamentale Wandel in der Rolle des Auftragsverarbeiters von einer reinen Subeinheit im Lager des primär verantwortlichen „Auftraggebers" hin zu einem **gleichrangigen** und **grundsätzlich voll verantwortlichen Normadressaten** mit umfassender Rechenschaftspflicht und Haftung auch im Außenverhältnis. Während einige der selbständigen Pflichten mit den soeben unter 4. erläuterten notwendigen Inhalten der obligatorischen Vereinbarung zur Auftragsverarbeitung korrespondieren (z.B. zur Vertraulichkeit, zur Gewährleistung der Datensicherheit nach Maßgabe des Art. 32 DS-GVO und Unterstützung des Verantwortlichen), richten sich nunmehr auch viele der allgemeinen datenschutzrechtlichen Pflichten und Haftungsregelungen explizit an den Auftragsverarbeiter. Zwar hatte er auch schon bisher gemäß § 11 Abs. 4 BDSG a.F. einige Vorschriften unmittelbar selbst zu beachten (etwa zur Einhaltung des Datengeheimnisses nach § 5 BDSG a.F. durch seine Mitarbeiter oder zu den nach § 9 BDSG a.F. erforderlichen technischen und organisatorischen Maßnahmen) und für ihn galten einige bußgeldbewehrte Ordnungswidrigkeitstatbestände des § 43 BDSG a.F.[523] sowie die Strafvorschrift des § 44 BDSG a.F. Diese Verantwortlichkeit wurde indes mit Einführung der DS-GVO maßgeblich erweitert[524] und der Auftragsverarbeiter ist nun selbst Adressat insbesondere der Pflichten, ein Verarbeitungsverzeichnis nach Art. 30 Abs. 2 DS-GVO zu führen, gemäß Art. 31 DS-GVO mit der Aufsichtsbehörde zusammenzuarbeiten, Datenschutzverletzungen gemäß Art. 33 Abs. 2 DS-GVO zu melden (näher zu diesen Pflichten unter → Rn. 722 ff.) und nach Maßgabe des Art. 37 Abs. 1 DS-GVO einen Datenschutzbeauftragten (ausführlich zum Datenschutzbeauftragten unter → Rn. 739 ff.) zu bestellen. Darüber hinaus wurde sowohl das einschlägige Bußgeldregime als auch die zivilrechtliche Haftung gemäß Art. 82 DS-GVO (ausführlich zum Sanktionsregime unter → Rn. 760 ff.) ausgeweitet, und es besteht nunmehr ein direktes Klagerecht der betroffenen Person gegen den Auftragsverarbeiter nach Art. 79 Abs. 1 DS-GVO.

547

---

523 Dies waren § 43 Abs. 1 Nr. 2 BDSG a.F. (Datenschutzbeauftragter wird nicht, nicht in der vorgeschriebenen Weise oder nicht rechtzeitig bestellt), § 43 Abs. 1 Nr. 10 BDSG a.F. (der Aufsichtsbehörde wird eine Auskunft gar nicht, nicht richtig, nicht vollständig oder nicht rechtzeitig erteilt oder eine Maßnahme wird nicht geduldet), § 43 Abs. 1 Nr. 11 BDSG a.F. (einer vollziehbaren Anordnung der Aufsichtsbehörde wird zuwidergehandelt) sowie § 43 Abs. 2 Nr. 1 bis 3 BDSG a.F. (Daten, die nicht allgemein zugänglich sind, werden unbefugt erhoben oder verarbeitet, zum Abruf mittels automatisierten Verfahrens bereit gehalten, abgerufen oder sich oder einem anderen aus automatisierten Verarbeitungen oder nicht automatisierten Dateien verschafft).

524 Vgl. die ausführliche Darstellung bei *Müthlein*, RDV 2016, 74 (77 ff.).

VI. Unterauftragsverarbeitung

548 Auch unter Geltung der DS-GVO bleibt es prinzipiell weiter möglich, dass Auftragsverarbeiter Datenverarbeitungsprozesse ihrerseits an weitere (Unter-)Auftragsverarbeiter
auslagern. Allerdings bedarf es hierzu stets des Einverständnisses seitens des Verantwortlichen, für das Art. 28 Abs. 2 DS-GVO grundsätzlich zwei Möglichkeiten vorsieht:
individuelle **Einzelgenehmigungen** bezüglich spezifischer Unterauftragsverarbeiter einerseits, und eine **allgemeine Genehmigung** andererseits. Der Begriff der Genehmigung ist dabei nicht i.S.d. § 184 BGB (also als nachträgliche Zustimmung) zu sehen,
sondern vielmehr als vorherige Zustimmung, was der „Einwilligung" i.S.d. § 183 BGB
entspricht.[525] Gerade bei der praktisch häufigen Konstellation, in der ein Auftragsverarbeiter für eine Vielzahl verschiedener Verantwortlicher tätig wird (etwa im Rahmen
von Cloud-Dienstleistungen), wird sich aus Praktikabilitätsgründen die allgemeine
Gnehmigung anbieten.[526] In diesem Fall hat er den Verantwortlichen gemäß
Art. 28 Abs. 2 S. 2 DS-GVO über jede beabsichtigte Änderung hinsichtlich der Hinzuziehung oder Ersetzung anderer Auftragsverarbeiter zu informieren, und der Verantwortliche hat jeweils ein Einspruchsrecht, mit dem er die geplante Maßnahme unterbinden kann. Sowohl Einzel- als auch Generalgenehmigungen sind **schriftlich** zu
erteilen, wobei (wie auch gemäß Art. 28 Abs. 9 DS-GVO im Rahmen der zugrundeliegenden Vereinbarung) ein elektronisches Format gewählt werden kann.[527]

549 Jeder weitere (Unter-)Auftragsverarbeiter ist gemäß Art. 28 Abs. 4 S. 1 DS-GVO den
gleichen datenschutzrechtlichen Pflichten zu unterwerfen, wie der „Primär"-Auf-
tragsverarbeiter, insbesondere hinsichtlich der zu garantierenden technischen und organisatorischen Maßnahmen. Die hierzu zu treffende Vereinbarung muss denselben
Anforderungen nach Art. 28 Abs. 3 DS-GVO (dazu ausführlich unter → Rn. 533 ff.) genügen, wie die Ursprungsvereinbarung zwischen Verantwortlichem und „Primär"- Auftragsverarbeiter, und bedarf gemäß Art. 28 Abs. 9 DS-GVO ebenso der **Schriftform**
bzw. kann in einem elektronischen Format erfolgen (zu diesem Formerfordernis bereits näher unter → Rn. 539). Art. 28 Abs. 4 S. 2 DS-GVO stellt außerdem klar, dass
der „Primär"-Auftragsverarbeiter gegenüber dem Verantwortlichen für die Einhaltung
der datenschutzrechtlichen Pflichten durch den Unterauftragsverarbeiter einzustehen
hat.

---

525 Vgl. *Hartung*, in: Kühling/Buchner (Hrsg.), DS-GVO/BDSG, 2. Aufl. 2018, Art. 28 DS-GVO Rn. 87.
526 *Klug*, in: Gola (Hrsg.), DS-GVO, 2017, Art. 28 Rn. 13.
527 *Bertermann*, in: Ehmann/Selmayr (Hrsg.), DS-GVO, 2017, Art. 28 Rn. 11; *Hartung*, in: Kühling/
     Buchner (Hrsg.), DS-GVO/BDSG, 2. Aufl. 2018, Art. 28 DS-GVO Rn. 97; *Plath*, in: Plath (Hrsg.),
     BDSG/DS-GVO, 2. Aufl. 2016, Art. 28 DS-GVO Rn. 9; *von Holleben/Knaut*, CR 2017, 299 (304);
     „für Einzelgenehmigungen" auch *Klug*, in: Gola (Hrsg.), DS-GVO, 2017, Art. 28 Rn. 13; a.A.
     Martini, in: Paal/Pauly (Hrsg.), DS-GVO, 2017, Art. 28 Rn. 62.

VII. Aufsicht (§ 9 BDSG)

Für den Auftragsverarbeiter gelten auch die Vorschriften über die Datenschutzkon-   **550**
trolle und die Aufsicht (ausführlich zu Datenschutzkontrolle und Aufsicht unter
→ Rn. 687 ff.). Welche Vorschriften hierbei im Einzelnen Anwendung finden, richtet
sich grundsätzlich danach, welchem Bereich (öffentlich oder nichtöffentlich
→ Rn. 310 ff.) der Auftragsverarbeiter zuzuordnen ist. Damit gelten zunächst für alle
Auftragsverarbeiter, die **öffentliche Stellen des Bundes** sind (unabhängig von der Einordnung des Verantwortlichen, der sie einsetzt) die §§ 9 und 13 bis 16 BDSG, sie werden also durch den BfDI beaufsichtigt. Diese Vorschriften finden jedoch gemäß § 9 S. 2
BDSG unter zwei (kumulativen) Voraussetzungen auch dann Anwendung, wenn der
Auftragsverarbeiter eine **nichtöffentliche Stelle** ist. Zum einen muss dieser nichtöffentliche Auftragsverarbeiter von der öffentlichen Hand (Bund oder Länder) beherrscht
sein, diesem muss also die Mehrheit der Anteile gehören oder die Mehrheit der Stimmen zustehen. Außerdem muss der „Auftraggeber" (also der Verantwortliche, der den
Auftragsverarbeiter einsetzt) eine öffentliche Stelle sein. Wenn dies nicht der Fall ist,
sind jene Vorschriften einschlägig, die auch für die übrigen nichtöffentlichen Stellen
gelten (hier wiederum unabhängig vom Verantwortlichen), soweit sie im Auftrag als
Dienstleistungsunternehmen geschäftsmäßig mit Daten umgehen. Dies sind die
Art. 37 ff. DS-GVO, § 38 BDSG über die Bestellung und die Aufgaben eines betrieblichen Datenschutzbeauftragten sowie § 40 BDSG, der die insoweit zuständigen Aufsichtsbehörden der Länder regelt. Ist eine öffentliche Stelle eines Landes Auftragsverarbeiter, finden die entsprechenden Vorschriften des jeweiligen Landesrechts
Anwendung. Die Aufsichtsbehörden haben unter der Geltung der DS-GVO deutlich
ausgebaute Abhilfe- und Untersuchungsbefugnisse speziell auch gegenüber Auftragsverarbeitern, die sich insbesondere aus Art. 58 DS-GVO ergeben (näher zu
Art. 58 DS-GVO unter → Rn. 717 ff.).[528]

VIII. Systemwartung

§ 11 Abs. 5 BDSG a.F. erklärte die Regelungen zur Auftragsverarbeitung in § 11 Abs. 1   **551**
bis 4 BDSG a.F. grundsätzlich für **entsprechend anwendbar**, wenn andere Stellen als
der Verantwortliche die **Prüfung oder Wartung**[529] automatisierter Verfahren oder von
Datenverarbeitungsanlagen im Auftrag vornahmen. Dies galt nur dann nicht, wenn
dabei ein Zugriff auf personenbezogene Daten ausgeschlossen werden konnte, wenn
also die Prüfung oder Wartung nur mit Testangaben oder anonymisierten Angaben
möglich war.[530] Hierbei handelte es sich um eine **gesetzliche Fiktion**, weil in diesen
Fällen eine „echte" Auftragsverarbeitung insofern nicht vorlag, als der Zweck von Prü-

---

528 *Wolff*, in: Schantz/Wolff, Das neue Datenschutzrecht, 2017, Rn. 959.
529 Vgl. zum BDSG a.F. *Bergmann/Möhrle/Herb*, Datenschutzrecht, 53. EL Stand: August 2017, § 11
    Rn. 64 ff.
530 So noch zum alten Recht nach dem BDSG a.F. *Petri*, in: Simitis (Hrsg.), Kommentar zum BDSG,
    8. Aufl. 2014, § 11 Rn. 98 ff.

fung und Wartung nicht auf die Verarbeitung oder Nutzung der Daten gerichtet war[531], sondern die Kenntnisnahme vielmehr nur „bei Gelegenheit" bzw. „aus Anlass" einer anderen Tätigkeit erfolgen konnte.[532]

552   In der DS-GVO fehlt eine entsprechende ausdrückliche Regelung. Es besteht indes ein praktisches Bedürfnis für eine sachgerechte Lösung, weil es bisweilen äußerst schwierig sein kann, einen gesetzlichen Zulässigkeitstatbestand für die typischerweise zufällige (und damit nicht „erforderliche") Kenntnisnahme zu finden, gerade wenn es um besondere Arten personenbezogener Daten geht. Es spricht hier vieles dafür, weiterhin das Regime der (Unter-)**Auftragsverarbeitung zur Anwendung kommen zu lassen** und die Parteien damit auch den umfassenden Anforderungen an die zugrundeliegenden Vereinbarungen zu unterwerfen.[533] Dies lässt sich grundsätzlich auf den weiten Verarbeitungsbegriff der Verordnung stützen, indem man die Möglichkeit der Kenntnisnahme durch Wartungspersonal als „Offenlegung" (durch Übermittlung, Verbreitung oder andere Form der Bereitstellung) und damit als Verarbeitungsvorgang im Rahmen der Auftragsverarbeitung betrachtet.[534] Auch eine analoge Anwendung des Art. 28 DS-GVO[535] dürfte hier durchaus vertretbar sein.

G. Grenzüberschreitender Datenverkehr

I. Übermittlung innerhalb des datenschutzrechtlichen Binnenraums

553   Die Harmonisierung des europäischen Datenschutzrechts schafft einen **europäischen datenschutzrechtlichen Binnenraum**, dem alle Mitgliedstaaten der Europäischen Union und die Vertragsstaaten des EWR-Abkommens angehören. Innerhalb dieses datenschutzrechtlichen Binnenraums darf der freie Datenverkehr nicht aus Gründen des Datenschutzes unterbunden oder beschränkt werden (Art. 1 Abs. 3 DS-GVO). Damit folgt das EU-Datenschutzrecht einer scharfen „Innen-Außen"-Differenzierung. Daten innerhalb des harmonisierten Raums können frei zirkulieren. Das Verlassen des gemeinsamen Raums ist dagegen nur unter den folgenden zusätzlichen Anforderungen zulässig.

---

531 So zum BDSG a.F. *Bergmann/Möhrle/Herb*, Datenschutzrecht, 53. EL Stand: August 2017, § 11 Rn. 64.

532 *Hartung*, in: Kühling/Buchner (Hrsg.), DS-GVO/BDSG, 2. Aufl. 2018, Art. 28 DS-GVO Rn. 53 mit Hinweis auf *Gola/Schomerus*, BDSG, § 11 Rn. 14; *Gabel*, in: Taeger/Gabel (Hrsg.), BDSG, 2. Aufl. 2013, § 11 Rn. 65.

533 So im Grundsatz *Datenschutzkonferenz*, Kurzpapier Nr. 13, Auftragsverarbeitung, Art. 28 DS-GVO, 16.1.2018, S. 3 f., abrufbar unter www.lda.bayern.de/media/dsk_kpnr_13_auftragsverarbeitung. pdf (Abruf: 15.1.2018); ferner *Bertermann*, in: Ehmann/Selmayr (Hrsg.), DS-GVO, 2017, Art. 28 Rn. 7, 12; *Müthlein*, RDV 2016, 74 (83); a.A. wohl *Gola*, in: Gola (Hrsg.), DS-GVO, 2017, Art. 4 Rn. 60.

534 *Hartung*, in: Kühling/Buchner (Hrsg.), DS-GVO/BDSG, 2. Aufl. 2018, Art. 28 DS-GVO Rn. 54; *Schmidt/Freund*, ZD 2017, 14 (17).

535 Dafür *Müthlein*, RDV 2016, 74 (83).

II. Übermittlung in Drittländer (Art. 44 ff. DS-GVO)

Fallbeispiel 10

554

Expansion im Limonadenhandel – Drittlandtransfer und Datenschutzverträge

Die in Deutschland ansässige Zischer-GmbH (Z) konnte mit ihrem Produkt, einem neuartigen Smoothie-Limonaden-Getränk, große Erfolge auf dem deutschen Markt feiern. Z plant daher, ihr Absatzgebiet zu erweitern und ihre Getränke auch in Frankreich, den USA, Mexiko und Argentinien auf den Markt zu bringen. Dort hat Z bereits jeweils eigene rechtlich selbständige Vertriebsgesellschaften gegründet, so in Frankreich die F, in den USA die U, in Mexiko die M und in Argentinien die A. Damit sich die Mitarbeiter von Z und die Beschäftigten der ausländischen Vertriebsgesellschaften untereinander besser über geschäftsbezogene Themen austauschen und standortübergreifend zusammenarbeiten können, plant Z den zentralen Aufbau der Kommunikationsplattform „ZischerChat". Diese soll durch das Rechenzentrum der Tochtergesellschaft der Z, der T-GmbH (T) betrieben werden. Der Umfang und die Funktionsweise der Plattform soll gemeinsam mit den anderen Vertriebsgesellschaften festgelegt werden. Da Z gleich von Beginn an alles richtig machen will, hat sie bereits veranlasst, dass sich U unter dem EU-U.S. Privacy Shield zertifiziert.

Ist der über die Kommunikationsplattform geplante Informationsaustausch der Z datenschutzrechtlich zulässig? Welche datenschutzrechtlichen Verträge sind ggf. durch Z abzuschließen? (Es ist davon auszugehen, dass die E-Privacy-VO[536] nicht greift, da der elektronische Kommunikationsdienst nicht öffentlich zugänglich ist, Art. 2 Abs. 2 lit. c E-Privacy-VO-KOM-E; siehe unter → Rn. 859).

(Lösung siehe Rn. 571)

Sollen personenbezogene Daten an Drittländer – also an Datenempfänger in Staaten, die nicht der EU oder dem EWR angehören – oder internationale Organisationen i.S.v. Art. 4 Nr. 26 DS-GVO übermittelt werden, gilt ein **strenger Maßstab**. Insoweit bestimmt Art. 44 DS-GVO, dass die Übermittlung personenbezogener Daten nur zulässig ist, wenn der Verantwortliche und der Auftragsverarbeiter (soweit eingeschaltet) die Vorgaben der DS-GVO und insbesondere die in den **Art. 44 ff. DS-GVO** niedergelegten Bedingungen einhalten. Dies gilt auch für den Fall, dass die personenbezogenen Daten durch das betreffende Drittland oder die betreffende internationale Organisation an ein anderes Drittland oder eine andere internationale Organisation weiterübermittelt werden. Der Verordnungsgeber begründet diesen strengeren Maßstab in Art. 44 DS-GVO damit, dass sicherzustellen ist, dass das durch die DS-GVO gewährleistete Schutzniveau für natürliche Personen durch Übermittlungen in Drittländer nicht untergraben wird.

555

---

536 Bis zur Geltung der E-Privacy-VO finden sich entsprechende Normen noch im TKG. Sie sind jedoch nicht anwendbar, da sie der DS-GVO widersprechen und diese Anwendungsvorrang genießt (siehe dazu → Rn. 859).

556 Bei der Übermittlung in Drittländer sind datenschutzrechtlich **zwei Zulässigkeitsstufen** zu unterscheiden:[537] Auf der **ersten Stufe** ist zu untersuchen, ob die Übermittlung auf einen Zulässigkeitstatbestand der DS-GVO, z.B. einen solchen aus Art. 6 Abs. 1 UAbs. 1 DS-GVO, gestützt werden kann. Insoweit ist also zu prüfen, ob die Übermittlung der personenbezogenen Daten auch zulässig wäre, wenn sich der Empfänger nicht außerhalb des Geltungsbereichs der DS-GVO, sondern beispielsweise in Deutschland oder einem anderen EU-Land befinden würde. Die Übermittlung ist damit an den allgemeinen Zulässigkeitsanforderungen zu messen, die auch für inländische Übermittlungen oder Übermittlungen innerhalb des EU-Raumes gelten. Der Drittstaatenbezug bleibt auf dieser ersten Prüfungsebene zunächst unberücksichtigt. Erst auf der **zweiten Prüfungsstufe** wird dem Umstand Rechnung getragen, dass sich der Empfänger außerhalb der EU bzw. des EWR befindet. Insoweit sind dann die folgenden besonderen Voraussetzungen für Übermittlungen in Drittländer zu beachten.

557

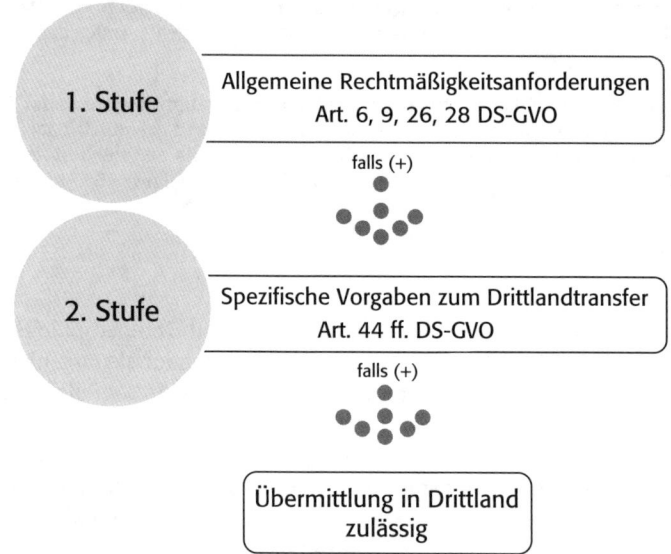

Abbildung 12: Prüfung der Rechtmäßigkeit einer Übermittlung personenbezogener Daten in ein Drittland

1. Angemessenes Schutzniveau beim Empfänger (Art. 45 DS-GVO)

558 Eine Übermittlung personenbezogener Daten an ein Drittland oder eine internationale Organisation darf nach Art. 45 Abs. 1 DS-GVO nur erfolgen, wenn die **Europäische Kommission** festgestellt hat, dass das betreffende Drittland, ein Gebiet oder ein oder mehrere spezifische Sektoren in diesem Drittland oder die betreffende internationale Organisation ein **angemessenes Schutzniveau** bietet. Ist dies der Fall, sind für eine solche Datenübermittlung keine weiteren Voraussetzungen zu beachten.

---

537 Hierzu auch *Schröder*, in: Kühling/Buchner (Hrsg.), DS-GVO/BDSG, 2. Aufl. 2018, Art. 44 DS-GVO Rn. 20.

559

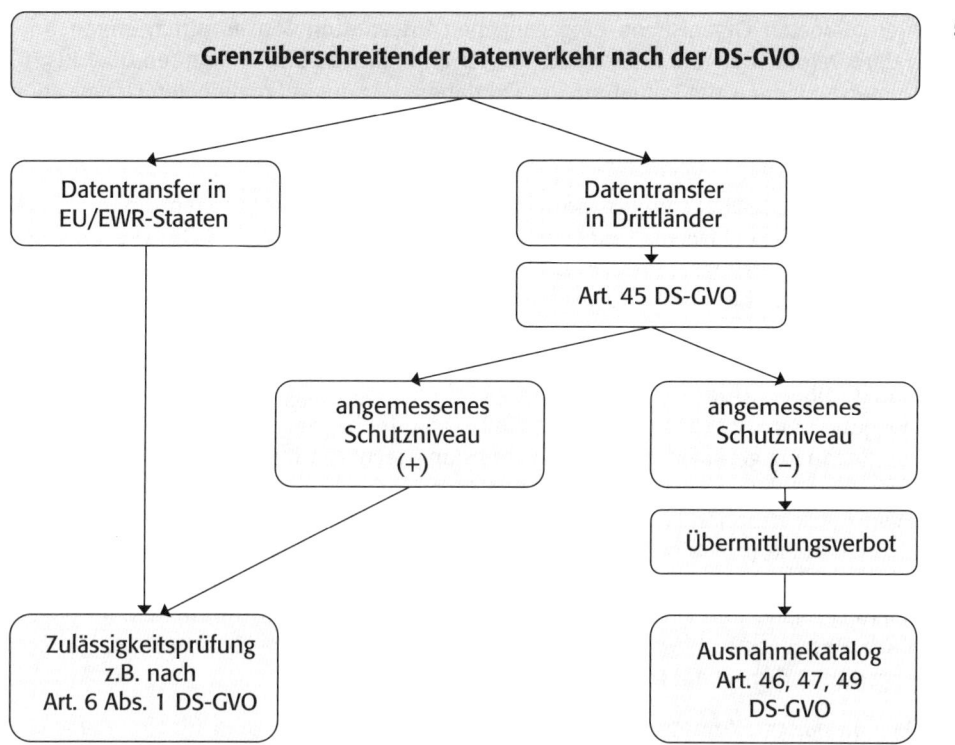

Abbildung 13: Grenzüberschreitender Datenverkehr im Rahmen der DS-GVO

a) Feststellung durch Europäische Kommission

Die verbindliche Feststellung eines angemessenen Schutzniveaus durch die Europäi-   560
sche Kommission erfolgt auf der Grundlage der in **Art. 45 Abs. 2 DS-GVO genannten
Kriterien**. Danach sind zur Feststellung der Angemessenheit in dem betreffenden Drittland die **Rechtsstaatlichkeit**, die **Achtung der Menschenrechte** und **Grundfreiheiten**, die in dem betreffenden Land bzw. bei der betreffenden internationalen Organisation geltenden einschlägigen **Rechtsvorschriften** sowie die **Anwendung dieser
Rechtsvorschriften**, Datenschutzvorschriften, Berufsregeln und Sicherheitsvorschrif-
ten, die **Rechtsprechung** sowie wirksame und durchsetzbare **Rechte der betroffenen
Person** und wirksame verwaltungsrechtliche und gerichtliche **Rechtsbehelfe** für betroffene Personen heranzuziehen (Art. 45 Abs. 2 lit. a DS-GVO).[538] Des Weiteren
berücksichtigt die Kommission die Existenz und die wirksame Funktionsweise der zuständigen **Aufsichtsbehörden** in dem betreffenden Drittland oder denen eine internationale Organisation untersteht (Art. 45 Abs. 2 lit. b DS-GVO). Schließlich hat die
Europäische Kommission die von dem betreffenden Drittland bzw. der betreffenden

---

538 Näher hierzu *Schröder*, in: Kühling/Buchner (Hrsg.), DS-GVO/BDSG, 2. Aufl. 2018, Art. 45 DS-
GVO Rn. 15 ff.

internationalen Organisation eingegangenen **internationalen Verpflichtungen** oder andere Verpflichtungen, die sich aus rechtsverbindlichen Übereinkünften oder Instrumenten sowie aus der Teilnahme des Drittlands oder der internationalen Organisation an multilateralen oder regionalen Systemen insbesondere in Bezug auf den Schutz personenbezogener Daten ergeben, zu prüfen (Art. 45 Abs. 2 lit. c DS-GVO).

561   Hat die Europäische Kommission anhand der vorstehenden Kriterien die Angemessenheit des Schutzniveaus festgestellt, kann sie nach Art. 45 Abs. 3 DS-GVO im Wege eines **Durchführungsrechtsaktes** beschließen, dass das betreffende Drittland, ein Gebiet oder ein oder mehrere spezifische Sektoren in einem Drittland oder eine internationale Organisation ein angemessenes Schutzniveau bieten (sog. Angemessenheitsbeschluss). In dem Durchführungsrechtsakt ist ein **Mechanismus für eine regelmäßige Überprüfung**, die mindestens alle vier Jahre erfolgt, vorzusehen, bei der allen maßgeblichen Entwicklungen in dem Drittland oder bei der internationalen Organisation Rechnung getragen wird. Im Durchführungsrechtsakt müssen der territoriale und der sektorale Anwendungsbereich sowie gegebenenfalls die in dem Drittland zuständigen Aufsichtsbehörden angegeben werden. Nach Art. 45 Abs. 8 DS-GVO muss die Europäische Kommission im **Amtsblatt der Europäischen Union** und auf ihrer Website eine Liste aller Drittländer beziehungsweise Gebiete und spezifischen Sektoren in einem Drittland und aller internationalen Organisationen **veröffentlichen**, für die sie durch Beschluss festgestellt hat, dass sie ein angemessenes Schutzniveau gewährleisten bzw. nicht mehr gewährleisten.

562   Die Europäische Kommission hat noch unter der Geltung der DSRL für eine Reihe von Drittländern ein angemessenes Schutzniveau festgestellt. Dazu zählen etwa **Andorra, Argentinien, Kanada** (eingeschränkt), **Schweiz, Färöer-Inseln, Guernsey, Israel** (eingeschränkt), **Isle of Man, Jersey, Neuseeland** und **Uruguay**. Ihre diesbezüglichen Angemessenheitsbeschlüsse hat die Kommission Ende 2016 geändert.[539] Die Änderungen betrafen aber nicht den Bestand der Angemessenheitsbeschlüsse als solche. Vielmehr wurden die Anforderungen aus dem Urteil des EuGH in Sachen *Schrems*[540] hinsichtlich der Befugnisse der Aufsichtsbehörden umgesetzt. Die Angemessenheitsbeschlüsse gelten auch unter der DS-GVO fort und bleiben so lange in Kraft, bis sie durch einen Beschluss der europäischen Kommission geändert, ersetzt oder aufgehoben werden (Art. 45 Abs. 9 DS-GVO).

b) Sondersituation bei Datenübermittlungen in die USA

563   Eine Sondersituation gilt für **Datenübermittlungen in die USA**.[541] Entsprechende Datenübermittlungen aus der EU heraus erfolgten bis Ende 2015 nach den so genannten **„Safe-Harbor"**-Prinzipien, die auf einer entsprechenden Entscheidung der Europäi-

---

539 Durchführungsbeschluss (EU) 2016/2295 der Kommission v. 16.12.2016, C(2016) 8353; hierzu näher *Schröder*, in: Kühling/Buchner (Hrsg.), DS-GVO/BDSG, 2. Aufl. 2018, Art. 45 DS-GVO Rn. 35.
540 EuGH, Urt. v. 6.10.2015, C-362/14, ECLI:EU:C:2015:650 – *Schrems*.
541 Zu den unterschiedlichen Datenschutztraditionen in den USA und in Deutschland bzw. der EU *Klar/Kühling*, AöR 2016, 165.

schen Kommission beruhten.[542] Dieses auf Selbstregulierung der Wirtschaft basierende System sah vor, dass sich US-amerikanische Datenempfänger freiwillig bestimmten Datenschutzgrundsätzen unterwerfen konnten.[543] Im Gegenzug wurde von europäischer Seite von einem angemessenen Datenschutzniveau bei diesen Empfängern ausgegangen. Dieses nicht unumstrittene Konzept stellte einen Bruch europäischer Datenschutztradition dar und war Ergebnis eines politischen Kompromisses.[544]

Im Oktober 2015 wurde das Safe-Harbor-Abkommen **vom EuGH für unwirksam erklärt**.[545] Vorausgegangen war eine Klage des österreichischen Juristen *Maximilian Schrems* beim irischen High Court, nachdem seine Beschwerde bei der irischen Datenschutzaufsicht über aus seiner Sicht EU-datenschutzwidrige Praktiken von Facebook unter Berufung darauf abgewiesen worden war, dass die Einhaltung europäischer Datenschutzstandards durch Facebook auf Basis der Safe-Harbor-Regelung gesichert sei. Das irische Gericht setzte das Verfahren aus und legte dem EuGH entsprechende Fragen im Wege eines Vorabentscheidungsverfahrens vor.[546] Der EuGH schloss sich in seiner Entscheidung den datenschutzrechtlichen Bedenken grundsätzlich an und erklärte die Safe-Harbor-Entscheidung mit sofortiger Wirkung für unwirksam.[547] Als Konsequenz aus dem Urteil mussten zahlreiche europäische Unternehmen, die personenbezogene Daten z.B. von Arbeitnehmern oder Kunden an Dienstleister, Konzerngesellschaften oder Geschäftspartner in den USA übermitteln, kurzfristige Alternativen zu Safe Harbor finden, meist in der Form von Datenschutzvereinbarungen auf der Grundlage sog. „Standardvertragsklauseln" (dazu näher → Rn. 568) mit den Empfängern in den USA.

564

Als Reaktion auf das Urteil des EuGH erarbeitete die Europäische Kommission in der Folgezeit eine neue Angemessenheitsentscheidung und beschloss nach langen Verhandlungen Mitte 2016 das sog. **„EU-U.S. Privacy Shield"**,[548] das auch unter der DS-GVO Geltung entfaltet.[549] Danach bieten US-Unternehmen, die sich nach den Vorgaben des amerikanischen Rechts zur Einhaltung der Prinzipien des EU-U.S. Privacy Shields verpflichten, nach dem Beschluss der europäischen Kommission ausreichende Schutzgarantien und dürfen deshalb personenbezogene Daten verarbeiten, die sie von Verantwortlichen aus EU-Mitgliedstaaten erhalten. Das neue EU-U.S. Privacy Shield basiert wie schon das Safe-Harbor-Programm auf einer Selbstzertifizierung durch US-Unternehmen, verbunden mit der Verpflichtung, bestimmte Datenschutzgrund-

565

---

542 Entscheidung 2000/520/EG der Kommission v. 26.7.2000 gemäß der Richtlinie 95/46/EG des Europäischen Parlaments und des Rates über die Angemessenheit des von den Grundsätzen des „sicheren Hafens" und der diesbezüglich „Häufig gestellten Fragen" (FAQ) gewährleisteten Schutzes, vorgelegt vom Handelsministerium der USA (Bekannt gegeben unter Aktenzeichen K(2000) 2441), ABl. EG 2000, L 215, 7.
543 Anlagen I und II der Entscheidung der Kommission 2000/520/EG, ABl. EG 2000, L 215, 7.
544 Kritisch *Gola/Klug*, Grundzüge des Datenschutzrechts, 2. Aufl. 2003, S. 22.
545 EuGH, Urt. v. 6.10.2015, C-362/14, ECLI:EU:C:2015:650 – *Schrems*.
546 Die Entscheidung ist in englischer Sprache abrufbar unter http://www.europe-v-facebook.org/hcj.pdf (Abruf: 15.1.2018).
547 Zur kritischen Besprechung des Urteils *Kühling/Heberlein*, NVwZ 2016, 7; *v. Lewinski*, EuR 2016, 405.
548 Durchführungsbeschluss (EU) 2016/1250 der Kommission v. 12.7.2016, C(2016) 4176.
549 Vgl. Art. 45 Abs. 9 DS-GVO.

sätze einzuhalten. Verschärft wurden die Auflagen für U.S.-Unternehmen.[550] So besteht nun z.B. eine 45-tägige Frist zur Beantwortung von Beschwerden. Auch sind die Anforderungen an die Aufsicht durch das U.S.-Handelsministerium und die US Federal Trade Commission gestiegen. Darüber hinaus enthält das Regelwerk neue Schutzvorschriften und Transparenzpflichten hinsichtlich behördlicher Datenzugriffe, wie z.B. behördliche Garantien gegen einen massenhaften Zugriff auf Daten oder die Pflicht zur Auskunft über behördliche Datenzugriffe. EU-Bürgern werden verschiedene Rechtsbehelfe bei Datenschutzverstößen eingeräumt, die sie in einem mehrstufigen Beschwerde- und Eskalationsverfahren geltend machen können.[551] Die Funktionsweise des Abkommens ist ferner jährlich einer Überprüfung zu unterziehen. Einige Großkonzerne wie Microsoft und Google sowie eine Vielzahl weiterer Unternehmen nutzen das EU-U.S. Privacy Shield bereits. Alle teilnehmenden Unternehmen sind in dem vom US-Handelsministerium geführten und im Internet veröffentlichten Register einsehbar.[552]

566   Allerdings ist der **rechtliche Bestand des EU-U.S. Privacy Shields ungewiss**. So hat die irische Datenschutzgruppe Digital Rights Ireland vor dem EuG eine Nichtigkeitsklage gegen das Privacy Shield erhoben, die jedoch inzwischen aus formalen Gründen abgewiesen wurde.[553] Die Unsicherheit dürfte jedoch bestehen bleiben, nicht zuletzt angesichts der massiven Kritik, der das EU-U.S. Privacy Shield und die Datenschutzsituation in den USA allgemein im Vorfeld der Entscheidung der Kommission von Seiten vieler europäischer Experten und Aktivisten ausgesetzt waren.[554] Nicht ganz klar ist darüber hinaus, welche Kontrollpflichten europäische Unternehmen erfüllen müssen, wenn sie personenbezogene Daten in die USA übermitteln. Die deutschen Aufsichtsbehörden haben zum Teil bereits ihre Auffassung deutlich gemacht, dass sich europäische Datenexporteure nicht allein auf eine Zertifizierung des Datenempfängers nach dem EU-U.S. Privacy Shield oder auf vertragliche Zusagen im Rahmen der Standarddatenschutzklauseln verlassen dürfen, sondern die Einhaltung der übernommenen Garantien selbst überprüfen müssen.[555]

2.   Kein angemessenes Schutzniveau beim Empfänger (Art. 46 und 49 DS-GVO)

567   Soweit ein angemessenes Schutzniveau beim Empfänger nicht durch einen Angemessenheitsbeschluss der europäischen Kommission nach Art. 45 Abs. 3 DS-GVO festgestellt wurde, darf ein Verantwortlicher oder ein Auftragsverarbeiter personenbezogene Daten nur dann an ein Drittland oder eine internationale Organisation übermitteln,

---

550 Zu den Regelungen im Detail *Schröder*, in: Kühling/Buchner (Hrsg.), DS-GVO/BDSG, 2. Aufl. 2018, Art. 45 DS-GVO Rn. 40 ff.
551 Vgl. dazu etwa *Klug*, in: Gola (Hrsg.), DS-GVO, 2017, Art. 45 Rn. 11.
552 Vgl. https://www.privacyshield.gov (Abruf: 15.1.2018).
553 EuG, Beschl. v. 22.11.2017, T-670/16, ECLI:EU:T:2017:838 – *Digital Rights Ireland/Kommission*.
554 Vgl. *Klug*, in: Gola (Hrsg.), DS-GVO, 2017, Art. 45 Rn. 11 m.w.N.
555 Vgl. *Landesbeauftragter für Datenschutz und Informationsfreiheit Nordrhein-Westfalen*, Datenübertragungen in die USA – Fragen und Antworten zum EU-US Privacy Shield v. 12.5.2017, S. 5, abrufbar unter https://www.ldi.nrw.de/mainmenu_Datenschutz/submenu_Datenschutzrecht/Inhalt/InternationalerDatenverkehr/Inhalt/Eingangsseite/EU_US_Privacy_Shield_Text_komplett.pdf (Abruf: 15.1.2018).

wenn **geeignete Garantien** i.S.v. Art. 46 Abs. 1 DS-GVO vorliegen und den betroffen Personen durchsetzbare Rechte und wirksame Rechtsbehelfe zur Verfügung stehen. Art. 46 Abs. 2 und 3 DS-GVO enthalten einen **Katalog** geeigneter Garantien, auf die sich Verantwortliche und Auftragsverarbeiter stützen können. Liegt eines dieser nachfolgend beschriebenen Instrumente des Art. 46 DS-GVO zur Legitimierung des Drittlandtransfers vor, bedarf die Übermittlung in das Drittland grundsätzlich **keiner besonderen Genehmigung** durch eine Aufsichtsbehörde:

- Die Garantien können zunächst bestehen in **rechtlich bindenden und durchsetzbaren Dokumenten** zwischen den Behörden oder öffentlichen Stellen (Art. 46 Abs. 2 lit. a DS-GVO). Hierdurch bietet die DS-GVO Behörden und öffentlichen Stellen speziell für den Fall des Drittlandtransfers die Möglichkeit, Abreden zur Wahrung der Einhaltung der Vorgaben der DS-GVO zu treffen.[556]   **568**

- Auch **verbindliche interne Datenschutzvorschriften** können Datentransfers in Drittländer legitimieren (Art. 46 Abs. 2 lit. b DS-GVO). Hierbei handelte es sich um sog. Binding Corporate Rules (BCRs), mit deren Hilfe insbesondere bei weltweit operierenden Unternehmen ein innerhalb des Unternehmens einheitliches Datenschutzniveau hergestellt werden soll. Die inhaltlichen Anforderungen, die an diese internen Datenschutzvorschriften zu stellen sind, sind in Art. 47 DS-GVO ausführlich geregelt.

- Des Weiteren können Verantwortliche auch auf sog. **Standarddatenschutzklauseln**[557] zurückgreifen, die von der Europäischen Kommission erlassen wurden (Art. 46 Abs. 2 lit. c DS-GVO) oder von einer Aufsichtsbehörde angenommenen und von der Kommission genehmigt wurden (Art. 46 Abs. 2 lit. d DS-GVO). Die Europäische Kommission hat bereits unter der Geltung der DSRL entsprechende Regelwerke (sog. „Standard-Vertragsklauseln" oder „EU Model Clauses") erlassen.[558] Nach Art. 46 Abs. 5 S. 2 DS-GVO sind diese auch unter der DS-GVO solange gültig, bis sie geändert, ersetzt oder aufgehoben werden.[559] Die Vorteile der Standarddatenschutzklauseln sind insbesondere, dass es sich um standardisierte Vereinbarungen handelt, die nicht mehr angepasst oder verhandelt werden können und dürfen. Auch ist keine gesonderte behördliche Genehmigung erforderlich. Daher sind die Standarddatenschutzklauseln in der Praxis weit verbreitet. Zu berücksichtigen ist jedoch, dass das Urteil des EuGH in Sachen *Schrems*, in dem der Gerichtshof die Safe-Harbor-Entscheidung der Europäischen Kommission für unwirksam erklärt hatte (dazu oben → Rn. 563 ff.), voraussichtlich auch Auswirkungen auf die aktuellen Standarddatenschutzklauseln haben wird.[560] Die „Halb-

---

556 *Klug*, in: Gola (Hrsg.), DS-GVO, 2017, Art. 46 Rn. 5.
557 Unter der DSRL wurden diese üblicherweise als „Standardvertragsklauseln" oder „EU Model Clauses" bezeichnet.
558 Vgl. insbesondere die Entscheidung der Kommission v. 27.12.2004, K(2004) 5271 (Übermittlung zwischen Verantwortlichen) und den Beschluss der Kommission v. 5.2.2010, K(2010) 593 (Übermittlung zwischen Verantwortlichen und Auftragsverarbeitern).
559 Hierzu näher *Schröder*, in: Kühling/Buchner (Hrsg.), DS-GVO/BDSG, 2. Aufl. 2018, Art. 46 DS-GVO Rn. 26.
560 Vgl. den Beschluss des Irische High Courts vom 3.10.2017, die Standardvertragsklauseln dem EuGH zur Überprüfung vorzulegen, Beschl. 2016 No. 4809 P. abrufbar unter http://www.europe-v-facebook.org/sh2/HCJ.pdf (Abruf: 15.1.2018).

wertszeit" der gegenwärtig gültigen Standarddatenschutzklauseln ist daher wohl nur begrenzt.

- Schließlich können Datenübermittlungen auch durch nach Art. 40 DS-GVO **genehmigte Verhaltensregeln** (Art. 46 Abs. 2 lit. e DS-GVO) oder durch nach Art. 42 DS-GVO **genehmigte Zertifizierungsmechanismen** (Art. 46 Abs. 2 lit. f DS-GVO) legitimiert werden (näher dazu → Rn. 754 ff.). Genehmigte Verhaltensregeln (Codes of Conducts) stellen Instrumente dar, die in der DS-GVO erstmalig eingefügt wurden. Sie haben das Ziel, Selbstregulierungs- und Zertifizierungsmechanismen zu fördern. Als Zertifizierungsmechanismen kommen genehmigte Zertifizierungsverfahren, Datenschutzsiegel oder Prüfzeichen zum Nachweis der Gewährleistung geeigneter Schutzgarantien in Betracht (Art. 42 Abs. 1 DS-GVO).

- Nach Art. 46 Abs. 3 lit. a DS-GVO können auch **Vertragsklauseln**, die zwischen der datenübermittelnden Stelle und der datenempfangenden Stelle individuell vereinbart werden, zur Rechtfertigung des Datentransfers in Drittländer herangezogen werden (Art. 46 Abs. 3 lit. a DS-GVO). Möglich sind insoweit auch Bestimmungen in Verwaltungsvereinbarungen, die zwischen Behörden oder öffentlichen Stellen vereinbart werden und durchsetzbare und wirksame Rechte für die betroffenen Personen enthalten müssen (Art. 46 Abs. 3 lit. b DS-GVO). Anders als in den Fällen einer Garantie nach Art. 46 Abs. 2 DS-GVO bedürfen die Instrumente des Art. 46 Abs. 3 DS-GVO einer vorherigen **Genehmigung durch die zuständige Aufsichtsbehörde**.

569   Falls weder ein Angemessenheitsbeschluss nach Art. 45 Abs. 3 DS-GVO vorhanden ist, noch die vorstehend beschriebenen geeigneten Garantien i.S.v. Art. 46 DS-GVO vorliegen, sieht Art. 49 UAbs. 1 DS-GVO eine Reihe von **Ausnahmen vom grundsätzlichen Verbot der Übermittlung** personenbezogener Daten an Drittländer oder internationale Organisationen vor. Danach ist die Übermittlung stets zulässig, wenn eine **ausdrückliche Einwilligung** der betroffenen Person in die Datenübermittlung vorliegt; hierfür ist die betroffene Person über die spezifischen Risiken dieser Übermittlung zu informieren (Art. 49 UAbs. 1 lit. a DS-GVO). Eine Übermittlung ist des Weiteren in Situationen statthaft, in denen die betroffene Person in geringerem Maße schutzbedürftig ist. Dies gilt zunächst für Fälle, in denen die Übermittlung zur Erfüllung eines **Vertrags** zwischen der betroffenen Person und dem Verantwortlichen oder zur Durchführung von vorvertraglichen Maßnahmen auf Antrag der betroffenen Person erforderlich ist (Art. 49 UAbs. 1 lit. b DS-GVO). Beispiele hierfür sind touristische Leistungen wie die Hotelzimmerbuchung oder der Mietwagen am Urlaubsort. Die betroffene Person ist in diesem Fall Vertragspartner oder hat zumindest die vorvertraglichen Maßnahmen veranlasst (etwa eine Anfrage für ein Hotelzimmer). Art. 49 UAbs. 1 lit. c DS-GVO ist hingegen einschlägig, wenn die Übermittlung zum Abschluss oder zur Erfüllung eines im Interesse der betroffenen Person von dem Verantwortlichen mit einer anderen natürlichen oder juristischen Person geschlossenen Vertrags erforderlich ist. Das ist beispielsweise dann der Fall, wenn die betroffene Person zwar nicht selbst Vertragspartner ist, sie jedoch aus einem zwischen einem Dritten und dem Verantwortlichen geschlossenen Vertrag begünstigt wird. Das Gleiche gilt, wenn der Vertrag erst noch geschlossen werden soll. Beispiele für diese Ausnahme sind das direkt an die betroffene Person versendete Buch als Geschenk oder die Überweisung der Bank auf

das Konto der betroffenen Person. Ein weiterer Ausnahmetatbestand liegt vor, wenn die Übermittlung aus wichtigen **Gründen des öffentlichen Interesses** notwendig ist (Art. 49 UAbs. 1 lit. d DS-GVO). Beispiele für wichtige öffentliche Interessen sind die Aufgabenerfüllung der Steuer- und Zollverwaltungen, der sozialen Sicherungssysteme und die Bekämpfung der Geldwäsche. Auch Zwecke der **Geltendmachung, Ausübung oder Verteidigung von Rechtsansprüchen** (Art. 49 UAbs. 1 lit. e DS-GVO) können eine Übermittlung rechtfertigen. Geht es um den **Schutz lebenswichtiger Interessen** der betroffenen Person oder anderer Personen und ist die betroffene Person aus physischen oder rechtlichen Gründen außerstande, ihre Einwilligung zu erteilen (Art. 49 UAbs. 1 lit. f DS-GVO), kann eine Übermittlung an ein Drittland gerechtfertigt sein. Lebenswichtige Interessen der betroffenen Person werden verfolgt, wenn die betroffene Person etwa in Lebensgefahr schwebt, eine Einwilligung bei ihr nicht eingeholt werden kann, aber zu ihrer Rettung die Übermittlung von medizinischen Daten erforderlich ist. Schließlich erlaubt Art. 49 UAbs. 1 lit. g DS-GVO die Übermittlung personenbezogener Daten aus öffentlichen **Registern**, die gemäß dem Recht der Union oder der Mitgliedstaaten zur Information der Öffentlichkeit bestimmt sind und entweder der gesamten Öffentlichkeit oder allen Personen, die ein berechtigtes Interesse an einer Einsichtnahme nachweisen können, zur Einsichtnahme offenstehen. Beispiele hierfür sind etwa das Handels- und Vereinsregister und das Grundbuch, sofern ein berechtigtes Interesse nachgewiesen wird.

In besonderen Ausnahmefällen, in denen die Übermittlung nicht auf einen Angemessenheitsbeschluss nach Art. 45 DS-GVO oder auf geeignete Garantien i.S.v. Art. 46 DS-GVO gestützt werden kann und auch keine der vorstehenden in Art. 49 UAbs. 1 DS-GVO genannten Ausnahmetatbestände greift, kann eine Übermittlung in ein Drittland oder eine internationale Organisation auch auf der Grundlage einer **Interessenabwägung** erfolgen. Für diese sind dann die besonderen Anforderungen des Art. 49 UAbs. 2 DS-GVO zu beachten. Danach ist die Übermittlung zulässig, wenn sie nicht wiederholt erfolgt, nur eine begrenzte Zahl von betroffenen Personen betrifft, für die Wahrung der zwingenden berechtigten Interessen des Verantwortlichen erforderlich ist, sofern die Interessen oder die Rechte und Freiheiten der betroffenen Person nicht überwiegen, der Verantwortliche alle Umstände der Datenübermittlung beurteilt und auf der Grundlage dieser Beurteilung geeignete Garantien in Bezug auf den Schutz personenbezogener Daten vorgesehen hat. Will sich ein Verantwortlicher auf diese Rechtsgrundlage für die Übermittlung stützen, so muss er die **Aufsichtsbehörde hiervon in Kenntnis** setzen. Der Verantwortliche ist in diesem Fall auch verpflichtet, die betroffene Person über die Übermittlung und seine zwingenden berechtigten Interessen zu informieren.

570

■   **Lösung zu Fallbeispiel 10 – Expansion im Limonadenhandel – Drittlandtransfer und Datenschutzverträge (Rn. 554)**

571

A. Rechtmäßigkeit der Datenverarbeitung durch Z
  I. Stufe 1 – Rechtmäßigkeit der Datenverarbeitung an sich
    1. Verarbeitung personenbezogener Daten i.S.v. Art. 4 Nr. 1 und 2 DS-GVO?
      → Austausch von Informationen über Plattform = Verarbeitung personenbezogener Daten
      → Anwendungsbereich der DS-GVO eröffnet

2. Existiert Zulässigkeitstatbestand für Datenverarbeitung?
   ⇒ Bedarf Weitergabe innerhalb des Konzerns eines Zulässigkeitstatbestands?
      → (+), da kein Konzernprivileg in der DS-GVO; Konzernunternehmen wie sonstige Dritte zu behandeln
   ⇒ Art. 6 Abs. 1 UAbs. 1 lit. f DS-GVO als Zulässigkeitstatbestand?
      → Nach Erwägungsgrund 48 der DS-GVO berechtigtes Interesse (+), wenn personenbezogene Daten innerhalb der Unternehmensgruppe für interne Verwaltungszwecke ausgetauscht werden
   ⇒ Aber: vorrangige Rechtsgrundlage vorliegend § 26 Abs. 1 BDSG (vgl. Öffnungsklausel in Art. 88 DS-GVO)
      → Plattform dient der dienstlichen Kommunikation der Mitarbeiter
      → Informationsaustausch für Durchführung des Beschäftigungsverhältnisses erforderlich (a.A. u.U. vertretbar)
3. Zwischenergebnis: (+), geplante Datenverarbeitung grundsätzlich gemäß § 26 Abs. 1 BDSG rechtmäßig
II. Stufe 2 – Besondere Anforderungen an Drittlandtransfer gem. Art. 44 ff. DS-GVO
   ⇒ Art. 44 ff. DS-GVO nicht relevant in Bezug auf Datenaustausch mit F, da F innerhalb der EU ansässig
   ⇒ Relevant aber hinsichtlich U, A und M
1. Anforderungen an Datenaustausch mit U
   ⇒ USA kein sicheres Drittland; ABER: EU-U.S. Privacy Shield = Angemessenheitsbeschluss der Europäischen Kommission i.S.v. Art. 45 Abs. 1 DS-GVO (Grundrechtskonformität allerdings bestritten)
   ⇒ EU-U.S. Privacy Shield im Jahr 2016 beschlossen, auch unter der DS-GVO weiterhin gültig, vgl. Art. 45 Abs. 9 DS-GVO
   ⇒ U unter dem Privacy Shield zertifiziert
      → Keine weiteren Anforderungen durch Z zu beachten, Rechtmäßigkeit des Drittlandtransfers (+)
2. Anforderungen an Datenaustausch mit A
   ⇒ Argentinien sicheres Drittland, vgl. Angemessenheitsentscheidung der Europäischen Kommission v. 30.6.2003, 2003/490/EG, geändert durch VO (EU) 2016/2295 der Kommission vom 16.12.2016
   ⇒ Entscheidung auch unter der DS-GVO weiterhin gültig, vgl. Art. 45 Abs. 9 DS-GVO
      → Keine weiteren Anforderungen durch Z zu beachten, Rechtmäßigkeit des Drittlandtransfers (+)
3. Anforderungen an Datenaustausch mit M
   ⇒ Mexiko kein sicheres Drittland, kein Angemessenheitsbeschluss der Europäischen Kommission
   ⇒ Rechtmäßigkeit des Datentransfers durch andere in Art. 44 ff. DS-GVO genannte Instrumente, insbesondere durch entsprechende Verträge, sicherzustellen
      → Soweit sichergestellt (dazu unter B.): Rechtmäßigkeit des Drittlandtransfers (+)
B. *Abzuschließende datenschutzrechtliche Verträge*
   I. Datenaustausch mit M
1. Verbindliche interne Datenschutzvorschriften i.S.d. Art. 46 Abs. 2 lit. b, Art. 47 DS-GVO?
   ⇒ = sog. Binding Corporate Rules (BCRs)
      → Vorliegend für Zwecke des Z nicht sinnvoll, da aufwendig und behördliche Genehmigung erforderlich
2. Standarddatenschutzklauseln i.S.d. Art. 46 Abs. 2 lit. c DS-GVO?
   ⇒ (+), vorliegend geeignet, Vorteil: schnell abschließbar, nicht verhandelbar (Klauseln dürfen nicht abgeändert werden)
   ⇒ Da M die Daten des Z nicht als Auftragsverarbeiter empfängt, ist er selbst Verantwortlicher
      → Folge: Standarddatenschutzklauseln in der Version Verantwortlicher-Verantwortlicher zu verwenden (d.h. Klauseln aus Entscheidung der Kommission v. 27.12.2004, K(2004) 52719)

II. Datenaustausch mit T
⇒ T als technischer Dienstleister eingesetzt, verarbeitet Daten im Auftrag des Z (und der anderen Gesellschaften)
⇒ Keine Anhaltspunkte, dass T eigene Entscheidungsspielräume eingeräumt bekommt oder eigenes Interesse an Daten hat
⇒ T = Auftragsverarbeiter i.S.v. Art. 4 Nr. 8 DS-GVO
→ Vertrag nach Art. 28 DS-GVO zwischen Z und T zu schließen

III. Datenaustausch mit F, U, M, A
⇒ Z, F, U, M und A legen Zwecke und Mittel der Verarbeitung wohl gemeinsam i.S.v. Art. 26 Abs. 1 DS-GVO fest
⇒ Folge: gemeinsame Verantwortliche i.S.v. Art. 26 Abs. 1 DS-GVO
⇒ Z und F müssen Vereinbarung nach Art. 26 Abs. 1 DS-GVO abschließen
→ Fraglich, ob auch U, M und A zwingend in Vertag miteinzubeziehen, wohl (-) da für sie DS-GVO nach Art. 3 Abs. 2 DS-GVO nicht gilt

III. Ergebnis: Z muss Standarddatenschutzklauseln mit M, eine Vereinbarung über Auftragsverarbeitung mit T und einen Vertrag über gemeinsame Verantwortung (mindestens) mit Z abschließen

H. Rechte der betroffenen Person

Zur Ausübung der im europäischen Primärrecht verankerten Rechte zum Schutz perso-   **572**
nenbezogener Daten aus Art. 8 GrCh ist es für die betroffene Person von besonderer Bedeutung, transparent informiert und mit den erforderlichen Rechtspositionen ausgestattet zu werden, um auf dieser Grundlage die **Verarbeitung der personenbezogenen Daten überprüfen** und gegebenenfalls korrigieren oder unterbinden zu können. Diesem Umstand trägt die DS-GVO dadurch Rechnung, dass sie der betroffenen Person eine Reihe von Rechten an die Hand gibt, die mit entsprechenden Pflichten des Verantwortlichen korrespondieren, deren Verletzung **bußgeldbewehrt** ist[561] und in bestimmten Situationen ggf. auch unmittelbare Auswirkungen auf die **Rechtmäßigkeit der Verarbeitung** haben kann.[562]

Die einzelnen Rechte der betroffenen Person sind in den **Art. 13 ff. DS-GVO** geregelt.   **573**
Sie umfassen ein Recht auf Information (Art. 13 und 14 DS-GVO), auf Auskunft (Art. 15 DS-GVO), auf Berichtigung (Art. 16 DS-GVO), auf Löschung (Art. 17 DS-GVO), auf Einschränkung (Art. 18 DS-GVO), auf Datenübertragbarkeit (Art. 20 DS-GVO) und auf Widerspruch (Art. 21 DS-GVO). Nach Art. 22 DS-GVO hat die betroffene Person zudem das Recht, nicht einer automatisierten Entscheidung unterworfen zu werden (hierzu ausführlich → Rn. 477 ff.). Nach Art. 34 DS-GVO ist sie im Falle der Verletzung sie betreffender personenbezogener Daten zu benachrichtigen.

Diese Rechte fanden sich in ähnlicher Form auch schon unter der Geltung des BDSG   **574**
a.F. und der DSRL. Sie wurden durch die DS-GVO aber inhaltlich aufgewertet und **zugunsten der betroffenen Person verschärft**. Das Recht auf Datenübertragbarkeit

---

561 Vgl. Art. 83 Abs. 5 lit. b DS-GVO.
562 Vgl. im Zusammenhang mit der Verletzung der Informationspflichten aus Art. 13 f. DS-GVO *Bäcker*, in: Kühling/Buchner (Hrsg.), DS-GVO/BDSG, 2. Aufl. 2018, Art. 13 DS-GVO Rn. 61 ff. und Art. 14 DS-GVO Rn. 42 f.

(Art. 20 DS-GVO) wurde dabei neu geschaffen. Unter dem BDSG a.F. und der DSRL fand sich insoweit keine Entsprechung.

575 Das Recht auf Information über die Erhebung personenbezogener Daten (Art. 13 und 14 DS-GVO) ist **proaktiv** vom Verantwortlichen gegenüber der betroffenen Person zu erfüllen. Dagegen werden die übrigen Rechte der betroffenen Person für den Verantwortlichen nur dann virulent, wenn die betroffene Person sie durch einen formfreien[563] **Antrag** gegenüber dem Verantwortlichen ausübt, oder die jeweilige Vorschrift – wie z.B. im Falle einer Datenlöschung nach Art. 17 DS-GVO – den Verantwortlichen von sich heraus zu einem **Tätigwerden verpflichtet.**

576 ┌─ **Fallbeispiel 11** ──────────────────────────────────

Internet-Bewertungsportal – Betroffenenrechte

A betreibt ein Portal zur Arztsuche und Arztbewertung, in dem Internetnutzer kostenfrei der A vorliegende Informationen über Ärzte abrufen können. Zu den abrufbaren Daten zählen unter anderem Name, Fachrichtung, Praxisanschrift, Kontaktdaten und Sprechzeiten sowie Bewertungen des Arztes durch Portalnutzer. Die Abgabe einer Bewertung (u.a. in Form von Freitext-Kommentaren) erfordert eine vorherige Registrierung. Hierzu hat der bewertungswillige Nutzer eine E-Mail-Adresse anzugeben, die im Laufe des Registrierungsvorgangs verifiziert wird.

B ist niedergelassener Gynäkologe. Er ist in dem genannten Portal mit seinem akademischen Grad, seinem Namen, seiner Fachrichtung und der Anschrift seiner Praxis verzeichnet. Nutzer haben ihn im Portal mehrfach bewertet. B hält dies für einen Verstoß gegen seine Persönlichkeitsrechte und möchte gegen die Veröffentlichung ihn betreffender Daten auf der genannten Internetseite vorgehen und sein Profil vollständig löschen lassen.

Auf welche Betroffenenrechte kann sich B mit Erfolg berufen?

(Lösung siehe Rn. 681)

577 ┌─ **Fallbeispiel 12** ──────────────────────────────────

Datensammlung des BfF für Auslandsgesellschaften – Reichweite des Auskunftsanspruchs[564]

Das Bundesamt für Finanzen (BfF) sammelt in seiner Informationszentrale für steuerliche Auslandsbeziehungen Daten über ausländische natürliche Personen und Gesellschaften. Das BfF bezieht die in Akten abgelegten Daten überwiegend aus im Ausland öffentlich zugänglichen Quellen, wie z.B. aus Telefon- und Telefaxbüchern oder Handelsregistern. Um die Daten auffinden zu können, bedient sich das BfF einer computergestützten Sammlung von Namen der Personen, über die Akten angelegt wurden. Mit dieser Datenbank können die Akten weder umsortiert noch ausgewertet werden; sie dient nur als Registratur. Mit Schreiben vom 19.6.2018 beantragte K gegenüber dem BfF, ihm Auskunft über seine beim BfF verarbeiteten personenbezogenen Daten zu erteilen. Dies lehnte das BfF unter Hinweis darauf ab, dass durch eine Auskunftserteilung die ordnungsgemäße Erfüllung der in seinem Zuständigkeitsbereich liegenden Aufgaben gefährdet würde.

Hat K einen Anspruch auf Auskunft?

563 *Pauly*, in: Paal/Pauly (Hrsg.), DS-GVO, 2017, Art. 12 Rn. 42.
564 Fall in Anlehnung an BFH, Urt. v. 30.7.2003, VII R 45/02 = RDV 2004, 270 und die seinerzeitige Verarbeitungspraxis des BfF.

Die einschlägige Norm zur Aufgabenerfüllung (§ 5 des Finanzverwaltungsgesetzes – FVG) lautet:

(1) Das Bundeszentralamt für Steuern hat unbeschadet des § 4 Abs. 2 und 3 folgende Aufgaben

[...]

6. die zentrale Sammlung und Auswertung von Unterlagen über steuerliche Auslandsbeziehungen nach näherer Weisung des Bundesministeriums der Finanzen.

[...]

(Lösung siehe Rn. 682)

I. Übergreifende Vorgaben

1. Transparenzgebot und Modalitäten (Art. 12 Abs. 1, 3, 5 DS-GVO)

Der Verordnungsgeber normiert in Art. 12 DS-GVO gleichsam „vor die Klammer" gezogene **allgemeine Vorgaben**, die im Zusammenhang mit der Wahrnehmung der Rechte der betroffenen Person zu beachten sind. Hierbei wird zum Teil danach **unterschieden**, ob es sich um Informationen handelt, die der betroffenen Person – wie bei Informationspflichten nach den Art. 13 und 14 DS-GVO der Fall – **proaktiv** vom Verantwortlichen mitzuteilen sind, oder ob es um Informationen oder Handlungen geht, deren Mitteilung bzw. Vornahme die betroffene Person bei dem Verantwortlichen **beantragt** hat (z.B. Auskunft, Berichtigung, Löschung, Einschränkung, Datenübertragbarkeit oder Widerspruch nach Art. 15 bis 21 DS-GVO).

578

Art. 12 Abs. 1 S. 1 DS-GVO enthält übergreifende Anforderungen an die **Verständlichkeit und Zugänglichkeit der Informationen**, die der Verantwortliche der betroffenen Person bei der Ausübung ihrer Rechte nach den Art. 13 ff. DS-GVO mitteilen muss. Danach hat der Verantwortliche der betroffenen Person alle Informationen und Mitteilungen in präziser, transparenter, verständlicher und leicht zugänglicher Form sowie in einer klaren und einfachen Sprache zu übermitteln.[565] Erhöhte Anforderungen gelten, wenn sich die Informationen speziell an Kinder richten. Weitergehende Anforderungen an die Verständlichkeit und Zugänglichkeit der Informationen sind zum Teil in den einzelnen Betroffenenrechten normiert, so z.B. in Art. 21 Abs. 4 DS-GVO, der eine räumliche Trennung der Information über das Widerspruchsrecht von anderen Informationen vorsieht.

579

Anforderungen an die **Form der Information**, die gegenüber den betroffenen Personen zu wählen ist, sind in Art. 12 Abs. 1 S. 2 DS-GVO enthalten. Danach sind die Informationen der betroffenen Person schriftlich oder in anderer Form, gegebenenfalls auch elektronisch, zu übermitteln. Soweit von der betroffenen Person verlangt, kann die Information auch mündlich erteilt werden.[566] In diesem Fall ist es jedoch erforderlich, dass sich der Verantwortliche der Identität der betroffenen Person auf andere

580

---

565 Hierzu näher *Pauly*, in: Paal/Pauly (Hrsg.), DS-GVO, 2017, Art. 12 Rn. 27 ff.
566 Nach *Bäcker*, in: Kühling/Buchner (Hrsg.), DS-GVO/BDSG, 2. Aufl. 2018, Art. 12 DS-GVO Rn. 16, gilt dies jedoch nicht für die (aktive) Informationspflicht aus Art. 13 und 14 DS-VO.

Weise vergewissert. Diesem Erfordernis kann beispielsweise durch die Vereinbarung einer Sicherheitsfrage oder der telefonischen Abfrage bestimmter Details nachgekommen werden.[567]

581   Art. 12 Abs. 2 S. 1 DS-GVO enthält in Bezug auf die Ausübung der Rechte der betroffenen Person ein **allgemeines Behinderungsverbot**. Danach muss der Verantwortliche der betroffenen Person die Ausübung ihrer Rechte nach den Art. 15 bis 20 DS-GVO **erleichtern**. Dies führt etwa dazu, dass der betroffenen Person vor allem bei elektronischen Verarbeitungen auch eine Ausübung ihrer Rechte auf elektronischem Wege zu ermöglichen ist.[568]

582   Die Art. 12 Abs. 2 S. 2 und Art. 12 Abs. 6 DS-GVO enthalten übergreifende Vorgaben im Falle von **Identifizierungsmängeln**, die im Zusammenhang mit Anträgen der betroffenen Person nach den Art. 15 ff. DS-GVO auftreten können. Danach kann sich der Verantwortliche weigern, auf einen Antrag der betroffenen Person hin aktiv zu werden, wenn er glaubhaft machen kann, dass er die betroffene Person (deren Identität ihm bekannt ist) in den Fällen des Art. 11 Abs. 2 DS-GVO in seinen Datenbeständen nicht identifizieren kann.[569] Hat er begründete Zweifel an der Identität des Antragstellers selbst, muss er zunächst zusätzliche Informationen anfordern, die zur Bestätigung der Identität der betroffenen Person erforderlich sind (Art. 12 Abs. 6 DS-GVO). Dabei hat die betroffene Person eine entsprechende Mitwirkungspflicht.[570] Im Übrigen muss er alle vertretbaren Mittel nutzen, um die betroffene Person zu identifizieren.[571] Gelingt ihm eine Identifikation nicht, muss es ihm möglich sein, die Information entsprechend Art. 12 Abs. 2 S. 2 DS-GVO zu verweigern. Verweigert der Verantwortliche die Informationen aufgrund nicht behebbarer Identifizierungsmängel, muss er die betroffene Person entsprechend unterrichten (Art. 12 Abs. 4 DS-GVO; dazu näher → Rn. 585 f.).

583   In **zeitlicher Hinsicht** bestimmt Art. 12 Abs. 3 DS-GVO, dass der Verantwortliche der betroffenen Person die Informationen über die auf ihren Antrag hin nach den Art. 15 bis 22 DS-GVO ergriffenen Maßnahmen unverzüglich, in jedem Fall aber innerhalb eines Monats nach Eingang des Antrags, zur Verfügung stellen muss.[572] Unverzüglich handelt der Verantwortliche in Anlehnung an § 121 BGB dann, wenn er ohne schuldhaftes Zögern tätig wird.[573] Die Frist von einem Monat kann um weitere zwei Monate verlängert werden, wenn dies unter Berücksichtigung der Komplexität und der Anzahl von Anträgen erforderlich ist (Art. 12 Abs. 3 S. 2 DS-GVO). Möchte der Verantwortliche

---

567 *Franck*, in: Gola (Hrsg.), DS-GVO, 2017, Art. 12 Rn. 23, 42.
568 *Pauly*, in: Paal/Pauly (Hrsg.), DS-GVO, 2017, Art. 12 Rn. 45.
569 Zum Spannungsverhältnis zwischen Art. 11 Abs. 2 und Art. 12 Abs. 2 S. 2 DS-GVO *Pauly*, in: Paal/Pauly (Hrsg.), DS-GVO, 2017, Art. 12 Rn. 48 ff.
570 *Kamlah*, in: Plath (Hrsg.), BDSG/DS-GVO, 2. Aufl. 2016, Art. 12 DS-GVO Rn. 24.
571 Vgl. Erwägungsgrund 64 der DS-GVO.
572 Nach *Bäcker*, in: Kühling/Buchner (Hrsg.), DS-GVO/BDSG, 2. Aufl. 2018, Art. 12 DS-GVO Rn. 33, bezieht sich diese Frist auch auf die Erfüllung des Anspruchs selbst; nach *Pauly*, in: Paal/Pauly (Hrsg.), DS-GVO, 2017, Art. 12 Rn. 52, soll hiermit lediglich eine Frist zur Information über vom Verantwortlichen ergriffene Maßnahmen i.S.e. „Statusinformation" gemeint sein; ebenso *Franck*, in: Gola (Hrsg.), DS-GVO, 2017, Art. 12 Rn. 24 ff.
573 *Franck*, in: Gola (Hrsg.), DS-GVO, 2017, Art. 12 Rn. 24; *Kamlah*, in: Plath (Hrsg.), BDSG/DS-GVO, 2. Aufl. 2016, Art. 12 DS-GVO Rn. 13.

die Frist verlängern, muss er die betroffene Person innerhalb eines Monats nach Eingang ihres Antrags hierüber unterrichten und die Gründe für die Verzögerung darlegen (Art. 12 Abs. 3 S. 3 DS-GVO). Soweit die betroffene Person den Antrag elektronisch gestellt hat, hat die Unterrichtung der betroffenen Person nach Möglichkeit auch elektronisch zu erfolgen, es sei denn, die betroffene Person hat mitgeteilt, dass sie nicht in elektronischer Form unterrichtet werden möchte (Art. 12 Abs. 3 S. 4 DS-GVO). Für die Information der betroffenen Person nach den Art. 13 und 14 DS-GVO gelten die in Art. 13 Abs. 1 und Art. 14 Abs. 3 DS-GVO genannten Zeitpunkte (dazu näher → Rn. 593 und 598).

Der Verantwortliche muss der betroffenen Person die Ausübung ihrer Rechte **grundsätzlich unentgeltlich** ermöglichen, Art. 12 Abs. 5 S. 1 DS-GVO. Nur im Falle offenkundig unbegründeter oder exzessiver (z.B. sich häufig wiederholender) Anträge kann der Verantwortliche ein Entgelt von der betroffenen Person verlangen (zu den Voraussetzungen vgl. → Rn. 585 f.). Der Verantwortliche muss den Nachweis dafür erbringen können, dass der Antrag der betroffenen Person unbegründet oder exzessiv ist. Gelingt ihm dies, muss das von der betroffenen Person verlangte Entgelt aber angemessen sein. Dafür ist es erforderlich, dass sich die Höhe des Entgelts an den Verwaltungskosten für die Unterrichtung, Mitteilung oder Durchführung der beantragten Maßnahme orientiert.[574]

584

2. Ausnahmen (Art. 12 Abs. 5 S. 2, Abs. 4 DS-GVO)

Die einzelnen Betroffenenrechte enthalten an verschiedenen Stellen spezifische Ausnahmeregelungen. Diesen stellt Art. 12 Abs. 5 S. 2 DS-GVO eine übergreifende Ausnahme von der Pflicht des Verantwortlichen voran, auf der Grundlage eines Antrags der betroffenen Person tätig zu werden. Danach kann sich der Verantwortliche im Falle **offenkundig unbegründeter oder exzessiver Anträge** weigern, aktiv zu werden. Bezugspunkt für die Bewertung ist insoweit die konkrete Anfrage einer einzelnen betroffenen Person, nicht die Gesamtzahl der beim Verantwortlichen eingehenden Anträge.[575] Ein offenkundig unbegründeter Antrag liegt vor, wenn bereits eine oberflächliche Prüfung ergibt, dass die Voraussetzungen des gestellten Antrags nicht vorliegen.[576] Dies ist z.B. der Fall, wenn eine Person, die nicht die betroffene Person ist, einen entsprechenden Antrag stellt.[577] Als exzessiv stellt sich ein Antrag dar, wenn er sich seitens des Antragstellers als rechtsmissbräuchlich erweist, z.B. weil er häufig wiederholt gestellt wird.[578] Von einem exzessiven Antrag wird man aber jedenfalls bei einer Anfrage der betroffenen Person pro Quartal noch nicht ausgehen können,[579] wohl aber dann, wenn

585

---

574 Vgl. *Franck*, in: Gola (Hrsg.), DS-GVO, 2017, Art. 12 Rn. 39.
575 *Art.-29-Datenschutzgruppe*, Leitlinien zum Recht auf Datenübertragbarkeit, WP 242 rev. 01, 5.4.2017, S. 18.
576 *Pauly*, in: Paal/Pauly (Hrsg.), DS-GVO, 2017, Art. 12 Rn. 65.
577 *Eßer*, in: Auernhammer (Hrsg.), DS-GVO/BDSG, 5. Aufl. 2017, Art. 12 DS-GVO Rn. 24; *Heckmann/Paschke*, in: Ehmann/Selmayr (Hrsg.), DS-GVO, 2017, Art. 12 Rn. 43.
578 *Bäcker*, in: Kühling/Buchner (Hrsg.), DS-GVO/BDSG, 2. Aufl. 2018, Art. 12 DS-GVO Rn. 37.
579 *Franck*, in: Gola (Hrsg.), DS-GVO, 2017, Art. 12 Rn. 34.

der Antrag ohne nachvollziehbaren Anlass mehrmals im Jahr gestellt wird.[580] Der Verantwortliche muss in jedem Fall den Nachweis für das Vorliegen dieser Voraussetzungen erbringen können (Art. 12 Abs. 5 S. 3 DS-GVO).[581]

586   Wird der Verantwortliche auf den Antrag der betroffenen Person **nicht tätig**, z.B. weil er die Voraussetzungen für die Ausübung des jeweiligen Rechts der betroffenen Person als nicht erfüllt ansieht, trifft ihn nach Art. 12 Abs. 4 DS-GVO eine **Pflicht zur Unterrichtung** der betroffenen Person. Er muss dann der betroffenen Person ohne Verzögerung, spätestens aber innerhalb eines Monats nach Eingang des Antrags die Gründe seines unterbliebenen Tätigwerdens mitteilen und über die Möglichkeit informieren, bei einer Aufsichtsbehörde Beschwerde oder einen gerichtlichen Rechtsbehelf einzulegen. Die Unterrichtung muss so einzelfallbezogen und detailliert ausgestaltet sein, dass es der betroffenen Person möglich ist, zu entscheiden, ob sie gegen die Verweigerung der Auskunft vorgehen möchte.[582]

3. Öffnungsklauseln (Art. 23, 85 Abs. 2, 89 Abs. 2 und 3 DS-GVO)

587   Art. 23 DS-GVO sieht eine umfassende und **allgemeine Öffnungsklausel** vor, die es den Mitgliedstaaten und der Union erlaubt, die Rechte der betroffenen Person weiter einzuschränken.[583] Eine solche Beschränkung ist nach Art. 23 Abs. 1 DS-GVO aber nur dann zulässig, wenn sie den Wesensgehalt der Grundrechte und Grundfreiheiten achtet und in einer demokratischen Gesellschaft eine notwendige und verhältnismäßige Maßnahme darstellt. Die einschränkenden Regelungen müssen zudem die vielfältigen öffentlichen Interessen sicherstellen, die in Art. 23 Abs. 1 lit. a bis j DS-GVO aufgeführt sind (z.B. nationale Sicherheit, Durchsetzung zivilrechtlicher Ansprüche, etc.). Ferner müssen sie so weit wie möglich die spezifischen in Art. 23 Abs. 2 lit. a bis h DS-GVO genannten Aspekte enthalten (z.B. Zwecke der Verarbeitung, Kategorien personenbezogener Daten, etc.). Darüber hinaus sieht Art. 89 DS-GVO hinsichtlich verschiedener Betroffenenrechte eine Öffnungsklausel für Datenverarbeitungen zu **Archiv-, Forschungs- und statistischen Zwecken** vor. Weitere Gestaltungsspielräume gelten für Verarbeitungen zu journalistischen, wissenschaftlichen, künstlerischen oder literarischen Zwecken (Art. 85 Abs. 2 DS-GVO).

588   Der deutsche Gesetzgeber hat auf der Grundlage dieser Öffnungsklauseln teils **umfassende Ausnahmeregelungen in den § 27 ff. BDSG** insbesondere in Bezug auf die Informationspflichten (Art. 13 und 14 DS-GVO), das Recht auf Auskunft (Art. 15 DS-GVO), Löschung (Art. 17 DS-GVO) und Widerspruch (Art. 21 DS-GVO) normiert (dazu ausführlich im Rahmen der jeweiligen Darstellung der Betroffenenrechte → Rn. 589 ff.). Jedenfalls was die Regelungen des BDSG anbelangt, welche die Informationspflichten und die Löschpflichten der DS-GVO einschränken (§§ 32, 33 und 35 BDSG), haben die

---

580 *Bayerisches Landesamt für Datenschutzaufsicht,* Kurzpapier Nr. 6 – Auskunftsrecht der betroffenen Person, Art. 15 DS-GVO, 21.2.2017, S. 2, abrufbar unter https://www.lda.bayern.de/media/dsk_kpnr_6_auskunftsrecht.pdf (Abruf: 15.1.2018).
581 *Pauly,* in: Paal/Pauly (Hrsg.), DS-GVO, 2017, Art. 12 Rn. 70.
582 *Bäcker,* in: Kühling/Buchner (Hrsg.), DS-GVO/BDSG, 2. Aufl. 2018, Art. 12 DS-GVO Rn. 32.
583 Ausführlich *Kühling/Martini/u.a.,* Die Datenschutz-Grundverordnung und das nationale Recht, 2016, S. 69 ff.

unabhängigen Datenschutzbehörden des Bundes und der Länder (Datenschutzkonferenz; DSK) bereits **Zweifel an deren Vereinbarkeit mit Art. 23 DS-GVO** angemeldet.[584] Wie grundsätzlich bei jeder nationalen datenschutzrechtlichen Regelung muss hier also ganz besonders die Frage nach der Unionsrechtskonformität und damit die Anwendbarkeit der nationalen Norm Ausgangspunkt der Prüfung sein. Bis zu einer höchstrichterlichen Klärung wird es hier vielfach noch über einen längeren Zeitraum **Unsicherheiten** geben.

II. Betroffenenrechte im Einzelnen

1. Information

Um im Stande zu sein, etwaige Handlungsoptionen wahrzunehmen, muss die betroffene Person überhaupt erst einmal wissen, dass der Verantwortliche sie betreffende personenbezogene Daten verarbeitet. Aus diesem Transparenzgedanken heraus, der im **Transparenzgrundsatz** des Art. 5 Abs. 1 lit. a DS-GVO verankert ist (dazu oben → Rn. 336 f.), hat der Verordnungsgeber umfassende Informationspflichten für den Verantwortlichen geschaffen. Wie der Verantwortliche dieser **antragsunabhängigen Pflicht** in der Praxis nachkommt, hängt von der jeweiligen Situation ab: Geht es um Datenverarbeitungen auf Webseiten, erfolgt die Information der betroffenen Person üblicherweise über eine **Datenschutzerklärung** (Privacy Policy).[585] Werden Verträge abgeschlossen, kann die Information im Rahmen **Allgemeiner Geschäftsbedingungen** (AGB) oder gegebenenfalls auch in separaten Datenschutzhinweisen erfolgen. Insoweit gilt es, Medienbrüche zu vermeiden.[586]

589

Hinsichtlich der Information der betroffenen Person ist danach zu **unterscheiden**, ob die Daten **bei der betroffenen Person erhoben** werden, sie also selbst als unmittelbare Datenquelle fungiert (in diesem Fall ist Art. 13 DS-GVO anzuwenden), oder ob die Daten **nicht bei der betroffenen Person**, sondern z.B. bei Dritten oder aus öffentlich zugänglichen Quellen erhoben werden (dann ist Art. 14 DS-GVO einschlägig).[587] Dabei gilt der Grundsatz der Direkterhebung (dazu unter → Rn. 288 f.).

590

a) Datenerhebung bei der betroffenen Person (Direkterhebung)

aa) Allgemeine Vorgaben (Art. 13 Abs. 1, 2 DS-GVO)

Werden personenbezogene Daten bei der betroffenen Person erhoben, trifft den Verantwortlichen die Pflicht, der betroffenen Person die im **Katalog des**

591

---

584 *Datenschutzkonferenz*, Kurzpapier Nr. 10, Informationspflichten bei Dritt- und Direkterhebung, 30.8.2017, S. 3; *dies.*, Kurzpapier Nr. 11, Recht auf Löschung / „Recht auf Vergessenwerden", 29.8.2017, S. 3; die Regelungen teilweise für unionsrechtswidrig haltend *Roßnagel*, DuD 2017, 277 (281); kritisch auch *Johannes/Richter*, DuD 2017, 300 (303).
585 Vgl. hierzu auch die Regelungen in § 13 Abs. 1 TMG. Der Norm kommt neben den neuen Vorgaben der DS-GVO jedoch keine Bedeutung mehr zu.
586 *Bäcker*, in: Kühling/Buchner (Hrsg.), DS-GVO/BDSG, 2. Aufl. 2018, Art. 13 DS-GVO Rn. 58.
587 Vgl. auch *Bäcker*, in: Kühling/Buchner (Hrsg.), DS-GVO/BDSG, 2. Aufl. 2018, Art. 13 DS-GVO Rn. 13 ff.

Art. 13 Abs. 1 DS-GVO aufgeführten Informationen zur Verfügung zu stellen. Hierzu zählen der Name und die Kontaktdaten des Verantwortlichen, die Kontaktdaten eines eventuellen Datenschutzbeauftragten, die Zwecke, für welche die personenbezogenen Daten verarbeitet werden, die Rechtsgrundlage für deren Verarbeitung, die berechtigten Interessen des Verantwortlichen (soweit die Datenverarbeitung auf Grundlage von Art. 6 Abs. 1 UAbs. 1 lit. f DS-GVO erfolgt) und die Empfänger oder Kategorien von Empfängern der personenbezogenen Daten. Des Weiteren muss der Verantwortliche mitteilen, ob er personenbezogene Daten an ein Drittland oder eine internationale Organisation übermittelt. Ist dies der Fall, muss er darüber informieren, auf welcher Grundlage eine solche Datenübermittlung (z.B. Standarddatenschutzklauseln nach Art. 46 Abs. 2 lit. c DS-GVO; vgl. dazu näher → Rn. 568) erfolgt.

592   Die Information muss nach **Art. 13 Abs. 2 DS-GVO** in der Regel[588] auch Angaben enthalten zur Speicherdauer, zu den Rechten, die der betroffenen Person gegen die Verarbeitung zustehen, darüber, ob die Bereitstellung der personenbezogenen Daten gesetzlich oder vertraglich vorgeschrieben oder für einen Vertragsabschluss erforderlich ist, sowie Angaben zum Bestehen einer automatisierten Entscheidungsfindung nach Art. 22 DS-GVO. Will der Verantwortliche die personenbezogenen Daten für einen anderen Zweck weiterverarbeiten (vgl. zur zweckändernden Verarbeitung → Rn. 419 ff.), muss er die betroffene Person vor der Weiterverarbeitung auch hierüber informieren (Art. 13 Abs. 3 DS-GVO).

593   Die nach Art. 13 Abs. 1 und 2 DS-GVO erforderlichen Informationen sind der betroffenen Person zum **Zeitpunkt der Erhebung der Daten** mitzuteilen (Art. 13 Abs. 1 DS-GVO).

bb) Ausnahmen (Art. 13 Abs. 4 DS-GVO; § 32 Abs. 1, 2 BDSG)

594   Die Informationspflicht entfällt, wenn die betroffene Person über die entsprechenden Informationen **bereits verfügt** (Art. 13 Abs. 4 DS-GVO). Das kann etwa der Fall sein, wenn die betroffene Person und der Verantwortliche in einer ständigen geschäftlichen Beziehung zueinander stehen.[589]

595   Das **BDSG** sieht darüber hinaus eine Reihe von Ausnahmen speziell von der Pflicht zur Information über **zweckändernde Weiterverarbeitungen** nach Art. 13 Abs. 3 DS-GVO vor. So besteht eine Informationspflicht dann nicht, wenn eine beabsichtigte Weiterverarbeitung analog gespeicherte Daten betrifft, bei der sich der Verantwortliche durch die Weiterverarbeitung unmittelbar an die betroffene Person wendet, der Zweck mit dem ursprünglichen Erhebungszweck gemäß der DS-GVO vereinbar ist (vgl. zur Vereinbarkeit neuer Zwecke mit den ursprünglich verfolgten Zwecken → Rn. 420 ff.), die Kommunikation mit der betroffenen Person nicht in digitaler Form erfolgt und das Interesse der betroffenen Person an der Informationserteilung nach den Umständen des Einzelfalls als gering anzusehen ist (§ 32 Abs. 1 Nr. 1 BDSG). Eine weitere Ausnahme besteht speziell in Fällen, in denen personenbezogene Daten durch eine öffentliche

---

588 Näher zu den Voraussetzungen *Bäcker*, in: Kühling/Buchner (Hrsg.), DS-GVO/BDSG, 2. Aufl. 2018, Art. 13 DS-GVO Rn. 20 ff.; *Pauly*, in: Paal/Pauly (Hrsg.), DS-GVO, 2017, Art. 13 Rn. 22.
589 *Bäcker*, in: Kühling/Buchner (Hrsg.), DS-GVO/BDSG, 2. Aufl. 2018, Art. 13 DS-GVO Rn. 87.

Stelle verarbeitet werden und die Information über die beabsichtigte Weiterverarbeitung die ordnungsgemäße Aufgabenerfüllung, die öffentliche Sicherheit oder Ordnung oder das Bundes- oder Landeswohl gefährden würde. Einschränkende Voraussetzung ist jeweils, dass die Interessen des Verantwortlichen an der Nichterteilung der Information die Interessen der betroffenen Person überwiegen (§ 32 Abs. 1 Nr. 2 und 3 BDSG).[590] Ferner ist über beabsichtigte Weiterverarbeitungen nicht zu informieren, wenn die Information die Geltendmachung, Ausübung oder Verteidigung rechtlicher Ansprüche gefährden würde und die Interessen des Verantwortlichen an der Nichterteilung der Information die Interessen der betroffenen Person überwiegen (§ 32 Abs. 1 Nr. 4 BDSG). Schließlich kann eine Information der betroffenen Person unterbleiben, wenn die beabsichtigte Weiterverarbeitung eine vertrauliche Übermittlung von Daten an öffentliche Stellen gefährden würde (§ 32 Abs. 1 Nr. 5 BDSG). Damit sind beispielsweise Fälle gemeint, in denen die Information über die Weiterverarbeitung zu einer Vereitelung oder ernsthaften Beeinträchtigung des legitimen Verarbeitungszwecks führen würde, etwa wenn die zuständige Strafverfolgungsbehörde über den Verdacht einer Straftat informiert werden soll.[591] Besteht nach § 32 Abs. 1 BDSG keine Pflicht zur Information, treffen den Verantwortlichen besondere Schutz- und Dokumentationspflichten (vgl. § 32 Abs. 2 BDSG).

b) Datenerhebung nicht bei der betroffenen Person (Dritterhebung)

aa) Allgemeine Vorgaben (Art. 14 Abs. 1, 2 DS-GVO)

Werden personenbezogene Daten nicht bei der betroffenen Person erhoben, muss der Verantwortliche der betroffenen Person ebenfalls verschiedene Informationen zur Verfügung stellen. Diese umfassen nach **Art. 14 Abs. 1 DS-GVO** den Namen und die Kontaktdaten des Verantwortlichen, die Kontaktdaten eines etwaigen Datenschutzbeauftragten, die Zwecke der Verarbeitung sowie deren Rechtsgrundlage, die Empfänger oder Kategorien von Empfängern der personenbezogenen Daten sowie Angaben zu Datenübermittlungen an Drittländer oder internationale Organisationen. Anders als bei der Information nach Art. 13 Abs. 1 DS-GVO muss auch über die Kategorien personenbezogener Daten informiert werden (Art. 14 Abs. 1 lit. d DS-GVO). Dies ist dem Umstand geschuldet, dass die betroffene Person bei der Erhebung der personenbezogenen Daten nicht beteiligt war und daher keine Kenntnis von deren Inhalt hat.[592]

596

Die Information muss nach **Art. 14 Abs. 2 DS-GVO** in der Regel[593] auch Angaben enthalten über die Dauer der Datenspeicherung, die berechtigten Interessen, die im Falle einer Datenverarbeitung auf Grundlage von Art. 6 Abs. 1 UAbs. 1 lit. f DS-GVO verfolgt werden, die Rechte der betroffenen Person gegen die Verarbeitung sowie das Bestehen einer automatisierten Entscheidungsfindung nach Art. 22 DS-GVO. Dem besonderen Umstand, dass die Daten nicht bei der betroffenen Person erhoben wurden, wird im Rahmen von Art. 14 DS-GVO dadurch Rechnung getragen, dass die betroffene

597

---

590 Vgl. auch BT-Drs. 18/11325, S. 103.
591 BT-Drs. 18/11325, S. 103.
592 *Bäcker*, in: Kühling/Buchner (Hrsg.), DS-GVO/BDSG, 2. Aufl. 2018, Art. 14 DS-GVO Rn. 17.
593 Näher zu den Voraussetzungen *Pauly*, in: Paal/Pauly (Hrsg.), DS-GVO, 2017, Art. 13 Rn. 22.

Person über die Herkunft der sie betreffenden personenbezogenen Daten zu informieren ist (Art. 14 Abs. 2 lit. f DS-GVO). Hiermit ist es der betroffenen Person möglich, die Rechtmäßigkeit der Datenerhebung zu überprüfen und etwaige Mängel anzugreifen.[594] Schließlich ist die betroffene Person auch im Rahmen der Information nach Art. 14 DS-GVO über die Absicht des Verantwortlichen, die Daten für andere Zwecke weiterzuverarbeiten (vgl. zur zweckändernden Verarbeitung → Rn. 419 ff.), zu informieren. Anders als bei der Information nach Art. 13 Abs. 2 lit. e DS-GVO, muss über eine etwaige Pflicht oder Obliegenheit zur Bereitstellung der Daten nicht informiert werden.

598   Die nach Art. 14 Abs. 1 und 2 DS-GVO erforderlichen Informationen sind der betroffenen Person in der Regel **spätestens einen Monat** nach Erlangung der personenbezogenen Daten mitzuteilen, wobei im Einzelfall je nach den in Art. 14 Abs. 3 DS-GVO genannten Fallgestaltungen auch hiervon abweichende Zeitpunkte in Betracht kommen können.

bb) Ausnahmen (Art. 14 Abs. 5 DS-GVO; § 29 Abs. 1, § 33 Abs. 1, 2 BDSG)

599   Die Informationspflicht nach Art. 14 DS-GVO gilt dann nicht, wenn die betroffene Person über die entsprechenden Informationen **bereits verfügt** (Art. 14 Abs. 5 lit. a DS-GVO).

600   Darüber hinaus ist die betroffene Person nicht zu informieren, wenn sich die Erteilung der Informationen als **unmöglich** erweist oder einen **unverhältnismäßigen Aufwand** erfordert (Art. 14 Abs. 5 lit. b DS-GVO). Ausweislich der Vorschrift soll diese Ausnahme insbesondere bei Verarbeitungen für Archiv- und Forschungszwecke sowie für statistische Zwecke in Betracht kommen oder soweit die Informationspflicht voraussichtlich die Verwirklichung der Verarbeitungsziele unmöglich macht oder ernsthaft beeinträchtigt. Bei der Prüfung der Unmöglichkeit und der Unverhältnismäßigkeit kann sich an die im Rahmen von § 275 Abs. 1 und 2 BGB entwickelten Kriterien angelehnt werden.[595] Indizien für eine Unverhältnismäßigkeit können die Anzahl der betroffenen Personen, das Alter der Daten oder geeigneten Garantien darstellen.[596] Keine Pflicht zur Information besteht ferner, wenn im **unions- oder mitgliedstaatlichen Recht** ausdrückliche Regelungen in Bezug auf die Erlangung oder Offenlegung personenbezogener Daten existieren (Art. 14 Abs. 5 lit. c DS-GVO). Schließlich ist die betroffene Person dann nicht zu informieren, wenn die personenbezogenen Daten nach unionrechtlichen oder mitgliedstaatlichen Vorschriften dem **Berufsgeheimnis** unterliegen (Art. 14 Abs. 5 lit. d DS-GVO).

601   Eine Reihe weiterer Ausnahmen von der Informationspflicht hat der deutsche Gesetzgeber im **BDSG** normiert. So sieht § 29 Abs. 1 S. 1 BDSG eine Ausnahme von der Informationspflicht vor, soweit durch ihre Erfüllung Informationen offenbart würden, die ihrem Wesen nach, insbesondere wegen der überwiegenden berechtigten Interessen eines Dritten, **geheim gehalten** werden müssen.

---

594 *Bäcker*, in: Kühling/Buchner (Hrsg.), DS-GVO/BDSG, 2. Aufl. 2018, Art. 15 DS-GVO Rn. 19.
595 *Franck*, in: Gola (Hrsg.), DS-GVO, 2017, Art. 14 Rn. 23.
596 *Franck*, in: Gola (Hrsg.), DS-GVO, 2017, Art. 14 Rn. 23; *Kamlah,* in: Plath (Hrsg.), BDSG/DS-GVO, 2. Aufl. 2016, Art. 14 DS-GVO Rn. 15, mit Verweis auf Erwägungsgrund 62 der DS-GVO.

Speziell für **öffentliche Stellen** besteht keine Pflicht zur Information, wenn die Information die **Aufgabenerfüllung** der öffentlichen Stelle oder die **öffentliche Sicherheit oder Ordnung** gefährden oder die Erteilung der Information dem **Bundes- oder Landeswohl** Nachteile bereiten würde und deswegen das Interesse der betroffenen Person an der Informationserteilung zurücktreten muss (§ 33 Abs. 1 Nr. 1 BDSG).   **602**

Für **nichtöffentliche Stellen** besteht eine Ausnahme von der Informationspflicht, wenn die Informationserteilung die **Geltendmachung, Ausübung oder Verteidigung zivilrechtlicher Ansprüche** beeinträchtigen würde oder die Verarbeitung **Daten aus zivilrechtlichen Verträgen** beinhaltet und der **Verhütung von Schäden durch Straftaten** dient. Dabei darf das berechtigte Interesse der betroffenen Person an der Informationserteilung nicht überwiegen (§ 33 Abs. 1 Nr. 2 lit. a BDSG). Ebenfalls nicht zur Information verpflichtet sind nichtöffentliche Stellen, wenn zuständige öffentliche Stellen ihnen gegenüber festgestellt haben, dass das Bekanntwerden der Daten die **öffentliche Sicherheit oder Ordnung** gefährden oder sonst dem **Bundes- oder Landeswohl** Nachteile bereiten würde (§ 33 Abs. 1 Nr. 2 lit. b BDSG).   **603**

Besteht hiernach keine Pflicht zur Information, treffen den Verantwortlichen **Schutz- und Dokumentationspflichten** (vgl. § 33 Abs. 2 BDSG).   **604**

2. Auskunft

Um die im EU-Primärrecht angelegten Datenschutzgrundrechte sinnvoll entfalten zu können, ist es für die betroffene Person essenziell, in Erfahrung bringen zu können, ob und gegebenenfalls welche personenbezogenen Daten der Verantwortliche über sie verarbeitet. Aus **Art. 8 Abs. 2 S. 2 GrCh** folgt dabei sogar unmittelbar ein Recht auf Auskunft („Jede Person hat das Recht, Auskunft über die sie betreffenden erhobenen Daten zu erhalten und die Berichtigung der Daten zu erwirken"). Das entspricht auch der verfassungsrechtlichen Situation in Deutschland. So wurzelt auch hier das **Recht auf informationelle Selbstbestimmung** aus Art. 2 Abs. 1 i.V.m. Art. 1 Abs. 1 GG in dem Gedanken, dass jeder ein Recht haben muss, zu wissen, „wer was wann und bei welcher Gelegenheit über ihn weiß."[597] Vor diesem Hintergrund kommt dem **antragsabhängigen** Auskunftsrecht des Art. 15 DS-GVO, das zudem auch im **Transparenzgrundsatz** aus Art. 5 Abs. 1 lit. a DS-GVO verankert ist (dazu oben → Rn. 336 f.), eine besondere Bedeutung zu.   **605**

a) Voraussetzungen und Rechtsfolgen (Art. 15 DS-GVO; § 34 Abs. 4 BDSG)

Das Auskunftsrecht der betroffenen Person ist zweistufig ausgestaltet. So hat die betroffene Person nach Art. 15 DS-GVO zunächst das Recht, vom Verantwortlichen eine Bestätigung darüber zu verlangen, ob sie betreffende personenbezogene Daten zum Zeitpunkt des Auskunftsverlangens **überhaupt verarbeitet** werden. Ist dies der Fall, erstreckt sich ihr Recht weiter darauf, zu erfahren, **welche** sie betreffende personen-   **606**

---

597 BVerfG, Urt. v. 15.12.1983, 1 BvR 209/83 u.a. = BVerfGE 65, 1 (44) – *Volkszählung.*

bezogene Daten Gegenstand der Verarbeitung sind.[598] In diesem Fall hat sie zudem ein Recht auf Mitteilung der im Katalog des Art. 15 Abs. 1 lit. a bis h DS-GVO aufgeführten **Details der Verarbeitung**. Hierunter fallen – ähnlich wie bei einer Information nach Art. 13 und 14 DS-GVO – Angaben zu den Verarbeitungszwecken, den Kategorien personenbezogener Daten, den Empfängern oder Kategorien von Empfängern, denen gegenüber die Daten offen gelegt worden sind oder noch offen gelegt werden sollen, der Speicherdauer bzw. den Kriterien für die Festlegung der Speicherdauer, den Rechten der betroffenen Person (Berichtigung, Löschung, Einschränkung, Widerspruch, Beschwerde bei einer Aufsichtsbehörde), der Herkunft der Daten (soweit die Daten nicht bei der betroffenen Person erhoben wurden) sowie zum Bestehen einer automatisierten Entscheidungsfindung einschließlich Profiling nach Art. 22 DS-GVO. Übermittelt der Verantwortliche personenbezogene Daten an Stellen außerhalb der EU/des EWR, erstreckt sich das Recht der betroffenen Person nach Art. 15 Abs. 2 DS-GVO auch auf die Mitteilung der Garantien i.S.v. Art. 46 DS-GVO (z.B. Standarddatenschutzklauseln; vgl. dazu näher → Rn. 568), auf die der Verantwortliche die Übermittlung stützt.

607   Verfügt der Verantwortliche über eine **große Menge an Informationen** über eine betroffene Person, kann er vor der Auskunftserteilung von der betroffenen Person eine **Präzisierung des Auskunftsersuchens** verlangen.[599] Das kann beispielsweise bei Banken oder Versicherungen der Fall sein, die in umfangreichen Vertragsbeziehungen mit der betroffenen Person stehen.[600] Was die **Form der Auskunft** anbelangt, so gelten grundsätzlich die eingangs dargestellten Maßstäbe (vgl. dazu oben → Rn. 580). Möglich, aber nicht verpflichtend, ist auch eine Form der Auskunftserteilung, bei welcher der betroffenen Person ein Zugriff auf ein sicheres System ermöglicht wird, auf dem sie die der Auskunft unterliegenden Daten einsehen kann (vgl. Erwägungsgrund 63 der DS-GVO).[601]

608   Der Verantwortliche hat der betroffenen Person die verarbeiteten personenbezogenen Daten auf Antrag **als Kopie** zur Verfügung zu stellen (Art. 15 Abs. 3 DS-GVO).[602] Damit ist jede irgendwie geartete Verkörperung der Daten gemeint, wie beispielsweise eine Ausgabe auf einem Datenträger (z.B. ein Papier oder ein optisches oder elektronisches Speichermedium).[603] Der Verantwortliche kann ab der zweiten Kopie ein angemes-

---

598 Unter bestimmten Umständen können hierunter auch mittels Tracking gewonnene (pseudonyme) Daten, wie z.B. Cookies, fallen, vgl. *Stollhoff*, in: Auernhammer (Hrsg.), DS-GVO/BDSG, 5. Aufl. 2017, Art. 15 DS-GVO Rn. 17 ff.
599 Vgl. Erwägungsgrund 63 der DS-GVO.
600 *Datenschutzkonferenz*, Kurzpapier Nr. 6, Auskunftsrecht der betroffenen Person, Art. 15 DS-GVO, 26.7.2017, S. 2.
601 Hierzu auch *Franck*, in: Gola (Hrsg.), DS-GVO, 2017, Art. 15 Rn. 22; *Pauly*, in: Paal/Pauly (Hrsg.), DS-GVO, 2017, Art. 15 Rn. 14 f.
602 Nach *Bäcker*, in: Kühling/Buchner (Hrsg.), DS-GVO/BDSG, 2. Aufl. 2018, Art. 15 DS-GVO Rn. 39, handelt es sich hierbei um einen eigenständig neben Art. 15 Abs. 1 DS-GVO stehenden und antragsabhängigen Anspruch der betroffenen Person; a.A. *Ehmann*, in: Ehmann/Selmayr (Hrsg.), DS-GVO, 2017, Art. 15 Rn. 22; *Franck*, in: Gola (Hrsg.), DS-GVO, 2017, Art. 15 Rn. 22; *Pauly*, in: Paal/Pauly (Hrsg.), DS-GVO, 2017, Art. 15 Rn. 33.
603 *Franck*, in: Gola (Hrsg.), DS-GVO, 2017, Art. 15 Rn. 22.

senes Entgelt verlangen.[604] Das Recht der betroffenen Person auf Erhalt einer Kopie geht nur so weit, wie die **Rechte und Freiheiten anderer Personen** nicht beeinträchtigt werden (Art. 15 Abs. 4 DS-GVO). Damit wird die Auskunft insbesondere durch Geschäfts- und Betriebsgeheimnisse, Rechte des geistigen Eigentums und die Persönlichkeitsrechte anderer Personen beschränkt.[605] Auch der Verantwortliche selbst ist von diesem Schutz erfasst.[606] Soweit die betroffene Person ihren Auskunftsanspruch elektronisch gestellt hat, hat der Verantwortliche die Informationen in einem gängigen elektronischen Format zur Verfügung zu stellen, sofern sich aus der Kommunikation mit der betroffenen Person nichts anderes ergibt.

Nach **§ 34 Abs. 4 BDSG** besteht das Auskunftsrecht über den Anwendungsbereich der DS-GVO hinaus (siehe oben → Rn. 211 ff.)[607] grundsätzlich auch in Fällen, in denen personenbezogene Daten durch eine **öffentliche Stelle** weder automatisiert verarbeitet noch ohne automatisierte Verarbeitung in einem Dateisystem gespeichert werden, d.h. z.B. bei rein manuellen Verarbeitungen oder Verarbeitungen in Akten oder Aktensammlungen, die nicht nach bestimmten Kriterien geordnet sind. Voraussetzung hierfür ist jedoch, dass die betroffene Person Angaben macht, die das Auffinden der Daten ermöglichen. Auch darf der für die Erteilung der Auskunft erforderliche Aufwand nicht außer Verhältnis zu dem von der betroffenen Person geltend gemachten Informationsinteresse stehen. Auf die Auskunft nach § 34 Abs. 4 BDSG sind auch die übrigen im BDSG normierten Ausnahmen vom Auskunftsrecht (dazu sogleich) anzuwenden. Dies folgt aus der Gesetzesbegründung, wonach durch die Schaffung des § 34 Abs. 4 BDSG der unter der Vorgängerregelung des § 19 Abs. 1 S. 3 BDSG a.F. (der ebensolche Ausnahmen vom Auskunftsrecht vorsah) bestehende Schutzstandard erhalten bleiben soll.[608] Gleiches wird man auch hinsichtlich der in der DS-GVO normierten Ausnahmen von der Auskunftspflicht annehmen können.

609

b) Ausnahmen (Art. 12 Abs. 5 S. 2 DS-GVO; §§ 27 Abs. 2, 28 Abs. 2, 29 Abs. 1 S. 2, 34 Abs. 1 f. BDSG)

Die **DS-GVO** enthält in Art. 12 Abs. 5 S. 2 DS-GVO eine Ausnahme von der Auskunftspflicht des Verantwortlichen. Danach kann sich der Verantwortliche im Falle offenkundig **unbegründeter oder exzessiver** Anträge weigern, auf den Antrag der betroffenen Person hin tätig zu werden (siehe dazu oben → Rn. 585 f.).

610

Weitere Ausnahmen hat der deutsche Gesetzgeber im **BDSG** normiert. So besteht nach § 34 Abs. 1 Nr. 1 BDSG kein Auskunftsrecht in Fällen, in denen gegenüber der betroffe-

611

---

604 Näher hierzu *Bäcker*, in: Kühling/Buchner (Hrsg.), DS-GVO/BDSG, 2. Aufl. 2018, Art. 15 DS-GVO Rn. 45.

605 *Franck*, in: Gola (Hrsg.), DS-GVO, 2017, Art. 15 Rn. 26; vgl. auch Erwägungsgrund 63 S. 5 der DS-GVO.

606 *Bayerisches Landesamt für Datenschutzaufsicht*, Kurzpapier, Das Auskunftsrecht der betroffenen Person – Art. 15 DS-GVO, 21.2.2017, S. 2. *Kamann/Braun*, in: Ehmann/Selmayr (Hrsg.), DS-GVO, 2017, Art. 16 Rn. 30; *Kamlah*, in: Plath (Hrsg.), BDSG/DS-GVO, 2. Aufl. 2016, Art. 15 DS-GVO Rn. 20.

607 Vgl. BT-Drs. 18/11325, S. 104.

608 BT-Drs. 18/11325, S. 105.

nen Person **keine Informationspflicht** nach § 33 Abs. 1 Nr. 1 BDSG (Gefährdung der Aufgabenerfüllung einer öffentlichen Stelle oder der öffentlichen Sicherheit oder Ordnung oder Nachteile für das Bundes- oder Landeswohl), § 33 Abs. 1 Nr. 2 lit. b BDSG (Feststellung öffentlicher Stelle gegenüber nichtöffentlicher Stelle, dass Bekanntwerden der Daten öffentliche Sicherheit oder Ordnung gefährden oder Bundes- oder Landeswohl Nachteile bereiten würde) oder § 33 Abs. 3 BDSG (Datenübermittlung durch öffentliche Stellen an Verfassungsschutzbehörden BND, etc.) besteht.

612   Eine Auskunftpflicht besteht ferner dann nicht, wenn die Daten nur deshalb gespeichert sind, weil sie aufgrund gesetzlicher oder satzungsmäßiger **Aufbewahrungsvorschriften** nicht gelöscht werden dürfen oder sie ausschließlich Zwecken der **Datensicherung oder Datenschutzkontrolle** dienen (§ 34 Abs. 1 Nr. 2 BDSG). Weitere Voraussetzung ist, dass die Auskunftserteilung einen **unverhältnismäßigen Aufwand** erfordern würde und eine Verarbeitung zu anderen Zwecken durch geeignete **technische und organisatorische Maßnahmen** ausgeschlossen ist.

613   Das Recht auf Auskunft besteht darüber hinaus dann nicht oder nur eingeschränkt, wenn personenbezogene Daten zu Archiv-, Forschung- oder statistischen Zwecken verarbeitet werden. Erfolgt die Verarbeitung zu **Forschungs- und statistischen Zwecken**, ist keine Auskunft zu erteilen, soweit die Erteilung voraussichtlich die Verwirklichung der Forschung oder Statistikzwecke unmöglich machen oder ernsthaft beeinträchtigen würde und die Einschränkung des Auskunftsrechts für die Erfüllung der Forschungs- oder Statistikzwecke notwendig ist (§ 27 Abs. 2 S. 1 BDSG).[609] Ebenfalls besteht kein Recht auf Auskunft, wenn die Daten für Zwecke der wissenschaftlichen Forschung erforderlich sind und die Auskunftserteilung einen unverhältnismäßigen Aufwand erfordern würde (§ 27 Abs. 2 S. 2 BDSG). Das kann beispielsweise der Fall sein, wenn ein Forschungsvorhaben mit besonders großen Datenmengen arbeitet.[610] Bei Verarbeitungen zu im öffentlichen Interesse liegenden **Archivzwecken** ist keine Auskunft zu erteilen, wenn das Archivgut nicht durch den Namen der Person erschlossen ist oder keine Angaben von der betroffenen Person gemacht werden, die das Auffinden des betreffenden Archivguts mit vertretbarem Verwaltungsaufwand ermöglichen (§ 28 Abs. 2 BDSG).

614   Ausgeschlossen ist das Auskunftsrecht auch im Falle von **Geheimhaltungspflichten**. So sieht § 29 Abs. 1 S. 2 BDSG eine Ausnahme von der Auskunftspflicht vor, soweit durch die Auskunft Informationen offenbart würden, die nach einer Rechtsvorschrift oder ihrem Wesen nach, insbesondere wegen der überwiegenden berechtigten Interessen eines Dritten, geheim gehalten werden müssen.

615   Besteht das Auskunftsrecht hiernach nicht, muss der Verantwortliche die Gründe der Auskunftsverweigerung **dokumentieren** und die Ablehnung der Auskunftserteilung gegenüber der betroffenen Person regelmäßig auch **begründen** (§ 34 Abs. 2 BDSG).

---

609   Nach BT-Drs. 18/11325, S. 99, liegt eine solche Unmöglichkeit beispielsweise dann vor, wenn die zuständige Ethikkommission zum Schutz der betroffenen Person eine Durchführung des Projekts andernfalls untersagen würde; kritisch hierzu *Johannes/Richter*, DuD 2017, 300 (303).
610   BT-Drs. 18/11325, S. 100.

3. Berichtigung

Art. 16 S. 1 DS-GVO berechtigt die betroffene Person, von dem Verantwortlichen die **616** Berichtigung sie betreffender unrichtiger personenbezogener Daten zu verlangen. Unter Berücksichtigung der Zwecke der Verarbeitung hat die betroffene Person auch das Recht, die **Vervollständigung** unvollständiger personenbezogener Daten zu verlangen (Art. 16 S. 2 DS-GVO).

Das **antragsabhängige** Recht auf Berichtigung ergänzt den **Grundsatz der Datenrich-** **617** **tigkeit** aus Art. 5 Abs. 1 lit. d DS-GVO (dazu oben → Rn. 347), der den Verantwortlichen antragsunabhängig zur Datenrichtigkeit verpflichtet. Auf Primärrechtsebene ist der Berichtigungsanspruch in **Art. 8 Abs. 2 S. 2 GrCh** angelegt („Jede Person hat das Recht, Auskunft über die sie betreffenden erhobenen Daten zu erhalten und die Berichtigung der Daten zu erwirken").

a) Voraussetzungen und Rechtsfolgen (Art. 16 und 19 DS-GVO)

Der betroffenen Person steht ein Recht auf Berichtigung zu, wenn die vom Verantwort- **618** lichen verarbeiteten Daten **unrichtig** sind. Das ist immer dann der Fall, wenn die im Datum enthaltene Information falsch ist, d.h. mit der Wirklichkeit nicht im Einklang steht.[611] **Unvollständig** sind personenbezogene Daten, wenn sie hinsichtlich der konkreten Verarbeitung lückenhaft sind.[612]

Berichtigt der Verantwortliche personenbezogene Daten, ist er nach Art. 19 DS-GVO **619** verpflichtet, allen Empfängern, denen diese personenbezogenen Daten offengelegt wurden, die Berichtigung der Verarbeitung mitzuteilen, sog. **Nachberichtspflicht**. Diese Pflicht besteht nur dann nicht, wenn sie sich als unmöglich erweist oder mit einem unverhältnismäßigen Aufwand verbunden ist. Unmöglichkeit ist beispielsweise gegeben, wenn der Empfänger nicht mehr existiert oder nicht ausfindig zu machen ist.[613] Ein unverhältnismäßiger Aufwand kann z.B. bei einer Vielzahl von Empfängern und Mitteilungen vorliegen, wenn der vom Verantwortlichen zu leistende Aufwand an Zeit und Geld in keinem Verhältnis zum Schutzinteresse der betroffenen Person steht.[614] Soweit von der betroffenen Person verlangt, muss der Verantwortliche sie auch über die jeweiligen Empfänger informieren.

b) Ausnahmen (Art. 12 Abs. 5 S. 2 DS-GVO; §§ 27 Abs. 2 S. 1, 28 Abs. 3 BDSG)

Der Verantwortliche kann sich weigern, aufgrund eines Berichtigungsantrags einer be- **620** troffenen Person tätig zu werden, wenn es sich hierbei um ein offenkundig **unbegründetes oder exzessives Ersuchen** der betroffenen Person handelt (Art. 12 Abs. 5 S. 2 DS-GVO; siehe dazu oben → Rn. 585 f.).

---

611 *Pauly*, in: Paal/Pauly (Hrsg.), DS-GVO, 2017, Art. 16 Rn. 15.
612 Ähnlich *Pauly*, in: Paal/Pauly (Hrsg.), DS-GVO, 2017, Art. 16 Rn. 18.
613 *Gola*, in: Gola (Hrsg.), DS-GVO, 2017, Art. 19 Rn. 8; *Kamlah*, in: Plath (Hrsg.), BDSG/DS-GVO, 2. Aufl. 2016, Art. 19 DS-GVO Rn. 6.
614 *Gola*, in: Gola (Hrsg.), DS-GVO, 2017, Art. 19 Rn. 9; *Kamlah,* in: Plath (Hrsg.), BDSG/DS-GVO, 2. Aufl. 2016, Art. 19 DS-GVO Rn. 6.

621   Nach den Vorgaben des **BDSG** besteht das Recht auf Berichtigung darüber hinaus auch dann nicht, wenn der Verantwortliche die personenbezogenen Daten zu **Forschungs- oder Statistikzwecken** verarbeitet und die Erfüllung des Berichtigungsanspruchs die Verwirklichung dieser Zwecke voraussichtlich unmöglich machen oder ernsthaft beeinträchtigen würde und die Beschränkung für die Erfüllung der Forschungs- oder Statistikzwecke notwendig ist (§ 27 Abs. 2 S. 1 BDSG). Die Pflicht zur Berichtigung entfällt zudem dann, wenn die Daten zu **Archivzwecken** im öffentlichen Interesse verarbeitet werden (§ 28 Abs. 3 S. 1 BDSG). Der betroffenen Person ist in diesem Fall jedoch eine Möglichkeit zur Gegendarstellung einzuräumen, welche das Archiv den Unterlagen hinzuzufügen hat (Art. 28 Abs. 3 S. 2 und 3 BDSG).

4. Löschung

622   Die betroffene Person hat nach Art. 17 Abs. 1 DS-GVO unter bestimmten Voraussetzungen das Recht, von dem Verantwortlichen zu verlangen, dass sie betreffende personenbezogene Daten unverzüglich gelöscht werden. Dieses Recht korrespondiert jeweils mit einer entsprechenden **Löschpflicht** des Verantwortlichen, die in allgemeiner Form bereits aus dem **Grundsatz der Speicherbegrenzung** aus Art. 5 Abs. 1 lit. e DS-GVO folgt (dazu oben → Rn. 348 ff.). Art. 17 DS-GVO ist in Abs. 1 als klassischer Löschungsanspruch ausgestaltet, der in seinem Abs. 2 um besondere Informationspflichten (i.S.e. sog. „Rechts auf Vergessenwerden")[615] ergänzt ist. Die Pflicht zur Löschung besteht in den in Art. 17 Abs. 1 DS-GVO genannten Fällen grundsätzlich **unabhängig von einem Antrag** der betroffenen Person.[616]

a) Voraussetzungen und Rechtsfolgen (Art. 17 Abs. 1 DS-GVO; § 4 Abs. 5 BDSG)

623   Der Verantwortliche ist nach Art. 17 Abs. 1 lit. a DS-GVO zur unverzüglichen Löschung personenbezogener Daten verpflichtet, wenn diese für die Zwecke, für die er sie erhoben oder auf sonstige Weise verarbeitet hat, **nicht mehr notwendig** sind (Zweckfortfall). Dies kann z.B. hinsichtlich personenbezogener Daten von Mitarbeitern der Fall sein, die aus einem Unternehmen ausgeschieden sind.[617]

624   Darüber hinaus sind personenbezogene Daten unverzüglich zu löschen, wenn die betroffene Person ihre **Einwilligung in die Verarbeitung widerruft** und keine andere Rechtsgrundlage für die Verarbeitung (z.B. eine Interessenabwägung nach Art. 6 Abs. 1 UAbs. 1 lit. f DS-GVO) existiert (Art. 17 Abs. 1 lit. b DS-GVO).

625   Des Weiteren ist der Verantwortliche zur unverzüglichen Löschung verpflichtet, wenn die betroffene Person **Widerspruch** gegen die Verarbeitung nach Art. 21 Abs. 1 DS-GVO

---

615 Zu begrifflicher Kritik vgl. *Kühling*, EuZW 2014, 527 (530).
616 *Datenschutzkonferenz*, Kurzpapier Nr. 11, Recht auf Löschung / „Recht auf Vergessenwerden", 29.8.2017, S. 1; Gola, in: Gola (Hrsg.), DS-GVO, 2017, Art. 17 Rn. 7; vgl. auch Erwägungsgrund 39 der DS-GVO, der eine Pflicht zur Durchführung regelmäßiger Überprüfungen vorsieht; nach den einzelnen Löschtatbeständen differenzierend ausführlich *Herbst*, in: Kühling/Buchner (Hrsg.), DS-GVO/BDSG, 2. Aufl. 2018, Art. 17 DS-GVO Rn. 8 ff.; a.A. *Kamann/Braun*, in: Ehmann/Selmayr (Hrsg.), DS-GVO, 2017, Art. 17 Rn. 61.
617 *Pauly*, in: Paal/Pauly (Hrsg.), DS-GVO, 2017, Art. 17 Rn. 23.

(Widerspruch aufgrund sich aus besonderer Situation der betroffenen Person ergebender Gründe) eingelegt hat und keine vorrangigen berechtigten Gründe für die Verarbeitung vorliegen (Art. 17 Abs. 1 lit. c DS-GVO). Ist das Vorliegen dieser Voraussetzungen zwischen dem Verantwortlichen und der betroffenen Person unklar, sind die Daten für die Dauer des Bestehens der Unklarheit zu sperren (Art. 18 Abs. 1 lit. d DS-GVO). Die Löschpflicht greift auch dann, wenn die betroffene Person nach Art. 21 Abs. 2 DS-GVO (Widerspruch bei Direktwerbung) Widerspruch gegen die Verarbeitung einlegt (Art. 17 Abs. 1 lit. c DS-GVO).

Die Daten der betroffenen Person sind des Weiteren unverzüglich zu löschen, wenn sie **626** **unrechtmäßig verarbeitet** werden (Art. 17 Abs. 1 lit. d DS-GVO). Dies ist der Fall, wenn für die Datenverarbeitung weder nach Art. 6 DS-GVO noch nach Art. 9 DS-GVO eine Rechtfertigung besteht.

Eine Pflicht zur unverzüglichen Löschung personenbezogener Daten besteht ferner **627** dann, wenn diese zur **Erfüllung einer rechtlichen Verpflichtung** nach dem Unionsrecht oder dem Recht der Mitgliedstaaten, dem der Verantwortliche unterliegt, erforderlich ist (Art. 17 Abs. 1 lit. e DS-GVO).

Schließlich trägt der Verordnungsgeber dem besonderem Schutzanspruch der DS-GVO **628** gegenüber Minderjährigen Rechnung, indem er **Kindern** (und den Trägern der elterlichen Verantwortung) einen Löschanspruch zugesteht, soweit diese im Zusammenhang mit ihnen direkt angebotenen Diensten der Informationsgesellschaft gemäß Art. 8 Abs. 1 DS-GVO eine Einwilligung abgegeben haben (Art. 17 Abs. 1 lit. f DS-GVO).[618]

Eine spezielle Löschpflicht sieht das **BDSG** in § 4 Abs. 5 in Bezug auf solche Daten vor, **629** die im Zusammenhang mit einer **Videoüberwachung** öffentlich zugänglicher Räume erhoben wurden. Danach sind die Daten unverzüglich zu löschen, wenn sie zur Erreichung des Zwecks nicht mehr erforderlich sind oder schutzwürdige Interessen der betroffenen Personen[619] einer weiteren Speicherung entgegenstehen.

Sind die personenbezogenen Daten hiernach zu löschen, sind sie so **unkenntlich** zu **630** machen, dass keine personenbezogenen Informationen mehr aus den gespeicherten Daten gewonnen werden können (vgl. zum Begriff der Löschung oben → Rn. 301 f.).

b) Nachberichts- und Informationspflichten (Art. 17 Abs. 2, 19 DS-GVO)

Ist ein Verantwortlicher aus den vorstehenden Gründen zur Löschung personenbezo- **631** gener Daten verpflichtet und löscht er diese in der Folge, ist er nach Art. 19 DS-GVO verpflichtet, allen Empfängern, denen diese personenbezogenen Daten offengelegt wurden, die Löschung der Verarbeitung mitzuteilen, sog. **Nachberichtspflicht** (vgl. hierzu bereits → Rn. 619). Diese Pflicht besteht nur dann nicht, wenn sie sich als unmöglich erweist oder mit einem unverhältnismäßigen Aufwand verbunden ist. Verlangt

---

618 Nach Erwägungsgrund 65 der DS-GVO soll dieser Anspruch auch dann bestehen, wenn die betroffene Person kein Kind mehr ist.
619 § 4 Abs. 5 BDSG verwendet den unter dem BDSG a.F. üblichen Begriff des „Betroffenen", statt den der „betroffenen Person" i.S.v. Art. 4 Nr. 1 DS-GVO.

die betroffene Person dies, muss der Verantwortliche sie auch über die jeweiligen Empfänger informieren.

632 Eine spezielle **antragsabhängige Informationspflicht** besteht nach Art. 17 Abs. 2 DS-GVO. Danach treffen den zur Löschung verpflichteten Verantwortlichen, der personenbezogene Daten **öffentlich gemacht**, d.h. der Allgemeinheit zur Verfügung gestellt hat,[620] besondere Informationspflichten **gegenüber anderen Verantwortlichen**, die diese Daten verarbeiten. Die amtliche Überschrift zu Art. 17 DS-GVO und Erwägungsgrund 66 der DS-GVO sprechen insoweit von einem **„Recht auf Vergessenwerden".**[621] Diesem soll nach dem Willen des Verordnungsgebers im Internet mehr Geltung verschafft werden.[622] Hintergrund der Regelung ist der Umstand, dass beispielsweise im Internet veröffentlichte Daten von anderen Verantwortlichen gespeichert und weiterverbreitet werden können. Eine bloß punktuelle Löschung führt dann nicht dazu, dass die Daten auch aus anderen Quellen heraus nicht mehr für die Öffentlichkeit zugänglich sind. Ziel des Art. 17 Abs. 2 DS-GVO ist es insoweit, eine Löschung der Daten auch aus diesen anderen Quellen zu erreichen. Unter dem BDSG a.F. bzw. der DSRL bestand kein mit Art. 17 Abs. 2 DS-GVO vergleichbares Recht. Ein zumindest in der Zielsetzung ähnliches Recht wurde zwar vom EuGH in Sachen *Google Spain*[623] in Gestalt eines originären Löschanspruchs gegenüber Suchmaschinenbetreibern aus der DSRL abgeleitet. Art. 17 Abs. 2 DS-GVO wählt jedoch einen anderen Ansatz, da es hier vor allem darum geht, dass ein Löschanspruch unter bestimmten Umständen die Verpflichtung auslöst, das Löschen der Daten auch bei Dritten zu veranlassen.[624]

633 Inhaltlich verlangt das „Recht auf Vergessenwerden" aus Art. 17 Abs. 2 DS-GVO vom Verantwortlichen, alle **angemessenen (technischen) Maßnahmen** zu treffen, die ihm unter Berücksichtigung der ihm verfügbaren Technologien und Implementierungskosten möglich sind („best efforts"[625]).[626] Im Gegensatz zu der Nachberichtspflicht aus Art. 19 DS-GVO erstreckt sich die Informationspflicht des Art. 17 Abs. 2 DS-GVO nicht nur auf die Empfänger der Daten i.S.v. Art. 4 Nr. 9 DS-GVO, sondern auch auf solche Verantwortliche, welche die personenbezogenen Daten nicht unmittelbar vom „Erst"-Verantwortlichen erhalten haben. Eine Konkretisierung der in Art. 17 Abs. 2 DS-GVO vorgesehenen Anforderungen an die Informationspflicht, die in der Vorschrift nur rudimentär beschrieben werden, ist nach Art. 70 Abs. 1 lit. d DS-GVO durch den Europäischen Datenschutzausschuss möglich.

---

620 *Nolte/Werkmeister*, in: Gola (Hrsg.), DS-GVO, 2017, Art. 17 Rn. 34.
621 Hierzu auch *Klar/Kühling*, AöR 2017, 166 (182 ff.); *Kühling*, EuZW 2014, 527 (530), auch zur begrifflichen Kritik; *Kühling/Martini*, EuZW 2016, 448 (450).
622 Vgl. Erwägungsgrund 66 der DS-GVO.
623 EuGH, Urt. v. 13.5.2014, C-131/12, ECLI:EU:C:2014:317 – *Google Spain*.
624 Vgl. hierzu näher *Kühling*, EuZW 2014, 527 (530).
625 *Pauly*, in: Paal/Pauly (Hrsg.), DS-GVO, 2017, Art. 17 Rn. 32.
626 Vgl. zu den praktischen Umsetzungsmöglichkeiten *Herbst*, in: Kühling/Buchner (Hrsg.), DS-GVO/BDSG, 2. Aufl. 2018, Art. 17 DS-GVO Rn. 53.

c) Ausnahmen (Art. 12 Abs. 5 S. 2, 17 Abs. 3 DS-GVO; § 35 BDSG)

Keine Löschpflicht besteht in den in Art. 12 Abs. 5 S. 2 DS-GVO geregelten Fällen, d.h.   **634**
soweit es sich auf Seiten der betroffenen Person um einen offenkundig **unbegründeten oder exzessiven Antrag** handelt. Der Verantwortliche kann sich in diesem Fall
weigern, auf den Antrag der betroffenen Person hin tätig zu werden (siehe dazu oben
→ Rn. 585 f.).

Daneben enthält Art. 17 Abs. 3 DS-GVO eine Reihe von Ausnahmen von der Lösch-   **635**
und Informationspflicht des Art. 17 Abs. 1 und 2 DS-GVO. Danach besteht keine Pflicht
zur Löschung und Information, soweit die Verarbeitung zur Ausübung des **Rechts auf
freie Meinungsäußerung und Information** erforderlich ist (Art. 17 Abs. 3 lit. a DS-GVO).
Mit dieser Einschränkung trägt der Verordnungsgeber dem im Zusammenhang mit
Datenlöschungen immanenten Konflikt zwischen den Datenschutzinteressen der betroffenen Person und der Meinungs- und Informationsfreiheit des Verantwortlichen
sowie anderer Personen Rechnung.[627]

Eine Ausnahme von der Pflicht zur Löschung besteht auch in Fällen, in denen die Ver-   **636**
arbeitung zur **Erfüllung einer rechtlichen Verpflichtung** erforderlich ist, die nach
unions- oder mitgliedstaatlichem Recht (z.B. in Vorgaben des Arbeits-, Sozial-, Steuer-
oder Gesellschaftsrechts)[628] eine entsprechende Verarbeitung erfordert, oder in denen
die Verarbeitung zur Wahrnehmung einer **im öffentlichen Interesse liegenden Aufgabe** oder in **Ausübung öffentlicher Gewalt** erfolgt (Art. 17 Abs. 3 lit. b DS-GVO).

Keine Pflicht zur Löschung besteht auch dann, wenn die Verarbeitung aus Gründen des   **637**
öffentlichen Interesses im Bereich der **öffentlichen Gesundheit** gemäß Art. 9 Abs. 2
lit. h und i sowie Art. 9 Abs. 3 DS-GVO erforderlich ist (Art. 17 Abs. 3 lit. c DS-GVO; vgl.
zu den vorstehenden Regelungen näher → Rn. 461 ff.).

Des Weiteren kommt die in der DS-GVO verstreut angelegte Privilegierung von Ver-   **638**
arbeitungen zu **Archiv-, Forschungs- und statistischen Zwecken** (vgl. dazu
→ Rn. 825 ff.) auch im Zusammenhang mit der Löschung personenbezogener Daten
zum Tragen. So sind personenbezogene Daten dann nicht zu löschen, wenn ihre Verarbeitung für die vorgenannten Zwecke erforderlich ist. Voraussetzung für das Entfallen
der Löschpflicht ist jedoch, dass die Wahrnehmung des Löschrechts voraussichtlich die
Verwirklichung der Ziele der entsprechenden Verarbeitung unmöglich machen oder
ernsthaft beeinträchtigen würde (Art. 17 Abs. 3 lit. d DS-GVO).

Die Löschpflicht entfällt auch dann, wenn die Verarbeitung zur Geltendmachung,   **639**
Ausübung   oder   Verteidigung   von   Rechtsansprüchen   erforderlich   ist
(Art. 17 Abs. 3 lit. e DS-GVO). Insoweit kann es jedoch nicht ausreichen, wenn
rechtliche Auseinandersetzungen lediglich abstrakt drohen. Erforderlich ist vielmehr,
dass eine hinreichende Wahrscheinlichkeit besteht, dass es zu Rechtsstreitigkeiten
kommt.[629]

---

627 *Nolte/Werkmeister*, in: Gola (Hrsg.), DS-GVO, 2017, Art. 17 Rn. 41; *Pauly*, in: Paal/Pauly (Hrsg.),
     DS-GVO, 2017, Art. 17 Rn. 41.
628 Hierzu näher *Nolte/Werkmeister*, in: Gola (Hrsg.), DS-GVO, 2017, Art. 17 Rn. 42.
629 Hierzu ausführlich *Kühling/Klar*, ZD 2014, 506 ff.

640   Der deutsche Gesetzgeber hat in § 35 Abs. 1 **BDSG** eine weitere Ausnahme von der Löschpflicht vorgesehen. So muss der Verantwortliche personenbezogene Daten dann nicht löschen, wenn im Fall nicht automatisierter (d.h. rein manueller) und rechtmäßiger Datenverarbeitung wegen der **besonderen Art der Speicherung** eine Löschung **nicht oder nur mit unverhältnismäßig hohem Aufwand** möglich ist. Zudem darf auf Seiten der betroffenen Person nur ein **geringes Löschinteresse** bestehen. Liegen diese Voraussetzungen vor, tritt an die Stelle der Löschung eine **Einschränkung**, d.h. eine Sperrung der Daten (zu den Einzelheiten des Begriffs der Einschränkung sowie zum Recht auf Einschränkung vgl. → Rn. 299 f. und 643 ff.). Diese Regelung ist wohl unionsrechtswidrig und hat daher außer Anwendung zu bleiben, denn die Voraussetzungen der Öffnungsklausel in Art. 23 DS-GVO sind nicht erfüllt.[630]

641   Eine **Einschränkung** (Sperrung) anstelle einer Löschung sieht das BDSG auch in Fällen vor, in denen der ursprüngliche **Verarbeitungszweck weggefallen** ist oder die personenbezogenen Daten **rechtswidrig verarbeitet** werden und der Verantwortliche Grund zu der Annahme hat, dass durch eine Löschung **schutzwürdige Interessen** der betroffenen Person beeinträchtigt würden (§ 35 Abs. 2 S. 1 BDSG). Das kann beispielsweise der Fall sein, wenn die betroffene Person z.B. aus Gründen der Beweissicherung ein Interesse an der Einschränkung hat. In diesem Fall muss der Verantwortliche die betroffene Person über die Einschränkung der Verarbeitung unterrichten, sofern sich dies nicht als unmöglich erweist oder einen unverhältnismäßigen Aufwand erfordert (§ 35 Abs. 2 S. 2 BDSG).

642   Ebenfalls einer Pflicht zur **Einschränkung** (Sperrung) statt einer Löschung unterliegen schließlich solche personenbezogenen Daten, deren ursprünglicher **Verarbeitungszweck weggefallen** ist, bei denen einer Löschung aber satzungsmäßige oder vertragliche **Aufbewahrungsfristen** entgegenstehen (§ 35 Abs. 3 BDSG).

5.   Einschränkung (Sperrung)

643   Unter bestimmten Voraussetzungen hat die betroffene Person nach Art. 18 DS-GVO das Recht, von dem Verantwortlichen eine Einschränkung der Verarbeitung sie betreffender personenbezogener Daten zu verlangen. Gemeint ist hiermit das unter dem BDSG und der DSRL bekannte **„Sperren"** personenbezogener Daten. Der Begriff wird in Art. 4 Nr. 3 DS-GVO als Markierung gespeicherter personenbezogener Daten mit dem Ziel beschrieben, ihre künftige Verarbeitung einzuschränken (vgl. zum Begriff der Einschränkung → Rn. 299 f.). Die Einschränkung dient regelmäßig einem **(vorläufigen) Ausgleich** zwischen den Schutzinteressen der betroffenen Person und den Verarbeitungsinteressen des Verantwortlichen.[631]

a)   Voraussetzungen und Rechtsfolgen (Art. 18 und 19 DS-GVO; § 35 BDSG)

644   Der Verantwortliche muss die Verarbeitung personenbezogener Daten dann einer Einschränkung unterwerfen, wenn die **Richtigkeit** der Daten von der betroffenen Person

---

630 *Herbst*, in: Kühling/Buchner (Hrsg.), DS-GVO/BDSG, 2. Aufl. 2018, § 35 BDSG Rn. 15 ff.
631 *Pauly*, in: Paal/Pauly (Hrsg.), DS-GVO, 2017, Art. 18 Rn. 3.

bestritten wird (sog. „non-liquet"-Fälle). In diesem Fall muss er die Daten für eine Dauer sperren, die es ihm ermöglicht, die Richtigkeit der personenbezogenen Daten zu überprüfen (Art. 18 Abs. 1 lit. a DS-GVO). Steht die Unrichtigkeit der Daten fest, sind die Daten nach Art. 16 DS-GVO zu berichtigen.

Des Weiteren ist eine Sperrung vorzunehmen, wenn die **Verarbeitung rechtswidrig**, d.h. weder eine Einwilligung noch sonstige Rechtsgrundlage vorliegt, und die betroffene Person eine (nach Art. 17 Abs. 1 lit. d DS-GVO grundsätzlich vom Verantwortlichen vorzunehmende) **Datenlöschung ablehnt** und stattdessen die Einschränkung der Nutzung der personenbezogenen Daten verlangt (Art. 18 Abs. 1 lit. b DS-GVO).   **645**

Darüber hinaus sind personenbezogene Daten zu sperren, soweit sie zwar der Verantwortliche für die Zwecke der Verarbeitung nicht länger benötigt, ihre Kenntnis jedoch für die betroffene Person zur **Geltendmachung, Ausübung oder Verteidigung von Rechtsansprüchen** erforderlich ist (Art. 18 Abs. 1 lit. c DS-GVO).   **646**

Schließlich sind die Daten dann zu sperren, wenn die betroffene Person **Widerspruch** gegen die Verarbeitung nach Art. 21 Abs. 1 DS-GVO eingelegt hat. In diesem Fall kommt eine Sperrung aber nur so lange in Betracht, wie **unklar** ist, ob die berechtigten Gründe des Verantwortlichen gegenüber denen der betroffenen Person i.S.v. Art. 21 Abs. 1 DS-GVO überwiegen. Sind die Voraussetzungen des Art. 21 Abs. 1 DS-GVO zwischen dem Verantwortlichen und der betroffenen Person unstreitig, sind die Daten nach Art. 17 Abs. 1 lit. c DS-GVO zu löschen (siehe hierzu → Rn. 625).   **647**

Eine Sperrung anstelle einer Löschung sieht das **BDSG** in Fällen vor, in denen bei einer nicht automatisierten (d.h. rein manuellen) und rechtmäßigen Datenverarbeitung die **Löschung** wegen der besonderen Art der Speicherung **nicht oder nur mit unverhältnismäßig hohem Aufwand** möglich ist und auf Seiten der betroffenen Person nur ein **geringes Löschinteresse** besteht (§ 35 Abs. 1 BDSG; vgl. hierzu → Rn. 640). Ferner kommt eine Sperrung anstelle einer Löschung in Betracht, wenn der ursprüngliche **Verarbeitungszweck weggefallen** ist oder die personenbezogenen Daten **rechtswidrig verarbeitet** werden und der Verantwortliche Grund zu der Annahme hat, dass durch eine Löschung **schutzwürdige Interessen** der betroffenen Person beeinträchtigt würden (§ 35 Abs. 2 S. 1 BDSG). In diesem Fall muss der Verantwortliche die betroffene Person über die Einschränkung der Verarbeitung unterrichten, sofern sich diese nicht als unmöglich erweist oder einen unverhältnismäßigen Aufwand erfordert (§ 35 Abs. 2 S. 2 BDSG). Ebenfalls einer Einschränkung statt einer Löschung unterliegen solche personenbezogene Daten, deren ursprünglicher Verarbeitungszweck weggefallen ist, bei denen einer Löschung aber satzungsmäßige oder vertragliche **Aufbewahrungsfristen** entgegenstehen (§ 35 Abs. 3 BDSG).   **648**

Liegen die Voraussetzungen für eine Einschränkung vor, dürfen die Daten von ihrer Speicherung abgesehen grundsätzlich **nicht mehr verarbeitet** werden. Eine Verarbeitung ist nach Art. 18 Abs. 2 DS-GVO **nur unter besonderen Voraussetzungen** zulässig, etwa dann, wenn die betroffene Person in die Verarbeitung eingewilligt hat oder die Verarbeitung zur Geltendmachung, Ausübung oder Verteidigung von Rechtsansprüchen erforderlich ist. Ebenfalls zulässig ist eine Verarbeitung gesperrter Daten, die zum   **649**

Schutz der Rechte einer anderen natürlichen oder juristischen Person oder aus Gründen eines wichtigen öffentlichen Interesses der Union oder eines Mitgliedstaats erfolgt. Der Verantwortliche ist nach Art. 18 Abs. 3 DS-GVO verpflichtet, die betroffene Person zu unterrichten, bevor er die Einschränkung sie betreffender personenbezogener Daten aufhebt.

650   **Methoden zur Beschränkung** der Verarbeitung personenbezogener Daten können nach Erwägungsgrund 67 der DS-GVO unter anderem darin bestehen, dass ausgewählte personenbezogene Daten vorübergehend auf ein anderes Verarbeitungssystem übertragen, für Nutzer gesperrt oder veröffentlichte Daten vorübergehend von einer Website entfernt werden. Bei Verarbeitungen in automatisierten Dateisystemen soll eine Einschränkung der Verarbeitung durch technische Mittel so erfolgen, dass die personenbezogenen Daten in keiner Weise weiterverarbeitet werden und nicht verändert werden können. Auf den Umstand, dass die Verarbeitung der personenbezogenen Daten eingeschränkt wurde, soll in dem System unmissverständlich hingewiesen werden.

651   Ist ein Verantwortlicher aus den vorstehenden Gründen zur Einschränkung verpflichtet und sperrt er daher die personenbezogenen Daten in der Folge, ist er nach Art. 19 DS-GVO verpflichtet, allen Empfängern, denen diese personenbezogenen Daten offengelegt wurden, die Sperrung mitzuteilen, sog. **Nachberichtspflicht** (vgl. dazu → Rn. 619). Diese Pflicht besteht nur dann nicht, wenn sie sich als unmöglich erweist oder mit einem unverhältnismäßigen Aufwand verbunden ist. Verlangt die betroffene Person dies, muss der Verantwortliche sie über die jeweiligen Empfänger informieren.

b)   Ausnahmen (Art. 12 Abs. 5 S. 2 DS-GVO; §§ 27 Abs. 2 S. 1, 28 Abs. 4 BDSG)

652   Keine Pflicht zur Sperrung besteht in den in Art. 12 Abs. 5 S. 2 DS-GVO geregelten Fällen, d.h. soweit es sich bei dem entsprechenden Antrag der betroffenen Person um einen offenkundig **unbegründeten oder exzessiven Antrag** handelt (siehe dazu oben → Rn. 585 f.). In diesem Fall kann sich der Verantwortliche weigern, auf den Antrag der betroffenen Person hin tätig zu werden.

653   Das Recht auf Einschränkung der betroffenen Person besteht auch dann nicht oder nur eingeschränkt, wenn personenbezogene Daten zu Archiv-, Forschungs- oder statistischen Zwecken verarbeitet werden. Erfolgt die Verarbeitung zu **Forschungs- oder statistischen Zwecken**, sind die Daten dann nicht zu sperren, soweit dies voraussichtlich die Verwirklichung der Forschung oder Statistikzwecke unmöglich machen oder ernsthaft beeinträchtigen würde und die Beschränkung für die Erfüllung der Forschung- oder Statistikzwecke notwendig ist (§ 27 Abs. 2 S. 1 BDSG). Bei Verarbeitungen zu im öffentlichen Interesse liegenden **Archivzwecken** besteht das Recht auf Sperrung nach Art. 18 Abs. 1 lit. a, b und d DS-GVO dann nicht, soweit dessen Ausübung voraussichtlich die Verwirklichung der im öffentlichen Interesse liegenden Archivzwecke unmöglich machen oder ernsthaft beeinträchtigen würde und die Ausnahme von der grundsätzlichen Sperrpflicht für die Erfüllung dieser Zwecke erforderlich ist (§ 28 Abs. 4 BDSG).

6. Recht auf Datenübertragbarkeit

a) Bedeutung

Art. 20 DS-GVO gewährt der betroffenen Person ein **antragsabhängiges** Recht auf   **654**
Datenübertragbarkeit (auch Recht auf Datenportabilität genannt). Dieses Recht, das
der betroffenen Person eine umfassende Dispositionsbefugnis über „ihre" Daten verleiht, wurde unter der DS-GVO **neu geschaffen**. Es hat weder in der DSRL noch im
BDSG a.F. ein Vorbild. Mit dem Recht auf Auskunft ist es eng verbunden, unterscheidet
sich hiervon jedoch in vielerlei Hinsicht.[632] Das Recht auf Datenübertragbarkeit soll der
betroffenen Person – wie auch das Recht auf Auskunft – eine bessere Kontrolle über
die sie betreffenden Daten gewährleisten (vgl. Erwägungsgrund 68 der DS-GVO).
Gleichzeitig soll der betroffenen Person ein möglichst **unkomplizierter Wechsel** von
einem Verantwortlichen zu einem anderen Verantwortlichen ermöglicht werden,[633] der
unter Umständen datenschutzfreundlichere Systeme bereithält.[634] Insoweit verfolgt die
Vorschrift auch wettbewerbspolitische Ziele.[635] Zugleich trägt sie zur Entwicklung und
Nutzung interoperabler Formate bei.

Durch das Recht auf Datenübertragbarkeit lassen sich darüber hinaus etwaig vorhan-   **655**
dene (kartellrechtlich relevante) **„Lock-In"-Effekte** reduzieren,[636] die gerade bei Inter-
netdiensteanbietern eine Rolle spielen können. In der Diskussion über die Schaffung
eines Rechts auf Datenübertragbarkeit standen demzufolge auch vor allem soziale
Netzwerke im Fokus. Anwendbar ist die Vorschrift aber auch darüber hinaus, beispielsweise in Bezug auf Musik-Streamingdienste, Webmail-Anwendungen,[637] Banken oder
Versicherungen.

Inhaltlich umfasst das Recht auf Datenübertragbarkeit sowohl ein Recht der betroffe-   **656**
nen Person, die sie betreffenden personenbezogenen Daten, welche sie dem Verantwortlichen bereitgestellt hat, ganz oder teilweise[638] **zu erhalten** als auch, diese Daten
durch den Verantwortlichen an einen **anderen Verantwortlichen zu übermitteln**
(Art. 20 Abs. 1 DS-GVO). Dieser ist zur Entgegennahme der Daten jedoch nicht verpflichtet.[639] Nach Art. 20 Abs. 2 DS-GVO kann die betroffene Person auch direkt von
dem Verantwortlichen verlangen, die entsprechenden personenbezogenen Daten an
einen anderen Verantwortlichen weiterzuleiten, soweit dies technisch machbar ist. Die
Weiterleitung an den Zweitverantwortlichen soll dann ausweislich der Vorschrift „ohne

---

632 *Art.-29-Datenschutzgruppe*, Leitlinien zum Recht auf Datenübertragbarkeit, WP 242 rev. 01,
     5.4.2017, S. 3.
633 *Art.-29-Datenschutzgruppe*, Leitlinien zum Recht auf Datenübertragbarkeit, WP 242 rev. 01,
     5.4.2017, S. 3.
634 *Roßnagel/Richter/Nebel*, ZD 2013, 103 (107).
635 *Herbst*, in: Kühling/Buchner (Hrsg.), DS-GVO/BDSG, 2. Aufl. 2018, Art. 20 DS-GVO Rn. 4.
636 Hierzu *Art.-29-Datenschutzgruppe*, Leitlinien zum Recht auf Datenübertragbarkeit, WP 242,
     13.12.2016, S. 6; *Kühling/Martini*, EuZW 2016, 448 (450 f.).
637 *Art.-29-Datenschutzgruppe*, Leitlinien zum Recht auf Datenübertragbarkeit, WP 242 rev. 01,
     5.4.2017, S. 5.
638 Vgl. zum Recht auf Datenübertragbarkeit im Falle komplexer Datenstrukturen *Art.-29-Daten-
     schutzgruppe*, Leitlinien zum Recht auf Datenübertragbarkeit, WP 242 rev. 01, 5.4.2017, S. 22.
639 *Herbst*, in: Kühling/Buchner (Hrsg.), DS-GVO/BDSG, 2. Aufl. 2018, Art. 20 DS-GVO Rn. 22.

Behinderung" des Erstverantwortlichen erfolgen. Damit hat jede technische oder rechtliche Behinderung sowie jede Verzögerung der Durchführung zu unterbleiben. Insoweit handelt der Verantwortliche bei der Übermittlung im Namen der betroffenen Person.[640]

b) Voraussetzungen und Rechtsfolgen (Art. 20 DS-GVO)

657 Die Voraussetzungen des Rechts auf Datenübertragbarkeit sind in Art. 20 Abs. 1 DS-GVO normiert. Danach kann die betroffene Person die Übertragung solcher **sie betreffender** personenbezogener Daten verlangen, die sie **dem Verantwortlichen bereitgestellt** hat. Insoweit unterscheidet sich der Anspruch ganz wesentlich vom Recht auf Auskunft nach Art. 15 DS-GVO, wonach grundsätzlich alle (d.h. gegebenenfalls auch von Dritten dem Verantwortlichen bereitgestellte Daten) über eine betroffene Person bei dem Verantwortlichen gespeicherten Daten zu beauskunften sind. Wann von einer „Bereitstellung" i.S.d. Vorschrift auszugehen ist, ist im Detail unklar. Die Art.-29-Datenschutzgruppe legt den Begriff tendenziell weit aus.[641] Unstreitig erfasst sind personenbezogene Daten, welche die betroffene Person selbst gegenüber dem Verantwortlichen wissentlich und aktiv preisgegeben hat. Hierunter fallen beispielsweise Stammdaten oder Kontaktdaten, wozu auch sensible Daten zählen können, soweit sie von der betroffenen Person bereitgestellt wurden. Ebenfalls umfasst sind beispielsweise Buchtitel, die eine betroffene Person in einer Online-Buchhandlung erworben hat oder über Musik-Streaming-Dienste angehörte Musikstücke.[642]

658 Vom Anspruch sind im Zweifel aber solche Daten ausgeschlossen, die sich lediglich von personenbezogenen Daten **ableiten**, welche die betroffene Person bereitgestellt hat. Gemeint sind hiermit etwa Daten wie Kreditscores oder mittels Profiling gewonnene Daten. Nach Ansicht der Art.-29-Datenschutzgruppe sind auch solche Daten als „bereitgestellt" anzusehen, die durch die Aktivitäten der betroffenen Person erzeugt werden.[643] Hiermit sind aber lediglich mittels Tracking gewonnene Daten, nicht jedoch bereits zu Profilen zusammengestellte Daten gemeint. Ebenfalls nicht vom Recht auf Datenübertragbarkeit erfasst sind **von Dritten bereitgestellte Daten**. Bei einem Diskussionsverlauf in einem Online-Chat wären daher wohl nur die Beiträge vom Recht auf Datenübertragbarkeit erfasst, die der Antragsteller selbst erstellt hat, nicht jedoch die der anderen Diskussionsteilnehmer. Gerade damit stellt sich aber die Frage, inwiefern vor diesem Hintergrund der primär fokussierte Sektor der Social-Web-Angebote tatsächlich ein besonders wirkungsvolles Anwendungsgebiet der Norm darstellen wird.

---

640 Zur Verantwortlichkeit in diesen Fällen vgl. *Art.-29-Datenschutzgruppe*, Leitlinien zum Recht auf Datenübertragbarkeit, WP 242 rev. 01, 5.4.2017, S. 6.
641 Vgl. *Art.-29-Datenschutzgruppe*, Leitlinien zum Recht auf Datenübertragbarkeit, WP 242 rev. 01, 5.4.2017, S. 11.
642 *Art.-29-Datenschutzgruppe*, Leitlinien zum Recht auf Datenübertragbarkeit, WP 242 rev. 01, 5.4.2017, S. 9.
643 *Art.-29-Datenschutzgruppe*, Leitlinien zum Recht auf Datenübertragbarkeit, WP 242 rev. 01, 5.4.2017, S. 12.

Das Recht auf Datenportabilität scheitert jedenfalls nicht daran, dass die fraglichen   **659**
Daten mit personenbezogenen Daten **anderer Personen verknüpft** sind. Andernfalls
würde die Vorschrift praktisch leer laufen.[644] Daher dürfte beispielsweise auch ein von
der betroffenen Person bereitgestelltes Foto, auf dem mehrere Personen abgebildet
sind, oder der Kontoverlauf eines Kunden zu dessen Telefongesprächen, vom Anspruch
umfasst sein.[645] In jedem Fall dürfen die Rechte und Freiheiten anderer Personen
durch die Ausübung des Anspruchs nicht beeinträchtigt werden (Art. 20 Abs. 4 DS-
GVO, dazu sogleich). Ob dies der Fall ist, ist in jedem Einzelfall zu beurteilen und dürfte z.B. abzulehnen sein, wenn die Verarbeitungszwecke beim Zweitverantwortlichen
im Wesentlichen dieselben sind wie beim Erstverantwortlichen. Insgesamt wird die
Operationalisierung dieser Norm erhebliche praktische Probleme aufwerfen. Dass gerade diese Bestimmung keine Konkretisierungsmöglichkeit im Rahmen von Durchfüh-
rungsrechtsakten – wie ursprünglich im Kommissionsentwurf noch vorgesehen – aufweist, ist durchaus problematisch. Die Rechtsprechung wird das allein nicht leisten
können.

Voraussetzung für den Anspruch ist darüber hinaus, dass die Verarbeitung durch den   **660**
Verantwortlichen auf der Grundlage einer (wirksamen) **Einwilligung** (Art. 6 Abs. 1
UAbs. 1 lit. a oder Art. 9 Abs. 2 lit. a DS-GVO; dazu näher → Rn. 196 ff.) oder eines **Ver-
trags** (einschließlich der Durchführung vorvertraglicher Maßnahmen, Art. 6 Abs. 1
UAbs. 1 lit. b DS-GVO; dazu näher → Rn. 368 ff.) erfolgt (Art. 20 Abs. 1 lit. a DS-GVO).
Nicht vom Recht auf Datenübertragbarkeit erfasst sind daher beispielsweise Daten, die
Finanzeinrichtungen auf der Basis spezieller Rechtsgrundlagen im Rahmen ihrer Pflicht
zur Verhütung und Aufdeckung von Geldwäsche und anderen Formen der Finanzkrimi-
nalität verarbeiten.[646]

Das Recht auf Datenübertragbarkeit besteht ferner nur hinsichtlich personenbezogener   **661**
Daten, die **automatisiert verarbeitet** werden (vgl. Art. 20 Abs. 1 lit. b DS-GVO; vgl.
zum Begriff oben → Rn. 214 f.). Schriftliche Korrespondenz, die von der betroffenen
Person initiiert wird, ist folglich nicht vom Recht auf Datenübertragbarkeit umfasst, es
sei denn, diese liegt in elektronischer Form vor.

Schließlich dürfen durch die Ausübung des Rechts die **Rechte und Freiheiten anderer**   **662**
Personen nicht beeinträchtigt werden (vgl. Art. 20 Abs. 4 DS-GVO). Eine solche Beeinträchtigung kann beispielsweise in Bezug auf schriftliche Korrespondenz gegeben sein.
Ob dies der Fall ist, ist in jedem Einzelfall zu beurteilen. Naheliegend erscheint eine
solche Beeinträchtigung auch, wenn der neue Verantwortliche die personenbezogenen Daten beispielsweise für Vermarktungszwecke verwenden möchte.[647] Auch

---

644 I.E. ebenso *Herbst*, in: Kühling/Buchner (Hrsg.), DS-GVO/BDSG, 2. Aufl. 2018, Art. 20 DS-GVO
     Rn. 3.
645 Sich für eine „nicht zu restriktiv[e]" Auslegung aussprechend *Art.-29-Datenschutzgruppe*, Leit-
     linien zum Recht auf Datenübertragbarkeit, WP 242 rev. 01, 5.4.2017, S. 10.
646 *Art.-29-Datenschutzgruppe*, Leitlinien zum Recht auf Datenübertragbarkeit, WP 242 rev. 01,
     5.4.2017, S. 10.
647 *Art.-29-Datenschutzgruppe*, Leitlinien zum Recht auf Datenübertragbarkeit, WP 242 rev. 01,
     5.4.2017, S. 14.

Betriebs- und Geschäftsgeheimnisse[648] sowie geistige Eigentumsrechte sind in die Prüfung mit einzubeziehen.[649] Mit den anderen Personen ist dabei auch der Verantwortliche selbst gemeint.[650] Grundsätzlich ist daher vor der Übertragung der Daten jeglicher Drittbezug zu prüfen und nach einer Interessenabwägung gegebenenfalls zu entfernen.

663   Liegen die Voraussetzungen für den Anspruch vor, muss der Verantwortliche die Daten in einem interoperablen, d.h. **strukturierten, gängigen und maschinenlesbaren Format** übermitteln. Das Erfordernis der Strukturiertheit bezieht sich auf die Anordnung der Informationen, ohne dass hiermit gemeint wäre, dass die Information selbst logisch oder leicht verständlich sein müsste. Dass die Daten in einem gängigen Format zu übermitteln sind, bedeutet, dass sich das Format an der Praxis und den Gegebenheiten des Marktes orientieren und üblicherweise für mit der Verarbeitung verfolgte Zwecke im Einsatz sein muss (wie z.B. XML, CSV, etc.).[651] Schließlich muss das Format maschinenlesbar sein, also von einer Software erkannt werden können. Der Verantwortliche ist nach Erwägungsgrund 66 der DS-GVO indes nicht verpflichtet, technisch kompatible Datenverarbeitungssysteme zu übernehmen oder beizubehalten. Die Art.-29-Datenschutzgruppe empfiehlt in ihren Leitlinien nachdrücklich, dass Interessenvertreter der Branche und Fachverbände auf der Grundlage interoperabler Standards und Formate zusammenarbeiten.[652]

664   Macht die betroffene Person von ihrem Recht auf Datenübertragbarkeit Gebrauch, bleibt hiervon ihr **Recht auf Löschung unberührt**. Dies wird durch Art. 20 Abs. 3 S. 1 DS-GVO klargestellt und ist dem Umstand geschuldet, dass der Verantwortliche im Zusammenhang mit der Erfüllung eines Anspruchs auf Datenübertragbarkeit nicht auch gleichzeitig zu einer Löschung dieser Daten verpflichtet ist.[653] Die betroffene Person kann also auch noch nach der Übertragung ihrer Daten an sie oder einen Dritten von ihrem Recht auf Löschung gegenüber dem Erstverantwortlichen Gebrauch machen.

c)   Ausnahmen (Art. 12 Abs. 5 S. 2, 20 Abs. 3 DS-GVO; § 28 Abs. 4 BDSG)

665   Eine Pflicht zur Datenübertragung besteht dann nicht, wenn sich der diesbezügliche Antrag der betroffenen Person als offenkundig **unbegründet oder exzessiv** erweist. Ist dies der Fall, kann der Verantwortliche sich weigern, aufgrund des Antrags tätig zu werden (Art. 12 Abs. 5 S. 2 DS-GVO; siehe dazu oben → Rn. 585 f.).

---

648 *Jaspers*, DuD 2015, 571 (573).
649 *Art.-29-Datenschutzgruppe*, Leitlinien zum Recht auf Datenübertragbarkeit, WP 242 rev. 01, 5.4.2017, S. 14.
650 *Kamlah*, in: Plath (Hrsg.), BDSG/DS-GVO, 2. Aufl. 2016, Art. 21 DS-GVO Rn. 15.
651 Hierzu *Art.-29-Datenschutzgruppe*, Leitlinien zum Recht auf Datenübertragbarkeit, WP 242, rev. 01, 5.4.2017, S. 21.
652 *Art.-29-Datenschutzgruppe*, Leitlinien zum Recht auf Datenübertragbarkeit, WP 242 rev. 01, 5.4.2017, S. 21.
653 *Art.-29-Datenschutzgruppe*, Leitlinien zum Recht auf Datenübertragbarkeit, WP 242 rev. 01, 5.4.2017, S. 8.

Eine weitere Ausnahme besteht hinsichtlich solcher Verarbeitungen, die für die **Wahrnehmung einer Aufgabe** erforderlich sind, die im öffentlichen Interesse liegt oder in Ausübung öffentlicher Gewalt erfolgt, die dem Verantwortlichen übertragen wurde (Art. 20 Abs. 3 S. 2 DS-GVO).   666

Das Recht auf Datenübertragbarkeit besteht schließlich bei Verarbeitungen zu im öffentlichen Interesse liegenden **Archivzwecken** nicht, soweit die Wahrnehmung des Rechts die Verwirklichung der im öffentlichen Interesse liegenden Archivzwecke voraussichtlich unmöglich machen oder ernsthaft beeinträchtigen würde und die Ausnahme für die Erfüllung dieser Zwecke erforderlich ist (§ 28 Abs. 4 BDSG). Da die Vorschrift aber sehr unbestimmt ist, steht sie in einem Spannungsfeld zur Öffnungsklausel des Art. 89 Abs. 3 DS-GVO. Ihre Unionsrechtskonformität ist daher fraglich.[654]   667

7. Widerspruch

Nach Art. 21 DS-GVO hat die betroffene Person in bestimmten Konstellationen das Recht, gegen die Verarbeitung sie betreffender personenbezogener Daten Widerspruch einzulegen. Hierdurch kann sie erreichen, dass der Verantwortliche die betreffenden Daten nicht mehr verarbeiten darf. Die Vorschrift sieht **verschiedene Konstellationen** vor, in denen die betroffene Person der Verarbeitung widersprechen kann. Ihnen allen ist gemeinsam, dass sich das Widerspruchsrecht **gegen an sich rechtmäßige Verarbeitungen** richtet, die mit dem Willen der betroffenen Person allerdings nicht im Einklang stehen.[655] Das Widerspruchsrecht aus Art. 21 DS-GVO ist nicht mit dem Widerrufsrecht der betroffenen Person aus Art. 7 Abs. 3 S. 1 DS-GVO, das sich auf eine von der betroffenen Person erklärte Einwilligung bezieht, zu verwechseln.   668

a) Voraussetzungen und Rechtsfolgen (Art. 21 DS-GVO)

Art. 21 DS-GVO sieht **drei Konstellationen** vor, in denen die betroffene Person der Datenverarbeitung widersprechen kann. So steht der betroffenen Person nach Art. 21 Abs. 1 DS-GVO in bestimmten Verarbeitungskonstellationen ein Widerspruchsrecht zu, das an das Vorliegen von in der betroffenen Person liegenden Gründen geknüpft ist. Daneben kann sie der Verarbeitung ihrer Daten zu Zwecken der Direktwerbung widersprechen (Art. 21 Abs. 2 und 3 DS-GVO). Schließlich besteht ein Widerspruchsrecht dann, wenn die sie betreffenden Daten zu Forschungs- oder statistischen Zwecken verarbeitet werden (Art. 21 Abs. 6 DS-GVO).   669

Voraussetzung für einen Widerspruch nach Art. 21 Abs. 1 DS-GVO ist, dass die Verarbeitung zur **Aufgabenerfüllung** (Art. 6 Abs. 1 UAbs. 1 lit. e DS-GVO) oder auf der Grundlage einer **Interessenabwägung** (Art. 6 Abs. 1 UAbs. 1 lit. f DS-GVO) einschließlich eines hierauf gestützten **Profilings** erfolgt[656] und die betroffene Person sich auf Gründe berufen kann, die sich aus ihrer **besonderen Situation** ergeben. Hiervon umfasst sind   670

---

654 *Herbst*, in: Kühling/Buchner (Hrsg.), DS-GVO/BDSG, 2. Aufl. 2018, § 28 BDSG Rn. 15.
655 *Martini*, in: Paal/Pauly (Hrsg.), DS-GVO, 2017, Art. 21 Rn. 1.
656 Unerheblich ist, ob die Tatbestandsvoraussetzungen dieser Zulässigkeitstatbestände tatsächlich greifen, vgl. *Martini*, in: Paal/Pauly (Hrsg.), DS-GVO, 2017, Art. 21 Rn. 27.

atypische Konstellationen, die den schutzwürdigen persönlichen Interessen der betroffenen Person ein besonderes Gewicht verleihen und die vom Verantwortlichen im Rahmen der nach Art. 6 Abs. 1 UAbs. 1 lit. e und f DS-GVO vorzunehmenden pauschalisierenden Abwägung regelmäßig nicht vollständig erfasst werden können (z.B. konkrete besondere familiäre Umstände oder schutzwürdige geschäftliche Geheimhaltungsinteressen).[657] Dringt die betroffene Person mit ihrem Antrag durch, darf der Verantwortliche die personenbezogenen Daten **nicht mehr verarbeiten**. Dies gilt nur dann nicht, wenn der Verantwortliche **zwingende schutzwürdige Gründe** für die Verarbeitung nachweisen kann. Diese müssen die Interessen, Rechte und Freiheiten der betroffenen Person **überwiegen**.[658] Das Verarbeitungsverbot greift auch dann nicht ein, wenn die Verarbeitung der **Geltendmachung, Ausübung oder Verteidigung von Rechtsansprüchen** des Verantwortlichen dient.

671   Werden personenbezogene Daten verarbeitet, um **Direktwerbung** zu betreiben (was nach Erwägungsgrund 47 der DS-GVO auf der Grundlage einer Interessenabwägung nach Art. 6 Abs. 1 UAbs. 1 lit. f DS-GVO zulässig sein kann, siehe oben → Rn. 408 ff.), hat die betroffene Person das Recht, jederzeit Widerspruch gegen die Verarbeitung der Daten zum Zwecke derartiger Werbung einzulegen. Dies gilt auch für das Profiling, soweit es mit solcher Direktwerbung in Verbindung steht (Art. 21 Abs. 2 DS-GVO). Anders als im Fall des Art. 21 Abs. 1 DS-GVO kommt es nach Abs. 2 folglich weder auf das Vorliegen besonderer Gründe der betroffenen Person noch auf etwaige dem Widerspruch entgegenstehende Interessen des Verantwortlichen an. Widerspricht die betroffene Person der Verarbeitung für Zwecke der Direktwerbung, so darf der Verantwortliche die personenbezogenen Daten für diese Zwecke **nicht mehr verarbeiten**.

672   Art. 21 Abs. 4 DS-GVO statuiert für Fälle eines Widerspruchs nach Abs. 1 (Datenverarbeitung zur Aufgabenerfüllung oder auf der Grundlage einer Interessenabwägung) und Abs. 2 (Direktwerbung) eine besondere **Pflicht zum Hinweis** auf das Bestehen eines Widerspruchsrechts. Danach muss die betroffene Person spätestens zum Zeitpunkt der ersten Kommunikation ausdrücklich auf ihr Widerspruchsrecht hingewiesen werden.[659] Dieser Hinweis muss in einer verständlichen und **von anderen Informationen getrennten Form** erfolgen.

673   Erfolgt die Verarbeitung zu **Forschungs- oder statistischen Zwecken**, hat die betroffene Person nach Art. 21 Abs. 6 DS-GVO ebenfalls das Recht, aus Gründen, die sich aus ihrer besonderen Situation ergeben, Widerspruch einzulegen. Dies gilt aber dann nicht, wenn die Verarbeitung zur Erfüllung einer im öffentlichen Interesse liegenden Aufgabe erforderlich ist.

674   Der Antrag der betroffenen Person ist grundsätzlich **formfrei** möglich. Abs. 5 der Vorschrift stellt für Dienste der Informationsgesellschaft klar, dass die betroffene Person

---

657 *Herbst,* in: Kühling/Buchner (Hrsg.), DS-GVO/BDSG, 2. Aufl. 2018, Art. 21 DS-GVO Rn. 15; *Martini,* in: Paal/Pauly (Hrsg.), DS-GVO, 2017, Art. 21 Rn. 30.
658 Hierzu näher *Martini,* in: Paal/Pauly (Hrsg.), DS-GVO, 2017, Art. 21 Rn. 35 ff.
659 Zum Verhältnis zu Art. 13 Abs. 2 lit. b und 14 Abs. 2 lit. c DS-GVO *Martini,* in: Paal/Pauly (Hrsg.), DS-GVO, 2017, Art. 21 Rn. 66.

bei deren Nutzung ihr Widerspruchsrecht auch **mittels automatisierter Verfahren** (z.B. durch eine entsprechende Einstellung des Internetbrowsers) ausüben kann.

b) Ausnahmen (Art. 12 Abs. 5 S. 2 DS-GVO; §§ 27 Abs. 2, 28 Abs. 4, 36 BDSG)

Die Pflicht des Verantwortlichen, auf einen Widerspruch der betroffenen Person hin tätig zu werden, besteht dann nicht, wenn sich der diesbezügliche Antrag der betroffenen Person als offenkundig **unbegründet oder exzessiv** darstellt (Art. 12 Abs. 5 S. 2 DS-GVO; siehe dazu oben → Rn. 585 f.). Ist dies der Fall, kann der Verantwortliche sich weigern, aufgrund des Antrags tätig zu werden.   **675**

Daneben entfällt das Widerspruchsrecht nach den Vorgaben des **BDSG**, wenn personenbezogene Daten zu Archiv-, Forschungs- oder statistischen Zwecken verarbeitet werden. So besteht bei Verarbeitungen zu **Forschungs- oder statistischen Zwecken** kein Recht auf Widerspruch, soweit dessen Wahrnehmung die Verwirklichung der Forschungs- oder Statistikzwecke voraussichtlich unmöglich machen oder ernsthaft beeinträchtigen würde und die Beschränkung für die Erfüllung der Forschungs- oder Statistikzwecke notwendig ist (§ 27 Abs. 2 S. 1 BDSG). Erfolgt die Verarbeitung zu im öffentlichen Interesse liegenden **Archivzwecken** entfällt das Widerspruchsrecht, soweit dessen Ausübung die Verwirklichung der Archivzwecke voraussichtlich unmöglich machen oder ernsthaft beeinträchtigen würde und die Ausnahme vom Widerspruchsrecht für die Erfüllung dieser Zwecke erforderlich ist (§ 28 Abs. 4 BDSG; zur Unionsrechtswidrigkeit unter → Rn. 667).   **676**

Schließlich sieht das BDSG in § 36 eine Ausnahme speziell vom Widerspruchsrecht nach Art. 21 Abs. 1 DS-GVO vor, soweit die betroffene Person ihr Recht gegenüber einer öffentlichen Stelle wahrnimmt und an der Verarbeitung ein **zwingendes öffentliches Interesse** besteht, das die Interessen der betroffenen Person überwiegt. Die Unionsrechtskonformität der Vorschrift ist zweifelhaft.[660] Ein Widerspruchsrecht besteht auch dann nicht, wenn eine **Rechtsvorschrift zur Verarbeitung verpflichtet**.   **677**

8. Sonstige Rechte (Art. 22, 34, 77, 78, 79, 82 DS-GVO)

Als weiteres Betroffenenrecht, das allerdings vordergründig als Pflicht des Verantwortlichen ausgestaltet ist, normiert der Verordnungsgeber ein Recht der betroffenen Person, im Falle von Verletzungen des Schutzes personenbezogener Daten vom Verantwortlichen unverzüglich **benachrichtigt** zu werden (Art. 34 DS-GVO; dazu näher → Rn. 730 f.). Art. 22 DS-GVO enthält das Recht der betroffenen Person, nicht einer ausschließlich auf einer **automatisierten Verarbeitung** beruhenden Entscheidung unterworfen zu werden (dazu → Rn. 477 ff.).   **678**

Der betroffenen Person steht es im Übrigen offen, gemäß Art. 77 DS-GVO bei einer Aufsichtsbehörde **Beschwerde** einzureichen, wenn sie der Ansicht ist, dass die Verarbeitung sie betreffender personenbezogener Daten gegen die DS-GVO verstößt. Dane-   **679**

---

660 *Herbst*, in: Kühling/Buchner (Hrsg.), DS-GVO/BDSG, 2. Aufl. 2018, § 36 BDSG Rn. 2.

ben kann sie **gerichtliche Rechtsbehelfe** nach Maßgabe von Art. 78 DS-GVO gegen eine Aufsichtsbehörde oder nach Art. 79 DS-GVO gegen den Verantwortlichen oder Auftragsverarbeiter in Anspruch nehmen. Art. 82 Abs. 1 DS-GVO regelt schließlich **Schadensersatzansprüche** gegenüber dem Verantwortlichen oder dem Auftragsverarbeiter wegen Verstößen gegen die DS-GVO, durch die ihr ein materieller oder immaterieller Schaden entstanden ist (siehe dazu → Rn. 765 f.).

680

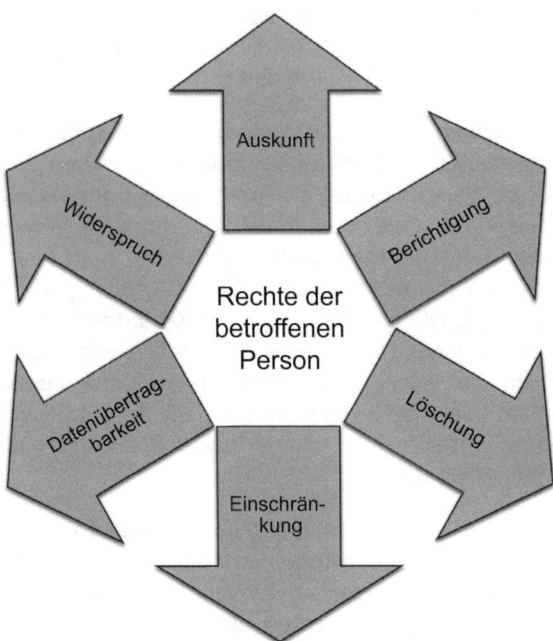

Abbildung 14:   Wesentliche Rechte der betroffenen Person

681 ▪ **Lösung zu Fallbeispiel 11 – Internet-Bewertungsportal – Betroffenenrechte (Rn. 576)**

A. *Recht auf Widerspruch gegen die Verarbeitung gemäß Art. 21 Abs. 1 DS-GVO (ggf. als Vorstufe zu einer Löschung nach Art. 17 Abs. 1 lit. c DS-GVO)*
→ (+), wenn Verarbeitung zur Aufgabenerfüllung (Art. 6 Abs. 1 UAbs. 1 lit. e DS-GVO) oder auf Grundlage einer Interessenabwägung (Art. 6 Abs. 1 UAbs. 1 lit. f DS-GVO) erfolgt und Gründe für Widerspruch vorliegen, die sich aus der besonderen Situation von B ergeben
  I. Verarbeitung nach Art. 6 Abs. 1 UAbs. 1 lit. f DS-GVO
     → (+), keine Anhaltspunkte für anderweitige Rechtsgrundlage
  II. Gründe resultierend aus besonderer Situation des B
     → (-), atypische Konstellation liegt nicht vor, insb. keine Gründe ersichtlich, bei denen davon auszugehen wäre, dass sie A nicht bekannt sind und er sie deshalb im Rahmen seiner pauschalisierten Abwägung nicht berücksichtigt hat
  III. Ergebnis: Recht auf Widerspruch (-)

B. *Recht auf Löschung der Daten gemäß Art. 17 Abs. 1 lit. d DS-GVO*
→ (+), wenn Verarbeitung rechtswidrig
  I. Verarbeitung personenbezogener Daten, Art. 4 Nr. 1 DS-GVO

→ (+), Name, Fachrichtung, Praxisanschrift, Kontaktdaten, etc. weisen Personenbezug auf, ebenso Bewertungen des B durch Portalnutzer

II. Rechtmäßigkeit der Verarbeitung gemäß Art. 6 Abs. 1 UAbs. 1 lit. f DS-GVO[661]

→ (+) wenn Verarbeitung für berechtigte Interessen des A erforderlich und kein Überwiegen schutzwürdiger Ausschlussinteressen des B

⇒ Berechtigte Interessen des A (+), Information der Öffentlichkeit über ärztliche Qualitäten, Plattform hierfür auch erforderlich

⇒ Schutzwürdigkeit der Interessen des B an unterbleibender Veröffentlichung (+)

⇒ Interessenabwägung: Abwägung zwischen einerseits Interessen des B und andererseits Interessen des A und der Nutzer, für deren Zwecke Speicherung erfolgt

→ GR erschöpfen sich nicht in der subjektiv-rechtlichen Funktion des Abwehrrechts Bürger gegen Staat

→ Mittelbare Drittwirkung der Grundrechte (Werteordnung des Privatrechts beeinflusst)

→ Interessenabwägung zwischen:

→ Recht des B auf Schutz personenbezogener Daten, Art. 7 und 8 GrCh

→ Ggf. Recht des A auf Meinungsfreiheit, Art. 11 Abs. 1 GrCh

→ V.a. aber Meinungs- und Informationsfreiheit der Portaleinspeiser bzw. -nutzer aus Art. 11 Abs. 1 GrCh

→ Auf beiden Seiten: Berufs- und unternehmerische Freiheit, Art. 15 und 16 GrCh

→ Pro B:

→ Bewertung durch medizinisch unkundige Laien

→ Erhebliche Auswirkungen der Bewertungen auf sozialen/beruflichen Geltungsanspruch

→ Chancenbeeinträchtigung im Wettbewerb → u.U. berufliche Existenzgefährdung (hierfür vorliegend aber keine Anhaltspunkte)

→ Erhebliche Breitenwirkung des Portals (Internet, Auffindbarkeit über Suchmaschinen)

→ Missbrauchsgefahr, v.a. durch Bewertungen im Freitext: unwahre, beleidigende bzw. sonst unzulässige Aussagen möglich; (Mehrfach-)bewertungen ohne realen Behandlungshintergrund denkbar; insbesondere wegen Anonymität, da Registrierung nur über E-Mail, kein Klarname erforderlich

→ Contra B:

→ Keine schwerwiegenden Auswirkungen auf Rechte des B, wie Stigmatisierung, Prangerwirkung ersichtlich (a.A. vertretbar)

→ B nicht schutzlos: Schutzmechanismen (Beseitigungsverlangen im Falle konkreter Anfeindungen o.Ä. möglich)

→ Erhebliches Öffentlichkeitsinteresse an Informationen über ärztliche Dienstleistungen (Hilfestellung bei Arztwahl, insb. äußere Umstände der Behandlung)

→ Erforderlichkeit der Anonymität bei Bewertungsabgabe, da Mitteilung sensibler Gesundheitsinformationen

⇒ Abwägungsentscheidung zu Lasten des B, da im Ergebnis kein Überwiegen der Interessen des B, Verarbeitung zulässig (a.A. vertretbar)

III. Ergebnis: Kein Anspruch auf Löschung gemäß Art. 17 Abs. 1 lit. d DS-GVO

---

661 Siehe dazu zum BDSG a.F. BGH, Urteil vom 23.9.2014 – VI ZR 358/13; krit. Anm. *Kühling* NJW, 2015, 447; vgl. jetzt auch BGH, Urteil vom 20.2.2018 – VI ZR 30/17.

682 ■ **Lösung zu Fallbeispiel 12 – Datensammlung des BfF für Auslandsgesellschaften – Reichweite des Auskunftsanspruchs (Rn. 577)**

A. *Anspruch des K auf Auskunft nach Art. 15 DS-GVO*

⇒ (-), da mangels automatisierter Verarbeitung und mangels nichtautomatisierter Verarbeitung personenbezogener Daten, die in einem Dateisystem gespeichert sind, der Anwendungsbereich der DS-GVO nicht eröffnet ist

B. *Anspruch des K auf Auskunft nach § 34 Abs. 4 BDSG*

⇒ BfF öffentliche Stelle? (+), § 2 Abs. 1 BDSG

⇒ Vorschrift gilt auch (gerade) für in Akten gespeicherte personenbezogene Daten

⇒ Keine Anhaltspunkte dafür, dass K keine Angaben, die das Auffinden der Daten ermöglichen, gemacht hat oder Erteilung der Auskunft außer Verhältnis zu dem von K geltend gemachten Informationsinteresse steht

⇒ Anspruch grundsätzlich (+)

C. *Ausschluss des Auskunftsrechts*

⇒ § 34 Abs. 4 i.V.m. Abs. 1 Nr. 1 BDSG i.V.m. § 33 Abs. 1 Nr. 1 lit. a BDSG: Gefährdung der ordnungsgemäßen Aufgabenerfüllung durch Auskunftserteilung und deshalb Zurücktreten des Interesses des K an Informationserteilung?

⇒ § 5 Abs. 1 Nr. 6 FVG = Aufgabe i.S.v. § 33 Abs. 1 Nr. 1 lit. a BDSG, keine Anhaltspunkte, dass Voraussetzungen der Öffnungsklausel des Art. 23 DS-GVO überspannt

⇒ Aus § 5 Abs. 1 Nr. 6 FVG folgt Aufgabe, Unterlagen über steuerliche Auslandsbeziehungen zentral zu sammeln und auszuwerten

⇒ Insbesondere Sammeln/Auswerten von Informationen über Domizilgesellschaften mit Sitz im Ausland, die keine geschäftliche oder kommerzielle Tätigkeit ausüben

⇒ Auskunftserteilung würde gegenüber K offenlegen, über welche seiner unterschiedlichen Funktionen im Ausland Informationen vorliegen

⇒ Gefahr der Verhaltensanpassung des K und Wertlosigkeit der zentral gesammelten Daten

⇒ Daten nicht mehr als zuverlässige Entscheidungsgrundlage zur Sicherstellung einer gleichmäßigen Festsetzung und Erhebung der Steuern

⇒ Entscheidend für ordnungsgemäße Erfüllung der nach § 5 Abs. 1 Nr. 6 FVG zugewiesenen Aufgaben ist fehlende Kenntnis des K

⇒ § 33 Abs. 1 Nr. 1 lit. a BDSG erfordert Güterabwägung: Geheimhaltungsinteresse (seitens des BfF) ↔ Auskunftsinteresse (auf Seiten des K)

⇒ Interesse an Auskunftserteilung überwiegt nicht Interesse an Geheimhaltung

→ Auskunftsrecht ausgeschlossen

D. *Ergebnis*

Kein Anspruch auf Auskunft

I. Institutionelles und prozedurales Datenschutzrecht

683   Ein wesentliches Anliegen der DS-GVO ist es, das bisher existierende **strukturelle Vollzugsdefizit** im Datenschutzrecht zu beseitigen. Das materielle Datenschutzrecht bedarf im Wesentlichen keiner Umsetzung im Einzelfall, es handelt sich um Vorschriften, die self-executing sind; das heißt die Vorschriften gelten ohne weitere verwaltungstechnische oder sonstige Vollzugsschritte, die von den Verantwortlichen und Auftragsverarbeitern zu beachten sind. Die für den Datenschutz zuständigen Behörden üben daher lediglich die Aufsicht über die Datenverarbeiter aus und heißen demzufolge in der Terminologie der DS-GVO **Aufsichtsbehörden** (zu diesen sogleich → Rn. 687 ff.).

Die Einhaltung der Datenschutznormen liegt einerseits individuell im Interesse der je-   **684**
weils betroffenen Person, deren grundrechtlich garantiertes Recht auf Schutz ihrer
personenbezogenen Daten nicht verletzt werden darf. Andererseits gibt es in einer
freiheitlich-demokratischen Gesellschaft auch ein generelles Interesse an der Beachtung eines angemessen hohen Datenschutzstandards. Der Einzelne darf für Dritte in
seiner Freiheitswahrnehmung nicht vollständig erfassbar sein.[662] Der Staat hat aber
– wie letztlich jeder Akteur – ein Interesse an einer möglichst breiten eigenen Informa-
tionssammlung und -verarbeitung. Daher ist der Datenschutz auch ein Mittel gegen
einen zu mächtigen Staat. Vor dem Hintergrund dieser Prämissen wird das komplexe
System der Durchsetzung des Datenschutzrechts verständlicher: Der einzelnen betroffenen Person werden klagbare Ansprüche gegen den Verantwortlichen eingeräumt
(siehe dazu → Rn. 765). Damit können die eigenen Interessen besser durchgesetzt
werden. Zu dieser **individuellen Rechtsdurchsetzung** kommt die Möglichkeit der
kollektiven Rechtsdurchsetzung mit dem sog. Verbandsklagerecht (siehe dazu
→ Rn. 768).

Da wie eingangs geschildert auch die Gesellschaft als Ganzes ein Interesse an einem   **685**
wirksamen Datenschutz hat und dem Staat auch Schutzpflichten im Hinblick auf Datenschutzgrundrechte betroffener Personen obliegen, wurden zudem **staatliche Aufsichtsbehörden** eingerichtet, die nach öffentlich-rechtlichen Grundsätzen die Einhaltung der datenschutzrechtlichen Vorschriften überwachen und Verstöße sanktionieren.
Diese Aufsichtsbehörden kontrollieren dabei nicht nur Private, sondern auch staatliche
Stellen und Institutionen aus dem öffentlichen Bereich. Daher statuieren Art. 51 Abs. 1
DS-GVO und Art. 16 Abs. 2 S. 2 AEUV die Unabhängigkeit der Aufsichtsbehörden. Sie
sollen frei von Weisungen anderer staatlicher Institutionen in völliger Unabhängigkeit
agieren können und nur dem Gesetz verpflichtet sein. Insbesondere dürfen sie nicht in
die Strukturen der Exekutive eingebunden sein und müssen selbst mit hinreichenden
Ressourcen ausgestattet werden, Art. 52 Abs. 4 DS-GVO.[663] Damit soll eine effektive
Datenschutzkontrolle auch staatlicher Institutionen sichergestellt werden.

Es ist jedoch schwierig, die Einhaltung des Datenschutzrechts allein mit den begrenz-   **686**
ten personellen und finanziellen Ressourcen der Aufsichtsbehörden zu gewährleisten.
Das liegt vornehmlich an der enormen Breitenwirkung des Datenschutzrechts und der
damit einhergehenden Menge an potentiellen Verstößen. Darüber hinaus werden Datenschutzverstöße nur bei Kenntnis der internen Abläufe beim Verantwortlichen erkennbar. Datenschutzverstöße sind daher schwer zu entdecken. Ähnlich wie im europäischen Kartellrecht oder den Anti-Korruptionsgesetzen der USA und Großbritanniens
setzt die DS-GVO auf einen Ansatz, der sich in der Vergangenheit bei den anderen
Rechtsgebieten als sehr wirkungsvoll erwiesen hat: Dem geringen Entdeckungsrisiko
von Rechtsverstößen wird durch so **hohe Bußgelder** (zu diesen sogleich → Rn. 761 ff.)
begegnet, dass das zu kalkulierende Risiko höher ist als die potentiellen wirtschaftlichen Vorteile von Rechtsverstößen. Damit einhergehend wird ein Rahmen zur wirksamen internen Compliance-Kontrolle bei den Verantwortlichen geschaffen (**Selbstkontrolle**, dazu sogleich → Rn. 754 f.).

---

662 Vgl. *Roßnagel*, NJW 2010, 1238 (1240).
663 *Neun/Lubitzsch*, BB 2017, 1538.

I.   Aufsichtsbehörden (Art. 51 ff. DS-GVO)

687   Ein Kernproblem unter der DSRL war der sehr uneinheitliche Vollzug des Datenschutz-rechts innerhalb der EU durch die unabhängigen Aufsichtsbehörden. Damit ergab sich die Möglichkeit des sog. „forum shopping", also der bewussten Verlegung einer Nie-derlassung datenverarbeitungsintensiver Unternehmen in einem Mitgliedstaat mit niedrigem Vollzugsstandard. So ist nicht sehr verwunderlich, dass die amerikanischen IT-Unternehmen Facebook, Microsoft und Google ihre europäischen Rechenzentren vielfach in Irland betreiben, dessen Aufsichtsbehörde für die Kontrolle aller Unterneh-men im Lande im Jahr 2013 gerade einmal 30 Mitarbeiter beschäftigte.[664] Diesen un-einheitlichen Vollzug zu beenden und für europaweit gleiche Standards zu sorgen, war ein wesentliches Ziel der DS-GVO. Sie schafft eine Struktur der **Verbundverwaltung im Mehrebenensystem**, die – dem Grundsatz der Subsidiarität nach Art. 5 Abs. 1 S. 2 EUV verpflichtet – die Verwaltungsstrukturen der Mitgliedstaaten bestehen lässt und zu-gleich für eine materielle Einheitlichkeit in der Entscheidungspraxis sorgt. Kehrseite dieser Regelungen ist ihre Komplexität. Die einschlägigen Normen finden sich in den Kapiteln VI und VII der DS-GVO, also in den Art. 51 ff. DS-GVO.

1.   Institutionen auf EU-Ebene

688   Auf europäischer Ebene existieren verschiedene Institutionen, die für die Einhaltung des Datenschutzrechts in der Union sorgen.

a)   Europäischer Datenschutzbeauftragter (Art. 16 Abs. 2 S. 2 AEUV)

689   Der Europäische Datenschutzbeauftragte (EDSB) fungiert als **Aufsichtsbehörde** nach Art. 16 Abs. 2 S. 2 AEUV speziell für die **Organe und Einrichtungen der EU**. Er wird durch ein sehr umfangreich ausgestattetes Sekretariat unterstützt, das mit erfahrenen Juristen und Datenschutzexperten besetzt ist.[665] Amtierender EU-Datenschutzbeauf-tragter ist derzeit Giovanni Buttarelli. Sitz der Behörde ist Brüssel.[666]

b)   Europäischer Datenschutzausschuss (Art. 68, 73 ff. DS-GVO)

690   Der Europäische Datenschutzausschuss (EDA) ist eine Institution der Europäischen Union mit **eigener Rechtspersönlichkeit**, Art. 68 Abs. 1 DS-GVO. **Vorläufer** des Aus-schusses ist die sog. **Art.-29-Datenschutzgruppe**. Aufgabe des EDA ist es, die einheit-liche Anwendung der DS-GVO in der gesamten Union sicherzustellen.[667] Er setzt sich zusammen aus den **Vorsitzenden der Aufsichtsbehörden eines jeden Mitgliedstaa-**

---

664 *Bittner/Scally*, Vertrauen ist besser, Zeit online v. 14.8.2013, abrufbar unter http://www.zeit. de/2013/34/datenschutzbehoerde-irland-facebook-nsa (Abruf: 15.1.2018).
665 *Europäischer Datenschutzbeauftragter*, Über den EDSB, abrufbar unter https://edps.europa. eu/about-edps_de (Abruf: 15.1.2018).
666 *Europäische Union*, Europäischer Datenschutzbeauftragter, abrufbar unter https://europa.eu/ european-union/about-eu/institutions-bodies/european-data-protection-supervisor_de   (Ab-ruf: 15.1.2018)
667 Erwägungsgrund 139 der DS-GVO.

tes sowie dem **Europäischen Datenschutzbeauftragten**. Letzterer ist nur in seinem Aufgabenbereich (dazu → Rn. 689) stimmberechtigt. Der EDA wird nach außen hin durch den Vorsitz vertreten, der gemäß Art. 73 DS-GVO aus dem Kreis seiner Mitglieder mit einfacher Mehrheit auf fünf Jahre gewählt wird, wobei eine einmalige Wiederwahl zulässig ist. Dem Vorsitz obliegen sämtliche organisatorischen Aufgaben (Art. 74 DS-GVO), wobei er von zwei Stellvertretern (Art. 73 Abs. 1 DS-GVO) und einem Sekretariat (Art. 75 DS-GVO) unterstützt wird. Das Sekretariat wird vom Personal und im Rahmen der Infrastruktur des Europäischen Datenschutzbeauftragten bereitgestellt. Das Personal untersteht dennoch in Fragen des Ausschusses dem Vorsitz des Datenschutzausschusses und nicht dem Europäischen Datenschutzbeauftragten (Art. 75 Abs. 2 DS-GVO). Das Personal des Sekretariats nimmt sehr umfassend das Tagesgeschäft des Ausschusses wahr (Art. 75 Abs. 6 DS-GVO). Das beschränkt sich keineswegs auf Sekretariatsaufgaben im herkömmlichen deutschen Wortsinn. Vielmehr übernehmen die Experten einen Großteil des Tagesgeschäfts und beraten den Ausschuss in fachlichen Fragen.

691

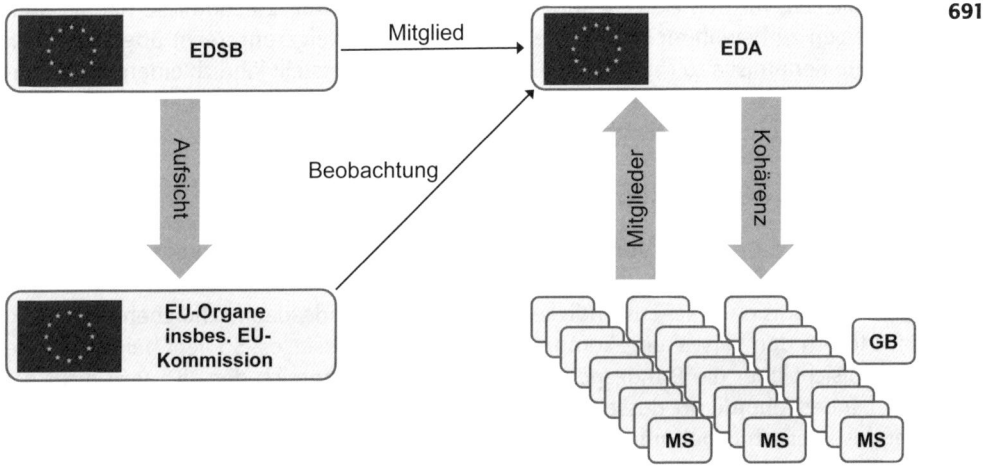

Abbildung 15: Aufsichtsbehörden auf EU-Ebene

2. Institutionen auf nationaler Ebene

Auch auf nationaler Ebene existieren in Deutschland mehrere Behörden, die für die Einhaltung der Datenschutzvorschriften sorgen. **692**

a) Der oder die Bundesbeauftragte für den Datenschutz (§ 8 ff. BDSG)

Der oder die Bundesbeauftragte für den Datenschutz und die Informationsfreiheit (BfDI) ist eine oberste Bundesbehörde mit Sitz in Bonn (§ 8 BDSG). Derzeit ist Andrea Voßhoff amtierende BfDI. Die BfDI übt die Funktion einer **Aufsichtsbehörde**[668] über die öffentlichen Stellen **des Bundes** aus. Darunter fallen auch in privatrechtlicher **693**

---

668 *Wolff*, in: Schantz/Wolff, Das neue Datenschutzrecht, 2017, Rn. 1078.

Rechtsform geführte Unternehmen, an denen der Bund entweder die Mehrheit der Anteile hält, oder aber die Stimmenmehrheit hat (§ 9 Abs. 1 BDSG), also beispielsweise die Deutsche Bahn AG. Daneben hat die BfDI bestimmte Sonderzuständigkeiten, wie etwa nach § 115 Abs. 4 TKG im Telekommunikationsbereich. Die BfDI wird auf Vorschlag der Bundesregierung vom Bundestag mit absoluter Mehrheit gewählt und vom Bundespräsidenten für eine fünfjährige Amtszeit ernannt, wobei einmalige Wiederwahl zulässig ist (§ 11 Abs. 1 und 3 BDSG). Das Amt kann nur einer mindestens 35-jährigen Person mit Befähigung für das Richteramt oder den höheren Verwaltungsdienst (also im Regelfall einer Volljuristin oder einem Volljuristen) mit der notwendigen fachlichen Qualifikation, insbesondere einer beruflichen Erfahrung in diesem Bereich, übertragen werden (§ 11 Abs. 1 BDSG).

694   Neben der Funktion der BfDI als Aufsichtsbehörde ist es wohl ihre **wichtigste Aufgabe**, im Europäischen Datenschutzausschuss (EDA) mitzuwirken und so die Aufsichtspraxis europaweit mitzugestalten. Weiterhin obliegt ihr die Beratung der Bundesbehörden und Verfassungsorgane in Fragen des Datenschutzes und die Sensibilisierung der Öffentlichkeit für den Datenschutz (§ 14 BDSG). Über ihre Erkenntnisse hat sie Stillschweigen zu bewahren und ihr steht ein Zeugnisverweigerungsrecht über dienstlich erlangte Kenntnisse zu (§ 13 Abs. 3 BDSG).[669] Die BfDI erstellt jährlich einen umfassenden **Bericht**, der veröffentlicht wird und die Arten der gemeldeten Verstöße sowie die daraufhin ergriffenen Maßnahmen auflistet (§ 15 BDSG).

b)   Die Landesdatenschutzbehörden

695   Nach Art. 83 f. GG ist die **Verwaltung** innerhalb der föderalen Struktur dem Grundsatz nach **Ländersache**. Daher sind die Datenschutzaufsichtsbehörden auch auf Länderebene organisiert. Die Zuständigkeiten zwischen Landesdatenschutzbehörden und BfDI folgen den Verwaltungskompetenzen des Grundgesetzes. So liegt beispielsweise die Aufsicht über die Bundespolizei im Zuständigkeitsbereich der BfDI und nicht bei der Landesbehörde, in dessen Land die jeweilige Bundespolizeiinspektion liegt. Die Landesdatenschutzbehörden üben die Aufsicht über die **öffentlichen Stellen des jeweiligen Landes** aus, also z.B. die Landespolizei, Schulen und Universitäten. Für eine Universität der Bundeswehr hingegen ist wiederum die BfDI zuständig. Die DS-GVO lässt mehrere Aufsichtsbehörden in einem Mitgliedstaat – wohl mit Rücksicht insbesondere auf Deutschland[670] – in Art. 51 Abs. 1 und 3 DS-GVO zu. Die Landesdatenschutzbehörden üben nach den Vorgaben der Landesdatenschutzgesetze aber vor allem auch die Aufsicht über die **privaten Unternehmen** aus, die nicht der Aufsicht der BfDI unterliegen und eine Niederlassung in dem entsprechenden Land unterhalten. Eine Besonderheit gilt vor allem im Telekommunikationsbereich, für den die BfDI zuständig ist.

696   Da die Landesdatenschutzbehörden nicht im Europäischen Datenschutzausschuss **(EDA)** vertreten sind, musste innerstaatlich eine Lösung zur **Abstimmung der deutschen Position im EDA** gefunden werden. Die föderale Gemengelage klärt das BDSG

---

669 *Wolff*, in: Schantz/Wolff, Das neue Datenschutzrecht, 2017, Rn. 1081.
670 Vgl. *Böhm*, in: Kühling/Buchner (Hrsg.), DS-GVO/BDSG, 2. Aufl. 2018, Art. 51 DS-GVO Rn. 15.

wie folgt: Die BfDI vertritt als gemeinsame Vertreterin grundsätzlich Deutschland als Mitgliedstaat im EDA[671] und fungiert als zentrale Anlaufstelle für die Kommunikation der nationalen deutschen Aufsichtsbehörden mit dem EDA sowie mit den Aufsichtsbehörden der anderen Mitgliedstaaten, § 17 BDSG. In inhaltlichen Fragen streben die BfDI und die Landesbehörden einen größtmöglichen Konsens an, § 18 Abs. 1 BDSG. Ist ein solcher nicht zu erzielen, entscheidet letztlich die einfache Mehrheit der Aufsichtsbehörden, wobei der Bund und jedes Land jeweils eine Stimme haben, § 18 Abs. 2 a.E. BDSG. Es greift dann gleichsam ein „imperatives Mandat".[672] Der BfDI wird ein Stellvertreter aus dem Kreis der Behördenleiter der Landesdatenschutzbehörden zur Seite gestellt, der vom Bundesrat auf fünf Jahre gewählt wird, § 17 BDSG. In Angelegenheiten, in denen die Länder die Gesetzgebungsbefugnis haben, tritt dieser auf sein Verlangen als gemeinsamer Vertreter anstelle der BfDI im EDA auf.

In allen Bundesländern bis auf Bayern kontrolliert die Landesbehörde die **öffentlichen Stellen** des jeweiligen Bundeslandes und die **nichtöffentlichen Stellen** (also vor allem Unternehmen) mit Sitz im jeweiligen Bundesland. Dies sind namentlich:

697

Baden-Württemberg	Der Landesbeauftragte für den Datenschutz und die Infromationsfreiheit Baden-Württemberg (LfDI BW) Dr. Stefan Brink	**698**
Bayern	Der Bayerische Landesbeauftragte für den Datenschutz (BayLfD) Dr. Thomas Petri	
Bayern	Bayerisches Landesamt für Datenschutzaufsicht (BayLDA) Thomas Kranig	
Berlin	Berliner Beauftragte für Datenschutz und Informationsfreiheit (Berliner BDI) Maja Smoltczyk	
Brandenburg	Die Landesbeauftragte für den Datenschutz und für das Recht auf Akteneinsicht (LDA BB) Dagmar Hartge	
Bremen	Die Landesbeauftragte für Datenschutz und Informationsfreiheit (LfD Bremen) Dr. Imke Sommer	
Hamburg	Der Hamburgische Beauftragte für Datenschutz und Informationsfreiheit (HmbBfDI) Prof. Dr. Johannes Caspar	
Hessen	Der Hessische Datenschutzbeauftragte (HDSB) Prof. Dr. Michael Ronellenfitsch	
Mecklenburg-Vorpommern	Der Landesbeauftragte für Datenschutz und Informationsfreiheit Mecklenburg-Vorpommern (LfDI Meck.-Pom.) Heinz Müller	
Niedersachsen	Die Landesbeauftragte für den Datenschutz Niedersachsen (LfD NDS) Barbara Thiel	

---

671 Dies gilt nicht, soweit Landeszuständigkeiten betroffen sind. Dann wird der Stellvertreter aktiv, der aus dem Kreis der Leiter der Landesaufsichtsbehörden für fünf Jahre gewählt wird.
672 *Kühling*, NJW 2017, 1985 (1989).

Nordrhein-Westfalen	Landesbeauftragte für Datenschutz und Informationsfreiheit Nordrhein-Westfalen (LDI NRW) Helga Block
Rheinland-Pfalz	Der Landesbeauftragte für den Datenschutz und die Informationsfreiheit Rheinland-Pfalz (LfDI Rh.-Pf.) Prof. Dr. Dieter Kugelmann
Saarland	Unabhängiges Datenschutzzentrum Saarland (ULD Saarl.) Die Landesbeauftragte für Datenschutz und Informationsfreiheit Monika Grethel
Sachsen	Der Sächsische Datenschutzbeauftragte (SächsDSB) Andreas Schurig
Sachsen-Anhalt	Landesbeauftragter für den Datenschutz Sachsen-Anhalt (LfD Sa.-Anh.) Dr. Harald von Bose
Schleswig-Holstein	Unabhängiges Landeszentrum für Datenschutz Schleswig-Holstein (ULD SH) Landesbeauftragte für Datenschutz Schleswig-Holstein Marit Hansen
Thüringen	Thüringer Landesbeauftragter für den Datenschutz und die Informationsfreiheit (TLfDI) Dr. Lutz Hasse

699   Damit ist die **Zuständigkeit nur einer Behörde im Bundesland** inzwischen der Standard. Nur in Bayern besteht die Besonderheit, dass **zwei Datenschutzbehörden** existieren. Zum einen gibt es den Bayerischen Landesbeauftragten für den Datenschutz (LfD BY), der den öffentlichen Bereich, also die Behörden und Einrichtungen des Freistaats Bayern beaufsichtigt. Daneben gibt es das Bayerische Landesamt für Datenschutzaufsicht (BayLDA). Dieses ist zuständig für die Aufsicht über die nichtöffentlichen Stellen im Freistaat Bayern. Vor Gründung des Landesamtes hatte die Regierung von Mittelfranken diese Aufgabe inne, was jedoch nicht den unionsrechtlichen Anforderungen an die Unabhängigkeit entsprach.[673]

700   In einem informellen Gremium, der **Datenschutzkonferenz** (siehe Abb. 16), stimmen sich die Landesdatenschutzbehörden gemeinsam mit der BfDI ab, um eine möglichst einheitliche Linie bei der Auslegung und Anwendung des europäischen und nationalen Datenschutzrechts in Deutschland zu gewährleisten. Dazu wurde auch eine Reihe von Papieren formuliert, die einen entsprechenden einheitlichen Normvollzug erleichtern sollten.[674] Daneben gibt es als weitere informelle Arbeitsgruppe den sog. **Düsseldorfer Kreis**, der die Arbeit der Aufsichtsbehörden im Bereich der nichtöffentlichen Stellen koordiniert.[675] Aufgrund der administrativen Souveränität der Länder und des Verbots der Mischverwaltung für Bundes- und Landesbehörden können die Gremien

---

673 *Bayerisches Landesamt für Datenschutzaufsicht*, Historie, abrufbar unter https://www.lda. bayern.de/de/historie.html (Abruf: 15.1.2018); siehe auch oben zur Rechtsprechung des EuGH unter → Rn. 140 ff.

674 Siehe etwa die Sammlung abrufbar unter https://www.bfdi.bund.de/DE/Home/Kurzmeldun gen/ DSGVO_Kurzpapiere1-3.html (Abruf: 15.1.2018).

675 Nähere Informationen zu dieser Einrichtung finden sich hier https://www.lda.bayern.de/de/ duesseldorferkreis.html (Abruf: 15.1.2018).

701

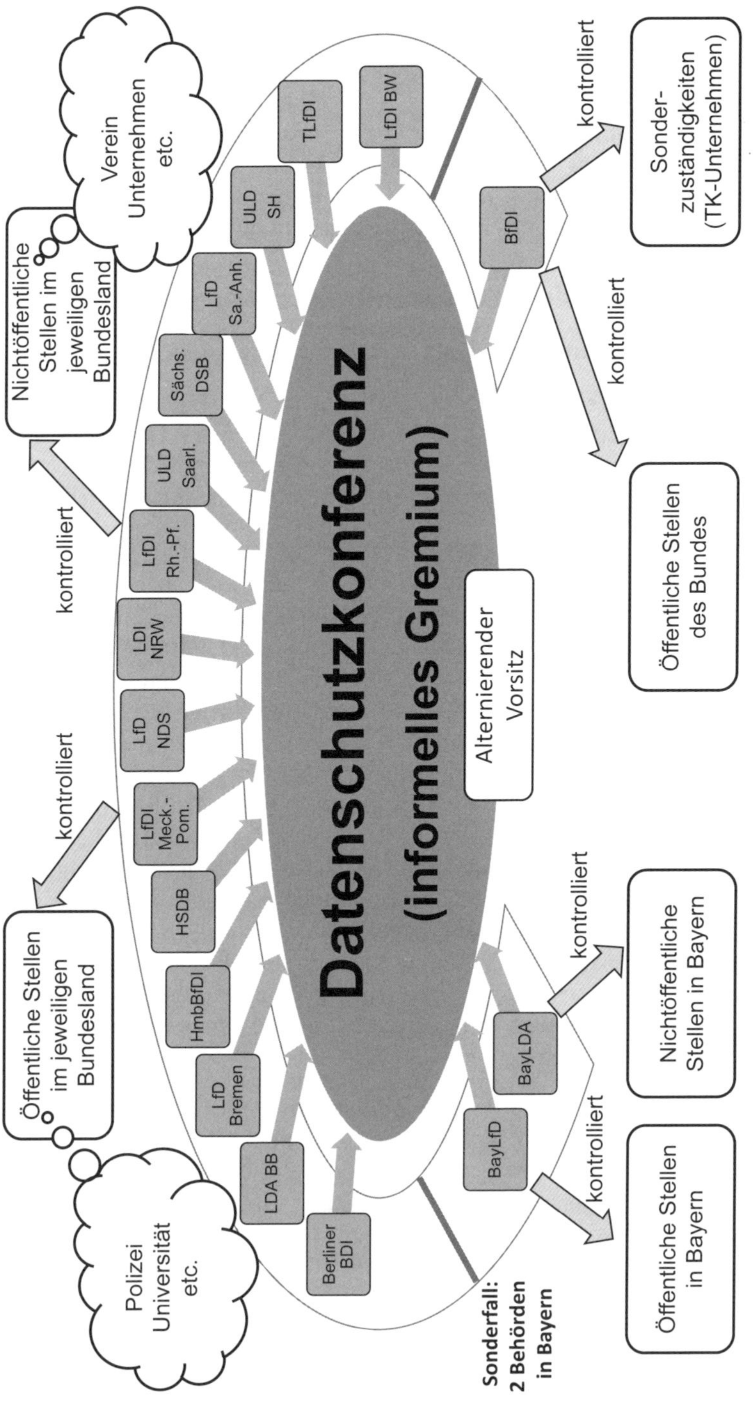

Verein
Unternehmen
etc.

Nichtöffentliche
Stellen im
jeweiligen
Bundesland

kontrolliert

TLfDI

LfDI BW

ULD
SH

LfD
Sa.-Anh.

Sächs.
DSB

ULD
Saarl.

LfDI
Rh.-Pf.

LDI
NRW

LfD
NDS

LfDI
Meck.-
Pom.

HSDB

HmbBfDI

LfD
Bremen

LDA BB

Berliner
BDI

BfDI

Sonder-
zuständigkeiten
(TK-Unternehmen)

kontrolliert

kontrolliert

Öffentliche Stellen
des Bundes

Alternierender
Vorsitz

Datenschutzkonferenz
(informelles Gremium)

kontrolliert

Nichtöffentliche
Stellen in Bayern

BayLDA

BayLfD

kontrolliert

Öffentliche Stellen
in Bayern

Sonderfall:
2 Behörden
in Bayern

Öffentliche Stellen
im jeweiligen
Bundesland

kontrolliert

Polizei
Universität
etc.

Abbildung 16:   Aufsichtsbehörden in Deutschland

allerdings – anders als der EDA im Rahmen des Kohärenzverfahrens (siehe dazu → Rn. 709 ff. und Abb. → 18) **keine verbindlichen Beschlüsse** fassen. Mit der DS-GVO entsteht damit im Rahmen des Kohärenzverfahrens eine Verbundverwaltung, die eine harmonisierte Rechtsanwendung in der EU ermöglicht, die so bislang in Deutschland noch nicht einmal auf nationaler Ebene verwirklicht werden konnte. Eine einheitliche Rechtsanwendung wurde in Deutschland stattdessen bisher primär – wie in anderen Rechtsbereichen auch – über eine entsprechende höchstrichterliche Rechtsprechung hergestellt, die allerdings im Datenschutzrecht nicht sehr dicht gewesen ist.

3.   Abstimmung aufsichtsrechtlicher Entscheidungen auf EU-Ebene

a)   Zuständigkeit – Grundsatz (Art. 55 Abs. 1 DS-GVO)

702   Jede Aufsichtsbehörde ist für die Erfüllung der Aufgaben und die Ausübung der Befugnisse, die ihr durch die DS-GVO übertragen wurden, im Hoheitsgebiet ihres jeweiligen Mitgliedstaats zuständig, Art. 55 Abs. 1 DS-GVO. In Deutschland gilt das nach den Landesdatenschutzgesetzen sinngemäß auch für die Landesdatenschutzbehörden.

b)   Zuständigkeit bei grenzüberschreitender Datenverarbeitung (Art. 56 DS-GVO)

703   Die Vorteile eines integrierten Rechtsregimes auf der Basis einer zentralen *Grund*verordnung machen sich für die Verantwortlichen und Auftragsverarbeiter nur bemerkbar, wenn auch der Vollzug einheitlich gehandhabt wird. Die u.a. aus den gestiegenen Dokumentationspflichten resultierenden höheren Kosten für Unternehmen können gesamtwirtschaftlich nur kompensiert werden, wenn der grenzüberschreitende Datenverkehr im europäischen Binnenmarkt möglichst unkompliziert durchführbar ist. Die grenzüberschreitende Verarbeitung ist in Art. 4 Nr. 23 DS-GVO legal definiert als entweder eine Verarbeitung personenbezogener Daten, die im Rahmen der Tätigkeiten von Niederlassungen eines Verantwortlichen oder eines Auftragsverarbeiters in der Union in mehr als einem Mitgliedstaat erfolgt, wenn der Verantwortliche oder Auftragsverarbeiter in mehr als einem Mitgliedstaat niedergelassen ist, oder eine Verarbeitung personenbezogener Daten, die im Rahmen der Tätigkeiten einer einzelnen Niederlassung eines Verantwortlichen oder eines Auftragsverarbeiters in der Union erfolgt, die jedoch erhebliche Auswirkungen auf betroffene Personen in mehr als einem Mitgliedstaat hat oder haben kann.[676]

704   Die DS-GVO gibt daher dem Verantwortlichen oder Auftragsverarbeiter die Aufsichtsbehörde am Ort seiner Niederlassung als einheitliche Ansprechpartnerin an die Hand (sog. **One-Stop-Shop-Prinzip**), die als **federführende Aufsichtsbehörde** auch für jegliche grenzüberschreitende Verarbeitung durch diesen Verantwortlichen oder Auftragsverarbeiter zuständig ist. Es kommt bei einer Unternehmensgruppe auf den Sitz der jeweiligen Hauptniederlassung an.[677] Auch die großen international tätigen da-

---

676   Vgl. zu diesen Begrifflichkeiten im Einzelnen *Art.-29-Datenschutzgruppe,* Leitlinien für die Bestimmung der federführenden Aufsichtsbehörde eines Verantwortlichen oder Auftragsverarbeiters, WP 244, 13.12.2016.
677   *Wolff,* in: Schantz/Wolff, Das neue Datenschutzrecht, 2017, Rn. 1024.

tenverarbeitenden Unternehmen können sich zukünftig an einen einheitlichen Ansprechpartner wenden. Betreibt der Verantwortliche oder Auftragsverarbeiter mehrere Niederlassungen innerhalb der Union, so werden die Aufsichtsbehörden dieser Mitgliedstaaten als sog. **betroffene Aufsichtsbehörden** am Verfahren beteiligt. Hat also beispielsweise das Unternehmen U seinen Hauptsitz in Malta und gibt es daneben noch eine Zweigstelle in den Niederlanden, von der aus Dienste speziell für den dortigen Markt angeboten werden, ist federführende Behörde für die Datenverarbeitung dieses Unternehmens die maltesische Aufsichtsbehörde. Betroffene Behörde ist die niederländische Behörde.

Die DS-GVO soll aber nicht nur den Verantwortlichen einen **einheitlichen Ansprechpartner** zur Verfügung stellen, sondern auch den betroffenen Personen. Auch sie sollen sich an die Aufsichtsbehörde ihres Wohnsitzes wenden können.[678]   **705**

Dieser Widerspruch der Ziele lässt sich nur durch eine effektive **Zusammenarbeit der Aufsichtsbehörden** auflösen. Die Zusammenarbeit gestaltet sich wie folgt: Zuständig bleibt im grenzüberschreitenden Datenverkehr grundsätzlich die federführende Behörde, Art. 56 Abs. 1 DS-GVO, also diejenige an der (Haupt-)Niederlassung des Verantwortlichen oder Auftragsverarbeiters. Die Hauptniederlassung ist der Ort, an dem die wesentlichen Entscheidungen für Art und Umfang der Datenverarbeitung getroffen werden, im Regelfall also die Hauptverwaltung, Art. 4 Nr. 16 DS-GVO.[679] Wendet sich die betroffene Person an die Aufsichtsbehörde in seinem Mitgliedstaat, so leitet diese den Fall weiter an die federführende Aufsichtsbehörde, die den Fall sodann federführend bearbeitet und die andere Behörde als betroffene Behörde am Verfahren beteiligt.   **706**

c) Abstimmung und Zusammenarbeit zwischen den Aufsichtsbehörden (Art. 61 f. DS-GVO)

Die Entscheidungen, welche die Aufsichtsbehörden treffen, müssen inhaltlich konsistent sein, um einen einheitlichen Vollzug der Datenschutzvorschriften sicherzustellen. Üblicherweise wird Derartiges durch eine weisungsbefugte Zentralbehörde realisiert (z.B. Weisungsrecht des Ministeriums gegenüber nachgeordneten Behörden). In Betracht käme insbesondere die Kommission als Zentralbehörde. Das aber wurde politisch unter Hinweis auf das Subsidiaritätsprinzip aus Art. 5 Abs. 1 S. 2 EUV sowie dem Unabhängigkeitspostulat der Aufsichtsbehörden abgelehnt, so dass die finale Fassung der DS-GVO eine strukturierte Kooperation der einzelnen Aufsichtsbehörden vorsieht. Es entsteht so eine **Verbundverwaltung im Mehrebenensystem**.   **707**

Dabei haben sich die Aufsichtsbehörden gegenseitig gemäß Art. 61 DS-GVO **Amtshilfe** zu leisten und relevante Informationen auszutauschen. Art. 62 DS-GVO ermöglicht mehreren Aufsichtsbehörden **gemeinsame Maßnahmen** über Ländergrenzen hinweg. Dabei kann auch eine Aufsichtsbehörde Befugnisse einer anderen im Einvernehmen mit dieser stellvertretend wahrnehmen, Art. 62 Abs. 3 DS-GVO.   **708**

---

678 *Wolff*, in: Schantz/Wolff, Das neue Datenschutzrecht, 2017, Rn. 1019.
679 Vgl. *Art. 29-Datenschutzgruppe*, Leitlinien für die Bestimmung der federführenden Aufsichtsbehörde eines Verantwortlichen oder Auftragsverarbeiters, WP 244, 13.12.2016, S. 7 f.

d) Kohärenzverfahren (Art. 63 ff. DS-GVO)

709 Eine zentrale Neuerung der DS-GVO ist das **Kohärenzverfahren** nach Art. 63 ff. DS-GVO.[680] Hierbei arbeiten die Aufsichtsbehörden in einem strukturierten Verfahren zusammen, um inhaltlich **widersprüchliche Entscheidungen zu vermeiden** und für eine einheitliche Anwendung der DS-GVO zu sorgen. Ohne zentrale Instanz, die in Streitfällen entscheidet, ist ein einheitlicher Rechtsvollzug bei mehr als zwei Dutzend Behörden in der Union trotz enger Kooperation nur schwer möglich. Als zentrale Instanz fungiert dabei der Europäische Datenschutzausschuss, der personell allerdings von den Aufsichtsbehörden besetzt ist, so dass diese in ihrer **Gesamtheit ihre Unabhängigkeit wahren** können, da die letztentscheidende Instanz z.B. nicht – wie ursprünglich angedacht, siehe dazu → Rn. 707 – die nicht unabhängige Kommission ist.[681]

710

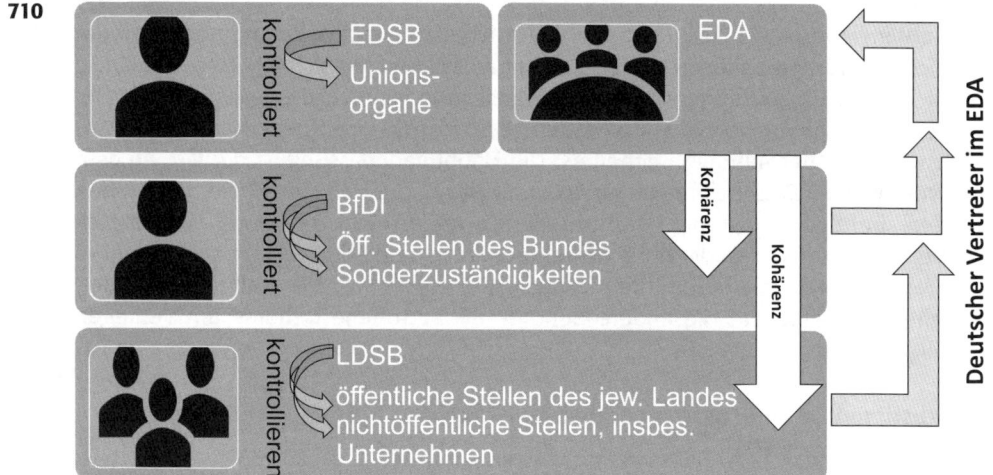

Abbildung 17: Verbundverwaltung im Mehrebenensystem

711 Das Kohärenzverfahren wird in den in Art. 64 Abs. 1 DS-GVO aufgeführten Fällen (z.B. Annahme einer Liste der Verarbeitungsvorgänge, die eine Datenschutz-Folgenabschätzung erfordern; grenzüberschreitende Festlegung von Verhaltensregeln; Festlegung von Standard-Datenschutzklauseln) durch die verpflichtende Einreichung einer Beschlussvorlage durch die zuständige Aufsichtsbehörde **eingeleitet.** Der EDA gibt dann gemäß Art. 64 Abs. 3 DS-GVO binnen acht – bei komplexeren Fragen vierzehn – Wochen eine Stellungnahme ab, die er mit einfacher Mehrheit beschließen muss. Die Stellungnahme ist nicht verbindlich, Art. 288 Abs. 5 AEUV. Gleichwohl soll die zuständige Aufsichtsbehörde ihr „weitestgehend Rechnung" tragen, sich also ernsthaft mit ihr befassen, sie berücksichtigen und innerhalb von zwei Wochen nach Eingang mitteilen, ob sie ihren Beschlussentwurf beibehalten oder ändern wird, Art. 64 Abs. 7 DS-GVO. Ändert die Aufsichtsbehörde aufgrund der Stellungnahme ihren Standpunkt, ist dem

---

680 Vgl. *Caspar,* in: Kühling/Buchner (Hrsg.), DS-GVO/BDSG, 2. Aufl. 2018, Art. 63 DS-GVO Rn. 3.
681 Vgl. *Klabunde,* in: Ehmann/Selmayr, DS-GVO, 2017, Art. 63 Rn. 1.

einheitlichen Vollzug der DS-GVO Genüge getan. Bleibt sie bei ihrer abweichenden Auffassung, kommt es zur Fassung eines **verbindlichen Beschlusses durch den EDA** nach Art. 65 Abs. 1 lit. c Alt. 1 DS-GVO (siehe dazu → Abb. → 19). Gleiches gilt auf Antrag jeder betroffenen Aufsichtsbehörde oder der Kommission, wenn die zuständige Aufsichtsbehörde entgegen Art. 64 Abs. 1 DS-GVO keine Stellungnahme des EDA einholt, Art. 65 Abs. 1 lit. c Alt. 2 DS-GVO (siehe dazu → Rn. 714 und Abb. → 19). Ein derartiger verbindlicher Beschluss ergeht auch bei Meinungsverschiedenheiten über die federführende Zuständigkeit einer Aufsichtsbehörde (Art. 65 Abs. 1 lit. b DS-GVO) sowie in dem Fall, dass eine betroffene Aufsichtsbehörde einen begründeten Einspruch gegen einen Beschlussentwurf der federführenden Aufsichtsbehörde eingelegt hat (Art. 65 Abs. 1 lit. a DS-GVO). Schließlich kann in Angelegenheiten mit allgemeiner Geltung oder Auswirkungen auf mehr als einen Mitgliedstaat auf Antrag einer Aufsichtsbehörde, des Vorsitzes des EDA oder der Kommission ein Beschluss des EDA herbeigeführt werden, Art. 65 Abs. 1 lit. c Alt. 2 i.V.m. Art. 64 DS-GVO (siehe dazu → Abb. 19, → Rn. 714).

Eine **lückenlose Letztentscheidungskompetenz des EDAs** ist damit sicherge-   712
stellt.[682] Für vorläufige bzw. eilige Maßnahmen der Aufsichtsbehörden gelten nach Art. 66 DS-GVO Ausnahmen und zum Teil Besonderheiten (**Dringlichkeitsverfahren**). Damit wird auf der EU-Ebene eine Verbundverwaltung etabliert, die eine **unionsweite Harmonisierung** ermöglicht, wie sie bislang in Deutschland administrativ nicht vorhanden war, sondern ausschließlich – und nur sehr rudimentär – judikativ hergestellt wurde.

713

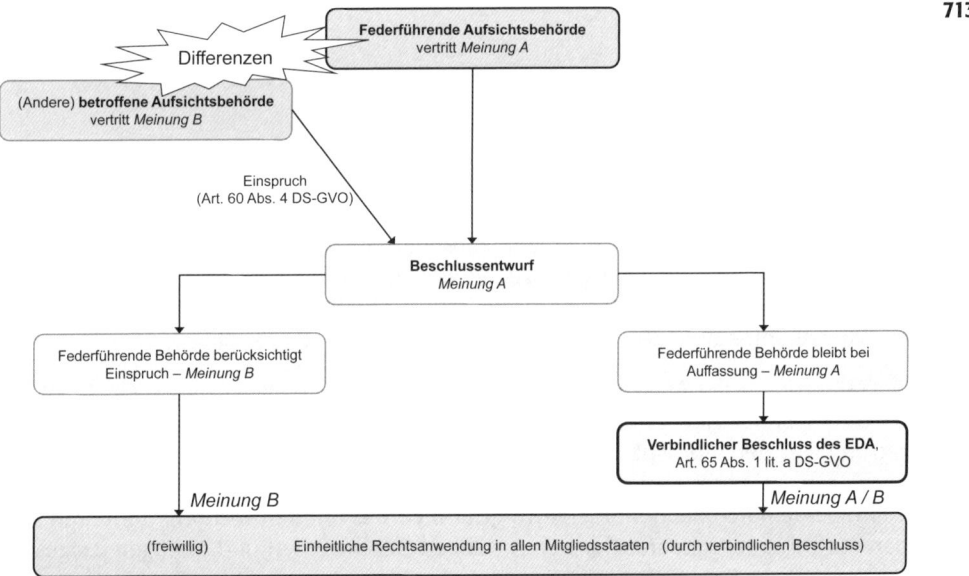

---

682 Vgl. *Kühling/Martini/u.a.*, Die Datenschutz-Grundverordnung und das nationale Recht, 2016, S. 113.

Abbildung 18: Kohärenzverfahren bei Einspruch anderer betroffener Aufsichtsbehörde nach Art. 60 Abs. 4 i.V.m. 65 Abs. 1 lit. a DS-GVO

714

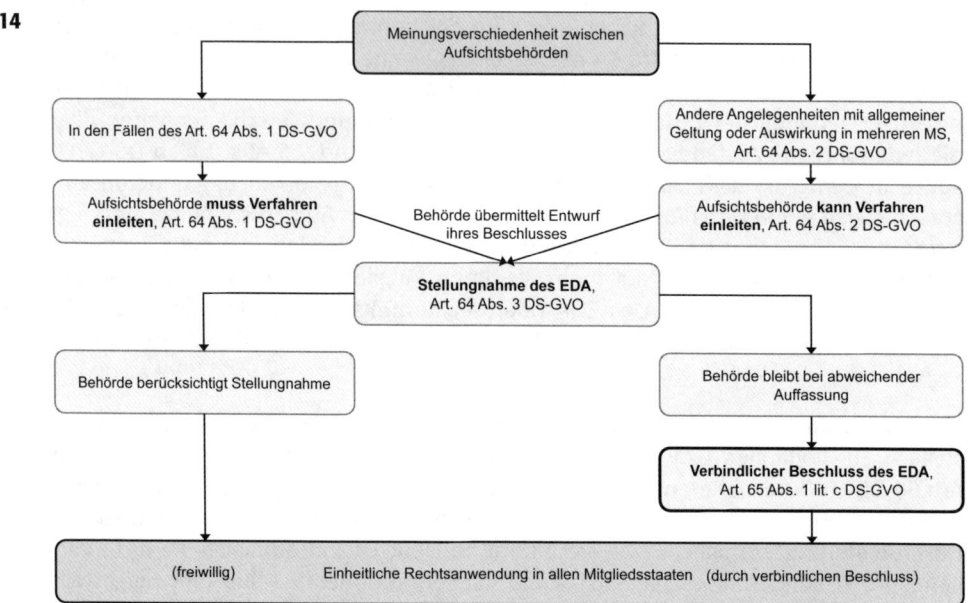

Abbildung 19: Kohärenzverfahren bei widersprechender Stellungnahme des EDA nach Art. 64 i.V.m. 65 Abs. 1 lit. c DS-GVO

4. Aufgaben und Befugnisse der Aufsichtsbehörden (Art. 57 DS-GVO)

a) Aufgaben

715 **Art. 57 Abs. 1 DS-GVO** definiert die **Aufgaben** der Aufsichtsbehörden. Die Norm zählt verschiedene Tätigkeitsbereiche exemplarisch auf und stellt in lit. v ergänzend klar, dass die Aufsichtsbehörden auch jede sonstige Aufgabe in Zusammenhang mit dem Schutz personenbezogener Daten zu erfüllen haben. Insbesondere sollen die Aufsichtsbehörden die Einhaltung der Datenschutzvorschriften überwachen und für Datenschutzthemen durch Beratung und Öffentlichkeitsarbeit sensibilisieren.

716 Ein Tätigwerden der Aufsichtsbehörden erfolgt für die Beteiligten nach Art. 57 Abs. 3 DS-GVO grundsätzlich **unentgeltlich**. Dies gilt auch für die individuelle Rechtsdurchsetzung bei den Aufsichtsbehörden: Wird von dem in Art. 77 DS-GVO verbrieften Recht, sich bei einer Aufsichtsbehörde zu **beschweren**, Gebrauch gemacht, muss die Beschwerde durch die Behörde **verfolgt und verbeschieden werden**. Gebühren können nur bei einer missbräuchlichen Anzahl an Beschwerden und Anfragen festgesetzt werden, Art. 57 Abs. 4 DS-GVO.

b) Befugnisse

aa) Befugnisse nach der DS-GVO

Zur Erfüllung ihrer Aufgaben werden die Aufsichtsbehörden in Art. 58 DS-GVO mit   **717**
umfangreichen **Befugnissen** ausgestattet. Die Norm selbst gliedert die Befugnisse
systematisch in Untersuchungsbefugnisse (Art. 58 Abs. 1 DS-GVO), Abhilfebefugnisse
(Art. 58 Abs. 2 DS-GVO) sowie Genehmigungs- und beratende Befugnisse (Art. 58
Abs. 3 DS-GVO). Insbesondere haben die Aufsichtsbehörden Zutrittsrechte in Bezug
auf Räumlichkeiten und dürfen Informationen einholen. Weiterhin dürfen sie Anordnungen treffen, um rechtmäßige Zustände herzustellen, Geldbußen verhängen sowie
Öffentlichkeitsarbeit leisten und zu Datenschutzfragen beraten.[683] Im Einzelnen:

Im Rahmen ihrer **Untersuchungsbefugnisse** kann die Aufsichtsbehörde insbesondere: **718**

- den Verantwortlichen, den Auftragsverarbeiter und gegebenenfalls den Vertreter
  des Verantwortlichen oder des Auftragsverarbeiters anweisen, alle Informationen
  bereitzustellen, die für die Erfüllung ihrer Aufgaben erforderlich sind,
- Untersuchungen in Form von Datenschutzüberprüfungen durchführen,
- eine Überprüfung der nach Art. 42 Abs. 7 DS-GVO erteilten Zertifizierungen durchführen,
- den Verantwortlichen oder den Auftragsverarbeiter auf einen vermeintlichen Verstoß gegen die DS-GVO hinweisen,
- von dem Verantwortlichen und dem Auftragsverarbeiter Zugang zu allen personenbezogenen Daten und Informationen fordern, die zur Erfüllung ihrer Aufgaben
  notwendig sind, und
- Zugang zu den Geschäftsräumen, einschließlich aller Datenverarbeitungsanlagen
  und -geräte des Verantwortlichen und des Auftragsverarbeiters einfordern.

Die Untersuchungsbefugnisse dienen der Informationsgewinnung durch die Behörde
und sind damit Voraussetzung für die effektive Aufgabenwahrnehmung.

Im Rahmen der **Abhilfebefugnisse** kann die Aufsichtsbehörde insbesondere: **719**

- einen Verantwortlichen oder einen Auftragsverarbeiter warnen, dass beabsichtigte
  Verarbeitungsvorgänge voraussichtlich gegen die DS-GVO verstoßen,
- einen Verantwortlichen oder einen Auftragsverarbeiter verwarnen, wenn er mit
  Verarbeitungsvorgängen gegen die DS-GVO verstoßen hat,
- den Verantwortlichen oder den Auftragsverarbeiter anweisen, den Anträgen der
  betroffenen Person auf Ausübung der ihr nach der DS-GVO zustehenden Rechte
  zu entsprechen,
- den Verantwortlichen oder den Auftragsverarbeiter anweisen, Verarbeitungsvorgänge gegebenenfalls auf bestimmte Weise und innerhalb eines bestimmten Zeitraums in Einklang mit der DS-GVO zu bringen,
- den Verantwortlichen anweisen, die von einer Verletzung des Schutzes personenbezogener Daten betroffenen Personen entsprechend zu benachrichtigen,

---

683 *Wolff,* in: Schantz/Wolff, Das neue Datenschutzrecht, 2017, Rn. 1010 ff.

- eine vorübergehende oder endgültige Beschränkung der Verarbeitung, einschließlich eines Verbots, verhängen,
- die Berichtigung oder Löschung von personenbezogenen Daten oder die Einschränkung der Verarbeitung gemäß den Art. 16, 17 und 18 DS-GVO anordnen,
- eine Zertifizierung widerrufen oder die Zertifizierungsstelle anweisen, eine gemäß den Art. 42 und 43 DS-GVO erteilte Zertifizierung zu widerrufen, oder die Zertifizierungsstelle anweisen, keine Zertifizierung zu erteilen, wenn die Voraussetzungen für die Zertifizierung nicht oder nicht mehr erfüllt werden,
- eine Geldbuße verhängen, zusätzlich zu oder anstelle von Abhilfemaßnahmen, und
- die Aussetzung der Übermittlung von Daten an einen Empfänger in einem Drittland oder an eine internationale Organisation anordnen.

Die Abhilfebefugnisse sind in ihrer Eingriffsintensität **aufsteigend aufgebaut** – von einfachen Verwarnungen bis hin zu Verboten und Geldbußen.[684] Dem **Grundsatz der Verhältnismäßigkeit** folgend ist das jeweils mildeste Mittel zu wählen, das zuverlässig Erfolg verspricht.

720   Im Rahmen der **Genehmigungsbefugnisse** kann die Aufsichtsbehörde insbesondere:

- gemäß dem Verfahren der vorherigen Konsultation nach Art. 36 DS-GVO den Verantwortlichen beraten,
- zu allen Fragen, die im Zusammenhang mit dem Schutz personenbezogener Daten stehen, von sich aus oder auf Anfrage Stellungnahmen an das nationale Parlament, die Regierung des Mitgliedstaats oder im Einklang mit dem Recht des Mitgliedstaats an sonstige Einrichtungen und Stellen sowie an die Öffentlichkeit richten,
- Zertifizierungsstellen gemäß Art. 43 DS-GVO akkreditieren,
- Standarddatenschutzklauseln nach Art. 28 Abs. 8 und Art. 46 Abs. 2 lit. d DS-GVO festlegen,
- Vertragsklauseln gemäß Art. 46 Abs. 3 lit. a DS-GVO genehmigen,
- Verwaltungsvereinbarungen gemäß Art. 46 Abs. 3 lit. b DS-GVO genehmigen, und
- verbindliche interne Vorschriften gemäß Art. 47 DS-GVO genehmigen.

Die Genehmigungsbefugnisse dienen der Sicherstellung der einheitlichen Rechtsanwendung und der Rechtssicherheit.

bb) Ergänzende Befugnisse nach nationalem Recht

721   Darüber hinaus können die Mitgliedstaaten weitere Befugnisse für ihre Aufsichtsbehörden vorsehen, Art. 58 Abs. 6 DS-GVO, so dass ein ergänzender Blick in das BDSG erforderlich ist. Für die BfDI sieht § 16 BDSG ergänzende Befugnisse vor. Für die Landesbehörden sind die ergänzenden Befugnisse in § 40 BDSG geregelt. Beispielsweise dürfen die BfDI und die Landesbehörden andere öffentliche Stellen betreten und die dort vorhandenen Datenverarbeitungsanlagen inspizieren (§§ 16 Abs. 4 Nr. 1, 40 Abs. 5 BDSG).

---

684 *Neun/Lubitzsch*, BB 2017, 1538.

II. Dokumentations-, Melde- und Kontrollpflichten des Verantwortlichen

Neben der Kontrolle durch die staatliche Aufsicht normiert die DS-GVO und ergänzend in einigen Punkten das BDSG umfangreiche Pflichten zur Überwachung der Einhaltung der Datenschutzvorschriften innerhalb der Organisation des Verantwortlichen oder Auftragsverarbeiters.   **722**

1. Dokumentationspflichten (Art. 5 Abs. 2, 30 Abs. 1, 2 DS-GVO)

Eine materiell-rechtlich bedeutende Änderung der DS-GVO sind die stark gestiegenen **723** Dokumentationspflichten. Zentral ist dafür die Vorschrift des Art. 5 Abs. 2 DS-GVO, wonach der Verantwortliche die Rechtmäßigkeit der Datenverarbeitung nicht nur einhalten, sondern stets auch nachweisen können muss (**Rechenschaftspflicht**). Das lässt sich praktisch nur durch lückenlose Dokumentation bewerkstelligen. Diese Vorgabe erfüllt mehrere Funktionen. So geht mit der Pflicht zur Dokumentation eine reflektorische Wirkung beim Verantwortlichen selbst einher, der sich bei dieser Gelegenheit des Umfangs seiner Verarbeitungstätigkeiten und deren Rechtmäßigkeit bewusst werden soll. Aus diesem Grund ist ein Verstoß gegen die Dokumentationspflichten per se bußgeldbewehrt, Art. 83 Abs. 4 lit. a DS-GVO. Es handelt sich daher um eine Funktion der Selbstkontrolle, also ähnlich der aus dem Zivilrecht bekannten **Warnfunktion** durch ein Formerfordernis. Darüber hinaus erleichtert eine gut geführte Dokumentation die Erfüllung von Auskunftsersuchen der Aufsichtsbehörden. Nicht zuletzt wird dadurch auch die Beweislast umgekehrt, so dass die betroffene Person in einer starken Position steht, wenn sie gegen rechtswidrige Datenverarbeitungen vorgehen möchte.

Im Einzelnen kennt die DS-GVO insbesondere die allgemeine Rechenschaftspflicht aus **724** Art. 5 Abs. 2 DS-GVO (siehe dazu → Rn. 353 ff.) i.V.m. Art. 24 Abs. 1 sowie die Pflicht zur Führung eines Verzeichnisses von Verarbeitungstätigkeiten (sog. Verarbeitungsverzeichnis) aus Art. 30 DS-GVO.[685] Ein Verstoß gegen diese Pflicht ist bußgeldbewehrt. Das **Verarbeitungsverzeichnis** muss nach Art. 30 Abs. 1 DS-GVO folgende Angaben enthalten:

- den Namen und die Kontaktdaten des Verantwortlichen und gegebenenfalls des gemeinsam mit ihm Verantwortlichen, des Vertreters des Verantwortlichen sowie eines etwaigen Datenschutzbeauftragten,
- die Zwecke der Verarbeitung;
- eine Beschreibung der Kategorien betroffener Personen und der Kategorien personenbezogener Daten,
- die Kategorien von Empfängern, gegenüber denen die personenbezogenen Daten offengelegt worden sind oder noch offengelegt werden, einschließlich Empfänger in Drittländern oder internationalen Organisationen,

---

685 Zur Vertiefung sei auf die jeweilige Kommentierung der einschlägigen Normen in Kühling/ Buchner (Hrsg.), DS-GVO/BDSG, 2. Aufl. 2018, verwiesen. Vgl. zu den daraus konkret abzuleitenden Pflichten (stets aktualisiert) auch die informative Zusammenstellung der IHK München und Oberbayern, Dokumentationspflichten nach der Datenschutz-Grundverordnung, abrufbar unter https://www.ihk-muenchen.de/de/Service/Recht-und-Steuern/Datenschutz/Die-EU-Datenschutz-Grundverordnung/Dokumentationspflichten/ (Abruf: 15.1.2018).

- gegebenenfalls Übermittlungen von personenbezogenen Daten an ein Drittland oder an eine internationale Organisation, einschließlich der Angabe des betreffenden Drittlands oder der betreffenden internationalen Organisation, sowie bei den in Art. 49 Abs. 1 UAbs. 2 DS-GVO genannten Datenübermittlungen die Dokumentierung geeigneter Garantien,
- wenn möglich, die vorgesehenen Fristen für die Löschung der verschiedenen Datenkategorien,
- wenn möglich, eine allgemeine Beschreibung der technischen und organisatorischen Maßnahmen gemäß Art. 32 Abs. 1 DS-GVO.

Ein Verzeichnis mit ähnlichem Inhalt (vgl. Art. 30 Abs. 2 DS-GVO) haben **Auftragsverarbeiter** zu führen.

725   Die Pflicht zur Führung eines Verarbeitungsverzeichnisses entfällt, wenn der Verantwortliche oder Auftragsverarbeiter **weniger als 250 Mitarbeiter beschäftigt** (Abs. 5). Das gilt aber dann nicht, wenn besondere Kategorien von Daten bzw. Daten über strafrechtliche Verurteilungen verarbeitet werden oder die Verarbeitung eine Gefährdung der Rechte und Freiheiten der betroffenen Personen bedeutet oder die Verarbeitung nicht nur gelegentlich erfolgt. Von der Auslegung dieser Begriffe durch den EuGH und der Handhabung der Aufsichtsbehörden wird es abhängen, ob kleinen und mittleren Unternehmen der bürokratische Aufwand der Führung eines Verarbeitungsverzeichnisses erspart bleiben wird. Von Vorteil ist es in jedem Fall.

2. Meldepflichten

a) Meldepflichten gegenüber der Aufsichtsbehörde (Art. 33 DS-GVO)

726   Art. 33 DS-GVO verpflichtet Verantwortliche, Datenschutzverletzungen unverzüglich der zuständigen Aufsichtsbehörde zu melden. Datenschutzverletzungen sind in Art. 4 Nr. 12 DS-GVO legal definiert als eine Verletzung der Sicherheit, die, ob unbeabsichtigt oder unrechtmäßig, zur Vernichtung, zum Verlust, zur Veränderung, oder zur unbefugten Offenlegung von bzw. zum unbefugten Zugang zu personenbezogenen Daten führt, die übermittelt, gespeichert oder auf sonstige Weise verarbeitet wurden. Adressiert werden damit die klassischen **„Datenschutzpannen"**. Häufig werden diese durch Mängel in der IT-Sicherheit verursacht, z.B. durch gezielte Hacking-Attacken. Durch die Meldepflicht werden die Aufsichtsbehörden frühzeitig involviert und können den Umgang des Verantwortlichen mit der Problematik begleiten. Die Meldung ist dann verzichtbar, wenn die Verletzung des Schutzes personenbezogener Daten voraussichtlich nicht zu einem Risiko für die Rechte und Freiheiten natürlicher Personen führt. Diese Frage hat der Verantwortliche in einer Prognoseentscheidung unter Berücksichtigung der Schwere der möglichen Folgen und der Eintrittswahrscheinlichkeit eigenverantwortlich zu beurteilen.[686]

---

686 *Jandt*, in: Kühling/Buchner (Hrsg.), DS-GVO/BDSG, 2. Aufl. 2018, Art. 33 DS-GVO Rn. 9.

Die Meldung ist vom Verantwortlichen zu verfassen. Wird einem Auftragsverarbeiter   **727**
eine Datenschutzverletzung bekannt, so hat er gemäß Art. 33 Abs. 2 DS-GVO den
Verantwortlichen zu benachrichtigen.

Die Meldung muss unverzüglich, also ohne schuldhaften Zögerns und **nicht länger als**   **728**
72 Stunden nach Bekanntwerden der Verletzung, erfolgen. Sie muss insbesondere
eine Beschreibung der Art der Verletzung und soweit möglich Angaben über die Kategorien und die ungefähre Zahl der betroffenen Personen, betroffenen Kategorien und
der ungefähren Zahl der betroffenen Datensätze sowie eine Beschreibung der wahr-
scheinlichen Folgen der Datenschutzverletzung sowie die eingeleiteten oder geplanten
Maßnahmen des Verantwortlichen enthalten, Art. 33 Abs. 3 DS-GVO. Damit wird es
der Aufsichtsbehörde ermöglicht, schnell einen Überblick über das Ausmaß zu erlangen und ihre Reaktion abzustimmen. Es muss außerdem ein **Ansprechpartner** (z.B.
der Datenschutzbeauftragte) benannt werden, um der Aufsichtsbehörde Rückfragen zu
ermöglichen. Können die erforderlichen Informationen nicht sofort geliefert werden,
so sind diese unverzüglich nachzureichen, Art. 33 Abs. 4 DS-GVO.

Die Vorschrift ist **bußgeldbewehrt**, Art. 83 Abs. 4 lit. a DS-GVO. Man könnte daher eine   **729**
Kollision mit dem Grundsatz nemo tenetur se ipsum accusare (Selbstbelastungsfrei-
heit) annehmen,[687] der auch im Unionsrecht anerkannt ist.[688] Der Gesetzgeber begegnet dem durch die Normierung eines Verwertungsverbotes für spätere Bußgeldver-
fahren in § 43 Abs. 4 BDSG. Ob dies ohne spezifische Öffnungsklausel im nationalen
Straf- oder Ordnungswidrigkeitenrecht möglich ist, erscheint fraglich, so dass die
Unionsrechtskonformität zumindest zweifelhaft erscheint. Das Verwertungsverbot gilt
nicht für eventuelle Schadensersatzklagen der betroffenen Personen.

b) Benachrichtigungspflicht gegenüber der betroffenen Person (Art. 34 DS-GVO)

Im Fall der Verletzung personenbezogener Daten (Art. 4 Nr. 12 DS-GVO) hat der Ver-   **730**
antwortliche nicht nur die Aufsichtsbehörde zu informieren, sondern unter Umständen
auch die betroffene Person, Art. 34 DS-GVO. Voraussetzung hierfür ist ein **hohes Risi-**
ko für die persönlichen Rechte und Freiheiten natürlicher Personen durch die Verletzung. Im Vergleich zur Meldepflicht gegenüber den Aufsichtsbehörden ist die Systematik umgekehrt: Der Benachrichtigung bedarf es im Regelfall nicht, sondern nur
ausnahmsweise dann, wenn ein hohes Risiko für die persönlichen Rechte und Freiheiten natürlicher Personen wahrscheinlich ist; hierfür ist eine Prognoseentscheidung
hinsichtlich der verschiedenen denkbaren Szenarien erforderlich.[689] Die Benachrichtigungspflicht entfällt, wenn die betreffenden Daten durch technische und organisatorische Schutzvorkehrungen wie eine wirksame Verschlüsselung **geschützt** sind, so dass
Dritte nicht darauf zugreifen können (Art. 34 Abs. 3 lit. a DS-GVO), aufgrund der **Ge-**
genmaßnahmen des Verantwortlichen das hohe Risiko für die Rechte und Freiheiten
der betroffenen Personen aller Wahrscheinlichkeit nach nicht mehr besteht (Art. 34
Abs. 3 lit. b DS-GVO) oder die Benachrichtigung nur mit **unverhältnismäßigem Auf-**

---

687 *Wolff*, in: Schantz/Wolff, Das neue Datenschutzrecht, 2017, Rn. 915.
688 Vgl. *Blanke*, in: Calliess/Ruffert (Hrsg.), EUV/AEUV, 5. Aufl. 2016, Art. 48 GrCh Rn. 5.
689 *Jandt*, in: Kühling/Buchner (Hrsg.), DS-GVO/BDSG, 2. Aufl. 2018, Art. 34 DS-GVO Rn. 5.

wand zu bewerkstelligen ist (Art. 34 Abs. 3 lit. c DS-GVO). In letzterem Fall tritt an die Stelle der individuellen Benachrichtigungen eine öffentliche Bekanntmachung in einer Form, welche die Kenntnisnahme der betroffenen Personen ermöglicht. Hierfür kommen vor allem Tageszeitungen oder Veröffentlichungen im Internet in Betracht. Kommt der Verantwortliche der Benachrichtigungspflicht nicht nach, so kann sie auch von einer Aufsichtsbehörde angeordnet werden, Art. 34 Abs. 2 DS-GVO. Darüber hinaus ist ein Verstoß gegen die Benachrichtigungspflicht bußgeldbewehrt, Art. 83 Abs. 4 lit. a DS-GVO.

3. Datenschutz-Folgenabschätzung (Art. 35 DS-GVO)

731   Die DS-GVO schreibt in Art. 35 für bestimmte Verarbeitungsvorgänge verpflichtend vor, dass der Verantwortliche eine Datenschutz-Folgenabschätzung vornimmt. Deren Ziel ist es, dass sich der Verantwortliche in besonders sensiblen Bereichen durch ein strukturiertes Verfahren über die möglichen Folgen der **Datenverarbeitungsvorgänge bewusst wird.**[690]

a) Inhalt und Umfang

732   Die Datenschutz-Folgenabschätzung ist eine vom Verantwortlichen vorzunehmende, strukturierte und dokumentierte Risikoanalyse und -bewertung. Sie hat nach Art. 35 Abs. 7 DS-GVO mindestens eine **systematische Beschreibung der geplanten Verarbeitungsvorgänge und der Zwecke der Verarbeitung**, gegebenenfalls einschließlich der von dem Verantwortlichen verfolgten berechtigten Interessen zu enthalten. Ferner müssen dabei eine Bewertung der Notwendigkeit und Verhältnismäßigkeit der Verarbeitungsvorgänge in Bezug auf den Zweck sowie die Risiken für die Rechte und Freiheiten der betroffenen Personen erfolgen und die zur Bewältigung dieser Risiken vorgesehenen Abhilfemaßnahmen dargelegt und bewertet werden.

b) Voraussetzungen und Verfahren

733   Eine Datenschutz-Folgenabschätzung hat vor Beginn einer jeden Verarbeitung zu erfolgen, die voraussichtlich **hohe Risiken für die Rechte und Freiheiten natürlicher Personen** aufweist. Sie kann für mehrere Verarbeitungsvorgänge gemeinsam erfolgen, wenn diese ähnliche Risiken aufweisen, Art. 35 Abs. 1 S. 2 DS-GVO.

734   Der Gesetzestext nennt in Art. 35 Abs. 3 DS-GVO drei (nicht abschließende) Beispiele, in denen eine Datenschutz-Folgenabschätzung durchzuführen ist.[691] Zum einen greift die Pflicht dann, wenn durch die Verarbeitung die **Persönlichkeit** der betroffenen Person einschließlich ihrer Fähigkeiten, ihrer Leistung oder ihres Verhaltens systematisch und umfassend **bewertet wird** (Art. 35 Abs. 3 lit. a DS-GVO). Dies kann beispielsweise bei Profiling, Warndateien, Auswahlverfahren oder Systemen zur Bewertung der

---

690 Vgl. *Jandt*, in: Kühling/Buchner (Hrsg.), DS-GVO/BDSG, 2. Aufl. 2018, Art. 35 DS-GVO Rn. 1.
691 Vgl. dazu im Einzelnen instruktiv und mit Beispielen *Art. 29-Datenschutzgruppe*, Guidelines on Data Protection Impact Assessment (DPIA) and determining whether processing is „likely to result in a high risk" for the purposes of Regulation 2016/679, WP 248, 4.4.2017.

Kreditwürdigkeit der Fall sein. Darüber hinaus kann auch die Verwendung von für sich genommen „belanglosen" Daten erfasst sein, wenn ein Verwendungszusammenhang mit einem sensiblen Umfeld besteht. Zweitens wird die umfangreiche Verarbeitung **besonderer Kategorien personenbezogener Daten** i.S.d. Art. 9 Abs. 1 DS-GVO angeführt (Art. 35 Abs. 3 lit. b DS-GVO). Hierbei handelt es sich um besonders „sensible" Daten, die etwa die religiöse Überzeugung, ethnische Herkunft, Gesundheit oder das Sexualleben betreffen (siehe dazu → Rn. 439 ff.). Umfangreich meint dabei die Verarbeitung großer Datenmengen oder Daten einer Vielzahl von betroffenen Personen, ohne dass sich feste Grenzwerte definieren lassen.[692] Etwa im Gesundheitsbereich dürften aufgrund dieser Bestimmung diverse Verarbeitungsvorgänge eine Datenschutz-Folgenabschätzung notwendig machen. Schließlich ist eine Datenschutz-Folgenabschätzung bei einer systematischen und umfangreichen **Überwachung öffentlich zugänglicher Bereiche** durchzuführen (Art. 35 Abs. 3 lit. c DS-GVO). Für den Begriff der umfangreichen Überwachung gelten die gleichen Maßstäbe wie unter lit. b. Die Art.-29-Datenschutzgruppe hat in einer Stellungnahme mehrere Beispielfälle aufgeführt, in denen ihrer Ansicht nach eine Datenschutz-Folgenabschätzung durchzuführen ist. Hierunter fallen etwa Programme zur Überwachung des Verhaltens von Mitarbeitern, die zentrale Erfassung von Profilen aus sozialen Netzwerken, die automatische Kennzeichenerfassung von PKWs oder die Verarbeitung genetischer Daten in Krankenhausinformationssystemen.[693]

Die Datenschutz-Folgenabschätzung ist vom Verantwortlichen **selbst durchzuführen.** **735** Er muss dabei den **Rat des Datenschutzbeauftragten** (siehe dazu → Rn. 739 ff.) einholen, sofern ein solcher benannt wurde, Art. 35 Abs. 2 DS-GVO, und unter Umständen auch den Standpunkt der betroffenen Personen, Art. 35 Abs. 9 DS-GVO.

c) Rolle der Aufsichtsbehörden

Um in diesem Bereich für mehr Rechtssicherheit zu sorgen, sieht Art. 35 DS-GVO in **736** den Absätzen 4 bis 6 vor, dass die Aufsichtsbehörden **Listen** über Arten von Verarbeitungsvorgängen erstellen und veröffentlichen können, bei denen eine Datenschutz-Folgenabschätzung vorgenommen werden muss. Die Aufsichtsbehörden stimmen sich bei der Aufstellung der Listen im Kohärenzverfahren ab.

Kommt der Verantwortliche bei der Datenschutz-Folgenabschätzung zu dem Ergebnis, **737** dass ein hohes Risiko vorliegt, das auch nicht durch entsprechende Gegenmaßnahmen ausgeglichen werden kann, so verpflichtet ihn Art. 36 Abs. 1 DS-GVO dazu, vor Beginn der Verarbeitung die Aufsichtsbehörde zu konsultieren. Diese muss binnen acht, in komplexeren Fällen binnen vierzehn Wochen den Verarbeitungsvorgang bewerten und kann gegebenenfalls konkrete Hinweise erteilen, wie die Verarbeitung rechtskonform ausgestaltet werden kann, oder ihre allgemeinen Befugnisse ausüben.

---

692 *Baumgartner,* in: Ehmann/Selmayr (Hrsg.), DS-GVO, 2017, Art. 35 Rn. 22.
693 *Art. 29-Datenschutzgruppe,* Guidelines on Data Protection Impact Assessment (DPIA) and determining whether processing is „likely to result in a high risk" for the purposes of Regulation 2016/679, WP 248, 4.4.2017, S. 10.

738

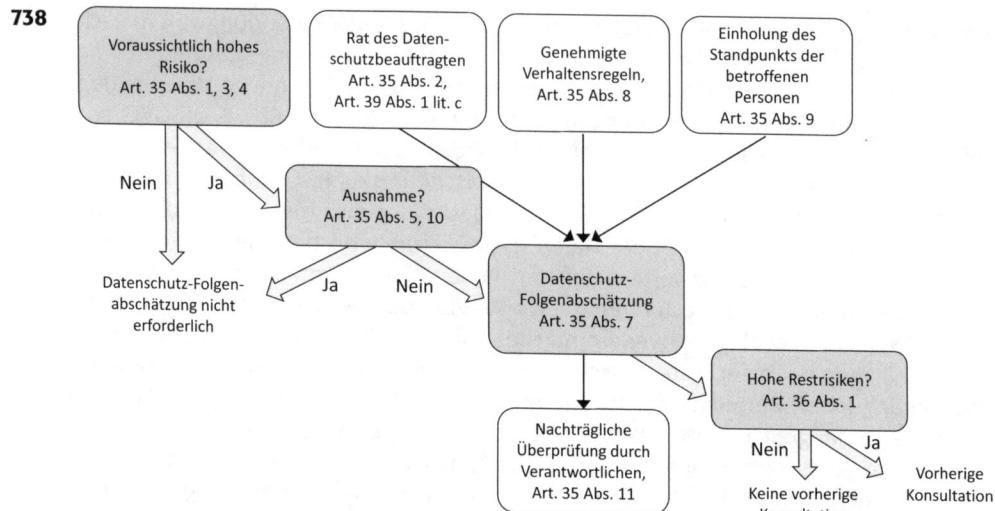

Abbildung 20:   Datenschutz-Folgenabschätzung nach Art. 35 DS-GVO[694]

4. Datenschutzbeauftragter (Art. 37 f. DS-GVO)

739   In Deutschland hat der – ehemals „behördliche" oder „betriebliche" – Datenschutzbeauftragte Tradition. Mit der DS-GVO wird dieses Konzept eines Beauftragten beim Verantwortlichen oder Auftragsverarbeiter als Teil effektiver Selbstkontrolle nun erstmals europaweit eingeführt. Der Datenschutzbeauftragte wirkt **innerhalb der Organisation** des Verantwortlichen oder Auftragsverarbeiters auf die Einhaltung der Datenschutznormen hin. Die wesentlichen Vorgaben zum Datenschutzbeauftragten finden sich in der DS-GVO, die jedoch durch Öffnungsklauseln den Mitgliedstaaten einen gewissen Ausgestaltungsspielraum belässt. Im BDSG hat der nationale Gesetzgeber daher noch ergänzende Regelungen getroffen, mit hier durchaus relevantem und maßgeblichem Inhalt.

a) Benennung und persönliche Voraussetzungen

740   Verantwortliche und Auftragsverarbeiter haben unter bestimmten Voraussetzungen einen Datenschutzbeauftragten zu benennen. Bei **Behörden** besteht diese Pflicht in jedem Fall, d.h. unabhängig von der Zahl der mit Datenverarbeitungsvorgängen befassten Personen, Art. 37 Abs. 1 lit. a DS-GVO. Sie können nach § 5 Abs. 2 BDSG einen Datenschutzbeauftragten für mehrere Bereiche benennen. Beispielsweise kann es bei den Behörden der Bundespolizei genügen, einen Datenschutzbeauftragten in einer Mittelbehörde zu benennen, der dann auch die Aufgabenbereiche in den nachgeordneten Behörden mitbetreut.[695] Eine Ausnahme gilt für Gerichte im Rahmen ihrer justi-

---

694   Grafik angelehnt an *Art.-29-Datenschutzgruppe*, Guidelines on Data Protection Impact Assessment (DPIA) and determining whether processing is „likely to result in a high risk" for the purposes of Regulation 2016/679, WP 248, 4.4.2017, S. 6.
695   So zum BDSG a.F. *Bergmann/Möhrle/Herb*, Datenschutzrecht, 53. EL Stand: August 2017, § 4f Rn. 44.

ziellen Tätigkeit, Art. 37 Abs. 1 lit. a DS-GVO. Im **nichtöffentlichen Bereich** greift die Benennungspflicht demgegenüber grundsätzlich nur dann, wenn die Kerntätigkeit des Verantwortlichen oder des Auftragsverarbeiters in der Durchführung von Verarbeitungsvorgängen besteht, welche aufgrund ihrer Art, ihres Umfangs und/oder ihrer Zwecke eine umfangreiche regelmäßige und systematische Überwachung von betroffenen Personen erforderlich machen oder in der umfangreichen Verarbeitung besonderer Kategorien von Daten (Art. 9 DS-GVO) oder von personenbezogenen Daten über strafrechtliche Verurteilungen und Straftaten (Art. 10 DS-GVO) besteht, Art. 37 Abs. 1 lit. b und c DS-GVO.

Kerntätigkeit meint in diesem Zusammenhang die wichtigsten Arbeitsabläufe, die zur   **741** Erreichung der Ziele des Verantwortlichen oder des Auftragsverarbeiters erforderlich sind, also beispielsweise die Patientenbehandlung bei einem Krankenhaus, nicht aber bei einem Automobilhersteller, der gleichzeitig einen Betriebsarzt für die Belegschaft unterhält.[696] Unter einer umfangreichen Verarbeitung versteht man eine solche, die hinsichtlich der Zahl der betroffenen Personen, der Menge der verarbeiteten Daten oder der Dauer und geografischen Ausdehnung der Verarbeitungstätigkeit ein erhebliches Ausmaß erreicht, also beispielsweise e-Ticket-Systeme im öffentlichen Personenverkehr.[697] Regelmäßig und systematisch ist eine Datenverarbeitung beispielsweise, wenn damit eine Profilbildung verbunden ist.[698]

Das BDSG geht – nur teilweise unionsrechtskonform[699] – darüber hinaus und strebt   **742** eine größtmögliche Kontinuität zu § 4f BDSG a.F. an. Danach muss der Verantwortliche oder Auftragsverarbeiter in der Regel mindestens **zehn Personen** ständig mit der automatisierten Verarbeitung personenbezogener Daten beschäftigen, § 38 Abs. 1 S. 1 BDSG. Zu den eingesetzten „Personen" zählen nicht nur Arbeitnehmer, sondern neben Auszubildenden und Teilzeitkräften auch etwa freie Mitarbeiter oder Leiharbeitnehmer.[700] **„In der Regel"** meint dabei, dass die entsprechende Anzahl über mindestens ein Jahr[701] nicht unterschritten wird. Vorübergehende Schwankungen sind aber unschädlich.[702] Die Person ist **„ständig"** damit beschäftigt, wenn sie für diese Aufgabe für längere Zeit vorgesehen ist und sie diese stets wahrnimmt, auch wenn die Aufgabe selbst nur gelegentlich anfällt.[703] Die Voraussetzung, dass die Mitarbeiter **„mit der automatisierten Verarbeitung"** beschäftigt sein müssen, ist rechtspolitisch eigentlich

---

696 *Art. 29-Datenschutzgruppe*, Leitlinien in Bezug auf Datenschutzbeauftragte („DSB"), WP 243, 13.12.2016, S. 8.
697 *Art. 29-Datenschutzgruppe*, Leitlinien in Bezug auf Datenschutzbeauftragte („DSB"), WP 243, 13.12.2016, S. 9.
698 *Art. 29-Datenschutzgruppe*, Leitlinien in Bezug auf Datenschutzbeauftragte („DSB"), WP 243, 13.12.2016, S. 10.
699 Dazu *Kühling/Sackmann,* in: Kühling/Buchner (Hrsg). DS-GVO/BDSG, 2. Aufl. 2018, § 38 BDSG Rn. 4 f.
700 So zum BDSG a.F. *Gola/Schomerus*, BDSG, 12. Aufl. 2015, § 4f Rn. 10a.
701 So zum BDSG a.F. *Bergmann/Möhrle/Herb*, Datenschutzrecht, 53. EL Stand: August 2017, § 4f Rn. 33; *Gola/Schomerus*, BDSG, 12. Aufl. 2015, § 4f Rn. 11; *Simitis*, in: Simitis (Hrsg.), Kommentar zum BDSG, 8. Aufl. 2014, § 4f Rn. 19.
702 So zum BDSG a.F. *Däubler/Klebe/u.a.,* Kompaktkommentar zum BDSG, 5. Aufl. 2016, § 4f Rn. 18; *Simitis*, in: Simitis (Hrsg.), Kommentar zum BDSG, 8. Aufl. 2014, § 4f Rn. 19.
703 So zum BDSG a.F. *Gola/Schomerus*, BDSG, 12. Aufl. 2015, § 4f Rn. 12.

nicht mehr zeitgemäß, denn sie sorgt bei fast nicht mehr denkbaren Anwendungsfällen der rein nichtautomatisierten Datenverarbeitung für unnötige Komplexität, wurde aber gleichwohl vom Gesetzgeber auch im neuen BDSG übernommen; das Kriterium ist daher zumindest eng auszulegen.[704] Richtigerweise sollte de lege ferenda nur die Mitarbeiterzahl des Verantwortlichen maßgeblich sein und so ein Ausgleich zwischen effektivem Datenschutz und einer Bürokratieentlastung bei kleinen Unternehmen stattfinden.

743   Etwas anderes gilt jedoch in den Fällen des § 38 Abs. 1 S. 2 BDSG, für die eine allgemeine Bestellungspflicht vorgesehen ist, die **unabhängig von der Anzahl der mit der Datenverarbeitung befassten Personen** greift. Dies betrifft zum einen automatisierte Verarbeitungen durch nichtöffentliche Stellen, die einer Datenschutz-Folgeabschätzung unterliegen (siehe dazu → Rn. 731 ff.). Weiterhin haben auch solche Stellen, die personenbezogene Daten geschäftsmäßig **zum Zwecke der (gegebenenfalls anonymisierten) Übermittlung** oder für **Zwecke der Markt- oder Meinungsforschung** automatisiert verarbeiten, in jedem Fall einen Datenschutzbeauftragten zu benennen. Dies betrifft vor allem kleinere Auskunfteien sowie Markt- und Meinungsforschungsinstitute.

744   In der Zusammenschau empfiehlt sich folgende **Prüfungsreihenfolge** für die Frage der Benennungspflicht: Zunächst ist zu fragen, ob der Verantwortliche oder Auftragsverarbeiter eine Behörde ist. Ist dies nicht der Fall, so ist zu prüfen, ob die relevante Mitarbeiterzahl nach § 38 Abs. 1 BDSG überschritten ist. Ist auch das nicht der Fall, so kann sich aus Art. 37 DS-GVO oder § 38 BDSG dennoch eine Pflicht zur Bestellung ergeben. Nur wenn keiner dieser Prüfungsschritte zu bejahen war, besteht keine Pflicht zur Benennung eines Datenschutzbeauftragten. Freiwillig kann ein solcher gleichwohl benannt werden.

745

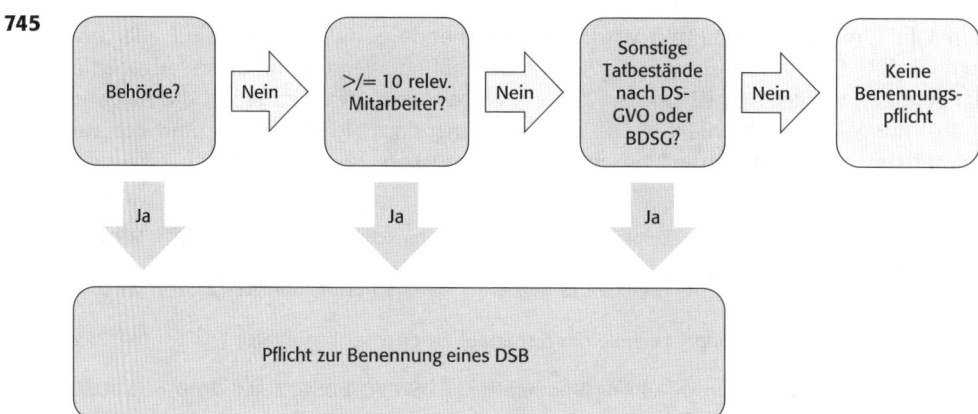

Abbildung 21:   Pflicht zur Benennung eines Datenschutzbeauftragten

---

704 *Kühling/Sackmann,* in: Kühling/Buchner (Hrsg.), DS-GVO/BDSG, 2. Aufl 2018, § 38 BDSG Rn. 12.

Gemäß Art. 37 Abs. 5 DS-GVO muss der Datenschutzbeauftragte die zur Erfüllung sei-   **746**
ner Aufgaben **erforderliche Fachkunde und Zuverlässigkeit** besitzen. Ersteres setzt
mit Blick auf seine Aufgaben zunächst voraus, dass er über EDV-Grundkenntnisse und
allgemeine rechtliche wie auch speziell datenschutzrechtliche Kenntnisse verfügt.[705]
Weiterhin muss er mit Aufgaben, Struktur und Funktionsweise des jeweiligen Unternehmens vertraut sein. Daneben erfordert seine Tätigkeit aber auch eine gewisse Me-
thodenkompetenz. Er muss also Organisationstalent und Sozialkompetenz aufweisen,
die es ihm ermöglichen, den Mitarbeitern die datenschutzrechtlichen Ziele effektiv
nahe zu bringen, Art. 37 Abs. 5 i.V.m. 39 Abs. 1 lit. a DS-GVO.

Datenschutzbeauftragter kann entweder eine im Betrieb selbst beschäftigte Person   **747**
(**„intern"**) oder aber ein Dritter außerhalb der Organisation des Verantwortlichen oder
Auftragsverarbeiters sein (**„extern"**, z.B. spezialisierte Rechtsanwälte), Art. 37 Abs. 6
DS-GVO. Es muss sich aber stets um eine natürliche Person handeln.[706] Eine Unternehmensgruppe darf einen gemeinsamen Datenschutzbeauftragten benennen, sofern
dieser von jeder Niederlassung aus leicht erreicht werden kann, Art. 37 Abs. 3 DS-GVO.
Leicht erreichbar ist ein Datenschutzbeauftragter insbesondere dann, wenn keine erheblichen technischen oder sprachlichen Barrieren bestehen, um mit ihm in Kommunikation zu treten.[707]

Gemäß Art 37 Abs. 7 DS-GVO muss der Verantwortliche oder Auftragsverarbeiter die   **748**
Kontaktdaten des Datenschutzbeauftragten **veröffentlichen** (z.B. im Impressum der
Internetseite des Unternehmens) und diese der zuständigen **Aufsichtsbehörde mit-
teilen**.

b) Rechtsstellung

Der Datenschutzbeauftragte ist **unmittelbar dem Leiter des Verantwortlichen oder**   **749**
Auftragsverarbeiters zu unterstellen, Art. 38 Abs. 3 S. 3 DS-GVO. Er ist überdies gemäß Art. 38 Abs. 3 S. 1 DS-GVO in Ausübung seiner Aufgaben auf dem Gebiet des
Datenschutzes **weisungsfrei**. Deshalb scheidet insoweit jede inhaltliche Beeinflussung
seiner Tätigkeit aus.[708] Er ist gemäß Art. 38 Abs. 1 DS-GVO frühzeitig in alle mit dem
Schutz personenbezogener Daten zusammenhängenden Fragen **einzubinden**. Weiterhin ist **jede Benachteiligung** des Beauftragten **aufgrund seiner Tätigkeit untersagt**,

---

705 *Art. 29-Datenschutzgruppe*, Leitlinien in Bezug auf Datenschutzbeauftragte („DSB"), WP 243,
    13.12.2016, S. 14.
706 So auch *LDI NRW*, Häufig gestellte Fragen zum Datenschutzbeauftragten (FAQ), Stand 21.9.
    2017, S. 9, abrufbar unter https://www.ldi.nrw.de/mainmenu_Datenschutz/submenu_Daten
    schutzbeauftragte/Inhalt/Datenschutzbeauftragte_nach_der_DS-GVO_und_der_JI-RL/Inhalt/
    FAQ_zum_Datenschutzbeauftragten/FAQ_ein_Dokument.pdf (Abruf: 15.1.2018); a.A. die wohl
    h.M., vgl. *Art. 29-Datenschutzgruppe*, Leitlinien in Bezug auf Datenschutzbeauftragte („DSB"),
    WP 243, 13.12.2016, S. 14.
707 Vgl. *LDI NRW*, Häufig gestellte Fragen zum Datenschutzbeauftragten (FAQ), Stand 21.9.2017,
    S. 5, abrufbar unter https://www.ldi.nrw.de/mainmenu_Datenschutz/submenu_Datenschutz
    beauftragte/Inhalt/Datenschutzbeauftragte_nach_der_DS-GVO_und_der_JI-RL/Inhalt/FAQ_
    zum_Datenschutzbeauftragten/FAQ_ein_Dokument.pdf (Abruf: 15.1.2018).
708 So zum BDSG a.F. *Däubler/Klebe/u.a.*, Kompaktkommentar zum BDSG, 5. Aufl. 2016, § 4f
    Rn. 44.

Art. 38 Abs. 3 S. 1 DS-GVO. Der **Widerruf** der Benennung ist gemäß § 38 Abs. 2 i.V.m. § 6 Abs. 4 S. 2 BDSG nur bei Vorliegen eines wichtigen Grundes möglich. Die DS-GVO sieht in Art. 38 Abs. 3 S. 2 dagegen nur vor, dass der Datenschutzbeauftragte „wegen der Erfüllung seiner Aufgaben" nicht abberufen werden darf. Die nationale Regelung geht weiter und verlangt einen wichtigen Grund. Unionsrechtlich ist das problematisch, da es keine Öffnungsklausel für die Erweiterung der Abberufungsgründe gibt.[709] Damit treffen DS-GVO und BDSG sich widersprechende Regelungen. Nach dem **Anwendungsvorrang des Unionsrechts** müsste daher die nationale Regelung in § 6 Abs. 4 S. 2 BDSG unangewendet bleiben.

750   § 6 Abs. 6 BDSG gesteht dem Datenschutzbeauftragten ergänzend ein abgeleitetes **Zeugnisverweigerungsrecht** zu. Erhält dieser Kenntnis von Daten, für die dem Leiter oder einem Beschäftigten bei dem Verantwortlichen oder Auftragsverarbeiter ein solches Recht aus beruflichen Gründen zusteht, so steht dies demnach auch dem Beauftragten und seinem Hilfspersonal zu. Die Verantwortlichen und Auftragsverarbeiter trifft ferner nach Art. 38 Abs. 2 DS-GVO eine **Unterstützungspflicht**. Insbesondere sind dem Datenschutzbeauftragten die erforderlichen Ressourcen, also Hilfspersonal sowie Räume, Einrichtungen, Geräte und Mittel zur Verfügung zu stellen, soweit dies zur Erfüllung seiner Aufgaben erforderlich ist, einschließlich notwendiger Fortbildung.

751   Der Datenschutzbeauftragte ist gemäß § 38 Abs. 5 DS-GVO i.V.m. § 6 Abs. 5 S. 2 BDSG zur **Verschwiegenheit** über die Identität der betroffenen Person sowie Umstände, die Rückschlüsse auf diese zulassen, verpflichtet. Hiervon kann er jedoch durch die betroffene Person befreit werden.

752   Nach seiner Benennung kann er in Anlehnung an § 626 BGB gemäß (§ 38 Abs. 2 i.V.m.) § 6 Abs. 4 S. 2 BDSG nur noch **gekündigt** werden, wenn ein wichtiger Grund vorliegt. Der Datenschutzbeauftragte genießt also einen **besonderen Kündigungsschutz**. Durch den erweiterten Sonderkündigungsschutz erhält der unternehmensinterne Datenschutzbeauftragte die nötige Unabhängigkeit, um auf die Umsetzung des Datenschutzes im Unternehmen hinzuwirken. Gleichwohl ist auch diese Vorschrift unionsrechtlich problematisch, denn der Verantwortliche wird dadurch in seiner Auswahl des Datenschutzbeauftragten mittelbar eingeschränkt.

c) Aufgaben

753   Die durch Art. 39 Abs. 1 lit. b DS-GVO festgelegte Hauptaufgabe des Datenschutzbeauftragten, auf die Einhaltung der datenschutzrechtlichen Regelungen hinzuwirken, besteht zunächst vorwiegend in der **Aufsicht** über die Einhaltung der entsprechenden Bestimmungen. In diesem Zusammenhang ist jedoch zu beachten, dass der Datenschutzbeauftragte auch Teil des Verantwortlichen oder Auftragsverarbeiters ist und mit ihm vertraglich verbunden ist. Aus diesem Grund hat er sinnvoller Weise auch die Aufgaben bzw. operativen Ziele der Behörde bzw. des Unternehmens zu berücksichtigen. Er darf innerhalb der Organisation des Verantwortlichen oder Auftragsverarbeiters an-

---

709 *Kühling/Martini/u.a.*, Die Datenschutz-Grundverordnung und das nationale Recht, 2016, S. 97 f.

dere Aufgaben wahrnehmen, sofern dies nicht zu einem Interessenskonflikt führt, Art. 38 Abs. 6 DS-GVO. Das wird beispielsweise anzunehmen sein, wenn der Datenschutzbeauftragte zugleich der Leiter der IT-Abteilung ist.[710] Das bedeutet, dass er stets auf Lösungen hinzuarbeiten hat, die der Erfüllung der datenschutzrechtlichen Pflichten dienen, ohne die Aufgaben bzw. operativen Ziele des Verantwortlichen oder Auftragsverarbeiters aus dem Auge zu verlieren. Er ist daher auf eine vertrauensvolle und konstruktive Zusammenarbeit mit seinen Kollegen angewiesen. Diese und die Geschäfts- oder Behördenleitung muss er hinsichtlich der Fragen des Datenschutzes beraten und unterrichten, Art. 39 Abs. 1 lit. a DS-GVO. Er arbeitet ferner mit der Datenschutzaufsichtsbehörde zusammen, für die er die zentrale Anlaufstelle beim Verantwortlichen oder Auftragsverarbeiter ist, Art. 39 Abs. 1 lit. d und e DS-GVO. Auch die betroffenen Personen können sich an ihn wenden und er muss diesen beratend zur Seite stehen.

III. Selbstregulierung

1. Zertifizierung (Art. 42 f. DS-GVO)

754 Die mit beeindruckender Geschwindigkeit steigende Komplexität IT-gestützter Datenverarbeitung ermöglicht es auch den technisch versierten Nutzern immer seltener, zu erkennen, wie Datenverarbeitungsprozesse ablaufen. Den Produkten des Verantwortlichen sind die dahinterstehenden technischen Prozesse ebenso wenig anzusehen wie Lebensmitteln ihre Herkunft. Aus diesem Grund gibt es auch im Datenschutzbereich ein Bedürfnis nach Siegeln, Prüfzeichen und Zertifizierungen, durch welche die betroffene Person auf einen Blick das Datenschutzniveau eines Produktes erkennen kann und die anschließend eine informierte Entscheidung ermöglichen. Zertifizierungen spielen aus diesem Grund in der DS-GVO eine wichtige Rolle.[711]

755 Zertifizierungen sind primär in Art. 42 DS-GVO geregelt. Sie bescheinigen die Rechtskonformität der Datenverarbeitung und sind gemäß Art. 42 Abs. 3 DS-GVO freiwillig.[712] Gleichwohl ändern sie nichts an der materiellen Pflicht zur Einhaltung der Datenschutzvorschriften, Art. 42 Abs. 4 DS-GVO, sondern können allenfalls eine Vermutung für deren Einhaltung bieten. Ein Zertifikat („Datenschutzsiegel") wird nach festgelegten Verfahren von einer Zertifizierungsstelle (entspricht bei technischen Anlagen Organisationen wie dem TÜV, DEKRA, etc.) verliehen. Die **Zertifizierungsstelle** wiederum muss zugelassen („akkreditiert") werden bei der Deutschen Akkreditierungsstelle, welche die Entscheidung, ob eine Zertifizierungsstelle zugelassen wird, unter maßgeblicher Beteiligung der Aufsichtsbehörden trifft.[713] Alle unionsweit zugelassenen Zertifikate

---

710 *Art. 29-Datenschutzgruppe*, Leitlinien in Bezug auf Datenschutzbeauftragte („DSB"), WP 243, 13.12.2016, S. 19.
711 Vgl. *Bayerisches Landesamt für Datenschutzaufsicht*, EU-Datenschutz-Grundverordnung (DS-GVO), Stand 22.6.2016, https://www.lda.bayern.de/media/baylda_ds-gvo_2_certification.pdf (Abruf: 15.1.2018).
712 *Wolff*, in: Schantz/Wolff, Das neue Datenschutzrecht, 2017, Rn. 1307.
713 Vgl. *Kühling/Sackmann*, in: Kühling/Buchner (Hrsg.), DS-GVO/BDSG, 2. Aufl. 2018, § 39 BDSG Rn. 5.

werden beim Europäischen Datenschutzausschuss in ein **Register** aufgenommen und veröffentlicht, Art. 42 Abs. 8 DS-GVO. Die Zertifizierung hat für den Verantwortlichen oder Auftragsverarbeiter mehrere Vorteile: Zunächst kann er durch die externe Expertise der Zertifizierungsstelle sicherer sein, beim Datenschutz rechtskonform zu handeln. Darüber hinaus kann das verliehene Siegel im Wettbewerb genutzt werden, um Kunden das hohe Datenschutzniveau wirkungsvoll zu präsentieren. Schließlich knüpft die DS-GVO an unterschiedlichen Stellen (z.B. in Art. 24 Abs. 3, 28 Abs. 5, 32 Abs. 3, 83 Abs. 2 lit. j) mittelbare Vorteile an eine Zertifizierung, indem sie als Indiz für einen geführten Rechtmäßigkeitsnachweis dienen können.[714] Die Zertifizierung hat damit das Potential, das Datenschutzniveau wie auch die Rechtssicherheit vor dem Hintergrund zahlreicher unbestimmter Rechtsbegriffe in der DS-GVO zu steigern sowie das Vertrauen in datenverarbeitende Produkte zu erhöhen.

2. Genehmigte Verhaltensregeln (Art. 40 f. DS-GVO)

756   Genehmigte Verhaltensregeln sind ein Instrument der freiwilligen Selbstregulierung in der Wirtschaft. Sie sollen helfen, eine einheitliche und rechtssichere Handhabung der Datenschutzvorschriften in der Praxis zu fördern.[715] Zu diesem Zweck können **Wirtschaftsverbände Regelwerke vorschlagen**, an die sich ihre Mitglieder halten sollen und damit Regelungen der DS-GVO präzisieren. Die Regelwerke müssen von der zuständigen Aufsichtsbehörde genehmigt werden, die ihre Entscheidung darüber ggf. unter Einbeziehung des EDA unionsweit abstimmt. Die Genehmigung als **feststellender Verwaltungsakt**[716] bringt für branchenspezifische Probleme ein hohes Maß an Rechtssicherheit für die Verantwortlichen und Auftragsverarbeiter. Dennoch entbindet auch die Einhaltung genehmigter Verhaltensregeln nicht von der Einhaltung der Verantwortlichkeit für die Rechtmäßigkeit der Verarbeitung; ihr kommt vielmehr eine **Indizwirkung** zu, die vielfältige Vorteile für den Verantwortlichen oder Auftragsverarbeiter hat, nicht aber eine unrechtmäßige Verarbeitung kraft der Feststellungswirkung rechtmäßig macht.[717] Eine Verschärfung der Regeln der DS-GVO ist möglich, jedoch nicht erforderlich, ein Unterschreiten hingegen unzulässig.[718] Die Verhaltensregeln müssen zwingend auch eine Stelle benennen, die ihre tatsächliche Einhaltung stichprobenartig **überwacht**, Art. 40 Abs. 4 i.V.m. Art. 41 DS-GVO.[719] Genehmigte Verhaltensregeln können von der Kommission unter bestimmten Voraussetzungen **für allgemeinverbindlich erklärt** werden und gelten dann als Durchführungsrechtsakt i.S.d. Art. 291 AEUV. Dieser hat dann bindende Wirkung, so dass bei Einhaltung der Verhaltensregeln, deren Befolgung gleichwohl immer noch **freiwillig** bleibt, Aufsichtsbehörden und Gerichte gehindert sind, Verstöße gegen die DS-GVO im Anwendungsbereich

---

714   Vgl. dazu im Einzelnen *Wolff*, in: Schantz/Wolff, Das neue Datenschutzrecht, 2017, Rn. 1311.
715   *Bergt*, in: Kühling/Buchner (Hrsg.), DS-GVO/BDSG, 2. Aufl. 2018, Art. 40 DS-GVO Rn. 8.
716   *Bergt*, in: Kühling/Buchner (Hrsg.), DS-GVO/BDSG, 2. Aufl. 2018, Art. 40 DS-GVO Rn. 40 m.w.N.
717   *Bergt*, in: Kühling/Buchner (Hrsg.), DS-GVO/BDSG, 2. Aufl. 2018, Art. 40 DS-GVO Rn. 41 ff.; *Schweinoch/Will*, in: Ehmann/Selmayr (Hrsg.), DS-GVO, 2017, Vorbemerkung 5. Abschnitt Rn. 2; zu den Vorteilen im Einzelnen *Lepperhoff*, in: Gola (Hrsg.), DS-GVO, 2017, Art. 40 Rn. 5.
718   *Bergt*, in: Kühling/Buchner (Hrsg.), DS-GVO/BDSG, 2. Aufl. 2018, Art. 40 DS-GVO Rn. 17.
719   *Bergt*, in: Kühling/Buchner (Hrsg.), DS-GVO/BDSG, 2. Aufl. 2018, Art. 40 DS-GVO Rn. 22.

der Verhaltensregeln festzustellen.[720] Mögliche zukünftige Anwendungsbereiche sind etwa die Digitalisierung der Mobilität, insbesondere das autonome Fahren.

IV. Datenschutzfreundliche Produktgestaltung (Art. 25 DS-GVO)

Die DS-GVO verfolgt insgesamt einen risikobasierten Ansatz. Das bedeutet, sie setzt ihre Prioritäten in der Durchsetzung ihrer materiell-rechtlichen Normen dort, wo besondere Gefahren für die Freiheiten der betroffenen Personen bestehen. Besonders zeigt sich das in Art. 25 DS-GVO, der Vorgaben zur datenschutzfreundlichen Produktgestaltung aufstellt. Dabei handelt es sich um materiell-rechtliche Vorschriften, die jedoch vor allem der Sicherstellung der faktischen Umsetzung der sonstigen materiellen Vorgaben dienen und sich damit systematisch im Schwerpunkt unter dem prozeduralen Recht verorten lassen. Vieles ist in diesem Bereich noch ungeklärt.[721] In der Praxis lässt sich gemäß Art. 25 Abs. 3 DS-GVO durch **genehmigte Zertifizierungsverfahren** der Nachweis einer datenschutzkonformen Produktgestaltung erbringen. Die Pflicht zur datenschutzfreundlichen Produktgestaltung ist **bußgeldbewehrt**, Art. 83 Abs. 4 lit. a DS-GVO. **757**

1. Privacy by Design

Der Begriff „Privacy by Design" beschreibt nach Art. 25 DS-GVO die Verpflichtung, Produkte so zu gestalten, dass sie bereits bei ihrer Entwicklung unter Abwägung mit dem damit verbunden Aufwand und sonstigen Nachteilen die Datenschutzbelange berücksichtigen. Das gilt sowohl im Zeitpunkt der Produktentwicklung als auch im Zeitpunkt der Datenverarbeitung selbst. Die Pflicht gilt nicht nur für physische Produkte, sondern vor allem auch für Online-Dienste.[722] Dadurch wird einerseits die Einhaltung der Datenschutzvorschriften in einem Stadium angemahnt, in dem das noch ohne erheblichen Aufwand möglich ist, nämlich bei der Entwicklung datenverarbeitender Produkte. Daneben beinhaltet die Norm aber auch materiell-rechtliche Vorgaben.[723] So wird Herstellern von datenverarbeitenden Produkten bereits auferlegt, bei der Entwicklung den Datenschutz zu berücksichtigen. Die Hersteller selbst sind in diesem Stadium keine Verantwortlichen, so dass die Datenschutzvorschriften sie nicht unmittelbar betreffen. „Privacy by Design" sorgt also für Rahmenbedingungen, die den (späteren) Verantwortlichen die Einhaltung des Datenschutzrechts erleichtern, indem **Datenschutzfunktionen** bereits **in den Verarbeitungsgeräten integriert** sind. **758**

2. Privacy by Default

Der Begriff „Privacy by Default" beschreibt die Verpflichtung des Verantwortlichen, konfigurierbare Arbeitsweisen seiner Produkte so zu gestalten, dass in der **Voreinstellung** **759**

720 *Bergt,* in: Kühling/Buchner (Hrsg.), DS-GVO/BDSG, 2. Aufl. 2018, Art. 40 DS-GVO Rn. 49 ff; teilw. a.A. *Schweinoch,* in: Ehmann/Selmayr (Hrsg.), DS-GVO, 2017, Art. 40 Rn. 37.
721 Vgl. *Hartung,* in: Kühling/Buchner (Hrsg.), DS-GVO/BDSG, 2. Aufl. 2018, Art. 25 DS-GVO Rn. 1.
722 *Hamann,* BB 2017, 1090 (1095).
723 A.A. *Schantz,* NJW 2016, 1841 (1846).

nur personenbezogene Daten verarbeitet werden, die für den konkreten Verarbeitungszweck erforderlich sind. Möchte die betroffene Person weitere Funktionen nutzen, die eine weitergehende Datenverarbeitung mit sich bringen, so muss sie aktiv die Einstellungen ändern. Als Beispiel lassen sich Standortdaten bei Smartphones nennen. So ist es für den Betrieb eines Smartphones nicht erforderlich, dass dieses fortlaufend den Standort an den Anbieter des Betriebssystems übermittelt. Möglicherweise ist das aber nützlich, um Zusatzfunktionen zu ermöglichen. Im Auslieferungszustand muss das Smartphone also so konfiguriert sein, dass Standortdaten nicht fortlaufend erfasst werden. Sofern der Smartphonenutzer die (ggf. nützlichen) Zusatzfunktionen nutzen möchte, muss er im Einstellungsmenü aktiv diese Funktionen aktivieren. Systematisch ist diese Vorschrift daher bei der Durchsetzung der **Freiwilligkeit einer Einwilligung** und des **Opt-in-Prinzips** zu verorten (siehe dazu → Rn. 364).[724]

V. Rechtsfolgen bei Verstößen (Art. 77 ff. DS-GVO)

760 Wesentliches Ziel der DS-GVO ist es, eine tatsächliche Beachtung ihrer materiell-rechtlichen Vorgaben sicherzustellen. Sie versucht, das durch sehr **scharfe Sanktionsmechanismen** zu erreichen.

1. Bußgeld (Art. 83 DS-GVO)

761 Ein wesentliches Element der Datenschutzreform ist die **drastische Erhöhung des Bußgeldrahmens** für Datenschutzverstöße. Bußgelder können gegenüber Verantwortlichen und Auftragsverarbeitern verhängt werden. Hintergrund war die unter der DSRL herrschende sehr uneinheitliche und auch zurückhaltende Bußgeldpraxis der Aufsichtsbehörden.[725] Die in Art. 83 Abs. 5 DS-GVO normierte maximale **Bußgeldhöhe** liegt bei 20 Mio. Euro. Wenn der Verantwortliche ein Unternehmen ist – wie wohl im Regelfall – steigt die Obergrenze auf **4 % des Jahresumsatzes**, wenn dieser Betrag höher als 20 Mio. Euro ist. Selbst für Verstöße, die die DS-GVO als weniger gravierend einstuft (z.B. reine Organisationsmängel)[726], droht Art. 83 Abs. 4 DS-GVO noch eine maximale Geldbuße von 10 Mio. Euro oder **2 % des Jahresumsatzes** an. Es ist dabei wohl auf den jeweiligen Konzern-[727] (!) Welt- (!) Jahresumsatz des vorangegangenen Geschäftsjahres abzustellen, also auf die Einnahmen, die der Konzern des jeweiligen Verantwortlichen im Jahr vor der Verhängung des Bußgeldes weltweit erzielt. Damit wird erkennbar auf die (häufig US-amerikanischen) Internetriesen abgezielt, mit hohen

---

724 Zu weitgehend *Wolff*, in: Schantz/Wolff, Das neue Datenschutzrecht, 2017, Rn. 840, der in der Vorschrift eine große Neuerung der DS-GVO erkennen will.

725 *Bergt*, in: Kühling/Buchner (Hrsg.), DS-GVO/BDSG, 2. Aufl. 2018, Art. 83 DS-GVO Rn. 1.

726 *Neun/Lubitzsch*, BB 2017, 1538 (1542).

727 Erwägungsgrund 150 der DS-GVO; vgl. *Bergt*, in: Kühling/Buchner (Hrsg.), DS-GVO/BDSG, 2. Aufl. 2018, Art. 83 DS-GVO Rn. 28; im Einzelnen ist dies umstritten, da der Wortlaut nur von Unternehmen spricht und erst in der Zusammenschau mit den Erwägungsgründen klar wird, dass der Begriff nicht i.S.d. Art. 4 Nr. 18 DS-GVO, sondern i.S.d. Art. 101 f. AEUV verstanden werden muss; kritisch insoweit *Piltz*, K&R 2/2017, 85 (92); a.A. auch mit durchaus beachtlichem Hinweis auf das Bestimmtheitsgebot *Neun/Lubitzsch*, BB 2017, 1538, 1543.

Milliardenumsätzen weltweit. Insbesondere für sie haben Datenschutzverstöße nun ein völlig neues Gewicht im Risikomanagement. Allein das macht die **Vorschrift zu einer der wirkungsvollsten der DS-GVO** überhaupt.

Die Geldbußen werden gemäß Art. 58 Abs. 2 lit. i DS-GVO durch die jeweils zuständige Aufsichtsbehörde verhängt. Bei festgestellten Datenschutzverstößen besteht wohl anders als bisher kein Auswahlermessen mehr, ob Geldbußen verhängt werden. Es gilt also nicht das aus dem deutschen Ordnungswidrigkeitenrecht bekannte Opportunitätsprinzip, sondern das aus dem Strafrecht bekannte **Legalitätsprinzip**.[728] Allerdings müssen dafür die Voraussetzungen für die Verhängung von Geldbußen vorliegen und andere Maßnahmen dürfen nach dem Grundsatz der Verhältnismäßigkeit nicht ebenso erfolgsversprechend sein. **762**

Verstöße von Mitarbeitern sind im Regelfall der Organisation zuzurechnen, für die sie tätig sind. Eine organschaftliche Stellung ist dafür grundsätzlich nicht erforderlich **(Prinzip der unmittelbaren Verbandshaftung)**.[729] Die Grenzen der Zurechnung dürften dort erreicht sein, wo ein Mitarbeiter völlig eigenverantwortlich und im eigenen Interesse handelt und sein Vorgehen zielgerichtet vor anderen Mitarbeitern verdeckt. Verschulden ist jedenfalls bei natürlichen Personen notwendige Voraussetzung für die Bußgeldhaftung. Dies verbürgt die Menschenwürdegarantie in Art. 1 GrCh.[730] Bei juristischen Personen wird regelmäßig zumindest ein Organisationsverschulden vorliegen, wenn Datenschutzverstöße innerhalb der Organisation erfolgen, sofern man die Verstöße der Organisation zurechnen kann.[731] **763**

Wie hoch die Geldbuße im Einzelfall festzusetzen ist, richtet sich nach den in Art. 83 Abs. 1 und 2 DS-GVO ausführlich geregelten **Zumessungskriterien**. Danach müssen Geldbußen in jedem Einzelfall wirksam, verhältnismäßig und abschreckend sein. Daneben ist bei der Festsetzung der konkreten Höhe gebührend zu berücksichtigen: **764**

- Art, Schwere und Dauer des Verstoßes unter Berücksichtigung der Art, des Umfangs oder des Zwecks der betreffenden Verarbeitung sowie der Zahl der von der Verarbeitung betroffenen Personen und des Ausmaßes des von ihnen erlittenen Schadens,
- Vorsätzlichkeit oder Fahrlässigkeit des Verstoßes,
- jegliche von dem Verantwortlichen oder dem Auftragsverarbeiter getroffenen Maßnahmen zur Minderung des den betroffenen Personen entstandenen Schadens,
- Grad der Verantwortung des Verantwortlichen oder des Auftragsverarbeiters unter Berücksichtigung der von ihnen gemäß den Art. 25 und 32 DS-GVO getroffenen technischen und organisatorischen Maßnahmen,

---

728 Vgl. *Bergt*, in: Kühling/Buchner (Hrsg.), DS-GVO/BDSG, 2. Aufl. 2018, Art. 83 DS-GVO Rn. 30 f.; a.A. *Neun/Lubitzsch*, BB 2017, 1538, 1542 m.w.N.
729 *Bergt*, in: Kühling/Buchner (Hrsg.), DS-GVO/BDSG, 2. Aufl. 2018, Art. 83 DS-GVO Rn. 20.
730 Vgl. EU-Hoheitsakte – und die deutsche Verfassungsidentität, 26.1.2016, abrufbar unter https://www.europalupe.eu/strafrecht/eu-hoheitsakte-und-die-deutsche-verfassungsidentitaet-46 1477 (Abruf: 15.1.2018).
731 Vgl. *Bergt*, in: Kühling/Buchner (Hrsg.), DS-GVO/BDSG, 2. Aufl. 2018, Art. 83 DS-GVO Rn. 37.

- etwaige einschlägige frühere Verstöße des Verantwortlichen oder des Auftragsverarbeiters,
- Umfang der Zusammenarbeit mit der Aufsichtsbehörde, um dem Verstoß abzuhelfen und seine möglichen nachteiligen Auswirkungen zu mindern,
- Kategorien personenbezogener Daten, die von dem Verstoß betroffen sind,
- Art und Weise, wie der Verstoß der Aufsichtsbehörde bekannt wurde, insbesondere ob und gegebenenfalls in welchem Umfang der Verantwortliche oder der Auftragsverarbeiter den Verstoß mitgeteilt hat,
- Einhaltung der nach Art. 58 Abs. 2 DS-GVO früher gegen den für den betreffenden Verantwortlichen oder Auftragsverarbeiter in Bezug auf denselben Gegenstand angeordneten Maßnahmen, wenn solche Maßnahmen angeordnet wurden,
- Einhaltung von genehmigten Verhaltensregeln nach Art. 40 DS-GVO oder genehmigten Zertifizierungsverfahren nach Art. 42 DS-GVO, und
- jegliche anderen erschwerenden oder mildernden Umstände im jeweiligen Fall, wie unmittelbar oder mittelbar durch den Verstoß erlangte finanzielle Vorteile oder vermiedene Verluste.

2. Schadensersatz (Art. 82 DS-GVO)

765   Der datenschutzrechtlich Verantwortliche und der Auftragsverarbeiter sind auch „verantwortlich" im zivilrechtlichen Sinne.[732] Werden Rechte der betroffenen Person verletzt und entsteht ihr hierdurch ein Schaden, so steht ihr ein Ausgleich zu. Eine Besonderheit bei der datenschutzrechtlichen Haftung gegenüber der betroffenen Person ist der im Regelfall fehlende kausale materielle Schaden durch den Datenschutzrechtsverstoß. Unter der DS-GVO wird diesem Umstand dahingehend Rechnung getragen, dass auch ein **immaterieller Schaden** für ersatzfähig erklärt wird, Art. 82 Abs. 1 DS-GVO. Diese Vorschrift entspricht daher einer gesetzlichen Normierung gemäß § 253 Abs. 1 BGB im nationalen Recht und steht damit nicht im Widerspruch zur allgemeinen Schadensersatzrechtsdogmatik. Ein immaterieller Schaden ist in verschiedenen Konstellationen denkbar. Er dürfte aber jedenfalls dann ausgeschlossen sein, wenn lediglich gegen reine Ordnungsvorschriften verstoßen wird (wie etwa die Pflicht zur Führung eines Verarbeitungsverzeichnisses oder bloße Formalia in Datenschutzklauseln). Aufgrund der Möglichkeit, Ausgleich auch für immaterielle Schäden verlangen zu können, werden sich Verantwortliche und Auftragsverarbeiter künftig vermehrt Ansprüchen Geschädigter ausgesetzt sehen. Die Risiken, die sich daraus ergeben, können je nach Fallkonstellation unter Umständen sogar diejenigen aus der öffentlich-rechtlichen Bußgeldhaftung übersteigen.

766   Wie bei großen Compliance-Fällen in anderen Bereichen, z.B. dem sog. LKW-Kartell oder der Diesel-Abgas-Thematik bei Volkswagen, können zukünftig auch im Datenschutzrecht die im Vergleich zu möglichen öffentlich-rechtlichen Sanktionen größeren Risiken für die Unternehmen in einer **massenhaften Geltendmachung von Schadensersatzansprüchen** liegen. Für Diensteanbieter mit einer Vielzahl von Endkunden

---

732 Hierzu und zum gesamten Abschnitt vertiefend auch *Sackmann*, ZIP 2017, 2450; allgemein zum Schadensersatz nach der DS-GVO *Wybitul/Haß/Albrecht*, NJW 2018, 113.

könnte ein Verstoß gegen Datenschutznormen dann künftig einen ernstzunehmenden **Großschaden** bedeuten. Dies gilt insbesondere vor dem Hintergrund, dass sich Unternehmen gegen Klagen von betroffenen Personen aufgrund einer Beweislastumkehr nur **schwer verteidigen** können, denn Verantwortliche haben die Einhaltung der Datenschutzvorschriften darzulegen und gegebenenfalls zu beweisen.[733] Ob es in der Praxis tatsächlich zu „Klagewellen" kommen wird, lässt sich derzeit noch nicht zuverlässig abschätzen. Jedenfalls die Möglichkeit der Geltendmachung von Ausgleichen für immaterielle Schäden sollte aber gerade für datenverarbeitungsgeprägte Unternehmen ein Ansporn sein, den Datenschutz ernst zu nehmen.

3. Strafrechtliche Sanktionen (§ 42 BDSG)

Art. 84 DS-GVO enthält eine Öffnungsklausel in Form eines **Regelungsauftrags** an die Mitgliedstaaten.[734] Der nationale Gesetzgeber wird verpflichtet, insbesondere auch Strafvorschriften zu schaffen, die die Missachtung der Normen der DS-GVO sanktionieren. Deutschland hat diese Verpflichtung in Kapitel 5 des BDSG erfüllt (§§ 41 bis 43 BDSG). Zentrale Bedeutung hat dabei § 42 BDSG. Dort werden **zwei Straftatbestände** normiert. Abs. 1 stellt es vereinfacht dargestellt unter Strafe, gewerbsmäßig personenbezogene Daten einer großen Zahl von Personen wissentlich Dritten zugänglich zu machen. Nach Abs. 2 wird bestraft, wer gegen Entgelt oder mit Bereicherungs- oder Schädigungsabsicht personenbezogene Daten unberechtigt verarbeitet oder sich solche durch unrichtige Angaben erschleicht. Die Tat wird jeweils nur auf Antrag verfolgt, wobei auch die Aufsichtsbehörden antragsbefugt sind. Bisher waren Verurteilungen wegen Datenschutzrechtsverstößen eine Seltenheit. Es bleibt abzuwarten, ob sich dies unter der neuen Rechtslage ändern wird.

767

4. Wettbewerbsrechtliche Implikationen sowie kollektive Rechtsdurchsetzung

Datenschutzverstöße können auch im Wettbewerbsrecht Konsequenzen nach sich ziehen, insbesondere zu **Abmahnungen** und Unterlassungsansprüchen von Wettbewerbern (§ 3a i.V.m. § 8 UWG) führen. Durch die Rechtsverstöße erlangt der Verantwortliche nämlich möglicherweise einen Wettbewerbsvorteil, so dass – ähnlich wie bei der Verwendung unwirksamer Klauseln in AGB – ein Interesse an der Unterlassung der Verstöße seitens der Wettbewerber bestehen kann. Auch z.B. **Verbraucherschutzverbände** können die Unterlassung von Datenschutzverstößen geltend machen (§ 2 Abs. 2 S. 1 Nr. 11 i.V.m. § 3 Abs. 1 UKlaG – **kollektive Rechtsdurchsetzung**).

768

5. Einfluss des Kartellrechts

Im Kartellrecht erfährt die Herrschaft über Daten zunehmend Beachtung als Mittel der Markbeherrschung. So geht das Bundeskartellamt z.B. bei Facebook davon aus, dass das Abhängigmachen der Nutzung seiner Dienste von einer Einwilligung in die umfassende Datennutzung, insbesondere auch der Daten der Facebook-Töchter Whats-

769

---

733 Vgl. dazu im Einzelnen *Wybitul*, ZD 2016, 253 (254); siehe auch *Kühling*, NJW 2017, 1985.
734 *Bergt*, in: Kühling/Buchner (Hrsg.), DS-GVO/BDSG, 2. Aufl. 2018, Art. 84 DS-GVO Rn. 1.

App und Instagram sowie von Drittseiten, eine Ausnutzung seiner marktbeherrschenden Stellung ist.[735] Grundsätzlich ist dabei alleine das Datenschutzrecht maßgeblich für Fragen, die den Schutz personenbezogener Daten betreffen.[736] Gleichwohl gibt es verschiedene Wechselwirkungen zwischen Kartell- und Datenschutzrecht, die im Schwerpunkt aber kartellrechtliche Auswirkungen haben und kartellrechtlicher Natur sind.[737]

770

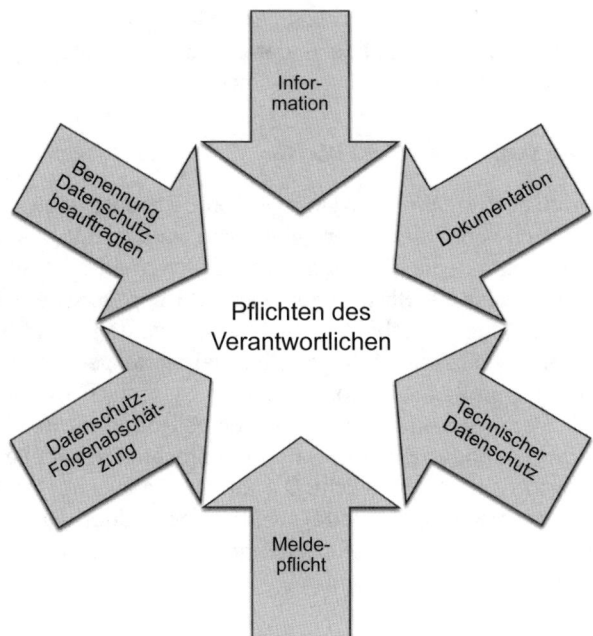

Abbildung 22:   Wesentliche Pflichten des Verantwortlichen

---

735   *Bundeskartellamt*, Pressemeldung v. 19.12.2017, abrufbar unter http://www.bundeskartellamt.de/SharedDocs/Publikation/DE/Pressemitteilungen/2017/19_12_2017_Facebook.pdf?__blob=publicationFile&v=3 (Abruf: 15.1.2018).

736   Vgl. auch EuGH, Urt. v. 23.11.2006, C-238/05 – *ASNEF-EQUIFAX*, Rn. 63.

737   Instruktiv *Wiemer*, Kartellrecht und Datenschutzrecht – Gemeinsamkeiten und Interaktionen, 20.6.2017, abrufbar unter http://www.fiw-online.de/files/semi_17_-_handout_wiemer.pdf (Abruf: 15.1.2018).

3. Kapitel

Besondere Datenverarbeitungssituationen und bereichsspezifisches Datenschutzrecht

Im BDSG findet sich eine Reihe von Regelungen, die spezifische Problemkonstellationen betreffen, also **besondere Datenverarbeitungssituationen**, etwa bei der Videoüberwachung oder im Arbeitsbereich (dazu A.). Darüber hinaus hat der deutsche Gesetzgeber aber angesichts der Umsetzung der DSRL-JI parallel zur Anpassung des nationalen Datenschutzrechts an die DS-GVO auch die an sich bereichsspezifischen Bestimmungen der DSRL-JI zur Datenverarbeitung im Kontext der öffentlichen Sicherung und Strafverfolgung ebenfalls im BDSG im dritten Teil umgesetzt. An sich passen diese nur bedingt in das BDSG (siehe bereits oben den Hinweis → Rn. 206), da sie einen sehr spezifischen Bereich regeln. Sie sollen daher im Folgenden auch nur knapp dargestellt werden (dazu B.). Datenschutzrechtliche Regelungen sind zum Teil aber auch insofern **„bereichsspezifisch"**, als sie sich weit verstreut im jeweiligen Fachrecht finden, so beispielsweise im Krankenhausrecht, im Hochschulrecht und entsprechend auch im Schulrecht, im Polizeirecht (teils ergänzend zum dritten Teil des BDSG) und in vielen weiteren Rechtsgebieten. Wichtig ist insoweit ein systematisches Verständnis dahingehend, bei der Prüfung von datenschutzrechtlichen Fragen jeweils auch möglicherweise weitere einschlägige Normen im Fachrecht zu identifizieren und anzuwenden. Angesichts der besonderen unionsrechtlichen Kodifikation in der EDSRL bzw. künftig in der E-Privacy-VO wird im Folgenden exemplarisch das Telekommunikationsdatenschutzrecht dargestellt, auch in seinem Zusammenspiel mit dem allgemeinen Datenschutzrecht der DS-GVO (dazu C.).

771

A. Besondere Datenverarbeitungssituationen in DS-GVO und BDSG

Von großer Bedeutung als besondere Datenverarbeitungssituation im BDSG ist die in Deutschland hoch umstrittene Videoüberwachung zu nennen (I.), die an prominenter Stelle im BDSG in § 4 geregelt ist (dazu I.). Große praktische Relevanz hat sodann die Datenverarbeitung im Beschäftigtenkontext, die aufgrund der Öffnungsklausel in Art. 88 DS-GVO in § 26 BDSG eine eigenständige nationale Regelung gefunden hat (dazu II.). Ergänzend treten weitere Sonderbestimmungen hinzu, die sich so nur in der DS-GVO finden (wie die Verarbeitung und der Zugang der Öffentlichkeit zu amtlichen Dokumenten, Art. 86 DS-GVO; dazu III.; oder die Verarbeitung nationaler Kennziffern, Art. 87 DS-GVO; dazu IV.), zum Teil aber auch aufgrund spezifischer Öffnungsklauseln in der DS-GVO im nationalen Recht geregelt wurden, wie die Datenverarbeitung zu Archiv-, Forschungs- und statistischen Zwecken (dazu V.). Weitere Sondervorschriften aufgrund allgemeiner Öffnungsklauseln in der DS-GVO finden sich im BDSG insbesondere zum Scoring und zu Bonitätsauskünften (dazu VIII.).

772

I. Videoüberwachung (§ 4 BDSG)

773   Die Beobachtung öffentlich zugänglicher Räume mit optisch-elektronischen Einrichtungen, kurz Videoüberwachung, hat in den letzten Jahren nicht nur immens an praktischer Bedeutung gewonnen, sondern ist auch vermehrt in den Fokus der Öffentlichkeit geraten. Mit den stetig wachsenden technischen Möglichkeiten gehen auch und gerade in diesem Bereich zunehmende Herausforderungen für den Schutz der Grundrechte der betroffenen Personen einher. Beispielsweise existieren inzwischen so genannte **„thinking cameras"**, die in der Lage sind, selbständig bestimmte Auffälligkeiten wie z.B. Maskierungen von Personen aus Bildern herauszufiltern und etwa durch Alarm zu reagieren. Satellitenüberwachungssysteme ermöglichen scharfe Bilder selbst aus größter Entfernung.

774   Die Kombination biometrischer Daten ermöglicht die gezielte Erfassung bestimmter Personen, während die Digitalisierung umfassende Abgleiche in kürzester Zeit zulässt. Diese Möglichkeiten sind nicht nur mit Blick auf staatliche Sicherheitsbestrebungen interessant, sondern stellen auch ein verlockendes Instrument privater Kontrollinteressen dar. Insbesondere für **Arbeitgeber** bietet sich so die Möglichkeit, Mitarbeiter zu beaufsichtigen und zu kontrollieren. Dies wurde etwa am Beispiel der „Bespitzelungsaffäre" bei Lidl deutlich. Hier wurden Überwachungsmaßnahmen durchgeführt, die teilweise zur Protokollierung mitarbeiterbezogenen Verhaltens führten.[1]

775   Mit § 6b BDSG a.F. bestand in der Vergangenheit eine Vorschrift, welche die Videoüberwachung in öffentlich zugänglichen Räumen regelte und dabei neben materiell-rechtlichen Voraussetzungen auch unterstützende prozedurale Vorgaben wie Kennzeichnungs- und Benachrichtigungspflichten vorsah. Im Zuge der **Anpassung der nationalen Rechtsvorschriften an die DS-GVO** hob der deutsche Gesetzgeber § 6b BDSG a.F. auf und ersetzte ihn durch eine neue Regelung in § 4 BDSG. Nach dem Willen des Gesetzgebers soll § 4 BDSG die Vorschrift des § 6b BDSG a.F. weitestgehend fortführen.[2] Die DS-GVO selbst regelt die Videoüberwachung dagegen nicht explizit. Gleichwohl ist sie aber auf diese anwendbar.[3] Unter Umständen kann bei einer Videoüberwachung eine **Datenschutz-Folgenabschätzung** nach Art. 35 DS-GVO durchzuführen sein, jedenfalls soweit es sich bei ihr um eine systematische und umfassende Überwachung öffentlich zugänglicher Bereiche handelt (Art. 35 Abs. 3 lit. c DS-GVO).[4]

Ob die Regelung mit der DS-GVO im Einklang steht, insbesondere ob sie sich auf eine Öffnungsklausel stützen kann, ist umstritten.[5] Die unabhängigen Datenschutzbehörden des Bundes und der Länder (Datenschutzkonferenz) gehen offenbar im Ergebnis

---

1   Handelsblatt v. 21.5.2008, S. 15, „Lidl hat fast jede fünfte Filiale bespitzeln lassen".
2   BT-Drs. 18/11325, S. 81.
3   *Lachenmann*, ZD 2017, 407 (410).
4   Vgl. hierzu auch *Art.-29-Datenschutzgruppe*, Guidelines on Data Protection Impact Assessment (DPIA) and determining whether processing is „likely to result in a high risk" for the purposes of Regulation 2016/679, WP 248, 4.4.2017, S. 10.
5   Die Vorschrift des § 4 BDSG für europarechtswidrig haltend *Lachenmann*, ZD 2017, 407; differenzierend *Kühling*, NJW 2017, 1985 (1987).

von der **Unionsrechtswidrigkeit** der Vorschrift aus.[6] Unklar ist dabei jedoch, ob dieser Befund für den öffentlichen und/oder den nichtöffentlichen Bereich gelten soll. Für den nichtöffentlichen Bereich ist die Regelung des § 4 BDSG ungleich problematischer, da dem nationalen Gesetzgeber für Datenverarbeitungen nach Art. 6 Abs. 1 UAbs. 1 lit. f DS-GVO (Interessenabwägung) – anders als nach Art. 6 Abs. 1 UAbs. 1 lit. e DS-GVO (Aufgabenerfüllung) für die Datenverarbeitung durch öffentliche Stellen – kein Regelungsspielraum in Art. 6 Abs. 2 und 3 DS-GVO gewährt wird.

Fallbeispiel 13 ────────────────────────────────────── 776

Private Videoüberwachung der Außenfassade – Videoüberwachung

Die Beklagte betreibt in Berlin auf dem in ihrem Eigentum stehenden Grundstück ein stadtbekanntes Kaufhaus. Die einer Straße zugewandte Gebäudefront ist nahezu bis an den Fahrbahnrand vorgezogen und bildet dort eine passagenartige Überdachung in Form eines Arkadengangs aus. Die Fläche des Arkadengangs ist durch Widmung zur Benutzung durch die Öffentlichkeit bestimmt. Der gesamte Gebäudekomplex wird von außen mit fünf Videokameras überwacht. Die Videoaufzeichnungen lässt die Beklagte nach sieben Tagen löschen. Der Kläger ist auf Grund seiner beruflichen Tätigkeit als freier Journalist häufig in dem Bezirk zu Fuß unterwegs, wobei er tagsüber pro Jahr 70 bis 80 Mal und abends fünf bis sechs Mal im Monat das Gebäude der Beklagten passiert. Der Kläger verlangt die Unterlassung der gesamten Videoüberwachung.

Hat der Kläger einen Unterlassungsanspruch?

(Lösung siehe Rn. 795)

---

1. Anwendungsbereich des § 4 BDSG

a) Adressaten, persönliche und familiäre Tätigkeiten, Subsidiarität

§ 4 BDSG gilt entsprechend dem Anwendungsbereich des BDSG für öffentliche Stellen des Bundes und für **nichtöffentliche Stellen** i.S.d. § 2 BDSG (vgl. dazu oben → Rn. 224 f.). Die Länder haben eigene Datenschutzgesetze erlassen, die auch auf die Videoüberwachung durch öffentliche Stellen der Länder Anwendung finden (zum Verhältnis der Landesdatenschutzgesetze zum BDSG und zur DS-GVO siehe oben → Rn. 207). 777

Wie sich aus § 1 Abs. 1 S. 2 BDSG ergibt (vgl. dazu → Rn. 320), gilt das BDSG und damit auch dessen § 4 für nichtöffentliche Stellen nicht, wenn die in Rede stehende Datenverarbeitung zur Ausübung ausschließlich **persönlicher oder familiärer Tätigkeiten** erfolgt. 778

Umstritten war insoweit, ob die Überwachung des eigenen privaten Hauses bzw. Grundstücks zu Sicherheitszwecken unter § 4 BDSG fällt, wenn dabei zugleich eine unvermeidbare oder nur geringfügige Überwachung des öffentlichen Raums (etwa des 779

---

6 *Datenschutzkonferenz*, Videoüberwachung nach der Datenschutz-Grundverordnung, Kurzpapier Nr. 15, 8.1.2018, S. 1.

Gehwegs vor dem Haus) erfolgt.[7] Der **EuGH** hat dies auf Unionsebene hinsichtlich der vor Geltung der DS-GVO anwendbaren Regelungen der DSRL dahingehend entschieden, dass eine Datenverarbeitung nicht i.S.d. Art. 3 Abs. 2 DSRL „zur Ausübung ausschließlich persönlicher oder familiärer Tätigkeiten" vorgenommen wird, wenn dabei „auch" der öffentliche Raum überwacht wird.[8] Die Ausnahme gelangt mithin in diesem Fall nicht zur Anwendung und das Datenschutzrecht (und damit auch etwa § 4 BDSG) greift ungebrochen ein. Im streitgegenständlichen Fall ging es um eine an einem tschechischen Einfamilienhaus festinstallierte, nicht schwenkbare Kamera, die den Eingang jenes Hauses, den öffentlichen Straßenraum sowie den Eingang des gegenüberliegenden Hauses erfasste. Eine Betrachtung in Echtzeit war nicht möglich, die Videoaufzeichnung erfolgte vielmehr auf eine Festplatte und wurde jeweils bei Erreichen der Kapazität neu überschrieben. Dieses Vorgehen sollte dem Schutz des Eigentums, der Gesundheit und des Lebens der Besitzer des Hauses dienen, die mehrfach Opfer von Angriffen und Vandalismus geworden waren. Das tschechische Amt für Datenschutz stellte in einem durch einen identifizierten Verdächtigen eingeleiteten Verfahren fest, dass der Einsatz des Überwachungssystems datenschutzwidrig erfolgt sei. Hiergegen wandte sich der Familienvater. Nachdem sein Rechtsmittel in erster Instanz zurückgewiesen wurde, legte das nunmehr mit der Sache befasste Oberste Verwaltungsgericht die Sache dem EuGH vor. Dieser stellte zunächst fest, dass das von einer Kamera aufgezeichnete Bild einer Person, sofern es deren Identifikation ermöglicht, ein personenbezogenes Datum gemäß Art. 2 lit. a DSRL ist[9] und der entsprechende Überwachungsvorgang eine automatisierte Verarbeitung personenbezogener Daten gemäß Art. 3 Abs. 1 DSRL darstellt.[10] Der Schutzgehalt des Art. 7 GrCh gebiete, dass sich Ausnahmetatbestände wie Art. 3 Abs. 2 DSRL in Bezug auf den Schutz personenbezogener Daten auf das „absolut Notwendige beschränken".[11] Weil zudem der Wortlaut der Ausnahmebestimmung „ausschließlich" persönliche bzw. familiäre Tätigkeiten fordere, sei eine enge Auslegung dergestalt geboten, dass nur solche Verarbeitungen vom Anwendungsbereich der DSRL ausgenommen werden können, die in der ausschließlich persönlichen oder familiären Sphäre des Verarbeitenden vorgenommen werden.[12] Soweit sich die Videoüberwachung also auch nur teilweise auf den öffentlichen Raum – und damit einen Bereich außerhalb der privaten Sphäre des Verantwortlichen – erstrecke, sei Art. 3 Abs. 2 DSRL nicht anwendbar und der Anwendungsbereich der Richtlinie er-

---

7 Dafür (im Rahmen des BDSG a.F.) *Scholz*, in: Simitis (Hrsg.), Kommentar zum BDSG, 8. Aufl. 2014, § 6b Rn. 32 ff. (Rn. 49), nach dem § 6b BDSG a.F. bereits Anwendung fand, wenn die Beobachtung sich nicht ausschließlich auf private Räume beschränkte; a.A. *Bergmann/Möhrle/ Herb*, Datenschutzrecht, 53. EL Stand: August 2017, § 6b Rn. 13, mit der Begründung, dass rein persönliche und familiäre Zwecke auch im öffentlichen Raum verfolgt werden können.

8 EuGH, Urt. v. 11.12.2014, C-212/13, ECLI:EU:C:2014:2428 – *Ryneš*; dazu *Klar*, NJW 2015, 463.

9 EuGH, Urt. v. 11.12.2014, C-212/13, ECLI:EU:C:2014:2428, Rn. 22 – *Ryneš*; dazu *Klar*, NJW 2015, 463.

10 EuGH, Urt. v. 11.12.2014, C-212/13, ECLI:EU:C:2014:2428, Rn. 25 – *Ryneš*; dazu *Klar*, NJW 2015, 463.

11 EuGH, Urt. v. 11.12.2014, C-212/13, ECLI:EU:C:2014:2428, Rn. 28 – *Ryneš*; dazu *Klar*, NJW 2015, 463.

12 EuGH, Urt. v. 11.12.2014, C-212/13, ECLI:EU:C:2014:2428, Rn. 29 ff. – *Ryneš*; dazu *Klar*, NJW 2015, 463.

öffnet.[13] Berechtigten Interessen des Verantwortlichen (wie etwa dem Eigentumsschutz) könne dabei auch bei Anwendung der DSRL Rechnung getragen werden, insbesondere auf Grundlage von Art. 7 lit. f, Art. 11 Abs. 2 und Art. 13 Abs. 1 lit. d, g DSRL.[14] Die Ausführungen des EuGH lassen sich auch auf die unter der DS-GVO explizit geltende Rechtslage übertragen. Dies gilt vor allem deshalb, weil die **Videoüberwachung in der DS-GVO nicht geregelt** wird.

Selbst wenn indes die Überwachung strikt auf den privaten Bereich beschränkt bleibt, bedeutet dies umgekehrt keineswegs, dass die Videoüberwachung deshalb automatisch zulässig ist. Je nach Sachlage kann ein unzulässiger **Eingriff in das Persönlichkeitsrecht** der betroffenen Person vorliegen. So können zivilrechtliche Abwehransprüche aus §§ 823 Abs. 1, 1004 BGB bestehen.[15] Für die öffentlichen Stellen des Bundes sind zahlreiche **bereichsspezifische Regelungen** zu beachten, zu denen § 4 BDSG subsidiär ist. So legitimiert etwa Art. 9 BayVersG in Bayern Bild- und Tonaufzeichnungen der Polizei bei Versammlungen, die §§ 8, 9 BVerfSchG sowie § 3 BNDG enthalten Spezialnormen für die entsprechenden Nachrichtendienste. Inwieweit diese Regelungen, die noch vor Geltung der DS-GVO erlassen wurden, im Einklang mit der DS-GVO stehen, wird im Einzelfall zu evaluieren sein. **780**

b) Öffentlich zugängliche Räume

§ 4 BDSG erfasst nur die Überwachung „öffentlich zugänglicher Räume".[16] Dies sind umbaute Flächen, die ihrem Zweck nach dazu bestimmt sind, von einer unbestimmten Zahl oder nach nur allgemeinen Merkmalen bestimmten Personen betreten und genutzt zu werden.[17] Dazu zählen etwa „Bahnsteige, Ausstellungsräume eines Museums, Verkaufsräume oder Schalterhallen".[18] Auf die **zivilrechtliche Eigentumslage** kommt es insofern **nicht** an als auch Räume oder Grundstücke im Privatbesitz (etwa aufgrund öffentlich-rechtlicher Widmung oder des Willens des Berechtigten) öffentlich zugänglich sein können. So sind etwa große anonyme Wohnanlagen öffentlich zugänglich, wenn sie von Externen ohne Probleme betreten werden können (z.B. Treppenhäuser, Fahrstühle oder Eingangshallen). Befinden sich in privaten Räumen auch solche Räumlichkeiten, die für den Publikumsverkehr zugänglich sind (wie beispielsweise Arztpraxen oder Kanzleien), so sind diese zeitweise öffentlich zugänglich. **781**

---

13 EuGH, Urt. v. 11.12.2014, C-212/13, ECLI:EU:C:2014:2428, Rn. 33 – *Ryneš*; dazu *Klar*, NJW 2015, 463.
14 EuGH, Urt. v. 11.12.2014, C-212/13, ECLI:EU:C:2014:2428, Rn. 34 – *Ryneš*; dazu *Klar*, NJW 2015, 463.
15 Im Rahmen des BDSG a.F. *Gola/Schomerus*, BDSG, 12. Aufl. 2015, § 6b Rn. 1.
16 Vgl. zum Begriff ausführlich *Klar*, Datenschutzrecht und die Visualisierung des öffentlichen Raums, 2012, S. 5 ff.
17 Im Rahmen des BDSG a.F. *Scholz*, in: Simitis (Hrsg.), Kommentar zum BDSG, 8. Aufl. 2014, § 6b Rn. 42.
18 BT-Drs. 14/4329, S. 38.

c) Beobachtung mit optisch-elektronischen Einrichtungen

782   Das „Beobachten" umfasst jede Tätigkeit, die darauf abzielt, Geschehnisse und Personen mittels geeigneter Geräte und Einrichtungen zu **überwachen**.[19] Für die datenschutzrechtliche Relevanz kommt es nicht auf das Erfordernis einer späteren Speicherung des Bildmaterials an. Unter den Begriff der optisch-elektronischen Einrichtungen können **Kameras jeglicher Art und Gestaltung** gefasst werden, seien es nun analoge Systeme, Webcams oder gar Handykameras.[20]

2. Zulässigkeit der Beobachtung (§ 4 Abs. 1, 2 BDSG)

783   Handelt es sich bei der fraglichen Datenverarbeitung um eine „Beobachtung mit optisch-elektronischen Einrichtungen", so richtet sich dessen Zulässigkeit nach § 4 Abs. 1 BDSG. Die Videoüberwachung muss folglich zu einem der drei in § 4 Abs. 1 S. 1 Nr. 1 bis 3 BDSG aufgezählten Zwecke **erforderlich** sein. Hinzukommen muss jeweils, dass keine Anhaltspunkte dafür bestehen, dass schutzwürdige Gegeninteressen der betroffenen Person überwiegen. Es ist also zunächst festzustellen, ob die Videoüberwachung für einen der genannten Zwecke erforderlich ist. Ist dies der Fall, so muss weiter eine **Interessenabwägung** durchgeführt werden. Nur wenn diese ergibt, dass die Interessen des Verantwortlichen an der Videoüberwachung mindestens gleich schwer wiegen wie das Ausschlussinteresse der betroffenen Person, ist die Videoüberwachung zulässig.

a) Zwecke (§ 4 Abs. 1 S. 1 Nr. 1, 2, 3 BDSG)

784   Die Videoüberwachung kann zunächst gemäß § 4 Abs. 1 S. 1 Nr. 1 BDSG zur **Aufgabenerfüllung öffentlicher Stellen** erforderlich sein. Nichtöffentliche Stellen können sich demgegenüber nicht auf diese Alternative berufen. Der Anwendungsbereich der Vorschrift dürfte gering sein, da es wenige Behörden gibt, für die nicht insoweit spezielle bereichsspezifische Vorschriften gelten.[21] § 4 Abs. 1 S. 1 Nr. 2 BDSG nennt weiter die **Wahrnehmung des Hausrechts**, und zwar sowohl durch öffentliche als auch durch nichtöffentliche Stellen. Dabei kann es zum einen darum gehen, der Begehung von Verstößen (z.B. Diebstähle) durch Abschreckung vorzubeugen. Die Videoüberwachung kann hier aber auch dazu dienen, bei bereits erfolgten Verstößen die Beweissicherung zu ermöglichen oder die eigene Sicherheit der betroffenen Personen zu gewährleisten (z.B. in Parkhäusern).[22] Schließlich kann die Videoüberwachung gemäß § 6b Abs. 1 S. 1 Nr. 3 BDSG zur **Wahrnehmung berechtigter Interessen** für konkret festgelegte Zwecke zulässig sein. Der Begriff der berechtigten Interessen ist äußerst weit, ein ent-

---

19   Im Rahmen des BDSG a.F. *Scholz,* in: Simitis (Hrsg.), Kommentar zum BDSG, 8. Aufl. 2014, § 6b Rn. 63.

20   Zur Rechtslage unter dem BDSG a.F. *Scholz,* in: Simitis (Hrsg.), Kommentar zum BDSG, 8. Aufl. 2014, § 6b Rn. 36 ff.

21   Im Rahmen des BDSG a.F. *Scholz,* in: Simitis (Hrsg.), Kommentar zum BDSG, 8. Aufl. 2014, § 6b Rn. 48.

22   Zur Rechtslage unter dem BDSG a.F. *Scholz,* in: Simitis (Hrsg.), Kommentar zum BDSG, 8. Aufl. 2014, § 6b Rn. 75 f.

sprechendes Interesse wird in aller Regel ohne Weiteres zu finden sein. Dies wird regelmäßig aber dann ausgeschlossen sein, wenn die Beobachtung der Hauptzweck oder ein wesentlicher Nebenzweck der Geschäftstätigkeit ist.[23] Weitere Voraussetzung ist im Übrigen, dass dieses Interesse bereits vor Einsatz der Videoeinrichtung für **konkret festgelegte Zwecke** niedergelegt und dokumentiert worden ist. Dabei genügen pauschale Umschreibungen wie etwa „zur Gefahrenabwehr" nicht. Hierbei handelt es sich um eine prozedurale Flankierung, die der Zweckbindung und damit dem Schutz der Rechte der betroffenen Person dient.

b) Erforderlichkeit

Die Videoüberwachung muss zu den genannten Zwecken erforderlich sein. Es darf also   **785** **kein milderes Mittel** zur Verfügung stehen, das zur Erreichung der Zwecke gleich geeignet ist. An die Erforderlichkeitsprüfung sind umso höhere Anforderungen zu stellen, je weiter sich das überwachte Vorgehen vom öffentlichen Raum entfernt und je mehr der Bereich sensibler Daten i.S.d. Art. 9 Abs. 1 DS-GVO berührt wird. Zudem sind die allgemeinen datenschutzrechtlichen Grundsätze aus Art. 5 Abs. 1 DS-GVO, wie insbesondere das Gebot der Datenminimierung aus Art. 5 Abs. 1 lit. c DS-GVO, zu beachten.

c) Interessenabwägung

Selbst wenn die Videoüberwachung zur Erreichung einer der Zwecke des § 4 Abs. 1   **786** S. 1 Nr. 1 bis 3 BDSG erforderlich ist, setzt die Vorschrift weiter die Vornahme einer Interessenabwägung voraus. Dabei darf das Gegeninteresse am Ausschluss der Beobachtung nicht überwiegen. Aus diesem Grund ist die Überwachung dann unzulässig, wenn die **Intimsphäre** der betroffenen Person berührt wird, wie es etwa in Toiletten oder Umkleideräumen der Fall ist.[24] Von hoher Eingriffsqualität ist auch die ununterbrochene Kontrolle eines Raums über längere Zeit, der sich der Betroffene nicht entziehen kann (z.B. Überwachung des einzigen Durchgangs einer Wohnanlage rund um die Uhr).[25] Zu beachten ist auch, dass nach § 4 Abs. 1 S. 2 BDSG für Videoüberwachungen von **öffentlich zugänglichen großflächigen Anlagen** (insbesondere Sport-, Versammlungs- und Vergnügungsstätten, Einkaufzentrum oder Parkplätze) oder von **Fahrzeugen** und öffentlich zugänglichen großflächigen **Einrichtungen** des öffentlichen Schienen-, Schiffs- und Busverkehrs der Schutz von Leben, Gesundheit oder Freiheit der dort auffälligen Personen als ein **besonders wichtiges Interesse** anzusehen ist. Hierdurch soll die Abwägungsentscheidung nach dem Willen des Gesetzgebers zugunsten der Zulässigkeit des Einsatzes einer Videoüberwachungsmaßnahme geprägt werden.[26] Diese Vorgabe ist unionsrechtlich hoch problematisch, da der Gesetzgeber in eine in der DS-GVO vorgesehene Abwägungsentscheidung eingreift und diese vorsteuert, was jedenfalls für nichtöffentliche Stellen mangels entsprechender Öffnungsklausel problematisch ist.

---

23 So die Gesetzesbegründung zur Vorgängerregelung des § 6b BDSG a.F. BT-Drs. 14/5793, S. 61.
24 Zur Rechtslage unter dem BDSG a.F. *Gola/Schomerus*, BDSG, 12. Aufl. 2015, § 6b Rn. 19.
25 Im Rahmen des BDSG a.F. *Scholz,* in: Simitis (Hrsg.), Kommentar zum BDSG, 8. Aufl. 2014, § 6b Rn. 95.
26 BT-Drs. 18/11325, S. 81.

3. Kenntlichmachung (§ 4 Abs. 2 BDSG)

787   Um die i.S.d. Rechts auf informationelle Selbstbestimmung gebotene Transparenz für die betroffenen Personen zu gewährleisten, schreibt § 4 Abs. 2 BDSG vor, dass der Umstand der Beobachtung (nicht aber die Kamera selbst) und der Name sowie Kontaktdaten des Verantwortlichen durch geeignete Maßnahmen zum frühestmöglichen Zeitpunkt erkennbar zu machen sind. Erforderlich ist also ein **deutlicher Hinweis an gut sichtbarer Stelle**, gegebenenfalls auch durch ein Piktogramm, das für jeden verständlich ist.[27] Hieraus muss die Tatsache hervorgehen, dass und gegebenenfalls in welchem Raum eine Videoüberwachung stattfindet. Zudem ist die Identität des Verantwortlichen kenntlich zu machen. Das ist nicht zuletzt deshalb erforderlich, damit die betroffenen Personen wissen, gegen wen sie entsprechende Rechte, z.B. auf Auskunft, geltend machen können.

4. Zulässigkeit der Speicherung oder Verwendung (§ 4 Abs. 3 BDSG)

788   Dass eine Beobachtung i.S.d. § 4 Abs. 1 BDSG zulässig ist, sagt noch nichts über die Rechtmäßigkeit einer daran anknüpfenden **weiteren Datenverarbeitung** aus. Sollen die nach § 4 Abs. 1 BDSG durch entsprechende Beobachtung erhobenen Daten auch gespeichert oder verwendet werden, so bestimmt sich die Zulässigkeit dieser Vorgänge nach § 4 Abs. 3 BDSG. Dies ist beispielsweise der Fall, wenn die „beobachteten" Videobilder nun dauerhaft fixiert oder ausgewertet werden sollen. Dabei ist wiederum danach zu differenzieren, ob die Speicherung oder Verwendung auch zu dem bereits zuvor festgelegten Zweck erfolgen soll oder ob eine Zweckänderung vorliegt.

a) Speicherung oder Verwendung zum verfolgten Zweck (§ 4 Abs. 3 S. 1 BDSG)

789   Wenn die Speicherung oder Verwendung genau zu dem Zweck erfolgen soll, der bereits zuvor durch den Verantwortlichen festgelegt wurde, macht § 4 Abs. 3 S. 1 BDSG die Zulässigkeit von **zwei Voraussetzungen** abhängig. Zum einen muss die Speicherung oder Verwendung zum Erreichen dieses Zwecks **erforderlich** sein. Darüber hinaus dürfen keine Anhaltspunkte für überwiegende schutzwürdige Gegeninteressen bestehen. Es ist also eine **Interessenabwägung** wie bereits im Rahmen des § 4 Abs. 1 S. 1 BDSG durchzuführen (siehe dazu → Rn. 786). Zu berücksichtigen sind hierbei nach § 4 Abs. 3 S. 2 BDSG auch die Vorgaben aus § 4 Abs. 1 S. 2 BDSG hinsichtlich Videoüberwachungen an den dort aufgeführten besonderen Orten. Erfolgt die Verarbeitung dabei in Form der Offenlegung, so werden aufgrund der Erweiterung des Kreises betroffener Personen und der erhöhten Zweckentfremdungsgefahr in der Regel die Interessen der betroffenen Personen überwiegen.

b) Weiterverarbeitung für „neue" Zwecke (§ 4 Abs. 3 S. 3 BDSG)

790   Die Weiterverarbeitung der nach § 4 Abs. 1 BDSG gewonnenen Daten zu anderen als den zuvor festgelegten Zwecken ist ausschließlich dann zulässig, wenn dies zur Abwehr

---

27 Zur Rechtslage unter dem BDSG a.F. *Gola/Schomerus*, BDSG, 12. Aufl. 2015, § 6b Rn. 24.

von Gefahren für die staatliche und öffentliche Sicherheit oder zur **Verfolgung von Straftaten** erforderlich ist (§ 4 Abs. 3 S. 3 BDSG).[28] Insoweit stellt die Vorschrift eine Ausnahme von bzw. Rechtsvorschrift i.S.v. Art. 6 Abs. 4 DS-GVO dar, die, jedenfalls soweit sie Videoüberwachungen durch nichtöffentliche Stellen betrifft, unionsrechtlich problematisch ist (→ Rn. 420 ff.; allgemein zur Zulässigkeit von Zweckänderungen siehe oben → Rn. 340). Ein Beispiel wäre die Verwendung von Videodaten aus Kaufhäusern (die ursprünglich der Diebstahlsprävention dienten), um bestimmte Käufer zu identifizieren, für die aufgrund verunreinigter Lebensmittel die Gefahr der Vergiftung besteht. Ebenso zulässig wäre demnach die Verwendung jener Daten, wenn sie den einzigen Hinweis auf mögliche Täter eines Überfalls auf Kunden darstellen (Verfolgung von Straftaten).

5. Benachrichtigungs- und Löschungspflicht (§ 4 Abs. 4, 5 BDSG)

Einen weiteren Beitrag zur Transparenz für die betroffene Person soll § 4 Abs. 4 BDSG leisten. Danach ist die betroffene Person entsprechend den Art. 13 und 14 DS-GVO (vgl. dazu → Rn. 589 ff.) und § 32 BDSG (dazu näher → Rn. 595) über die Verarbeitung oder Nutzung von durch Videoüberwachung erhobenen Daten zu **benachrichtigen**, sofern ihr diese zugeordnet werden. Durch den Verweis auf diese Vorschriften finden jedoch auch die sehr umfassenden **Ausnahmetatbestände** Anwendung. Aus diesem Grund stellt die Benachrichtigungspflicht auch im Rahmen der Videoüberwachung eher eine Ausnahme dar. **791**

§ 4 Abs. 5 BDSG verpflichtet den Verantwortlichen, die Daten unverzüglich zu **löschen** (vgl. zum Begriff → Rn. 622), wenn sie zur Erreichung des Zwecks nicht mehr erforderlich sind oder schutzwürdige Interessen der betroffenen Person einer weiteren Speicherung entgegenstehen. Sind die Daten zwar für den ursprünglichen Zweck nicht mehr erforderlich, werden sie aber für „neue" Zwecke benötigt, so richtet sich die Zulässigkeit nach § 4 Abs. 3 S. 3 BDSG (Zweckänderung). „Unverzüglich" bedeutet, dass die entsprechende Prüfung, ob die Daten erforderlich sind bzw. ob Gegeninteressen bestehen, in der Regel innerhalb von ein bis zwei Arbeitstagen zu erfolgen hat.[29] **792**

6. Videoüberwachung am Arbeitsplatz

Die Videoüberwachung spielt gerade im Arbeitsverhältnis eine bedeutende Rolle. Zu beachten ist auch hier, dass § 4 BDSG mit den erläuterten Anforderungen nur dann Anwendung findet, wenn es sich bei den Arbeitsplätzen um **öffentlich zugängliche Räume** handelt. Für die Überwachung abgeschlossener Geschäftsräume ohne Publikumsverkehr gelten dagegen die allgemeinen Vorschriften des § 26 BDSG bzw. Art. 6 Abs. 1 DS-GVO (vgl. dazu oben → Rn. 359 ff.). Die Lage der Beschäftigten ist dadurch geprägt, dass sie sich den betreffenden Räumen kaum entziehen können und auf- **793**

---

28 Kritisch für Zweckänderungen für diese neuen Zwecke *Lachenmann*, ZD 2017, 407 (410).
29 Vgl. die Gesetzesbegründung zur Vorgängerregelung des § 6b BDSG a.F. BT-Drs. 14/5793, S. 63. Vgl. zur Rechtslage unter dem BDSG a.F. auch *Scholz*, in: Simitis (Hrsg.), Kommentar zum BDSG, 8. Aufl. 2014, § 6b Rn. 140.

grund der **sozialen Abhängigkeit** vom Arbeitgeber gegebenenfalls ein besonders intensiver Überwachungsdruck entstehen kann. Ein solcher ist in der Regel mit dem Anspruch des Arbeitnehmers auf Wahrung seines Persönlichkeitsrechts aus § 75 Abs. 2 BetrVG nicht zu vereinbaren.[30] Insbesondere **sensible Betriebsbereiche**, zu denen neben Sanitärbereichen und Umkleideräumen auch etwa Einzelbüros zählen, unterliegen einem Überwachungstabu.[31] Die Beobachtung am Arbeitsplatz muss unter Berücksichtigung des Verhältnismäßigkeitsgrundsatzes legitimiert werden können.[32] Dies ist beispielsweise bei einer Videoüberwachung in einem Kernkraftwerk zum Schutz des Betriebes und der Beschäftigten der Fall.[33] Der Arbeitgeber hat von weniger eingriffsintensiven Überwachungsmöglichkeiten Gebrauch zu machen, sofern ihm solche zur Verfügung stehen, und zwar selbst dann, wenn dafür ein erhöhter Personalaufwand nötig ist.[34]

794   Die **verdeckte Videoüberwachung** ist nur ausnahmsweise bei konkretem Verdacht auf strafbare Handlungen bzw. andere schwere Verfehlungen nach einer Verhältnismäßigkeitsprüfung im Einzelfall zulässig, sofern sie sich als einzig verbleibendes Mittel erweist. Darüber hinaus unterliegt die Videoüberwachung als technische Überwachungsmaßnahme der Mitbestimmung des Betriebs- und Personalrats (§ 87 Abs. 1 Nr. 6 BetrVG, § 75 Abs. 3 Nr. 17 BPersVG).[35] Ist die Überwachung aber nach den genannten Grundsätzen unzulässig, kann sie auch nicht durch Zustimmung des Betriebs- oder Personalrats legitimiert werden.[36] Bei unzulässigem Einsatz von Videoüberwachung steht dem Arbeitnehmer ein **Anspruch auf Beseitigung** von fortwirkenden Beeinträchtigungen **und auf Unterlassung** weiterer Eingriffe entsprechend § 1004 BGB zu.[37] Darüber hinaus kann er gegebenenfalls die Arbeitsleistung solange zurückbehalten, wie der ihm zugewiesene Arbeitsplatz im Blickfeld der Kamera liegt.[38]

---

30   Im Rahmen des BDSG a.F. *Gola/Schomerus*, BDSG, 12. Aufl. 2015, § 6b Rn. 20.

31   Zum BDSG a.F. *v. Zezschwitz*, in: Roßnagel (Hrsg.), Handbuch Datenschutzrecht, 2003, Kap. 9.3 Rn. 97.

32   Zum BDSG a.F. BAG, Beschl. v. 29.6.2004, 1 ABR 21/03 = BAGE 111, 173 = NJW 2005, 313 (314 f.).

33   Zum BDSG a.F. *Gola/Schomerus*, BDSG, 12. Aufl. 2015, § 6b Rn. 20a.

34   Im Rahmen des BDSG a.F. *Däubler/Klebe/u.a.*, Kompaktkommentar zum BDSG, 5. Aufl. 2016, § 6b Rn. 43.

35   Im Rahmen des BDSG a.F. *Gola/Schomerus*, BDSG, 12. Aufl. 2015, § 6b Rn. 21.

36   Zum BDSG a.F. BAG, Urt. v. 15.5.1991, 5 AZR 115/90 = RDV 1992, 178.

37   Zum BDSG a.F. BAG, Urt. v. 15.5.1991, 5 AZR 115/90 = RDV 1992, 178.

38   Im Rahmen des BDSG a.F. *Gola/Schomerus*, BDSG, 12. Aufl. 2015, § 6b Rn. 20b, mit Hinweis auf ArbG Dortmund, Urt. v. 25.7.1988, 6 Ca 1026/88 = CR 1989, 715.

■ **Lösung zu Fallbeispiel 13 – Private Videoüberwachung der Außenfassade –**   **795**
Videoüberwachung (Rn. 776)[39]

A. *Unterlassungsanspruch*
⇒ Ergibt sich aus §§ 823 Abs. 2, 1004 Abs. 1 BGB analog i.V.m. § 4 BDSG
⇒ § 4 BDSG als Schutzgesetz i.S.d. § 823 Abs. 2 BGB
⇒ Verletzte Vorschrift muss dem Schutz von Individualinteressen zu dienen bestimmt sein
⇒ Individualschutz muss keineswegs der ausschließliche Zweck des Gesetzes sein

B. *Zulässigkeit der Videoüberwachung, § 4 Abs. 1 BDSG*
  I. Öffentlich zugänglich
    ⇒ Arkadendurchgang ist öffentlich zugänglich
    ⇒ Betroffene Person hat nur begrenzte Möglichkeiten, der Videoüberwachung auszuweichen
  II. Zweckbestimmung
    ⇒ § 4 Abs. 1 Nr. 2 BDSG – Hausrecht: Beklagte als Eigentümerin Inhaberin des Hausrechts
    ⇒ § 4 Abs. 1 Nr. 3 BDSG – berechtigte Interessen: präventive Verhinderung und Verfolgung von Straftaten (z.B. Ladendiebstahl, Beschädigungen, Raubüberfälle etc.)
  III. Erforderlichkeit
    ⇒ Kein zumutbares milderes Mittel erkennbar, mit dem die genannten Zwecke ebenso wirksam erreicht werden können
    ⇒ Verstärkter Einsatz von Wachpersonal?
      – Größe des Gebäudekomplexes
      – Vielzahl von Wachleuten notwendig
      – Nachtschichten
      – Kosten
    → i. E. (+)
  IV. Interessenabwägung
    Kläger: Datenschutzgrundrechte (Art. 2 Abs. 1 i.V.m. Art. 1 Abs. 1 GG sowie Art. 7, 8 GrCh)
    Beklagter: Eigentum und Recht am eingerichteten und ausgeübten Gewerbebetrieb bzw. unternehmerische Freiheit (Art. 12, 14 GG sowie Art. 16 GrCh)
    ⇒ Schutzwürdige Interessen sind situations- und kontextbezogen zu bestimmen
    ⇒ Möglichkeit der Identifizierung
    ⇒ Überwachter Durchgangsraum kann spontan zur sozialen Kommunikation benutzt werden
    ⇒ Schutzbedürftigkeit regelmäßig in öffentlichen Räumen hoch, in denen sich Menschen typischerweise länger aufhalten und/oder miteinander kommunizieren
    ⇒ Hohe Eingriffsintensität, wenn ein Bereich ununterbrochen beobachtet wird und die betroffenen Personen nicht ausweichen können
    ⇒ Arkaden im Eigentum der Beklagten → unerheblich
    ⇒ Eigentum mit Widmung belastet → im Bereich der Arkaden → öffentlich zugänglich
    ⇒ Zeitliche Beschränkung des Unterlassungsanspruchs auf die Dauer der faktischen Anwesenheit des Klägers
    → (–), keine sog. „thinking cameras"
  V. Ergebnis: Abwägung fällt zu Gunsten des Klägers aus (a.A. vertretbar)

C. *Ergebnis*
Unterlassungsanspruch besteht

---

39 Fall nach AG Berlin-Mitte, Urt. v. 18.12.2003 – 16 C 427/02, NJW-RR 2004, 531.

II. Datenschutz im Beschäftigtenkontext

796 ┌─ **Fallbeispiel 14** ───

Versicherungskaufmann – Beschäftigtendatenschutz

A bewirbt sich als Versicherungskaufmann bei der Versicherungsgesellschaft V. Im Vorstellungsgespräch ist A überrascht, wie gut V über die berufliche und private Vergangenheit des A informiert ist. Wie A von Mitarbeitern des V erfährt, hat V berufliche Informationen zu A im Vorfeld des Vorstellungsgesprächs „gegoogelt". Zudem hatte er zu dem früheren Arbeitgeber von A Kontakt aufgenommen. Private Informationen hatte V über A erlangt, indem er über ein soziales Netzwerk unter falschem Namen an A eine Freundschaftsanfrage gesendet hatte, die A angenommen hatte.

Sind die von V vorgenommenen Datenverarbeitungen rechtmäßig?

Nachdem A von V eingestellt worden ist, teilt V allen Mitarbeitern mit, dass auf der Internetseite von V zukünftig alle Mitarbeiter mit Namen, Position und Foto angezeigt werden sollen. A ist der Auffassung, dass dies datenschutzrechtlich nur zulässig ist, wenn von allen Mitarbeitern Einwilligungen eingeholt werden.

Zu Recht?

(Lösung siehe Rn. 817)

1. Öffnungsklausel im EU-Recht (Art. 88 DS-GVO)

797   Die DS-GVO sieht in Art. 88 DS-GVO eine umfassende **Öffnungsklausel** für den Bereich der Datenverarbeitung im Rahmen von Beschäftigungsverhältnissen vor. Danach können die Mitgliedstaaten durch Rechtsvorschriften oder durch Kollektivvereinbarungen spezifischere Datenschutzvorschriften hinsichtlich der Verarbeitung personenbezogener Daten im Beschäftigungskontext vorsehen.

798   Die Regelungsbefugnis umfasst insbesondere Verarbeitungen zu Zwecken der **Einstellung von Beschäftigten**, der **Erfüllung des Arbeitsvertrags** einschließlich der Erfüllung von durch Rechtsvorschriften oder durch Kollektivvereinbarungen festgelegten Pflichten, des Managements, der Planung und der Organisation der Arbeit, der Gleichheit und Diversität am Arbeitsplatz, der Gesundheit und Sicherheit am Arbeitsplatz, des Schutzes des Eigentums der Arbeitgeber oder der Kunden, der Inanspruchnahme der mit der Beschäftigung zusammenhängenden **individuellen oder kollektiven Rechte und Leistungen** und zum Zwecke der **Beendigung des Beschäftigungsverhältnisses**.

799   Die den Mitgliedstaaten eröffnete Möglichkeit zur Rechtssetzung entbindet Verantwortliche nicht davon, die übrigen Vorgaben der DS-GVO zu berücksichtigen. Insbesondere sind die in der DS-GVO definierten Betroffenenrechte aus Art. 12 ff. DS-GVO zu beachten. Insoweit ermöglicht die DS-GVO lediglich eine **Konkretisierung** ihrer allgemeinen Vorschriften durch nationale Regelungen, erlaubt jedoch weder eine Verschärfung noch eine Lockerung derselben.[40]

───────────────

40 *Imping*, CR 2017, 378 (379 f.).

2. Nationale Regelung des § 26 BDSG

a) Überblick

Der **deutsche Gesetzgeber** hat von der in Art. 88 DS-GVO eingeräumten Möglichkeit **800** Gebrauch gemacht, indem er mit § 26 BDSG eine eigene **Rechtsgrundlage** für Datenverarbeitungen zu Zwecken des Beschäftigungsverhältnisses geschaffen hat.[41] Von der Schaffung einer „Vollregelung" hat er dabei bewusst Abstand genommen. Stattdessen hat er mit § 26 BDSG einen Mittelweg eingeschlagen, mit dem die Vorgängerregelung des § 32 BDSG a.F. marginal ausgebaut, im Wesentlichen aber fortgeführt wird.[42] Dabei hält er sich ausdrücklich die Option offen, die Vorschrift **in Zukunft weiter zu konkretisieren.**[43] Als konkretisierungsfähige Themen sieht er dabei insbesondere das Fragerecht bei der Begründung eines Beschäftigungsverhältnisses, den expliziten Ausschluss von heimlichen Kontrollen im Beschäftigungsverhältnis, die Begrenzung der Lokalisierung von Beschäftigten sowie den Ausschluss von umfassenden Bewegungsprofilen und Dauerüberwachungen und die Verwendung biometrischer Daten zu Authentifizierungs- und Autorisierungszwecken an.[44]

Zu beachten ist, dass aus Art. 88 DS-GVO für andere Zwecke als solche des Beschäfti- **801** gungsverhältnisses **keine Regelungskompetenz** für die Mitgliedstaaten folgt. Das bedeutet, dass soweit personenbezogene Daten von Beschäftigten für außerhalb des Beschäftigungsverhältnisses liegende Zwecke verarbeitet werden sollen, ein **Rückgriff auf die allgemeinen Zulässigkeitstatbestände** des Art. 6 Abs. 1 und Art. 9 Abs. 2 DS-GVO möglich und erforderlich ist.[45]

§ 26 BDSG gilt für die Verarbeitung personenbezogener Daten von **Beschäftigten**. **802** Beschäftigte im Sinne der Vorschrift sind u.a. Arbeitnehmerinnen und Arbeitnehmer, einschließlich Leiharbeitnehmerinnen und Leiharbeitnehmern, zur Berufsbildung Beschäftigte, Freiwillige nach dem Jugendfreiwilligendienstgesetz oder dem Bundesfreiwilligendienstgesetz, arbeitnehmerähnliche Personen, Beamtinnen und Beamte sowie Bewerberinnen und Bewerber (§ 26 Abs. 8 BDSG).

§ 26 BDSG ist bereits dann anzuwenden, wenn personenbezogene Daten verarbeitet **803** werden, ohne dass sie in einem **Dateisystem** gespeichert sind oder gespeichert werden sollen (§ 26 Abs. 7 BDSG). Folglich sind auch rein manuelle Verarbeitungen erfasst, die nicht notwendigerweise nach bestimmten personenbezogenen Kriterien zugänglich sind. Als Beispiel lässt sich hier das Befragen oder Beobachten von Beschäftigten nennen.[46] Insoweit geht die Regelung über den sachlichen Anwendungsbereich der DS-GVO hinaus (vgl. zum sachlichen Anwendungsbereich der DS-GVO oben → Rn. 211 ff.).

---

41 BT-Drs. 18/11325, S. 96 f.
42 *Kort*, ZD 2017, 319 (320).
43 BT-Drs. 18/11325, S. 97.
44 BT-Drs. 18/11325, S. 97.
45 Ebenso *Wybitul*, NZA 2017, 413 (415).
46 *Wybitul*, NZA 2017, 413 (418).

804   Besonders Betriebs- und Dienstvereinbarungen waren nach bisherigem Recht wichtige Regelungsinstrumente im Bereich des Beschäftigtendatenschutzes. § 26 Abs. 4 BDSG enthält deshalb in Umsetzung des Art. 88 Abs. 1 DS-GVO eine Klarstellung, dass **Kollektivvereinbarungen** wie Tarifverträge, Betriebsvereinbarungen oder Dienstvereinbarungen weiterhin die Rechtsgrundlage für Regelungen zum Beschäftigtendatenschutz bilden können. Sie sollen den Verhandlungsparteien der Kollektivvereinbarungen die Ausgestaltung eines auf die betrieblichen Bedürfnisse zugeschnittenen Beschäftigtendatenschutzes ermöglichen.[47] Dabei steht ihnen ein Ermessensspielraum zu, in dessen Rahmen die Vorgaben aus Art. 88 Abs. 2 DS-GVO hinsichtlich des Inhalts von Kollektivvereinbarungen zu beachten sind.[48]

b) Begründung, Durchführung, Beendigung des Beschäftigungsverhältnisses (§ 26 Abs. 1 S. 1 BDSG)

805   Nach § 26 Abs. 1 S. 1 BDSG dürfen personenbezogene Daten von Beschäftigten für Zwecke des Beschäftigungsverhältnisses verarbeitet werden, wenn dies für die Entscheidung über die Begründung eines Beschäftigungsverhältnisses oder nach Begründung des Beschäftigungsverhältnisses für dessen Durchführung oder Beendigung oder zur Ausübung oder Erfüllung der sich aus einem Gesetz oder einem Tarifvertrag, einer Betriebs- oder Dienstvereinbarung (Kollektivvereinbarung) ergebenden Rechte und Pflichten der Interessenvertretung der Beschäftigten erforderlich ist. Abs. 1 S. 1 regelt folglich, zu welchen Zwecken und unter welchen Voraussetzungen personenbezogene Daten **vor, im und nach Beendigung des Beschäftigungsverhältnisses** verarbeitet werden dürfen. Ebenfalls umfasst ist die Verarbeitung personenbezogener Daten für Zwecke des Beschäftigungsverhältnisses, wenn sie zur Ausübung oder Erfüllung der sich aus **Gesetz** oder einer **Kollektivvereinbarung** ergebenden Rechte und Pflichten der Interessenvertretung der Beschäftigten erforderlich ist.

806   Zulässig auf Basis der Vorschrift ist insbesondere die Verarbeitung von **Stammdaten** (Name, Anschrift, Telefonnummer der betroffenen Person) sowie alle Daten, die der Arbeitgeber zur Erfüllung seiner Pflichten insbesondere der Lohnzahlung benötigt. Insoweit hat sich eine **umfangreiche Kasuistik** hinsichtlich derjenigen Daten herausgebildet, die für die Begründung, Durchführung oder Beendigung des Beschäftigungsverhältnisses vom Verantwortlichen verarbeitet werden dürfen.[49] Hierunter fallen beispielsweise auch Daten über den **Leistungsstand des Beschäftigten**. Insbesondere sind Regelbeurteilungen hinsichtlich der Eignung, Befähigung und fachlichen Leistung des Beschäftigten und laufende Leistungs- und Verhaltenskontrollen zulässig.[50] Insoweit ist zu berücksichtigen, dass dem Arbeitgeber die unternehmerische Freiheit zusteht, zu entscheiden, wie er seinen Betrieb organisiert. Strenge Anforderungen kön-

---

47 BT-Drs. 18/11325, S. 97.
48 Vgl. hierzu und zum Anpassungsbedarf von „alten" Betriebsvereinbarungen an die neuen Vorgaben *Imping*, CR 2017, 378 (384); *Wurzberger*, ZD 2017, 258 (260 ff.); *Wybitul*, ZD 2016, 203 (207); *ders.*, NZA 2017, 413 (417 f.).
49 Zur Rechtslage unter § 32 Abs. 1 S. 1 BDSG a.F, die grundsätzlich auch im Rahmen von § 26 Abs. 1 S. 1 BDSG Gültigkeit behält *Gola/Schomerus*, BDSG, 12. Aufl. 2015, § 32 Rn. 12 ff.
50 Vgl. nur BAG, Urt. v. 28.3.1979, 5 AZR 80/77 = BB 1979, 1401.

nen für **technische Überwachungsmaßnahmen** (Nutzung von Internet und E-Mail am Arbeitsplatz) und beim Einsatz von Videoüberwachungstechnik am Arbeitsplatz gelten.[51] Hier kann als sachnähere Vorschrift auch § 26 Abs. 1 S. 2 BDSG heranzuziehen sein, soweit es um die Aufdeckung von Straftaten geht.

c) Aufdeckung von Straftaten (§ 26 Abs. 1 S. 2 BDSG)

Zur Aufdeckung von Straftaten dürfen personenbezogene Daten von Beschäftigten nur nach den **strengen Voraussetzungen** von § 26 Abs. 1 S. 2 BDSG verarbeitet werden. Danach müssen zu dokumentierende tatsächliche Anhaltspunkte den Verdacht begründen, dass die betroffene Person im Beschäftigungsverhältnis eine Straftat begangen hat. Die Verarbeitung muss sodann für die Aufdeckung der Straftat erforderlich sein. Schließlich darf das schutzwürdige Interesse der oder des Beschäftigten an dem Ausschluss der Verarbeitung nicht überwiegen. Insbesondere dürfen die Art und das Ausmaß der Verarbeitung im Hinblick auf den Anlass nicht unverhältnismäßig sein. Zu beachten ist, dass auf die Regelung keine Datenverarbeitungen gestützt werden können, die präventive Zielsetzungen verfolgen. **807**

Bereits unter dem BDSG a.F. war fraglich, inwiefern Datenverarbeitungen bei einem Verdacht der **Verletzung arbeitsvertraglicher Pflichten** oder auch der Begehung von **Ordnungswidrigkeiten** über die Vorschrift gerechtfertigt werden konnten. Insoweit war vor allem unklar, ob ein Rückgriff auf die Regelung des § 32 Abs. 1 S. 1 oder § 28 Abs. 1 S. 1 Nr. 2 BDSG a.F. – jetzt: § 26 Abs. 1 S. 1 BDSG bzw. Art. 6 Abs. 1 UAbs. 1 lit. f DS-GVO – möglich war, die eine Datenverarbeitung für die Zwecke der Begründung, Durchführung oder Beendigung des Beschäftigungsverhältnisses ermöglichte bzw. eine Interessenabwägung vorsah.[52] Diese Unklarheit setzt sich im Rahmen von § 26 Abs. 1 BDSG fort.[53] Die besseren Argumente dürften hier dafür sprechen, dass auch die Aufklärung konkreter Anhaltspunkte für Pflichtverletzungen zur Durchführung des Beschäftigungsverhältnisses erforderlich im Sinne der Vorschrift ist.[54] Für eine solche Auslegung lässt sich auch die jüngere Rechtsprechung des EuGH heranziehen, wonach datenschutzrechtliche Zulässigkeitstatbestände stets auch eine Abwägung im Einzelfall zulassen müssen.[55] **808**

d) Erforderlichkeit der Datenverarbeitung

Im Rahmen der **Erforderlichkeitsprüfung** sind ausweislich der Gesetzesbegründung die widerstreitenden Grundrechtspositionen zur Herstellung praktischer Konkordanz **809**

---

51 Hierzu aus der jüngeren Vergangenheit zum BDSG a.F. BAG, Urt. v. 27.7.2017, 2 AZR 681/16 = NJW 2017, 3258.
52 Vgl. insoweit LAG Baden-Württemberg, Urt. v. 20.7.2016, 4 Sa 61/15 = ZD 2017, 88, wonach § 32 Abs. 1 S. 2 BDSG a.F. insoweit abschließend sein solle; dagegen BAG, Urt. v. 22.9.2016, 2 AZR 848/15 = ZD 2017, 344, wonach auch der Verdacht einer „schweren Verfehlung zu Lasten des Arbeitgebers" eine Datenerhebung durch Videoüberwachung rechtfertigen könne.
53 *Kort*, ZD 2017, 319 (321).
54 *Wybitul*, NZA 2017, 413 (415).
55 EuGH, Urt. v. 19.10.2016, C-582/14, ECLI:EU:C:2016:779 – *Breyer*, dazu *Kühling/Klar*, ZD 2016, 24.

abzuwägen.[56] Damit bringt der Gesetzgeber zum Ausdruck, dass im Rahmen der Prüfung der Erforderlichkeit eine **Interessenabwägung** vorzunehmen ist.[57] Dabei sind die Interessen des Arbeitgebers an der Datenverarbeitung und das Persönlichkeitsrecht des Beschäftigten zu einem schonenden Ausgleich zu bringen, der beide Interessen möglichst weitgehend berücksichtigt.

e) Einwilligung der betroffenen Person (§ 26 Abs. 2 BDSG)

810   Nach Erwägungsgrund 155 der DS-GVO können im nationalen Recht insbesondere Vorschriften über die Bedingungen erlassen werden, unter denen personenbezogene Daten im Beschäftigungskontext auf der Grundlage einer Einwilligung der Beschäftigten verarbeitet werden dürfen. Hieran anknüpfend enthält § 26 Abs. 2 BDSG eine Klarstellung, wonach Einwilligungen auch im Rahmen von Arbeitsverhältnissen **grundsätzlich möglich** sind, wenn bestimmte Voraussetzungen erfüllt sind. Dies steht im Einklang mit der Rechtsprechung des BAG, wonach Einwilligungen auch im Rahmen von Beschäftigungsverhältnissen grundsätzlich möglich sind.[58]

811   Erfolgt die Verarbeitung personenbezogener Daten von Beschäftigten auf der Grundlage einer Einwilligung, sind für die Beurteilung der **Freiwilligkeit** der Einwilligung insbesondere die im Beschäftigungsverhältnis bestehende Abhängigkeit der beschäftigten Person sowie die Umstände, unter denen die Einwilligung erteilt worden ist, zu berücksichtigen. Insoweit trägt die Regelung der Besonderheit des Beschäftigungsverhältnisses als Abhängigkeitsverhältnis und der daraus resultierenden Situation der Beschäftigten Rechnung.[59] Freiwilligkeit kann danach vorliegen, wenn für die beschäftigte Person ein **rechtlicher oder wirtschaftlicher Vorteil** erreicht wird oder Arbeitgeber und beschäftigte Person gleichgelagerte Interessen verfolgen. Neben der Art des verarbeiteten Datums und der Eingriffstiefe ist ausweislich der Gesetzesbegründung z.B. auch der Zeitpunkt der Einwilligungserteilung maßgebend. Vor Abschluss eines (Arbeits-)Vertrages werden Beschäftigte regelmäßig einer größeren Drucksituation ausgesetzt sein, eine Einwilligung in eine Datenverarbeitung zu erteilen. Die Gewährung eines „Vorteils" i.S.d. Vorschrift liegt beispielsweise in der Einführung eines betrieblichen Gesundheitsmanagements zur Gesundheitsförderung oder der Erlaubnis zur Privatnutzung von betrieblichen IT-Systemen.[60] Auch die Verfolgung gleichgerichteter Interessen spricht für die Freiwilligkeit einer Einwilligung. Hierzu kann etwa die Aufnahme von Name und Geburtsdatum in eine Geburtstagsliste oder die Nutzung von Fotos für das Intranet zählen, bei der Arbeitgeber und Beschäftigter im Sinne eines betrieblichen Miteinanders zusammenwirken.[61]

---

56 BT-Drs. 18/11325, S. 97.
57 *Wybitul*, NZA 2017, 413 (415).
58 BAG, Urt. v. 11.12.2014, 8 AZR 1010/13 = NZA 2015, 604. Bei den Datenschutzbehörden war unter der Geltung des BDSG a.F. gleichwohl überwiegend die „Freiwilligkeit" und damit die Wirksamkeit von Einwilligungen in Beschäftigungsverhältnissen bezweifelt worden.
59 BT-Drs. 18/11325, S. 97.
60 BT-Drs. 18/11325, S. 97.
61 Vgl. BT-Drs. 18/11325, S. 97.

Die Einwilligung bedarf der **Schriftform**, soweit nicht wegen besonderer Umstände   812
eine andere Form angemessen ist. Damit wird die Nachweispflicht des Arbeitgebers
i.S.v. Art. 7 Abs. 1 DS-GVO konkretisiert. Hinzu kommt die Pflicht des Arbeitgebers
zur Aufklärung in Textform über den Zweck der Datenverarbeitung und den jederzeit
möglichen **Widerruf** durch den Beschäftigten sowie dessen Folgen nach Art. 7 Abs. 3
DS-GVO.

§ 26 Abs. 2 BDSG gilt auch für die Einwilligung in die Verarbeitung **besonderer Kate-**   813
gorien personenbezogener Daten; die Einwilligung muss sich in diesem Fall ausdrücklich auf diese Daten beziehen.

f) Verarbeitung besonderer Kategorien personenbezogener Daten (§ 26 Abs. 3 BDSG)

Nach § 26 Abs. 3 BDSG ist die Verarbeitung besonderer Kategorien personenbezoge-   814
ner Daten abweichend von Art. 9 Abs. 1 DS-GVO für Zwecke des Beschäftigungsverhältnisses zulässig, wenn sie zur **Ausübung von Rechten** oder zur **Erfüllung rechtli-**
cher Pflichten aus dem Arbeitsrecht, dem Recht der sozialen Sicherheit und des
Sozialschutzes erforderlich ist und kein Grund zu der Annahme besteht, dass das
schutzwürdige Interesse der betroffenen Person an dem Ausschluss der Verarbeitung
überwiegt.

Die Verarbeitung besonderer Kategorien personenbezogener Daten für Zwecke des Be-   815
schäftigungsverhältnisses kann auch die Verarbeitung von Daten zur **Beurteilung der**
Arbeitsfähigkeit einschließen.[62] Der Gesetzgeber stellt klar, dass die Zulässigkeit der
Verarbeitung besonderer Kategorien personenbezogener Daten für andere, d.h. nicht
auf das Beschäftigungsverhältnis bezogene Zwecke unberührt bleibt.[63] Diese richtet
sich, beispielsweise im Fall der Verarbeitung zu Zwecken der Gesundheitsvorsorge,
nach § 22 Abs. 1 Nr. 1 lit. b BDSG. Dient eine Verarbeitung zugleich mehreren Zwecken,
gilt für den jeweiligen Zweck die jeweils einschlägige Verarbeitungsgrundlage.[64]

g) Geeignete Schutzmaßnahmen (§ 26 Abs. 5 BDSG)

Nach § 26 Abs. 5 BDSG muss der Verantwortliche geeignete Maßnahmen ergreifen,   816
um sicherzustellen, dass insbesondere die in Art. 5 DS-GVO dargelegten **Grundsätze**
für die Verarbeitung personenbezogener Daten eingehalten werden (dazu
→ Rn. 355). Beispielsweise muss bei der Datenverarbeitung gewährleistet sein, dass
sie auf rechtmäßige Weise, nach Treu und Glauben und in einer für den Beschäftigten
nachvollziehbaren Weise erfolgt.[65] Nach der Gesetzesbegründung müssen die Daten in
einer Form gespeichert werden, welche die Identifizierung des Beschäftigten nur so
lange ermöglicht, wie es für die Zwecke, für die sie verarbeitet werden, erforderlich ist.
Der Verantwortliche muss sicherstellen, dass die Verarbeitung in einer Weise erfolgt,

---

62 BT-Drs. 18/11325, S. 97.
63 Vgl. BT-Drs. 18/11325, S. 97.
64 BT-Drs. 18/11325, S. 97.
65 BT-Drs. 18/11325, S. 97.

die eine angemessene Sicherheit der personenbezogenen Daten, auch vor unbefugter oder unrechtmäßiger Verarbeitung, gewährleistet ist. Er muss sowohl zum Zeitpunkt der Festlegung der Mittel für die Verarbeitung als auch zum Zeitpunkt der eigentlichen Verarbeitung geeignete technische und organisatorische Maßnahmen implementieren, die darauf ausgelegt sind, die Datenschutzgrundsätze aus Art. 5 DS-GVO, wie z.B. die Datenminimierung, wirksam umzusetzen. Der Verantwortliche muss darüber hinaus Schritte unternehmen, um sicherzustellen, dass ihm unterstellte natürliche Personen, die Zugang zu personenbezogenen Daten haben, diese nur aufgrund seiner Anweisung verarbeiten.

817 ■ **Lösung zu Fallbeispiel 14 – Versicherungskaufmann – Beschäftigtendatenschutz (Rn. 796)**

A. *Informationsbeschaffungen durch V*
  I. Recherche im Internet
    ⇒ § 26 Abs. 1 S. 1 BDSG
      ⇒ A ist Bewerber und gilt nach § 26 Abs. 8 S. 2 BDSG als „Beschäftigter" i.S.v. § 26 Abs. 1 BDSG
      ⇒ Informationsbeschaffung erforderlich für Begründung, Durchführung oder Beendigung des Beschäftigungsverhältnisses? Hier einschlägig: „Begründung" des Beschäftigungsverhältnisses.
      ⇒ Erforderlichkeit, d.h. Interessenabwägung. P.: Daten nicht bei A erhoben, sondern im Internet. Aber: Abwägung zugunsten von V, da Daten öffentlich zugänglich sind und V berechtigte Interessen (Auswahl geeigneter Mitarbeiter) verfolgt
    → Recherche zulässig
  II. Befragung des früheren Arbeitgebers
    ⇒ § 26 Abs. 1 S. 1 BDSG
      ⇒ Arbeitgeber dürfen sich grundsätzlich untereinander bei der Wahrung ihrer Belange unterstützen, soweit gewisse Grenzen eingehalten werden (z.B. unzulässig: Übergabe der Personalakte)
      → Abwägung fällt zugunsten von V aus
    ⇒ Recherche zulässig (a.A. vertretbar)
  III. Verschaffung des Zugangs zu privaten Informationen des A
    ⇒ § 26 Abs. 1 S. 1 BDSG
      ⇒ Daten nicht öffentlich zugänglich; V hat A bewusst getäuscht, um an Informationen zu gelangen
      → Abwägung fällt zulasten von V aus
    → Recherche unzulässig

B. *Einstellen von Personaldaten und Fotos in das Internet*
    ⇒ § 26 Abs. 1 S. 1 BDSG
      → Erforderlich für Begründung, Durchführung oder Beendigung des Beschäftigungsverhältnisses? Hier einschlägig: „Durchführung" des Beschäftigungsverhältnisses
      → „Erforderlich"? Bei Kundenberater, Außenvertreter, etc. wohl (+), da diese in engen Kontakt mit Kunden stehen und Kunde entsprechende „Sichtbarkeit" erwartet; i.Ü. aber (-)
      ⇒ Hinsichtlich Veröffentlichung von Fotos im Internet in jedem Fall Einwilligung nach § 22 KUG erforderlich
    ⇒ § 26 Abs. 2 BDSG
      ⇒ Einwilligung wirksam? Freiwilligkeit hier gegeben, keine Anhaltspunkte dafür, dass V Druck auf Mitarbeiter o.Ä. aufbauen wird
      → Geplantes Vorhaben auf Basis einer Einwilligung realisierbar (a.A. vertretbar)

III. Verarbeitung und Zugang der Öffentlichkeit zu amtlichen Dokumenten (Art. 86 DS-GVO)

Der Zugang der Öffentlichkeit zu amtlichen Dokumenten wird in der DS-GVO als **818** öffentliches Interesse angesehen.[66] Aus grundrechtlicher Perspektive ist der Zugang zu amtlichen Dokumenten regelmäßig notwendig, damit das – einem solchen Zugang zeitlich nachfolgende – **Grundrecht der Informationsfreiheit** aus Art. 11 Abs. 1 S. 2 GrCh oder Art. 5 Abs. 1 S. 1 GG seine volle Wirkung entfalten kann. Um zu verhindern, dass unter Berufung auf datenschutzrechtliche Belange der Zugang zu amtlichen Dokumenten in unangemessener Weise verweigert wird, sieht der Verordnungsgeber mit Art. 86 DS-GVO eine Regelung vor, die einen Ausgleich zwischen den Informationsinteressen der Öffentlichkeit und dem Schutz personenbezogener Daten bezweckt.

Danach dürfen personenbezogene Daten in **amtlichen Dokumenten,** die sich im Be- **819** sitz einer Behörde oder einer öffentlichen Einrichtung oder einer privaten Einrichtung zur Erfüllung einer im öffentlichen Interesse liegenden Aufgabe befinden, von dieser gemäß dem Unionsrecht oder dem Recht des jeweiligen Mitgliedstaats, dem die Behörde oder Einrichtung unterliegt, **offen gelegt** werden. Art. 86 DS-GVO ermöglicht es folglich, dass bei der Anwendung der DS-GVO das Interesse der Öffentlichkeit am Zugang zu amtlichen Dokumenten berücksichtigt wird. Unter den Behörden und öffentlichen Stellen versteht der Verordnungsgeber solche Stellen, die vom Recht des jeweiligen Mitgliedstaats über den Zugang der Öffentlichkeit zu Dokumenten erfasst werden.[67]

Durch die Vorgabe, dass die Offenlegung personenbezogener Daten „gemäß dem **820** Unionsrecht oder dem Recht des Mitgliedstaats" erfolgen kann, kommt zum Ausdruck, dass die Datenverarbeitung auf der Grundlage einer unionsrechtlichen oder mitgliedstaatlichen **Rechtsvorschrift** erfolgen kann, die einen solchen Ausgleich ermöglicht. Art. 86 DS-GVO stellt folglich eine fakultative, d.h. nicht zwingende **Öffnungsklausel** für die Mitgliedstaaten dar, den Zugang der Öffentlichkeit zu amtlichen Dokumenten und die Weiterverwendung von Informationen des öffentlichen Sektors mit den Vorgaben der DS-GVO in Einklang zu bringen.[68] Die Vorschrift regelt dagegen nicht eine originäre Pflicht, Zugang zu amtlichen Dokumenten zu gewähren.[69] Indem der Verordnungsgeber den Zugang der Öffentlichkeit zu amtlichen Dokumenten als öffentliches Interesse ansieht, erfolgen die in diesem Zusammenhang durchgeführten Datenverarbeitungen auf der Grundlage von Art. 6 Abs. 1 UAbs. 1 lit. e DS-GVO (Datenverarbeitung zur Wahrnehmung einer Aufgabe im öffentlichen Interesse; dazu näher → Rn. 389 ff.).

Im **deutschen Recht** befinden sich bereits zahlreiche Regelungen, die einen Zugang zu **821** amtlichen Informationen gewähren und im Falle der Beeinträchtigung der Datenschutzrechte der betroffenen Person einschränkende Regelungen enthalten. Bekannte Beispiele hierfür sind das **Informationsfreiheitsgesetz** (IFG) und das **Umweltinfor-**

---

66 Vgl. Erwägungsgrund 154 der DS-GVO.
67 Erwägungsgrund 154 der DS-GVO.
68 *Herbst,* in: Kühling/Buchner (Hrsg.), DS-GVO/BDSG, 2. Aufl. 2018, Art. 86 DS-GVO Rn. 3; *Kühling/Martini/u.a.,* Die Datenschutz-Grundverordnung und das nationale Recht, 2016, S. 296.
69 So aber offenbar *Schiedermair,* in: Wolff/Brink (Hrsg.), BeckOK Datenschutzrecht, 22. Ed. 2017, Art. 86 DS-GVO Rn. 1 ff.

mationsgesetz (UIG) des Bundes. Daneben existieren sowohl auf Bundes- als auch auf Landesebene eine Reihe weiterer Gesetze, die den Zugang zu amtlichen Informationen regeln.[70] Soweit diese Vorschriften, wie regelmäßig, entsprechende Abwägungsregeln enthalten (vgl. etwa § 5 IFG), stehen sie grundsätzlich im Einklang mit der DS-GVO.[71]

IV. Verarbeitung nationaler Kennziffern (Art. 87 DS-GVO)

822   Durch Kennziffern ist es privaten oder öffentlichen Stellen möglich, natürliche Personen zu identifizieren und auf sie bezogene Datensätze miteinander zu verknüpfen. Dies dient in der Regel der Erhöhung der **Verwaltungseffizienz,** aber auch der **Gleichbehandlung.** Denn bei einer auf Basis einer Kennziffer erfolgenden Datenverarbeitung ist eine Benachteiligung oder Bevorzugung aufgrund von Name, Geschlecht oder ähnlichen Merkmalen nur eingeschränkt möglich.[72] Umgekehrt können Kennziffern aber auch die Erstellung von Persönlichkeitsprofilen erleichtern.

823   Art. 87 DS-GVO ermöglicht es daher den Mitgliedstaaten, zu regeln, unter welchen **Bedingungen** nationale Kennziffern oder andere Kennzeichen von allgemeiner Bedeutung Gegenstand einer Datenverarbeitung sein dürfen. Machen die Mitgliedstaaten von dieser Regelungsbefugnis Gebrauch, müssen sie **geeignete Garantien** für die Rechte und Freiheiten der betroffenen Person nach der DS-GVO vorsehen (z.B. Regelungen zur Transparenz sowie zu Zweck- und Verwendungsbegrenzungen).

824   Unter dem **Begriff** der nationalen Kennziffer fallen beispielsweise alphanumerische Zeichen, Barcodes, Fingerabdrücke oder andere eindeutige individuelle Merkmale,[73] soweit ihnen ein Personenbezug zukommt.[74] Um die Anforderungen einer „nationalen" Kennziffer zu erfüllen, muss diese in einem Mitgliedstaat **umfassend verwendet** werden.[75] In Deutschland existieren anders als in anderen Mitgliedstaaten keine nationalen Kennziffern i.S.v. Art. 87 DS-GVO. Soweit in Deutschland für bestimmte Bereiche Ordnungsnummern vorhanden sind, wie beispielsweise die Seriennummer des Personalausweises (§ 2 Abs. 8 PAuswG) oder die Steuer-Identifikationsnummer (§ 139b AO),[76] haben diese nur sektorielle Bedeutung und sind folglich keine nationalen Kennziffern i.S.v. Art. 87 DS-GVO. Auch stellen sie keine „Kennzeichen von allgemeiner Bedeutung" dar, weshalb Art. 87 DS-GVO in Deutschland derzeit keine konkrete Bedeutung zukommt.[77]

---

70 Vgl. hierzu die Auflistung bei *Kühling/Martini/u.a.*, Die Datenschutz-Grundverordnung und das nationale Recht, 2016, S. 296 ff.

71 *Herbst*, in: Kühling/Buchner (Hrsg.), DS-GVO/BDSG, 2. Aufl. 2018, Art. 86 DS-GVO Rn. 24.

72 *Weichert*, in: Kühling/Buchner (Hrsg.), DS-GVO/BDSG, 2. Aufl. 2018, Art. 87 DS-GVO Rn. 5 f.

73 Vgl. *Weichert*, in: Kühling/Buchner (Hrsg.), DS-GVO/BDSG, 2. Aufl. 2018, Art. 87 DS-GVO Rn. 8.

74 *Pauly*, in: Paal/Pauly (Hrsg.), DS-GVO, 2017, Art. 87 Rn. 2.

75 *Weichert*, in: Kühling/Buchner (Hrsg.), DS-GVO/BDSG, 2. Aufl. 2018, Art. 87 DS-GVO Rn. 9.

76 Vgl. die weiteren Beispiele bei *v. Lewinski*, in: Wolff/Brink (Hrsg.), BeckOK Datenschutzrecht, 22. Ed. 2017, Art. 87 DS-GVO Rn. 53 ff.

77 Dazu *v. Lewinski*, in: Wolff/Brink (Hrsg.), BeckOK Datenschutzrecht, 22. Ed. 2017, Vorbem. zu Art. 87 DS-GVO.

V. Datenverarbeitung zu Archiv-, Forschungs- und statistischen Zwecken

1. Privilegierung und Öffnungsklauseln in der DS-GVO

Die DS-GVO enthält **keine eigene Rechtsgrundlage** für die Verarbeitung personen- **825** bezogener Daten zu Archiv-, Forschungs- und statistischen Zwecken. Datenverarbeitungen zu diesen Zwecken werden in der DS-GVO aber an verschiedenen Stellen **privilegiert**. So sieht Art. 5 Abs. 1 lit. b DS-GVO für Datenverarbeitungen zu entsprechenden Zwecken geringere Anforderungen hinsichtlich Zweckänderungen vor. Danach gelten Weiterverarbeitungen – anders als im Falle des Art. 6 Abs. 4 DS-GVO (siehe dazu näher → Rn. 421 ff.) – nicht als unvereinbar mit den ursprünglichen Zwecken. Nach Art. 5 Abs. 1 lit. e DS-GVO dürfen zu Archiv-, Forschungs- und statistischen Zwecken verarbeitete personenbezogene Daten „länger" gespeichert werden, soweit sie ausschließlich für diese Zwecke verarbeitet werden. Des Weiteren sieht Art. 14 Abs. 5 lit. b DS-GVO vor, dass für den Verantwortlichen unter bestimmten Voraussetzungen keine Informationspflichten gegenüber der betroffenen Person gelten. Schließlich bestehen nach Art. 17 Abs. 3 lit. d DS-GVO Ausnahmen von der Löschpflicht. Flankierend hierzu enthält Art. 89 Abs. 2 und 3 DS-GVO eine Öffnungsklausel zugunsten der Mitgliedstaaten, die Rechte der betroffenen Personen weiter einzuschränken. Handelt es sich bei den zu diesen Zwecken verarbeiteten Daten um besondere Kategorien personenbezogener Daten i.S.v. Art. 9 Abs. 1 DS-GVO, sieht Art. 9 Abs. 2 lit. j DS-GVO eine Öffnungsklausel zugunsten der Mitgliedstaaten vor, Ausnahmen vom grundsätzlichen Verarbeitungsverbot des Art. 9 Abs. 1 DS-GVO zu normieren (vgl. dazu oben → Rn. 468 ff.).

Voraussetzung für die vorstehenden Privilegierungen ist jedoch, dass hinsichtlich der **826** zu Archiv-, Forschungs- oder statistischen Zwecken erfolgenden Datenverarbeitungen durch **geeignete Garantien** sichergestellt ist, dass technische und organisatorische Maßnahmen bestehen, mit denen insbesondere die Beachtung des Grundsatzes der Datenminimierung gewährleistet wird (Art. 89 Abs. 1 DS-GVO). Hierunter können insbesondere auch Maßnahmen wie Pseudonymisierungen fallen, sofern es möglich ist, die Archiv-, Forschungs- und statistischen Zwecke auf diese Weise zu erfüllen.

Was unter Archiv-, Forschungs- und statistischen Zwecken im Einzelnen zu verstehen **827** ist, wird in der DS-GVO ebenfalls nicht geregelt. Anhaltspunkte ergeben sich lediglich aus den Erwägungsgründen. So umfasst der Begriff der im öffentlichen Interesse liegenden **Archivzwecke** nach Erwägungsgrund 158 der DS-GVO Verarbeitungszwecke, die von Behörden oder öffentlichen oder privaten Stellen verfolgt werden, um Aufzeichnungen von bleibendem Wert für das allgemeine öffentliche Interesse zu erwerben, zu erhalten, zu bewerten, aufzubereiten, zu beschreiben, mitzuteilen, zu fördern, zu verbreiten sowie Zugang dazu bereitzustellen. Keine Archivierung stellt die bloße Aufbewahrung dar, die lediglich zum Zwecke der Erfüllung von Aufbewahrungspflicht erfolgt.[78] Was unter wissenschaftlichen Forschungszwecken zu verstehen ist, wird in Erwägungsgrund 159 der DS-GVO angedeutet: Danach soll der Begriff der **wissen-**

---

78 Vgl. *Buchner/Tinnefeld*, in: Kühling/Buchner (Hrsg.), DS-GVO/BDSG, 2. Aufl. 2018, Art. 89 DS-GVO Rn. 10.

schaftlichen Forschung grundsätzlich weit ausgelegt werden und beispielsweise die Verarbeitung für die technologische Entwicklung und die Grundlagenforschung, die angewandte Forschung und die privat finanzierte Forschung einschließen. Ebenfalls umfasst sind Studien, die im öffentlichen Interesse im Bereich der öffentlichen Gesundheit durchgeführt werden. Unter den Begriff der **historischen Forschungszwecke** fallen nach Erwägungsgrund 160 der DS-GVO u.a. die historische Forschung und die Forschung im Bereich der Genealogie. Gegenstand der historischen Forschung ist in Abgrenzung zur wissenschaftlichen Forschung bereits archiviertes Material.[79] Bei Datenverarbeitungen zu **statistischen Zwecken** handelt es sich nach Erwägungsgrund 162 der DS-GVO um jeden für die Durchführung statistischer Untersuchungen und die Erstellung statistischer Ergebnisse erforderlichen Vorgang der Erhebung und Verarbeitung personenbezogener Daten. Den Ergebnissen der Verarbeitung zu statistischen Zwecken liegen regelmäßig aggregierte, d.h. keine personenbezogenen Daten zugrunde.

2. Rechtsgrundlagen im BDSG

a) Forschungszwecke und statistische Zwecke (§ 27 BDSG)

828   Nationale Vorgaben für Datenverarbeitungen zu wissenschaftlichen oder historischen Forschungszwecken und zu statistischen Zwecken hat der deutsche Gesetzgeber in § 27 BDSG normiert. Dessen Abs. 1 sieht spezielle Vorschriften für den Fall vor, dass **besondere Kategorien personenbezogener Daten** zu Forschungs- und statistischen Zwecken verarbeitet werden sollen. Diese Daten dürfen **ohne Einwilligung** verarbeitet werden, wenn die Verarbeitung zu solchen Zwecken erforderlich ist und die Interessen des Verantwortlichen an der Verarbeitung die Interessen der betroffenen Person an einem Ausschluss der Verarbeitung erheblich überwiegen.[80] In diesem Fall muss der Verantwortliche jedoch **Maßnahmen zur Wahrung der Interessen der betroffenen Person** i.S.v. § 22 Abs. 2 S. 2 BDSG vorsehen.[81] Hierzu zählt insbesondere die Anonymisierung, sobald dies nach dem Forschungs- oder Statistikzweck möglich ist und die berechtigten Interessen der betroffenen Person dem nicht entgegenstehen.[82] Bis zu einer Anonymisierung dürfen die Daten nur in pseudonymisierter Form verarbeitet werden. § 27 Abs. 1 BDSG gilt nur für die Verarbeitung besonderer Kategorien personenbezogener Daten. Die Verarbeitung von nicht hierunter fallenden Daten richtet sich entweder unmittelbar nach der DS-GVO (insbesondere Art. 6 Abs. 1 DS-GVO) oder nach im Einklang mit der DS-GVO erlassenen Rechtsgrundlagen des Unions- oder nationalen Gesetzgebers.[83]

---

79 *Buchner/Tinnefeld*, in: Kühling/Buchner (Hrsg.), DS-GVO/BDSG, 2. Aufl. 2018, Art. 89 DS-GVO Rn. 14.
80 Vgl. insoweit die Öffnungsklausel in Art. 9 Abs. 2 lit. a DS-GVO.
81 Vgl. insoweit die Öffnungsklausel in Art. 9 Abs. 2 lit. j DS-GVO.
82 Vgl. § 27 Abs. 3 BDSG.
83 BT-Drs. 18/11325, S. 99.

Die Vorschrift enthält in ihrem Abs. 2 weitere **Einschränkungen** der in Art. 15 (Aus- **829**
kunftsrecht), Art. 16 (Berichtigungsanspruch), Art. 18 (Recht auf Einschränkung) und
Art. 21 (Widerspruchsrecht) der DS-GVO vorgesehenen **Betroffenenrechte**.[84] Die Einschränkungen gelten jedoch nur, soweit die Ausübung der Betroffenenrechte die Verwirklichung der Forschungs- oder Statistikzwecke unmöglich macht oder ernsthaft
beeinträchtigt und die Beschränkung für die Erfüllung der Forschungs- und Statistikzwecke notwendig ist. Ausnahmen von der Löschpflicht folgen bereits unmittelbar aus
Art. 17 Abs. 3 lit. d DS-GVO und werden in Art. 27 Abs. 2 BDSG daher nicht mehr genannt. Die Einschränkung der Betroffenenrechte nach § 27 Abs. 2 BDSG gilt für alle
Kategorien personenbezogener Daten.[85]

b) Im öffentlichen Interesse liegende Archivzwecke (§ 28 BDSG)

Regelungen zu Datenverarbeitungen für im öffentlichen Interesse liegende Archiv- **830**
zwecke sieht § 28 BDSG vor. Nach dessen Abs. 1 ist die Verarbeitung **besonderer Kategorien personenbezogener Daten** zulässig, wenn sie für im öffentlichen Interesse
liegende Archivzwecke erforderlich ist.[86] In diesem Fall muss der Verantwortliche **Maßnahmen zur Wahrung der Interessen der betroffenen Person** vorsehen, die in § 22
Abs. 2 S. 2 BDSG beispielhaft[87] aufgezählt werden (z.B. technisch-organisatorische
Maßnahmen, Pseudonymisierung, Verschlüsselung, etc.). Soweit es sich nicht um
besondere Kategorien personenbezogener Daten handelt, richtet sich die Verarbeitung dieser Daten entweder unmittelbar nach der DS-GVO (insbesondere Art. 6 Abs. 1
DS-GVO) oder nach im Einklang mit der DS-GVO erlassenen Rechtsgrundlagen des
Unions- oder nationalen Gesetzgebers.[88]

Auch hinsichtlich Verarbeitungen zu im öffentlichen Interesse liegenden Archivzwe- **831**
cken macht der Gesetzgeber von der ihm durch die Öffnungsklausel des Art. 89 Abs. 2
DS-GVO eingeräumten Möglichkeit Gebrauch und sieht in § 28 Abs. 2, 3 und 4 BDSG
unter bestimmten Bedingungen **Einschränkungen** hinsichtlich des Auskunftsrechts
(Art. 15 DS-GVO), des Berichtigungsrechts (Art. 16 DS-GVO) und des Rechts auf Einschränkung (Art. 18 DS-GVO) vor. Auch in diesem Zusammenhang ist darauf hinzuweisen, dass Ausnahmen von der Löschpflicht bereits unmittelbar aus Art. 17 Abs. 3
lit. d DS-GVO folgen. Diese Einschränkungen der Betroffenenrechte gelten für die Verarbeitung sämtlicher personenbezogener Daten, einschließlich besonderer Kategorien
personenbezogener Daten.[89]

---

84 Vgl. insoweit die Öffnungsklausel in Art. 89 Abs. 2 DS-GVO.
85 BT-Drs. 18/11325, S. 99.
86 Vgl. insoweit die Öffnungsklausel in Art. 9 Abs. 2 lit. j DS-GVO.
87 BT-Drs. 18/11325, S. 100.
88 BT-Drs. 18/11325, S. 100.
89 BT-Drs. 18/11325, S. 100.

VI. Rechte der betroffenen Person und aufsichtsbehördliche Befugnisse im Fall von Geheimhaltungspflichten

832   Die Transparenzpflichten der DS-GVO, die insbesondere in den Informationspflichten der Art. 12 ff. DS-GVO zum Ausdruck kommen, können in bestimmten Konstellationen in einem Spannungsfeld zu den **Regelungen zum Schutz von Berufsgeheimnissen** stehen. Müsste beispielsweise ein Rechtsanwalt den Gegner seines Mandanten über die Erhebung von Informationen über den Gegner nach Maßgabe von Art. 14 DS-GVO informieren, stünde dies in einem Konflikt mit dem Berufsgeheimnis aus § 43a Abs. 2 BRAO, dem der Rechtsanwalt unterliegt.[90]

833   Ähnliches gilt im Zusammenhang mit der Ausübung **aufsichtsrechtlicher Befugnisse durch Datenschutzbehörden.** Diese haben im Rahmen ihrer Untersuchungsbefugnisse nach Art. 58 Abs. 1 lit. e DS-GVO das Recht, Zugang zu allen personenbezogenen Daten und Informationen des Verantwortlichen und Auftragsverarbeiters zu erhalten. Nach Art. 58 Abs. 1 lit. lit. f DS-GVO müssen der Verantwortliche und der Auftragsverarbeiter der Aufsichtsbehörde Zugang zu ihren Geschäftsräumen und Datenverarbeitungsanlagen gestatten. Auch bei der Erfüllung dieser Pflichten gegenüber Aufsichtsbehörden kann es zu Konflikten mit den Geheimhaltungspflichten des Verantwortlichen oder Auftragsverarbeiters kommen.

1. Einschränkung der Betroffenenrechte (Art. 14 Abs. 5 lit. d DS-GVO; § 29 BDSG)

834   Um dieses Spannungsverhältnis zu entschärfen, sieht Art. 14 Abs. 5 lit. d DS-GVO vor, dass die **Informationspflichten** das Art. 14 Abs. 1 bis 4 DS-GVO **keine Anwendung** finden, wenn und soweit die personenbezogenen Daten nach unions- oder mitgliedstaatlichem Recht einem Berufsgeheimnis oder einer Geheimhaltungspflicht unterliegen.

835   Ergänzend[91] sieht **§ 29 Abs. 1 S. 1 BDSG** vor, dass die Informationspflichten der DS-GVO auch dann nicht bestehen, soweit durch ihre Erfüllung Informationen offenbart würden, die ihrem Wesen nach, insbesondere wegen der überwiegenden berechtigten Interessen eines Dritten, geheim gehalten werden müssen. Des Weiteren ist das Auskunftsrecht der betroffenen Person nach Art. 15 DS-GVO ausgeschlossen, soweit durch die Auskunft Informationen offenbart würden, die nach einer Rechtsvorschrift oder ihrem Wesen nach, insbesondere wegen der überwiegenden berechtigten Interessen eines Dritten, geheim gehalten werden müssen (§ 29 Abs. 1 S. 2 BDSG). Dasselbe gilt nach § 29 Abs. 1 S. 3 BDSG hinsichtlich der Pflicht zur Benachrichtigung nach Art. 34 DS-GVO. Auch diese besteht ergänzend zu den in Art. 34 Abs. 3 DS-GVO genannten Ausnahmen nicht, soweit durch die Benachrichtigung Informationen offenbart würden, die nach einer Rechtsvorschrift oder ihrem Wesen nach, insbesondere wegen der

---

90   Hierzu vgl. *Herbst*, in: Kühling/Buchner (Hrsg.), DS-GVO/BDSG, 2. Aufl. 2018, Art. 90 DS-GVO Rn. 1.
91   Vgl. insoweit die Öffnungsklausel in Art. 23 Abs. 1 lit. i DS-GVO; BT-Drs. 18/11325, S. 100.

überwiegenden berechtigten Interessen eines Dritten, geheim gehalten werden müssen. Dies gilt nur dann nicht, wenn die Interessen der betroffenen Person gegenüber dem Geheimhaltungsinteresse überwiegen (§ 29 Abs. 1 S. 4 BDSG).

Einen speziellen Fall des Entfallens der Informationspflicht regelt § 29 Abs. 2 BDSG, der dem Schutz der ungehinderten **Kommunikation zwischen Mandant und Berufsgeheimnisträger** dient. Die Vorschrift ist dem Umstand geschuldet, dass Wirtschaftsprüfer und Rechtsanwälte oftmals nicht (nur) mit der Verfolgung von Rechtsansprüchen, sondern mit vielfältigen Beratungsdienstleistungen (Steuerberatung; Begleitung von Unternehmenstransaktionen; Gutachter- und Sachverständigentätigkeit etc.) beauftragt werden.[92] Werden Daten Dritter im Zuge der Aufnahme oder im Rahmen eines Mandatsverhältnisses an einen Berufsgeheimnisträger übermittelt, so besteht grundsätzlich eine Informationspflicht der übermittelnden Stelle gegenüber der betroffenen Person aus Art. 13 Abs. 3 DS-GVO. § 29 Abs. 2 BDSG lässt diese Pflicht entfallen, wenn nicht das Interesse der betroffenen Person an der Informationserteilung überwiegt.[93] Nach Ansicht des Gesetzgebers widerspräche es nämlich dem besonderen Schutz des Mandatsverhältnisses, wenn der Mandant in jedem Fall sämtliche durch die Datenübermittlung an den Berufsgeheimnisträger betroffenen Personen über die Zwecke der Datenübermittlung, die Identität der beauftragten Berufsgeheimnisträger etc. informieren müsste.[94]

836

2. Einschränkung aufsichtsbehördlicher Befugnisse (§ 29 Abs. 3 BDSG)

Hinsichtlich etwaiger mit Berufsgeheimnissen kollidierender Befugnisse der Aufsichtsbehörden bestimmt **§ 29 Abs. 3 BDSG**, dass gegenüber in § 203 Abs. 1, 2a und 3 StGB bestimmten Personen oder deren Auftragsverarbeitern die Untersuchungsbefugnisse der Aufsichtsbehörde nach Art. 58 Abs. 1 lit. e und f DS-GVO nicht bestehen, soweit die Inanspruchnahme der Befugnisse zu einem Verstoß gegen die Geheimhaltungspflichten dieser Person führen würde.[95] Erlangt eine Aufsichtsbehörde im Rahmen einer Untersuchung Kenntnis von Daten, die einer Geheimhaltungspflicht i.S.d. vorstehenden Satzes unterliegen, gilt die Geheimhaltungspflicht auch für die Aufsichtsbehörde. Hintergrund der Regelung ist, dass es ohne eine solche Einschränkung der Befugnisse der Aufsichtsbehörden in vielen Fällen zu einer Kollision mit Pflichten des Geheimnisträgers käme. Gerade bei den freien Berufen soll die berufsrechtliche Schweigepflicht nach Ansicht des Gesetzgebers aber das Vertrauen des Mandanten und der Öffentlichkeit in den Berufsstand schützen, weshalb das Mandatsverhältnis nicht mit Unsicherheiten hinsichtlich seiner Vertraulichkeit belastet sein dürfe.[96]

837

---

92 Vgl. die Gesetzesbegründung BT-Drs. 18/11325, S. 100 f.
93 Vgl. insoweit die Öffnungsklausel in Art. 23 Abs. 1 lit. i DS-GVO; BT-Drs. 18/11325, S. 100.
94 BT-Drs. 18/11325, S. 101.
95 Vgl. insoweit die Öffnungsklausel in Art. 90 Abs. 1 DS-GVO sowie Erwägungsgrund 164 der DS-GVO.
96 BT-Drs. 18/11325, S. 101.

VII.　Verbraucherkredite (§ 30 BDSG)

838　§ 30 Abs. 1 BDSG regelt in Umsetzung der Verbraucherkreditrichtlinie[97] den **diskriminierungsfreien Zugang** zu kreditrelevanten Informationen. Danach muss jede Stelle, die geschäftsmäßig personenbezogene Daten, die zur Bewertung der Kreditwürdigkeit von Verbrauchern genutzt werden, zum Zweck der Übermittlung erhebt, speichert oder verändert, Auskunftsverlangen von Darlehensgebern aus anderen Mitgliedstaaten der Europäischen Union genauso behandeln, wie Auskunftsverlangen inländischer Darlehensgeber.

839　Abs. 2 sieht eine spezielle **Informationspflicht** für Fälle vor, in denen einem Verbraucher infolge einer Negativauskunft die Gewährung eines Kredits untersagt wird. So hat nach der Vorschrift derjenige, der den Abschluss eines Verbraucherdarlehensvertrags oder eines Vertrags über eine entgeltliche Finanzierungshilfe mit einem Verbraucher infolge einer Auskunft einer Stelle nach § 30 Abs. 1 BDSG ablehnt, den Verbraucher unverzüglich hierüber sowie über die erhaltene Auskunft zu unterrichten. Eine solche Unterrichtung darf nur dann unterbleiben, soweit hierdurch die öffentliche Sicherheit oder Ordnung (z.B. Verhütung, Ermittlung, Feststellung und Verfolgung von Straftaten)[98] gefährdet würde. Die Vorschrift stellt klar, dass bei ihrer Anwendung die hinsichtlich automatisierter Entscheidungen im Einzelfall geltenden Vorgaben (§ 37 BDSG) unberührt bleiben.

VIII.　Schutz des Wirtschaftsverkehrs bei Scoring und Bonitätsauskünften (§ 31 BDSG)

840　Das BDSG enthält ferner Vorschriften zum Schutz des Wirtschaftsverkehrs bei Scoring und Bonitätsauskünften. Dem liegt die Überlegung zugrunde, dass der Schutz der Verbraucher vor Überschuldung gleichermaßen im Interesse der Verbraucher wie auch im Interesse der Wirtschaft liegt. Die **Ermittlung der Kreditwürdigkeit** und die **Erteilung von Bonitätsauskünften** sind wesentliche Elemente eines funktionierenden Kreditwesens und damit auch einer funktionsfähigen Wirtschaft.[99] § 31 BDSG sieht daher in Ergänzung zur DS-GVO Regelungen zu Scoring und Bonitätsauskünften vor.[100]

1.　Scoring (§ 31 Abs. 1 BDSG)

841　In der Praxis wird das sog. Scoring vor allem zur **Bonitätsprüfung** im Zusammenhang mit verschiedenen Vertragsverhältnissen eingesetzt. Für die betroffene Person kann dies im Einzelfall weitreichende Bedeutung haben, weil insbesondere Kreditinstitute die Kriterien für Darlehen an jenem Scorewert orientieren. Damit hängt für den Kredit-

---

　97　RL 2008/48/EG des Europäischen Parlaments und des Rates v. 23.4.2008 über Verbraucherkreditverträge und zur Aufhebung der Richtlinie 87/102/EWG des Rates, ABl. EU 2008, L 133/66.
　98　Vgl. Erwägungsgrund 29 der RL 2008/48/EG.
　99　Vgl. BT-Drs. 18/11325.
100　Vgl. insoweit die Öffnungsklausel in Art. 23 Abs. 1 lit. e DS-GVO.

nehmer oftmals nicht nur die Höhe der Zinsen, sondern gegebenenfalls die Frage, ob ihm überhaupt ein Kredit gewährt wird, von einem günstigen Scorewert ab.

§ 31 Abs. 1 BDSG regelt die Zulässigkeit der Verwendung von Scorewerten. Unter dem **842** Begriff des Scorings i.S.d. Vorschrift ist die **Verwendung eines Wahrscheinlichkeits-werts** über ein bestimmtes zukünftiges **Verhalten einer natürlichen Person** zum **Zweck der Entscheidung** über die Begründung, Durchführung oder Beendigung eines Vertragsverhältnisses dieser Person zu verstehen.

In § 31 Abs. 1 BDSG werden verschiedene **Voraussetzungen** genannt, die erfüllt sein **843** müssen, damit die **Verwendung von Scorewerten** im Einklang mit dem Datenschutz steht. Zunächst ist sicherzustellen, dass die (allgemeinen) Vorschriften des Daten-schutzrechts eingehalten wurden (§ 31 Abs. 1 Nr. 1 BDSG). Voraussetzung ist weiter, dass ein wissenschaftlich anerkanntes mathematisch-statistisches Verfahren zugrunde gelegt wird und die genutzten Daten nachweisbar für die Berechnung der Wahrschein-lichkeit des bestimmten Verhaltens erheblich sind (§ 31 Abs. 1 Nr. 2 BDSG). Dies setzt nicht etwa die Einholung von Prüfsiegeln voraus. Es genügt vielmehr die Entwicklung der Formeln durch qualifiziertes Fachpersonal.[101] Es besteht gleichwohl eine Doku-mentationspflicht, welche die Relevanz der Datenkategorien und die Aussagekraft der Berechnungen umfasst. Schließlich dürfen für die Berechnung von Scorewerten nicht ausschließlich Anschriftendaten genutzt werden (§ 31 Abs. 1 Nr. 3 BDSG). Unter „Anschriftendaten" sind dabei Name, Straße und Ort zu verstehen.[102] Die betroffene Person ist im Übrigen gemäß § 31 Abs. 1 Nr. 4 BDSG vor der Berechnung über die vor-gesehene Nutzung seiner Anschriftendaten zu informieren und die entsprechende Unterrichtung muss dokumentiert werden.

2. Bonitätsauskünfte (§ 31 Abs. 2 BDSG)

Der Verantwortliche darf nach § 31 Abs. 2 S. 1 BDSG **von Auskunfteien ermittelte** **844** **Wahrscheinlichkeitswerte** über die Zahlungsfähigkeit und Zahlungswilligkeit einer natürlichen Person nur verwenden, wenn die Auskunftei bei der Ermittlung der Werte die Anforderungen des § 31 Abs. 1 BDSG eingehalten hat.[103] Zusätzlich muss eine der in § 31 Abs. 2 S. 1 BDSG genannten Voraussetzung vorliegen. Die Verwendung setzt zunächst voraus, dass die im Rahmen der Forderung geschuldete Leistung trotz Fällig-keit nicht erbracht worden ist. Hinzukommen muss noch, dass eines der fünf alterna-tiven Zusatzkriterien des § 32 Abs. 2 Nr. 1 bis 5 BDSG erfüllt ist (etwa die Feststellung des Bestehens der Forderung durch ein rechtskräftiges Urteil oder das ausdrückliche Anerkenntnis der betroffenen Person).

---

101 Im Rahmen des BDSG a.F. *Gola/Schomerus*, BDSG, 12. Aufl. 2015, § 28b Rn. 12.
102 Für eine enge Auslegung unter dem BDSG a.F. plädierend *Hoeren*, VuR 2009, 363 (367); für eine weite Auslegung, die auch Geodaten mitumfasst *Abel*, DSB 2008, 8 (13); *Bohnen*, Die BDSG Novellen 2009/2010 – kritische Bestandsaufnahme und weiterer Reformbedarf, 2011, S. 95 ff.; *Wäßle/Heinemann*, CR 2010, 410 (415).
103 Zum Verhältnis zur Vorgängerregelung in § 28a BDSG a.F. *Kremer*, CR 2017, 367 (374).

845   Die Regelung des § 31 Abs. 2 S. 1 BDSG gilt nur für Wahrscheinlichkeitswerte über die Zahlungsfähigkeit und Zahlungswilligkeit. S. 2 der Vorschrift sieht vor, dass die Zulässigkeit der Verarbeitung von **anderen bonitätsrelevanten Daten** nach allgemeinem Datenschutzrecht unberührt bleibt. Die Rechtsgrundlage für entsprechende Datenverarbeitungen ist insoweit folglich insbesondere Art. 6 Abs. 1 UAbs. 1 lit. f (Interessenabwägung) oder lit. a (Einwilligung) der DS-GVO.

B. Datenschutz im Bereich der öffentlichen Sicherheit und Strafverfolgung – DSRL-JI (§§ 45 ff. BDSG)[104]

I. Allgemeines

846   Wie eingangs dargestellt (siehe dazu → Rn. 188 ff.), ist die bereichsspezifische Materie des Datenschutzes im Bereich der öffentlichen Sicherheit und der Strafverfolgung nun umfassend durch die DSRL-JI sekundärrechtlich vorgeprägt und in Umsetzung dieser Richtlinie national geregelt. Die wesentlichen Regelungen finden sich in Teil 3 des BDSG,[105] das nach einem allgemeinen Teil 1 die Regelungsspielräume der Öffnungsklauseln der DS-GVO in Teil 2 ausfüllt und in **Teil 3** die Richtlinie umsetzt. Hier wird die Zweiteilung des BDSG in allgemeines und **bereichsspezifisches Datenschutzrecht** besonders deutlich. Dem BDSG kommt damit eine völlig andere Rolle zu, als der fortbestehende Name suggeriert. Es ist keine Kodifizierung des Datenschutzrechts (mehr), sondern eine Sammlung ergänzender nationaler allgemeiner Datenschutzregelungen (dazu bereits oben → Rn. 194 ff.) und bereichsspezifischen Datenschutzrechts. Der hier interessierende Teil 3 ist in den §§ 45 ff. BDSG geregelt und ist der Ausgangspunkt bei Datenschutzfragen im Bereich der öffentlichen Sicherheit und Strafverfolgung. In Zweifelsfragen empfiehlt sich ein „zweiter Blick" in die DSRL-JI, in deren Lichte die Vorschriften verstanden werden müssen. Ergänzend sind zudem oftmals **fachspezifische Regeln** heranzuziehen, wie etwa die Normen der StPO, so dass sich ein **dreifach gestuftes System** aus erstens dem allgemeinen Teil des BDSG, zweitens dem besonderen Teil des Teils 3 zur DSRL-JI im BDSG und drittens des Fachrechts ergibt (dazu → Rn. 206 f.).

847   Anders als die DSRL, die eine Vollharmonisierung anstrebte (siehe dazu → Rn. 134 f.), ist die DSRL-JI explizit als **mindestharmonisierender Rechtsakt** konzipiert und benennt daher ausdrücklich in Art. 1 Abs. 3 die Möglichkeit der Mitgliedstaaten, strengere Garantien zu schaffen. Das ist auch konsequent, denn es geht um Vorgaben gegenüber den Mitgliedstaaten, also gegenüber staatlichen Institutionen. Dabei ist das Ziel eines freien Datenverkehrs im Binnenmarkt nicht so stark beeinträchtigt wie im Bereich der

---

104 Dieser Abschnitt orientiert sich stark an *Kühling/Raab,* in Kühling/Buchner (Hrsg.), DS-GVO/BDSG, 2. Aufl. 2018, Einführung. Zur Vertiefung sei auf die Vorbemerkung zu und die Kommentierung der §§ 45 ff. BDSG von *Schwichtenberg,* in Kühling/Buchner (Hrsg.), DS-GVO/BDSG, 2. Aufl. 2018, verwiesen.

105 Zu den Regelungen im Detail siehe vertiefend auch *Greve,* NVwZ 2017, 737.

DS-GVO, die auch für die Verarbeitung von Daten im nichtöffentlichen Bereich gilt. Der Anwendungsbereich der Richtlinie beschränkt sich nach Art. 2 i.V.m. Art. 1 Abs. 1 auf „Bestimmungen zum Schutz natürlicher Personen bei der Verarbeitung personenbezogener Daten durch die zuständigen Behörden zum Zwecke der Verhütung, Ermittlung, Aufdeckung oder Verfolgung von Straftaten oder der Strafvollstreckung, einschließlich des Schutzes vor und der Abwehr von Gefahren für die öffentliche Sicherheit". Es geht also um einerseits **Strafverfolgung** und -**vollstreckung** und andererseits **Gefahren-abwehrrecht**.

Die Formulierung ist identisch mit der Ausnahme der DS-GVO nach deren Art. 2 Abs. 2   **848** lit. d. Die DSRL-JI ist also der Baustein, den die DS-GVO von ihrem Anwendungsbereich ausnimmt. Ein Teil der für die Richtlinie notwendigen Begriffsbestimmungen entspricht denen der DS-GVO. § 45 BDSG stellt klar, dass nur öffentliche Stellen als Verant-wortliche in Betracht kommen.

Auch die **Datenschutzgrundsätze** stimmen inhaltlich mit denen der DS-GVO überein   **849** (zu diesen ausführlich oben → Rn. 322 ff.), § 47 BDSG. Es ist nach § 49 BDSG aber umfassend eine **Verarbeitung zu anderen Zwecken möglich**, sofern dies nach dem Recht der Union oder des Mitgliedstaates erforderlich und verhältnismäßig ist. Im Rahmen der Rechtmäßigkeit der Verarbeitung bietet § 49 BDSG keine vergleichbare Zuläs-sigkeitsnorm wie noch die DSRL oder die DS-GVO. Die Verarbeitung muss zu einem in § 45 BDSG festgelegten Zweck erfolgen, hierfür erforderlich sein und auf einer Rechtsgrundlage gründen. Weitere Vorgaben macht die DSRL-JI nicht, insbesondere nicht zur Rechtmäßigkeit der Datenverarbeitung aufgrund einer Einwilligung.[106] Auch wenn in Art. 8 DSRL-JI die Einwilligung nicht genannt ist, geht die DSRL-JI in den Er-wägungsgründen 35 und 37 dennoch davon aus, dass unter gewissen Voraussetzun-gen auch im Anwendungsbereich der DSRL-JI eine Datenverarbeitung aufgrund einer **Einwilligung** zulässig sein kann. § 51 BDSG normiert ergänzend, dass eine Datenver-arbeitung nur dann auf eine Einwilligung gestützt werden kann, wenn dies gesetzlich vorgesehen ist.[107] Das ist eigentlich nicht selbstverständlich: Die auf eine wirksame Einwilligung gestützte Datenverarbeitung greift schon nicht in Grundrechte der betrof-fenen Person ein, da insoweit wohl schon der Schutzbereich nicht eröffnet ist (siehe dazu schon oben).

Die **Generalklausel** unter den Zulässigkeitstatbeständen, wie sie das deutsche Recht   **850** in § 3 BDSG für die Datenverarbeitung öffentlicher Stellen vorsieht, wird den Anforde-rungen der DSRL-JI nicht gerecht, da das zu schaffende mitgliedstaatliche Recht die jeweilige Datenverarbeitung konkret benennen muss. Es müssen im nationalen Recht daher spezifische Rechtsgrundlagen vorgesehen sein.[108]

Im Rahmen der Schaffung der nationalen Rechtsgrundlagen für die Datenverarbeitung   **851** ist die umfassende **Bindung an Art. 8 GrCh** zu berücksichtigen.[109] In Bezug auf die Art

---

106 Dazu *Stief*, StV 2017, 470 ff.
107 *Schwichtenberg*, in: Kühling/Buchner (Hrsg.), DS-GVO/BDSG, 2. Aufl. 2018, § 51 BDSG Rn. 11.
108 *Schwichtenberg*, in: Kühling/Buchner (Hrsg.), DS-GVO/BDSG, 2. Aufl. 2018, § 51 BDSG Rn. 11.
109 *Bäcker/Hornung*, ZD 2012, 147 (149 f.).

der Daten (besondere Kategorien nach Art. 10 DSRL-JI, § 48 BDSG) und auf die Kategorie der betroffenen Personen (Art. 6 DSRL-JI, § 72 BDSG) ist zwischen Personen, gegen die ein begründeter Verdacht besteht, verurteilten Straftätern, Opfern und anderen Personen zu unterscheiden. Aufgrund der weichen Aussagen zur Rechtmäßigkeit der Datenverarbeitung sowohl durch die DSRL-JI als auch durch die Umsetzung im BDSG, ist in den kommenden Jahren Rechtssicherheit erst durch die Rechtsprechung des EuGH zur DSRL-JI zu erwarten.[110]

852   Zwar muss die **betroffene Person** über die Datenverarbeitung **informiert** werden und hat ein **Auskunftsrecht** gegenüber dem Verantwortlichen (Art. 12 ff. DSRL-JI, § 57 BDSG). Beide Rechte können aber von den Mitgliedstaaten eingeschränkt werden, sofern dies „in einer demokratischen Gesellschaft erforderlich und verhältnismäßig ist und den Grundrechten sowie den berechtigten Interessen der betroffenen natürlichen Person Rechnung getragen wird". Deutschland hat von dieser **Einschränkungsmöglichkeit** in § 56 Abs. 2 und 3 BDSG Gebrauch gemacht. Inwieweit die Verantwortlichen danach Auskünfte verweigern, ohne im Rahmen einer Abwägung auch die Grundrechtsinteressen der betroffenen Person zu berücksichtigen,[111] bleibt abzuwarten.

II. Materielles Recht

853   Die Vorgaben zur **Verantwortlichkeit** sind weitgehend parallel zur DS-GVO aufgebaut. So finden sich auch die Vorgaben zum technischen Datenschutz wieder (§ 71 BDSG), etwa zum „privacy by design" und „privacy by default". Der Verantwortliche muss ferner umfassenden Dokumentationspflichten nachkommen, was schon im Gesetzgebungsverfahren Befürchtungen über eine Verzögerung von Ermittlungsmaßnahmen in Anbetracht höherer bürokratischer Pflichten aufkommen ließ.[112]

854   Nach § 67 BDSG, der Art. 27 DSRL-JI umsetzt, ist der Verantwortliche verpflichtet, das Risiko eines Verarbeitungsvorgangs zu bewerten und im Zweifel eine **Datenschutz-Folgenabschätzung** durchzuführen. Außerdem ist nach Art. 29 DSRL-JI (umgesetzt in § 64 BDSG) für die Sicherheit der Verarbeitung durch technische und organisatorische Maßnahmen zu sorgen. Damit wird eine Grundrechtssicherung durch Verfahren statuiert (dazu → Rn. 63). Anders als in der DS-GVO, die eine offenere Regelung vorsieht, entspricht die Norm in der DSRL-JI eher der Anlage zu § 9 BDSG a.F.[113] Bei Datenschutzverstößen müssen gemäß den §§ 65, 66 BDSG in Umsetzung des Art. 30 f. DSRL-JI

---

110   *Weichert,* Die EU-Richtlinie für den Datenschutz bei Polizei und Justiz, Stand 1.2.2016, S. 5, abrufbar unter http://www.netzwerk-datenschutzexpertise.de/sites/default/files/bewertung_2016_02_eudsri_polizei.pdf (Abruf: 15.1.2018).

111   *Weichert,* Die EU-Richtlinie für den Datenschutz bei Polizei und Justiz, Stand 1.2.2016, S. 9, abrufbar unter http://www.netzwerk-datenschutzexpertise.de/sites/default/files/bewertung_2016_02_eudsri_polizei.pdf (Abruf: 15.1.2018).

112   ABl. EU 2012 C 391, 127.

113   *Weichert,* Die EU-Richtlinie für den Datenschutz bei Polizei und Justiz, Stand 1.2.2016, S. 6, abrufbar unter http://www.netzwerk-datenschutzexpertise.de/sites/default/files/bewertung_2016_02_eudsri_polizei.pdf (Abruf: 15.1.2018).

– vergleichbar mit der DS-GVO (siehe dazu → Rn. 726 ff.) – Meldungen an die Aufsicht und die betroffene Person erfolgen. Außerdem haben Verantwortliche im Sinne der DSRL-JI nach deren Art. 32 ff. einen Datenschutzbeauftragten zu benennen. Hierzu trifft Teil 3 des BDSG keine gesonderte Regelung. Diese findet sich im allgemeinen Teil 1, konkret in den §§ 5 ff. BDSG (siehe dazu → Rn. 739 ff.). Hier wird die Regelungstechnik des BDSG begreifbar: Es integriert zwei Sekundärrechtsakte in nationales Recht – die allgemeine DS-GVO und die bereichsspezifische DSRL-JI. Die nationalen Regelungen, die für beide Bereiche gleichermaßen Relevanz haben, werden in einem allgemeinen Teil 1 gleichsam „vor die Klammer gezogen" (siehe dazu → Rn. 195).

Die **Übermittlung** von Daten **in Drittländer** ist in den §§ 78 ff. BDSG in Umsetzung des   **855**
Art. 35 ff. DSRL-JI geregelt. Dabei ist eine strenge Zweckbindung und Erforderlichkeit zu beachten. Die Daten dürfen außerdem nur an den zuständigen Verantwortlichen übermittelt werden. Die Übermittlung muss vom übermittelnden Mitgliedstaat genehmigt werden. Zusätzlich ist – wie auch schon bei der DSRL und der DS-GVO – grundsätzlich ein angemessenes Datenschutzniveau im Drittland erforderlich. Zwar können im Einzelfall auch Übermittlungen ohne angemessenes Datenschutzniveau stattfinden. Dabei ist aber sicherzustellen, dass „die personenbezogenen Daten nicht verwendet werden, um die Todesstrafe oder eine Form der grausamen und unmenschlichen Behandlung zu beantragen, zu verhängen oder zu vollstrecken" (Erwägungsgrund 71 der DSRL-JI). Dies dient der Sicherung der Menschenwürde nach Art. 1 GrCh. § 78 Abs. 2 BDSG setzt diese Richtlinienvorgabe um und erweitert diese entsprechend dem BKA-Urteil des BVerfG[114] dahingehend, dass eine Übermittlung zu unterbleiben hat, wenn ein Umgang mit den Daten nach rechtsstaatlichen Grundsätzen nicht sichergestellt ist.[115]

III. Institutionelles Recht

Unabhängige **Aufsichtsbehörden** sind ein elementarer Bestandteil der Richtlinie. Die   **856**
nach der DS-GVO in jedem Mitgliedstaat zu schaffenden Aufsichtsbehörden nehmen die Aufgaben auch für die bereichsspezifischen Fragen der öffentlichen Sicherheit und der Strafverfolgung wahr. Die Vorgaben sind nur im Ansatz vergleichbar mit denen der DS-GVO. So sind keine Regelungen zur Federführung vorhanden. Weiterhin beschränkt sich die Zusammenarbeit auf eine gegenseitige Amtshilfe. Ein Kohärenzverfahren (siehe dazu → Rn. 709 ff.) ist im Anwendungsbereich der Richtlinie nicht vorgesehen. Überdies nimmt der nach der DS-GVO zu gründende Datenschutzausschuss lediglich beratende Funktionen wahr und besitzt – anders als in der DS-GVO – keine Letztentscheidungsbefugnis. Damit entspricht die institutionelle Ausgestaltung eher der Situation unter der DSRL.

---

114 BVerfG, Urt. v. 20.4.2016, 1 BvR 966/09 u. 1 BvR 1140/09 = BVerfGE 141, 220 = NJW 2016, 1781 (1800).
115 Vgl. *Greve*, NVwZ 2017, 737 (742).

IV. Prozedurales Recht

857 Die DSRL-JI verlangt in den Art. 52 ff., dass die betroffene Person **Beschwerde** bei der Aufsichtsbehörde oder Rechtsbehelfe gegen die Aufsicht oder den Verantwortlichen einlegen kann. Dabei soll es der betroffenen Person ermöglicht werden, sich durch Verbände vertreten zu lassen. Diese Vorgabe setzt § 60 BDSG um, wobei die Beschwerde an die oder den Bundesbeauftragten für den Datenschutz zu richten ist. Anderweitige Rechtsbehelfe bleiben davon unberührt. Die Möglichkeit einer Verbandsklage, wie sie in Art. 80 Abs. 2 DS-GVO vorgesehen ist, regelt die DSRL-JI nicht. Diese dient vielmehr der effektiveren Rechtsdurchsetzung gegenüber starken privaten Akteuren wie großen Unternehmen. Im Bürger-Staat-Verhältnis wird weiterhin ausschließlich auf das Prinzip des Individualrechtsschutzes gesetzt. Dies überzeugt.

C. Telekommunikationsdatenschutzrecht im Umbruch

858 ┌─ **Fallbeispiel 15** ───

Instant-Messenger-App – Telekommunikationsdatenschutz

Der minderjährige M hat zum 15. Geburtstag ein neues Smartphone Sun-Sun Galaktisch 10 bekommen. Da er sich gerne mit seinen Freunden austauscht, möchte er sich die Anwendung Warts-Ab herunterladen, die es ihm ermöglicht, Nachrichten über das Internet zu versenden und zu empfangen (Instant Messenger). Die Anwendung nutzen 70 % der Smartphone-Nutzer in Deutschland. Bei der Installation wird ein Fenster eingeblendet, das M darüber informiert, dass die Anwendung Daten an den Anbieter überträgt, insbesondere die Telefonnummer des M sowie die gesamten Telefonnummern der Kontakte seines Adressbuches. Dies erfolgt zu dem Zweck, Nachrichten des M versenden und ihm zustellen zu können. Ferner sollen die Daten im Rahmen diverser „Big-Data"-Anwendungen und Verknüpfungen ausgewertet werden dürfen. Weiterhin heißt es, dass der Nutzer versichert, mindestens 16 Jahre alt zu sein. Darunter befinden sich zwei anwählbare Buttons mit dem Text „Einverstanden und weiter" sowie „Installation abbrechen". M wählt „Einverstanden", installiert und nutzt die Anwendung in der Folgezeit.

Ist die Datenverarbeitung durch eine wirksame Einwilligung legitimiert? Es ist zu unterstellen, dass die E-Privacy-VO gilt.[116]

(Lösung siehe Rn. 907)

I. Ablösung der Datenschutzvorschriften des TKG durch die E-Privacy-VO und Zusammenspiel mit der DS-GVO

859 Bereichsspezifisches Datenschutzrecht, das die allgemeinen Datenschutzvorschriften zum Teil verdrängt, existiert auch im Telekommunikationsrecht. Auf Unionsebene wurde in diesem Bereich die **EDSRL** (siehe dazu → Rn. 146) als Spezialregelung gegenüber der von der DS-GVO abgelösten DSRL geschaffen. Auch nach dem Inkrafttreten

---

116 Bei Drucklegung war die E-Privacy-VO noch nicht verabschiedet. Dies wurde für das Jahr 2018 erwartet mit einer Geltung der Verordnung ab Ende 2019.

der DS-GVO sollen die Vorschriften der EDSRL ausweislich des **Art. 95 DS-GVO** zunächst fortbestehen und ihr Verhältnis zueinander durch eine Änderung der EDSRL geklärt werden (Erwägungsgrund 173 der DS-GVO). Eine Klärung dieser Beziehungen soll durch die E-Privacy-VO erfolgen, die voraussichtlich ab Ende 2019 anwendbar sein wird (dazu bereits → Rn. 191). Das bedeutet, dass bis zur Anwendbarkeit der **E-Privacy-VO** die auf der **EDSRL** beruhenden Vorschriften des **TKG** nicht durch die allgemeinen Datenschutzvorschriften der DS-GVO verdrängt werden. Umgekehrt werden allerdings nationale Normen, die nicht in Umsetzung der EDSRL geschaffen worden sind, von der DS-GVO verdrängt, sofern sie in deren Anwendungsbereich fallen und nicht durch die Öffnungsklauseln der Verordnung gedeckt sind (dazu unter → Rn. 184). Die Vorgaben der EDSRL wurden in Deutschland im Wesentlichen in den Datenschutzvorschriften des siebten Teils des TKG umgesetzt, das als bereichsspezifisches Datenschutzrecht die allgemeinen Normen des BDSG a.F. verdrängte, sofern es speziellere Regelungen beinhaltete. Bei der Umsetzung der EDSRL in den §§ 93 ff. TKG wurde das allgemeine Schutzniveau der EDSRL grundsätzlich beibehalten.[117]

II. Datenschutzvorgaben des TKG im Überblick

1. Bedeutung des bereichsspezifischen Datenschutzrechts in der Telekommunikation

Das Telekommunikationsdatenschutzrecht (§§ 91-107 TKG) ist bislang im siebten Teil des TKG zwischen den Vorschriften zum Fernmeldegeheimnis (§§ 88-90 TKG) und den Vorschriften zur öffentlichen Sicherheit (§§ 108-115 TKG) eingeordnet. Die **§§ 95 ff. TKG** sehen äußerst detaillierte Zulässigkeitstatbestände vor. In Bezug auf die Eingriffstiefe und -intensität weichen diese von den Eingriffstatbeständen des allgemeinen Datenschutzrechts ab und sehen regelmäßig angesichts der hervorgehobenen Bedeutung des Fernmeldegeheimnisses strengere Rechtfertigungsvoraussetzungen vor.

860

Die **grundsätzliche Bedeutung des bereichsspezifischen Datenschutzrechts** in der Telekommunikation wird mit Blick auf die widerstreitenden Interessen zwischen den Anbietern und Nutzern von Telekommunikation sowie hoheitlicher Entitäten deutlich. So sind die Anbieter auf die Speicherung gewisser Daten angewiesen, um Rechnungen zu erstellen. Ebenso haben die betroffenen Personen ein Interesse an der Speicherung bestimmter Daten, um insbesondere die Telefonrechnung durch eine genaue Auflistung der geführten Telefonate in einem Einzelverbindungsnachweis nachvollziehen zu können.[118] Zu diesen teilweise gegenläufigen Interessen kommt schließlich das Interesse hoheitlicher Stellen hinzu, die Zugriff auf bestimmte Daten zur Erfüllung ihrer Aufgaben (Gefahrenabwehr, Strafverfolgung etc.) begehren. Dieses staatliche Interesse kann insbesondere bei einem Auskunftsbegehren über TK-Verbindungsdaten im Er-

861

---

117 *Klesczewski*, in: Säcker (Hrsg.), TKG-Kommentar, 3. Aufl. 2013, § 91 Rn. 11.
118 Vgl. dazu § 99 TKG.

mittlungsverfahren relevant werden.[119] Eine entsprechende Interessenabwägung im Einzelfall hat demnach diese – zum Teil tripolaren – Rechtsbeziehungen in Ausgleich zu bringen.[120]

2. Ungewissheit in Bezug auf die Vorratsdatenspeicherung

862   Einen Einschnitt erfuhr das Telekommunikationsdatenschutzrecht durch die **Umsetzung der Vorratsdatenspeicherungsrichtlinie**[121] (dazu bereits umfassend unter → Rn. 154 ff.). So gab § 113a Abs. 1 S. 1 TKG in der Fassung des Gesetzes zur Neuregelung der Telekommunikationsüberwachung und anderer verdeckter Ermittlungsmaßnahmen sowie zur Umsetzung der Richtlinie 2006/24/EG vom 21.12.2007[122] in Umsetzung des Art. 6 der Vorratsdatenspeicherungsrichtlinie eine sechsmonatige Speicherverpflichtung von den in Art. 5 aufgezählten Daten vor.[123] Dadurch erfolgte ein **Paradigmenwechsel**. Was bis zu diesem Zeitpunkt überwiegend unzulässig war, wurde damit zunächst verpflichtend. Nachdem das BVerfG in einem einstweiligen Rechtsschutzverfahren die deutschen Umsetzungsregelungen zunächst noch in modifizierter Form weitergelten ließ, erklärte das Gericht die betreffenden Vorschriften im Hauptsacheverfahren dann für verfassungswidrig und nichtig (siehe dazu oben → Rn. 83 ff.).[124] Im April 2014 hat der EuGH entschieden, dass die Vorratsdatenspeicherungsrichtlinie gegen das Grundrecht auf Achtung des Privat- und Familienlebens (Art. 7 GrCh), das Grundrecht auf Schutz personenbezogener Daten (Art. 8 GrCh) sowie den Verhältnismäßigkeitsgrundsatz (Art. 52 GrCh) verstößt und diese daher für ungültig erklärt. In der Folge hat der EuGH seine Rechtsprechung noch verschärft (näher zur Vorratsdatenspeicherung unter → Rn. 169 f.).[125]

863   Mit dem **„Gesetz zur Einführung einer Speicherpflicht und einer Höchstspeicherfrist für Verkehrsdaten"** vom 10.12.2015 wurden in den §§ 113a – 113g TKG abermals Vorschriften zu einer Vorratsdatenspeicherung im nationalen Recht verankert. Dabei ist es keineswegs bloß zu einem Etikettenaustausch gekommen, der lediglich das Wort „Vorratsdatenspeicherung" dem Titel nach vermeidet. Vielmehr ist das Bemühen erkennbar, die **anspruchsvollen Vorgaben**, die vom EuGH in Luxemburg und vom BVerfG in Karlsruhe aufgestellt worden sind, umzusetzen. Dazu gehört zunächst eine

---

119   Siehe dazu BVerfG, Beschl. v. 24.1.2012, 1 BvR 1299/05 = BVerfGE 130, 151 = NJW 2012, 1419.

120   Vgl. dazu auch *Klesczewski*, in Säcker (Hrsg.), TKG-Kommentar, 3. Aufl. 2013, § 91 Rn. 13.

121   RL 2006/24/EG des Europäischen Parlaments und des Rates v. 15.3.2006 über die Vorratsspeicherung von Daten, die bei der Bereitstellung öffentlich zugänglicher elektronischer Kommunikationsdienste oder öffentlicher Kommunikationsnetze erzeugt oder verarbeitet werden, und zur Änderung der RL 2002/58/EG, ABl. EG, L 105, S. 54 ff.

122   Gesetz zur Neuregelung der Telekommunikationsüberwachung und anderer verdeckter Ermittlungsmaßnahmen sowie zur Umsetzung der Richtlinie 2006/24/EG v. 21.12.2007, BGBl. I, S. 3198.

123   Art. 6 der RL 2006/24/EG überließ den Mitgliedstaaten einen Umsetzungsspielraum von sechs Monaten bis zu zwei Jahren.

124   BVerfG, Urt. v. 2.3.2010, 1 BvR 256/08 u.a. = BVerfGE 125, 260 = NJW 2010, 833.

125   EuGH, Urt. v. 8.4.2014, C-293/12 u. C-594/12, ECLI:EU:C:2014:238 = NJW 2014, 2169 – *Digital Rights Ireland und Seitlinger u.a.* Näher zur Vorratsdatenspeicherung *Kühling/Schall/Biendl*, Telekommunikationsrecht, 2. Aufl. 2014, Rn. 671 ff.

Verkürzung der Speicherfristen von vormals sechs Monaten auf zehn Wochen im Regelfall und vier Wochen im Ausnahmefall der Standortdaten, § 113b Abs. 1 TKG. Hinzu kommen eine Reihe **technischer Verpflichtungen** zur Sicherung dieser Datenmengen – von der Protokollierung entsprechender Zugriffe (§ 113e TKG) über die Entwicklung spezifischer Sicherheitskonzepte (§ 113g TKG) bis hin zur Verpflichtung, die Daten im Inland (§ 113b Abs. 1 TKG) zu speichern. Ferner sind sehr **strenge Abrufregelungen** und Beschränkungen (§ 100g Abs. 2 StPO) vorgesehen.

Angesichts der strengen Rechtsprechung des EuGH, die objektive Einschränkungskrite- **864** rien etwa in zeitlicher, räumlicher oder persönlicher Hinsicht für die Speicherung verlangt (→ Rn. 169 f.), hat das OVG Münster in einem Verfahren des einstweiligen Rechtsschutzes auf die Beschwerde eines Telekommunikationsunternehmens hin festgestellt, dass die **§§ 113a ff. TKG gegen Unionsrecht verstoßen** und das klagende Unternehmen folglich nicht verpflichtet ist, der dort normierten Speicherpflicht nachzukommen.[126] Um Rechtssicherheit für sämtliche Telekommunikationsunternehmen zu schaffen, hat in der Folge die für den Vollzug der Speicherverpflichtung zuständige Bundesnetzagentur angekündigt, die Vorschriften bis zum rechtskräftigen Abschluss eines Hauptsacheverfahrens auch nach ihrem Inkrafttreten nicht anzuwenden.[127] Faktisch dürften diese Entscheidungen den **„Todesstoß" für die Vorratsdatenspeicherung** in Deutschland bedeuten.[128]

3. Anwendungsbereich der Datenschutzvorschriften des TKG (§ 91 TKG, Art. 95 DS-GVO)

Eine Anwendung der Datenschutzvorschriften des TKG kommt unter der Geltung der **865** DS-GVO nur insoweit in Betracht, als diese nicht durch die DS-GVO verdrängt werden. Eine Fortgeltung der Datenschutzvorgaben des TKG nach Inkrafttreten der DS-GVO ist, wie bereits dargelegt (→ Rn. 859), gemäß Art. 95 DS-GVO nur insoweit möglich, als die Vorschriften des TKG eine Umsetzung der EDSRL darstellen.

Adressaten des Telekommunikationsdatenschutzrechts sind nach § 91 Abs. 1 S. 1 TKG **866** Unternehmen und Personen, die **geschäftsmäßig Telekommunikationsdienste** erbringen oder an deren Erbringung mitwirken. Das geschäftsmäßige Erbringen von Telekommunikationsdiensten ist gemäß § 3 Nr. 10 TKG das nachhaltige Angebot von Telekommunikation für Dritte mit oder ohne Gewinnerzielungsabsicht. Der Begriff des **Mitwirkens** i.S.d. § 91 Abs. 1 S. 1 TKG wird weit gefasst und erstreckt sich auf jeden,

---

126 OVG Münster, Beschl. v. 22.6.2017, 13 B 238/17 = K&R 2017, 597.
127 *Bundesnetzagentur*, Verkehrsdatenspeicherung, Stand: 28.6.2017, abrufbar unter https://www.bundesnetzagentur.de/DE/Sachgebiete/Telekommunikation/Unternehmen_Institutionen/Anbieterpflichten/OeffentlicheSicherheit/Umsetzung110TKG/VDS_113aTKG/VDS.html (Abruf: 15.1.2018).
128 Dazu und zum Beschluss des OVG Münster *Kühling*, Todesstoß für die Vorratsdatenspeicherung: der Beschluss des OVG NRW und seine Folgen, Verfassungsblog v. 29.6.2017, abrufbar unter http://verfassungsblog.de/todesstoss-fuer-die-vorratsdatenspeicherung-der-beschluss-des-ovg-nrw-und-seine-folgen/ (Abruf: 15.1.2018).

der die Erbringung des Telekommunikationsdienstes fördert oder ermöglicht.[129] Dazu können die Betreiber von Telekommunikationsanlagen, einem Unternehmen nicht zugehörige externe Personen, die bei der Erbringung von Telekommunikationsdiensten einen Beitrag leisten, sowie unternehmensinterne Erfüllungsgehilfen gehören.[130] Für den grundsätzlichen Anwendungsbereich des TK-Datenschutzrechts ist es irrelevant, ob Dienste der Öffentlichkeit oder nur geschlossenen Benutzergruppen (z.B. Mitarbeitern in einem Unternehmen) angeboten werden.[131]

867   Problematisch hieran ist, dass die **Bereichsausnahme des Art. 95 DS-GVO** nur für die Bereitstellung **öffentlich zugänglicher elektronischer Kommunikationsdienste** gilt und in den übrigen Fällen die DS-GVO nationale Vorschriften verdrängt. § 91 TKG muss also durch den Gesetzgeber geändert und bis dahin ab dem 25.5.2018 unionsrechtskonform dahingehend ausgelegt werden, dass sie nur noch auf öffentlich zugängliche Telekommunikationsdienste Anwendung finden.[132] Auch für eine sonstige **überschießende Umsetzung der Vorschriften des TKG** über die Vorgaben der EDSRL hinaus (z.B. in den §§ 93 und 94 TKG) bleibt es bei einem Anwendungsvorrang der DS-GVO.[133] Eine gesetzgeberische Korrektur[134] dieser unübersichtlichen Rechtslage ist indes nicht vor der Neuregelung des TK-Datenschutzrechts durch die E-Privacy-VO zu erwarten. Erst dann wird endgültig klar sein, ob und in welcher Form Datenschutzvorschriften des TKG aufgrund etwaiger Öffnungsklauseln[135] in der E-Privacy-VO (siehe dazu → Rn. 897 (erhalten bleiben können oder (neu geschaffen werden) müssen. Dasselbe gilt im Übrigen für die bislang im Telemediengesetz (TMG) enthaltenen Vorschriften zum Telemediendatenschutz, die durch die DS-GVO verdrängt werden.[136]

---

129 *Lutz*, in: Arndt/Fetzer/u.a. (Hrsg.), Telekommunikationsgesetz Kommentar, 2. Aufl. 2015, § 91 Rn. 5.
130 So *Braun*, in: Geppert/Schütz (Hrsg.), Beckscher TKG-Kommentar, 4. Aufl. 2013, § 91 Rn. 14.
131 *Lutz*, in: Arndt/Fetzer/u.a. (Hrsg.), Telekommunikationsgesetz Kommentar, 2. Aufl. 2015, § 91 Rn. 6.
132 *Heun*, in: Auernhammer (Hrsg.), DS-GVO/BDSG, 5. Aufl. 2017, § 91 TKG Rn. 2; *Jenny*, in: Plath (Hrsg.), BDSG/DS-GVO, 2. Aufl. 2016, Art. 96 Rn. 2.
133 *Holländer*, in: Wolff/Brink (Hrsg.), BeckOK Datenschutzrecht, 22. Edition 2017, Art. 95 DS-GVO Rn. 5.
134 Vorschläge dazu bei *Heun/Assion*, in: Auernhammer (Hrsg.), DS-GVO/BDSG, 5. Aufl. 2017, Art. 95 DS-GVO Rn. 20.
135 Gemäß Erwägungsgrund 7 des E-Privacy-VO-KOM-E sollten die Mitgliedstaaten die Möglichkeit haben, innerhalb des von dieser Verordnung vorgegebenen Rahmens nationale Bestimmungen beizubehalten oder einzuführen, mit denen die Anwendung der Vorschriften dieser Verordnung genauer und klarer festgelegt wird, um eine wirksame Anwendung und Auslegung dieser Vorschriften sicherzustellen. Deshalb sollte der Ermessensspielraum, den die Mitgliedstaaten in dieser Hinsicht haben, so wahrgenommen werden, dass ein ausgewogenes Verhältnis zwischen dem Schutz des Privatlebens und personenbezogener Daten und dem freien Verkehr elektronischer Kommunikationsdaten gewährleistet bleibt.
136 *Hullen/Roggenkamp*, in: Plath (Hrsg.), BDSG/DS-GVO, 2. Aufl. 2016, Einleitung TMG Rn. 13; *Schreibauer*, in: Auernhammer (Hrsg.), DS-GVO/BDSG, 5. Aufl. 2017, Vorbem. zu §§ 11 bis 16 TMG Rn. 35 mit weiteren Nachweisen. Fraglich ist dies jedoch bezüglich der „Cookie-Regelungen" des TMG. Hier ist umstritten, ob die §§ 12 und 15 Abs. 1 TMG eine (hinreichende) Umsetzung des Art. 5 Abs. 3 EDSRL darstellen, vgl. dazu *Conrad/Hausen*, in: Auer-Reinsdorff/ Conrad (Hrsg.), Handbuch IT- und Datenschutzrecht, 2. Aufl. 2016, § 36 Rn. 12.

Teilweise regeln die Datenschutzvorschriften des TKG allerdings auch Sachverhalte, die **868** nicht in den Anwendungsbereich der DS-GVO fallen. So bestimmt § 91 Abs. 1 S. 2 TKG, dass die dem **Fernmeldegeheimnis unterliegenden Einzelangaben** über Verhältnisse einer bestimmten oder bestimmbaren **juristischen Person oder rechtsfähigen Personengesellschaft** den personenbezogenen Daten gleichstehen. Auf Daten juristischer Personen findet die DS-GVO nur dann Anwendung, wenn diese Daten einen Bezug zu einer natürlichen Person aufweisen (vgl. → Rn. 213), ansonsten verbleibt insofern die Anwendbarkeit des TKG.[137] Dieses entspricht insofern den Vorgaben der EDSRL in Art. 2 S. 2 (siehe dazu → Rn. 147). Auch der E-Privacy-VO-KOM-E dient dem Schutz von Grundrechten und Grundfreiheiten juristischer Personen (vgl. Art. 1 E-Privacy-VO-KOM-E) und überschneidet sich somit mit den Vorschriften des TKG, die es insofern verdrängen wird.

Im geltenden Telekommunikationsrecht ist eine der umstrittensten Fragen, ob **Inter-** **869** **netkommunikationsdienste** wie WhatsApp, Skype und GMail als Telekommunikationsdienste i.S.d. § 3 Nr. 24 TKG bzw. elektronische Kommunikationsdienste i.S.d. Art. 2 lit. c der Rahmenrichtlinie anzusehen sind.[138] Sind sie dies, so findet auf diese auch das bereichsspezifische Telekommunikationsdatenschutzrecht Anwendung (vgl. Art. 1 Abs. 1 EDSRL). Diese umstrittene Frage soll in einer umfassenden Reform des EU-Telekommunikationsrechtsrahmens durch den **europäischen Kodex für die elektronische Kommunikation (EKEK)** geklärt werden, den die EU-Kommission im September 2016 vorgestellt (EKEK-KOM-E) hat.[139] Diese von der Kommission vorgeschlagene EU-Richtlinie soll die bislang bestehenden zahlreichen Einzelrichtlinien in der Telekommunikationsregulierung in einem „Kodex" zusammenfassen, vereinheitlichen und reformieren. Der E-Privacy-VO-KOM-E greift bei der Definition elektronischer Kommunikationsdienste in Art. 4 Abs. 1 lit. b auf den EKEK-KOM-E zurück. **Interpersonelle Kommunikationsdienste**, die gemäß Art. 2 Nr. 4 EKEK-KOM-E einen Unterfall zu elektronischen Kommunikationsdiensten darstellen, sollen im TK-Datenschutzrecht gemäß Art. 4 Abs. 2 E-Privacy-VO-KOM-E leicht abweichend definiert werden. Im weiteren Gesetzgebungsverfahren hat das Europäische Parlament allerdings noch weitergehend eigenständige Definitionen aufgenommen, die inhaltlich jedoch im Wesentlichen denen des EKEK-KOM-E entsprechen (siehe dazu im Einzelnen → Rn. 898).

---

137 *Holländer*, in: Wolff/Brink (Hrsg.), BeckOK Datenschutzrecht, 20. Edition 2017, Art. 95 DS-GVO Rn. 6.1.
138 Bejahend *Kühling/Schall*, CR 2015, 641 und CR 2016, 185 mit weiteren Nachweisen zum Meinungsbild, sowie VG Köln, Urt. v. 11.11.2015, 21 K 450/15 = CR 2016, 131; a.A. hingegen insbesondere *Schuster*, CR 2016, 173, *Gersdorf*, K&R 2016, 91 sowie die EU-Kommission, die davon auszugehen scheint, dass viele internetgestützte Dienste nicht in der Übertragung von Signalen bestehen und somit nicht in den Anwendungsbereich der EDSRL fallen, vgl. Erwägungsgrund 11 des E-Privacy-VO-KOM-E.
139 Vorschlag für eine Richtlinie des Europäischen Parlaments und des Rates über den europäischen Kodex für die elektronische Kommunikation, COM (2016) 590 final.

4. Tatbestände im Einzelnen

870   Im Folgenden wird ein kurzer Überblick[140] über die Datenschutzbestimmungen der §§ 93–107 TKG gegeben.

a) Informationspflichten und Zulässigkeitsvorgaben orientiert an Datenkategorien

871   § 93 TKG stellt eine **Transparenzregelung dar**, in der die Informationspflichten der Diensteanbieter hinsichtlich der Verarbeitung personenbezogener Daten normiert werden. Da § 93 Abs. 1 TKG zum Teil über die Vorgaben der EDSRL hinausgeht, ist insoweit auf die Vorschriften der DS-GVO zurückzugreifen.[141]

872   Die Datenverarbeitung im Telekommunikationssektor orientiert sich an den jeweiligen Datenkategorien der §§ 95 ff. TKG. Zu differenzieren ist dabei zwischen **Bestands-** (§ 95 TKG), **Verkehrs-** (§ 96 TKG) und **Standortdaten** (§ 98 TKG). Hinsichtlich der einzelnen Zulässigkeitstatbestände weicht die Begriffsbildung im TKG geringfügig von der der DS-GVO ab. Während die DS-GVO nunmehr einheitlich den Begriff „Verarbeiten" verwendet (Art. 4 Nr. 2 DS-GVO) wird im TKG noch das in der deutschen datenschutzrechtlichen Terminologie überkommene Begriffspaar „Erheben" und „Verwenden" benutzt. Auf diese unterschiedliche Begriffsbildung ist bei der Lektüre der Normen besonderes Augenmerk zu legen. Inhaltliche Änderungen ergeben sich daraus allerdings nicht. An diese Vorgänge schließen sich sodann unterschiedliche Anforderungen in den einzelnen Zulässigkeitstatbeständen mit Blick auf das Erforderlichkeitskriterium oder den Zweckbindungsgrundsatz an.

873   § 95 TKG regelt die Erhebung und Verwendung von **Bestandsdaten**. Dies sind gemäß § 3 Nr. 3 TKG solche Daten eines Teilnehmers, die für die Begründung, inhaltliche Ausgestaltung, Änderung oder Beendigung eines **Vertragsverhältnisses** über Telekommunikationsdienste erhoben werden.

874   Die Erhebung und Verwendung von **Verkehrsdaten** i.S.d. § 3 Nr. 30 TKG wird durch § 96 TKG geregelt. Verkehrsdaten sind Daten, die **bei der Erbringung eines Telekommunikationsdienstes** erhoben, verarbeitet oder genutzt[142] werden.[143] Die Sensibilität

---

140   Für eine ausführlichere Darstellung siehe *Kühling/Seidl/Sivridis*, Datenschutzrecht, 3. Aufl. 2015, Rn. 691 ff., sowie *Kühling/Schall/Biendl*, Telekommunikationsrecht, 2. Aufl. 2014, Rn. 634 ff.

141   Dazu im Einzelnen *Holländer*, in: Wolff/Brink (Hrsg.), BeckOK Datenschutzrecht, 20. Edition 2017, Art. 95 DS-GVO Rn. 5.1.

142   Damit weicht die Definition der Verkehrsdaten in § 3 Nr. 30 TKG von der im Telekommunikationsdatenschutzrecht üblichen Terminologie „Erheben" und „Verwenden" ab. Dieser Unterschied hat allerdings keine praktische Bedeutung, *Braun*, in: Geppert/Schütz u.a. (Hrsg.), Beckscher TKG-Kommentar, 4. Aufl. 2013, § 3 Rn. 30.

143   Vgl. insoweit die Aufzählung in Erwägungsgrund 15 der EDSRL. Danach können sich Verkehrsdaten unter anderem auf die Leitwege, die Dauer, den Zeitpunkt oder die Datenmenge einer Nachricht, das verwendete Protokoll, den Standort des Endgeräts des Absenders oder Empfängers, das Netz, von dem die Nachricht ausgeht bzw. an das es gesendet wird, oder den Beginn, das Ende oder die Dauer einer Verbindung beziehen. Sie können auch das Format betreffen, in dem die Nachricht über das Netz weitergeleitet wird.

von Verkehrsdaten zeigt sich insbesondere darin, dass sich mit Hilfe von Verkehrsdaten Rückschlüsse auf das Kommunikationsverhalten, aber auch auf die sozialen Kontakte oder sogar auf Gesprächsinhalte ziehen lassen.[144]

§ 98 TKG regelt die Verarbeitung von **Standortdaten** für ortsbezogene Dienstangebote (sog. Location Based Services) gemäß § 3 Nr. 19 TKG. Mit Standortdaten sind solche Daten beschrieben, die in einem Telekommunikationsnetz erhoben oder verwendet werden und die den **Standort des Endgeräts** eines Endnutzers eines öffentlich zugänglichen Telekommunikationsdienstes anzeigen. Nicht erfasst sind mangels öffentlicher Zugänglichkeit dagegen **geschlossene Benutzergruppen**.[145]   **875**

b) Ausgewählte Erhebungs- und Verwendungszwecke

Über die grundsätzlichen Zulässigkeitstatbestände hinaus, die hinsichtlich der verschiedenen Datenkategorien differenzieren, existieren weitere Normen, die die Verwendung insbesondere der Verkehrsdaten für bestimmte Zwecke möglich machen.   **876**

Zwingend notwendig ist die Erhebung und Verwendung von Verkehrsdaten insbesondere für die **Ermittlung des zu einer Verbindungsleistung korrelierenden Entgelts**, um dieses Entgelt sodann abrechnen zu können. Demzufolge regelt § 97 TKG die Verwendung der in § 96 Abs. 1 TKG (abschließend) aufgezählten Verkehrsdaten, soweit die Daten zur Ermittlung des Entgelts und zur Abrechnung mit ihren Teilnehmern benötigt werden.   **877**

Gemäß **§ 99 TKG** sind dem Teilnehmer über den **Einzelverbindungsnachweis** die gespeicherten Daten derjenigen Verbindungen, für die er entgeltpflichtig ist, nur dann mitzuteilen, wenn er vor dem maßgeblichen Abrechnungszeitraum in Textform[146] einen Einzelverbindungsnachweis verlangt hat.   **878**

Der Diensteanbieter darf nach **§ 100 Abs. 1 TKG**, soweit erforderlich, zum Erkennen, Eingrenzen oder Beseitigen von **Störungen oder Fehlern an Telekommunikationsanlagen**[147] die Bestandsdaten und Verkehrsdaten der Teilnehmer und Nutzer erheben und verwenden. § 100 Abs. 2 TKG gestattet das **Aufschalten** zur Durchführung von Umschaltungen sowie zum Erkennen und Eingrenzen von Störungen im Netz. Darunter versteht man das technische Überwachen, aber auch das Mithören von bestehenden Verbindungen.[148] Nach Abs. 3 kann der Diensteanbieter bei Vorliegen zu dokumentierender tatsächlicher Anhaltspunkte für die **rechtswidrige Inanspruchnahme eines Telekommunikationsnetzes** oder -dienstes, insbesondere für eine Leistungserschlei-   **879**

---

144 BVerfG, Beschl. v. 11.3.2008, 1 BvR 256/08 = BVerfGE 121, 1 = NVwZ 2008, 543 (545) – *Vorratsdatenspeicherung*.
145 *Lutz*, in: Arndt/Fetzer/u.a. (Hrsg.), Telekommunikationsgesetz Kommentar, 2. Aufl. 2015, § 98 Rn. 7.
146 Hier gilt § 126b BGB.
147 Gemäß § 3 Nr. 23 TKG sind Telekommunikationsanlagen technische Einrichtungen oder Systeme, die als Nachrichten identifizierbare elektromagnetische oder optische Signale senden, übertragen, vermitteln, empfangen, steuern oder kontrollieren können.
148 *Mozek*, in: Säcker (Hrsg.), TKG-Kommentar, 3. Aufl. 2013, § 100 Rn. 12.

chung oder einen Betrug, zur Sicherung seines Entgeltanspruchs die Bestandsdaten und Verkehrsdaten verwenden, die zum Aufdecken sowie Unterbinden der rechtswidrigen Inanspruchnahme erforderlich sind. Nicht mehr zulässig ist seit der TKG-Novelle 2012 dagegen die *Erhebung* entsprechender Daten.

c) Überblick über die besonderen Teilnehmerschutzbestimmungen (§§ 101 – 107 TKG)

880   Die §§ 101-107 TKG sehen besondere Bestimmungen vor, die insbesondere den **Schutz der Teilnehmer** zum Inhalt haben.

881   § 101 TKG ermöglicht über die **Fangschaltung** bei Belästigung und Bedrohung auf schriftlichen Antrag an den jeweiligen Diensteanbieter eine netzübergreifende Auskunft über die Inhaber derjenigen Anschlüsse, von denen bedrohende oder belästigende Anrufe[149] ausgehen. Allerdings reicht ein einzelner Anruf grundsätzlich nicht aus, um die Rechtsfolgen von § 101 TKG zu aktivieren.[150] Auch § 103 TKG dient dem Schutz der Teilnehmer vor Belästigungen, indem **von Dritten ausgelöste automatische Weiterleitungen** vom Teilnehmer unterbunden werden können. Die Vorschrift reagiert auf Gefahren, die sich daraus ergeben, dass Dritte ohne Kenntnis des Teilnehmers Anrufe weiterleiten.[151] Die Norm ist nicht anwendbar, sofern der Teilnehmer über mehrere Anschlüsse und mehrere Endgeräte verfügt und Anrufe auf diese Endgeräte weiterleiten lässt.[152]

882   Mit Blick auf das datenschutzrechtliche Gefahrenpotenzial durch die sich an die Rufnummernübermittlung anschließende Möglichkeit des Angerufenen, die übermittelte Nummer zunächst zu speichern und daraufhin weiter zu verarbeiten, muss vom Diensteanbieter gemäß § 102 Abs. 1 S. 1 TKG die Option gewährt werden, die **Rufnummernanzeige** dauernd oder für jeden Anruf einzeln und unentgeltlich zu **unterdrücken**. Ausgenommen hiervon sind Werbeanrufe (§ 102 Abs. 2 TKG), Diensteanbieter mit geschlossenen Nutzergruppen (§ 102 Abs. 3 TKG) und Verbindungen zu Notrufnummern (§ 102 Abs. 8 TKG).

883   § 104 S. 1 TKG ermöglicht den Teilnehmern auf Antrag die Aufnahme ihres Namens, ihrer Anschrift sowie weiterer Angaben in öffentliche gedruckte oder elektronische Verzeichnisse. An die Eintragung in **Teilnehmerverzeichnisse** schließt sich gemäß § 105 Abs. 1 TKG die Möglichkeit an, unter gewissen Voraussetzungen Auskünfte über die in den Teilnehmerverzeichnissen enthaltenen Rufnummern zu erlangen. Dabei wird gemäß § 105 Abs. 2 S. 2 TKG die sog. **Komfortauskunft**, wonach auch über die Rufnum-

---

149   Ein Anruf ist gemäß § 3 Nr. 1 TKG eine über einen öffentlich zugänglichen Telefondienst aufgebaute Verbindung, die eine zweiseitige Echtzeitkommunikation ermöglicht. Eine Echtzeitkommunikation wird noch nicht bei reinen Verbindungsversuchen, wohl aber bei Nachrichten auf dem Anrufbeantworter zu bejahen sein. Auch Faxsendungen sowie Verbindungen im Rahmen von VoIP fallen unter den Anrufbegriff und können daher die Befugnisse des § 101 TKG auslösen.

150   Vgl. dazu ausführlich *Kühling/Schall/Biendl*, Telekommunikationsrecht, 2. Aufl. 2014, Rn. 651.

151   *Ohlenburg*, MMR 2004, 431 (438).

152   *Klesczewski*, in: Säcker (Hrsg.), TKG-Kommentar, 3. Aufl. 2013, § 103 Rn. 2.

mer hinausgehende Auskünfte[153] über nach § 104 TKG veröffentlichte Daten erteilt werden können, an das Einwilligungserfordernis geknüpft. Eine datenschutzrechtlich nicht unproblematische Regelung des TKG in diesem Zusammenhang ist das Zulassen der **Inverssuche**. So gibt § 105 Abs. 3 TKG vor, dass die Telefonauskunft von Namen oder Namen und Anschrift eines Teilnehmers, von dem nur die Rufnummer bekannt ist, zulässig ist, wenn der Teilnehmer, der in ein Teilnehmerverzeichnis eingetragen ist, nach einem Hinweis seines Diensteanbieters auf seine Widerspruchsmöglichkeit hin nicht widersprochen hat.[154]

Gemäß § 107 Abs. 1 TKG darf der Diensteanbieter bei Diensten, für deren Durchfüh-   **884** rung eine **Zwischenspeicherung** erforderlich ist, Nachrichteninhalte, insbesondere Sprach-, Ton-, Text- und Grafikmitteilungen von Teilnehmern, im Rahmen eines hierauf gerichteten Diensteangebots unter gewissen Voraussetzungen verarbeiten. Die Notwendigkeit der Regelung folgt aus der Schutzbedürftigkeit der zwischengespeicherten Daten. Das BVerfG hat sich bereits mit der Reichweite von Art. 10 Abs. 1 Var. 3 GG und den strafprozessualen Konsequenzen für eine Beschlagnahme von Verbindungsdaten beschäftigt. Danach sind Daten, die sich noch auf dem Übermittlungsweg befinden, durch Art. 10 Abs. 1 Var. 3 GG geschützt.[155] Hingegen gelte für Daten, die auf dem Endgerät des Empfängers gespeichert sind, das Recht auf informationelle Selbstbestimmung gemäß Art. 2 Abs. 1 i.V.m. Art. 1 Abs. 1 GG bzw. Art. 13 GG. In einem nachfolgenden Eilrechtsschutzverfahren hat das BVerfG gleichwohl festgestellt, dass die Frage noch nicht vollständig geklärt sei, ob in den Schutzbereich des Fernmeldegeheimnisses eingegriffen wird, wenn die Ermittlungsbehörden die auf dem Server eines Providers gespeicherten E-Mails vom Endkunden aus kopieren und auswerten (dazu ausführlich unter → Rn. 98 f.).[156]

5. Öffentliche Sicherheit

Spezielle Schutzmaßnahmen und Eingriffsbefugnisse sind in den Vorschriften zur öf-   **885** fentlichen Sicherheit der §§ 108 bis 115 TKG normiert. Dieser Bereich zählt nicht mehr zum originären Telekommunikationsdatenschutzrecht. Während die Vorschriften zum Telekommunikationsdatenschutz primär das Verhältnis der Vertragspartner, also zwischen Anbieter und Kunde fokussieren, rekurrieren die Vorschriften zur öffentlichen Sicherheit auf **übergeordnete Zwecke der Gefahrenabwehr** und der **Verfolgung von Straftaten**. Insoweit werden im Folgenden zentrale datenschutzrechtlich relevante Besonderheiten herausgegriffen.

---

153 Diese Auskünfte beziehen sich etwa auf über die Rufnummer hinausgehende Auskünfte wie die Anschrift, Berufsbezeichnung und Branche des Anschlussinhabers.
154 Vgl. *Kühling/Schall/Biendl*, Telekommunikationsrecht, 2. Aufl. 2014, Rn. 655; *Neumann/Koch*, Telekommunikationsrecht, 2. Aufl. 2013, Kap. 5, Rn. 46.
155 BVerfG, Urt. v. 2.3.2006, 2 BvR 2099/04 = BVerfGE 115, 166 = MMR 2006, 217 (220); dazu *Geis/Geis*, MMR 11/2006, X.
156 BVerfG, Beschl. v. 29.6.2006, 2 BvR 902/06 = BVerfGK 8, 313 = MMR 2007, 169 ff. m. Anm. *Sankol*, MMR 2007, 170 f. Findet der Zugriff dagegen beim Provider selbst statt, liegt ein Eingriff in das Fernmeldegeheimnis vor, BVerfG, Urt. v. 16.6.2009, 2 BvR 902/06 = BVerfGE 124, 43 = MMR 2009, 673.

a) Technische Vorkehrungen zum Schutz des Fernmeldegeheimnisses und personenbezogener Daten

886   Mit Blick auf die große Bedeutung des Fernmeldegeheimnisses und des Datenschutzes verpflichtet § 109 Abs. 1 Nr. 1 TKG alle Diensteanbieter unter Berücksichtigung des Standes der Technik zu technischen Vorkehrungen oder sonstigen Maßnahmen zum Schutz des Fernmeldegeheimnisses und gegen die Verletzung personenbezogener Daten. § 109 Abs. 1 Nr. 1 TKG flankiert dabei die in § 88 Abs. 2 S. 1 TKG sehr allgemein gehaltene Verpflichtung zur Wahrung des Fernmeldegeheimnisses in technischer Perspektive. Relevant ist in diesem Zusammenhang beispielsweise der Schutz von sensiblen Bereichen durch die Installation von Zugangskontrollen. Neu eingeführt wurde im Zuge der TKG-Novelle 2012 die Vorschrift des § 109a TKG, durch die Diensteerbringer bei einer Verletzung des Schutzes personenbezogener Daten zur **unverzüglichen Benachrichtigung** der BNetzA und des BfDI sowie bei schwerwiegenden Beeinträchtigungen auch der betroffenen Personen selbst verpflichtet werden.

b) Telekommunikationsüberwachung (§ 110 TKG)

887   Der sorgsame Umgang mit Daten bei Überwachungsmaßnahmen beispielsweise auf Initiative von Strafverfolgungsbehörden wird in technischer Hinsicht durch entsprechende Vorgaben in § 110 TKG gewährleistet. Solche grundrechtsbeschränkenden Ermächtigungsgrundlagen finden sich in der Strafprozessordnung (StPO)[157] für die Überwachung durch Strafverfolgungsbehörden, in einigen Polizeigesetzen zur Überwachung durch die Polizei, im Außenwirtschaftsgesetz (AWG)[158] zur Überwachung durch das Zollkriminalamt sowie im Artikel 10-Gesetz[159] (G 10) zur Überwachung durch die Geheimdienste.[160] Den Inhalt der technischen Maßnahmen beschreibt dabei der **Katalog des § 110 Abs. 1 S. 1 TKG.** Konkretisiert werden diese in der sogenannten **Telekommunikations-Überwachungsverordnung (TKÜV)**[161], § 110 Abs. 2 TKG. Die TKÜV enthält für jedes der genannten Überwachungsgesetze einen Abschnitt und normiert spezielle Anforderungen an die entsprechenden Verfahren. Neben der Bundesregierung, die in Abs. 2 zum Erlass der TKÜV ermächtigt wird, legt nach Abs. 3 des

---

157 Strafprozessordnung in der Fassung der Bekanntmachung v. 7.4.1987, BGBl. I, S. 1074, 1319, zuletzt geändert durch Art. 1 des Gesetzes v. 27.8.2017, BGBl. I, S. 3295.

158 Außenwirtschaftsgesetz in der Fassung der Bekanntmachung v. 6.6.2013, BGBl. I, S. 1482, zuletzt geändert durch Art. 4 des Gesetzes v. 20.7.2017, BGBl. I, S. 2789.

159 Gesetz zur Beschränkung des Brief-, Post- und Fernmeldegeheimnisses v. 26.6.2001, BGBl. I, S. 1254, 2298, zuletzt geändert durch Art. 12 des Gesetzes zur effektiveren und praxistauglicheren Ausgestaltung des Strafverfahrens v. 14.8.2017, BGBl. I, S. 3202.

160 Eine Kurzübersicht zu den entsprechenden Eingriffsbefugnissen liefern *Holznagel/Enaux/Nienhaus*, Telekommunikationsrecht, 2. Aufl. 2006, Rn. 694 ff.; *Meister/Laun*, in: Wissmann (Hrsg.), Praxishandbuch Telekommunikationsrecht, 2. Aufl. 2006, Kap. 14 Rn. 105 ff., sowie *Eckhardt*, in: Geppert/Schütz u.a. (Hrsg.), Beckscher TKG-Kommentar, 4. Aufl. 2013, § 110 Rn. 37 ff.

161 Verordnung über die technische und organisatorische Umsetzung von Maßnahmen zur Überwachung der Telekommunikation v. 11.7.2017, BGBl. I, S. 2316, zuletzt geändert durch Art. 16 des Gesetzes zur effektiveren und praxistauglicheren Ausgestaltung des Strafverfahrens v. 17.8.2017, BGBl. I, S. 3202.

§ 110 TKG auch die BNetzA in einer technischen Richtlinie technische Einzelheiten fest, die zur Sicherung einer vollständigen Erfassung der Telekommunikation, zur Auskunftserteilung und zur Gestaltung eines Übergabepunktes zu den entsprechenden Behörden erforderlich sind.[162]

Als problematisch für die Überwachungsmaßnahmen erweist sich die Tatsache, dass eine Verständigung verstärkt über **Internetkommunikationsdienste** stattfindet („**Over-The-Top-Dienste**", „**OTT-Dienste**"), die Gespräche und Textnachrichten oftmals mit einer **Ende-zu-Ende-Verschlüsselung** übertragen. Das hat zur Folge, dass weder die Anbieter dieser Dienste noch die Telekommunikationsnetzbetreiber die Inhalte der Kommunikation an die Strafverfolgungsbehörden ausleiten können, sofern die Internetkommunikationsdiensteanbieter nicht selbst „Hintertüren" in der Verschlüsselung geschaffen haben. Daher hat der Gesetzgeber nun in **§ 100a Abs. 1 S. 2 und S. 3 StPO** eine Regelung aufgenommen,[163] nach der eine Überwachung und Aufzeichnung der Telekommunikation auch dergestalt erfolgen darf, dass **in die Endgeräte der Nutzer eingegriffen** wird, um so die Kommunikationsinhalte auslesen zu können bevor sie durch die Anwendung auf dem System verschlüsselt wird.[164] **888**

c) Spezielle Auskunftsverfahren

Einen datenschutzrechtlich sehr sensiblen Bereich regelt der Abschnitt über die Datenspeicherung für bestimmte Auskunftsverfahren. Die §§ 111 bis 113 TKG sehen – teilweise abweichend von den sonstigen telekommunikationsdatenschutzrechtlichen Vorschriften – weitere Erhebungs- und Speicherungsmöglichkeiten (dazu aa)) einschließlich mehrerer Auskunftsverfahren vor. Dabei ist zwischen dem automatisierten (dazu bb)) und dem manuellen Auskunftsverfahren zu differenzieren (dazu cc)). Schließlich wird dem **Bundesnachrichtendienst** (BND) durch die Auskunftsmöglichkeit gemäß § 114 TKG die Möglichkeit gewährt, immer auf dem aktuellen Stand hinsichtlich der Entwicklung der Telekommunikationsdienste und -netze zu sein, um etwaige Gefährdungspotenziale rechtzeitig zu erkennen.[165] Das Auskunftsersuchen gemäß § 114 TKG ist dabei an die Notwendigkeit zur Aufgabenerfüllung gemäß den §§ 5 und 8 G 10 gebunden (vgl. § 114 Abs. 2 S. 1 TKG).[166] **889**

---

162 Aktuell gültig ist die Technische Richtlinie zur Umsetzung gesetzlicher Maßnahmen zur Überwachung der Telekommunikation, Erteilung von Auskünften (TR TKÜV) in der Version 7.0 vom 14.6.2017, ABl. BNetzA 2017, S. 2631.

163 Gesetz zur effektiveren und praxistauglicheren Ausgestaltung des Strafverfahrens v. 17.8.2017, BGBl. I, S. 3202.

164 Zur Begründung des Gesetzes siehe BT-Drs. 18/12785, S. 48 ff.

165 Vgl. dazu *Holznagel/Enaux/Nienhaus*, Telekommunikationsrecht, 2. Aufl. 2006, Rn. 719; *Klesczewski*, in: Säcker (Hrsg.), TKG-Kommentar, 3. Aufl. 2013, § 114 Rn. 4.

166 *Holznagel/Enaux/Nienhaus*, Telekommunikationsrecht, 2. Aufl. 2006, Rn. 719; *Klesczewski*, in: Säcker (Hrsg.), TKG-Kommentar, 3. Aufl. 2013, § 114 Rn. 4.

aa) Datenerhebung und -speicherung als Voraussetzung für ein Auskunftsersuchen (§ 111 TKG)

890   § 111 TKG schafft die Voraussetzung für die darauf folgende Aktivierung sowohl des automatisierten als auch des manuellen Auskunftsverfahrens.[167] Denn gemäß § 111 Abs. 1 S. 1 Hs. 1 TKG sind Unternehmen, die geschäftsmäßig Telekommunikationsdienste erbringen oder daran mitwirken und dabei Rufnummern oder andere Anschlusskennungen vergeben oder Telekommunikationsanschlüsse für von anderen vergebene Rufnummern oder andere Anschlusskennungen bereitstellen, verpflichtet, für die Auskunftsverfahren nach den §§ 112 und 113 TKG die Rufnummern und anderen Anschlusskennungen (Nr. 1), den Namen und die Anschrift des Anschlussinhabers (Nr. 2), bei natürlichen Personen deren Geburtsdatum (Nr. 3), bei Festnetzanschlüssen auch die Anschrift des Anschlusses (Nr. 4), die Gerätenummer eines etwaig neben einem Mobilfunkanschluss überlassenen Mobilfunkendgeräts (Nr. 5) sowie das Datum des Vertragsbeginns (Nr. 6) vor der Freischaltung zu erheben und unverzüglich zu speichern, auch soweit diese Daten für betriebliche Zwecke nicht erforderlich sind. Auch das Datum des Vertragsendes ist bei Bekanntwerden zu speichern (§ 111 Abs. 1 S. 1 Hs. 2 TKG). Damit geht § 111 TKG in Bezug auf die Speicherung von Bestandsdaten über die Zweckbestimmung des § 95 TKG insoweit hinaus als auch Daten erhoben werden müssen, obwohl sie für betriebliche Zwecke nicht erforderlich sind. Dabei fallen auch die Bestandsdaten von Teilnehmern mit Prepaid-Handys unter die Erhebungs- und Speicherverpflichtung.[168] Seit dem 1.7.2017 ist bei Prepaid-Karten zudem gemäß § 111 Abs. 1 S. 3, S. 4, § 112 Abs. 15 S. 2 TKG eine **Überprüfung der Daten anhand amtlicher Dokumente (z.B. Personalausweis)** oder anderer von der Bundesnetzagentur anerkannter Verfahren sicherzustellen.[169] Die Daten sind auch erst mit Ablauf des auf die Beendigung des Vertragsverhältnisses folgenden Kalenderjahres zu löschen (Abs. 5). Gegen die §§ 111 – 113 TKG wurde **Verfassungsbeschwerde** eingelegt. Das BVerfG hat der Beschwerde gegen § 111 TKG 2012 – also in der damaligen Fassung – nicht stattgegeben.[170]

bb) Automatisiertes Auskunftsverfahren (§ 112 TKG)

891   Eine Zugriffsoption auf die nach § 111 TKG gespeicherten Daten wird zunächst über das automatisierte Auskunftsverfahren gemäß § 112 TKG ermöglicht. Die nach § 111 Abs. 1 S. 1, 3 und 4 sowie Abs. 2 TKG erhobenen Daten von Unternehmen, die Telekommunikationsdienste für die Öffentlichkeit erbringen, sind dabei in **automatisierten Kundendateien** zu speichern, deren Inhalt abschließend in § 112 Abs. 1 S. 1 TKG normiert ist. Der mit dem Änderungsgesetz von März 2011 neu eingeführte Abs. 1 S. 2 eröffnet

---

167 *Klesczewski*, in: Säcker (Hrsg.), TKG-Kommentar, 3. Aufl. 2013, § 111 Rn. 1; *Graulich*, in: Arndt/Fetzer/u.a. (Hrsg.), Telekommunikationsgesetz Kommentar, 2. Aufl. 2015, § 111 Rn. 15.

168 *Holznagel/Enaux/Nienhaus*, Telekommunikationsrecht, 2. Aufl. 2006, Rn. 713; *Meister/Laun*, in: Wissmann (Hrsg.), Praxishandbuch Telekommunikationsrecht, 2. Aufl. 2006, Kap. 14 Rn. 119.

169 Art. 9 des Gesetzes zum besseren Informationsaustausch bei der Bekämpfung des internationalen Terrorismus v. 26.7.2016, BGBl. I, S. 1818.

170 BVerfG, Beschl. v. 24.1.2012, 1 BvR 1299/05 = BVerfGE 130, 151 = NJW 2012, 1419, Rn. 126 ff.

nunmehr die Möglichkeit, jene Kundendateien auch durch eine andere Stelle im Wege der **Auftragsverarbeitung** nach Maßgabe von § 11 BDSG a.F. (jetzt: Art. 28 DS-GVO) führen zu lassen. Die Verknüpfung des Auskunftsverfahrens nach § 112 TKG mit § 111 TKG führt dazu, dass Adressat einer Auskunft nur solche Diensteanbieter sein können, die **Rufnummern** oder andere Anschlusskennungen vergeben. Damit fallen beispiels-weise Verbindungsnetzbetreiber – die keine Rufnummern vergeben – nicht unter den Auskunftstatbestand.[171] Sodann werden in Abs. 2 die Zwecke und Zugriffsberechtigten konkretisiert und aufgelistet, die eine Auskunft aus den Kundendateien nach Abs. 1 auslösen können. § 112 TKG allein genügt jedoch nicht, einen automatisierten Abruf zu legitimieren. Neben § 112 TKG, der die TK-Diensteanbieter zur Speicherung und Über-mittlung berechtigt, benötigen auch die in § 112 Abs. 2 TKG genannten Behörden einen eigenen Zulässigkeitstatbestand zur Datenerhebung (sog. **„Doppeltürprinzip"**). Die Nichtbeachtung der Vorgaben des § 112 Abs. 1 S. 5 und 6 TKG stellt eine Ordnungs-widrigkeit nach § 149 Abs. 1 Nr. 31 und 32 TKG dar.

Im Gegensatz zu § 111 TKG und auch zu § 113 TKG ist **Adressat** des § 112 TKG nur der-jenige, der **öffentlich zugängliche Telekommunikationsdienste** erbringt. Der Begriff ist in Bezug auf die Anzahl der potenziellen Adressaten damit enger gefasst als beim geschäftsmäßigen Erbringen von Telekommunikationsdiensten. Dies ist dem Umstand geschuldet, dass der finanzielle Aufwand für den Aufbau und die Aufrechterhaltung eines automatisierten Systems zur Speicherung und zum Abruf von Kundendateien bei nichtöffentlichen Diensten unverhältnismäßig groß wäre.[172]   **892**

cc) Manuelles Auskunftsverfahren (§ 113 TKG)

Adressaten eines manuellen Auskunftsverfahrens gemäß § 113 TKG sind wiederum ge-schäftsmäßige Erbringer von Telekommunikationsdiensten. Die Auskunftserteilung er-folgt nicht wie im Rahmen des § 112 TKG automatisiert über die BNetzA, sondern **manuell direkt gegenüber den berechtigten Stellen** nach § 113 Abs. 1 S. 1 i.V.m. Abs. 3 TKG. Ein weiterer Unterschied zum automatisierten Verfahren nach § 112 TKG besteht darin, dass die im Rahmen einer Auskunft nach § 113 TKG bereitzustellenden Daten zusätzlich zu denen des § 111 TKG die Bestandsdaten nach § 95 TKG umfassen (§ 113 Abs. 1 S. 1 TKG). Ebenso umfasst sind gemäß § 113 Abs. 1 S. 2 TKG beim Diens-teanbieter im Klartext hinterlegte Zugangsdaten, mittels derer der Zugriff auf Endgeräte oder auf Speichereinrichtungen geschützt wird. Nachdem das BVerfG die Vorgänger-regelung des § 113 Abs. 1 S. 2 TKG in einer Entscheidung vom Januar 2012 für verfas-sungswidrig erklärte und zudem feststellte, dass § 113 Abs. 1 S. 1 TKG a.F. nicht zur Zuordnung dynamischer IP-Adressen berechtigte,[173] hat der Gesetzgeber § 113 TKG mit Wirkung zum 1.7.2013 umfassend überarbeitet.[174] Seitdem ermächtigt § 113 Abs. 1 S. 3   **893**

---

171 Vgl. *Eckhardt*, in: Geppert/Schütz (Hrsg.), Beckscher TKG-Kommentar, 4. Aufl. 2013, § 112 Rn. 13 mit Verweis auf die Gesetzesbegründung BT-Drs. 15/2316, S. 58. So auch *Klesczewski*, in: Säcker (Hrsg.), TKG-Kommentar, 3. Aufl. 2013, § 112 Rn. 6.

172 Vgl. dazu BT-Drs. 15/2316, S. 94.

173 BVerfG, Beschl. v. 24.1.2012, 1 BvR 1299/05 = BVerfGE 130, 151 = NJW 2012, 1419, Rn. 167 ff.

174 Art. 1 des Gesetzes zur Änderung des Telekommunikationsgesetzes und zur Neuregelung der Bestandsdatenauskunft v. 20.6.2013, BGBl. I, S. 1602.

TKG die verpflichteten Telekommunikationsdiensteanbieter auch dazu, die zu beauskunftenden Daten anhand einer dynamischen IP-Adresse zu bestimmen.

894   Im Übrigen erfordert die Erteilung einer Auskunft nach § 113 TKG ebenso wie die einer Auskunft nach § 112 TKG immer einen fachrechtlichen, **qualifizierten Zulässigkeitstatbestand**. So regelt § 113 TKG lediglich die „Öffnung der Datenbestände für die staatliche Aufgabenwahrnehmung [...], nicht aber auch den Zugriff auf diese Daten selbst."[175] Auskunftsberechtigte Behörden haben in ihrem Auskunftsersuchen gemäß § 113 Abs. 2 S. 1 TKG dementsprechend auch die gesetzliche Bestimmung zu nennen, die ihr eine Erhebung der entsprechenden Daten erlaubt und sich im Rahmen der von Abs. 2 S. 1 genannten Zwecke bewegt. Beispielhaft für eine spezielle Eingriffsgrundlage ist § 100j StPO aus dem Bereich der Strafverfolgung zu nennen. Dieser normiert – über die Regelungen des § 113 TKG hinausgehend – zusätzliche Anforderungen wie zum Beispiel in § 100j Abs. 3 S. 1 StPO einen **Richtervorbehalt** für die Auskunft über Zugangsdaten i.S.d. § 113 Abs. 1 S. 2 TKG. Generalklauseln, die Behörden allgemein zur Informationsbeschaffung ermächtigen, können ein Auskunftsverlangen hingegen nicht legitimieren.

III. Voraussichtliche Änderungen durch die geplante E-Privacy-VO

895   Abschließend soll ein kurzer Ausblick auf die sich abzeichnenden Regelungen der E-Privacy-VO erfolgen, die nach den ursprünglichen Plänen der EU-Kommission gemeinsam mit der DS-GVO ab dem 25.5.2018 Wirkung entfalten sollte (Art. 29 Abs. 2 E-Privacy-VO-KOM-E), was jedoch nicht gelungen ist. Gleichwohl ist mit einer Verabschiedung der Verordnung im **Jahr 2018** zu rechnen (siehe dazu → Rn. 191).

1. Verhältnis der geplanten E-Privacy-VO zu DS-GVO und TKG

896   Der E-Privacy-VO-KOM-E legt ausweislich seines Art. 1 Abs. 1 Vorschriften zum Schutz von Grundrechten und Grundfreiheiten natürlicher und juristischer Personen bei der Bereitstellung und Nutzung elektronischer Kommunikationsdienste fest und regelt insbesondere die Rechte auf Achtung des Privatlebens und der Kommunikation und den Schutz natürlicher Personen bei der Verarbeitung personenbezogener Daten. Sie stellt **bereichsspezifisches Datenschutzrecht dar,** präzisiert und ergänzt also die DS-GVO (Art. 1 Abs. 3 E-Privacy-VO-KOM-E) und übernimmt deren Begriffe weitgehend, Art. 4 Abs. 1 lit. a E-Privacy-VO-KOM-E.

897   Nationale Telekommunikationsdatenschutzvorschriften sind neben der E-Privacy-VO nur notwendig bzw. zulässig, soweit an die Mitgliedstaaten ein Umsetzungsauftrag ge-

---

175   BVerfG, Beschl. v. 24.1.2012, 1 BvR 1299/05 = BVerfGE 130, 151 = NJW 2012, 1419, Rn. 123 und 167; zu den geringeren Anforderungen an Ermächtigungsgrundlagen für einen Abruf nach § 112 TKG siehe dort Rn. 144.

richtet ist[176] oder Öffnungsklauseln[177] vorhanden sind. Eine weitreichende **Öffnungs-klausel** ist in Art. 11 Abs. 1 E-Privacy-VO-KOM-E vorgesehen, wonach die Mitgliedstaaten die in den Art. 5 bis 8 festgelegten Pflichten und Rechte insbesondere für **Überwachungs-, Kontroll- oder Regulierungsaufgaben**, die mit der Ausübung öffentlicher Gewalt verbunden sind, beschränken können. Die Vorschriften zur öffentlichen Sicherheit in Teil 7 Abschnitt 3 des TKG dürften daher weitgehend erhalten bleiben. Insbesondere die Datenschutzbestimmungen der §§ 91 bis 107 TKG müssen hingegen künftig weitgehend aufgehoben werden, da sie durch die unmittelbar geltenden Vorschriften der E-Privacy-VO verdrängt werden. Dasselbe gilt für die Vorschriften zum Fernmeldegeheimnis in den § 88 ff. TKG, da Art. 5 E-Privacy-VO-KOM-E auch hierfür eine Regelung bereithält.

2. Änderungen durch die geplante E-Privacy-VO im Überblick

a) Klärung des Anwendungsbereichs der Vorschriften für Internetkommunikationsdienste

Wie bereits dargelegt (→ Rn. 869) soll durch den EKEK insbesondere die Frage geklärt werden, ob **Internetkommunikationsdienste** elektronische Kommunikationsdienste darstellen und so vom bereichsspezifischen Telekommunikationsdatenschutzrecht erfasst werden. Die Definition des elektronischen Kommunikationsdienstes soll daher umfassend überarbeitet werden. Zu den **elektronischen Kommunikationsdiensten** zählen gemäß Art. 2 Nr. 4 EKEK-KOM-E gewöhnlich gegen Entgelt über elektronische Kommunikationsnetze erbrachte Dienste, die „Internetzugangsdienste", „interpersonelle Kommunikationsdienste" sowie Dienste umfasst, die ganz oder überwiegend in der Übertragung von Signalen bestehen. **Interpersonelle Kommunikationsdienste** sind gewöhnlich gegen Entgelt erbrachte Dienste, die einen direkten interpersonellen und interaktiven Informationsaustausch über elektronische Kommunikationsnetze zwischen einer endlichen Zahl von Personen ermöglichen, wobei die Empfänger von den Personen bestimmt werden, die die Kommunikation veranlassen oder daran beteiligt sind, Art. 2 Nr. 5 EKEK-KOM-E. Anders als für den Geltungsbereich des EKEK-KOM-E (vgl. Art. 2 Nr. 5 Halbs. 2) erfasst die E-Privacy-VO gemäß Art. 4 Abs. 2 E-Privacy-VO-KOM-E auch Dienste, die diese Funktionalitäten lediglich als untrennbar mit einem anderen Dienst verbundene untergeordnete Nebenfunktion ermöglichen. Danach wäre es unerheblich, ob diese Dienste auch in der **Übertragung von Signalen** bestehen und der Anwendungsbereich des Telekommunikationsdatenschutzrechts wird – je nach bislang vertretener Auffassung – erweitert bzw. der Einbezug vieler Dienste klargestellt. Im Unterschied zur bisherigen Rechtslage kommt es danach zum einen nicht mehr darauf an, ob eine „Signalübertragung" stattfindet und es ist zum anderen auch unerheblich, ob ein Dienst **überwiegend** Telekommunikationsdienst oder Telemedium ist: Sobald ein Angebot telekommunikative Funktionalitäten enthält, ist der Anwen-

898

---

176 Z.B. bezüglich Vorschriften über Sanktionen bei Verstößen gegen Vorgaben der E-Privacy-VO, Art. 23 Abs. 4, Art. 24 Abs. 1 E-Privacy-VO-KOM-E.

177 So soll die E-Privacy-VO es den Mitgliedstaaten überlassen, ob bei persönlichen Direktwerbeanrufen gegenüber Endnutzern eine „Opt-in" oder eine „Opt-out"-Lösung gewählt wird, vgl. Art. 16 Abs. 1 und 4 E-Privacy-VO-KOM-E.

dungsbereich nach dem E-Privacy-VO-KOM-E eröffnet. Dementsprechend enthält der E-Privacy-VO-KOM-E auch Vorschriften, die nach dem bundesdeutschen Verständnis dem Telemediendatenschutz zugeordnet werden könnten.[178] Im weiteren Gesetzgebungsverfahren hat das Europäische Parlament einen gesetzgebungstechnisch anderen Ansatz gewählt, indem in ihrem Vorschlag nicht mehr auf Definitionen des EKEK verwiesen wird, sondern in Art. 4 E-Privacy-VO-P-E eigenständige Begriffsbestimmungen aufgenommen werden. Die eben dargelegten inhaltlichen Veränderungen in den Kommissionsentwürfen sollen allerdings beibehalten bleiben.

b) Begriffsbestimmungen und generelle Vorgaben zur zulässigen Datenverarbeitung

899   Statt einer Gliederung der Datenarten in „Verkehrsdaten", „Standortdaten" und „Nachricht[en]" (Art. 2 S. 2 lit. b bis d EDSRL) wird die Bezeichnung **„elektronische Kommunikationsdaten"** (Art. 4 Abs. 3 lit. a E-Privacy-VO-KOM-E) eingeführt, die sich in **Kommunikationsinhalte** (Art. 4 Abs. 3 lit. b E-Privacy-VO-KOM-E) sowie **Kommunikationsmetadaten** (Art. 4 Abs. 3 lit. c E-Privacy-VO-KOM-E) aufspalten. Zu letzteren zählen insbesondere die zur Verfolgung und Identifizierung der Ausgangs- und Zielpunkts einer Kommunikation verwendeten Daten, die im Zusammenhang mit der Bereitstellung elektronischer Kommunikationsdienste erzeugten Daten über den Standort des Geräts sowie Datum, Uhrzeit, Dauer und Art der Kommunikation.[179] Damit sind also die bislang unter Verkehrs- und Standortdaten erfassten Informationen adressiert.

c) Vorschriften des E-Privacy-VO-KOM-E im Einzelnen und weiteres Gesetzgebungsverfahren

900   Art. 5 des E-Privacy-VO-KOM-E legt den **Grundsatz der Vertraulichkeit** sämtlicher elektronischer Kommunikationsdaten fest. Dies entspricht dem einfachgesetzlich bislang in § 88 TKG verankerten Fernmeldegeheimnis. Eine unionsrechtliche Entsprechung des § 88 TKG bestand bislang in Art. 5 Abs. 1 EDSRL.[180] Art. 6 E-Privacy-VO-KOM-E regelt die grundsätzlich erlaubte Verarbeitung. Hinsichtlich des Zulässigkeitstatbestands der **Einwilligung** verweist Art. 9 Abs. 1 E-Privacy-VO-KOM-E auf die DS-GVO und enthält in seinen weiteren Absätzen Sonderregelungen für den Bereich der elektronischen Kommunikation.

901   Art. 8 Abs. 1 E-Privacy-VO-KOM-E dient dazu, die Endeinrichtungen von Endnutzern zu schützen, indem zum einen ein **Abruf von persönlichen Informationen der Nutzer** und zum anderen eine **Verfolgung der Aktivitäten** des Endgeräts (z.B. durch Cookies) bestimmten Voraussetzungen unterworfen wird.[181] Damit ist die Vorschrift an die **Coo-**

---

178 Z.B. Art. 8 Abs. 1 E-Privacy-VO-KOM-E, der das Setzen von Cookies durch Betreiber von Internetseiten regelt, dazu unter → Rn. 901.

179 Die Definitionen und Zulässigkeitstatbestände verlangen nicht ausdrücklich einen Personenbezug. Es wird sich zeigen, ob sie in der Praxis im Lichte des Art. 1 der E-Privacy-VO-KOM-E dahingehend auszulegen sein werden, siehe dazu *Engeler/Felber*, ZD 2017, 251 (252 f.).

180 Vgl. *Graulich*, in: Arndt/Fetzer/u.a. (Hrsg.), Telekommunikationsgesetz Kommentar, 2. Aufl. 2015, § 88 Rn. 1.

181 Vgl. dazu Erwägungsgrund 20 des E-Privacy-VO-KOM-E.

kie-Regelung des Art. 5 Abs. 3 EDSRL (siehe dazu → Rn. 151) angelehnt. Sofern für den Einsatz beispielsweise von Cookies die Zulässigkeitstatbestände des Art. 8 Abs. 1 E-Privacy-VO-KOM-E nicht einschlägig sein sollten und daher gemäß Art. 8 Abs. 1 lit. b E-Privacy-VO-KOM-E eine Einwilligung hierfür erforderlich wäre, kann diese gemäß Art. 9 Abs. 2 E-Privacy-VO- KOM-E in den Browser-Einstellungen gegeben werden. Im weiteren Gesetzgebungsverfahren hat das Europäische Parlament in dieser Norm auch vorgesehen, dass hierdurch ein rechtsverbindlicher Widerspruch der Nutzer erteilt werden kann. In engem Zusammenhang hiermit stehen auch die Regelungen des Art. 10 E-Privacy-VO-KOM-E: Gemäß Art. 10 Abs. 1 E-Privacy-VO-KOM-E muss Software, die eine elektronische Kommunikation erlaubt (z.B. auch ein Webbrowser) Einstellungsmöglichkeiten vorsehen, die verhindern, dass Dritte Informationen in den Endeinrichtungen eines Endnutzers speichern oder dort gespeicherte Informationen verarbeiten. Hierauf sind die Endnutzer gemäß Art. 10 Abs. 2 E-Privacy-VO-KOM-E hinzuweisen und ihnen ist bei der Installation eine Entscheidung hierzu abzuverlangen. Diese **an Softwareanbieter gerichtete** Verpflichtung erfasst insbesondere Einstellungen zu **Cookies**.[182] Hier fürchtet gerade die Werbeindustrie, dass Nutzer bei der Installation des Browsers (dessen Hersteller diese Möglichkeit nach Art. 10 Abs. 2 des Entwurfs vorsehen muss) auf „Nein" klicken und personalisierte Werbung mangels Cookies nicht mehr möglich sein wird. Im weiteren Gesetzgebungsverfahren hat das Europäische Parlament noch restriktivere Bestimmungen vorgesehen. So muss nach Art. 10 Abs. 2 lit. a E-Privacy-VO-P-E die datenschutzfreundlichste Variante bereits voreingestellt sein.

Art. 8 Abs. 2 E-Privacy-VO-KOM-E betrifft die Erhebung von Informationen, die die **Endeinrichtungen (automatisch) aussenden**, um sich mit anderen Geräten verbinden zu können, z.B. die von Smartphones ausgesendeten MAC-Adressen, die eine Verbindung mit einem WLAN-Netz ermöglichen.[183]   **902**

Art. 12 der E-Privacy-VO-KOM-E betrifft die **Rufnummernanzeige** von Anrufer und Angerufenen sowie deren Unterdrückung und ist identisch mit der bisherigen Vorschrift des Art. 8 EDSRL. Ausnahmen von der Unterdrückungsmöglichkeit sind in Art. 10 EDSRL und – unverändert – in Art. 13 E-Privacy-VO-KOM-E bei Notrufen und der Rückverfolgung böswilliger oder belästigender Anrufe vorgesehen.   **903**

Datenschutzvorschriften für Betreiber öffentlich zugänglicher **(Teilnehmer-)Verzeichnisse** enthält Art. 15 E-Privacy-VO-KOM-E, der die bislang in den § 104 f. TKG (siehe dazu → Rn. 883) enthaltenen und auf Art. 12 EDSRL basierenden Normen ersetzen wird.   **904**

Nach Art. 17 E-Privacy-VO-KOM-E sind Endnutzer über erkannte **Sicherheitsrisiken** durch die Betreiber elektronischer Kommunikationsdienste zu informieren. Im Parlamentsvorschlag sind hier zusätzliche Sicherungspflichten der Diensteanbieter aufgenommen worden.[184] Diese müssen gemäß Art. 17 Abs. 1a E-Privacy-VO-P-E ihre   **905**

---

182 Dazu *Engeler/Felber*, ZD 2017, 251 (256).
183 Vgl. dazu Erwägungsgrund 25 des E-Privacy-VO-KOM-E.
184 Ähnliche Vorgaben waren nach der Konzeption des Kommissionsentwurfs zwar auch in Art. 40 EKEK-KOM-E vorgesehen, auf den Art. 17 Abs. 1 E-Privacy-VO-P-E nun ausdrücklich verweist. In Art. 40 EKEK-KOM-E sind allerdings insbesondere keine spezifischen Vorgaben zu dem mit einer Ende-zu-Ende-Verschlüsselung gesicherten Diensten enthalten.

Dienste nach dem aktuellen Stand der Technik absichern, z.B. durch eine Ende-zu-Ende-Verschlüsselung. Den Mitgliedstaaten soll es sodann selbst für Zwecke der öffentlichen Sicherheit untersagt werden, Diensteanbietern Pflichten aufzuerlegen, die diese Verschlüsselung schwächen würden. Auf dieser Linie liegen auch die weiteren Vorschläge des Parlamentes, die gerade bei der Überwachung von Kommunikationsinhalten in Art. 11b E-Privacy-VO-P-E detailliertere Vorgaben für die Mitgliedstaaten aufstellen. Zudem sind in Art. 11c E-Privacy-VO-P-E umfassende Dokumentationspflichten für Überwachungsmaßnahmen aufgenommen worden.

906 Abgesehen von der Klarstellung des Anwendungsbereichs sollte das bestehende **bereichsspezifische Telekommunikationsdatenschutzrecht** nach den Vorstellungen der Kommission im Ergebnis im Wesentlichen **fortgeschrieben** werden. Allerdings soll es – wie auch die DS-GVO – nunmehr als **unmittelbar geltende Verordnung** weitgehend nationales Recht ersetzen und Umsetzungsakte der Mitgliedstaaten entbehrlich machen. Im weiteren Gesetzgebungsverfahren hat das Europäische Parlament die Vorschläge der Kommission hingegen punktuell erheblich verschärft.

907 ■ **Lösung zu Fallbeispiel 15 – Instant-Messenger-App – Telekommunikationsdatenschutz (Rn. 858)**[185]

    A. Anwendbares Rechtsregime

        ⇒ DS-GVO oder vorrangig bereichsspezifisches TK-Datenschutzrecht?

        ⇒ Vorschriften des auf der EDSRL beruhenden TKG (Art. 95 DS-GVO) bzw. ab ihrer Geltung die E-Privacy-VO: Warts-Ab „öffentlich zugänglicher elektronischer Kommunikationsdienst"?

        ⇒ (P:) Warts-Ab „elektronischer Kommunikationsdienst"?

        ⇒ Definition in Art. 4 Abs. 1 lit. b) E-Privacy-VO-KOM-E i.V.m. Art. 2 Nr. 4 und 5 EKEK-KOM-E bzw. Art. 4 Abs. 2 lit. aa und ab E-Privacy-VO-P-E erfasst „interpersonelle Kommunikationsdienste"
        Warts-Ab ist „interpersoneller Kommunikationsdienst" → „elektronischer Kommunikationsdienst": (+)[186]

        ⇒ Im Übrigen steht Dienst auch nicht nur einem begrenzten Benutzerkreis zur Verfügung, sondern grds. jedem, der mindestens 16 Jahre alt ist und ist mithin öffentlich zugänglich.

        → Fazit: bereichsspezifisches TK-Datenschutzrecht vorrangig anzuwenden

    B. Bedingungen einer wirksamen Einwilligung erfüllt?[187]

        I. Vorrangige, bereichsspezifische Vorschriften?

---

185 Fall angelehnt an AG Bad Hersfeld, Beschl. v. 15.5.2017, Az. F 120/17 = K&R 2017, 525.

186 Im Übergangszeitraum bis zur Geltung der E-Privacy-VO ist diese Frage sehr umstritten (vgl. dazu → Rn. 869). Im Folgenden soll auch für den Übergangszeitraum angenommen werden, dass Warts-Ab ein elektronischer Kommunikationsdienst i.S.d. EDSRL ist.

187 Je nach der endgültigen Ausgestaltung der E-Privacy-VO könnten weitere Vorgaben zu prüfen sein. So sieht Art. 9 Abs. 3 Hs. 2 E-Privacy-VO-KOM-E eine Pflicht der Anbieter vor, in regelmäßigen Abständen von sechs Monaten an die Widerrufsmöglichkeit gemäß Art. 7 Abs. 3 DS-GVO zu erinnern. Für die ursprüngliche Wirksamkeit einer Einwilligung hat dies jedoch keine Bedeutung. Ferner ist zu beachten, dass Art. 6 Abs. 2 lit. c E-Privacy-VO-KOM-E die Zulässigkeit der Verarbeitung von Kommunikationsmetadaten (Art. 4 Abs. 3 lit. c E-Privacy-VO-KOM-E) neben einer Einwilligung an weitere Voraussetzungen knüpft. So müssen die betreffenden Zwecke, die mit der Verarbeitung verfolgt werden, durch eine Verarbeitung anonymisierter Informationen nicht erreicht werden können. Der Sachverhalt enthält diesbezüglich allerdings keine Anhaltspunkte.

→ Regelungen der DS-GVO zu den Voraussetzungen für die Einwilligung gelten gem. Art. 9 Abs. 1 E-Privacy-VO-KOM-E grds. auch im Anwendungsbereich der E-Privacy-VO[188]

II. Einwilligungsgegenstand – „Daten der betroffenen Person"
⇒ Betroffener kann nur in Verarbeitung seiner eigenen personenbezogenen Daten einwilligen
⇒ Für Telefonnummern Dritter kann M nicht wirksam einwilligen (!); → hier müsste M Einwilligung Dritter einholen

III. Erklärung der betroffenen Person
Allgemeine Grundsätze der DS-GVO: Erklärung der betroffenen Person? (+), erfolgte durch Auswahl des Buttons durch M

IV. Wirksamkeitsvoraussetzungen
1. Freiwilligkeit (Art. 7 Abs. 4 DS-GVO)?[189] Kriterien:
⇒ Erhebliches Ungleichgewicht: Anbieter hier sehr marktstark, daher (+)
⇒ Koppelung der Erklärung an Datenverarbeitungen, die zur Erbringung der Leistung nicht erforderlich? (+/–), Telefonnummer des Nutzers (+), da Nachrichten zugestellt werden müssen; „Big-Data"-Verwendung nicht erforderlich (-); hier aber Abhängigmachen; kein transparentes „Leistungs-Gegenleistungsverhältnis"
⇒ Zumutbare Alternative: eher (–), da aufgrund weiter Verbreitung bei anderen Messengern zu wenig Chatpartner
⇒ Angemessener Interessensausgleich für Daten zu „Big-Data"-Verwendung: mangels Transparenz nicht ersichtlich
→ Ergebnis: Freiwilligkeit (+/–), nur für Kommunikationszwecke, nicht für „Big-Data"-Verwendung gegeben

2. Informierte Einwilligung (Art. 4 Nr. 11)?[190] (–), da bloßer Hinweis auf diverse „Big-Data"-Anwendungen und Verknüpfungen nicht ausreichend (keinerlei Information darüber, welche Verwendungen geplant)

3. Bestimmtheit Einwilligung (Art. 5 Abs. 1 lit. b, Art. 6 Abs. 1 UAbs. 1 lit. a)? (–), da keine hinreichend konkrete Information

4. Zusätzliche Anforderungen nach Art. 8 DS-GVO (Einsichtsfähigkeit)
⇒ Anforderungen der DS-GVO an die Einwilligung nicht durch bereichsspezifische TK-Datenschutzvorschriften verdrängt (s.o.)
⇒ Dienst der Informationsgesellschaft i.S.d Art. 4 Nr. 25 DS-GVO: (+)[191]
⇒ Angebot, das einem Kind direkt gemacht wird: Angebot richtet sich zumindest auch an Kinder, daher (+), (str.)

---

188 Für den Übergangszeitraum bis zur Geltung der E-Privacy-VO gelten folgende Erwägungen, die zum selben Ergebnis führen: Die gem. Art. 95 DS-GVO übergangsweise geltenden in mitgliedstaatliches Recht umgesetzten Vorgaben der EDSRL enthalten selbst keine Sondervorschriften zur Einwilligung, sondern referenzieren in Art. 2 Abs. 2 lit. f auf die RL 95/46/EG, was gemäß Art. 94 Abs. 2 DS-GVO als Verweis auf die DS-GVO zu werten ist.

189 Für den Übergangszeitraum bis zur Geltung der E-Privacy-VO stellt sich die Frage, ob sich eine Unwirksamkeit der Einwilligung aus dem Koppelungsverbot des § 95 Abs. 5 TKG ergibt. Diese Vorschrit stellt allerdings eine überschießende Umsetzung der EDSRL dar und wird somit durch Art. 7 DS-GVO verdrängt. Mithin ist § 95 Abs. 5 TKG ab dem 25.5.2018 nicht mehr anwendbar und wird aufzuheben sein.

190 Für den Übergangszeitraum bis zur Geltung der E-Privacy-VO stellt sich die Frage, ob ferner die Voraussetzungen des § 94 TKG für die Einwilligung im elektronischen Verfahren einzuhalten sind. § 94 TKG stellt – wie § 95 Abs. 5 TKG – eine überschießende Umsetzung der EDSRL dar, wird somit durch die DS-GVO verdrängt und ist mithin ab dem 25.5.2018 nicht mehr anwendbar; siehe dazu *Holländer*, in: Wolff/Brink (Hrsg.), BeckOK Datenschutzrecht, Art. 95 DS-GVO Rn. 5.

191 Das Verhältnis zwischen elektronischen Kommunikationsdiensten und Diensten der Informationsgesellschaft ist nicht völlig klar. Es spricht jedoch viel dafür, dass sich diese Dienstekategorien jedenfalls nicht ausschließen und elektronische Kommunikationsdienste daher auch Dienste der Informationsgesellschaft sein können, vgl. zu diesem Problem *Buchner/Kühling*, in: Kühling/Buchner (Hrsg.), DS-GVO/BDSG, 2. Aufl. 2018, Art. 4 Nr. 25 DS-GVO Rn. 5a.

⇒ M ist unter 16 Jahre alt
⇒ Einwilligung der Träger der elterlichen Sorge oder deren Zustimmung zur Erklärung des M entscheidend, hier (–)
⇒ Täuschung durch M über Alter?
⇒ Keine Auswirkung, da Anbieter eine Missbrauchskontrolle durch angemessene technische Maßnahmen sicherstellen muss

V. Formale Anforderungen

⇒ Keine sonstigen, besonderen Formvorschriften → (+)
Nachweisbarkeit hier nicht zu prüfen, da reine Beweislastregel, keine materielle Anforderung (!)

C. *Ergebnis*

Keine wirksame Einwilligung, da hinsichtlich Daten Dritter nicht eingewilligt werden kann und hinsichtlich eigener Telefonnummer Einwilligungsfähigkeit des minderjährigen M fehlt, und diese auch nur zu Kommunikationszwecken verarbeitet werden dürfte

Stichwortverzeichnis

Die Zahlen beziehen sich auf die Randnummern des Textes.

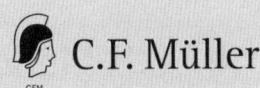

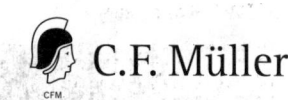